别字大诠

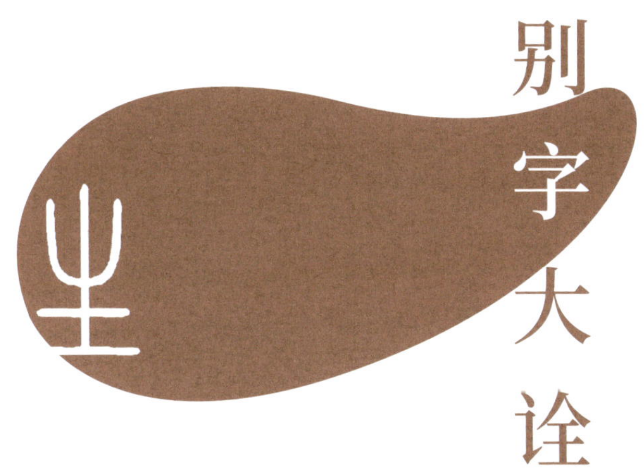

杨民生 著
高喜田 审订

中国青年出版社

(京)新登字083号

图书在版编目(CIP)数据

别字大诠/杨民生著.—北京：中国青年出版社，2017.12
ISBN 978-7-5153-4758-5

Ⅰ.①别…　Ⅱ.①杨…　Ⅲ.①汉字-错别字-辨别　Ⅳ.①H124.1

中国版本图书馆CIP数据核字(2017)第132702号

策　　划　刘霜 Liushuangcyp@163.com
责任编辑　刘霜　李茹
装帧设计　瞿中华
内文制作　北京广联信达文化发展有限公司
出版发行　中国青年出版社
社　　址　北京东四12条21号
邮政编码　100708
网　　址　http://www.cyp.com.cn
编 辑 部　(010)57350508;(010)57350370
印　　刷　北京文昌阁彩色印刷有限责任公司
经　　销　新华书店
开　　本　880×1230　1/32
印　　张　12.25
插　　页　3
字　　数　550千
版　　次　2017年12月北京第1版
印　　次　2017年12月第1次印刷
定　　价　68.00元

本图书如有任何印装质量问题，请与出版部联系调换
联系电话：(010)57350337

序

高喜田

我们常常发现有些人会将云南省的简称“滇”误读成“zhèn”，实际上，这类“口误”屡见不鲜，例如把“黉”(hóng)读成“篁”(huáng)，再如把“捍”写成“撼”等等。至于把券(quàn)读成(juàn)，歼(jiān)读成(qiān)，钚(bù)读成(huán)等，这类语文错误经常会与我们不期而遇——这就是令人头疼的所谓别字(口语中叫作白字)问题。

错别字问题与汉字的异形异读问题相互纠缠，长期以来一直困扰着我们的语文教学。坦率地说，数十年来我们在这方面还没有找到有效的解决办法。即使是那些毕业于名校、系统地接受过良好的基础教育者，对某些差之毫厘、似是而非的字词，也难免会读错音写错形。面对渺无际涯的语用实际，几乎可以说，没有任何一个人仅靠义务教育阶段受过的训练，就能准确无误地读对、写对每一个字、每一个词。

但这并不意味着，我们可以对别字现象一笑了之或不屑一顾。对于高考的学子而言，别字就是减分，有时甚至就是一本与二本、重点与一般、录取与淘汰的分界线。而对于播音员、主持人、新闻发言人、记者、编辑等广大媒体工作者来说，特别是对于经常需要在重大场合发表讲话的官员而言，别字就是出糗。某人把造诣(yì)读成“造纸”，轻则沦为民间的笑料，重则造成语言污染，其消极影响极难挽回。因此，字词使用的正与误，不是件小事情。

安徽省退休教师杨民生先生，积五十余年语文教学经验，撰集常见又极易混淆的一千五百余词，从汉字因形定义，造字规律出发，沿着甲骨文、金文、篆书到楷书一脉相承的发展脉络。追本溯源，逐一辨析其读音与词义，揭示出其易误易混的原因，写成了这部《别字大诠》。承蒙中国青年出版社不弃，委托我担任这部书稿的审读。我与作者并无交谊，出于学术责任感，我通读了书稿，并依据国家相关规范对个别词条的表述提出了修改意见，得到了作者和责编的认同。我认为，这是一位优秀教师心血的结晶，也是探索提高语言文字规范化效率的有益尝试。它实在值得每一位语文教师拥有，也是广大传媒工作者案头应备的工具书。当然，作为官员，如果能在讲话前就讲稿中的用词与本书认真查对一下，也许会避免或少犯低级语文错误，于提高执政威望或将有益。

几年前，奉著名语言学家、辞书编纂家、业师李行健先生之命，我有幸参与了《现代汉语规范词典》（第三版）的编纂工作，并忝任《汉字应用规范字典》《学生规范词典》《中华传统文化简明词典》等工具书的副主编。对于语文规范化问题，我深感任重道远，尚有很多工作需要教育界、辞书编纂出版界暨全社会不懈努力，方能逐渐推进汉语言文字的纯洁化规范化。中国青年出版社编辑出版这样一部跟语言文字专业和基础教育相关的著作，我为此感到高兴，故不辞浅陋乐而为之序。

此稿已经李行健先生审阅通过。他表示祝贺！希望本书能获得较好发行成绩。

齐东高氏耕之夏历丁酉年清明节识于京西莲花池畔虚旷斋

前　言

你知道 juéjué 一词的“绝”和“决”、zuòzuò 一词的“作”和“做”哪个在前哪个在后吗？你知道“稍安勿躁”第一字为什么是“少”吗？你知道有没有“书声朗朗”的成语？你知道消和销、泻和泄、愤和奋、词和辞、坠和堕该怎么用吗？你能指出“计日成功、击浊扬清、委屈求全、和事佬、劈荆斩棘、无尚光荣、忸捏、凭心而论、碾压致死”中的别字吗？面对下列词语，你写哪一个：腊梅和蜡梅、丰采和风采、树荫和树阴、仓猝和仓促、担搁和耽搁、澹泊和淡泊、高材生和高才生、环球和寰球、茄克和夹克、狡滑和狡猾、龟裂和皲裂、杀手锏和撒手锏、盈利和赢利、折衷和折中？

我使用文字，有时是费一番斟酌的，更常常对一些字义发生疑问，“吊民伐罪”的“吊”字多么恐怖，为什么字义反而是安抚呢？“深孚众望”写“深符众望”不更合理吗？“不加思索”解作不加以思索的功夫岂不正好？为什么非得写“真假”的“假”呢？有时学生问我，我能指出正字，但说不出道理来。学生也由于不能从感性上升到理性，往往记不住，即使一时记住了，以后还会返潮。

我在读文言时，对有的词义感到莫明其妙。有的词义记住了，很快又忘记。我给学生解经时，常常就注解解说，学生问我为什么是这个义，我常常张口结舌，无言以对。如《送杜少府之任蜀川》的“之”，义为前往，“之”不是助词“的”吗？怎么成了动词了呢？又如“尸位素餐”我解作空占着职位不工作，白吃饭。这岂不是说“尸”是活人了吗？“尸”是尸体呀。再如我解“弃之如敝屣”，学生问“敝”义为什么是破？“敝人”难道是破人吗？许多字词一经探究，问个为什么，便点了死穴。

后来我经过读字书、辞书，知道了，juéjué 应写“决绝”，zuòzuò 应写“做作”；没有“书声朗朗”，只有“书声琅琅”；“稍安勿躁”应写“少安毋躁”；“计日成功”等九个词语的正字是“程、激、曲、老、披、上、忸怩或扭捏、平、轧”；“腊梅和蜡梅”等十四组词语都应写后一个，它们是推荐词形，前一个是异形词；并且能根据造字原理加以解说。

再说“吊”，原写作弔，弓上搭箭。“上古之时，人民少而禽兽众”，野兽经常把死人扒出来吃了，人们便张弓搭箭把墓地周围的野兽杀死。这对丧家是一种安抚，这就是“吊”义的由来。

“孚”是子上加爪——手，手抓男子——敌虏（的头发；古人不剪发），义为俘获。由于能俘获敌虏的人值得信赖，“孚”便引申出信服义。“深孚众望”意为很使众人信服。而“符”从竹付声，声兼义。付义为交付，加上竹字头，会意为以竹制品交付于人。从周朝起，把竹片剖分两半，在朝廷封爵、置官、命使及调兵遣将时以一半为凭证行令，另一半存于朝廷，以便相合验证，义为凭证，两片符相合，义为符合。“符”无信服义，故是别字。

“假”本作叚 jiǎ，金篆文分别写作、，左上部表示上端前突的山崖，两短横表示石头，右下部和右上部是双手，会意为双手取石头，建房或作工具，义为借助、利用。后“叚”作偏旁用了，又因是人的行为，便加亻，写作“假”。“不假思索”意为不利用思索的功夫。而“加”义为增加，无利用义，故别。

“之”甲金篆文分别作、、，上部笔画是脚的象形，表示走向前，一横表示地面，之与一横组合，会意为走向前去，故是动词，义为前去。（后假借“之”的音，表示助词“的”的意思。）

“尸”甲金篆文分别作、、，甲金文像屈腿跪坐的人（跪下，臀部坐在脚心上），篆文不很像了。夏商朝，祭祀是十分重要的活动，受祭的神灵先祖用人扮演，就是尸。东汉经学大师何休给《公羊传》作注曰：“礼，天子以卿为尸，诸侯以大夫为尸，卿大夫以孙为尸。夏立尸，殷坐尸。”由于祭祀的时间长，商朝的尸改站着受祭为坐着受祭，甲金文就是跪坐受祭的人。篆文更像坐尸，一横表示手臂，横后的部分像身子和臀部，第二横形笔画表示大腿，垂笔表示小腿。这个尸——孙子享受爷爷等一干人众跪拜等祭礼，享用祭品，可以小动，但不能说话，否则穿帮。可见尸占着位子，享用祭品，不用做事。“尸位素餐”成语意即来于此。《仪礼》曰：“主人再拜，尸答拜。”尸能答拜，可见是活人。后引申为死尸，成了基本义。

敝，甲篆文分别作、，右边一竖表示棍械，其下是手字，左旁是巾字，即布，明代以前是麻布，手持棍械击打麻布，四点表示飞迸的布屑，会打破布意，义为破。“敝人”是谦辞，德行不完备的人。

我这样因形定义理解字义并加以解说，自己明晰，心胸朗乐，不写别字。用于教学，课堂气氛十分活跃，趣味盎然，（经常出现学生不愿下课的情况）学生易理解，一次牢记。

本书共解词条一千五百多条，从汉字神奇的因形定义的造字规律解说汉字两千五百多个（包括构件字）。使人读之，了解正字为什么正，别字为什么别，从正本清源的角度厘清词语的内涵，易读易记，雅俗共赏，高中文化即可顺畅阅读。读本书，有利于不写别字，阅读文言，可以了解大量灿烂的古文化信息，了解古代衣、食、住、行、占卜、祭祀、礼仪、战争、游猎、农桑、手工业、建筑等鲜为人知的知识，不会出现如北京故宫于国宝失窃案侦破后送给公安局锦旗上写别字——“撼祖国强盛，卫京都泰安”（应为“捍”）那样的大丑，不会发生投资一千六百万元的江西修水县百姓燃气公司由于政府批文把“储配”误写为“储备”而一年半不能正常营业严重受损的错误。

本书兼具提高和普及，愿有助于从事语言文字工作者，特别是中小学文科教师的工作，有助于大中学生高考、研考、成考、自考，有助于维护祖国语言文字的纯洁和健康。

凡　例

1. 本书按正字的音序排列。

2. 目录中别字的后面是正字，正字紧挨别字并加括号标示。如："击(激)浊扬清"。

3. 正文中的词条以黑体字印出，别字下加着重号，词条后空一格印红色正字。如："晴纶　腈"。

4. 不同词语中的相同的别字附加在出现该别字的代表性词条后。如：词条是"富丽唐皇 堂"，解说后附加：此外"冠冕堂皇、堂而皇之"中的"堂"也不可误写为"唐"。

5. 本书也选用了人们误会较大的二十个异形词，都在目录中加中括号标示。如："〔腊(蜡)梅〕"。

6. 对正字别字中难读难认的字和正字别字读音相近(实际有不同)的字加了注音，注在该字后。

《别字大诠》中的术语

一、汉字的形体

1. 甲骨文。甲骨文是三千六百多年前的商朝和其后的周朝(西周)出现的刻在龟腹甲或兽骨(主要是牛肩胛骨)上的文字,以描摹实物图形为主。因契刻不便,多是直笔,异体较多。

2. 金文。金文是三千多年前的商末和周朝出现的铸在青铜器上的文字。古人把铜叫做吉金,故称金文。以用组合实物图形的方法来会意的字为主。笔画圆曲流畅,异体较多。

3. 篆文。篆文分为大篆和小篆。大篆是西周末年周宣王太史名叫籀 zhòu 的人整理的字;小篆是秦朝宰相李斯、宦官赵高和大臣胡毋敬整理的文字,又叫秦篆。字线条化规整化抽象化。

4. 古文。春秋战国时期函谷关以东各国分别使用过的文字。有"蝌蚪文""鸟虫书"等不同形式。散见于石鼓、简牍、帛书及三体石经等。有时也泛指甲骨文、金文、篆文等。

二、六书

1. 象形字。指描摹实物图形的字。如:[illegible]、[illegible]、[illegible],(卩)是跪坐的人的象形。

2. 指事字。指在象形字上以点、横等笔画指明字义的字。如:[illegible](刃,刀口上加一点,指事为刀刃)、[illegible](本,木字下加一横,指事为树根)。

3. 会意字。指两个或多个象形构件组合,使人领会其义的字。如:[illegible][illegible][illegible](监,繁体字为監),由人、皿(盆)、一(盆中的水面)、〇(盆水中人脸的倒影)组成,第二字还加了目,会意为用眼看盆水照容颜,义为监、鉴。

4. 形声字。指由一部分表示事物类别的形旁和一部分表示读音的声旁组合成的字。如:"钙、碳"。

5. 假借字。指有义有音而无字表示的意义借用同音字表示的字。

如:“亦”甲金篆文分别作、、,是正面展臂的人形,两点指事腋下,义为腋下,假借作副词“也”,如“人云亦云”。

6.转注。指意义上相同或相近的字彼此互相解释的用字现象。如:“老”义为考,“考”义为老。

三、从;……声

“从”义为用作(构件)。如:“企”从人从止,用人和止作构件组合,人踮脚有所盼。

“……声”义为用作声旁。如:“桐”从木同声,“同声”即以“同”作声旁。

四、声兼义;……亦声

“声兼义”意思是声旁字兼作表义的构件。如:“嬉”从女喜声,声兼义。“喜”兼作表义的构件。

“……亦声”意思是会意字的一个表义构件,其读音也是整个字的读音。如:“扶”从扌从夫,夫亦声,“夫”与扌组成会意字,整个字读“夫”音。

五、省形;省声

“省形”指充当表义的形旁由于该形旁字笔画繁多而只取其一部分的造字方法。如:“徙”从走从行省,即省去“行”字中的“亍”chù,以“彳”chì作形旁。

“省声”指充当表声的声旁由于该声旁字笔画繁多而只取其一部分的造字方法。如:“茸”从艹聪省声,即省去“聪”字中的“总”,以“耳”作声旁(仍读“聪”音)。

六、隶变;讹变

“隶变”指甲金篆文发展到隶书时,字形有大的改变。

“讹变”指不合理的变化,即错乱变形的变化。如:甲金文的“伐”分别作、,从人从戈,会意为以戈击刺人颈。篆文把人戈分离,写作,是不合理的变化。

七、破读

破读就是读破,即通过改变字的读音来改变词义的读法。如:“衣”yī,义为衣服,名词;变读为 yì,义为穿衣,动词,如“衣锦还乡”。

目 录

说明：

一、目录按词条中正字的音序排列。

二、括号前的字是别字，括号内的字是正字，如【碾压（轧）致死】。在正文词条中，别字下加着重号标示。

三、加中括号的词条是不作别字看的异形词，最好不写，写括号内的推荐字，如【辐凑（辏）】。这种词条只录二十条（其中的异形词除一例外出现频率几乎为零）。

四、正文里有些词条下还包括其他容易写成别字的字词。如【不加思索（假）】条下附：此外“久假 jiǎ 不归（借用很久也不归还）、狐假虎威”中的“假”也不可误写为“加”。

A

B

C

D

E

F

G

H

J

K

L

M

N

O

P

Q

R

S

T

W

X

Y

Z

A

【哀声叹气】唉。"唉"形声兼会意字，从口矣声（即形旁是口，"矣"是声旁，由于古今音变，今"矣"已不能表 āi 音）声兼义。"矣"，会意字，甲骨文（商朝西周刻在龟腹甲和牛肩胛骨上的文字），刻作，中下部为矢，即箭（木杆为矢，竹竿为箭；箭是古代生长在绍兴的竹子，长一丈多，节间三尺，坚韧而直，是做矢的良材，后代因以此竹名——箭来指称矢），尖头带尾羽；上部笔画表示（人被矢射中而）出气呼叫，是气上升的图形。篆文（战国末年、秦朝初年由甲骨文、金文演变而成的文字）加口字旁，写成，加符（加表示意义的形旁符号）显义。"唉声叹气"意为因伤感烦闷或痛苦而"唉"声连连，发出叹息。见字形而明其义，且伤感烦闷或痛苦之叹，其声自然为 ai，这是我古先民创造的形义音统一的高智慧字。

而"哀"，会意字，金文（商周朝铸在青铜器上的文字）写作，中间为口，上下相合为衣，（衣，象形字，甲金篆文分别作、、，上有领口，左右是衣袖，下有掩覆的衣襟），衣与口组合，会意为口掩衣内或以衣掩口，义为发出悲哀之声。这也是我古先民创造的高智慧的形义音统一的字。"哀"由哀声义引申出悲哀义，成语并非表示用悲哀的声音叹气，叹气的声音也并非都悲哀，音同义异误会而别。

【和蔼】蔼。"蔼"ǎi，会意兼形声字，从讠从葛，葛亦声（由于古今音变，今不少形声字的声旁已经不能准确表音了）。葛从艹从曷 è；hé，曷从曰从匃 gài。分述之：

"曰"，象形字，甲骨文金文篆文分别作、、，下部是口，口上的竖弯笔画表示声气外出，会意为说话，义为说。

"匃"，会意字，甲金篆文分别作、、，左边竖弯弧形笔画表示侧面看的眼窝，连接眼窝的两笔表示锥刀一类的刺瞎人眼的器具。夏商朝部落首领、奴隶主、侯王把罪犯或战俘刺瞎一只眼做奴隶，是为"亡"字，它是"盲"字的初文。右边是人字，篆文写成了大框。它们组合，会意为盲无眼珠者向人乞求，义为乞求。（今楷书的"丐"字是"匃"的美化写法）曰与匃组合为

A

曷,会意为说乞求的话,由于乞求话细弱,义为细弱,柔弱。

曷与艹组合为葛,会意字,会意为柔弱的草木,指葛藤类植物。由于葛藤柔软,葛与讠组合,会意为语言细柔温和,义为温和、和气。“和蔼”义为态度温和,容易接近。

而“霭”从雨从蔼省(省去艹字头)。雨与蔼组合为霭,会意字,会意为雨意很细弱,义为轻柔的云气雨意,无态度温和义,音同形近义异而别。

【暮蔼四合】霭 ǎi。解说见上。“暮霭四合”意为傍晚的云气布满天空,天色昏暗。词语属气象类,故从雨。

而“蔼”与气象无关,故别。

【林深路碍】隘 ài。“隘”,形声兼会意字,从阝 fù 嗌 yì 省声(以嗌为声旁,省去口;由于古今音变,今不能表声),声兼义。

阝(在左),即“阜”fù 字,作偏旁时写作阝。阝,象形字,甲金篆文分别作[古文字]、[古文字]、[古文字],像从挖筑于(高而土层厚的)土山上的穴居的土室中出来登上地面的台阶或刻在木头上的脚窝,也表示山上的石阶。义为高的土山。带阝的字,其义都为与山有关的地方或与地方义有关的行为、性状。

“嗌”,形声兼会意字,从口益声,声兼义。“益”甲金篆文分别作[古文字]、[古文字]、[古文字]。下部是器皿的皿(盆),上部表示水,会意为水溢出盆外。口与益组合,会意为有口可流出水的地方,也会意为有口可供声气流动的地方,义为发出声气的咽喉。阝和嗌组合为隘,会意为山阜间像咽喉那样狭窄的地方,本义为狭窄。“林深路隘”意为树林幽深,道路狭窄。

而“碍”本写作繁体字“礙”,今以东汉时的异形字“碍”作简化字。“碍”,会意字,从石从㝵,㝵读 dé,(“得”的初字)甲骨文刻作[古文字],会意字,从贝从手。分述之:

贝,象形字,甲金篆文分别作[古文字]、[古文字]、[古文字],形如贝壳,它产于古代所指称的南海,即今舟山群岛一带。它色泽艳丽,小巧易携,不变质,坚固耐磨损,大小恒定,可聚合,可拆分。商朝的先民们便渐渐把它从赏赐物变用为货币。后生产发达了,贝不够用,便造了铜贝、石雕贝、木刻贝。贝用到战国渐止。贝下是个手形符号,贝与手组合,会意为手有所得。

另一个甲骨文刻作[古文字],左边加了表示十字路口的“行”的左半边的彳 chì 字,彳也表示街道义,行走义,三个构件组合,会意为行有所得,金篆文分别写作[古文字]、[古文字],篆文把手写成寸(篆文经常在手下加点写作寸,其义仍为手),会意不变,它们的义都是获得、得到。

得和石字组合为碍(楷书省去彳),会意为有石阻挡行有所得,义为妨碍、阻碍。“碍”无狭窄义,成语也不是说树林幽深,道路阻碍,音同义异误会而别。

另,狭隘、隘路的“隘”也不可误写为“碍”。

【按装设备】安。“安”ān,会意字,从女从宀 mián。女，甲金篆文分别作、、，是双臂抱护乳胸跪坐地上的女子象形；宀，甲金篆文分别作、、，是房屋的轮廓象形，故从宀的字基本上都表示房屋或与房屋有关的事物、行为、性状。位于河南新郑的八九千年前的裴李岗文化，其遗址有大片房屋群落，平地上挖有圆形大地坑，深约一米，面积三十多平方米，坑外缘有八个到十个插树木的圆形竖坑。据此可知，八九千年前的远古先民已能建圆墙圆顶的半穴居房屋。四千年前的夏商也盖半穴居屋，在较高的土层厚的地方挖四十厘米至一百厘米的地穴，中竖大木，（有的地穴四周版筑有矮墙）四角房柱斜立，攒系于正中间的大木顶，上覆树叶、兽皮。今从甲金篆文“宋”字、、，可窥其大略形制。女与宀组合，甲金篆文分别作、、，会意为女在屋内。由于女多静定，家有女则安，会意为平静、稳定，由于平静、稳定含有静止安处意，引申为安放、安置、安装。

而“按”，形声字，从扌安声。从扌的字大都表手的动作、行为，义为用手下压，无安装义，音同异义而别。

【不暗交际】谙。“谙”ān，形声兼会意字，从讠音声（今不能表音），声兼义。甲骨文中“音、言”同字，都写作，上部本是，像头朝下生出的婴儿，但此字与屰（，头朝己方，表示逆向来的人，后代写成头朝上，并加辶，写成逆）相混，便在其上加一横，写成，以相区别。其下加口，两部分组合，会意为新生儿张口哭，义为音（高智先民把这一抽象概念表达得多么高明！）秦篆在上面加一短横，写成，即“言”。又的口的上部是刑刀的象形，见B部“避（辟）邪”条的解说，上下组合，会意为用刑刀施加罪犯时，口叱言判，是为“言”字。由于“音、言”是同一个字，为了区别，表“音”义时就在口中加一横，写成。讠与音组合，会意为通过言语、声音而知晓，熟悉，义为熟悉。“不谙交际”意为不熟悉交际之道。

而“暗”，形声兼会意字，从日闇 yīn 省声（省去門后以音作声旁；門的简化字是门），声兼义。闇，会意兼形声字，从门从音，音亦声。门与音组合为闇，会意为音闭门内，义为无声。日与省去门的音组合为暗，（因闇有闭门意，）会意为门闭而日光不能入，义为昏暗，光线弱。“暗”无熟悉义，音同义异而别。

【柳岸花明】暗。解说见上。“暗”义为昏暗，光线弱，引申为深。柳色绿，且密垂丛生，与花色明相映衬，显暗，故为“暗”。“柳暗花明”比喻在困境中看到希望。

而“岸”，会意兼形声字，从岸 yǎn；àn 从干，干亦声。分述之：

岸，会意字，从山从厂 yì——不是厂 chǎng，第一笔是横撇，它与第二笔长撇组合，像外突的山崖，它与山组合，会意为像山崖一样高的地方。

干，与“单”同形，象形字，甲骨文

刻作，表示木杈上绑石头，是原始狩猎工具，金篆文分别写作、，由于它不仅可攻，亦可守，借作盾牌义，引申出捍卫、阻挡义。

屵与干组合成岸，会意为像盾牌阻挡刀箭一样阻挡水的，像山崖一样高的地方，义为水边。“岸”无日光义，成语也不是说柳树岸边有鲜花，音同义异误会而别。

【暗然失色】黯。解说见上。“黯”àn，形声兼会意字，从黑闇 àn 省声（省去门，用音作声旁，由于古今音变，“音”已不表 àn 声），声兼义。从黑的字都表色黑的事物、行为、性状，黑与音组合为黯，会意为门内黯黑，义为颜色黑、深，引申为面色暗淡，用于心理。“黯然失色”意为心里不舒服，情绪低落，脸色不好。

而“暗”从日，用于物，且无“暗然”之词，音同义异误解而别。

另，“黯然神伤、黯然泪下”的“黯”也不可误写为“暗”。

【生机昂然】盎。“盎”àng，会意兼形声字，从皿从央，央亦声。“皿”，象形字，甲金篆文分别作、、，上部表示盆体，下部表示盆脚，金篆文盆体下两侧的斜笔表示盆边，义为盆盘盂钵杯碗的总称。

“央”，会意字，甲骨文刻作，中间是一个向两侧伸出手臂的正面的人，人上部的短横表示头，头颈上的凵 kǎn 表示枷锁，两相组合，会意为人的脖颈上戴着枷锁，义为灾殃，是殃字的初文。由于枷锁卡在头颈处正中间，引申为中央。金篆文分别写作、，楷书简便流畅化，写作央。“央”的甲金文中间笔画又像矢，凵表示有物被矢从中间射破，义也是中央。

又，央从大从冂 jiōng，会意字。大是正面的人的象形，冂，甲金篆文分别作、、，甲骨文表示范围，金篆文加了表示具体范围的图形口，强化了范围义。大与冂组合为央，会意为人在某范围正中，义也是中央。

央与皿组合，篆文写作，会意为水从皿中心上满而溢，义为洋溢、盛 shèng 多，引申为满盛 chéng 状，形容气氛、趣味等洋溢的样子。

而“昂”，形声兼会意字，从曰卬声，声兼义。“卬”áng，会意字，甲骨文刻作，上部是手，下部是跽（跪坐）的人，（人跪坐，臂放膝上），两部分组合，会意为用手把人摁倒，义为（人倒下）面朝上。另一甲骨文刻作，在下之人上望在上之人，义也为面朝上。曰与卬组合为昂，篆文写作，是跪坐的人的变形的象形字，楷书将其规范成卩 jié。“昂”会意为人抬头看日，义为抬头。“昂”无洋溢之义，音近义异误解而别。

【傲游天地】遨。“遨”áo，会意兼形声字，从辶从敖，敖亦声。“敖”，会意字，金文写作，左上部是“出”的稍有讹变的写法，（出，会意字，甲金篆文分别作、、，上部是脚的象形，上有脚趾，下有脚跟，最下部凹笔画表示半穴居的土室，上

下组合，会意为用脚从穴中走出，义为出。）敖的左下部是人，右上部表示棍或戈，右下部是手的象形，四部分组合，会意为人持武器出游，义为出游。篆文写作[illegible]，左下部讹变（不合理的变化）为“方”，会意和本义不变。后，敖用作姓，出游义便加走之旁辶表示；走之旁表示走。“遨游天地”意为在天地间漫游、游历。

而“傲”ào，也来源于敖，会意字，从亻从敖，敖亦声。因为是人的行为，故从亻。人持武器出游，则不安其土（家乡），闯荡江湖；不安其土，闯荡江湖则狂傲、傲慢、骄傲，义为傲慢、骄傲。“傲”无走义，形近义异不解偏旁而别。

【骄敖】傲。解说见上。

B

B

【坚忍不拨】拔。“拔”,会意字,从扌从犮 bá。犮,指事字,篆文写作犮,在犬腿上加了一撇,会意为腿上拴系有绳子的狗,或一条腿受伤的狗,前进不便,拖拽而行,义为狗拖拽而行。犮与表示手的动作、行为义的扌旁组合,会意为用手拔拽,义为往外拽出、拉、抽。(一说“拔”,形声字,从扌犮声)由于抽拽而出往往高直,引申为挺拔;由于挺拔之物直而稳,引申为不动摇。“坚忍不拔”意为坚持而不动摇。

而“拨”是另一个字,见本部“点拨”“拨”条的解说,是形近而误的错字。

其他如“出类拔萃、拔刀相助、拔地而起、拔擢、选拔”的“拔”都不可误写为“拨”。

【专横拔扈】跋。“跋扈”báhù,义为专横暴戾 lì,欺上压下。二字虽各有义(跋:写在书籍文章后面的短文;扈:随从),但连在一起,并非二义相加,而是仅取其音,组成单纯词(即一个语素的词,整个词义与单个字义无关,字只表音,两字合起来表一个独立的义。如“马虎”义为草率;疏忽大意;不细心,与“马”和“虎”无关)。只要是表 báhù 音的字都可以写,但习惯上写“跋扈”,故“拔”别。音同形近义异而别。

【甘败下风】拜。“拜”,会意字,甲骨文刻作拜,中间是禾,左右是手,它们组合会意为双手持禾麦敬献神灵先祖,拜祭祷告,祈求丰收,义为拜揖、行礼。金文写作拜,左边是手,右方中间是有口有眼的向下的头部,头上部向右折的半圆形笔画表示头发,头下部是人的身子。左右组合,会意为人低头屈膝行拱手礼。篆文有繁简两体,其简体字写作拜,左边是手,右上部也是手,右下部是横下加两笔,即“下”(下,指事字,甲金篆文分别作二、丅、丅,一横表示基准线,短横或一竖在其下,示意为下),三部分组合,会意为双手向下作揖,义为下拜。《尚书·益稷》:“皋陶 gāoyáo 拜手稽首。”(皋陶作揖下拜叩头触地行礼)。“甘拜下风”意为甘心拜服,自认不如。

而“败”,会意字,从贝从攴 pū;pō,甲金篆文分别作败、败、败,左旁是贝，金文写两贝，贝是商周货币，见上“林深路碍(隘)”的解说。右上方是棍械，右下方是手，几部分组合，会意为用手持棍械击毁贝，义为毁坏。后词义扩大为人、组织、国家被破坏，引申为失败、战败。“败”无拜服义，成语也不是说甘心失败，居于下风，音同义异误会而别。

【略见一般】斑。“斑”，会意字，从珏 jué 从文。珏：瑞玉也；文：象形字，甲骨文为[古文字]，像人正立，胸刺花纹，后省写为“文”，本义为刺画花纹，引申为错画(交错画纹)。珏，会意字，甲篆文分别作[古文字]、[古文字]，横画表示玉片，字呈玉串形，甲骨文上端的歧头表示串玉的绳结，会意为两串玉，义为相合的美玉。文与珏组合为“斑”，会意为玉上的花纹，引申为斑纹。“略见一斑”出自“管中窥豹，时见一斑”(《世说新语》)，比喻从看到的一部分进而推想整体。

而“般”，会意字，古图画作[古文字]，甲骨文刻作[古文字]、[古文字]，金文写作[古文字]，左旁像竖画的浅口器皿形的盘皿，中间像匕匙(浅口小勺)，右下方是拿匕匙的手。金文把匕匙变写为棍械，写在右上方，右下方是手。古图最上方的笔画像肉块儿，表示取食的是肉，甲金文省去肉。几部分组合，会意为手拿匕匙从盘中取用食物，义为盘子。东周金文的[古文字]之器皿形多讹混于(不合理地混入)[古文字](舟)字，于是“般”字的金文常写作[古文字]。篆文承金，左边写作舟，右边讹变(不合理的变化)为殳 shū，写作[古文字]，楷书写作般，其义仍为盘，繁体字写作盤。后“般”假借为“种、样”义(假借是有义有音而无字的词借同音字来表示的语言现象。)无斑纹义，成语也不是说略微看见一般情况，音同义异误会而别。

【班驳陆离】斑。解说见上。“斑驳陆离”意为(斑纹)色彩错杂参差不一。

而“班”，会意字，从珏从刀，“班”中的点和撇，甲篆文分别作[古文字]、[古文字]，楷书写作“刀”，又变写作点撇，会意为用刀剖玉，与色彩无关，故别。《现代汉语词典》(以下简称《现汉》)把“斑驳”作为推荐词形，把“班驳”作为异形词，建议不写后者。

【板上走丸】阪。也作“坂”。二字都是左形右声。“阪”，形声兼会意字，从阝 fù 反声，声兼义。反，会意字，从厂 hǎn(做廠的简化字厂时读 chǎng)从又。分述之：

阝，象形字，甲金篆文分别作[古文字]、[古文字]、[古文字]，楷书写作阜，作为偏旁写作阝(在左)，是夏商朝时建于高而土层厚的山上的穴居室通往地面的台阶或在木头上刻挖的脚窝，也表示山上的石阶。因此从阝的字皆表山或与山有关的地方、行为、性状。

反，甲金篆文分别作[古文字]、[古文字]、[古文字]，左上部的厂像前突的山崖形，右下部是手，它们组合，会意为用手翻转而上山石，义为翻转。阝与反组合，会意为人翻转过山地，义为山坡。由于义为山坡，故又从土。今以“阪”为推荐词形，把“坂”作为异形词。“阪上走丸”意为山坡上滚下圆球，比喻事势发展迅速。

而“板”，形声兼会意字，从木反声，声兼义。木与反组合，会意为可翻转的树木类的物品，义为木板。“板”无山坡义，成语也不是说木板上滚圆球，音同义异误会而别。

B

【羁拌】绊。四字头的字皆为网或与网有关的动作、行为，如“罗（捕鸟网）、罾 zēng（捉鱼网）”。“羁”，会意字，从网从革从马，三部分组合，会意为马被网绳和皮革所拴缚。

绊，形声兼会意字，从纟mì 半声，声兼义。纟字旁的字大都表丝、线、绳或与之有关的事物、行为、性状，如“纱、缝、纯”；用绳子方能绊，故从纟。

半，会意字，从八从牛，金篆文分别写作[古文字]、[古文字]。上部是表示中分的八，下部是牛的象形，从牛后面看，有牛角、牛头、牛身、牛胯骨（用一横表示）、牛尾。八与牛组合，会意为中分牛，由中分义引申为中间，如“半途、半夜”。纟与半组合，会意为用绳子从中捆绑，义为行走时被别的东西从中挡住或缠住。“羁绊”义为缠住了不能脱身，也义为束缚。

而“拌”，形声兼会意字，从扌半声，声兼义。从扌的字表示手的动作、行为。扌与半组合，会意为用手把物体的一部分从中分开，义为舍弃，读 pān，又会意为用手把两部分或多部分东西搅动拌合在一起，读 bàn，义为搅和、搅拌，无羁绊义，音同形近不解偏旁而别。

【惹人榜议】谤。“谤”bàng，形声兼会意字，从讠旁声，声兼义。旁，会意兼形声字，从凡从方，方亦声。分述之：

凡，象形字，甲金篆文分别作[古文字]、[古文字]、[古文字]，甲金文像两头有把手的大盘子，又像井上用四根木头构成的井盘，篆文变形美化得不大像了，义为盘、井盘。

方，象形字，甲金篆文分别作[古文字]、[古文字]、[古文字]，横画表示物，中间两个长笔画表示刀，像用刀从中间剖开，其左右表示两方，两小竖画指事两方。义为旁边、一旁、某方。

凡与方组合为旁，甲金篆文分别作[古文字]、[古文字]、[古文字]，篆文的凡，讹变为亡，上下组合，会意为井盘四帮，义为旁边。表示语言的讠与旁组合，会意为从一旁说的话，不是当面的直言，义为说坏话。“谤议”指无中生有恶意攻击他人的话。

而“榜”bǎng，会意兼形声字，从木从旁，旁亦声。从木的字大都为树木或与树木有关的物、行为；木与旁组合，会意为在一旁的树木或木桩，本义为用作（绑起来）扳正歪斜的弓弩的木（弓弩像凡），因弓弩捆绑高挂可见，引申为高挂可见的匾额、文榜，无关语言，音近形近义异而别。

【永保青春】葆。“葆”，会意兼形声字，从艹 cǎo 从保，保亦声。“保”，会意字，从亻从呆。分述之：

“保”甲金文分别作[古文字]、[古文字]，像一个人，臂伸到背后，肩臂上有一个子——幼儿，幼儿有头，有两臂，有用一竖笔简示的腿。两部分组合，会意为背着幼儿。甲骨文又刻作、，把大人的臂写短了，甚至省掉了，金文写作，把臂写到子的右下边去了。又一金文写作，大概为了对称美，子的左右两边各写了一笔。篆文承金，写作。它们的本义都是背负幼儿。

保上加艹，会意为如同被保护的有旺盛生命力的幼儿一样的有旺盛生命力的草，义为草茂盛。由于草保持着旺盛的生命力，引申为保持。“永葆青春”意为永远保持青春不老。

而“保”义为一般性的保护、保持，不了解词义，音同形近义异误解而别。

【报负】抱。“抱”，会意兼形声字，从手从包，包亦声。包，甲篆文分别作、，外框表示肚腹，内中是腹中胎儿的象形，胎儿头朝上，身子蜷曲，尚未足月，义为胎胞，引申为包裹起来，如包扎；又引申为怀有、容有。扌与包组合，会意为以手包聚，本义为用手臂围聚，如“抱头而泣”，引申为怀抱，又引申为持、心里存有。“抱负”意为怀有远大志向。

而“报”（见下面的“报复”条的解说）无抱有义，音同义异而别。

另外，“抱歉（抱有歉意）、抱怨（抱有怨恨情绪）、抱残守缺、抱愧、抱憾”中的“抱”，都不可误写为“报”。

【抱复】报。“报”繁体字作“報”，会意字，从幸从𠬝fú，甲骨文刻作，左边是上下两端有辖，可束紧，中部夹手的刑具，右边是跪下双手前伸被拷住的人。金文写作，左上部的“大”是正面的人形，左下部表示刑具，刑具上的两点搭在人腿上，表示钳住人腿的刑具，中上部表示被判罪受刑的人，右下边是手。各部分组合，会意为一只手抓住一个人给其上刑具治罪，义为判决罪人。篆文规整化，写作，把手写到人下，人字变形，写成弯腰并且手臂放在膝上的笔画。文字隶定后，楷书写作報，今简化为报。由于判罪含有对做了罪恶事的犯人以限制自由、服苦役、伤残肢体或杀死为手段的惩罚意，引申出还报等义。“报复”义为还报打击那些批评自己或损害自己利益的人。

而“抱”见上，无还报义，音同义异而别。

【以德抱怨】报。解说见上。“以德报怨”意为用恩惠还报怨恨。“以怨报德”意为用仇怨还报恩德。而“抱”见上，无还报义，故别。

【投桃抱李】报。解说见上。“投桃报李”意为他送我桃子，我还报他李子，比喻友好往来。

【自报自弃】暴。“暴”，会意字，从日从凵 kǎn 从出从禾，金文写作，字由四部分组成，上为日，日下是箕架，箕架下为出（“出”见 A 部“遨游天地”的解说），出下是禾，禾表示粟米，四部分组合，会意为太阳出来了，粟米放在箕架上晒。篆文写作，从日从出从廾 gǒng（廾，甲金篆文分别作、、，是双手的象形）从米，会意为太阳出来

B

了，手捧着粟米（放到外面）去晒。它们的本义都是晒。由于过量曝晒有害健康，引申出损害、糟蹋义。“自暴自弃”意为自甘落后，自我糟蹋，不求上进。而“报”见上，无糟蹋义，音同义异而别。

【暴冷门】爆。解说见上。“爆”，形声兼会意字，从火暴声，声兼义。“暴”义为晒（见上），曝晒则热，与火组合，义为热火星迸裂，如“火爆、爆竹”，音 bào——破裂炸响之声。见字形，会字义，发拟音，这是个形义音统一的高智慧字。由于爆裂有急、快、突然的特点，引申为急、快、突然。“爆冷门”意为突然出现意料不到的事情。

而“暴”虽也有突然义，但无快义，缺爆裂意味，音同义异而别。

【暴光】曝 bào。解说见上。曝，会意兼形声字，从日从暴，暴亦声。暴义为晒，后加日旁以显义，引申为显露。“曝光”义为使底片感光，或（把不光彩的事）公之于众。“现汉”把“曝光”作为推荐词形，把“暴光”作为异形词，建议不写后者。另，“曝”又读 pù，解作晒，如“一曝十寒”。

【并行不背】悖。“悖”bèi，会意兼形声字，从忄从孛 bèi，孛亦声。“孛”篆文写作，外框笔画表示草木茂盛枝叶披覆错杂的象形，内里是子字。两部分组合，会意的重点在外框，义为草木如孩子有无限生命力一样繁茂。由于此会意（枝叶披覆错杂）含有人觉得杂乱之意，引申为惑乱。因为惑乱是心理活动，又因为“孛”在语言文字的发展中只作偏旁用了，后人便加忄旁，写作悖。又由于心惑乱而识有误，行有错，引申为相反、违背。“并行不悖”意为同时实行，并不冲突。

而“背”，会意兼形声字，从月从北，北亦声。“北”本义为背部，线条化的文字表示不出此义，高智慧先民们用人背对背表示。商代甲骨文刻作，商周金文写作，秦篆写作，后代加了“月”字底以显义。“月”除了“朝、明、朗”等少数确与月亮有关的字以外都表示肉。月（肉），甲骨文刻作、，是肉块象形，篆文写作，两斜横表示肉中的纹理。“北”与“月”组合，篆文写作，由于背在人的反面，引申出相反义。“悖、背”义近而有别：“悖”重于心理，且逆反意强，程度深，而“背”仅表一般相反，成语也不是说一同前行，不相背而行，音同义异误会而别。

【人才倍出】辈。“辈”，形声兼会意字，从车非声，声兼义。车，象形字，甲骨文刻作、，下部的中间方框是舆（车厢，约一平方米），两边是车轮，穿过轮、舆的横线是轴，中间长竖是辕，上部曲横线是衡，两个人字形构件是套在牲口脖子上的轭。形象准确逼真，太妙了。（车辕断开处，当是驾车时可接上，卸车时可拆开之处。是非常高明的设计。）东汉许慎在《说文解字》（以下简称《说文》）中指明是夏朝人奚仲所造，当是奚仲集众人智慧之大成者。我古先民四千年前就造出如此先进的运载工具，车形优美，构造科学，功能合理。这般灿烂的文明,令人惊叹自豪。金文作为文字使用,简化作重,篆文写作車,中间是舆,两横表示车轮。秦和秦前的车是作战用的,这从籀zhòu文(西周末年周宣王太史名叫籀的人整理的文字,又叫大篆)可以看出来,即写作𨏥,左边是车,右边是两把戈。

"非",象形兼会意字,甲金文古文分别作非、非、非,是两翅分张的象形,义为违背。车与非组合,会意为战车分张开排列。秦朝前,百辆战车为一辈,义为列,引申为类、批;车有前列,有后列,称前辈、后辈。"人才辈出"意为人才一批一批地涌现。

而"倍"(见下)义为倍数,无类、批、辈次义,成语不表人才成倍出现,也不表不同辈分的人都有人才出现,音同义异误会而别。

【关怀倍至】备。繁体字为備,会意字,甲骨文刻作𤰈,中间从上到下是头朝下的矢,四方形表示盛矢的袋,义为箭袋。金文写作𤰈。由于箭袋是人用的,篆文加了亻旁,写作備,由于箭袋是防御敌人必备的好武器,有了它,便都准备妥当了,于是引申出完全、完备义。"关怀备至"意为关怀爱护完全、周到。

而"倍"会意兼形声字,从亻从音,音亦声(今不能表声)。音pǒu,会意字,从辛省(省去十)从口。辛,象形字。分述之:

辛,甲金篆文分别作辛、辛、辛,像上有握柄,下有锐头的刀具,上部的一短横疑为环索,陕甘出土文物常见,长约三十厘米。它是部落首领、奴隶主、诸侯、方伯对奴隶、战俘、罪犯施以黥刑或刺瞎一目(当作记号)用的。辛与口组合为音(上部的"立"是省写了"十"的辛),篆文写作音,会意为被刺扎而口呼痛的人,义为奴隶。亻与音组合为倍,会意为人带着奴隶;人带着奴隶,则人数倍于主人,义为倍数,加倍。"倍"无完全义,成语不是说成倍地关怀,音同义异误会而别。

【求全责倍】备。解说见上。"求全责备"意为要求完美,要求周备,即苛责别人,要求完美无缺。

【彼彼皆是】比。比,会意字,"比"的一半是匕,甲金篆文分别是匕、匕、匕,是跪拜的妇女象形(不是人字,也不是跪坐的人。)"比"甲金篆文分别作比、比、比,它们是两个人下趴形,会意为二人并肩相挨趴伏,(也不是从——"从",从是两个行走的人的侧面形)义为亲近,比并匹合,引申为并列,排列。"比比皆是"意为一个挨一个,到处都这样。

而"彼",形声兼会意字,从彳chì皮声,声兼义。彳是行的一半,义为小步走。皮,金篆文分别作皮、皮,左上方是铲子形,一竖表示把儿,铲头下有可插进手指便于发力的套环,右下方是手形。篆文文字化,抽象化,把铲子和套环写分开了。它们组合,会意为手执铲子剥兽皮,义为剥兽皮,引申为剥,又引申为所剥的兽皮、皮。彳与皮组合,会意为走过去剥兽皮,义为前往另一人处(剥兽皮),引申出基本义他人、那,无并列、排列、挨着义。不明词义,音同义异而别。

【金壁辉煌】碧。"碧",会意字,从石从玉从白。石表示石头,王是玉,是一串绳系的片状玉,甲骨文刻作、,上部的歧头是绳结形。金文篆文写作王。当时君王的王写作,(君王大王的王,甲骨文写作、,是大斧头的象形,上两横表示销子和斧柄,大的利器,为拥有杀伐大权的部落首领所有,后借称为首领、侯王、国王、帝王.金文写作王、王,篆文写作王)上两横挨在一起。但在书写中,表示玉的王字和表示大王的王字难以区别,楷书为了有区别,便给表示玉的王字加了一点(玉上往往有斑点),写作玉,作偏旁则写作斜王旁。"白"意为亮,石、玉、白组合,会意为青美亮白的玉石,即青玉。由于青玉玉色绿而亮。引申为明绿色;金:亮黄色。"金碧辉煌"形容建筑物光辉灿烂,非常华丽。

而"壁",形声兼会意字,从土辟声,声兼义。辟,会意字,从尸从口从辛。分述之:

尸,甲骨文作,是蹲踞 jū(跪坐)人的侧面的象形,金篆文分别作、,篆文的一横表示手臂(平伸),其他表示躯干、臀部、和腿(大腿横,小腿垂),它们都是"人"字。

辛,象形字,甲骨文刻作、,金文写作、,篆文写作,它们是刑刀的象形,上部是握柄,下部是尖锋。晋陕曾出土不少这类短刀,长近三十厘米,两面有锋,有柄,有节把。它是三千多年前奴隶主、部落首领、诸侯王对奴隶、战俘、罪犯施以肉刑的利器。

辟,甲骨文刻作、,金篆文分别写作、,左边是人,人后边的圆圈表示人头或肉块、肢体。右边是刑刀。三部分组合,会意为用刑刀把人头砍下或把肉割下,义为施刑。辟,由砍头、断肢的施刑义引申为分开。

商周人以土筑墙,(在两层木板中捣土,阴干后去板,称"版筑"),土与辟组合,会意为用土筑成的用以分隔开空间的建筑物,义为墙壁。成语不是说金色墙壁辉煌,音同义异误会而别。

【白壁微瑕】璧。解说见上。"璧",形声兼会意字,从玉辟声,声兼义。辟由砍头、断肢的施刑义引申为除去义。玉与辟组合,会意为有除去邪祟作用的大玉,义为璧玉。这种玉是扁平的中心有圆孔的圆形玉,一般直径为十七厘米,圆心孔径为五厘米。"白璧微瑕"意为白色玉璧上有小疵斑,比喻很好的人或事物有小缺点。而"壁"见上,义为墙,音同形近义异不解偏旁而别。

【珠联壁合】璧。解说见上。"珠联璧合"意为珍珠穿在一起,美玉叠合在一块儿,比喻美好事物聚在一起。

此外"璧还、完璧归赵"的"璧"也不可误写为"壁"。

【锋芒必露】毕。"毕"的繁体字为"畢",象形兼会意字,甲骨文刻作

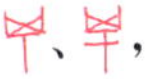

、，上部表示网，下部为长柄，像捕捉鸟兽的长柄网。金文写作，加了田字头，和下部图形组合，会意为田猎时捕捉鸟兽的网。“毕”的本义是长柄网。由于用网捕取含有捉尽意，引申出都、完全义。“锋芒毕露”意为刀锋枪尖全都露出来，比喻言词犀利，锐气和才干全部显露出来。

而“必”，会意字，金文写作，中间三笔表示戈，左右两点表示固定戈头的穿孔，便于用熟牛皮条绑扎以固定于柄上，会意为戈头固定在柄上。由于戈头必得固定才能使用，引申出必定义。“必”义为一定，必定，无全都义，成语也不是说锋芒必定露出，音同义异误会而别。

【必恭必敬】毕。此成语出现较早，写“必恭必敬”，后衍化为“毕恭毕敬”。现在后者使用频率高，流通面大，是推荐词形，最好用后者。前者是不作别字看的异形词。

【蓬壁生辉】荜。“荜”bì，形声兼会意字，从艹毕声，声兼义。毕，见上“锋芒毕露”的解说。做捕猎鸟兽的长柄取自竹子或藤条，艹与毕组合，义为竹木类的植物。“蓬荜生辉”意为别人到蓬门荜户（用蓬草荜柴扎的门，意为穷家，谦词）家里来或张挂别人给自己题赠的字画而使自己非常光荣。而“壁”见上，无竹木义，成语不是说蓬草墙壁生辉，音同义异误会而别。

【毕路蓝缕】筚。解说见上。“筚”bì，形声兼会意字，从竹毕声，声兼义。竹与毕组合，会意为长柄状的竹子，义为竹篱笆。“筚路”：用竹或荆条做成的上路的柴车；“蓝缕”lǚ同“褴褛”：衣衫破烂。“筚路蓝缕”意为驾着柴车穿着破衣（去开启山林），比喻艰苦奋斗。而“毕”见上，无竹篱笆义，音同义异而别。

另，“筚”也可写成积非成是的异形词“荜”。

【百业凋蔽】敝。“敝”，会意字，甲篆文分别作、，右上部表示戈或棍，右下部表示手，左边为巾，会意为手持戈或棍打破巾，四点表示打破的布屑，故本义为破，引申为残破，衰败。“百业凋敝”意为各行各业都处于衰败之中。

而“蔽”，会意兼形声字，从艹从敝，敝亦声。上下组合，会意为像戈或棍打破的布屑那样小的草，本义为小草，由于小草遮盖地面，引申为遮盖。“蔽”无破义，音同形近义异而别。

【蔽帚自珍】敝。解说见上。“敝帚自珍”意为破扫帚，自己当宝贝爱惜，比喻东西虽不好，可自己珍视。

【衣不敝体】蔽。解说见上。“衣不蔽体”形容衣衫破烂。

其他如“浮云蔽日、遮蔽”的“蔽”都不可误写为“敝”。

另，“百业凋敝、敝帚自珍”的“敝”也不可误写为“弊”。

“弊”，会意兼形声字，本写作犬字底，下部不是廾 gǒng 字底。敝与犬组合，会意为狗衰败倒卧；狗倒卧，可能死了，可能病了。为了分化字义，表示死义的，写作斃，今简化作毙；表示病义的写作弊，犬字底的獘就不写了。廾，见上“自暴自弃”的解说，是双手相对拱举之形，敝与廾组合，会意为病痛而手举抓舞，义为病，如“弊病”。“敝”无遮盖义，音同义异而别。

B

【惩前毙后】毖。解说见上。“毖”，形声字，从比必声，义为谨慎小心。“惩前毖后”意为警戒以前的，小心以后的，即吸取过去失败的教训，以后小心，不致重犯错误。

而“毙”繁体字写作斃，会意兼形声字，从死从敝，敝亦声，今简化作毙。见上“百业凋敝”和“衣不蔽体”的解说。残破义的敝和死组合，义为死，无谨慎小心义，音同形近义异而别。

【刚腹自用】愎。“愎”，会意字，从忄从复。忄表心理活动。复，甲金篆文分别作[古文字]、[古文字]、[古文字]，甲骨文的下部是夊 suī，象形字，甲篆文分别作[古文字]、[古文字]，像朝下的左脚，表示迟疑退回义。夊的上部像有两个出入口的地穴。金文加出台阶，篆文美化。上下组合，会意为在穴居屋进出，义为进出往返。忄与复组合，会意为任意进出，义为执拗。“刚”义为倔强；“自用”义为只采用己见。“刚愎自用”意为倔强固执自恃才能，不接受意见，独断专行。

而“腹”，形声兼会意字，从月复声，声兼义。月，表肉体（见“并行不悖”条），月与复组合，会意为不断有食物、水进入和大小便拉出的肉体部分，义为肚子，无执拗义，形近义异而别。

【避邪降魔】辟。会意字，见上“金壁（碧）辉煌”条的解说。辟的引申义为除去，“辟邪”义为除去邪祟。

而“避”，形声兼会意字，从辵 chuò 辟声，声兼义。辟与表示行走义的辵组合（楷书把辵写成辶），会意为走而离去，逃离，义为避开，躲避，避免，无除去义。《现汉》也有“避邪”一词，义为躲避、避免邪祟，而非除去邪祟。

【针贬时弊】砭。“砭”biān，会意兼形声字，篆文写作[古文字]，从石从乏，乏亦声（今“乏”已不能表声），乏，来于正，正，会意字，从口从止，甲金篆文分别作[古文字]、[古文字]、[古文字]，甲骨文上部是口，表示四围的城邑，下部是止，即脚，上下组合，会意为对着城邑进发。是“征”的本字。金文把口填实，篆文把填实的口拉成一横。乏，会意字，金篆文分别写作[古文字]、[古文字]，金文的“乏”与“正”同形，但歪歪斜斜，示意乏累的样子。篆文反写，示意不正，即不征，义为因劳乏而不征。古代征而当面受矢，为“正”；不征而背面受矢为“乏”无论当面背面受矢，皆与破肤有关，引申为刺。石与乏组合，会意为以石针刺破皮肤，用放血（疗法）治病。（针和砭是古代的手术器具。）“针砭”由本义扎、刺来治病引申为比喻发现和指出错误。“针砭时弊”意为发现和指出时政的错误，以求改正。

而“贬”biǎn，会意兼形声字，从贝从乏，乏亦声。商朝以贝为货币，贝产于南海（今舟山群岛一带），高两厘米，宽一点五厘米，（今贝略大些），甲金篆文分别作[古文字]、[古文字]、[古文字]。中原古先民难得一见美丽的海贝，遂以为宝，作饰品和赏赐物。当以物易物的贸易发展到以公共等价物贸易时，因其大小恒定，易携带，不变质，可聚合，可分折而成为货币。后来由于海贝有限，出现了木雕、石雕、玉雕、铜铸的贝，多是铜贝，故从贝之字皆表钱财，或表与钱财有关的事物、行为、性状。贝与乏组合，会意为贝在多次使用中被刺扎破损了，因而在交易或赏赐时不值钱了，义为价钱抑损。“贬”无指错义，音近形近义异而别。

【分辩不清】辨。“辨”，会意兼形声字，从辡 biàn 从刀，辡亦声。辡，从二辛。“辛”——刑刀，见上“金壁(碧)辉煌”的解说，由于刑刀施及罪人，借代引申为罪人，辡表示两个罪人。三部分组合，会意为用刀对两个嫌疑人进行剖判，义为区别、剖判。

而“辩”，会意兼形声字，从讠从辡，辡亦声。讠，见 A 部“不暗(谙)交际”的解说；三部分组合，会意为罪犯用言词辩论，义为争辩。“辩”没有剖判义，音同义异不解偏旁而别。

【明辩是非】辨。解说见上。成语意为明确地分辨是和非，并非争辩、辩论是和非，故“辩”别。

【有口难辨】辩。解说见上。用言辞争辩、辩论，故从讠，与刀无关，故“辨”别。

【分道扬镖】镳。“镳”，形声兼会意字，从钅麃 biāo 声，声兼义。麃，会意字，从鹿从火。金篆文分别写作[古文字]、[古文字]，“火”以上部分是大鹿的象形，“火”是票的省文(省去覀)。(“票”，会意字，篆文写作[古文字]，上部左右两边是手，两手间的笔画表示物件，它们会意为两手抬举物件；中间一横表示地面；下部是火字。楷书简化为“票”，把火写成了示。上中下三部分组合，会意为如火焰飘飞腾跃一样把物件抬高)鹿与票的省文火组合，会意为大鹿如同像火焰腾跃而抬高的物件一样高高腾跃，健壮有力。楷书把火字写成灬。

麃与钅组合为镳，指像大鹿一样腾跃的横向连接骏马口里金属马嚼子近似云形规的金属器件，其上两端拴系马缰绳，人骑在马上分别时，把缰绳拉向左或右，镳就向左或右扬起，就分道而行了。人们驾马时，镳一扬，马头高昂，矫健腾跃，一如大鹿，可见镳实在是个绝妙的组合。“分道扬镳”比喻因目标不同而各奔各的前程或各干各的事情。

而“镖”，形声兼会意字，从钅票声，声兼义，金与票组合，会意为如火焰腾飞一样迅疾的金属物，义为如矛头般的投掷武器，无“镳”义，成语也不是说分道时扬手扔出一只镖，音同义异误会而别。

【频临】濒。“濒”bīn，会意字，从涉从页，分述之：

涉，会意字，从氵从步，甲骨文刻作[古文字]、[古文字]，金文写作[古文字]，长曲笔画和点表示水波，其他图形是止(趾的初文，上有脚趾，下有脚跟)，表示足。涉，篆文写作[古文字]，左边是水，右边是双足。几部分组合，会意为蹚水，义为徒步过河。

页，象形字，甲金篆文分别作[古文字]、

[illegible]，有发有头有身躯有腿，头部画写得很夸张，义为人头，故从页的字皆表颈项以上的部位，如“颏、额、颊、顶”等。

涉与页组合为濒，会意为人到水边想蹚水而过却皱眉（眉在头上）而徘徊不敢过，本义为临流欲涉皱眉徘徊。这一复合义有三个含意：一是临流欲涉。金篆文分别作[illegible]，从水从止从页，篆文的水横写在两止之间。由于临流欲涉是站在水边的，引申出靠近水边义。故“濒临”义为临近、靠近、紧接。二是皱眉，篆文另加卑字底作声旁，楷书省去氵写作颦，如“东施效颦”。三是徘徊，楷书亦省去氵写作频 pín，会意字，从步从页。由于徘徊是连续踱步，引申为屡次、多次，如“频传”。由于“频”无临流义，形近义异而别。

【点拨】拨。“拨”bō，繁体字写作撥，会意字，从扌从發 fā。从扌的字皆表手的动作。“發”，会意字，甲骨文刻作[illegible]，上部为左右止（趾的初文，上有脚趾，下有脚跟），即足，下部是手，中间是木棒或梭镖，三部分组合，会意为手持棍棒或梭镖走或跑上前投掷，义为发出。因形生义多么准确而生动！它表现了四千年前中华先祖杀敌或狩猎的生存智慧。

到了商末周初时，金文写作[illegible]，上部是双足的讹变，但还能看出是双足，下部左边是弓，右边是矢，三部分组合，会意为走或跑上前拉开弓射箭，义也是发出，但却不是投掷木棒和梭镖的原始行为，而发展为准确性强，“发”程远的使用先进工具、战具的高级行为了。

到了秦朝时，篆文写作[illegible]，上部是双足，下部的左边是弓，右边改成了殳 shū。殳是长七尺二（二点四米），头呈尖锥三棱体的，装在出发的车子前用以隔离人众或撞击的武器，也可打人。三部分组合，会意为车子驰出，用弓射箭，用殳撞击，义还是发出，但却又进一步，成了维护封建秩序保证社会安定的武器。

一个发字的演变，清晰地显现了中华古文明的进步轨迹，充分表现了中华先祖的高智慧。世界上各个民族大都有或曾有过使用棍棒、梭镖、弓箭的历史，大概除了中华，没有一个民族把它写成文字，用以为文明进步服务。

扌与发组合，会意为用手横向用力把发射来的箭或其他武器打移开。由于拨移开能现出目的或真相，引申出点拨义，即指点，启发。而“拔”音 bá，系形近而误的错字，解说见前“坚忍不拔（拔）”。

【拨乱反正】拨。解说见上。“反”通“返”。“拨乱反正”意为拨除乱象，返回正道，即治理混乱局面，使恢复正常。

【船泊设计】舶。“舶”，形声字，从舟白声，义为大船。而“泊”，形声兼会意字，从氵白声，声兼义。氵与白组合，会意为水色白，水白则浅，可以停船，义为停泊，不指船，音同义异而别。

【博击风云】搏。“搏”本写作“博”，会意字，博从十从尃 fū，十是甲盾的甲的简形，甲骨文刻作、，金文写作田，其中的十表示盾的抓手，后为了有别于田地的田，篆文把一竖向下延长，写作，成了甲，从造字的初衷看，十就是武器甲盾。“尃“由甫和寸组成，甫，象形字，甲骨文刻作，金文写作，又讹变作，它们的上部表示草、禾，下部是田地，是圃——种菜蔬花草的园子——的初文。寸本是手，篆文习惯在手中加一短横，写成，实际仍是手。篆文把博写成，由十、甫、寸三部分组合，会意为争夺园圃，手持甲盾打斗，义为搏斗。后来由于争夺园圃财产而搏斗获得的田地财产广而多，阅历丰富，表义渐渐转移为广、多、大、知识面宽，打斗的意义便另造从扌的字——搏来表示本来由博表示的意义。“搏击风云”意为奋力（打斗）斗争或冲击，而“博”的打斗义已消失，音同义异而别。又，十，象形字，像果实的裂纹，引申出果实义。十与甫与寸组合，会意为在园圃里手栽果树的果实都开裂了，义为多、大、广博。

其他如“赌博（赌输赢求得多财）、博得一笑、博取信任、地大物博、博闻强识 zhì、旁征博引、博学多才、博古通今、渊博”的“博”皆不可误写为“搏”。

【脉博】搏。解说见上。搏由打斗义引申为跳动。“脉搏”即血脉跳动。

【毫州市】亳。亳 bó，会意字，甲金篆文分别作、、，下部的乇 tuō是草或麦的象形（商代已种麦），草或麦以外的部分是省去下口的高字。

高，象形字，甲金篆文分别作、、。商代前期人们半穴居，在能避雨潦的高地上挖坑搭房居住，此字下部的大框表示高地，框内的口表示穴居之室，框上的部分表示升登地面的台阶和房顶，义为上下距离大。

乇与高组合，会意为草木茂盛的或遍种小麦的高地。古人大都在能种庄稼的高地上建城，这一高地上建有穴居屋群落的地方就叫亳。它是商代前期的都城。《孟子·万章上》记载商朝第五个国君太甲即位前行为不端，被贤相伊尹流放到桐邑受教训，三年后，太甲改过自新，回到亳都当上天子，曰：“三年，以听伊尹之训已也，复归于亳。”这就证明亳曾是商代都城。今叫亳州，在安徽西北，是人文荟萃之地，曹操、华佗故里，四大药材基地之一。

而“毫”见 H 部“明察秋毫”的解说，无地名义，字形相近，多了一横，故别。

【扑风捉影】捕。“捕”bǔ，形声兼会意字，从扌甫声，声兼义。从扌的字大都表手的动作、行为。甫，象形字，见上“搏击风云”的解说，下部是田字，上部表示禾苗、菜，字像田中长有禾苗、菜。“甫”在古代典籍中是“圃”的初文。篆文因形近而把田字讹变为“用”字，隶变后，楷书写作“甫”。扌与甫组合，会意为手抓住菜，握住禾苗，义为抓住、捉住，引申为捉拿。由于捉拿得要追寻，引申为追寻。“捕风捉影”比喻说话或做事时追寻似是而非的迹象作根据。

而“扑”pū，会意字，从扌从卜。甲骨文刻作[古文字]、[古文字]，上部像棍棒，第二字的上部有枝杈，更像棍棒；下部是手。金篆文分别写作[古文字]、[古文字]，楷书写作攴 pū、pō。它们上下组合，会意为用棍棒击打。后此字做了偏旁，其击打义便加表示手的动作义的扌来表示，而后来表示手的“又”嫌重复，删去，这样“扑”便产生了，其基本义为用力向前冲伏。“扑”无追寻义，成语也不是说随风扑，见影捉，义异误会而别。另，捕杀（捕捉并杀死）、捕食（捕捉食物）也不可写成扑杀（打死）、扑食（扑倒吞食），它们是不同的词。

【练习薄】簿。“簿”bù，会意兼形声字，从竹从溥 pǔ，溥亦声。溥，会意兼形声字，从氵从尃 fū，尃，亦声；尃会意兼形声字，从甫从手（寸也是手），甫亦声。现分解开简述：

尃，甲金篆文分别作[古文字]、[古文字]、[古文字]，上部是苗圃的象形，又可看作是幼苗连着种壳的象形，下部是手，甫与寸组合（“寸”本是手，篆文习惯在手上加一短横，楷书把短横变写为点，写成寸，其义仍是手），会意和本义为用手布种幼苗。布种面积大，引申指铺开，散布开。

尃与氵组合为溥 pǔ，会意为水广布，引申为广大，普遍。

溥与竹组合为簿，会意为竹林广大，竹林广大则茂密，引申为广布的竹林密集丛生处。汉朝发明造纸术后，纸大多用竹浆制作，“簿”义引申为（广布茂密的竹子制作的）竹纸本子，再引申为一切簿本，如账簿、练习簿。

而“薄”bó，会意字，从艹从溥，溥亦声，义为广布的草木密集丛生处，无本子义，形近义异而别。

C

C

【别出心裁】裁。"裁",形声兼会意字,从衣𢦏 zāi 声,声兼义。𢦏,甲骨文有[古文字]、[古文字]等多个异体,金文写作[古文字],篆文写作[古文字],左上部表示人头发,借以表示人头,右下部为戈,义为人头被戈所切割、杀伤,引申也指其他物件被切割。𢦏与衣组合,会意为切割衣料,义为制衣,引申为裁切,裁剪,又引申为安排取舍。"别出心裁"用于文学艺术的创造,意为从与众不同的角度出自内心的裁决,即独创一格,与众不同。

而"栽",形声兼会意字,从木𢦏声,声兼义。本义是筑墙时在相对两侧树立裁割好的木板,用这种木板做成墙模,模内倒土,夯砸成墙,阴干拆板,是为版筑。由于树立木板,植于土中,引申出基本义栽种,"栽"无裁剪义,形近义异而别。

【因材施教】材。"材",形声兼会意字,从木才声,声兼义。"才",象形字,甲金篆文分别作[古文字]、[古文字]、[古文字],一竖表示草,其他笔画表示地。两部分组合,会意为草从地下挺出,是尚未生叶的嫩草。小草力量大,生机勃勃,前途远大,古人以物喻人,本义为才能。木与才组合,会意为有用处的树,也比喻为才能。虽然"才、材"都有有才能的人之义,但"才"偏重才能之义,用于已成就的或显现才能的人,如才子、奇才、高才生;"材",偏重于材质之义,用于有待成就才能的人。"因材施教"意为针对学习者的能力、性格、志趣等具体情况施行不同的教育,可见被提到的人尚未成才,音同义异而别。

【天生我才必有用】材。解说同上。

【大才小用】材。解说见上。"大材小用"意为大的材料用在小处,多指人事安排上不恰当。

【採摘】采。"采",会意字,从手从木,甲骨文刻作[古文字]、[古文字],篆文写作[古文字],上部表示人手,下部表示树木,会意为摘取叶或果,甲骨文第二字就画出了果,本义为采摘。由于在树上采到果实很高兴,引申为精神快乐,用于精神,用于神色。在语言文字的使用中,这一引申义成了基本义,采摘义的采便加提手旁,写作採。它是后起字(即有本字后再加形旁而后产生的字),简化后删去提手旁。故"採"别。

【兴高彩烈】采。解说见上。“兴高采烈”意为兴致很高，情绪热烈。

而“彩”，会意兼形声字，从彡shān从采，采亦声。“彡”，象形字，甲骨文刻作、，金篆文分别作、，甲金文用以表现毛发、光芒、声音、色彩，是示意符号。“采”义为摘取，古代染色多摘取自彩色的植物，故采与彡组合，义为彩色，言其色彩，兼及形象，无精神、神色义，音同义异而别。

【风彩】采。解说见上。“风采”意为美好的风度、仪表、举止（“丰采”是异形词，建议不写）。

【颇具文彩】采。解说见上。“采”还引申为才华，“颇具文采”意为很有文学上或文艺上的才华。

【五采缤纷】彩。解说见上。义为色彩，“五彩缤纷”形容色彩繁多绚丽。

【喝采】彩。古代博胜获奖，其物颜色华美。“喝彩”义为为华美色彩而欢呼，引申出称赞夸奖的欢呼。

【毁誉掺半】参。“参”繁体字为參，会意字，甲金篆文分别作、、，上部表示人头上方远处的三颗发光物体，指商星（二十八宿中的一宿），即猎户星座七颗星聚在一起中的三颗亮星，即晶字；下部表示人，金篆文人字笔画的下部加彡，表示光芒。它们组合，会意为人仰看光芒晶亮的错列的三星，由于三星错列差cī互，本义为参加，引申为并列。“毁誉参半”意为说坏话和说好话并存，各占一半。

而“掺”，形声兼会意字，从扌参声，声兼义。参有错列、加入的含意，与扌组合，会意为用手掺到一起，义为掺杂，掺兑，成语不是说毁和誉掺兑一半，义异误会而别。

【苍海一粟】沧。“沧，”形声兼会意字，从氵shuǐ苍省声（省去艹后用仓作声旁），声兼义。“苍”，形声兼会意字，从艹cǎo仓声，声兼义。仓，繁体字写作倉，象形字，甲金篆文分别作、、，是古代粮仓的象形，上部表示尖顶，下部表示仓体，中间表示仓门，1974年出土的滑石仓文物正是此形。商周朝的粮仓建在郊野。艹与仓组合，会意为粮仓周围青绿的草，义为青绿色。后在人们的语言中和文学作品中常指深绿色，如“苍翠、苍苔、苍松”。苍与氵组合，义为水色深绿。由于海水深绿，引申为海。在书写中，草字头省去，楷书写作滄，今简化作沧。“沧海一粟”意为大海中的一粒米，比喻渺小。

而“苍”表示草色绿，用于山、天空和植物，如“苍山、苍天、苍苔”，不用于海，成语也不是说苍茫的大海中的一粒米，音同义异误会而别。

【苍海桑田】沧。解说见上。“沧海桑田”意为大海变为农田，农田变为大海，比喻世事变化巨大。

【仑库】仓。解说见上。“仓库”义为贮藏大批粮食和其他物资的建筑物。

而“仑”lún，繁体字写作侖，会意字，从亼jí从册，甲金篆文分别作、、，上部是器物盖儿往下合盖，（此图形在特定表义构件中，也表示倒口),义为器物盖儿。由于这一构件有盖住了的含意,引申为聚合。下部是竹简木牍(木片),扁圆形笔画表示串编简牍的绳状物(古代用熟牛条皮串编简牍)。上下组合,会意为聚合简牍,编排次序,本义为有次序,有条理,无贮藏大批粮食和其他物资的建筑物义,形近义异而别。

【自残形秽】惭。"惭"cán,形声兼会意字,从心斩声,声兼义。从忄、心、⺗xīn的字皆表心理活动,车表示车子,斤见下"过河折(拆)桥"的解说,义为斧头。三部分组合为惭,会意为用斧头砍削制作车子因质差而愧,义为愧。"秽"义为脏污。"自惭形秽"意为由于形貌脏丑而羞愧,泛指因不如别人而羞愧。

而"残"繁体字写作殘,会意字,从歹从戋 jiān。歹,象形字,甲金篆文分别作[古文字]、[古文字]、[古文字],上部表示残破的骨杈或残的筋,下部是断骨,内中一横表示骨髓。从歹的字基本都表死义,如殉、殒、殁等;戋,jiān;cǎn,会意字,从双戈。甲骨文刻作[古文字]、[古文字],右方是戈柄,左方表示刀具。篆文写作[古文字]。戈是杀戮、切割、芟 shān 削、挖掘的战具兼工具,两戈相交,义为残杀、切割(人或兽)。歹和戋组合,义为杀伤,伤残,无愧义,音同义异而别。

【残无人道】惨。"惨"cǎn,形声字,从忄参声,从忄、心、⺗的字皆表心理活动,义为狠毒。"惨无人道"意为由于施暴严重违反人道十分狠毒。而"残"cán 无狠毒义,(解说见上)音近义异而别。

其他如"惨不忍睹、惨绝人寰、惨淡经营、惨死在日寇屠刀下"的"惨"表凄惨悲苦,都不可误写为"残"。而"残忍、残疾、残酷、残缺"的"残"也不可误写为"惨"。

【嘴谗】馋。"馋"繁体字写作饞,会意兼形声字,从食从毚 chán,毚亦声。食,会意字,甲金篆文分别作[古文字]、[古文字]、[古文字],上部的亼 jí 表示倒口,表示来吃,中部是盛满食品的食器,下部表示底座,两点表示香气,会意为张口吃饭,引申义为食物。表示吃和食物义的字都从饣。

毚,会意字,从㲋chuò 从兔,前者在甲骨文偏旁中出现过,刻作[古文字],《说文》说是一种似兔而大的兽形,篆文写作[古文字],"头与兔同,足与鹿同",性贪婪;兔,甲篆文分别作[古文字]、[古文字],是兔子的象形,性狡诈。两者组合,义为贪婪狡诈的兔子,引申为贪婪。贪婪者的一个突出表现就是贪吃;狡兔跑得快,贪吃,进食快,故这两个构件与饣组合为饞 chán,义为贪吃。

而"谗",会意兼形声字,从讠从毚,毚亦声。义为狡诈地说人坏话,无贪吃义,音同义异不解偏旁而别。

【璀灿】璨。"璨"由王和粲组成,"粲",会意字,由歺、又和米组成。简述如下:

"歺"即歹,象形字,见上"自残(惭)形秽"的解说,是占卜用的兽骨(主要是牛肩胛骨)的象形,上有骨杈或牵连的筋,下有骨腔,内中的短横表示骨髓,“又”是手。歺与又组合,甲篆文分别作[古文字]、[古文字] cán,会意为用手刮削钻凿加工卜骨。由于含有破碎整骨之意,引申为破碎。

“米”,象形字,甲骨文刻作[古文字],像一段上有米粒的谷穗,楚简美化作[古文字],篆文整齐化作[古文字],是小米的象形。以上三部分组合成粲,会意字,会意为像破碎的白骨一样舂去皮壳的白米,义为白米,引申为鲜明,美好。

“璨”会意兼形声字,从王从粲,粲亦声。王表示玉,从前叫斜玉旁,今叫王字旁,见 B 部“金壁(碧)辉煌”的解说。从王字旁的字都是玉,或与玉有关的事物、行为、性状。王与粲组合,表示白色玉光,“璀”亦表玉光,“璀璨”形容珠玉等光彩鲜亮,强调晶亮。

而“灿”,形声兼会意字,从火山声,声兼义。从火的字大都为火,或与火有关的事物 、行为、性状。火与山组合,会意为山上燃起大火,义为山林大火,引申为光彩耀眼,无鲜亮、晶亮义,音同义异而别。

【居心叵恻】测。“测”,形声兼会意字,从氵则声,声兼义。则,会意字,从鼎从刀,金篆文分别作[古文字]、[古文字],左旁是煮肉的大铜鼎,因鼎与贝在古文中形近,篆文写作贝。左右组合,会意为用刀割肉。上古讲究“割不正不食”(肉割得不方正不吃),引申为准则、规则,氵与则组合,义为测量水的规则,即测量水的深度、宽度、流速,引申为测度,估量,推测。“居心叵 pǒ 测”意为存心险恶,难以推测。

而“恻”,形声兼会意字,从忄则声,声兼义。忄与则组合,会意为对低于常见规则的人或现象而心有所感,义为悲伤,引申为同情(苦难),无估测义,音同义异不解偏旁而别。

【变幻莫恻】测。解说见上。“变幻莫测”意为不规则地变化,不能预测。

【测隐之心】恻。解说见上。“恻隐之心”意为同情苦难的心。

【旁敲测击】侧。解说见上。“侧”,形声兼会意字,从亻则声,声兼义。亻与则组合,会意为人按规则立于某一边,义为旁边,侧面。“旁敲侧击”比喻说话或写文章不从正面直接说明,而从侧面曲折表达。“测”无旁边义,音同义异而别。

【磨噌】蹭。“蹭”cèng,形声兼会意字,从足曾声,声兼义。从足的字大都表足部或与足有关的动作行为。曾,会意字,甲金篆文分别作[古文字]、[古文字]、[古文字],中间图形像带屉的蒸锅,上部两笔表示热气上升,下部图形表示锅体,锅中一横表示水面。篆文锅体上的竖弯笔画表示水汽上腾。三部分组合,会意为蒸煮食物,义为蒸煮食物的锅具。足与曾组合,会意为人伸足(远古野民无鞋)在热的锅具边摩搓取暖,本义是摩擦,引申为沾上(如“蹭油”)、来回用力磨(如“蹭痒”)、行动拖延(如“磨蹭”)。

而“噌”音 cēng,形声字,从口曾声,从口的字大都表与口有关的事物、声音、动作、行为、性状。“噌”

是拟声词，无摩擦义，音近形近异义而别。

【查言观色】察。“察”，会意字，从宀mián从祭。宝盖头表示房子。祭，会意字，从月（肉）从又从示。甲骨文刻作[古文字]，左边表示肉，周围的点表示血，右边是手，会意为以手持肉祀奉神鬼先祖；金篆文分别写作[古文字]、[古文字]，左上边是肉，右上边是手，下面加了示。

“示”，象形字，甲骨文刻作[古文字]、[古文字]，是古代以立石、横石摆放的祭台，第二字的上一横，表示祭祀品。篆文作[古文字]，所加的两竖和中间的一竖疑是多个立石。1974年江苏铜山丘湾出土商代祭栅——四根竖立的天然长石，周围埋有人牲近二十人，都面向祭石而跪，故“示”义为祭台。

“宀月手示”四部分组合，篆文写作[古文字]，会意为在庙内祭台上奉上牲礼给神鬼先祖吃，表义的重点在于详究细审祭品的规格，故义为详究细审。“察”之义重在本不掌握而仔细看以得出结论的含意上。“察言观色”意为观察人的言语和面色。

而“查”会意字，篆文写作[古文字]，从木从且jū；qiě，从木的字大都表树木、木制品和与之有关的行为、性状。“且”，象形字，是雄性生殖器的象形。两部分组合，会意为像且一样的树木，义为木桩。由于木桩做栅栏用，栅栏是盘查、检查人的设备，引申出检查、查看、调查义。楷书把且写到木下，并讹变为旦，写成查。它表有一定的标准、目的的查证，重在检查、调查，以印证已掌握或推理掌握的情况，如查询、审查、清查，不表本不掌握而仔细看以得出结论义，音同不解义近有别而别。

【明查秋毫】察。解说见上。“明察秋毫”意为目光敏锐，可以看清秋天鸟兽新生的细毛，形容洞察一切。

C

【过河折桥】拆。“拆”chāi，会意字，篆文写作[古文字]，左边是手，表示手的动作、行为，“广”表示前敞的屋子（如“店、庙、廊、庑”），“广”下图形中的一横表物，横上的V与竖笔结合，表刺入，凵kǎn表逆向之意，图形结合起来表示拆毁，楷变（楷体字变写）为“斥”，斥与扌组合，会意为把合为一体的东西分开或打开，引申为拆散。“过河折桥“比喻达到目的后，就把曾经帮助自己的人一脚踢开。

而“折”zhé，会意字，甲骨文刻作[古文字]，左边是木，断开了，右边是砍断木的横向刃的锛bēn斧，有弯把，弯把前头有用箭头表示的斧。金文写作[古文字]，把断木误写成断草。篆文写作[古文字]，写时连笔，把断草连起来了，误写为扌。楷书承篆，写成折。它们都会意为砍。本义为折断，引申为弯曲（转折），并无拆散义，形近义异而别。

【婵联冠军】蝉。“蝉”，形声兼会意字，从虫单声，声兼义。虫，是昆虫。单，象形字，见A部“柳暗花明”的解说，表示绑有石块的木杆。

虫与单组合，会意为树木杆上即枝条上的虫，义为知了。由于蝉常常连续叫，引申为连续义。“蝉联冠军”意为再次获得冠军。

而婵，形声字，从女单声，指婵娟，战国末年楚国的美女，喻指月亮，“千里共婵娟”即是。“婵”无连续义，音同义异不解偏旁而别。

【战悠悠】颤。“战、颤”二字有同有异，简述如下：

“颤”chàn，会意兼形声字，从页从亶 dǎn，亶亦声。从页的字皆表颈以上的部位或与之有关的行为（如“顾”：回头看）、单位（如“颗”），见B部“频（濒）临”的解说。亶，形声字，从㐭 lǐn 旦声。㐭，甲金篆文分别作、、，像简易的粮仓形，义为容纳谷物的粮仓；是“稟”（禀）和“廩”（廪）的本字。㐭和表示日出的旦组合为亶，会意为旭日照耀下挺立于郊野中的粮仓（古代粮仓建于郊外），义为仓中粮多充实。从亶取义的字皆与多、厚等义有关。如：氈（毡）：毡子，毛多；嬗：变化，女多变。“亶”与表示头部义的页组合为颤，会意为头部多次摇动。义为头摇动不定，引申为身体抖动，发抖，又引申为短促而频繁的振动，如“颤音”。

“战”繁体字为戰，会意兼形声字，从单从戈，单亦声；此字本不从单，而从兽。兽，会意字，从单从犬，甲骨文刻作，金文有繁简二体：、，甲骨文左边有两个构件，即表示绑有石块的猎叉（即“干”）和猎网——田，右边是犬，即狗。金文繁体字竖笔下加了个倒三角形，表示圆锥体的套子，套在猎叉末端，可插在地上。右边是猎犬，几部分组合，会意为带猎犬用猎具捕兽，表义重点在猎获物上，本义为野兽。金文简体无犬字构件。“战”字，金文写作，左边是简体兽字，左上部的横8字笔画依然是绑在猎叉上的两个石块，中间笔画表示猎网，下部口字表示张口呐喊，右边是戈，会意为用戈搏击野兽，义为战斗。篆文把金属套省去，只留下猎叉猎网，加上戈字旁，写成从单从戈的，成为楷书戰和简化字战的来源。由于战斗含有一方恐惧而抖动意，引申为发抖。

可见，“颤、战”同有发抖义。当表示发抖义时，二字可通用，如“战栗，颤栗；打寒战，打寒颤”，都读zhàn。当表示高频振动时，只写“颤”读chàn，如“颤音、发颤、颤悠、颤巍巍”。

当习惯用法固定写“战”而不写“颤”时，只写“战”，如“战战惊惊”。

当用“战”易引起作战意的误解时，写作“颤”，如“颤动、震颤、发颤”，不能写成“战动、震战、发战”。

“颤悠悠”意为颤动摇晃，属高频振动，不是抖动，义异而别。

【万古常青】长。“长”繁体字为長，象形字，长是抽象概念，自然物的长度又经常变化，过长也无可比拟，高智慧先民们用不大变化而又常见的头发表示（古人不剪发，认为“身体发肤，受之父母”；割发是一种刑法，故男女都留发）。甲骨文刻作、，上部表示头发后飘状，下部是人字，第二字最下部是止（趾的先造字，上有脚趾，下有脚跟），即足，表示人用脚行进，风吹长发，表意很生动；金文写作、，上部表示头发，第一字下部是人字，第二字下部是人和止字；篆文写作，取法甲金文的第二字；楷书规整化，写作長，今简化为长。“长”义为长的，引申为时间久长。“万古长青”意为永远像春天的草木一样欣欣向荣。

而“常”，形声兼会意字，从巾尚声，声兼义。从巾的字皆表织物或与织物有关的行为，巾是古代有地位的人，主要是帝王、达官贵人佩戴之物，尚，象形字，见下“卧薪偿（尝）胆”的解说，义为酒器。巾与尚组合，会意为统治阶级人物饮酒，义为贵人饮酒，引申为时常，经常，无久远义，音同义异而别。

【语重心常】长。解说见上。长的另一引申义为深长。“语重心长”意为言辞恳切而有分量，情义深长，并非情义经常。

【扬常而去】长。解说见上。“扬”本义飞扬，引申为扬起。“长”义为久远。“扬长而去”意为昂起头（头发后飘），丢下别人不管不顾地离去。“常”无此义。

【长备不懈】常。解说见上。古代，巾是成年男子时刻必戴之物，从系腰之用，发展到擦拭之用（无为在歧路，儿女共沾巾），发展到头巾（宋苏轼词“羽扇纶巾”）。“常”，义为时常，经常，含短期间断而长期连续意。“常备不懈”意为经常防备不松懈。而“长”无时常，经常义。

【老生长谈】常。解说见上。老书生经常谈的话，并非长久谈的话。

凡表时间概念，可短期间断而长期连续的，如“常备、常见、常客、常言、常来常往”，表普通平常的，如“常人、常识、常态”，表固定不变的，如“常数、常温”等用“常”；凡表示空间概念，表时空不间断和其引申义久远的，如“长度、长别、长策、长此以往、长歌当哭、长话短说、长眠、长驱直入、长寿、长吁短叹、长治久安、细水长流”等用“长”。

【为虎作怅】伥。解说见上，伥 chāng，会意兼形声字，从亻从长，长亦声。人字旁的字基本都表示人或与人有关的行为、性状。亻与长组合，会意为披头散发可憎可怖的人形动物，义为鬼。传说被虎吃了的人变为鬼，叫伥鬼，为虎诱人，比喻作恶人的帮凶，帮助恶人做坏事。

而怅，会意兼形声字，从忄从长，长亦声。表示心理活动的忄与长组合，会意为一种长时间萦绕的心情，特指不如意，不快活。“怅”无鬼意，音近形近义异而别

【卧薪偿胆】尝。“尝”的繁体字为嘗，形声兼会意字，从旨尚声，声兼义。旨，会意字，从人从口，甲骨文刻作、，篆文写作，上部表示人，下部为甘的变体，口中一点表示品味处，会意为人爱吃的美滋味，引申为人用口辨别品味义。尚，象形字，甲金篆文分别作、、，是商代酒器的象形，上部是酒道和两立柱，下部是大腹和三足（只能看到两足），篆文把表示酒

器的足，变写为口。它们表示饮用美酒，义为举杯饮酒。尚与旨组合，会意为品尝美味，义仍为品味。“卧薪尝胆”指春秋时越国亡国之君勾践睡柴草铺舔尝猪胆励志复国的故事，形容人刻苦自励，打翻身仗。此字今简化作尝。另，尚，甲骨文又作，像下部有门的房子，有气上出，义为高出。

而“偿”，繁体字为償，右边是赏。赏，形声兼会意字，从贝尚声，声兼义。贝是商周货币，贝与尚组合，此字便由赐以（用酒器盛着的）美酒变为赐以钱财。篆文统一笔画写作，它们的本义都是赏赐。赏与亻组合为償（偿），形声兼会意字，从亻赏声，声兼义，会意为把钱给人，义为把钱财赔付人，如“偿债、偿还”，无品味义，音同义异而别。

【浅偿辄止】尝。解说见上。尝由品味义引申出尝试义。“浅尝辄止”意为略微尝试一下就停止，比喻做一件事不肯下功夫深入钻研。

【如愿以尝】偿。解说见上。“如愿以偿”的“偿”义为（把钱财赔付人而）实现，成语意为像所希望的得到满足。

【得不尝失】偿。解说见上。“得不偿失”意为得到的抵不上失去的。

总之，凡表示辨别滋味和其引申义尝试、体验的，用“尝”，如“尝试、尝鲜、未尝、何尝、尝肉一脔 luán、艰苦备尝”；凡表示与钱财有关的和其引申义归还、满足、实现的，用“偿”，如“偿还、偿命、偿付、偿愿”。

【清彻见底】澈。“澈”，形声兼会意字，从氵㪿声，声兼义，㪿chè，声旁兼表义。㪿，甲骨文刻作，左边是炊具，上半部是锅体，下半部是三足。它是七八千年前新石器时代煮食物的陶罐，三千六百年前商代的铜罐，后代写作“鬲”lì。甲骨文的右边是手。两部分组合，会意为用手把鬲拿走，本义为撤除。周代金文在手上加了两笔，写作，这两笔表示棍或戈，与手组合，表示手执棍戈等器械，手执棍戈等武器的是侍从，这一金文就会意为侍从把鬲拿走。由于东西拿走了，含有空而不挡眼之意，加氵写作澈，便会意为“直视无碍”，义为澄清、清澈。后篆文把鬲误写为育，此字便写作“澈”。“清澈见底”意为水十分澄清（能看到底）。

而“彻”，繁体字写作徹，形声兼会意字，从彳㪿声，声兼义。篆文写作，把鬲误写为育，左边加了彳 chì。彳是行的一半，义为小步走，这样彻就成了加彳旁表示拿走了意思的会意字，其本义是拿走、拿去、除去。由于彻含有走而无阻意，于是引申为通达、通透。如“彻底、响彻云霄、彻头彻尾”，而无澄清、清澈义，音同形近义异而别。今徹简化成彻，而“澈”不能简化为彻，也不能简化为沏，沏 qì 是另一个字。《现汉》把“清澈”作为推荐词形，把“清彻”作为异形词。建议不写后者。

【瞠目而视】瞋。“瞋”音 chēn，形声兼会意字，从目真声，声兼义。目义为眼睛，真，见 S 部“谨小缜（慎）微”的详解，义为真情。目与真组合，会意为出于真情的张目而视，义为人发怒时眼睛睁得很大的样子。“瞋目而视”意为发怒时睁大眼睛瞪着。

而“瞠”chēng，形声兼会意字，从目堂声，声兼义，不读 táng。现代语音中一部分含翘舌音 zh、ch、sh 声母的形声字来自舌尖中音 d、t 声母的字。如来自 d 的有绽、终（分别读 zhàn、zhōng，而声旁“定、冬”的声母是 d）；侈、铛（分别读 chǐ、chēng，而声旁“多、当”的声母为 d）；说、楯（分别读 shuō、shǔn，而声旁“兑、盾”的声母为 d）等。来自 t 的有撞、肫（分别读 zhuàng、zhūn，两字声旁的声母为 t）；笞、憧（分别读 chī、chōng，而声旁“台、童”的声母为 t）；蛇、社（分别读 shé、shè，而声旁“它、土”的声母为 t）等。“瞠”也在这一语音演变规律之中。堂，形声字，从土尚声，义为建在高大土台上的正屋，即殿堂。目与堂组合，会意为高坐殿堂上的人睁大眼睛向前向下望，义为睁大眼睛，但却无发怒的含意，义异而别。

【瞋目结舌】瞠。解说见上。“瞠目结舌”意为瞪着眼睛，说不出话，形容受窘或惊呆的样子。它不表示张目怒视，故“瞋”别。

【瞋乎其后】瞠。解说见上。“瞠乎其后”意为在后面（惊窘地）干瞪眼，说不出话，赶不上。

【瞋怪】嗔。解说见上“堂（瞋）目而视”。“嗔”chēn，形声兼会意字，从口真声，声兼义。口与真组合，会意为张口说真情话，一般用于不加掩饰的生气话，义为生气，怪罪。“嗔怪”义为对别人的言行表示不满；不满得说，故从口。而“瞋”表示张目怒视，故从目，音同形近而别。

【良晨美景】辰。“辰”，象形字，甲骨文刻作、，金文写作、，像某些蜷曲的体上有环节襞 bì 纹的农田害虫，如蛴螬、地蚕、豆虫等鳞翅目的昆虫——害虫之形，其体下的两小竖笔画像刺毛，体上的小点表示气孔，虫上部的一横表示地面，虫在地下，表示钻在地下的害虫。这一象形会意为捉害虫，上古先民的一种重要劳作就是捉害虫。甲骨刻辞还有第二形，刻作、，金文第二形为，它们像展开两壳舒展身子在水中游动的大蚌。甲骨文第二形的第二字和金文的蚌形上的一横表示水波，蚌壳下的笔画表示壳内的软组织，它们的图形表示蚌。篆文线条化，写作。在生产力低下的商代甲骨文时期，蚌肉可吃，蚌壳可作工具，用于砍削、挖土的劳作。无论捉害虫，还是捉蚌都要在一定的时间进行，故此字的字义为时辰，引申为时间、时光，既可表较广泛的时间，如“辰光”，又可表某一段时间，如“时辰”。“良辰美景”意为良好的时光，宜人的景色。

而“晨”，会意兼形声字，甲骨文从手从辰，辰亦声，写作。上部表示双手，下部表示蚌。由于蚌生活在浅水泥沙中，夜间出来活动，要在早起星辰未落时捕捉，义为早晨。金文从日从辰，辰亦声，写作[ancient character]，古文（楚帛书）作[ancient character]，甲骨文、金文的字的构件位置比较随意，可上可下，可左可右，会意为日出捉蚌而食，故此字义为早晨。“晨”无时辰义，成语也不表美好的早晨，音同误解而别。

C

【趁心如意】称。“称”chèn 的繁体字写作稱，会意字，从禾从爯 chēng。爯，甲骨文刻作[ancient character]、[ancient character]，金篆文分别写作[ancient character]、[ancient character]，上部为爪，即手，表示手抓物，金文上部横折笔画疑表示人或棍类物件，下部是鱼的稍简形，上下组合，会意为提鱼，泛指提、举物件；“称”的左边为禾，古人以禾类谷物作为长度和重量的标准。由于提举对象含有掂量意味，引申为按一定标准称量，又由于称量是为了和心意相当，引申为适合。“称心如意”意为符合心愿，满足心意。

而“趁”见下“乘虚而入”的解说，表实时利用（时间、机会）之义，如“趁早、趁机”，无适合义，音同义异而别。

【一层不变】成。“成”，会意字，甲骨文刻作[ancient character]、[ancient character]，金文写作[ancient character]，它们中的一竖以外的部分是商代用于作战的大斧头——戊，一竖表示一根长形物，例如木段，两部分组合，会意为用大斧头劈斩木段，是上古结盟的仪式。古风，斩物为誓，后有折箭为誓、“剋臂以誓”（《列子》注）。《淮南子》曰“中国歃血，越人契臂”。西方有“拍板成交”，皆古风遗绪。所以“成”的本义为完成，形成。篆文写作[ancient character]，一竖稍讹，楷书写作成。“一成不变”意为一经形成，永不改变。

而“层”繁体字写作層，会意字，从尸从曾。“曾”甲骨文刻作[ancient character]，下部表示箅 bì 子，上部表示升起的气，是夏商时代蒸锅——甑 zèng 的象形。周金文写作[ancient character]，下面加了底座。（周代有了改良）由于箅子有几重 chóng，“曾”就含有重 chóng 意。如加土旁就成了增字，加人字头——[ancient character]，（一横表示臂，臂右是身子，身下有横坐的大腿和下垂的小腿），就产生了层字，会意为人重叠，在上为上层，在下为下层，故“层”义为重 chóng，无完成义，成语也不是说一个层（次）不变，义异误会而别。

【墨守陈规】成。解说见上。墨守：墨家善于守城，因称善守为墨守。成规：已成的规则、规矩，“墨守成规”形容思想保守，守着老规矩不肯改变。

而“陈”繁体字写作陳，会意字，从阝 fù 从东。柬，甲骨文刻作[ancient character]，左边是植物种子的象形，右边是手，两部分组合，会意为用手种植，种植总是成行成列的，本义为（种植）物成行成列，即陈列。周金文省去手字，加上阝旁。阝，象形字，甲金篆文分别作[ancient character]、[ancient character]、[ancient character]，是远古的从挖建于高而厚的土山上的地穴中上出的阶级或刻在木头上的脚窝，又像山上的石阶，表示土山，甲骨文又加上土字以显义，写成[ancient character]；

周代后期的战国金文又去掉土字底，写作[古文字]。篆文写作[古文字]。由于种植后不再改变，已成过往，陈又引申出陈旧义。成语并非说陈旧的规则，义异误会而别。又，東，会意字，从木从日，会意为太阳升到树木中间的位置，义为日出的方向，即东方。表示高地的阝与東组合，会意为向东看去，一处一处的高地，义为陈列。高地久远不变，引申出陈旧义。

【相辅相承】成。解说见上。“相辅相成”意为两事物互相配合、辅助，互相促成。而“承”（见下）义为受，继承，无促成义，成语并不是说相辅相承接，音同义异误会而别。

【丞上启下】承。“承”，会意字，甲骨文刻作[古文字]，上部表示一人跽坐（即跪坐，唐朝以前人臀部坐于脚心上）；下部表示（一人用）双手把物呈献给跽坐的人。金篆文分别写作[古文字]、[古文字]，篆文中间的上部是人，左右是手，中间的下部又加了一只手。楷书写作承。几部分组合，会意为奉；有奉就有受，引申为受，又引申为接续，继承。“承上启下”意为接续上面的，引起下面的。

而“丞”，会意字，甲金篆文分别作[古文字]、[古文字]、[古文字]，中间为跽坐（跪坐）之人，左右两边为手，下部为陷阱或坑，篆文把人腿和陷坑讹写为山。会意为人掉到陷阱或坑内，有人来拉，本义为拯，引申为辅佐；又引申为辅佐的人，如丞相；又引申为副职，如县丞。“丞”无接续义，音同义异而别。

【计日成功】程。“程”，形声兼会意字，从禾呈声，声兼义。从禾的字基本都表禾类植物或与之有关的行为、性状；“呈”，金文写作[古文字]，上部是口，中间是人，人下是土，三部分组合，会意为人站在土坎上张口呼叫，义为显露。篆文写作[古文字]，楷书变写为呈。禾与程组合，会意为使谷物显现出来，使谷物显现就得估算、计算，义为计算、计量。又，程是分的十分之一，是寸的百分之一，用作计算。“计日程功”意为数着日子计算进度，表明短期内就可成功。

而“成”见上“一层（成）不变”。“成功”义为取得预期的结果，无计算义，成语并不是说数着日子到时就成功了，音同义异误会而别。

【胸无成府】城。“城”会意字，金文写作[古文字]，左边中间的圆形表示远古（夏和夏以前）的地穴，上下两侧是走上地面的台阶，∧表示台阶上的覆盖物，右边是作战用的斧头——戊，几部分组合，会意为有持戊守卫的聚居之处，义为城，篆文把左边改成土（筑城用土），右边把戊改为成，见上“一层（成）不变”的解说，这样，这个字就成了从因形定义的会意字变为从土成声，声兼义的形声兼会意字了。城府：城市官府，出谋划策实施管辖的机关，比喻待人处事的心机。“胸无城府”比喻待人处事坦率真诚，没有心机，也比喻缺少心谋。而“成”（解说见上）无心机义，音同义异而别。

【趁虚而入】乘。“乘”chéng，会意字，甲骨文刻作，上部为正面的人，下部为无树头的木，会意为人立于木（筏）上；金文写作，在人下夸张地画了两个止（趾的初文，上有脚趾，下有脚跟）即足，突出人立于木上之意；篆文写作；楷书规范成乘，会意不变，本义为登，驾，乘上。由于登、驾得借助外力，引申为利用……。“乘虚而入”意为利用对方空虚或不备而进入。

而“趁”chèn，会意兼形声字，从走从㐱 zhěn，声兼义。㐱，甲金篆文分别作、、，会意字，从人从彡。彡 shān 表示头发或毛饰、画文，这里表示头发，人与彡组合，会意为人的浓密的头发。文言曰“㐱发如云，不屑髢 dí 也。”（浓密的黑发如同乌云，是不屑于戴假发的）表示跑义的走与㐱组合，会意为人浓发后飘奔跑追赶，义为追赶。引申为利用时间、形势和时机义。成语也不是说趁着空虚而进入，义异误会而别。

【乘热打铁】趁。解说见上。“趁热打铁”比喻利用有利的时机和条件去做事。

此外如“趁机、趁早、趁火打劫、趁势”的“趁”也不可误写为“乘”。

【趁风破浪】乘。解说见上。“乘风破浪”比喻不畏艰险勇往直前，也形容事业迅猛地向前发展。

【趁人之危】乘。解说见上。“乘人之危”意为利用人家危急的时候去侵害人家。

【趁兴而来】乘。解说见上。乘着高兴或兴致来到。

【游目聘怀】骋。“骋”chěng，形声兼会意字，从马甹 pīng 声，声兼义。甹，甲骨文刻作，上部表示筐类器物，下部表示支撑物，会意为支撑物支撑着筐类器物，义为支撑；金文又加一个筐，写作，在支撑义之上又引申产生平衡平稳义；篆文不另加，写作，末笔表示弯棍支撑物，其义不变。甹与马组合，会意为马平稳快跑，如“驰骋”；引申为放开，如“骋望”。“游目骋怀”意为放眼四望，敞开心怀。

而“聘”pìn 形声兼会意字，从耳甹声，声兼义，会意为支撑着，即负（背着）戴（顶着）筐装的礼物对人说话，让人听，因为听用耳，故从耳，义为（带着礼物）访问，聘请，与“骋”形近而异，其义风马牛不相及，故别。

【斥之以鼻】嗤。“嗤”chī，形声兼会意字，从口蚩 chī 声，声兼义。“蚩”甲骨文刻作、，金篆文分别写作、，上部是止（趾的初文，上有脚趾，下有脚跟，即脚，金篆文有所讹变，写作止），下部是虫，会意为虫来咬脚而不知逃，义为痴愚，无知。由于痴愚者丑，令人生厌，引申为丑，后人加女字旁表示，写作媸。由于物丑则可耻笑，又引申为讥笑，耻笑，后人加口显义，写作嗤。“嗤之以鼻”意为用鼻息冷笑。表示看不起。

而“斥”见本部“过河折（拆）桥”的解说，由拆房子义假借为责备，无冷笑义，成语并不是说用鼻息斥责，音同义异误会而别。

【恃之以恒】持。“持”，会意兼形声字，从扌从寺，寺亦声。“寺”，金文写作，上部是止（趾的初文，上有脚趾，下有脚跟），即足，下部是手。（篆文讹变为，从之从寸。）寺是《诗经》《周礼》《左传》常用之词，义为王身边的近侍小臣，春秋时出现，叫寺人，即后代所称的宦官、太监。金文从手足组合来造字，会意为王身边如同手足一般服役的人，义为近侍小臣，明清称太监。寺加扌，执物做事之义更显。由于执物做事含有从事一段时间的劳作之意，引申为保持（坚持），主管（主持）。“持之以恒”意为长久地坚持下去。

而“恃”，会意兼形声字，从忄从寺，寺亦声。忄表示心理活动。寺与忄组合，会意为寺人内心有所依仗，义为依仗、依赖，无保持义，成语也不是说长久地依仗，义异误会而别。

【一张一驰】弛。“弛”，会意字，从弓从也。弓，甲骨文刻作，像张了弦的弓，金篆文分别写作、，金篆文只写了弓身。也，金篆文分别写作、，是蛇的象形。由于蛇曲曲弯弯，弓与也组合，会意为弓弦松松弯弯地挂在弓上，义为松弛。张：拉紧弓弦。“一张一弛”（拉紧放松），原指治国要宽严互补，交替使用，今多用以比喻生活和工作要劳逸结合。

而“驰”（见下），义为奔驰，与松弛无关，形近义异而别。

【心驶神往】驰。“驰”chí，形声兼会意字，从马弛省声（省去弓），声兼义。弛（见上）义为松弛，与马组合，会意为放松马缰绳，马放松了缰绳则能快跑，义为马快跑。“心驰神往”意为心神飞驰到向往的地方，即心神向往。

而“驶”shǐ，会意字，从马从吏，篆文写作。马，甲金篆文分别作、、，是马的象形；吏，甲金篆文分别作、、，上部是猎叉，下部是手，会意为手持猎叉打猎，由于古代狩猎是人应做的大事，义为做事，引申为做事的人——吏。马与吏组合，会意为吏人驾马快跑。由于上古“史、吏、事”是同源的字，楷书不从马从吏，而写成从马从史的“驶”shǐ，会意不变，义为马快跑。“驰、驶”都从马，都表快跑，但“驰”含意更快，且有奔义，用于车马类，并引申出向往之义，如“神驰”；“驶”包含平稳不颠之意，除用于车马类，还用于船只、飞机，形近音近而别。

【寡廉鲜齿】耻。“耻”原字为恥，会意字，从耳从心。篆文写作，左边表示耳朵，右边表示心脏，会意为耳闻过，心自愧，本义为羞愧。1955 年“恥”作为异体被取消，而把从耳止声的“耻”定为正体，这样耻便成了从耳从止，止亦声的会意兼形声的字了。耳闻过，心则止，义也是羞愧。“寡、鲜”义为少。“寡廉鲜耻”意为很少有廉耻或不廉洁，不知耻。

而“齿”甲骨文刻作，形如口

中有牙，是象形字；金文写作[illegible]，上面加止，成了增声字，下部是有些抽象化了的口中有牙形；篆文写作[illegible]。“齿”义为牙齿，无羞愧义，音同义异而别。

【为人不耻】齿。解说见上。由于牙齿一颗颗排列，引申为像牙齿一样同列而排，“不齿”义为不与同列。“为人不齿”意为不被人们看作同类，即被人极端鄙视。成语并非说为人不知羞耻。也作“人所不齿”。

【斥咤风云】叱。“叱”，形声字，左形右声，声旁字读 huà（一撇穿过乚，不是匕 bǐ；今不能表声）。“斥”见前“过河折（拆）桥”的解说。“叱”和“斥”均表示呵责之义，如“斥责、斥骂”也可写为“叱责、叱骂”，但“叱”侧重于大声，用于语言，古语“大呵为叱”。“叱咤”意为发怒吆喝，“叱咤 zhà 风云”形容声势威力巨大。

而“斥”侧重于指责，既用于语言，也用于文字，同音异义适用对象不同而别。

【赤热】炽。“炽”chì 繁体字写作熾，形声兼会意字，从火戠 zhī 声，声兼义。戠，象形字，甲金篆文分别作[illegible]、[illegible]、[illegible]，甲骨文像戈下挂着饰物，金文更像饰物，篆文依照金文，饰物形变写为音，义为兵器上的饰物。后代戈、枪类冷兵器的饰物变成了红缨，形如一团火，戠便加火显义，义为火旺、热。“炽热”义为极热。

而“赤”甲金篆文分别作[illegible]、[illegible]、[illegible]，上部是展臂站立的人字，下部是火字，上下组合，会意为人映照着火光，义为火红色，又，赤是火焚人牲的象形，义也是火红色。“赤”义为红色，无火旺义，成语不表火红的热，音同义异误解而别。

【幢憬未来】憧。“憧”chōng，形声兼会意字，从忄童声，声兼义。童，甲金篆文分别作[illegible]、[illegible]、[illegible]，上部辛字是行黥刑的刑刀，见 B 部“关怀倍（备）至”的解说，刑刀下是大眼，儿童显得眼大。再下是人字，甲骨文人下有械足的刑具，金文的人字还加了一只向后的手，人下有筐形物，此物与人组合，表示背负东西，整个字会意为受黥刑的背负东西劳作的未成年罪奴。甲金文的字义都是未成年的罪奴，即童仆。篆文字形美化，看不出童仆义。童与忄组合，会意为童仆心中向往之情，义为向往。从忄的字皆表心理活动。“憧憬未来”意为对未来抱有向往之情。

而“幢”chuáng，形声兼会意字，从巾童声，声兼义。从巾的字大都表织物或与织物有关的行为。巾与童组合，会意为童子持旗，本义为古代仪仗旗，无向往义，形近音异义殊而别。

【忧心重重】忡。“忡”chōng，会意兼形声字，从忄从中，中亦声。中，甲金文分别作[illegible]、[illegible]，中间的一竖和四个横的曲笔画表示长幅的旗帜，它是氏族社会的徽帜。一竖中间的长口和长圆笔画示意旗杆从中间穿过，也表示旗帜所竖立的圆形军阵的中心，篆文写作[illegible]，义为中央、中心。中与忄组合，篆文写作忡，会意为心虑在心中摇动，义为担忧的样子。“忧心忡忡”意为心情沉重，十分忧虑状。

而“重”，金文写作，上部笔画是人字，其他笔画像上下扎了口的盛满物资的袋子，或像竹笼，会意为人背着重物，义为沉重。篆文加了土字底，写作，楷书标准件化，写作重，会意为人站在土地上背负重物，义也是沉重。由于重物往往繁多，引申出重 chóng、重复义，无担忧状，成语也不是说忧心很重，音同义异误会而别。

【冲耳不闻】充。“充”，象形字，是由甲骨文演变而来，这是一只长大肥实的大猩猩的象形，上部有长头尖嘴的脸，脸下有弯曲的躯干，躯干后有尾巴，头下伸出长臂，张开长爪，下部是有长趾的脚掌。造字十分生动传神，更有趣的是前爪伸到尖嘴下，正是大猩猩吃东西的形象。古文篆文取其大致轮廓，分别写作、，当是对甲骨文有所讹变的简化字，义为长大肥实。由于长大肥实之物会占满一个特定的空间，引申为充实、充满。“充耳不闻”意为（充实）塞住耳朵不听，即不愿听取别人的意见。

而“冲”繁体字写作沖，会意兼形声字，从氵（后代俗写简化从冫bīng）从中，中亦声，甲金篆文分别作、、，左旁是水，右边是中（“中”表示饰有熟牛皮条的旗帜在正中间，或立于圆形军营正中间。）左右组合，会意为水如同旗帜摇荡一样地向上涌动，引申为向前力衝（chōng，今也简化为冲）等义，无充实、充满义，成语也不是说冲进耳朵也听不见，音同义异误会而别。

此外，“冒充、以次充好、汗牛充栋、充好汉”的“充”都不可误写为“冲”；而“气冲斗牛、冲突、横冲直撞、直冲云霄、冲出重围”（后三个成语中的“冲”是从“衝”简化的），其中的“冲”也不可误写为“充”。

【一愁莫展】筹。“筹”，形声兼会意字，从竹寿声，声兼义。从竹的字大都为竹或竹制物或与竹有关的行为，义为竹片、竹签、筹码。寿，见下“范筹（畴）”的解说，义为老人的皱纹，引申为老人，竹与寿组合，会意为老人运筹，古人（往往是老人）以筹计数，又进言画略好以筹助解，本义比喻计策，引申为办法。“一筹莫展”意为一点计策也施展不出，一点办法也没有。

而“愁”，形声兼会意字，从心秋声，声兼义。“秋”甲骨文刻作、，像蟋蟀，第二个字下面还加了个小土堆，表示蟋蟀出土，蟋蟀鸣则秋至，义为秋。籀文写作，把蟋蟀改为龟形，秋至龟肥，常出水曝日，又加禾和火，秋来禾熟，田野赭红如火，义也是秋。篆文省去龟，把禾和火分开左右写，写作，楷书承篆写作秋。秋心易愁，故秋与心组合为“愁”，义为忧愁，无计策义，成语不是说忧愁得不能展开眉头，音同义异误会而别。

【愁怅】惆。解说见上。“惆”，形声兼会意字，从忄周声，声兼义。周，见下“未雨稠(绸)缪”的解说,义为周密,遍布。周与表示心理活动的忄组合,会意为周密地遍布全身的情绪,义为失意、悲伤。“愁”义为忧虑、忧伤。两词都含伤感意,但“惆”重在失意、郁郁寡欢上;仅组成一个词语,即“惆怅”。“愁”重在忧虑(“发愁、愁吃愁穿”)和因忧虑而伤感(“乡愁、离愁别绪”)上;有二十多个词语。“愁”无失意、寡欢义,词语不是说因发愁而生怅感,音同义异误会而别。

【范筹】畴。范:模子,框框。“畴”,会意字,甲金文分别作[古文字]、[古文字],S形像纹路,S形中的两个相同的笔画表示肉,三部分组合,会意为皮肉上有褶皱,本义为老人的皱纹。由于翻挖的田垄像皱纹,借以表示田畴。为了显示此义,加了田字旁,篆文写作[古文字]。(又,S像垄沟,半圆笔画是牛蹄印,会意为已耕的熟地,加田显义,义为田地。)楷书繁化写作疇,今简化为畴,义为田地。由于田地有坡地、平地、旱田、水田、粮田、麻田等类型,引申为类别、种类。范畴义为类型、范围。而“筹”(见上)无范围义,音同义异而别。

【未雨稠缪】绸。“绸”,形声兼会意字,从纟mì周声,声兼义。周,甲骨文刻作[古文字],像铜钟上雕满乳突之形,会意为雕刻的乳突周密。金篆文分别作[古文字]、[古文字],它们省去表示乳突的点,加口,表示用口宣示国家政令(周朝把刑法律令铸在钟鼎上),会意为法令周密,引申为周密,遍布。纟字旁的字大都与丝、线、绳有关。纟与周组合,会意为用线绳周密缠绕,义为缠绕。“绸缪 móu”义为缠绕束缚。《诗经·豳 bīn 风·鸱鸮 chīxiāo》曰:“迨 dài 天之未阴雨,彻彼桑土,绸缪牖 yǒu 户;今女 rǔ 下民,或敢侮予。”趁着天没下雨,取那桑树根上的表皮,缠绕修补巢上像窗户和门一样的破洞,这样及时防范,今后你们在巢下的人,哪个敢来欺侮我。可见绸缪者是鸱鸮,即猫头鹰。“未雨绸缪”意为事先做好准备工作。词典解作修缮门窗,则绸缪者是人,是从比喻的角度做出的解释。

而“稠”形声兼会意字,从禾周声,声兼义。周与禾组合,会意为禾苗周遍而密,本义为稠密,无缠绕束缚义,形近音同义异而别。

【相形见拙】绌。“绌”chù,形声兼会意字,从纟出声,声兼义。绞丝旁的字大都与丝、线、绳有关。出,会意字,从止从凵 kǎn,甲金篆文分别作[古文字]、[古文字]、[古文字],上部是脚的象形,上有脚趾,下有脚跟,凵表示凹处或半穴居屋的凹形出口,止与凵组合,会意为自凹处走出,义为出,出来。楷书写作出。纟与出组合,会意为线头露出,古义为女红 gōng,(女红:妇女的针线活)针缕粗拙,不如别人;今义引申为不足,不如。“相形见绌”意为相比之下显得不如人。

而“拙”zhuō,形声字,从扌出声,义为手不灵巧,笨,用于天资禀赋差,无不如义,形近义异而别。

【穿流不息】川。“川”,象形字,甲骨

文刻作(古文字),两边像岸,中间像水流;金篆文写作(古文字),都像水流,义为河流。线条工整流畅,表义显豁准确,动感很强。"川流不息"意为行人或车马像水流一样连续不断。

而"穿",会意字,从穴从牙。穴,象形字,金文写作(古文字),篆文美化作(古文字),像岩洞、土洞的住处。牙,象形字,金文写作(古文字),上部像上臼齿,厚笔处像牙龈,两点表示齿面凹凸不平处,下部像下臼齿,金文像大牙上下相合形,义为牙。篆文美化并抽象化,写作(古文字),大致形象还像,基本形态没变。穴与牙组合,会意为用牙咬通一个洞或(鼠、穿山甲等动物)用牙打洞,义为穿通,无河流义,成语并不是说穿来穿去流动不停,音同义异误会而别。

【如椽大笔】椽。"椽"chuán,形声字,从木彖 tuàn 声。从木的字大都表树木或与树有关的事物、行为、性状。椽为纵向架在房梁上以便铺设木板或瓦的长而粗的木条。"如椽大笔"夸称别人文章写得好,写作才能高。

而"掾"yuàn,形声字,从扌彖声,从扌的字大都表手或手的动作行为,为断事的属官,文言叫掾吏,无房椽子义,形近音异而别。

【桀误】舛。"舛"chuǎn,会意字,金篆文分别写作(古文字)、(古文字),两止(趾的初文,有脚趾,有脚跟,即脚)相反,会意为违背,引申为差错,如"舛误";又引申为不顺遂,不幸,如"命运多舛"。

而"桀"jié,会意字,甲骨文和"乘"同形,见上"趁(乘)虚而入"的解说,本义是人站在树上。由于站在树上有高高在上居高临下之义,居高临下之人往往凶暴,引申为凶暴,不驯服,如"桀骜不驯",无差错,不顺遂之义,形近义异而别。

【命运多桀】舛。解说见上。

【千捶百炼】锤。"锤",形声兼会意字,从钅垂声,声兼义。"垂",象形字,甲骨文刻作(古文字),是枝叶下耷之形,下部的三角形,表示禾苗或树木下带有泥土的根;篆文加个土字底,写作(古文字);义为枝叶耷拉、低下来。钅与垂组合,会意为垂落的金属块,义为重量单位(一锤八铢,合十五克)。由于金属块可用于锤击,引申出锤子义和锤打义。"千锤百炼"比喻多次的斗争和考验,也比喻对诗文等多次精细修改。

而"捶",形声兼会意字,从扌垂声,声兼义。从扌的字大都表手或手的动作、行为。扌与垂组合,会意为用手捶击。金属加工不能以手捶击,音同形近义异而别。

【边垂重镇】陲。解说见上。"陲",形声兼会意字,从阝 fù 垂声,声兼义。陲,甲骨文无此字,周代金文写作(古文字),战国末年和秦初时,篆文写作(古文字),都加了阝旁。阝像夏商时期从半穴居屋中走上地面的阶级或刻在木头上的脚窝图形,又像山上的石阶。穴居处为高而土层厚的长有庄稼的地方,所以阝义为高的土山和地方义。(从阝的字皆含此义。)周代已渐不穴居,只有开化进程慢的边地还穴居，且边地土壤脊薄，特别是西北大片地区风沙又大，故阝与垂组合，会意为长有耷拉的枝叶的庄稼的边地，本义为边地。“边陲重镇”意为边疆地方的军事要地。而“垂”无边地义，音同义异而别。

【民风纯朴】淳。“淳”，形声兼会意字，从氵享声（今不能表声），声兼义。享，甲金篆文分别作、、，上部是宗庙的象形，下部是羊字，会意为用肥美的羊肉献祭，表义重点在肉，为表示肉味美而造此字，本义为肉味醇厚。氵与享组合，会意为像一方水土所产的羊肉那样“原汁原味”，义为朴实。

而“纯”，会意兼形声字，从纟从屯，屯亦声。纟，甲骨文刻作，篆文写作，是自然扭结的丝束的象形，义为丝束；屯，甲金篆文分别作、、，像植物发芽，艰难屈曲地挺出地面，并把种壳带出之形，金文把种壳写成圆点，篆文把圆点变写为横，表义重点在于长出不易，本义为艰难。由于艰难长出有真实无杂类之含意，纟与屯组合，会意为缫出本色蚕丝，本义为未经着色、加工的初始蚕丝，引申出质朴、纯净等义。

“纯、淳”义同有异，当表示质朴敦厚意思时，淳朴、纯朴通用，但形容民风、人的气质时，只能写成“淳朴”。“淳朴”是推荐词形，而纯朴是不作别字看的异形词，且不大适用于民风，最好不用。

【缀学】辍。“辍”chuò，会意字，从车从叕 zhuó。金文写作，中间一竖是车轴，上下两横表示车轮，中间是车舆（车厢），四个 × 表示交错，楷书把“×”变写为“又”，省去“車”字，会意为车小缺复合，即车破；车破不能行，引申为停止，停歇。“辍学”就是停学。

而“缀”zhuì，会意字，从纟从叕 zhuó。叕，象形字，篆文写作，像线绳错杂连结交络之形，楷书变写为四个又，左边为纟，纟表丝、线、绳。两部分组合为“缀”，会意为连接、缝合，如“点缀、连缀、缀文（写文章）”，无停止义，形近义异而别。

【笔耕不缀】辍。解说见上。“笔耕不辍”意为辛勤写作，不停止。

【吹毛求刺】疵。“疵”cī，会意兼形声字，从疒 chuáng 从此，此亦声。“疒”甲骨文刻作，左边是类似于床的较低的木质地铺，内中塞草，（唐代及其前没床，“床前明月光”指户外的井床。）右边是人，中间的两点表示人出的虚汗或流的血；金文写作，省去点，人字变形；篆文写作，把表示人的身躯的一竖和铺板重合；楷书变写为疒，它们会意为人生病躺着，义为生病。此，会意字，从止从人，甲金篆文分别作、、，左边是止，即脚，右边是人，会意为人走到这里停住脚步，义为人站的地方。由于站住含有这里、这时之意，引申为这里、这时、这样、这个。疒与此组合，会意为病处在这里，义为疵点（小的破处、疙瘩、小孔）。“吹毛求疵”意为吹开毛发、汗毛寻找疵点，比喻故意挑剔毛病，寻找差错。

而“刺”会意字，从朿 cì 从刂(刀)。“朿”象形字，甲金篆文分别作、、，中间是矛，下有可插在地上的岔尖，矛中间有横写的工形和⌒形的笔画，竖和横两种笔画组合，会意为用矛刺穿，又，中间是木，横工形笔画表示树木上的刺，后代加了刂(刀)旁以显义，义为刺、穿刺。“刺”无疵点义，成语不是说吹开毛寻找刺，音近误会而别。

【以词害意】辞。“词、辞”，会意字，金文分别写作、，篆文分别写作、，金篆文的第一字左边的上部和下部笔画是手，左边中间是自然扭结的丝束，横工字是络丝的木架子，四部分组合，会意为用手整理丝。右边是司字，“司”是口上加一只手的象形，会意为手放口边说话。远古部落首领宣战令，理政务，发诏告，都在旷野，必须用手助声，使定向增强，故义为说话、言词。司与左边构件组合，会意为如同整理丝一样地有条有理地说话，引申指说的词语。

金篆文第二字的右边加了辛，即刑刀，见 B 部“避(辟)邪”的解说，辛与左边的字组合，会意为如同用短而尖的刑刀整理丝一样地断刑狱，析道理，判形势；金文第二字的左边还加了舌字，表示用口舌(语言)辨析，它们的本义是讼词、口供，引申指言辞。

以上的金篆文在楷书中分别衍化为詞和辭，今简化作词和辞，因此，它们音同义近，表示语言、语句时，往往通用，如“言辞”和“言词”、“义正词严”和“义正辞严”，但“辞”是先造字，带文言性，一般用于指优美庄重的文学色彩浓的语言，如“辞藻、修辞、辞海、辞赋”。“以辞害意”意为由于选用好辞藻而损害了意思的表达。而“词”指一般的通俗的词语、言词，如“宋词(近古的宋代产生)、词典、词语、词汇、词类、名词(近代产生)”，音同适用的语言环境不同而别。

【以秩上下】次。“次”，象形字，甲金篆文分别作、、，右边像大张口跪坐的人，左边的点像喷溅的唾沫，整个字像人连连打喷嚏，义为打喷嚏。由于喷嚏是一个接一个打出，引申为顺序、次第。篆文没写口，但用三撇突出了口出的气。“以次上下”意为按先后或前后顺序上下(车船等)。

而“秩”zhì，形声字，从禾失声，本义为积禾。由于堆积、码放禾类植物得整齐不乱，义为秩序。“次序”和“秩序”都含有有序之意，但前者表示时间上的先后之序或空间上的前后之序。而后者仅表整齐不乱，如“秩序井然”，不表先后和前后，成语并不表按秩序上下，“秩”的引申义是(粮食)俸禄，“以秩上下”岂不是说按薪金的多少而先后上下？义异误解而别。

【剌剌不休】刺。拟声词。“刺刺不休”意为说话没完没了。而“剌”là 左边是束，封口，是错字。

【烟囱】囱。“囱”cōng，象形字，古文写作，篆文写作，像竹木编成的窗棂，楷书构件化标准化，把框

内的笔画写成夕，整个字就成了囱，本义是房顶上开的窗户，即天窗。（墙上开的叫牖 yǒu）由于灶突也从房顶外通，引申为烟囱，（则天窗义就在囱上加穴表示，写成窗。今墙上牖也叫窗了。）

而“囟”xìn，象形字，来自甲骨文“子”字，上部表示头发，中间表示头，X 表示头骨上方尚未合缝的囟门，下部表示两腿。篆文写作，突出要点，省去头发和腿，义为囟门，无灶突义，形近义异而别。

【辐凑】辏。“辏”còu，会意兼形声字，从车从奏，奏亦声。奏，会意字，从禾从手，甲金篆文分别作、、，左右两边是手，中间表示带根的禾黍，篆文把禾黍写断开了，下部讹变成了夲 tāo，三部分组合会意为禾稼既熟，双手捧着（献给神祖），本义为进献，引申为趋进。“辏”从车，从车的字大都表车或与车有关的事物、行为、性状。车与奏组合，义为车轮的辐趋进集中到毂上，“辐辏”形容（像车辐集中于车毂一样）人和物聚集于某地。

而“凑”原写为三点水，会意为人们往水边趋进，义为“水上人所会也”（说文），今义聚集，接近，无车辐聚毂义。“现汉”把“辐辏”定为推荐词形，“辐凑”是不作别字看的异形词。建议不写后者。

【促不及防】猝。“猝”，形声兼会意字，从犬卒声，声兼义。从犬的字大都表兽类或与兽类有关的行为、性状。“卒”，指事字，甲金篆文分别作、、，外框是衣字，上有领口，左右有袖子，下有掩覆的衣襟。衣上多出来的一笔表示制衣最后结束，也表示记号。甲骨文衣上有个 X，当是表示衣上的记号，金篆文把记号用一斜线写在衣襟上表示。整个字表示古代隶役人员穿的带有标记的统一衣服，义为有标记的衣服，引申为穿这种衣服的人——役夫，即无偿劳作（建城、筑宫、挖河、修堤、开路、运粮）的人和士兵，就是楷书的“卒”。“犭”是犬，犬与卒组合，会意为犬见役夫、士兵等生人而“暴出逐人”。由于事发不意，十分急促，引申为仓促、突然。“猝不及防”意为事情突然发生，来不及准备。

而“促”，形声兼会意字，从人足声，声兼义。亻与足（“足”见下）组合，会意为步行前去接近人，义为接近，如“促膝谈心”，无突然义，音同义异而别。

【上窜下跳】蹿。“蹿”cuān，会意兼形声字，从足从窜 cuàn，窜亦声。窜的繁体字是竄，穴与鼠组合，会意为鼠逃进穴中，本义为藏匿，引申为乱跑、乱逃。足，甲金篆文分别作、、，口表膝盖，下部是止（趾的初文，上有脚趾，下有脚跟），即脚，会意为小腿，后词义缩小为脚。足与窜组合，会意为用足蹬跳，本义为向前向上纵跳。“上蹿下跳”比喻人到处活动，而“窜”无纵跳义，音近义异而别。

【纂改】篡。“篡”cuàn，形声兼会意字，从厶 sī 算声，声兼义。分述之：

厶，象形字，甲金篆文分别作、、，像头朝下的胎儿，义为将出生的胎儿，由于胎儿自阴部出生，引申出男女私处义，又引申为私有、私心义。

算，会意字，从竹从具。具，会意字，甲骨文刻作，上部是鼎的象形，下部是双手，会意为双手捧起鼎，鼎是盛肉食的餐具，本义为供设酒食。金文写作，把鼎讹变为贝（这种讹变常见），篆文写作，把贝又讹变为目，会意和本义不变。由于供设酒食含有已备好之意，引申为备有、取出。

算，从竹，从竹的字皆与竹有关。竹与具组合，会意为备有、取出竹筹，古人以竹筹运算，本义为计算，引申为打算、计谋。

算与厶组合，会意为出于私心而算计谋夺之，引申为（出于私心）用作伪的手段改动或曲解。

而“纂”zuǎn，形声兼会意字，从纟mì算声，声兼义。从纟的字大都表丝、线、绳或与之有关的事物、行为、性状。纟与算组合，会意为计算、编排纺织丝带，古代指赤色的丝带，引申为编辑，无伪改曲解义，形近音近义异而别。

【摧人奋进】催。“催”，形声兼会意字，从人崔声，声兼义。崔，会意字，从山从隹。隹 zhuī，象形字，是鸟的象形，见 D 部“民生雕（凋）敝”的解说。山与隹组合，会意为山上的鸟。崔与亻组合，会意为人迫近山鸟或把山鸟往张网处轰赶，义为迫促、催促、励进。而“摧”由崔与扌组合，会意为用手击打扑杀山鸟，义为击打而毁坏。“摧”无迫促、催促、励进义，音同义异误用偏旁而别。

【鞠躬尽粹】瘁。“瘁”，会意兼形声字，从疒 chuáng 从卒，卒亦声。“卒”义见上“促（猝）不及防”，其引申义为士兵。由于士兵往往战死，卒又引申为死。“瘁”从疒，见上“吹毛求疪（疵）”的解说，从疒的字皆表病或与病有关的事物、行为，故瘁的本义为病死，引申为劳累。“鞠躬尽瘁”意为弯着腰小心谨慎地劳作，贡献全部精力。

而“粹”，会意兼形声字，从米从卒，卒亦声。“卒”（见上“猝不及防”）指奴隶和役夫所穿之衣的标记，这种标记特指颜色、式样纯一，米与卒组合，会意为纯一不杂的米，本义为不杂，如“纯粹”，引申为精、精华，如“国粹”。“粹”无劳累义，音同义异而别。

【国萃精华】粹。解说见上。“国粹精华”意为国家固有文化中的精华，如汉字、国画、中医、围棋等。

而“萃”，会意兼形声字，从艹从卒，卒亦声。卒（见上“猝不及防”）借指为奴隶和役夫，其人众多。艹与卒组合，会意为草木盛多，本义为草聚生，比喻物、人聚在一起，如“出类拔萃”。“萃”无精华义，音同义异而别。

【切搓琢磨】磋。“磋”cuō 会意字，从差从石。差，会意字，从麦从手，金篆文分别写作、，上部是有麦叶的麦子，下部是手（以一手示意，左手）。麦与手组合为差，会意为以手搓麦，本义为搓。差加上石旁，会意为用石器搓，即磨。由于磋磨要反复进行，引申为反复地仔细商讨。“切磋琢磨”意为互相商量研究，学习长处，纠正缺点。

而“搓”是差的后起字，加上扌，突出用手搓的意思，搓手、搓物，无反复商讨义，音同形近义异而别。

【磋跎岁月】蹉。解说见上。差的本义为搓，足与差组合，会意字，会意为脚步搓磨，行进受阻绊，义为差误。“跎”tuó，形声兼会意字，从足佗 tuō 省声（省去亻），声兼义。佗，会意字，从亻从它。“它”，象形字，甲金篆文分别作、、，“说文”写作，是蛇的象形。亻与它组合，会意为人负重被压得如同蛇一样曲背俯身，义为人负重，则跎义为脚步由于负重而踉跄。尽管蹉 cuō 跎二字本皆有义，但在现代汉语中，人们把它当作单纯词（见 B 部“专横跋扈”的解说）看待，本义为行进受阻耽误时间。“蹉跎岁月”意为虚度光阴。而“磋”无失时义，音同形近义异而别。

【不知所错】措。“措”，会意字，从扌从昔。昔，会意字，甲骨文刻作、，金文写作，篆文美化，文字化，写作，曲线表示田地的土垄，日表示太阳，会意为太阳照晒土垄，本义是晒干。扌与昔组合，篆文写作，会意为用手做翻晒工作，放在那里晒，本义为置，引申为安置。又，“昔”会意为太阳照耀下的洪水，久置不退，义为置，又因时间久而引申为往昔。扌与昔组合，会意为长时间着手干。“不知所措”意为不知怎么（着手）办才好。

而“错”，形声兼会意字，从钅措省声（省去扌，用“措”的右半边作声旁。“昔”是省后的部分，仍用“措”的音，并非单纯用“昔”xī 作声旁），声兼义，“措”的置放义和钅组合，会意为（置放）镶嵌金银，本义为镶嵌，如“错金”“黄金错刀白玉装”。“错误”本义为金银镶嵌有误，比喻不正确。“错”无安置、安放义，成语并非说不知所犯的错，也不是说不知错在哪儿，音同形近义异误会而别。

【惊慌失错】措。解说见上。成语意为害怕慌张不知怎么办。

其他如“手足无措、措辞、措置、措手不及、举措失当”的“措”都不可误写为“错”。

D

【以逸代劳】待。“待”，会意字，从彳chì从寺，金篆文分别写作、。彳是“行”的一半。行，象形字，甲金篆文分别作、、，义为四通的路，引申出行走义，而“彳”，为其一半，象形字，本义为小步走。“待”字的右上部为止：即脚，右下部为手，止和手组合，会意为王侯的手足，为王侯做事的人，称寺人(后世称宦官、明清称太监)。三部分组合，会意为小步快走为王侯服务，引申为等待(服务)。“以逸待劳”意为用安逸的即养精蓄锐的士兵等待来犯的疲劳之敌以出击取胜。

而“代”，会意字，从亻从弋yì，弋亦声(今不能表声)。“弋”，象形字，甲金篆文分别作、、，像下尖的揳入地中的木橛，一横表示地面，用以拴系牲畜，上有歧头，以防滑脱。篆文美化得不大像了。亻与弋组合，会意是人系牲畜，前人牵走，后人系上，前后更代，义为代替，无等待义，音同义异而别。

【枕戈待旦】待。解说见上。“枕戈待旦”意为枕着武器等待天亮，形容时刻警惕敌人，准备战斗。

而“侍”sì，形声兼会意字，从亻寺声，声兼义。见上。侍是寺的后起字，加亻以显义，会意为寺人(太监)侍奉，义为侍从，陪侍，服侍，无等待义，形近义异而别。

另，“待业、待价而沽、待命、待人接物、自不待言、严阵以待”的“待”皆不可误写为“侍”。

【披星带月】戴。“戴”，会意兼形声字，从异从𢦏zāi，𢦏亦声。异，繁体字作異，会意字，甲金篆文分别作、、，上部中间表示物件，两边像手，手下凹形笔画表示盛物件的大口盆(可顶头上)，下边的笔画是人，字形强调头部，几部分组合，会意为头顶着东西，两手扶着，义为顶着，戴着。上部的物件和“異”的田字头还像顶在头上的假面具，会意为头顶着假面具，义也是顶着，戴着，是“戴”的本字。后来在“異”上加了表声兼表形旁的𢦏zāi，𢦏，见C部“独出心裁”的解说，义为切割、杀伤。𢦏与異组合，会意为把切割下来的物件顶在头上，义还是顶着，戴着。“披星戴月”是互文，意为身上披着星月之光，头上顶着星月之光，形容起早贪黑辛勤劳动或连夜赶路。

而“带”繁体字写作帶，会意字，甲骨文刻作，两横画表示系衣服的带子，其他笔画表示带上佩挂的饰物，如巾帕、玉、符、刀、剑、梳子、香囊等。篆文加了巾字底以显义，写作，义为腰带，引申为携带，佩带，无头顶着之义，成语不是说披上星光带来月光，音同义异误会而别。

【带罪立功】戴。解说见上。“带、戴”都是动词，都表示加在身上之意，但“带”表示佩带，用于腰部；“戴”表示穿戴，含有覆盖，罩着之意，用于头、面、胸、手部，如“戴眼镜、戴镣铐”。“带”还表示带领、拿着，如“带队、携带”；“戴”还表示拥护、推崇之意，如“爱戴”。“戴罪立功”意为在承当(头顶着)某种罪名的情况下建立功劳。

【严惩不待】贷。解说见上。“贷”，形声兼会意字，从贝代声，声兼义。商代以贝为货币，故从贝的字皆表钱财或与钱财有关的事物、行为、性状。“代”见上“以逸代(待)劳”的解说，意为代替，替换，代与贝组合，会意为钱财的主人替换(代替)了，本义为借，借出或借入，由于债务来往可以宽限日期，引申为宽施，又引申为宽恕。“严惩不贷”意为严加惩处，绝不宽恕。

而“待”(见上)义为等待，无宽恕义，音同义异而别。

【责无旁代】贷。解说见上。由债权关系存在不承认和推给他人的情况，贷又引申出推卸义。“责无旁贷”意为是自己的责任，不能推卸给别人。

而“代”(见上)义为代替、取代，无推卸义，成语不是说责任不能由旁人代替，音同义异误会而别。

【百战不怠】殆。“殆”dài，形声兼会意字，从歹台声，声兼义。歹是“骨”字的上半部，表示残骨，见C部“自残(惭)形秽”的解说，故从歹的字皆含死义。台，甲金篆文分别作、、，上部表示头朝下的胎儿，下部的口表示胞衣，上下组合，会意为包着胞衣的胎儿，义为怀胎，是“胎”的本字。后“台”作了偏旁，怀胎义便加“月”(肉)旁表示，其义引申为胎儿。歹与台组合为殆，会意为胎儿死去(上古胎儿死亡率很高，很常见)，由死义引申出危险、失败义。“百战不殆”意为成百次打仗都不失败。

而“怠”dài，形声兼会意字，从心台声，声兼义。从心的字皆表心理活动，心与台组合，会意为怀胎人精神慵懒，义为精神不振、懒惰、懈怠，无危险义。成语并不是说成百次打仗都不懈怠，音同义异误会而别。

【消耗怠尽】殆。解说见上。“殆”由死义引申出对死、对危险的估测义：差不多、快要。“消耗殆尽”意为差不多快要消耗完了。

【惮精竭虑】殚。解说见上。“殚”dān，形声兼会意字，从歹单声，声兼义。歹是残骨的象形，从歹的字皆含死义，见C部“自残(惭)形秽”的解说。“单”，象形字，甲骨文刻作、、，金篆文分别写作、，上部是猎叉，猎叉上端有石块

(尖的,或边缘锋利的),其下的口、田表示绳索,用绳索捆系,使更牢固,(口、田也像猎网)一竖是把手,这是狩猎武器的象形字。由于这个武器可猎兽,也可杀人,因而其本义是打、杀。甲骨文中多次出现用“单”表示打、杀义的卜辞。我们从战(戰)、弹、兽(獸)等字也可看出。歹与单组合,会意为杀死,本义为杀光,引申为用尽,竭尽。“殚精竭虑”是互文,意为用尽精力,费尽心思。

而“惮”dàn,形声兼会意字,从心单声,声兼义。忄表心理活动,忄与单组合,会意为见猎叉临打斗而害怕,其义为害怕。“惮”无尽义,音同义异而别。

【惮见洽闻】殚。解说见上。殚见:尽见,所见已完;洽闻:广博的见闻。“洽”会意兼形声字,从氵从合,合亦声(今不能表声),“合”,会意字,甲骨文刻作、,是两个口的象形,上部的倒口表示走来的人,下部的正口表示另一人,会意为两人相会而言,(也可看作器物与盖儿相合)义为会合。氵与合组合,会意为水与物相浸合,义为浸润、沾湿。由于浸润是遍及物的全体,引申为周遍、广泛。“殚见洽闻”意为见多识广,学问渊博。

【虎视耽耽】眈。“眈”,形声兼会意字,从目冘 yín 声(今不能表声),声兼义。篆文写作,左边为眼,右边像人挑担子。左右两边组合,会意为注视(挑担人)。“虎视眈眈”形容贪婪而凶狠地注视。

而“耽”见下,无注视义,故别。

【眈于享乐】耽。“耽”,形声兼会意字,从耳冘声(今不能表声),声兼义。篆文写作,左边表示耳,右边“像人荷担,两端有物”,《说文解字》解作“耳大垂也”。大垂之耳与担子两头下垂之物形象类似。《左传》曰“过乐谓之耽”,疑为沉迷于垂耳听乐,引申为沉迷。“耽于享乐”意为沉迷于享乐之中。

而“眈”(见上)从目,与耳无关,音同形近误用偏旁而别。

【眈误　眈搁】耽。解说见上。“耽”义为沉迷,沉迷必然延误、拖延事情,又引申出延误、拖延义,故有“耽误、耽搁”词语。

【首挡其冲】当。“当”dāng,繁体字为當,形声字,从田尚声。尚,义为崇尚、高出、超出。疑此义和其引申义并未包含在“當”之中,“尚”的虚化的副词义却被采用。《尔雅·释言》曰:“庶几,尚也。”(庶几的词义就是尚。)“庶几”在古籍中有二义;一表希望语气,如《尚书·汤誓》:“尔尚辅予一人……予其大赉汝。”(你希望辅佐我一人……我大赏赐你。)二表估测性的希望语气,相当于“大概、差不多”,如《孟子·梁惠王下》:“吾王庶几无病欤……”(我们大王大概身体健康吧。)疑“尚”既有估测性的希望语气,则田与尚组合,《说文解字》便解作:“當:田相值也。”即某块田地在大小、高低、土质、肥瘠等方面与另一块田地(估测)差不多相称。故“当”的本义是相称,如“门当户对、旗鼓相当。”由于相称含有一物对着另一物相比较之意,引申出对着、向着义，如“当头棒喝”。由于“对着”含有承受对方精神或力量的作用之意，引申为承受。“首当其冲”意为首先受到攻击或遭遇灾难。

而“挡”dǎng，形声兼会意字，从扌当声，声兼义。从扌的字皆表手的动作、行为。手与当组合，会意为用手使对方承受精神或力量的作用，义为阻挡，无正面相敌义。词义并不是说首先挡住它的冲击，音近误会而别。另，“螳臂当车、势不可当”（推荐词形）也差可写成“螳臂挡车、势不可挡”（异形词）。建议不写后者。

【赴汤滔火】蹈。“蹈”dǎo，形声兼会意字，从足舀 tāo 声，声兼义。舀，会意字，从手从臼，篆文写作，上边是爪，是向下抓的手，下边是臼，会意为手下伸到臼里，义为把舂好的米取出。由于持杵舂捣禾谷或足踏舂捣禾谷与足踏动作形象相似，加足旁，写作蹈，表示踏，引申为跳。汤：开水。“赴汤蹈火”意为敢跳到开水里烈火里，比喻不避艰险。

而“滔”tāo，形声兼会意字，从氵舀声，声兼义。舂捣禾谷时，禾谷会从木杵或石碓周围向上涌溅，舀与氵组合，义为大水涌漫，无跳义，形近义异而别。

【水道渠成】到。“到”，会意字，从人从至，金文写作，左边是至，会意字，其末笔一横，表示地面或物体，其上是射来的矢，即箭，有朝下的箭头，有箭身，有尾羽，义为到达；右边是人，加符显义：人到达，突出到达之义。篆文把人字旁改写成刂旁，因甲金文人字和刀字形相近而讹混，又为了表音（刀 dāo）而变写。这样，就成了形声兼会意字了。“水到渠成”意为水流到的地方自然成渠，比喻条件成熟了，事情自然成功。

而“道”，会意字，从行从首从止，金文写作，左右两边是行，像十字路口，表示行走；中间的上部是人头，即首，有脸有嘴有眼，头上方的弯笔画表示头发，见 B 部“频（濒）临”的解说，画首是为了表示方向；下部是止（趾的初文，上有脚趾，下有脚跟），表示行走用足。篆文省去行的右半边，左半边的彳与止组成左边的偏旁辵 chuò，整个字写作，楷书规范成从辶 chuò 从首，写作道。几部分组合，会意为人所走的路，本义为路。“水道”义为水流的路径，无到达义，音同义异而别。

【投机捣把】倒。“倒”，形声兼会意字，从人到声，声兼义。到，见上条的解说，义为人来到，亻与到组合，会意为又来到一人，两人相撞，一人倒下，义为人跌倒。由于人跌倒含有失去原来的位置之意，引申为转换、转移，如倒买倒卖。“投机倒把”意为以买空卖空、囤积居奇、套购转卖等手段牟取暴利。

而“捣”，形声字，从扌岛声，表示手的动作，义为持物的一端撞击，无转移义。词义并不是说捣了一把，音同义异误会而别。

【阴柔老道】到。解说见上。“到”义为到达，引申为该到达的地方都到达，也就是面面都照顾到，即周到。老：老练。“阴柔老到”形容人温和不躁老练周到。

而“道”义为人走的路，无周到义，词义绝不是说阴柔的老道士，音同义异误会而别。另，“老道”有词，意为中国本土大教道教中的老者。

【蹬峰造极】登。“登”，会意字，甲骨文刻作、，金文写作，上部表示左右足，下部的左右两边表示手，下部的中间表示盛食物的高足盆——豆，四部分会意为两手捧着盛有食物的豆器向前走，本义为进献；篆文省写左右的手形，写作，楷书写作“登”。由于献食物于宫殿、宗庙、祭坛，得走上台阶，故引申为升义。“登峰”即升上（登上）高峰；“造极”即到达峰顶。“登峰造极”意为功劳、成就等达到最高。

而“蹬”，形声兼会意字，从足登声，声兼义。足与登组合，会意为足抬升上去，义为用脚蹬，无升上义，音同义异误用偏旁而别。

【苍翠欲嘀】滴。“滴”，会意兼形声字，从氵从啇 dì，啇亦声。啇，会意字，从帝从口，帝亦声。分述之：

帝，象形字，甲骨文刻作、，二期甲骨文刻作，战国金文写作，秦篆写作。商朝和远古先民十分迷信，他们制作土偶、石偶、木偶、草偶当作主宰宇宙万物和人们吉凶祸福的神灵来顶礼膜拜。“帝”的甲金篆文就是装有人头形的假头的草束，草偶。字形中的上部笔画表示假头，一竖表示插进地里的棍子，一竖两边的斜形笔画表示草偶的腿，假头下的横写的工字笔画和∩形笔画以及椭圆笔画表示扎系草偶的带子。故字形会意为草偶，义为主宰宇宙万物和人们吉凶祸福的神灵。由于帝有集结扎束的含意，帝与口组合为“啇”，会意为自许为帝神的人——部落首领张口提起声音对下属吆喝、发诏告、宣战令，申族规，义为对下大声说话。啇与氵组合，会意为水如同话音连续说出一样向下落。“苍翠欲滴”形容植物深绿鲜亮（像要滴落一样）。

而“嘀”，会意字，加口示意，是表声音的拟声词，无下滴义，音同形近义异而别。

【根深底固】蒂 dì 或柢 dǐ。蒂，会意兼形声字，从艹从帝（见上），帝亦声。艹与帝组合，会意为植物中像假人头那样的部分，即指果或花跟茎枝相连的部分。“根深蒂固”意为根是深的，蒂是牢固的，比喻基础稳固，不容易动摇。

再解说柢：柢，会意兼形声字，从木从氐，氐亦声。氐义为根底（见下条），与木组合，义为树的底部，“根深柢固”意为树根是深而牢固的，也比喻基础稳固，不容易动摇。

而“底”泛指底下（见下）不专指植物的根底，成语并非说底部牢固，音近义异误会而别。

《现汉》把“根深蒂固”和“根深柢固”都作为推荐词形。

【归根结抵】底。“底”是抽象概念，难以表达，三四千年前的古先民们

D

以表现。这一甲骨文上部的曲线表示水，竖线表示水底，用表示水底的线条画来概括一切物的底部，这是高智慧的创意。金文写作，水面变曲，一点指事水底，是“氐”dǐ字的雏形，义为底。

氐，会意字，从氏从丶zhǔ。氏shì，象形字，甲金篆文分别作、、，甲骨文像用石块支撑的棚屋，金篆文像用木棍支撑的棚屋，是从有姓母系部落分支出来的小部落民居，即氏。

战国金文为了使氐dǐ和氏shì有区别，在氏字下加了指事性的一点，写作，表示氏这一古民居的底下。篆文写作，用土表示氏这一古民居的底下。楷书把篆文的下部的土字改成点，写作氐，义为底。

广，象形字，甲金篆文分别作、、，像借助上部外突的山崖建造的没有前墙的房子，是夏商朝的民居之一种，后代的“店、庙、廊”等字即是前敞的房子。广与氐组合为底，会意字，用常见常用的房屋底下会意，义为物体的根底，最下面。“归根结底”意为归结到根本上。

而“抵”dǐ，会意兼形声字，从扌从氐，氐亦声。从扌的字表手的动作行为，与氐组合，会意为从根底用力推挤，无底下义，音同义异而别。

另，“现汉”把“归根结底”和“归根结蒂dì”都作为推荐词形，把“归根结柢dǐ”作为不作别字看的异形词。

【中流抵柱】砥。解说见上。“砥”，形声兼会意字，从石氐声，声兼义。从石的字基本都表石类物或与之有关的行为、性状。石与氐组合，会意为底部稳固的石头，义为能起支柱作用的石头。中流：河流的正中部位；砥柱：黄河三门峡有像竖立的磨刀石形状的巨石（叫砥柱山）正当激流。“中流砥柱”比喻坚强的能起支柱作用的人或组织。

而“抵”无砥石义，成语不是说河流中抵挡水的柱子，音同义异误会而别。

【抵砺】砥。解说见上。由于砥石底部稳固，可作磨刀石，引申为细磨刀石；砺为粗磨刀石。“砥砺”比喻磨炼，勉励。

【抵毁】诋。解说见上。“诋”，形声兼会意字，从讠氐声，声兼义。从讠的字大都表语言或与之有关的行为、性状。讠与氐组合，会意为用语言从根底上攻击人，义为说坏话，骂。“诋毁”意思是毁谤，污蔑。

而“抵”无说坏话义，音同形近而别。

【真缔】谛。解说见上“苍翠欲嘀（滴）”。“谛”dì，形声兼会意字，从讠，帝声，声兼义。讠与帝组合，会意为表示帝——草偶神始祖说话，义为正确的话。“真谛”义为佛教指真实而正确的道理。

而“缔”，形声兼会意字，从纟帝声，声兼义，纟与帝组合，会意为用绳子把草偶系起来，或把两个不同性别的草偶（夫妻神灵）系在一起，义为用绳索系到一起。如“缔结、缔造”。“缔”无真实而正确的道理义，音同形近而别。

【巅扑不破】颠。“颠”，会意兼形声字，从页从真，真亦声（今不能表声），“页”是人头部的象形字，见B部“频（濒）临”的解说。从页的字都表颈以上部位，如“项、颌、颊、额”等，或表与头部有关的行为，如“顾、顼”等。

真，会意字，甲骨文刻作，上部是人，下部是鼎，鼎是煮或盛放肉食的炊具，会意为人走到鼎前取食美味，金文写作，上部是倒写的人字，表示走过来的人，与鼎组合，会意也是人走到鼎前取食美味。它们的表义重点在食物上，本义为美食、真味。篆文写作，上部是变形的人字，下部讹变成了朝下的头部，（目表示眼睛，竖弯笔画表示侧面看的眼窝，最末两短竖笔画表示头发。）即倒首字，会意为人伸下头来取食美味，尽管鼎没有了，本义依然为美食、真味。楷书简便化，写作真。

由于真字发展到篆文含有头朝下之意，是倒首，而页是头朝上的正首，所以真与页组合，会意有三：一，上下颠倒，义为颠倒，词语有“颠倒”；二，朝下的头朝上了，义为头顶，词语有“华颠（头顶上的白发黑发相间）”；三，朝上的头朝下了，义为跌倒、倒下，词语有“颠覆”。“颠扑不破”的颠是第三个会意和本义，意为无论怎么跌打都不会破，比喻永远不会被推翻（多指理论）。

而“巅”，形声兼会意字，从山颠声，声兼义。此处的颠是第二个会意和词义：头顶。山与颠组合，义为山顶，无跌落义，音同义异而别。

【巅沛流离】颠。解说见上。这里的“颠”是第三个会意和词义：跌倒；沛：倒仆；流离：流转离散。“颠沛流离”形容生活困迫不安，异乡流落。

【惦量】掂。“掂”diān，形声兼会意字，从扌店声，声兼义。从扌的字大都表手或与手有关的动作、行为。店，会意兼形声字，篆文写作，从土从占，占亦声，会意为土台子上占放东西，义为放置器物的土台子，引申指古代商贾gǔ放置货物的土台子。后土台上盖上房子，便加上表示前敞的房屋义的广表示，见上“归根结抵（底）”的解说，楷书省去土旁，写作店，本义变为商店。

由于店内放置货物，扌与店组合，会意为在店内手托着东西。“掂量”义为手托着东西来估量轻重，也比喻内心估测语言态度的感情分量。

而“惦”diàn，形声兼会意字，从忄店声，声兼义。由于店内放置货物，忄与店组合，会意为东西、事情，念头放在心头，义为记挂，无估量轻重义，音同形近义异而别。

【沾污】玷。解说见上。“玷”diàn，形声兼会意字，从王占声，声兼义。王字旁又叫斜玉旁，见B部“金壁（碧）辉煌”的解说，从王的字都表示玉或与玉有关的事物、行为。占，甲骨文刻作、，上部表示龟甲或卜骨上的灼烧后出现的预示吉凶祸福的裂纹，下部表示人的口。第二个甲骨文还刻画出了表示牛肩胛骨的大框。上下组合，会意为口说裂纹，义为视甲骨之兆说吉凶祸福可否。先把甲骨修治平整，在背面凿约十八个孔，并钻枣形凹槽，再把燃炽的木枝插进孔内使爆裂，视裂纹判断吉凶祸福可否，最后就裂纹把判词契刻成文字。因为兆纹与甲骨有关联，有依附，王和占组合，会意为玉上依附有斑点、瑕疵。“玷污”义为弄脏，比喻辱没，

而“沾”zhān，形声兼会意字，从氵占声，声兼义。氵与占组合，会意为水占附在另一物体上，义为水增添，引申为沾上，惹上，无脏污义，形近义异而别。

【民生雕敝】凋。“凋”，会意字，从冫bīng从周，冫，甲金篆文分别作仌、仌、仌，是冰的象形，从冫的字大都表冰或与冰有关的现象、性状。周，见上C部“未雨绸缪”的解说，义为遍布。冫与周组合，会意为结冰遍布，义为（植物）冻伤枯萎，即凋谢。“敝”见B部“百业凋蔽（敝）”的解说。“民生凋敝”意为人民的生计（如同凋谢破败一样）艰难困苦。

而“雕”，形声兼会意字，从隹周声（今不能表声），声兼义，隹zhuī，古文写作隹，是鸟的象形，从隹的字皆表鸟。周与隹组合，会意为目光遍布、锐利的鸟。它是一种食肉猛禽名，无凋谢义，音同义异而别。

【凋梁画栋】雕。解说见上。“雕”性克制（久凝不动），引申出雕琢、雕刻义。“雕梁画栋”指房梁柱上刻有浮雕画有彩绘，意为建筑物华丽，也指华丽的建筑物。

【凋虫小技】雕。解说见上。“虫”指鸟虫书，它是一种字体，即篆文的变体，不能误解为初学毛笔字的涂鸦。“雕鸟虫书”即在竹简上刻篆书的变体字，不是规范的篆书。“雕虫小技”比喻微不足道的技能，并非雕刻虫子的小技能，音同义异误会而别。

【吊以轻心】掉。“掉”，会意兼形声字，从扌从卓，卓亦声（今不能表声）。“卓”，会意字，甲骨文刻作卓，上部为鸟的简形，中部表示网子，下部是手柄，三部分组合，会意为用带手柄的网罩鸟，义为罩。掉从扌，从扌的字大都表手的动作、行为。扌与卓组合，会意为用手罩鸟。由于罩鸟得拿住，抓紧，引申出持、作（做）义。“掉以轻心”意为用漫不经心不当回事的态度做事，说话。而“吊”见下，基本义为悬挂，无持作义，成语并非说吊在那里不当回事，音同义异误会而别。

【尾大不调】掉。解说见上。“掉”的会意为用手罩鸟，由于持带柄的网捕鸟要晃动，摆扑，引申出摇动义，如“掉臂而去”。“尾大不掉”意为尾巴长粗大了，摆动不了，比喻机构下强上弱，或组织庞大、涣散，以致指挥不灵。

而“调”，形声兼会意字，从讠周声（由于古今音变，今周已不能表声），声兼义，见C部“未雨绸缪”的解说。“周”有法令周密的含意，讠与周组合，会意为引用法令来说话，义为调出、调动，无摆动义，成语不是说尾巴大了调动不了，音同

义异误会而别。

【提心掉胆】吊。“吊”，会意字，甲金文分别作[古文字]、[古文字]，中间是人字，带箭头的曲线是系着绳子的箭，叫矰缴zēngzhuó，会意为人用矰缴射猎，义为用矰缴（可回收的箭）射鸟。由于射中的鸟挂在绳上，引申出基本义悬挂。“提心吊胆”意为心提着，胆吊着，形容十分担心或害怕，并不是说掉落了胆，音同义异误会而别。

【悼唁】吊。解说见上。篆文把吊讹变为[篆文]，上部是变形的人字，（很像今天骑行前进的自行车运动员），下部是弓，一竖表示箭，会意为人把箭搭上弓；篆文已不表矰缴了。“说文”曰：“问终也……从人持弓，会殴禽。”（吊，就是慰问死去的人，像人持着弓，群聚射杀墓地周围的禽兽，以免死人的尸体被禽兽所食。）义为射杀禽兽。唁义为口说安慰话。“吊唁”本义为射杀墓地周围的禽兽，口说慰问话。《孟子》曰“上古之时，人民少而禽兽众”，吊就很重要；但由于社会的发展，变成了人民多而禽兽稀，吊就没有必要了。“吊唁”这一合成词也就变成了只说“唁”义的偏义合成词（义偏于其中一个语素的合成词，如“国家”说的是国，不说家；“妻子”说的是妻，不说子；“窗户”说的是窗，不说户。）

又，吊表示射杀禽兽，也是对死者亲属的安慰，其义引申为安慰，故“吊唁”，也可看作不是偏义合成词，如“吊民伐罪”（慰问受苦的民众，讨伐有罪的统治者）。又如《礼记》说：“知（安慰）生者吊，知死者唁。”可知“吊唁”义为祭奠死者并安慰家属。

而“悼”dào，会意字，从忄从卓，卓，见上“掉以轻心”的解说，用长柄网罩鸟，义为罩，含有鸟被扑杀意。忄与卓组合，会意为对人像鸟被扑杀一样被神灵抓走死去而感到悲伤怀念，义为对逝者悲伤怀念，无安慰义，音同义异而别

【沽名吊誉】钓。“钓”，会意字，从金从勺。勺sháo，象形字，甲金篆文分别作[古文字]、[古文字]、[古文字]，半圆弧中的一点为勺中之实，指酒，上古的勺子是舀酒的，“钓”为铜勺（金指铜，上古叫吉金，非后世指为黄金），故从钅；勺中有物，钅与勺组合，会意为用金属勺子获取，义为获取，引申为谋取。“沽”，形声字，从氵古声，义为买、卖（酒），引申义也是获取。“沽名钓誉”意为用做作之态或用某种手段谋取美名誉。而“吊”见上，无获取、谋取义，音同义异而别。

【机构重迭】叠。“叠”会意字，金文写作[金文]、[金文]，上部是三颗星，即晶，物多莫过星，表示多；下部是砧板，砧板上放有两块肉。几部分组合，会意为许多肉一层层堆放在砧板上，义为层层堆积，是纵向相加，如“堆叠、层峦叠嶂”。篆文写作[篆文]，把砧板上的肉省写为一块，从三晶从宜（砧板上堆肉），会意和本义不变。楷书写作疊，宜上加三个田，今简化作叠。“机构重叠”意为机关或单位层层堆叠。

而“迭”，会意字，从辶chuò从

失，失，金古篆文分别作[illegible]、[illegible]、[illegible]，上边是手，下边末下一笔像有物从手中滑落，会意为遗失，义为失去。失与辶组合，会意为走去一个不见一个，义为逐一改换，是横向更替，如"更迭"，无竖向叠加义，音同义异而别。

【人事更叠】迭。解说见上。"人事更迭"义为人事安排上的变化。

【最后通谍】牒。"牒"会意兼形声字，从片从枼 yè，枼亦声。片，象形字，甲篆文分别作[illegible]、[illegible]，商代用合今长度长三尺，宽一尺的木板绑成墙模，往里夯土筑墙，阴干后折板建房。此字是墙模的象形，从墙的纵向一头看去，一竖表示起固定作用和支柱作用的立柱，两小竖是木板的板头，两短横是隔开板空 kòng 的横木或拴住木板的绳子，义为筑墙的木板，引申指平而薄的东西。

牒，本写作枼，象形字，甲骨文刻作[illegible]，是树木之形，上部是三片树叶，义为树叶，引申为像树叶似的薄木片。金文写作[illegible]，篆文写作[illegible]，其义不变。在语言文字的使用中，该字作了偏旁，其树叶义便加艹字头写作葉（简化字是叶，"叶"本是"协"的异体字，1955 年简化汉字时，作为葉的简化字了）；其木片义加了片字旁，写作牒，"牒"就这样产生了，义为薄木片。后也把竹简包括进来。"牒"是秦前的书写用具，从片的字皆表竹简木牍，义为文书或证件。"最后通牒"意为一国对另一国提出的必须接受其要求，否则将使用武力或采取其他强制措施的外交文书。

而"谍"，会意兼形声字，从讠从枼，枼亦声。两部分组合，会意为把用语言刺探来的情报写在木片上向主子报告，本义是刺探情报，或刺探情报的人，无竹木板之义，音同形近义异误用偏旁而别。

【谍谍不休】喋。解说见上。"喋"，会意兼形声字，从口从枼，枼亦声。从口的字大都表与口有关的事物、声音、动作、行为。由于枼为薄木片，引申为薄，薄唇善言，口与枼组合为喋，义为多言，利口（说话畅快）。"喋喋不休"形容没完没了地说话。而"谍"（见上）无多言利口义，音同形近义异误用偏旁而别。

【眼中盯，肉中刺】钉。"钉"，形声兼会意字，从钅丁声，声兼义。钅（金），会意兼形声字，从土从丶 zhǔ 从今，今亦声。金篆文分别写作[illegible]、[illegible]，上三笔表示倒口，倒口下的弯笔表示舌头，会意为人口朝下伸出舌头饮用，义为饮，由于此时正饮，引申为现在，即今。今是声旁。下部是土，点表示土中的矿砂金属粒。上下组合，义为铜，又特指黄金。

丁，象形字，甲金文分别作[illegible]、[illegible]，是俯视所见的钉头；古文篆文分别作[illegible]、[illegible]，像钉子。

钅与丁组合为钉，义为金属钉子。"眼中钉，肉中刺"比喻极其厌恶痛恨的人。过去也写作"眼中疔"（疔疮）。

而"盯"，形声兼会意字，从目丁

声，声兼义。从目的字大都表眼或与眼有关的动作、行为、性状。目与丁组合，会意为视线集中如同钉钉于一点，义为视线集中于一点，无钉子义，成语也不是说眼中盯着看，音同义异误会而别。

【大名顶顶】鼎。“鼎”，象形字。鼎是古代的锅。山东滕县北辛遗址出土了七千年前的陶鼎，三千六百年前的商代了出现了铜鼎。甲骨文刻作[古文字]、[古文字]，金文写作[古文字]、[古文字]、[古文字]，篆文规范成[古文字]，上部表示锅体，下部表示足，是古代的食器，一般较大；大鼎口径六十多厘米，可盛一百多斤肉食。由于鼎大引申出盛大显赫义。“大名鼎鼎”意为名气很大。

而“顶”，形声兼会意字，从页丁声，声兼义。页是人头部的象形字，见B部“频（濒）临”的解说，丁，见上，强调钉头。丁与页组合为顶，义为头顶，引申为最，无盛大显赫义，音同义异误会而别。

【顶盛时期】鼎。解说见上。“鼎盛时期”意为正当盛大显赫强盛或强壮的时期。

【革故顶新】鼎。解说见上。由于商周时代，各种不同形制、大小、轻重、材质、功用的鼎不断制出，鼎义引申出“更 gēng 新”义。“革故鼎新”意为革除旧的建立（更新的）新的。

此外，“人声鼎沸、鼎力相助、三足鼎立”的“鼎”均不可误写为“顶”。

【制定计划】订。“订”，形声兼会意字，从讠丁声，声兼义。讠表示语言，丁，见上“眼中钉，肉中刺”，表示钉子，讠与丁组合，会意为说话如同钉子钉上一样，义为用语言研究商讨而立下。“制订计划”意为创制拟写计划。

而“定”，会意兼形声字，从宀从正，正亦声。甲骨文刻作[古文字]、[古文字]，下边是止（趾的初文，上有脚趾，下有脚跟），即足；止上的笔画表示回廊——深的宫殿宣室。其外框为宀，即房子（轮廓图）。金文把止上的部件写成实笔，为[古文字]，篆文把实笔写成一横，写作[古文字]。它们会意为帝王、诸侯征战、会盟或田猎后安然走回到朝廷宫室，本义为安定。《易经》说：“正家（帝王家安定）而天下定矣。”“定”无研究商讨而立下之意，音同义异而别。

另，“订、定”皆有预约之义，如订货、定货，前者是口头约下或文字约下，无须下定金；后者强调不可更改，要付定金。

【侗体】胴。“胴”dòng，形声兼会意字，从月同声，声兼义。“月”是肉（见B部“并行不背[悖]”条），从月的字基本都表肉体或与之有关的性状。“同”甲骨文刻作[古文字]、[古文字]，金文写作[古文字]、[古文字]，篆文写作[古文字]、[古文字]，都有繁简二体，其繁体由上下四只手、井口盘和人的口组成，会意为口发号子四手合力抬起井盘放到井口上，本义为聚合众力，引申义为聚合，会合，如“同流合污”；简体只有井盘和口，本义不变。（简体口以外的部分由于美化已经不像井盘了。）月与同组合，会意为肉体聚合为一个整体，义为躯干（不含四肢和头）。

而“侗”，形声字，从人同声，虽然也读 dòng，虽也有义（无知、未成器之人），但现代汉语不用，仅作一少数民族的音称，音同形近而别。

【徒变】陡。“陡”dǒu，形声兼会意字，从阝fù走声，声兼义。“阝”，甲金篆文分别写作、、，是夏商时穴居屋通往地面的阶级或凿在木头上的脚窝，因穴居屋建于土层厚而地势高的山上，故从阝的字有高地义。“走”，甲金篆文分别写作、、，甲骨文是正面的人字，两臂摆动而跑，是象形字，金篆文人的下部是止字（趾的初文，上有脚趾，下有脚跟）即脚，两部分组合为走，会意为人摆臂奔跑，是会意字。（现代汉语义为步行，跑义基本消失，但“逃走”“走投无路”的“走”义仍为跑。）阝与走组合，会意为山高不能跑，或跑到高山下，义为山势峻峭，如“陡峭”。由于人到陡峭山面时，有突然变高之感，引申为突然。“陡变”义为突然改变或突然变化。

而“徒”tú 却不从彳从走，而是从辵 chuò 土声，声兼义的形声兼会意字。甲骨文刻作，口表示某个地方，下部是止，点表示土屑，会意为人在某处步行；金文写作，从彳 chì（行的一半，表示小步走）从止从土，会意为人在土地上行走；大篆（周篆）把止移到彳下，写作，会意不变，后被小篆（秦篆）淘汰；小篆把止移到土下，写作，会意亦不变。它们的本义为步行。由于步行不借助车马，引申为没有凭借的、空的，如“徒手搏斗”。进而引申为白白地，如“徒劳无功”。“徒”无突然义，形近误会而别。

此外如“陡峭、陡坡、陡然”的“陡”，都不可误写为“徒”。而“徒步、徒劳无功、徒手、徒有虚名”的“徒”也不可误写为“陡”。

【长篇累椟】牍。解说见“最后通谍（牒）”。“牍”dú，形声字，从片卖声（今“卖”已不能表声），片指竹简木片，义为刻在竹简木片上的文章，“长篇累牍”意为篇幅很长的文章。

而“椟”，形声字，从木卖声，义为木匣子，无竹简或木片义，音同形近义异而别。

【买牍还珠】椟。解说见上。从木的字大都表树木、木制品以及与之有关的行为、性状。“买椟还珠”意为木匣子精美，令人喜爱，要匣子而退还匣中的珍珠，比喻舍本逐末，取舍失当。

【穷兵渎武】黩。“黩”dú，形声字，从黑卖声，本义为污浊，引申为玷污，又引申为轻率。“穷兵黩武”意为滥用全部武力发动侵略战争。

而“渎”dú，形声字，从氵卖声，本义为沟，渠，河，无轻率义，音同形近误用偏旁而别。

【亵黩神灵】渎。解说见上。“渎“从氵卖声，从氵的字大都表水或与水有关的事物、行为、性状。“渎”的基本义为迂流（缓慢流动），引申为轻慢，“亵渎神灵”意为对神灵轻慢不庄敬。

而“黩”无轻慢不敬义，音同形近误用偏旁而别。

【黩职】渎。解说见上。“渎职”义为（对本职工作轻慢）不尽职，在执行公务时犯错误。

【赌物思人】睹。睹，会意兼形声字，从目从者，者亦声（今已不能表声）。目，象形字，是眼睛的象形，从目的字大都表眼睛或表与眼睛有关的动作、行为、性状。

者，会意字，甲骨文刻作，下部是山字，上部是树木，六小点（有的甲骨文刻四点）表示火头或火星，它们组合，会意为山林着火，义为燃烧。

目与者组合，会意为眼看山火。山火猛烈，引人注目，义为目视。

另，金篆文对者字的造字思路有变，金文写作、，篆文写作。它们的下部是容器，上部表示树木滴落汁液，当是漆汁或树液，上下组合，会意为收集漆汁，漆汁用于涂着物表，义为附着。早在三皇五帝之前，华夏民族就使用漆器了，1978 年浙江余姚河姆渡曾出土了一件七千年前的涂有鲜红色涂料的木碗，就是力证。

目与者组合，会意为目光附着（着）于物，也义为目视。“睹物思人”意为看见离去的人所留之物而引起对该人的思念。

而“赌”，形声兼会意字，从贝者声，声兼义。商代用贝做货币，从贝的字皆为钱财或表与钱财有关的事物、行为。者，义为附着，贝与者组合，会意为用钱财附着其他的钱财，义为以钱财博输赢，无目视义，音同义异而别。

【一赌风采】睹。解说见上。“一睹风采”意为亲眼看到某人的美好形象。

【欢渡春节】度。“度”，形声兼会意字，从又从庶省声（省去四点底），声兼义。“庶”甲骨文刻作，上部表示石器时代的石质工具，下边是火坑中的火，甲骨文又刻作，在石头、坑火外边加了房子，几部分组合，会意为远古先民在屋里用火烧烫石头来烤烙食物，或把烫石投入盛水的容器中煮熟食物，义为煮、做饭。金文写作，把房子改为象形字厂 yì（不是厂，第一笔是横撇），厂表示上部外突的石崖，会意为在上部外突的石崖下做饭。篆文写作，把石崖改为象形字广，广是前敞的房子，见本部“归根结抵（底）”的解说，会意为在房子里做饭。由于这种做饭方法和吃这种饭的是广大民众之事，引申出众人、百姓义，如“庶民”。“度”从又，又是象形字手，手是量长度的标准，庶省去四点与手组合为度，会意为众人用手量长度，义为人人都用的度量长短的标准。由于长度是从一端到另一端的，引申出由此及彼义。它针对时间，如“度日、度假、度节日、春风不度玉门关（春天不会到达玉门关）”，均与水无关。

而“渡”是针对空间的，如“渡江、横渡、渡过难关”。音同义异误解而别。

【度过难关】渡。解说见上。“渡”由渡过河流从此岸到彼岸义，引申出事物由一处逐渐发展到另一处，如

"过渡时期"。"渡过难关"意为挨过困难或灾难到达顺利境地。而"度",见上,与水无关。

【无毒不丈夫】度。解说见上。这个成语的完整说法是"量小非君子,无度不丈夫",由于度有由此及彼义,由此及彼有一个跨度、容度,引申出气度义。"量小非君子,无度不丈夫"意为气量狭小不是君子,没有宽容的气度不是男子汉大丈夫。

而"毒",会意字,篆文写作[篆文],从屮 cǎo 从毐 ǎi;毐,会意字,从士从毋。分述之:

一、"毋"wú 来自"母"字。母,象形字,甲金篆文分别作[甲文]、[金文]、[篆文],这是双手抱于胸前的女子的象形,两点表示双乳。后借母音表示不要,字形做相应的改变,即把甲金篆文的母字逆时针横转九十度,并把两点连成一长撇写作"毋"。毋,象形字,甲篆文分别作[甲文]、[篆文],其音如人们表示不同意的"唔",会意为不要有奸行,义为不要。士,象形字,像男子性器官。士与毋组合,会意为男与不应有奸行的妇女有奸行的祸害者,义为奸恶的男人。如与秦始皇母亲通奸的人叫作嫪 lào 毐(名叫嫪的奸恶男人)。

二、屮表示初生的草,与毐组合,楷书写作毒,会意为能毒害人的草,义为毒草,引申为有毒性的或毒物,又引申为狠毒、恶毒等。"毒"无气度义,与"度"是完全不同的字。

按,古语确有近似的话,即"恨小非君子,无毒不丈夫"。《说岳全传》五十一回即有此语。此语是针对杀敌而言的,即不深恨敌人不是君子,对敌人不狠毒不是大丈夫。坏人自许大丈夫,却又以狠毒下心,把"量小非君子,无度不丈夫"和"恨小非君子,无毒不丈夫"混掺而断取,严重败坏了人们的道德观念。但此误说沿用已久,已约定俗成,故"毒"不作别字看,故对目录中的词条加中括号表示。人们在使用时,最好按不同用意分写。

【对换券】兑。"兑",会意字,甲金篆文分别作[甲文]、[金文]、[篆文],下部是人,中间是向天张开的口,上部的八表示分开,三部分组合,会意为人张开口而笑,义为喜悦。后此义用忄旁加兑组成悦表示。由于上古以物易物进行交换双方都满意喜悦,引申出换义。"兑换券"义为换取现金的证券。兑换也指用一种货币换取另一种货币。

而"对换"则指两两相对调换,"对"无兑义,音同义异误会而别。("兑"的语素义是换,"换"也是换,"兑换"和"人民、飞翔、墙壁"一样是语素义相同相近的并列式合成词,而"对换"义为相对而换,是偏正式合成词。)

【天性驽纯】钝。"钝"dùn,形声兼会意字,从钅屯声,声兼义。从钅的字大都表金属或武器或与金有关的其他对象、行为、性状。"屯"见C部"民风纯(淳)朴"的解说。种子萌芽,破土受阻迟留难进,有所停顿,含有不能锐进之意,钅与屯组合为钝,义为武器(不能锐进)不锋利,引申为不灵敏,笨拙;"驽"

nǔ，形声字，从马奴声，指劣马。“驽钝”比喻愚笨、迟钝。“天性驽钝”意为天生愚笨反应慢。而“纯”chún 系形近误写。

【迟顿】钝。解说见上。“迟钝”义为（感官、思想、行动等）反应慢，不灵敏。

而“顿”形声兼会意字，从页屯声，声兼义。页，见 B 部“频（濒）临”的解说，义为人头；屯，见上，义为停顿。页与屯组合为顿，会意为叩头至地而停止，义为叩头，引申义有“停顿”等。“顿”无反应慢，不灵敏义，词语不是说迟滞而停顿，音同义异误会而别。

【自甘坠落】堕。“堕”duò 繁体字写作墮，会意兼形声字，从土从隋 duò、suí，隋亦声。甲骨文刻作、，左边的阝 fù 是山坡的象形，见上“徒（陡）变”的解说；右边是头朝下的人的象形。第二字的口表示人头，横表示双臂，竖简示腿，即倒子字。左右组合，会意为人掉下山崖，义为落下。篆文变写作，楷书写作墮，今简化作堕。成了从土从阝从左从月的会意字，左表示左手；月是肉，见 B 部“并行不背（悖）”的解说，四部分组合，会意为手把肉抛落山下的土地上，义也是落下。

“堕”是“文”（文言性）的词语，用于抽象的事物，如“堕入情网，如堕五里雾中”；由抽象的落下义引申为人的品质变坏。“自甘堕落”意为自己心甘情愿地变坏。

而“坠”zhuì，会意字，从阝从人从土。金文写作，左边是山崖，下部为土，表示地面，右边的∝表示环索，右下部是手，表示简化笔画的豕 shǐ——猪，几部分组合，会意为用手把环索捆绑的猪推落山崖，（狩猎而得的猎物，特别是套的野猪沉重且不易杀死，坠崖不失为好方法）义也为落下。篆文写作，楷书写作墜，简化字写作坠。“坠”是“俗”（俗白口语性）的词语，用于具体的事物，如“坠毁、呱呱 gū 坠地，天花乱坠，坠楼、坠河、坠桥”，不用于抽象的文言性的词语，义异不明适用对象而别。只有“堕胎”是具体的，却用了表抽象义的“堕”字，得单记。另，“堕马”是书面上的文言词语，现代汉语说“坠马”。

【如坠烟海】堕。解说见上。“如堕烟海”意为好像掉在烟雾中，比喻迷失方向，找不到头绪，不得要领。这是文言性成语，含意抽象，故用“堕”，不用白话性的含意具体的“坠”。

E

【阿娜】婀。“婀”ē，形声兼会意字，从女阿 ē 声，声兼义。声旁“阿”，形声兼会意字，从阝可声，声兼义。简述如下：

“可”，会意字，甲金文分别作、，右边是曲柄的斧头象形（有考古实物为证），左边是口字，会意为边劳作，边歌呼，义为歌以助劳，即劳动号子。阝 fù，象形字，见上“陡变”的解说，表示远古时代从穴居的地穴上达地面的台阶或刻在木头上的脚窝，地穴建于高而土层厚的山上，义为土山。“可”由于是弯柄斧头，含有弯曲义，故阝与可组合，金文写作，会意为山的弯曲处，如“山阿 ē”。

女与阿组合（采用“阿”的弯曲义），义为身姿柔曲美好。

“娜”nuó，形声兼会意字，从女那声（今已不能表声），声兼义。“那”篆文写作，左边表示唇和颊上垂下的胡须；右边是邑字。邑，会意字，从口从巴。甲金篆文分别作、、，口表示某一地域，巴是跪坐的人的象形，口与巴组合，会意为有人居住的地方，义为人聚居处。“那”的两部分组合，会意为长有长胡须的人的聚居处，指中原以西的长有长胡须人的地区，本义为西夷国名。由于胡须飘柔，女与那组合为娜，义为女子身姿如同长须柔曲美好。

现代汉语中，“婀娜”ēnuó 是单纯词（见 B 部“专横跋扈”的解释），义为（身姿）柔软而美好。因用于女性而从女。“阿”音同义异而别。

【俄冠博带】峨。“峨”，形声兼会意字，从山我声，声兼义。从山的字皆表山或与山有关的事物、行为、性状。“我”，甲骨文刻作、，金篆文分别写作、，右边是戈柄，左边是有齿的刀具，是一种刃部有齿的斧钺形武器。（商周帝王出征誓师时，站在山头或小山一样高的高台上秉持这一武器——我，称“我”动员，于是引申为第一人称代词，一说假借为第一人称代词。）山与我组合，会意为处在山一样高的高处的斧钺形的武器，义为高。“峨冠博带”意为高高的帽子，宽大的衣带，古时士大夫（读书做官的人）的装束。而“俄”，形声字，从亻我声，表时间短，无高义，音同义异而别。

【恶耗】噩。“噩”，会意字，从口从王，会意为王之侧众口齐呼，本义为对凶险事惊愕（齐呼），引申为凶险的。“耗”会意兼形声字，从耒 lěi 从毛，毛亦声。篆文写作[篆]，其左旁的禾，指庄稼，其右旁的毛有小义，禾与毛组合，会意为庄稼长得小，义为歉收。楷书俗写变为“耗”，左旁的耒是象形字，是上古的农具，甲金篆文分别作[甲]、[金]、[篆]，其形是上有曲柄可握，下有歧头可向前牵引掘地的犁，篆文上加变形了的手字，义为犁。耒与毛组合，会意为所耕种的庄稼小，义也是歉收。上古有农官制度，农人以歉收上报，“耗”便引申为消息。“噩耗”特指敬爱者或亲人死亡的消息。

而“恶”，会意兼形声字，从心从亚，亚亦声，（今不能表声）。亚，象形字，甲金篆文分别作[甲]、[金]、[篆]，像古代聚族而居的一组大型建筑平面图。商代以来的城郭、宫室、庙宇、坟墓大都如此。今北方的四合院乃是此形遗制。亚与心组合，会意为心里图谋篡夺“亚”，义为罪恶。恶无凶险义，音同义异误会而别。

【惊谔】愕。“愕”，形声兼会意字，从忄咢 è 声，声兼义。咢，会意字，从二口从屰。

屰 nì，甲金篆文分别作[甲]、[金]、[篆]，像倒着的人形，隶定后，楷书为方便书写，写作头朝上的屰。后加辶，写作逆，义为逆向迎着走来的人，如“逆旅”，由于屰有逆向义，引申为抵触，违背。二口与屰组合为咢，篆文写作[篆]，（楷书把屰变写作亏）会意为多人七嘴八舌忤逆某人（一般指在高位者），义为惊讶而发愣，“惊愕”义即此。

而“谔”形声兼会意字，从讠咢声，声兼义。讠与咢组合，会意为逆着某人（一般指在高位者）心意说话，义为说正直的话，无惊讶义，音同形近义异而别。

【简明遏要】扼。“扼”，形声兼会意字，从扌厄声，声兼义。“厄”，会意字，从厂从卩，金篆文分别写作[金]、[篆]，上部的厂 yì（不是工厂的厂字，第一笔是横撇）表示前突的山崖，下部表示跪坐的人，人弯腰曲背跪坐，手臂放在膝上，人在厂下，会意为狭窄，引申为险要的地方义。“扼”篆文写作[篆]，左旁是手的象形，左右组合，会意为用手把守险要的地方，由于守险如同扼住咽喉之地，引申为用力掐住，抓紧。“简明扼要”意为（说话或写文章）简单明白抓住要点。

而“遏”（见下），义为阻止，无抓住义，音同义异而别。

【怒不可扼】遏。“遏”，会意兼形声字，从辶 chuò 从曷，曷 hé 亦声。曷，见 A 部“和蔼”的解说，义为说乞求的话。由于乞求必然遭人呵斥，引申为大喝。

曷与表示行走义的辶组合，篆文写作[篆]，左上部三笔是彳 chì 的变体，彳是行的左半边，表示小步走。左下部是止，即脚。彳与止组合为辵 chuò，楷书写作辶，义为前行、行

E

走。辶与曷组合为遏，会意为对行走者的喝止，即阻止前行，本义为阻止。“怒不可遏”意为愤怒到极点，不可抑止。而“扼”见上，义为抓住，无阻止义，音同义异而别。

【出而反而】尔。“尔”繁体字写作爾。表示你义的 ěr 有音无字，便假借读 ěr 音的爾字来表示。（假借是有音有义而无字的事物借同音字来代指的语言现象。）“尔”是代词，表指示时义为这或那，读 ěr。代人时，义为你，读 nǐ，后加亻旁表示，写作你。“出尔反尔”意为你怎样对人家，人家也怎样对你，今表示言行前后自相矛盾，反复无常。

而“而”，象形字，甲骨文刻作、，金文写作，上部表唇，表嘴，其他笔画表示胡须、义为胡须，但其义在使用中消失，其字和音被连词假借，表示如果、却、地、和、就等义，无你义，音同义异而别。

【不过而而】尔。解说见上。原作“不过尔耳”，今作“不过尔尔”，意为不过这样罢了，表示轻蔑，看不起。

【偶而】尔。解说见上。“偶尔”义为间或，有时候（这样）。

【忠贞不二】贰。“贰”会意兼形声字，从戌从鼎从二，二亦声。金文写作，右上部是上古轻便斧头戌，下部左边是一只鼎，下部右边是二。篆文写作，把戌改写成弋 yì（系有绳子的短箭），把二上移，把鼎讹变为贝（篆文常把鼎变写为贝），成为从贝从弍、弍兼做声旁的会意兼形声字。它们会意为两鼎或两贝。

“弍”为什么义为二？这是因为，古人把一横作为一，汉代以后为了书写匀称，呈方块形而加了声旁弋，写作 弌，并以此类推，二写作弍，三写作弎 。再后，弍流传了下来，另两字消失了。

弍与鼎（贝）组合，会意为两个鼎（贝）并列在一起，义为相比并，相对等，相匹敌。由于“贰”不专守一，引申为不专一，有异心。“忠贞不贰”意为忠贞不变节，没有二心。而“二”是数词，无变节义，音同义异而别。

按：“贰”本不是数词，明太祖朱元璋苦于在经济活动中“一、二、三、四、五、六、七、八、九、十”可改性大，令朝臣解决，采纳臣下建议，用“壹（统一、完全）、贰（变节不忠）、叁（“参”的变体）、肆（商铺）、伍（行 háng 伍）、陆（陆 lù 地）、柒（漆的异体字）、捌（剖分，方言指无齿耙）、玖（浅黑玉石）、拾（捡拾）”的字形和字音表示，即假借作数词。自那时以来，这些字就成了大写的数词。

另，“贰臣”（前朝官投降后朝为官的人）的“贰”也不可误写为“二”。而“贰心”却被《现汉》定为异形词，把“二心”定为推荐词形；这大概是从俗的考虑。

F

【法码】砝。“砝”，形声字，从石法省声(省去氵)，砝码是天平上作为重量标准的物体。国际标准用金属，但我国古代用石，故从石。

而“法”，会意字，从人从口从水从廌 zhì，金文写作，左上部是正面的人，口表示说话，左下部是水，右边是表示犍牛的象形字廌 zhì，几部分组合，会意为人——家主(或首领)发令，吆喝人牵着牛逐水草而居，是商朝人游牧生活的写照，义为逐水草而居。篆文的简体省去廌，写作，楷书承篆，写作法。由于家主或首领发令，吆喝，他人得听从，按指示去做，引申为法令、法则、方法。“法”无衡器标准之义，音同形近义异而别。

【轮翻】番。“番”，象形字，金古篆文分别写作、、，上部像兽的趾爪，下部像兽掌，古文突出了蹄掌之形，义为兽蹄印。兽类前行，蹄掌轮替，引申为交替，代换。“轮番”义为轮流(代换做某件事)。

而“翻”，形声兼会意字，从羽番声，声兼义。从羽的字皆表鸟羽毛或飞的动作，羽与含有交替代换义的番组合为翻，会意为羽翅交替连续扇动，义为飞，如“翻飞”。“翻”无轮流义，音同义异而别。

【一番风顺】帆。“帆”，形声兼会意字，从巾凡声，声兼义。“凡”，象形字，甲金文分别作、，像两头各有两个把手的食盘，又像抬人抬尸体的担架形的大抬盘。河南安阳侯家山大墓出土的三个大抬盘，长一点七米，宽零点六米，两端把手长零点三米，正好容下一个中高身材的人。(上古男子平均身高约一点六米，女子一点五米)篆文讹变，写作，隶楷承篆，写成凡。大抬盘，形如船篷，故与表织物的巾旁组合，会意为船篷，义为船帆。“一帆风顺”意为船挂满帆顺风行驶，比喻做事非常顺利，毫无挫折或阻碍。

而“番”见上，无船篷义，成语不是说这一回风顺，音同义异误会而别。

【烦文缛节】繁。“繁”会意兼形声字从纟 mì 从每，金文写作，左边像带有羽毛的头饰，头饰下像臂抱乳胸的跪坐在地的妇人象形，义为头上有盛饰的女子；右边是上有系丝线的横木，中有绞丝束，下有络丝的柁子的丝线。左右两边组合，会意为妇人整理丝线；由于丝线很多，义为繁多。秦朝小篆写作䋣，战国大篆写作䋣，大篆“每”的右边是手，手的上部加一竖一短横，表示器械，（篆文经常出现手上加两笔的字）会意为手持器械理头饰。它们和下部的系组合，依然会意为女人整理丝线，义依然为繁多。“繁文缛节“意为多而无必要的仪式和礼节。

而“烦”见下条解说，虽也有多义，但重在心情烦乱、厌烦，无繁多义，成语不是说令人心烦的文书和琐碎的礼节，音同义异误会而别。

【要言不繁】烦。“烦”，会意字，从火从页，“页”是人头部的象形字，见B部“频（濒）临”的解说。烦，篆文写作烦，头边燃火，会意为头部发烧得像火一样的热，头痛，引申为心情烦乱，心情烦乱多由于事多而乱，又引申为烦琐。“要言不烦”意为说话写文章简明扼要，不烦琐。

而“繁”（见上）义为繁多，无烦琐义，音同义异误会而别。

【反老还童】返。“返”，形声兼会意字，金文写作彶，从彳（不从辶）反声，声兼义。反，会意字，甲金篆文分别作反、反、反，上部表示前突的山崖，下部为手，上下组合，会意为用手攀爬山崖，攀过了，就翻到了山的反面，义为反面。

彳是行的一半，表示小步走，彳与反组合，会意为往反方向走，义为走回来。篆文在彳下加止（止，趾的初文，上有脚趾，下有脚跟，表示脚）写成辵，加形符（止）显义，义更明白，为走回来。楷书把篆文的辵 chuò 写成辶 chuò。“返老还童”意为由衰老恢复青春。

而“反”义为反面，无返回义，音同义异而别。

【反璞归真】返。解说见上。“返”义为返回，与“归”同义；璞：未经琢磨的天然玉。“返璞归真”意为去掉外在的装饰，恢复原来的质朴状态。

此外“积重难返、返航、返回、返聘、流连忘返、往返、一去不复返”中的“返”也不可误写为“反”。

【举一返三】反。解说见上。“反”义为反面，引申为（正向导出）反向推回，即类推。“举一反三”意为从一件事情类推而知道许多事情。

【拨乱返正】反。“返”其实是本字，“拨乱反正”意为拨除乱局，返回正途，也即治理混乱的局面，使恢复正常。但“反”通“返”，“反”就成了通假字，并流传至今，“返”倒成了不写的字。

【防碍】妨。“妨”，形声兼会意字，从女方声，声兼义。“方”，象形字，甲骨文刻作方、方，金篆文分别写作方、方，横画表示物，两个长笔画表示刀，会意为用刀从中间剖开，其左右就表示两方，两小竖画指事两方，义为某方、方向。又，中间笔画像人，甲骨文第二字上的横刻的工字笔画表示有绳索缚系，会意为绳索缚系的人，殷商卜辞蔑称其他部落、民族，如“鬼方、土方、舌方”，义为外方、远方。引申为地方、方向、某物之旁。女与方组合为妨，会意为女在旁，其义为害。新石器时代后期，男子居于社会的主导地位，其后造字用字皆从男性的好恶和认识出发，许多好字眼从女旁，许多坏字眼亦从女旁，“妨”即后一类。“妨碍”义为阻碍，使事情不能顺利进行。

而“防”（见下）义为防守、防止，无阻碍义，音同义异形近而别。

【防害】妨。解说见上。“妨害”义为有害于，不是防止伤害，音同义异形近而别。

【以妨万一】防。解说见上。“防”，形声兼会意字，从阝方声，声兼义。从阝的字大都表地方、土山、高丘，其处较平地高，见B部“板（阪）上走丸”的解说。阝与表示地方义的方组合，会意为高出的地方，其本义为堤，由堤防义引申出基本义防止、防备、防守。“以防万一”意为防止万一发生的情况。

【斐声中外】蜚。“蜚”同“飞”，飞是本字，但古人以“蜚”fēi（“说文”解作臭虫，今已不用）通假，如汉朝《史记·周本记》：“麋鹿在牧，蜚鸿（飞行的大雁）满野”。“飞”字出现在战国以后，象形字，篆文写作，上部像鸟头，头羽下飘，中间一竖表示鸟身，鸟身两边笔画像鸟的翅膀，是鸟向上奋飞的象形，义为鸟鼓动翅膀在空中行进。楷书把它按固定的基本笔画加以规范，写作飛，其形虽变，但还能看出形和义的联系，让人能因形定义。简化字按局部删除法把大部分笔画删除，只留下一只翅膀，写作飞，义为飞行。由于事物的传扬如同飞行一样，引申为传扬。“蜚声中外”意为声名在中国和外国均得到传扬。

而“斐”fěi，形声兼会意字，从文非声，声兼义。非，甲金古篆文分别作、、、，像飞动的鸟的两个分张的翅膀形。文，甲骨文刻作、，金文写作、，篆文简化作，图形表示正立的人胸前刺画有花纹，其义为花纹。由于花纹如字，引申为文字。非与文组合，会意为文字像扇动的鸟翅一样优美，义为有文采。“斐”无传扬义，音近形近义异而别。

《现汉》说“蜚短流长、流言蜚语”（推荐词形）也作“飞短流长、流言飞语”，（异形词），建议不写后者。

【成绩裴然】斐。解说见上。由于斐义为有文采，有文采则显著，“斐fěi然”的另一义项是显著，“成绩斐然”意为成绩显著。而“裴”péi，形声兼会意字，从衣非声，声兼义。非，像鸟翅分张，衣与非组合，会意为像鸟翅膀分张那样在风中飘动的衣服，义为衣服长。“裴”无显著义，形近而错。

【诽闻】绯。解说见上。“绯”fēi，形声兼会意字，从纟非声，声兼义。从纟的字大都表丝、线、绳或与之有关的行为、性状。非（见上）像鸟翅分张，会意为分张相背，引申义为违背，如“非法”。由于与正确相违背，又引申出不对的、罪恶的，如“为非作歹”。纟与非组合，会意为有罪的人的衣服。由于商周朝罪犯的衣服是赭红色的，于是引申为红色的衣服，再引申为红色。“绯闻”义为红色消息，比喻不正当的男女恋情消息。

而“诽”fěi，形声兼会意字，从言

非声，声兼义。非有不对的、罪恶的之义，讠与非组合，会意为说人不对的有罪的话，义为毁谤，无红色义，音近形近义异而别。

【缠绵绯恻】悱。解说见上。“悱”fěi，形声兼会意字，从忄非声，声兼义。从心字旁的字皆表心理活动。“非”有违背义，忄与非组合，会意为心有所违，义为想说又不知道怎么说。“缠绵悱恻”意为苦恼之情萦绕心头，内心悲苦无法排遣。

而“绯”（见上）无想说又不知怎么说义，音同义异而别。

【百费待兴】废。“废”，会意字，从广从发。广，见D部“归根结抵（底）”的解说，表示前敞的房屋，从广的字皆表房屋或与房屋有关的行为、性状。发，会意字，繁体字为“發”，见B部“点拔（拨）”的解说，篆文写作，上部表示左右足，内部左方表示弓，内部右方表示人和手，楷书把人和手变写为殳 shū，会意为人手持弓把箭射出去。篆文用“广”和“发”组合，会意为带着不离身的武器——弓箭和殳的人离开房屋，本义为“屋倾也”，“弃也”，引申为失去效用，（废弃）无用的。“百废待兴”意为一切荒废、废弃的事情有待兴办起来。

而“费”见下，义为用去，消耗，无无用义，成语不是说许多费事的事有待兴办，音同义异误会而别。

其他如“废寝忘食、半途而废、不可偏废、修旧利废、因人废言（因对方地位低而废弃不采纳他的建议）”中的“废”都不可误写为“费”。

【枉废心机】费。解说见上。“费”，会意字，从贝从弗。商代以贝为货币，从贝的字皆表钱财或与钱财有关的行为、性状。“贝”的本义为钱财。“弗”，会意字，甲骨文刻作、，金文写作、，曲画表绳索，两或三竖表条状物，如柴、棍、戈（后一个金文明显是戈）等，它们组合，会意为把条状物捆缚起来（使之直或便于保存、运输），义为捆缚。

弗与贝组合，会意为把贝捆缚成串。金文把费写成，右边加刀显义，三部分组合，会意为用刀把捆缚成串的贝割开（去购买东西），义为用去钱财。篆文省去刀，写作，义仍为用去钱财，如“花费”。由于用去钱财有时不当，贝也会磨损、破碎，引申为损、耗、浪费。“枉费心机”意为白白地浪费心思与精力，形容徒劳无功。

而“废”义为废弃，无用，无浪费义，成语不是说白白地废了心机，同音异义误会而别。

【劳燕纷飞】分。“分”，会意字，从八从刀。甲金篆文分别作、、，上部的八是会意字，两曲画相背，表分背，八与刀组合，会意为用刀分物，义为分开，分割。“劳燕分飞”出自古乐府《东飞伯劳歌》：“东飞伯劳西飞燕”意为伯劳鸟向东飞，燕子向西飞，比喻人分离。

而“纷”，形声兼会意字，从纟分声，声兼义。纟与分组合，会意为用丝网把分散开的东西收拢住，本义为兜住马尾防其散乱的兜子，引申为杂乱；杂乱的东西必然多，又引申为众多。“纷”义众多，无分离义，成语不是说伯劳和燕子纷纷飞了，音同义异误会而别。

【安份守己】分。解说见上。“分”由分开义引申为(分开的)限度,用于义务和权利的限度,如“本分、过分、恰如其分”。“安分守己”意为安守本分,规矩老实。

而“份”,形声兼会意字,从亻分声,声兼义。分表示分开、分割(见上),与亻组合,会意为人中分出来的一部分,义为整体里的一部分。如“股份、省份”。“份”无分开、分割和其引申的(分开的)限度义,音同义异而别。

【愤发有为】奋。“奋”繁体字写作奮,会意字,金篆文分别写作[金文]、[篆文]。金文的外框是行,行写作[行],象形字,十字路口形,义为道路,走路,前行。金文把“奋”的构件“行”的上两笔对接了,行是示动字符,表示动态,不是“衣”字。篆文的字头有些讹变。奋的中间笔画是隹zhuī,即鸟,下部笔画是田字。三部分组合,会意鸟从田地上振翅向上迅飞前行,义为鸟振翅迅飞。简化字省去隹,写作奋。由于鸟振翅迅飞含有用力鼓起劲头而振作的含意,引申为振作有力的、昂扬的、积极向上的精神状态。“奋发有为”意为精神振作,有所作为。

而“愤”(见下)从忄,表心理活动,本义为郁积而怒,无振作义,音同义异而别。

其他如“奋(高举)臂齐呼、奋(挥动)笔疾书、自告奋勇、浴血奋战、奋不顾身、奋起直追、催人奋进(后五个熟语的”奋“解作奋勇)”中的“奋”均不可误写为“愤”。

【义奋填膺】愤。解说见上。“愤”,会意兼形声字,从忄从贲,贲亦声。贲bēn,会意字,甲骨文刻作[甲骨文],中间的口表示鼓面,口下三笔表示鼓架,上部笔画是鼓上的饰物,如花卉或羽毛,会意为美饰的大鼓,义为大鼓。是鼖fén的本字。《说文》曰:“鼖,大鼓谓之鼖,鼖八尺而两面,以鼓军事。”(鼖,大鼓叫作鼖,直径八尺并且双面,用来鼓舞军中士气。)篆文写作[篆文],上部三个构件依然表示饰物,口上的屮zhī表示鼓悬,右下部是攴pū,pō。攴,会意字,“又”是手,“又”上两笔表示棍械,篆文的整个字会意为持棍械击鼓,义也是大鼓。后鼖变写为贲,如《诗经·大雅·灵台》:“贲鼓维镛yōng。”(大鼓和大钟悬挂着。)贲义是大鼓。由于击鼓是催征和进攻的号令,引申为在战鼓鼓舞下的勇猛的战士。古语“虎贲之士”即表此义。忄与贲组合,会意为如虎贲之士那样的下定决心(恨怒出战)之气,又义为郁结之气。“义愤填膺”意为对违反正义的事情所产生的愤恨之情充满胸膛。“奋”无此义。音同义异而别。

【奋世嫉俗】愤。解说见上。“愤世嫉俗”意为对不合理的社会和习俗表示愤恨。

【忿慨　悲忿】愤。“忿、愤”二字皆有心字形旁,义也有相通之处:在因不满而产生恼怒和激动情绪时,可以通用,如“愤愤不平”(推荐词形)也作“忿忿不平”(异形词)。但二字义也有不同之处:“忿”重在内心的不平和气恼,如“不胜其忿”“气不忿”;“愤”则重在感情激动发怒的情绪,如“愤然离去”“气愤”。愤慨、悲愤即是后者。而“忿“是形声兼会意字，从心分声，声兼义。分，见上“劳燕分飞”的解说，分有用刀分物之会意，分与心组合，会意为心被分割开，义为如同心被分割一样疼的不平、不服。音同义异而别。

【峰芒毕露】锋。“锋”，形声兼会意字，从钅从逢省声（省去辶），声兼义。“逢”，会意兼形声字，从彳从夆 féng，夆亦声。甲骨文刻作，右边上部是迎面走来的止（趾的初文，下有脚趾，上有脚跟，）即脚，右边下部是走上去的脚，上下两部分组合，会意为两止相遇；左旁是行的一半彳，表示小步走，是加形符显义：走在路上相遇。“逢”义为相遇。

篆文的“逢”写作，把下止（脚）写到彳 chì 下，写作辵 chuò，表示走路；上止（脚）的下边加个丰。丰，甲金篆文分别作、、，像一棵树，下部粗笔表示培在树根的土，篆文把粗笔写成横。丰义有二：就其树来说义为多而茂盛；就其培土植树的目的来说，是为了分界。（此义后来用——手植树，即“封”表示．左边是长在地上的两棵树，以两棵示意多棵，右边是寸，即手下加一短横，依然是手，（篆文经常在手下加一短横，）诸侯被封后皆在封地四周植树为界。）止与丰组合，会意为在（有树的）边界上相遇。篆文的左右四部分组合，会意为行走到边界上相遇，义也是相遇。（春秋战国时，诸侯总是在边界上会盟。丰也表示绳串联的玉片。）楷书把左边的辵按统一规范笔画改写成辶，字就成了逢。

“锋”，从钅，从钅的字大都表金属、武器或与之有关的其他事物、行为、性状。钅与逢的省文夆 féng 组合，会意为兵器相对（相逢）处，由于武器总是在尖锋处相对，本义为“兵端也”，即武器的尖端。“芒”从艹，植物果实上的刺，如“麦芒”。“锋芒毕露”言刀锋枪尖和芒刺全都显露出来，比喻言词犀利，敢作敢为，锐气和才干全都显露出来，也比喻爱逞强显能，好表现自己。

而“峰”，形声兼会意字，从山从逢省声，声兼义，会意为山和天相遇，义为山的尖顶，无武器的尖端义，音同义异而别。

【阳逢阴违】奉。“奉”，会意字，甲骨文刻作，中间是禾谷的象形，两边是手，会意为双手捧禾谷（献给神灵先祖），金篆文分别写作、，禾谷写到了上边，篆文还在下边又加了一个手字，隶变后楷书写作奉，义为捧，是“捧”的先造字。奉由捧着具体物的捧扩大到捧着抽象物的捧，捧着意旨、指令，引申为遵从。“阳奉阴违”意为表面上遵从，暗地里违抗。

而“逢”（见上）义为相遇，无遵从义，音近义异而别。

【切腹之痛】肤。“肤”繁体写作膚，形声兼会意字，从月虍 hū 声。月，表示肉，见 B 部“并行不（悖）背”的解说。月上的田字，在金文中写作○中加点，在篆文中写作，是盛肉装饭的容器。虍，象形字，在甲金文中“虍”和“虎”是同一个字，分别作、，是老虎的象形。篆文有繁简二体，写作、，繁体字下部是人字，表示吃人，简体字无人字，表示虎皮上的斑纹，简体只用作偏

F

旁。虎义为老虎,引申为虎皮上的斑纹。月与田与虍组合为膚,会意为老虎身上有斑纹的肉,即虎皮,义为像虎皮那样的表皮。今简化为肤,是新形声兼会意字,从月夫声,声兼义。夫,象形字,甲金篆文分别作[古文字]、[古文字]、[古文字],像正面站立的人,上面一短横是插在头上的簪子。古代男子二十岁算成年,头发束起来盘发髻,别上簪子。夫,义为成年男子。月是肉,从月的字除了少数确与月亮有关(如"明、朗、朝")外,大部分都表示肉体("脸、胸、肚、腿、肺、胃"等),月与夫组合,会意为成年男子的肉体,由于肉体可见的是表皮,义为皮肤。"切肤之痛"意为割破皮肉的疼痛,比喻亲身感受到的痛苦。

而"腹",形声兼会意字,从月复声,声兼义。复,甲金篆文分别作[古文字]、[古文字]、[古文字],下部是夊 suī,是向下的脚的象形,脚以上的部分像上古两端有出入口的地穴屋,会意为进出往返。金文还把出入口写成有台阶的样子,篆文美化得不明显了,义为进出往返。月与复组合,会意为有食物出入往返的那部分的肉体,义为肚子。腹无皮肤义,成语不是说切肚子的痛苦,音近义异误会而别。

【学识浮浅】肤。解说见上。"肤浅"不是像表皮一样的浅。东汉张衡曾批评一种人"末学肤受"(《东京赋》)"末"是树梢(指事字,木上加一横[古文字],指事为末梢;本是树根,木下加一横,指事为根本),"末学"意为不从根本上进行的学;"肤受"只是皮肤上的感受,没有经过大脑的深思。故"肤浅"意为没有经过大脑思考所形成的浅薄的认知。"学识肤浅"意为学识少,理解不深。

而"浮"形声兼会意字,从氵孚声,声兼义。孚,会意字,从爪从子。甲骨文刻作[古文字]、[古文字],像4字形的笔画是手,其他笔画是子,两部分组合,会意为用手抓子——俘虏。中外奴隶社会都有抓俘虏做奴子的做法,故把子解作俘虏。金篆文分别写作[古文字]、[古文字],义也是抓俘虏。孚与氵组合,会意为把俘虏杀死或直接扔到水里淹死,义为漂在液体表面,无皮肤义,成语不是说学识浮在表面那样浅薄,音同义异误会而别。

【入不付出】敷。解说见B部"博(搏)击风云"。"敷"fū,会意字,从甫从方从攵。左边部分,甲金篆文分别作[古文字]、[古文字]、[古文字],从甫从手,左边部分是田园上有草木的象形,楷书写作甫,右边是手,篆文在手上加一横,写成寸,(篆文常常在手上加一横写成寸,义仍是手。)表示用手在果蔬花草园圃里布种栽植。楷书的攵,金篆文写作[古文字]pū;pō,上部表示戈棍类的器械,是武器,也用作工具劳作,下部是手,表示手持工具劳作。表示手的"寸"字,后代俗写讹变为"方",写到"甫"下,于是形成敷字。几部分组合,会意为手持工具在园圃里布种栽植,义为布种栽植,引申为(布种栽植)已够。"入不敷出"意为收入不够支出。

而"付"fù,会意字,从人从寸,篆文写作[古文字],左边表示人,右边表示手加一短横(短横表示物),会意为

“持物以与（予）人”，义为给，无够义，成语不是说只收入不付出，音同义异误会而别。

【深符众望】孚。解说见上“学识肤浅”。“孚”，义为抓俘虏。由于抓、放或交换俘虏得讲信义，讲信义者受敬重，可信赖，引申出信服义，“深孚众望”意为很使群众信服。

而“符”，形声兼会意字，从竹付声，声兼义。古代主要用竹子做兵符，竹与付组合，会意为交给兵符、符节，义为兵符、符节。兵符、符节一剖两半，验证时要相合，即兵符要合为一体，故引申义为符合。“符”无信服义，成语不是说深深符合众人的希望，音同义异误会而别。

【不副众望】孚。解说见上。“不孚众望”意为不能使群众信服。而“副”见下“名付（副）其实”的解说，义为相称、辅助的、附带，无信服义，音近义异而别。

【不符众望】负。解说见上。负，会意字，从人从贝，金篆文分别作、，上部是人，下部是贝，会意为人背着钱财，义为背着。人可背负的东西很多，如果表示不背负，即背弃、违背，则“负”有辜负义。“不负重望”意为不辜负众人的期望。“符”义符合，无辜负义，音同义异误会而别。

【匍伏】匐。“匍匐”，单纯词，见B部“专横拔（跋）扈”的解说，词义为爬行。习惯上写“匐”，不写“伏”。

【幅射】辐。“辐”，形声兼会意字，从车畐声，声兼义。畐 fú，会意字，甲骨文刻作，左旁是示字，表示祭台，（长横表示台面，一竖表示支撑祭台的祭棚条石）右下方是双手，手上部像有大腹的罐子，当是盛酒盛肉食的陶罐、铜罐，示上的点，表示祭祀时倾倒浇奠的酒浆。它们组合，会意为倾倒浇奠酒浆祭祀神灵先祖。义为盛满酒食的容器。楷书简化，文字化，写成畐。车与畐组合为辐，会意为车子上像祭祀时自右向左半圆形倾倒浇奠酒浆（酒浆四射）一样的构件，即车轮中连接车毂和轮圈的一条条直棍。“辐射”义为从中心向各个方向直线伸展射出。

而“幅”，形声兼会意字，从巾畐声，声兼义。从巾的字皆表织物或与织物有关的行为，巾与畐组合，会意为织机织出的像祭祀时自左向右倾倒浇奠酒浆那么大宽度的布帛，义为布帛、呢绒等的宽度，无车辐义，音同形近义异而别。

【抚危济困】扶。“扶”，会意兼形声字，从扌从夫，夫亦声。“夫”，见上“切肤之痛”的解说。夫像插了簪子的成人。又，第一横是表示人体身高的高度的符号。古代身高七尺为夫（约一百六十厘米），秦代以前征税、服役、戍边、征战以七尺为标准，不考虑年龄，《左传》里有“二毛”（头发花白）兵。就是唐宋也不看重年龄，杜甫《兵车行》：“归来头白还戍边”，《水浒》中看守草料场的是老兵。《周礼·地官·乡大夫》：“国中自七尺以及六十……皆征之。”征召的标准一是身高七尺以上，二是六十岁以下。“夫”的上一横的两说，以第二说更可信。扌与夫组合为扶，金篆文分别写作、。金文左边是夫，右边是伸出的手，篆文左边是手，右边是夫，会意为用手扶人，义为扶着、搀扶。

由于扶含有帮助人之意，引申为扶助，帮助。“扶危济困”意为扶助处境危急的人，救济生活困难的人。

而“抚”繁体字为撫，形声兼会意字，从扌无声，声兼义。无，繁体字为無，象形字，甲金篆文分别作、、，中间是展臂的人字，人下左右似为牛尾巴，(上古巫师常执牛尾舞动)整个字像人执牛尾跳舞状，篆文下部还加了左右脚，义为跳舞。扌与無组合，会意为像轻歌曼舞的人手臂轻柔移动，义为用手轻按移摸，由于轻按移摸是保护、慰问的举动，引申为保护、慰问，如“抚养、抚育、安抚、抚慰、抚爱、抚恤”。“抚”无扶助义，音近义异而别。

【斧底抽薪】釜。“釜”，形声兼会意字，从金父声，声兼义。父，象形兼指事字，甲金篆文作、、，像手持石斧形，右边是手，左边一竖指事石斧，篆文的石斧只用一个和手连接的短竖笔画表示，本义是斧子，父系社会的新石器时代，石斧是重要的生产工具，也是兵器，是权力的象征，自然由部落中的男性长者执掌，“父”义便引申为对男性长辈的统称，后专指父亲。金，指金属，特指铜，商周朝贵族的炊具、用具多是青铜器。父与金组合，会意为男性长辈执掌的炊具，义为金属锅；薪：柴火。“釜底抽薪”意为从锅底下抽去着火的柴火，比喻从根本上解决问题。

而“斧”，形声兼会意字，从斤父声，声兼义。斤，甲金篆文分别作、、，箭头形表示锐头，其后笔画表示弯把，金篆文的锐头在书写中变得圆转，弯把也有所变化，它们是横向刃的锛 bēn 斧的象形。父与斤组合为斧，会意为男子持斧，表义重点在斤上，义为斧头。“斧”无锅义，成语并不是说把斧头底下的柴火抽走了，下一条成语也不是说用破斧头把船劈沉了，都是音同义异误会而别。

【破斧沉舟】釜。解说见上。“破釜沉舟”意为把锅摔破，把船沉掉，指秦末项羽率楚军与秦兵交战，渡河后摔破锅，凿沉船，激励战士置之死地而后生。“破釜沉舟”比喻下定决心，不顾一切干到底。

【鬼釜神工】斧。解说见上。“斧”：由斧头义引申出(用斧的)精巧的技艺。工也是斧头，见 G 部“鬼斧神功(工)”条的解说。是远古的令人称奇的好工具，引申为精巧、精致之义，如“工巧、工稳、精工”。“鬼斧神工”形容建筑雕塑等技艺十分精巧。

其他如“班门弄斧、斧正”也不可误写为“釜”。

【伏首帖耳】俯。“俯”，形声兼会意字，从人府声，声兼义。府，金文写作，外框是广，见 D 部“归根结抵(底)”的解说，是依山崖而搭建的前敞的房子。房下左边是人字，右边是手，下部是贝，贝是商代的货币。四部分组合，会意为人手拿着钱财到房屋里收藏。篆文写作，省去贝，手下加一短横，写成寸(篆文常给手下加一短横)，会意不变。它们的本义为官员收藏钱财的办公地方，即官府。府加上亻旁，金文写作，会意为人低头弯腰到官府去，义为头低下。“俯首帖耳”义为头低下，耳朵耷拉，形容恭顺驯服的样子。

而“伏”会意字，从人从犬，金篆文分别写作、，会意为狗趴在人旁边，义为趴、伺，无头低义，音近义异而别。

此外如“俯拾即是、俯仰由人”中的“俯”也不能误写为“伏”；而“此起彼伏、一起一伏、起伏不定、昼伏夜出、降龙伏虎（伏义为趴，趴下是屈服的表现，引申为使屈服）”中的“伏”也不能误写为“俯”。

【牵强符会】附。“附”，形声兼会意字，从阝付声，声兼义。篆文写作，左边的形旁像从穴居屋升登地面的台阶或刻在木头上的脚窝，也像山上的石阶；上古穴居屋是挖建于高而土层厚的土丘上的，因此阝旁的字皆表与民居有关的地方（如“陈、隅”）或表与地方有关的行为（如“隐、阻”）、性质（如“陡、险”）。“付”见上“入不付（敷）出”的解说，义为给予。阝与付组合，会意为小土山给予人居住的环境，义为人居依傍的地方，引申为依傍。“会”义为相合。“牵强附会”意为把没有关系或关系不大的事物勉强地（依傍）凑合在一起。

而“符”见上“入不敷出”和“深孚众望”的解说。竹字头表示质地是竹子，“付”会意为手持物予人，义为给予、交付，取付。符是古代朝廷封爵、置官、命使和调兵遣将的凭证，以竹木或金玉制成，上书文字，剖分为二，朝廷和官员各执一半，以便相合验证，义为作为凭信的符节。由于两半符要合成完整的物件，引申出相合、依从义。“符”无依傍、接近义，音近义异而别。

【趋炎赴势】附。解说见上。“附”义为依附、依傍。“炎、势”指炙手可热的有势力的人。“趋炎附势”意为奉承依附有权势的人。而“赴”，形声兼会意字，从走卜声，声兼义。从走的字皆表前行。卜，象形字，甲骨文刻作一竖加一斜横，像灼烧龟腹甲或牛肩胛骨现出的裂纹。走与卜组合，会意为按卜预示的吉凶祸福可否跑去行事，本义特指急速奔向凶险紧急之处，无依附义，成语不是说跑向有权势的人那里，音同义异误会而别。

【付庸风雅】附。解说见上。“附庸风雅”意为为了装点门面而依附结交名士，从事高雅的文化活动。而“付”见“入不付（敷）出”条的解说，义为给予，无依附义，音同义异而别。

【附隅顽抗】负。“负”见上“不符（负）众望”的解说，“负”义为背着钱财。人有钱财则有所赖，其义引申为依仗，凭仗。“负隅顽抗”意为凭仗险要的地势顽强抵抗。而“附”见上，无凭仗义，音同义异而别。

其他如表凭仗义的“忍辱负重”、（由于凭仗含有有所承仗意，引申出）表承担义的“自负、负责、远大抱负”、（由于承担含有具有义，引申出）表享有义的“久负盛名”、（由于成串的贝重，人得背上，引申出）表背负义的“负荆请罪”、（由于有承担有背负，也有不承担不背负的，引申出）表背弃、辜负义的“负心、忘恩负义、有负重托”，它们中的“负”皆不可误写为“附”或“复”。

【翻来复去】覆。“覆”，形声兼会意字，从襾 yà（今简化作覀 yà）復 fù

声，声兼义。復，简体字为复，会意兼形声字，从彳 chì 从复，复亦声。分述之：

复，见上“切肤之痛”的解说，义为进出往返。由于进出往返得行走，后加上义为小步走的彳 chì（行的一半）表示，写作復。

襾，篆文写作，像上下包裹蒙盖之形，义为包裹蒙盖。后此字作了偏旁，写作覀。（不是西），覀与復组合，会意为正反蒙覆，底上往返倒转，义为翻转。“翻来覆去”意为来回（往复）翻身睡不着，也表示一次又一次。而“复”无翻转义，音同义异误会而别。

其他如“天翻地覆、重蹈覆辙、覆水难收、全军覆没、覆巢无完卵、覆盆之冤（盆口翻朝下，阳光照不到，比喻无处可申之冤）、前车之覆，后车之鉴”中的“覆”，皆不可误写为“复”。而“无以复加、死灰复燃、周而复始”中的“复”也不可误写为“覆”。

【报负】复。见上“切肤之痛”的解说。“复”义为进出往返，含回来、回去之义。“报复”含意为还报回去，义为打击那批评自己或损害自己利益的人。而“负”见上“不负众望”的解说，义为凭仗、背着，无回来、回去之义，音同义异而别。

【抱复】负。解说见上。“负”的引申义是背着。由于“抱”义为有所抱持；“负”义为有所背负，则“抱负”义为抱着背着，即怀有远大的理想。

而“复”义为进出往返，引申为重复、又、再等，无背着义，音同义异而别。

【附之一笑】付。“付”见上“人不付（敷）出”条的解说，义为交给，“付之一笑”意为交给一笑作为回答，形容不值得理会。

而“附”见上“牵强符（附）会”的解说，义为依附，附带，无交给义，音同义异而别。

其他如“付托、付之一炬、付诸东流”的“付”皆不可误写为“附”。

【名付其实】副。“副”，会意字，从畐从刂，“畐”fú 亦声。畐，见上“辐辏”的解说，甲金篆文还分别作、、，是盛酒浆肉食的食器。刂是刀。“副”，籀 zhòu 文（西周末年周宣王的太史名叫籀整理审定的文字，又叫大篆）写作，中间的笔画表示带弯把的刀；秦篆（秦朝丞相李斯和宦官赵高、太史令胡毋敬整理审定的文字，即小篆）写作，右边的笔画表示刀。它们左中右组合和左右组合，会意为用刀把食器里煮好的肉分开，义为剖分、分开。由于肉切分开送做祭品或分给座上宾要符合礼仪和官职、身份，引申为相称、相配。“名副其实”意为名称或名声跟实际相称。

而“付”见本部“人不付（敷）出”的解说，义为交给，无相称义，音同义异而别。《现汉》906 页认为“名副其实”也说“名符其实”；“名不副实”也说“名不符实”。它们都是正用词形。

【一付笑脸】副。解说见上。“副”的引申义为相称，由于相称能构成一个整体，引申出相配成一组之义。“一副笑脸”意为整个（一组）脸部都在笑。

《现汉》说“付 fù 同‘副₂’”，但无例词。而“副₂”有两个义项，一作量词，用于成套的东西，如“一副对联、一副手套、一副象棋”;二作“用于面部表情”。“副”既然用于面部表情,则“付”别。音同义异而别。

【全付武装】副。解说见上。“全副武装”意为整套武装。

【师付】傅。“傅”,会意字,金文写作,从亻从帝。帝,见D部“根深底(蒂)固”的解说,是草偶的象形,义为主宰宇宙万物和人的吉凶祸福的神灵。亻与帝组合,会意为教导辅佐神灵或神灵之子的人,后代指教导辅佐帝王和帝王之子的人,义为老师。

篆文“傅”是形声兼会意字,从亻尃声,声兼义,不从帝,讹变为。右边的字也是声旁,由甫和寸组成,表示用手在果蔬花草园圃里布种栽植,见本部“入不付(敷)出”的解说。亻与甫、寸组合,会意为教人动手种植、收获菜蔬花草的人,其义也是老师。“师傅”义为工、商、戏剧、手工业者中传授技艺的人或对这种人的称呼。而“付”,实风马牛不相及,也不是“傅”的简化字。

另,“师父”也不是“师傅”。师父是长辈,师傅不一定是长辈;“父”的声母是清声母 f(发音声带不颤动),“傅”在以上海话为中心的吴语方言中的声母是浊声母 v(发音声带颤动)。“傅”与“父”两个词发音不同。“文化大革命”前和“文化大革命”初起时,人们互相通称“同志”,但到了“文化大革命”中批斗领导干部、学者、教师和打倒“地、富、反、坏、右”以及资本家阶段时,生怕叫到不认识的但却是上述几类人的头上而被牵连,犯立场错误。上海人脑袋瓜灵光,一律叫师傅(对有技艺者的尊称,他们“父”“傅”分得清,不称呼人为父辈。)它的功效是避开了政治上的危险。北京人立刻心领神会,迅速叫开,接着全国人民都学会。但北京话无浊声母,一律读 fù,于是“师父”和“师傅”便混淆了,且一直混淆了四五十年,屈尊称人为父辈四五十年。

【作茧自附】缚。解说见上“入不付(敷)出”条。“缚”形声兼会意字,从纟尃声,声兼义。从纟的字大都表丝、线、绳类物或与之有关的行为、性状。纟与甫、寸组合,会意为用线、绳扎束、捆绑菜蔬花草,义为捆绑。“作茧自缚”意为结茧结果把自己(捆绑)包进去了,比喻自己做的事反而使自己陷入困境。

而“附”见上“牵强付(附)会”的解说,义为依附、附带,无捆绑义,音同义异而别。

G

【言简意该】赅。“赅”，形声兼会意字，从贝亥声，声兼义。“贝”，象形字，甲金篆文分别作、、，像蚌贝形，高约二厘米，宽约一点五厘米，由于它产于南海（今舟山群岛一带），中原人难得一见，十分稀罕，光亮华丽，不易破损，不变质，小巧易携，可聚成串，可分拆，商周朝便以之为等价交换物，成为流通货币，义为钱财。后由于生产力发展了，贝不够用，便造出了铜贝、陶贝、木贝。贝流通到战国渐止。“亥”，象形字，甲金文分别作、，像切割了头的猪，篆文写作，繁化，上加一横，似指切口，义为切割。楷书规整化，作亥。贝与亥组合，会意为买猪肉的钱备好了，引申为周备，完备。“言简意赅”意为语言简要，含意完备。

而“该”，形声兼会意字，从讠亥声，声兼义。亥义为切割。讠与亥组合，会意为以切割、斩首为惩戒手段申军中戒律，义为军中戒约。由于戒约理应遵从，引申为应该，无完备义，音同义异而别。

【以偏盖全】概。“概”，形声兼会意字，从木既声（由于古今音变，既已不能表音），声兼义。从木的字大都表树或木制品以及与之有关的行为、性状。“既”，会意字，甲骨文刻作、，第一字的左边和第二字右边的图形像盛有食物的食器，另一边是踞坐（跪坐，中古以上的人将臀部坐在平放的脚心上）的人的口向食器的反方向张开，将掉头离去。两部分组合，会意人吃饱了，吃的行为完毕。金文写作，人张口挺肚表示吃饱之态更生动形象。楷书写作既，还能看出其会意。“既”因此义为完毕、完结、尽。木与既组合，义为（旧社会）量谷物时用来刮平斗 dǒu 器的木刮子——概，概一刮就离开斗，如同人吃饱了离开食器一样。（斗比正立方体的电脑大些，刮子是木片。）刮过了，一斗的谷物就全包括在斗内了，引申为总括、概括（用概来括）。“以偏概全”意为用部分来概括整体。

而“盖”繁体字写作蓋，会意字，金篆文分别写作、，上部是艹，中间是盖儿，下部的是皿字，中部下部构件组合，表示被盖儿盖住的器皿。三部分组合，会意为用草编织的苫 shān 子盖物，义为草苫。由于草苫是盖物的，引申为覆盖、遮掩，无概括义，音同义异而别。

【立竿见影】竿。“竿”gān，形声兼会意字，从竹干声，声兼义。干，象形字，甲金篆文分别作、、，是有杈的，杈头绑有石块的猎叉象形。猎叉是长木杆，故“干”义引申为杆状物。从竹的字大都表竹类植物或竹制品或与竹有关的行为。竹与干组合，会意为竹质的杆状物，义为竹子的主干。“立竿见影”比喻立即见功效。

而“杆”，形声兼会意字，从木干声，声兼义。其音有二，表示木杆时读 gān。如“旗杆”；表示杆状物时读 gǎn。如“枪杆、秤杆”。木与干组合，会意为木质的杆状物，义为木杆，引申为除竹竿以外的长的杆状物。因为竹竿是有较固定长度的长的物件，有一定标准，故立的是竹竿，而“杆”粗细不一，可长可短，不好定标准，音同义异误解而别。

另，“百尺竿头、揭竿而起”的“竿”也不可误写为“杆”。

【钢举目张】纲。“纲”，形声兼会意字，从纟 mì 冈声，声兼义。“冈”gāng，会意字，商代金文写作，篆文写作，上部是网子，内部下边是山。古先民捕兽常把网张放山脊上，上下部组合，会意为在山脊捕鸟兽，义为山脊。纲从纟，从纟的字大都表丝、线、绳或与之有关的事物、行为、性状。纟与冈组合，会意为张网时位于高处的像山脊一样的绳子，其义为渔网上的大绳。（晾晒渔网时，两头拴系好大绳，渔网两边分张，大绳一如山脊，造字之创意高矣。）目：网眼。“纲举目张”意为渔网上的大绳提起，网眼就张开了，比喻文章条理分明，或做事抓住了主要环节，带动了次要环节。

而“钢”，形声字，从钅冈声，是铁碳合金，无提网的总绳义，音同义异而别。

【山岗】冈。解说见上。繁体字写作岡，形声兼会意字，从山网声，声兼义（见上条），义为山脊。“冈”gāng 常与“山”连用，用于较低而平的山脊，如山冈、景阳冈、井冈山。

而“岗”gǎng，是“冈”的后起字，形声兼会意字，从山冈声，声兼义。用于不高的山或高起的土坡，不用于山脊，由于冈主要作偏旁用了，便加山字头，写作岗。如岗地、岗子、黄花岗；也可用于岗位、岗哨，（它们都有一定的高度）如站岗、门岗、上岗。音同义异而别。

【竹蒿】篙。“篙”gāo，形声兼会意字，从竹高声，声兼义。“高”甲骨文刻作、，下部的冂 jiǒng 表示高地。篆文写作，下口是入口。甲篆文上部是高地上所建的房形的覆盖物。商代前期人们大多半穴居，一半在地下，一半在地上，建在高地上的房屋，加上覆盖物显得高。这一象形字表示高房子，其义为高。“篙”从竹，从竹的字基本都表竹或竹制品或与竹有关的行为。竹与高组合，会意为高的（即长的）竹子，义为竹子做的撑船的长杆。

而蒿 hāo，形声兼会意字，从艹

高声，声兼义，是有特殊气味的野草。因其是草，故从艹；因野草较高，故从高。“蒿”不是竹，形近义异而别。

【骨胳】骼。“骼”，形声字，从骨各声，义为骨。既是骨，当然从骨。而“胳”，形声字，从月各声，月是肉（见 B 部“并行不悖”条），从月的字基本都表肉体或与之有关的行为、性状。“胳”义为胳膊。音近形近义异而别。

同样“胳膊”也不能写成“骼膊”。

【骨梗在喉】鲠。“鲠”，形声兼会意字，从鱼更声，声兼义。从鱼的字皆表鱼类或鱼体组织名。更，甲金篆文分别作、、，上半部分笔画像烙饼的鏊子，平面微凸短足，即丙字，（下面可燃柴禾。）下部笔画像手持木枝，会意为手持木枝反复翻动饼铛 chēng 上的烙饼，金文写了两个饼铛，表示同时翻动两张以上的饼。今北方农村依然这样做饭，义为更替、替换。鱼与更组合为鲠，以形象类比会意，丙类似鱼身，木枝类似刺，义为鱼刺。“骨鲠在喉”意为鱼刺卡在喉咙里，比喻心中有话，不说出来不痛快。

而“梗”，形声兼会意字，从木更声，声兼义。从木的字大都表树或树的部位或木制品以及与树木有关的行为。木与更组合为梗，会意为与翻动烙饼的木枝一般粗细的枝或茎，义为植物的枝或茎，无鱼骨义，故别。

【忠心梗梗】耿。“耿”金篆文分别写作、，“说文”曰：“耳著于颊也”，脸颊红涨，如有红火之光，故从火；脸红涨则连带着耳，故从耳，显红脸汉子形象。耳与火组合，义为面红耳赤。红脸汉子是忠诚之士的普遍形象。“忠心耿耿”意为忠诚的人，忠心持久不忘。而“梗”（见上）无此义，音同义异而别。

【异曲同功】工。“工”，象形字，甲骨文刻作，筑墙工具形。四千五百年前的新石器时代，用合今长度单位三尺长一尺宽的木板做成墙模，往里捣土筑墙，叫版筑，捣土工具就是“工”。“工”一横表示把手，合今长度一尺；一竖表示杆，合今长度四尺；方框表示夯砸之重物。金文写作、。篆文和楷书把末笔写成一横，写成“工”。它是古代建筑工艺中的好工具，义为筑墙工杵。由于这种工具的发明，使人们不像以往那样过于劳苦，又适用，又提高了工效，还保证了筑墙质量，令人感叹它的巧饰、精妙，“工”便引申出精妙义。由于筑墙夯砸时，发出工工的响声，而读 gōng，“工”见其形明其义能读其音，可见“工”是一个形义音完美统一的高智慧字，是世界文字史上的奇葩。这一建房筑墙工艺延用四五千年，至今北方农村仍在使用，足见工这一发明多么伟大。“异曲同工”意为不是一样的曲子却同样精妙，比喻不同人的辞章或言论同样精彩，或不同的做法收到同样的效果。

而“功”形声兼会意字，从攴 pū；pō，工声，声兼义。金文写作，左边表示版筑工具，右边上部是戈或棍或器械，右边下部是手，右边上下部分组合，会意为手持棍械；

工与支组合，会意为手持工具从事建房等劳作。篆文改写为[篆文]，形声兼会意字，从力工声，声兼义，会意为用力做工。它的本义是工作，引申出功效、功夫、功劳等义，无精妙义，音同义异而别。

【鬼斧神功】工。这里的"工"却不是工杵，而是横向刃的斧头，它是同形异义词。象形字，甲骨文刻作[甲骨文]、[甲骨文]，金文写作[金文]、[金文]，像横向刃斧头，即"斤"的正视图形，后代叫锛bēn斧，是手握把向内用力砍削木料的工具。"斤、工"二声古音相通；此成语"鬼"和"神"对用，"斧"和"工"对用；"鬼斧"和"神工"以互文组词，故"工"义为斧头。"鬼斧神工"意为鬼神斧削技艺高超，鬼神工施技能精妙，即形容建筑、雕塑等技艺十分精巧。而"功"（见上）无精巧义，成语不是说鬼的斧头，神的功夫，音同义异误会而别。

【巧夺天公】工。解说见上。"工"义也是斧头。"巧夺天工"意为人的精巧的技艺胜过天然（神斧），形容技艺极其精巧。

而"公"，会意字，从八从口。甲金篆文分别作[甲骨文]、[金文]、[篆文]，两画分背，义为分开；口表处所或器皿。八和口组合，会意为在某处平分东西，或平分器皿中的东西，义为平分。篆文的口讹变为厶sī；隶变后楷书写作公。由于平分是公开的平正的，引申出公平、公开义、又由于自黄帝起，中国进入父系社会，平分猎物等工作由男子充当，又引申出男子义等。"公"无精巧、精妙义，成语不是说精巧胜过老天爷，音同义异误会而别。

【公欲善其事，必先利其器】工。解说见上。"工"由工杵义引申出基本义——持工杵劳作的人，即工匠、工人。成语意为工匠要使活儿做得好，一定要使器——工具精良。不是称对方为"公"，故别。

【事必恭亲】躬。"躬"，会意字，从身从弓。"身"，象形字，甲金篆文分别作[甲骨文]、[金文]、[篆文]，有头，有身躯，有肚子，有肚脐眼儿，都像身子，甲骨文身子里还有头朝上的孕儿形，更像身子，义为身。"躬"的右边原是吕。"吕"，象形字，篆文写作[篆文]，像二椎骨，中间一短竖为连着的筋，"躬"字篆文写作[篆文]，从身与脊椎骨角度来强调身子，很有创意。也写作异体[篆文]（左身右弓），会意为曲如弓的身子，今作为正体，本义为自身，第一人称代词，不是弯腰的意思。"事必躬亲"意为事情一定亲自去做。

而"恭"，形声兼会意字，从心的变体"⺗"共声，声兼义。共，会意字，甲金篆文分别作[甲骨文]、[金文]、[篆文]，下部是手，手上部的构件表示祭品，会意为双手捧着祭品，是供的先造字。心与共组合，篆文写作[篆文]，会意为诚心上供品，义为恭敬，无自身、亲自义，成语不是说事情一定恭敬地亲自做，音同义异误会而别。

【进供】贡。"贡"，形声兼会意字，从贝工声，声兼义，"工"含精美之意，见上"异曲同功（工）"的解说，贝是商代货币，从贝的字皆表钱财或与

G

钱财有关的事物、行为、性状。工与贝组合,会意为精美的财物。“进贡”义为进献最精美的财物,指古代臣民或属国把财物献给朝廷。

而“供”,形声兼会意字,从亻共声,声兼义。“共”见上,义为手捧祭品,由于是人的活动,后在共的左边加了亻旁,义为供给、供应,无进献最好的财物义,词义不是说进献供给财物,音同义异误解而别。

其他如“供不应求、供养、供奉”的“供”也不可误写为“贡”。

【一笔钩销】勾。“勾”,会意兼形声字,从勹 bāo 从口,口亦声。本为“句”gōu,甲金篆文分别作[古文字]、[古文字]、[古文字],口的外部图形表示藤类植物或蛇或绳纠结曲绕形象,图形内有口,会意为口被纠结曲绕而不能说,即意味着以其他方式曲意表达,义为曲,含有“暗中的”之意;字虽楷变为“句”,又变为“勾”,其义仍在,故以勾为语素的词多表暗中行事的贬义,如“勾结、勾引、勾魂、勾销”等。“一笔勾销”意为(私自)把账一笔抹去,比喻把一切完全取消。

而“钩”,形声兼会意字,从金勾声,声兼义。勾义为曲,钅表示金属,钅与勾组合,义为钩子,如“鱼钩、上钩、脱钩”等。“钩”无曲通义,不是说用笔打钩而取消,音同义异误解而别。

【暗中沟通】勾。解说见上。“暗中勾通”意为背着人勾结串通。

而“沟”繁体字为溝,会意字,从氵从冓 gòu。“冓”,会意字,甲骨文刻作[古文字]、[古文字],金篆文分别写作[古文字]、[古文字],它们都是对呷的鱼的象形,义为双方构成。甲金文还分别作[古文字]、[古文字],双鱼的左边另加了“行”的一半彳 chì,表示小步走,双鱼的下边还加了“止”([古文字]趾的初文,上有脚趾,下有脚跟),即脚,表示用脚行走。甲金文经常用这两个构件符号示动,它们和双鱼笔画组合,会意为鱼游动到一起,义仍为双方构成。从冓的字皆含双方构成义,如“講(讲):双方对言;購(购):买卖双方交易;“媾”:男女双方相交;遘 gòu:双方出行相遇;構(构):房梁两边的房椽 chuán 子相对搭建,含有此义的词有“构造、构建、结构”;而溝(沟)义为两岸相对之小水道。“沟”无勾结串通义,音同义异而别。按,确有“沟通”一词,意为像沟一样地通,就是使两方通连,但无暗中曲通义。

【构和】媾。解说见上。“媾”由双方相交义引申出基本义交好,“媾和”义为交战双方缔结和约,结束战争。而“构”(见上)义为构造、结构,无交好义,音同义异而别。

【提要勾玄】钩。解说见上。“钩”从钩子义引申出钩动、钩取,引申为探求。“提要钩玄”意为提取要点,探求精义。而“勾”无探求义,故别。

另,推荐词形“钩心斗角”的异形词是“勾心斗角”,建议不写后者。

【狗延残喘】苟。“苟”,形声兼会意字,从艹句 gōu 声,声兼义。句义为曲,见上“一笔钩(勾)销”的解说。艹与句组合,会意为缺水而曲伏勉强维持生命不致枯萎的草，义为随便、姑且、勉强，“苟延残喘”意为勉强拖延一口没断的气，比喻勉强维持生存。

而“狗”，会意兼形声字，从犬从句 gōu，句亦声。犬，象形字，甲金篆文分别作[古文字]、[古文字]、[古文字]；句（见上）义为句曲，狗体句曲。犬与句组合，会意为身子句曲的动物，即狗。“狗”无姑且、勉强义，成语也不是说像狗那样拖延一口没断的气，音同义异误会而别。

【藏污纳诟】垢。“垢”，形声兼会意字，从土后声，声兼义。后，会意字，甲金篆文分别作[古文字]、[古文字]、[古文字]，左上边像一个弯着身子的人，人下是个刚生出的头朝下的婴儿，金文还有表示羊水的三点。后与土组合，会意为生孩子被污染的地面，义为污秽，脏东西，引申为坏。“藏污纳垢”比喻包容坏人坏事。

而“诟”，形声兼会意字，从讠后声，声兼义。“后”义为妇女产子。母系氏族时代，一族之始祖母是酋长。进入父系氏族社会后，就用“后”尊呼君主，如夏朝天子称“夏后”。到封建社会“后”又回归女方，称帝王的妻子。讠与后组合为诟，会意为始祖母斥骂，义为骂。“诟”无脏污义，音同形近义异而别。

此外，表脏污义的“含垢忍辱、蓬头垢面、污垢”的“垢”皆不可误写为“诟”；而表骂义的“诟病、诟骂”的“诟”也不可误写为“垢”。

【狐独】孤。“孤”gū，形声兼会意字，从子呱 gū 省声（省去口），声兼义。子，象形字，甲金古篆文分别作[古文字]、[古文字]、[古文字]、[古文字]，甲金文的上部笔形表示头发，中间笔形表示有囟门的头，下有腿，金文头下的横工形笔画表示捆缚，捆缚襁褓，古文保留了头发，古文篆文的圆形笔画表示头，下有上举的双臂，身子写作一竖，表示在襁褓中。从子的字皆表子或与子有关的行为，“呱”是拟声词，子与呱组合，义为无父母常呱呱而泣的孩子，引申为孤单，独自。“孤独”义为孤单，独自一人。

而“狐”音 hú，形声字，从犭瓜声（今不能表声），从犭的字大都表兽类或与兽类有关的行为、性状。狐指狐狸，无孤单义，偏旁近似误写而别。

【苦心狐诣】孤。解说见上。孤诣：独自达到的。“苦心孤诣”意为费尽心思钻研或经营。

其他如“孤芳自赏、孤军奋战、孤苦伶仃、孤掌难鸣、孤注一掷、孤陋寡闻、孤军深入、凄苦孤寂、孤傲不群”的“孤”皆不可误写为“狐”。

【待价而估】沽。“沽”是“酤”的通假字。酤，形声兼会意字，从酉古声，声兼义。酉像酒缸、酒坛，上三笔像酒缸盖儿，口像缸体，内里一横，指事酒液面。古，会意字，从十从口，会意为十口相传，义为久远年代的事物。酉与古组合，会意为很久以来人人传说的酒，义为好酒。名词转化为动词，义为买（酒）、卖（酒）。“沽”通“酤”，也就取得了“酤”之义。“待价而沽”意为等待好价钱卖出，比喻怀才者等到有人赏识重用才肯出仕效力。

而“估”，形声兼会意字，从亻古

声，声兼义。人对表示十口相传的东西进行估计、估测，故从亻，无卖义，音同形近义异而别。

【估名钓誉】沽。解说见上。“沽名钓誉”此处的“沽”义为买。成语意为故意做作或用某种手段谋取名誉。

【死有余孤】辜。“辜”，形声兼会意字，从辛古声，声兼义。“古”，这里的“古”不是如上文所说的十口相传，而是另一解字，即会意字，从十从口，甲骨文刻作𠀀、𠀀，金文把“中、申”涂实（于浇铸铜汁前，在泥模上挖成凹槽），写成𠀀，篆文写成古，上部的中、申、■、十表示铠甲（十，甲骨文刻作十、⊞，十表示植物果实成熟时的裂纹，因其与十相混，加个方框表示外壳；金文正是此形，写作⊞；但金文与田字近似，篆文便略作变化，写作𠀀；隶变后，楷书写作甲，其义为植物籽实或硬壳动物的外壳，如“甲壳”。因铠甲与之相似，引申指铠甲。一说“十”是甲盾上的把手）。口表示神和先祖的灵台，上下组合，会意为把铠甲（取出要拼杀战斗了）祭放灵台上，祈求避灾克敌，义为灾祸将临。“辛”是刑刀，三十多厘米长的刀具，见B部“避（辟）邪”的解说，既表刑刀，又表被刑刀刺割出记号以做奴隶的人，即罪人。古与辛组合，会意为穿铠甲的人肢解人——罪犯、战俘，表示灾祸来临的刑罚，义为罪。“死有余辜”意为罪恶极大，死了也抵偿不了罪恶。而“孤”见上“孤独”，没有罪义，音同义异而别。

另，“辜”的下部是表示刑刀的“辛”，不能错写为幸福的“幸”。“宰”的下部也不能错写为“幸”。

【一股作气】鼓。“鼓”，会意字，甲金篆文分别作𠀀、𠀀、𠀀，左边的上部表示鼓上的羽葆，中间表示鼓身，下部表示鼓架；右边的下部是手，右边的上部表示棍——鼓槌，用手持槌击打。几部分组合，会意为击鼓，义为击鼓。“一鼓作气”出自《左传·庄公十年》(《曹刿论战》)，击第一通鼓，士气振作，比喻趁劲头大的时候一下子把事情做起来。

而“股”，形声兼会意字，从月殳shū声，声兼义。从月的字基本都表肉体，见B部“并行不背（悖）”的解说。殳，见J部“击（激）浊扬清”的解说，是红缨枪一类的长杆状武器。月与殳组合，义为大腿。因为人四肢中，大腿最长，与殳有相似处。“殳”无击鼓义，成语不是说一股子气，音同义异误会而别。

【鼓惑人心】蛊。“蛊”，会意字，其繁体字写作蠱，上部为三个虫，下部为皿，甲骨文刻作𠀀、𠀀，篆文写作蠱，虫与皿组合，会意为碗里带有虫、虫卵的食物使人食用后腹中生出寄生虫，中了虫毒，义为虫毒。故“说文”解作“腹中虫也”。又传说许多毒虫放进器皿里互相吞食，最后剩下不死的毒虫叫蛊，引申为人工培养的毒虫，又引申为虫毒。“蛊惑”意为男子受美色迷惑，好比受了虫毒，词义为迷惑、迷乱。“蛊惑人心”比喻用谣言歪理欺骗来迷惑煽动人。而“鼓”（见上）无迷惑义，成语也不是说用鼓动的话来迷惑煽动人，音同义异误会而别。

【悬梁刺骨】股。“股”，解说见上。战国人苏秦苦读，锥刺的是大腿，不是骨头。“悬梁刺股”形容发愤刻苦自学。

而“骨”，会意字，篆文写作，下部是月，月是肉，见B部“并行不背（悖）”的解说；月字的上部是作卜骨用的牛肩胛角，甲骨文把这牛肩胛骨的图形刻作，顶部是骨臼，下部是骨板，骨板中间的两笔是契刻的符号卜，篆文把牛肩胛骨简化为。上下组合，会意为连着肉的骨头，连着肉更见其为骨，无大腿义，音同义异误会而别。

【依然固我】故。“故”，会意字，从古从攵，古亦声。古，见本部“死有余（孤）辜”的解说。远古（夏和夏前）把铠甲放在灵台上祈求保佑的神灵先祖是过去的人，古便引申出古代的、前人的之义。又，古由十口组成，在古文里，口字之形表示的物件颇多，有人和动物口、器皿口、四围之处、方形物件等。“古”的口表示人口，十口相传，表示说古代的事情，义也为古代的、前人的。攵，甲金篆文分别作、、，下为手，上部为棍杖，古与攵组合，会意为手持棍做前人所做的事，义为做古时的事。由做古事引申为过去的、旧日的。“依然故我”意为依然是我过去的样子，没有变化。

而“固”，形声兼会意字，从口古声，声兼义。篆文写作，口与古组合，会意为四面环围，久古不变，义为牢固、坚固，无过去义，成语不是说依旧固然是我，音同义异误会而别。

【顾步自封】故。解说见上。“故”义为过去的；封：封闭、限制住。“故步自封”意为走过去的步子，自我限制，比喻安于现状不求进步。而“顾”繁体字写作顧，形声兼会意字，从页雇声，声兼义。从页的字均表颈以上的部位或动作、性状，见B部“频（濒）临”的解说。雇，会意兼形声字，从户从隹，户亦声。户表示门，隹是鸟的象形字，见D部“民生雕（凋）敝”的解说。户与隹组合为雇，会意为鸟飞来止于门户，义为按季节去来的候鸟。鸟的特性是时常后视，故雇与页组合为顧，会意为鸟回头看，义为回头看，无过去的之义，成语不是说回头看着脚步自我封闭，音同义异误会而别。

另，《现汉》认为“故步自封”是推荐词形，“固步自封”是异形词，建议不写后者。

【括目相看】刮。“刮”，会意字，从舌从刂，从刂的字大都表刀或用刀的动作、行为。本写作。左半边从口从氒 jué 省（省去十）。氏表示底，见D部“归根结抵（底）”的解说。十表示开弓时钩住弦的物件的象形。氏与十组合，会意为从底下卡住，它们再与口组合，金篆文分别写作、，会意为把口儿卡住，义为塞口，音 guā。此字楷书讹变为舌，再与刂组合，会意为向口部搂回的方向用刀磨削，本义为刮，引申为擦亮。“刮目相看”意为（擦擦眼睛）用新的眼光看待。

而“括”kuò，会意字，本写作昏，甲金篆文分别作、、，是开弓时钩卡住弓弦的器具。由于卡住能钩束弓弦，引申出扎束、包容、包括义。由于是手的动作，且字形又发生讹变，便写作括。“括”无擦亮义，误用偏旁而别。

【千刀万刮】剐。“剐”guǎ，形声兼会意字，从刂咼声（今不能表声），声兼义。“咼”wāi 是骨字省去“月”字后的字，见上“悬梁刺股（骨）”的解说，省去的“月”表示肉，见 B 部“并行不背（悖）”的解说，会意为剔肉置骨，加上立刀旁，本义为用刀割肉。“千刀万剐”是封建社会的酷刑。叫凌迟。（割三千三百五十七刀，三刀一小喝，五刀一大喝，割三天，首日割三百五十七刀，三天内使犯人痛苦，不使死去。一般割八刀，叫大卸八块，顺序是左胸、右胸、左臂肉、右臂肉、左腿肉、右腿肉、刳腹、割头。）

而“刮”guā 见上，无剔肉义，成语不是说用刀刮千万下，音近义异误会而别。

【卦一漏万】挂。“挂”的繁体字为掛，形声兼会意字，从扌卦声，声兼义。卦，会意字，从圭从卜。圭guī，会意字，从二土，土是雄性生殖器官象征。在远古生殖崇拜年代，雕琢成两个土形的玉作为礼器，竖上尖下方的扁玉，由部落首领、巫师抱执。篆文写成圭，从二土。卜表示夏商周巫师灼烧甲骨现出的兆纹。圭与卜组合，会意为抱执圭这一礼器的巫师占卜的卦象，义为卦象。扌与卦组合，会意为用手悬置卦象，义为悬挂。“挂一漏万”形容列举不全，遗漏很多。

而“卦”无悬挂义，音同形近义异而别。

【如雷灌耳】贯。“贯”，会意兼形声字，从贝从毌，毌亦声。毌 guàn，象形字，甲骨文刻作，篆文横写，像绳、棍穿物形，与贝组合，会意为用绳串起一串作为货币用的贝壳，本义是一串（钱），也叫一贯，如“腰缠万贯”，基本义为贯穿。“如雷贯耳”意为像绳子串贝壳一样，雷声从一边耳朵进入，从另一边耳朵贯穿而出，夸张形容人的名声很大。

而“灌”，形声字，从氵雚声，义为浇水，无贯穿义，成语不是说像雷声入耳如水灌注，音同义异误会而别。

【全神灌注】贯。解说见上。“全神贯注”意为注意力连贯注入，即集中在一点，形容精神高度集中。

而“灌注”是把液态物浇进注入，无连贯集中义，误解词义而别。

【鱼灌而入】贯。解说见上。“鱼贯而入”意为像鱼那样地一串进入，比喻有秩序地连续进入。

【恶惯满盈】贯。解说见上。“贯”义为钱串，“恶贯满盈”意为罪恶极大，就像钱串已满，末日将到。

而“惯”，形声兼会意字，从忄贯声，声兼义。忄与贯组合，会意为用绳子串贝壳，心理上习以为常，义为习惯。“惯”无钱串义，音同义异而别。

【粗旷】犷。“犷”guǎng，形声兼会意字，从犭广声，声兼义。广本写作廣，从广从黄。分述之：广，象形字，甲金篆文分别作、、，像远古先民就前突的山崖搭建的没有前墙的简陋的房子。黄，会意字，甲金篆文分别作、、，甲骨文贯穿一横和曰字的笔画是“大”字，大是展臂的人字。金篆文上部像人头，头上一横表示别住头发的簪子，头下两笔表示人的双臂，臂下的曰形笔画表示一块玉璧，向下穿过玉璧的笔画表示人的身子，身下有双腿。整个字由正面的人和人身前的玉璧组成，会意为佩戴玉璧的人。远古部落首领、贵族喜欢佩玉，义为首领，如黄帝（佩玉璧的帝）。广与黄组合，会意为部落首领住的没有前墙的大房子，本义为没有墙的大房子。（引申义为大。）犭，象形字，即犬，从犭的字大都表示狗、兽类或与之有关的行为、性状，见上“狗（苟）延残喘”的解说。犭与廣组合，会意为部落首领在房前像猛兽一样凶暴狂叫，义为粗野。

而“旷”kuàng，形声兼会意字，从日广声，声兼义。日与广组合，会意为部落首领的房前一片日光，义为空阔，无粗野义，形近义异而别。

【阴谋鬼计】诡。“诡”，会意字，从讠从危。“危”，会意字，从产 wěi 从卩 jié。卩，象形字，甲金篆文分别作、、，楷书写作卩，像踞 jù 坐（跪坐，唐以前人们臀部坐在脚心上）的人。产，象形字，甲骨文刻作，像商周的欹 qī 器。欹器是下尖上平中有双耳的倒圆锥体状的陶器。《荀子·宥坐》说，子曰：“吾闻宥坐之器者，虚则欹，中则正，满则覆。”孔子说我听说座右器，（绳系双耳，）空了就歪斜，不满就平正，满了就倾覆。欹器是上古励人居安平正之物。篆文在其下加了踞坐的人字，把字写成了，两部分组合，会意为人在易倾倒的器物之下，义为危险。又，“危”的上部笔画像人在上部外突的山崖之上，“卩”表示人踞坐其下，会意为狭窄；厄上加人，会意为人站在高而窄的山崖上，义也为危险。讠与危组合，会意为出言夸张而险，义为说吓人、骗人的话，引申为出言狡诈、奸猾。“阴谋诡计”意为暗中策划做坏事的狡诈的计谋。

而“鬼”，象形字，甲篆文分别作、，像巨首人身之异物，篆文还加了一条上翘的尾巴。也像戴鬼面具的人，“鬼”义为人死所化之物，俗谓人死后的灵魂，无狡诈奸猾义，并不是说玩阴谋耍鬼把戏，音同义异误会而别。

【行踪鬼秘】诡。解说见上。“行踪诡秘”意为心机狡诈，言行态度隐秘，不易捉摸。

【步入正规】轨。“轨”guǐ，会意兼形声字，从车从九，九亦声（今不能表声）。车，象形字，义为车子，（见 B 部“人才辈出”的解说）。九，指事字，甲金篆文分别作、、，长曲笔画像兽类的尾巴，在尾根处加一笔，指事为尾根处，即屁股。九取义于尾根，含有尽头义，车与九组合，义为车轴的尽头，即轴头，由于轴头和另一轴头距离恒定，引申为轮距，再引申为车轮印迹。又由于印迹也是恒定的，引申为法度，秩序。“步入正轨”意为走上正常的秩序或道路。

而“规”guī，会意字，甲骨文刻作[古文字]，右边是手，左上部是笔（商代的刻符的刀），下部表示画圆的规尺。金文写作[古文字]，刻刀上加了个[古文字]——手，手持笔画圆，义为圆规。由于圆规是合乎规范的，引申为准则、标准。篆文讹变为[古文字]，会意字，从夫从见，“夫”字中的“大”像正面的人，大上的短横表示别住头发的簪子，义为成人。夫与见组合为规，会意为成人之见，由于成人之见成熟，正确，也引申为准则、标准。“规”无法度、秩序义，音近义异而别。按，有“正规”一词，义为符合正式规定的或一般公认的标准的，如“正规军、正规方法”。

【括噪】聒。聒 guō 是左形右声的形声字，右边本不是“舌”，篆文写作[古文字]，楷书把声旁讹变为舌，见本部“括（刮）目相看”的解说。义为声音嘈杂。“聒噪”义为声音乱，扰人。

而“括”kuò，义为包括、概括，无杂乱、扰人义，形近义异而别。

【食不裹腹】果。“果”，象形字，甲骨文刻作[古文字]，下部是木，上部是结的果子。金文写作[古文字]，上部是果实，四点表籽粒。篆文写作[古文字]，上部为果实形象，内中有十，表示果熟开裂，下部为树木，像树上结的果子，果子可充饥，引申为“果然”，即饱的样子。“食不果腹”意为经济困难，吃不饱肚子。

而“裹”，形声兼会意字，从衣果声，声兼义。衣与果组合，会意为用衣服包果子，义为包，无饱义，成语不是说吃食不能包裹住肚子，音同义异误解而别。

H

【害人听闻】骇。“骇”，形声兼会意字，从马亥声，声兼义。“亥”，象形字，甲金文分别作、，像切割了头的猪，篆文作，繁化，上加一横，似指切口。楷书规整化，作“亥”。马与亥组合，会意为切割马头。马是上古驾驭战车的战畜，很宝贵，马头被切割，见之震惊，害怕。故“骇”义为惊吓、震惊。“骇人听闻”意为使人听了十分害怕。

而“害”，会意兼形声字，从宀从丯从口，丯 jiè 亦声，金文写作、，篆文写作。宀 mián 是房子的象形；口表示人嘴；丯，象形字，甲金篆文分别作、、，像上古木头上刻有齿牙印痕的物件，义为契券，含割伤意。（不是“丰”fēng，丰是豐的简化字。）《说文》曰：“读若介。”介，古拜切（切，指第一字的声母和第二字的韵母相拼音，一般取第二字的声调作声调的拼音方法），音 gài，今南方方言即读 gài。宀、口、丯组合，会意为在家内用口争吵，打斗相伤，义为伤害、害处、有害的、害怕，音 hài，无惊惧义。按：“骇”“害”均有怕义，但“骇”表示怕的程度深，含惊意，而“害”表示一般的怕义，不含震惊意。成语不是说杀害人的听闻，也不是说使人受损害的听闻。音同义异而别。

【惊涛害浪】骇。解说见上。“惊涛骇浪”意为使人惊惧害怕的凶猛的浪涛，比喻险恶可怕的环境或遭遇。

【涵授】函。“函”，象形字，甲骨文刻作、，金篆文分别写作、，楷书承篆，美化为函。大口形像箭袋，内里有矢（即箭），大口旁的“鼻儿”是挂在腰间的挂钩，篆文上部的“头儿”表示“缄其口（封住容器的口儿），使不能出也”，会意为“器中容物”，引申为封套，又引申为封套的信件。“函授”意为以通信辅导为主的教学方式。

而“涵”，形声兼会意字，从氵函声，声兼义。氵与函组合，会意为如矢容纳在袋中一样，水蓄含在内，义为蓄含水多，无信件义，音同义异而别。

【敬请包含】涵。解说见上。涵由蓄含水多义，引申为包容义，“敬请包涵”意为虔敬地请求包容原谅。

而“含”，会意字，从今从口。但

“今”是抽象意义，很难表达，高智先民们创造了极为巧妙的倒文造字法，即将“曰”字倒写来表达今义。甲金篆文的今就是倒写的曰。“曰”，甲骨文刻作[古文字]，金文写作[古文字]、[古文字]，篆文写作[古文字]，口表示嘴，短横表示说出的话，短横改成竖弯笔画，既表说出的话，又表声气外出，义为说话。说话是正在进行的语言活动，隐含着“现在”（进行）的时间概念，用倒写的“曰”表达这一概念，甲骨文刻作[古文字]、[古文字]，金文写作[古文字]、[古文字]，篆文写作[古文字]，义为现在。这真是意料不到的精彩。今与口组合，义为要说的话现在衔在嘴里。因在嘴里，故从口；因衔在嘴里是正在进行中，且不会长，故从今。由于衔在嘴里含有包在内里意，引申为包在里面。又，“今”像倒口，人字头像倒口时的上唇，第四笔是折笔，表示倒口时可见的舌头，口像盛水的容器，上下组合为含，会意为人正在饮水。（上古人临水而饮必然倒口）水在嘴里，也义为包在里面。“含”无蓄含水分多义，音同义异而别。按，“包含”有词，义为包在里面。

【含盖　函盖】涵。解说见上。“涵盖”意为包容，包括，覆盖。

【含养】涵。解说见上。“涵养”意为能控制（蓄含住）情绪的修养，也指蓄积并保持（水分等）。

【不汗而栗】寒。“寒”是抽象概念，无法表达，但古先民们却有其方，金篆文分别写作[古文字]、[古文字]。是会意字，外面的大框是房子，里面有四个草的象形，草中有人侧卧，金文在人下还有止（[古文字]，趾的初文，左有脚趾，右有脚跟），即脚，最下部的仌 bīng 像冰，几部分组合，会意为天气已结冰，人蜷伏在屋内草里，冻得呻吟。金文的止侧写，表明人侧卧，会意为天寒冷得如同脚踏在冰上。（这一“止——脚”加得实在精准，生动，感人。夏商周的野民是光脚的，脚踩在冰封的地上，寒气砭骨。鸡的体温四十度，两只爪子尚且倒换而立，人何以堪。今人有鞋，焉能会得。）篆文简化，省去止。看到字形，即明字义——冷；只要是人，受冻必然 hānhān 呻吟，足见“寒”是形义音完美统一的一个妙字，体现三千多年前中华先祖的大智慧。“不寒而栗”意为不寒冷却发抖，形容非常恐惧。

而“汗”，形声兼会意字，从氵干声，声兼义。干，见 G 部“立杆（竿）见影”的解说，义为杆状物，包括人的躯干。人的躯干经常沁出水珠，氵与干组合，义为汗水。“汗”，无冷义，成语也不是说没流汗却怕得发抖，音同义异误会而别。

【寒沙射影】含。解说见上。“含沙射影”传说水中有一种叫蜮 yù 的怪物，看到人的影子就喷沙子，被喷着的人就会得病。比喻暗地里诽谤中伤。

【留取丹心照汉青】汗。解说见上。“汗”义为人或高等动物从皮肤排泄出来的液体，其他物件的表皮沁出的液体也叫汗。古时在竹简上记事，采来青竹，用火将竹板烤出汗来拭去后以便于书写，后世就借汗青代称竹简上写的著作，又借代为史册。语出民族英雄南宋人文天祥的诗《过零丁洋》末二句，“人生自古谁无死，留取丹心照汗青。”意思是留下一颗忠于祖国的红心永远照耀在史册上。

而“汉”，会意兼形声字，繁体字写作漢，从氵从𦰩，𦰩亦声。𦰩hàn，甲骨文刻作[illegible]，上部是人口，口上横画的一字表示箝（钳）束其口，如军中衔枚，不许呼叫。又像人头上部插有别住头发的簪子，表示成人。中部的笔画像人，展开双臂和双腿，即大字，大是正面的人形，环形笔画表示两臂被环索捆缚之形，下部有火。三部分组合，会意为作为献祭的人牲（把活人烧死作为神灵祖宗的祭品，做人牲的是奴隶、战俘）被捆缚，被火烧而口朝天大呼，被钳束呼不出，义为苦难、灾难。金篆文分别写作[illegible]、[illegible]，火字底有所讹变，但会意无大的变化，其义都是苦难、灾难。

因此偏旁字有苦难、灾难义，加隹，写作難，表示传说中的灾难鸟，（隹 zhui 是鸟，见 D 部“民生雕（凋）敝”的解说），今按宋元话本的写法简化为难。如果加表出气的欠，写作歎，就表示因有难而叹息，今简化为叹。

如果加氵，写作汉，繁体字是漢，就表示汉水。汉水是流经河南、湖北的长江支流，长一千五百三十二公里，是历经千灾万难，在艰辛困苦中发展壮大起来的华夏民族聚居地。始封于汉中的刘邦建国后，把刘氏王朝叫作汉，华夏子孙便叫汉族，勇斗灾难有正气有勇力的男子叫汉子。另，汉子的来源与汉朝国力强盛有关。汉武帝时，卫青、霍去病和李广等大将多次大败匈奴，匈奴称汉朝的兵将为汉子、好汉。故“汉”是朝代名，族名，好男人总名。“汉”无汗水义，音同义异而别。

【气冲霄汗】汉。解说见上.“汉”义为民族名，朝代名，水名，又借古时清亮的汉水代指银河。“霄汉”：云霄和银河。“气冲霄汉”形容大无畏的精神和气概很盛。而“汗”义为汗水，无银河义，故别。

【悍卫祖国】捍。“捍”，形声兼会意字，从扌旱声，声兼义。从扌的字大都表手的动作、行为。“旱”，形声兼会意字，从日干声，声兼义。干，是猎叉，用于狩猎、打斗，可进攻，可抵挡。见 A 部“柳岸（暗）花明”的解说。日与干组合，篆文写作[illegible]，有骄阳猛烈难以抵挡、抵抗的含意。扌与旱组合，会意为（用手）猛烈抵抗，保卫，义为抵拒。“捍卫祖国”意为以武力保卫祖国。

而“悍”，形声兼会意字，从忄旱声，声兼义。从忄的字皆表心理活动，忄与旱组合，义为（精神鼓舞下）强横勇猛。“悍”无抵拒义，音同义异不解偏旁义而别。

【短小精捍】悍。解说见上。“悍”由强横勇猛义引申出强而干练义，“短小精悍”意为身材矮小而精明强干，又比喻文章简短而犀利有力。

其他如“悍然、强悍、凶悍、剽piāo悍”中的“悍”皆不可误写为“捍”。

【抱撼终生】憾。“憾”，会意兼形声

字，从忄从感，感亦声。而“感”，会意兼形声字，从心从咸，咸亦声。分述之：

“咸”，会意字，从戌从口，甲骨文刻作[古文字]、[古文字]，金文写作[古文字]、[古文字]，篆文写作[古文字]，下部是口，其他部分是戈上安有斧头的戌字，是古代的战具。口与戌组合，会意为众战士执戌齐声呐喊（冲杀），是喊的先造字，义为群情激动众口齐呼。

咸与表心理活动的心组合，写作感，义为心受刺激而激动，即感动。

感又加表心理活动的忄，写作憾，表达某一特定的受刺激而感动的感情——失望，不满，即遗憾。“抱憾终生”意为终生抱有遗憾。

而“撼”，会意兼形声字，从扌从感，感亦声。从扌的字大都表手的动作、行为。由于感有受刺激而震动义，引申为晃动、摇动，扌和感组合，义为用手摇晃。“撼”无遗憾义，音同义异不解偏旁义而别。

【撼天动地】撼。解说见上。“撼天动地”意为震动天地，形容声势大，力量强。

【颔首允诺】颔。“颔”hàn，形声兼会意字，从页含声，声兼义。“页”，象形字，是人头的象形，“含”义为衔在口里，见B部“频（濒）临”和本部“敬请包含（涵）”的解说。从页的字皆表颈以上的部位，在头部能活动的并能把物衔在口里的部位就是下巴，故含与页组合，义为下巴。由于下巴在点头时显现得很明显，引申为点头。“颔首允诺”意为点头同意。

而“颌”hé，形声兼会意字，从页合声，声兼义。合，会意字，甲骨文刻作[古文字]、[古文字]，金篆文都写作[古文字]，下部是口，上部是倒口，都表人口，两口相对，会意为两人相会，义为会合，聚合。上下两口相对，又像器盖和器皿相合，合上。合与页组合，会意为头部能张开能合上的运动部位，义为口腔的上下部骨骼和肌肉。“颌”无点头义，形近音异义异而别。

【瀚海无边】瀚。“瀚”，会意兼形声字，从氵从翰，翰亦声。“翰”，会意字，从倝gàn从羽。倝，会意字，从𠦝gān从旦（不从人），现逐一解说：

先解说“倝”，它由两个构件组成。第一个构件本不是𠦝，而是㫃yǎn。㫃，会意字，从方从人，甲骨文刻作[古文字]，金文相同，像旗杆上的长幅旗帜在飘扬。篆文写作[古文字]，旗杆讹变如“方”字，旗帜讹变如人字，但旗帜飘扬的会意不变。第二个构件“旦”像日出地平线。两者组合，金文写作[古文字]，表示杆子的一竖中断了，在断处加了“旦”，当是太阳迎杆而出，光芒闪射的结果。篆文承金，写作[古文字]，左旁就成了𠦝，整个字成了倝，会意为如同旗帜飘扬一样，霞光闪耀，义为朝晖闪耀。

接着说“翰”。翰，金文本不从羽，而从飞，（飞，繁体字为飛）写作[古文字]。在上部的波浪线是示动符号。篆文取飞鸟的两个翅膀简化成羽，写作[古文字]，两部分结合，会意为鸟儿如同朝晖闪耀一般地高飞，义为高飞。由于高飞鸟可至呼伦湖

和贝尔湖(在内蒙古),故此二湖又称瀚海(鸟高飞来到的大湖)。

最后说瀚。氵是后人加的,会意为高飞所见的大水,义为水面浩大。“瀚海无边”意为无边无际的大海,也形容无边无际的沙漠,如“瀚海阑干百丈冰”。

而“翰”由于篆文把金文的飞字改成羽字,于是产生了第二个会意:尾羽扬起。尾羽扬起的是锦鸡,由于古人曾用其尾羽作笔,引申出笔、文墨等义,如“翰墨、翰林”,无浩大义,音同义异而别。

【引吭高歌】吭。“吭”háng,形声兼会意字,从口亢声,声兼义。“亢”kàng,指事字,甲金文分别作[古文字]、[古文字],主体笔画是正面的人字,一横表示撑在两腿间的刑具桎。篆文文字化并美化为[篆文],省写下面有指事义的一横。由于两腿被桎固定,撑住,腿便挺直,挺直则显高,义为高。故口与亢组合为吭,会意为用口发声的在人的高位区的器官,即喉咙,义为喉咙。引:拉开,张开。“引吭高歌”意为放开喉咙高声唱歌。

而“亢”kàng,义为高,不表示喉咙,故别。《现汉》认为“亢”音háng时同“吭”,把“吭”作为推荐词形,但《现汉》却没有读hàng的亢组成的词条和词例。

【巧取豪夺】豪。“豪”,会意兼形声字,从豕shǐ从高省声(用高作形旁兼作声旁,省去下一口字)。从豕的字主要表示猪或与猪有关的事物,“豕”,象形字,甲金篆文分别作[古文字]、[古文字]、[古文字],是猪(繁体字为“豬”)的象形。“豪”的上部是“高”的省文,省写了“口”。两部分组合,会意为有高鬣毛的猪,即野猪,又叫豪猪。豪猪性野而凶猛,引申出强横义。“巧取豪夺”意为用欺诈的手段取得,用强横的行为夺取。

而“毫”,会意兼形声字,从毛从高省声。从毛的字大都表毛或毛类物品。高与毛组合,会意为高端的毛,即尖细的毛,在使用中,义偏于细义,义为细毛。“毫”无强横义,音同形近义异而别。

【毫言壮语】豪。解说见上。“豪”由野猪的鬣毛高引申出高胆识、高气魄之义。《淮南子·泰族训》曰:“智过百人者谓之豪”。“豪言壮语”意为气魄大的话。

另,“豪杰、豪迈、豪爽、豪强、豪壮、自豪”的“豪”皆不可误写为“毫”。

【明察秋豪】毫。解说见上。“毫”义为细毛。“秋毫”指秋季鸟兽身上新长的细毛,比喻微小的事物。“明察秋毫”比喻为人非常精明,即使小问题也看得清清楚楚。

其他如“毫无二致、丝毫、毫发无损、分毫不差”中的“毫”也不可误写为“豪”。

【嗥啕大哭】号。“号”,会意字,义为大声痛哭。篆文写作[篆文],上部为口,下部曲折笔画表示气欲上舒之形,中部一横表示阻碍物,三部分组合,会意为人上气不接下气地张口大哭,义为大哭。又,口下的笔画像弯棍,会意为被棍打得大哭,义也是大哭。啕:哭。“号啕大哭”意为大声哭叫。

而“嗥”,形声兼会意字,从口皋

gāo声，声兼义。皋，会意兼形声字，从白从夲，夲亦声。分述之：

夲 tāo，象形字，甲骨文刻作[古文字]，是禾麦的象形，又刻作[古文字]，左右各加一只手，会意为双手持禾麦奉献神灵先祖，祈求丰收。金文加了表示神灵先祖的示字旁，(“示”见C部“察言观色”的解说)取消手字并繁化，作[古文字]，篆文简化为[古文字]、[古文字](不是[古文字]——本)，义为持禾献祭。

“白”，象形字，甲骨文刻作[古文字]，像有胚芽的稻谷，金篆文分别写作[古文字]、[古文字]，本义为白米粒。因色白引申为白色；又因白色清楚，引申为清楚。如“真相大白”；又因清楚，引申为使……清楚。如“表白”“告白”。

白与夲组合为皋，会意为向神灵先祖奉献新禾，呼叫表白祭告，祈求丰收。后人加口字旁以显义，写作嗥，义为大声呼叫，后在使用中渐变为专指豺狼嗥叫。“嗥”无大声哭叫义，音同义异而别。

另，《现汉》规定“号啕”是推荐词形，“嚎啕”是异形词，建议不写后者。

【浩月当空】皓。解说见上。“皓”，形声字，从白告声。从白的字基本上表示白色，“皓”义为白，亮(见上)，今义洁白。“皓月当空”意为明亮的月亮升在天上。而“浩”形声字，从氵告声，从氵的字大都表水或与水有关的事物、行为、性状，义为水势盛大、多，无洁白义。音同形近义异而别。

其他如“明眸皓齿、皓首”的“皓”皆不可误写为“浩”；而“浩瀚、浩劫、浩气、浩然、浩如烟海”中的“浩”也不可误写为“皓”。

【喝斥】呵。“呵”hē，形声兼会意字，从口可声，声兼义。从口的字大都表与口有关的声音、动作、行为。可，会意兼形声字，从口从丂，丂亦声(今不能表声)。丂 kǎo，象形字，甲金篆文分别作[古文字]、[古文字]、[古文字]，是弯柄斧头的象形(有考古实物为证)。口与之组合为可，会意为边劳作，边歌呼，义为歌呼，用力呼叫。口与可组合为呵，会意为大口出声，义为怒斥，呵斥。“呵斥”义为大声斥责。

而“喝”，会意兼形声字，从口从曷，曷 hé 亦声。“曷”见A部“和蔼”条的解说，义为说乞求的话，口与曷组合，会意为张口对乞求者大声喊叫，义为大声喊叫。如“怒喝、喝彩”。“喝”无呼(气)义，无斥责义，音同义异而别。“呵斥”是推荐词形，也写作异形词“呵叱”，但没有“喝斥”(有“喝叱”)。

【一气诃成】呵。解说见上。“呵护”可写成“诃护”，因为“诃”同“呵”，但“诃”本义“大言而怒”(“说文”)，重在语言，而“呵”由呵斥引申为张口呼气，重在口出气，如“呵口热气”。“一气呵成”说的正是呵气，比喻文章气势首尾贯通，也比喻整个工作不间断地一次就成功。而“诃”，形声兼会意字，从讠可声，声兼义，讠与可组合为诃，会意为用力呼叫而言，故《说文》解作“大言而怒”。“诃”无呵气义，音同形近义异而别。

H

【怒呵】喝。解说见上。“怒喝”意为发怒而大声喊叫申斥。

【合谐】和。“和”，甲金篆文各选两个解说：、；、；、。甲金文的第一字都是象形字，上部有吹气的倒覆入口，下部是有吹孔的多管乐器。金文写四管，只写两个吹孔示意。篆文写五管三孔。它们都是龠 yuè——排箫，义为乐器排箫。排箫之声“和和”而响，这也是形义音统一的高智慧字。甲金文第二字和篆文都加了表声的禾字，这样，此字就从象形字变成了形声兼会意字。篆文还写成了从口禾声的简化形声字。

《仪礼·乡射礼》：“三笙一和而成声。”意为三人吹笙一人吹和（排箫）奏成音乐。由此，“和”引申出（乐声）和谐义。“和谐”义为配合得自然而匀称。

而“合”，见上“颔首允诺”的解说，义为合上，会合，聚合，无和谐义，音同义异而别。

【合盘托出】和。解说见上。由于“和”这种排箫是多管连成一个整体吹奏的，乐音也是形成一个完整旋律的，于是引申出连成一体义、连带义。“和盘托出”意为连盘子一起托出，比喻全部说出或拿出。

【合衣而卧】和。解说见上。“和衣而卧”意为（连带着衣服）不脱衣服睡觉。

【随声附合】和 hè。解说见上。由于一乐奏鸣，它乐应和，引申出附和之义。“随声附和”意为言语、行动追随别人，没有主见。

【信口开合】河。“合”是对的，随口一开一合，但古代用“河”字通假，故不写“合”。“信口开河”意为随口乱说一气。《现汉》把“信口开河”作为推荐词形，把“信口开合”作为不立条不解说的异形词，虽不确认为别字，最好别写。

【貌和神离】合。解说见上“颔首允诺”。“貌合神离”意为表面关系密切（相合一致），实际上怀着两条心。

而“和”义为相应，无相合义。再说“合、离”是反义词，“和”与“离”不是，故别。

【凑和】合。解说见上和 C 部“辐凑（辏）”。“凑合”一词有三义：一为聚合（聚在一起）；二为拼合（拼凑而成）；三为将就（勉强适应不很满意的事物或环境）。而“和”无此三义，故别。

【万事享通】亨。“亨”hēng，象形字，义为通。通义的形成有五个过程。一，“亨”来自“享”。“享”的甲骨文刻作，像建在高台基上的殿堂。金文写作，下部口形笔画里的一横表示祭献在殿堂前的食物。篆文写作，又讹变作，隶书楷书再变，写作享，义为祭献食物。

二，上古（汉秦周商）人祭祀时进献食物以祈福，引申出献义。

三，有进献者就有受献者，又引申出享受义。

四，“享”的进献义和享受义通行后，祭献食物义无字表达了，就省去了“享”字下方的一横，用亨字表示祭献食物。楷书来自篆文的第二字，并省去一个口字，写作亨。

五，进献者与受献者通过食物这

一礼物沟通关系，又引申出通义。“万事亨通”意为一切事情都行得通。亨和通是语素义相同的并列式合成词。

而“享”xiǎng，本义是祭献食物，基本义是享受，无通义，形近义异而别。

【持之以衡】恒。“恒”，会意字，从忄从亘。亘 gèn，会意字，甲骨文刻作[古文字]，二表示天和地，二中间的笔画像月亮，会意为月亮在天地间运行，义为天地间月行有恒。金文写作[古文字]，加了个心字，会意为天地间月行有恒，人心也有恒，这就强化了恒义。篆文写作[古文字]，左边表示心，右边讹变，写作舟的象形，上下两横表示河岸，会意为齐心坚持行船，本义为长久、持久，引申为持久的心，即恒心。楷书把心移出，把“月、舟”变写为日，写作恒。“持之以恒”意为长久地坚持下去。

而“衡”(见下)义为衡量，平衡，无恒心义，音同义异而别。

【制恒】衡。解说见上。“衡”，会意兼形声字，从角从大从行，行亦声。金篆文分别写作[古文字]、[古文字]，左右两边合起来是“行”字，中间的上部为角(牛角)；中间的下部为大。“大”既是正面人的象形字，又是表大小的大的示意字，因为它比从侧面取像的人[古文字]字大，衡字中的大，即是大小的大，指车上大的横木。三部分组合，会意为拉车的牛在行进中，用大横木平系在牛角上以平衡用力，拉车前进，同时又避免牛角触人，表义重点在横木平系上，本义为平(而不斜)，为齐(而不突)，引申为均衡。篆文中间下部笔画是介。介，会意字，甲金篆文分别作[古文字]、[古文字]、[古文字]。中间是人字，人身体前后的长点表示用皮革制作的甲衣，会意为人穿甲衣，义为甲士。介与行与角组合，会意为甲士掌控牛车，义也是均衡。“制衡”义为抵消某方力量以求平衡。而“恒”无此义，音同义异而别。

【烘堂大笑】哄。“哄”hōng，形声兼会意字，从口共声，声兼义。从口的字大都表与口有关的声音、事情、动作、行为。“共”，会意字，甲金篆文分别作[古文字]、[古文字]、[古文字]，中间的口表示器皿或其他物件，篆文有点儿变形，左右是手，会意为手捧器皿进行供奉，义为供奉、供给。楷书标准件化，写作共，上部笔画也是口的变形，下部用两点代替左右手。篆文和楷书的会意和本义不变。由于捧物供奉是两手协同的动作，一起完成，引申为共同。口与共组合，会意为许多人共同发声，义为许多人大笑声或喧哗声。“哄堂大笑”形容全屋子的人同时大笑。

而“烘”hōng，形声兼会意字，从火共声，声兼义。原先并不是别字。唐·赵璘《因话录》最早写此成语为“烘堂大笑”，宋·曾慥 zào《类说》引用时写成哄堂大笑，遂流传至今。按，从火的字大都表火或与火有关的事物、行为、性状。火和共组合，会意为人或物与火共同在一起，义为烤。笔者以为烘堂大笑从氛围热烈上着眼，哄堂大笑从声情上渲染，当是后者更合乎逻辑。

【一烘而散】哄。解说见上。“一哄而散”意为许多人叫叫嚷嚷一下子跑开了。此处“哄”音 hòng。

【哄云托月】烘。解说见上。“烘”义为在旁边加热，引申出烘托义。“烘云托月”原指绘画时渲染云彩，以衬托月亮，后比喻文艺作品不是从正面描绘，而是从侧面加以点染以烘托所描绘的事物。

【哄然作响】轰。“轰”繁体字写作轟，会意字，由三个车字组成。车，象形字，见 B 部“人才倍(辈)出”的解说。三辆车开动，会意为许多车子经过，义为许多车子经过时发出的大响声。“哄”“轰”都是拟声词，都表示大声，但“哄”表人的声音，强调多；“轰”表物的声音，强调大。“轰然作响”意为(雷或其他东西)发出大的响声。“哄”无此义，音同义异而别。

【宏福齐天】洪。解说见上。“洪”，形声兼会意字，从氵共声，声兼义。从氵的字大都表水或与水有关的事物、行动、性状。氵和共组合，会意为许多细流共同汇聚而成同一大水，本义为大水，引申为大。正因为形旁为水，水有声音、体积、容量，与“洪”组成的词也含有这些特点，表义具体，如“洪亮、洪水、洪峰、洪钟、洪炉”。“洪福齐天”称颂人福运大，与天相齐。而“宏”(见下)无此义，故别。

【宇宙宏荒】洪。解说见上。洪荒：洪水蛮荒。“宇宙洪荒”意为混沌蒙昧的世界。

【洪观世界】宏。“宏”，会意兼形声字，从宀 mián 从厷，厷亦声。从宀的字基本上都表示房屋或与房屋有关的事物、行为、性状。厷 gōng，指事字，甲骨文刻作、，第一字是左手臂，第二字是右手臂，字头是手字形，下部有一指事性的半圆的象形符号，表示鼓起肌肉疙瘩的上臂，字义为曲肱 gōng，即上臂(从肘弯到肩的部分)。由于臂是身体的延长，故宀与厷组合，会意为房子长而深远、广大，引申为大、广。正因为从宀，宀表示房屋形象，房屋大，故与宏组成的词皆含有大规模的之意，表义抽象，如“宏图、宏伟、宏丽、宏愿、宏瞻”。“宏观世界”。意为除分子、原子、电子等微观结构以外的物质世界。

而“洪”，见上，无规模大之义，音同义异而别。

【鸿愿】宏。解说见上。“宏”强调规模大，义为伟大的志愿。而鸿(见下)无此义，音同义异而别。

【宏篇巨制】鸿。“鸿”，会意字，从江从鸟，江鸟即大雁，又叫鸿雁。古代故事，鸿雁能传信，于是借指书信，故与“鸿”组成的词多为与文字、文化有关的大的人或物，如“鸿儒、鸿文”。“鸿篇巨制”意为规模宏大的著作。而“宏”无此义，音同义异而别。

【一弘清泉】泓。泓，形声兼会意字，从氵弘声，声兼义。清泉是水，水的量词也从氵。“弘”hóng，指事字，甲骨文刻作，长曲笔画是弓形，上一斜线表示弓弦，(平时，弦不挂上)下一斜线指事拉弓射箭时发出大的声音。篆文把下一指事性的符号分离出来，写作，右边构件亦指示发出大的声音，引申出大之义。氵与弘组合，会意为大水一片。“一泓清泉”意为清水一道或一(大)片。

而“弘”义为大，(“弘”所组成的词，在《现汉》里都是非推荐词，推荐词形都是“宏～”。)弘不作水的量词用，音同义异而别。

【候门似海】侯。“侯”音 hóu，本作矦，会意字，甲骨文刻作[古文字]、[古文字]，金文写作[古文字]，篆文在上部加了个人字，写作[古文字]。上部表示人，厂表示张开的箭靶子，下部是矢，即箭，甲金文会意为对箭靶射箭。篆文会意为人观察并报靶。后来篆文的第一笔撇和下面厂的竖笔合成单人旁，楷书就写作“侯”，本义为箭靶子。古代有射侯礼，《说文》说，古代射箭，以射中否辨别射技的高超与低拙。古时用射箭选拔人才，射中者是了不起的“侯”男，后引申为有本事的可称侯的人，又引申出“公侯伯子男”五等官爵第二等义，再引申为有国者称侯。“侯门似海”意为显贵人家的宅院像海一样深，比喻情人或好友因地位悬殊而疏远隔绝。

而“候”是拿“矦”作声旁，加上亻旁，成为形声兼会意字，从亻矦声，声兼义。篆文写作[古文字]，楷书改圆笔为直笔，写作候，这就比“侯”多了一竖，音 hòu。亻与矦组合，会意为人伺望矦——箭靶子，由伺望义引申出等候义，无王侯义，音近形近义异而别。

另，以“侯”为声旁造出的字词还有“侯(姓)、喉咙、猴子、箜篌”，均没有中间的一竖；以伺望、等候义引申出的字词，均有中间的一竖，如“候车、候鸟、候审、候补、候选人”。简言之，含时间概念的有中间一竖，不含时间概念的没有中间一竖。

【异呼寻常】乎。乎，会意字，甲骨文刻作[古文字]，金文写作[古文字]、[古文字]，篆文写作[古文字]，下部笔画像老人拄的拐杖，借指老人；上部三小竖表示老人声气上出，老人行动困难，呼人相助，义为呼，是呼字的初文。金文篆文在字上加一短横，表示老人呼声有限，传不远。后来此字被加口字旁以显义的呼取代，乎不再表示呼义，而被假借作介词“于”。文言中“乎”跟介词“于”的读音相同，(南北朝以前没有 ü 韵母，都是 u，)义同介词“和”。“异乎寻常”意为和寻常时即平时不同。

而“呼”，形声兼会意字，从口乎声，声兼义，义为出气，呼唤，无和义，音同义异而别。

【刻划形象】画。“画”繁体字为畫，会意字，甲骨文刻成[古文字]，上部左边图形是笔——刻符的三尖刀，上部右边图形是手，下部是刻画的双旋图形，既表示圆规，又表示画出的画，三部分组合，会意为绘图。金文写作[古文字]，手和三尖刀组合成了聿 yù(表示书写)，下面改成了田字，四点是田中的土，两部分组合，会意改变为画田界。篆文写作[古文字]，田的四周有口(口的四边未连笔)，突出表示了田界，会意依然为画田界，后其义扩大为绘图形，即描绘，绘画。刻：雕刻。“刻画形象”意为雕刻描绘人或物的形象，即用文字描写或用其他艺术手段表现人物形象、性格。今取篆文的下部笔画作简化字，写作画。

而“划”，繁体是劃，形声兼会意字，从刂畫声，声兼义。立刀旁刂表示刀，左右组合，会意为割画田界的刀具，本义为锥刀，引申义为割开，割破，无绘画之义，音同义异而别。

【划地为牢】画。解说见上。夏商时代，犯人穿赭衣，地上画圈为牢，犯人不动。“画地为牢”比喻只许在指定的范围内活动。

其他如“画虎类狗、画龙点睛、画蛇添足”的“画”均不能写作“划”。

【制订规画】划。解说见上。本义为用割、扎动作做事的锥刀，由用锥刀做事引申出谋划、计划义，“制订规划”意为制订长远的全面的计划。

【惨绝人环】寰。“寰”，形声兼会意字，从宀瞏声，声兼义。瞏 huán，会意字，从目从○从衣。中期金文写作、，第一字是双连环形，第二字上部是目，○表示玉环，○上下的笔画是——衣，三部分组合，会意为眼睛赏看衣上佩饰的玉环，义为玉环。“环”是周代晚期出现的字，写作，加了玉字旁，以显示玉环义，把会意字变成形声兼会意字了，楷书繁体字写作環，今简化作环。由于瞏是圆圈形的，引申出了环绕、周围义。

寰，从宀，宀，象形字，表示房子（甲骨文刻作，是房子的轮廓图），上下组合，会意为宫室四周环绕的围墙之内的地方，由于这种地方大，引申指广大的地域。人寰：有人生活的广大的地域，即人世。“惨绝人寰”意为人世上再没有比这更惨的。

而“环”为环形的玉，无地域义，音同义异而别。

按“寰宇、寰球”（推荐词形）也可写作“环宇、环球”（异形词，建议不写），而“人寰”不可写为“人环”。

【涣然一新】焕。“焕”，形声兼会意字，从火奂声，声兼义。从火的字大都表火或与火有关的事物、行为、性状。“奂”，会意字，是“唤”的先造字，金文写作，下部为双手，上部是倒止（趾的初文，下有脚趾，上有脚跟），即脚，表示走来的人，会意为用两手招呼对方过来，义为呼唤。篆文讹变为，上部是人，中间像高大的穴居屋，下部是两手，会意变为人建造高大的穴居屋，义为建造高大穴居屋，由于房屋高大，声音广传，引申出“盛、大”义。

奂与火组合，会意为火光很盛，很大，照亮广大地区，义为光明、光亮。“焕然一新”形容出现了崭新的面貌。

而“涣”，形声兼会意字，从氵奂声，声兼义。氵与奂组合，会意为水很大，淹了高大的穴居屋，水流盛多而散开来的样子，义为散开。“涣”无光亮义，音同形近义异而别。

【人心唤散】涣。解说见上。“人心涣散”意为人的精神散漫，不团结。

其他如“精神焕发”的“焕”也不可误写为“涣”；而“涣然冰释”的“涣”也不可误写为“焕”。

【美轮美焕】奂。解说见上。轮：上古旧式车轮高大(殷墟出土文物显示,轮径为一百五十厘米),引申为高大。义为盛大。“美轮美奂”形容建筑物华美高大。而“焕”无此义,音同义异而别。

另,“美轮美奂”不可误用于赞美华美的艺术或物品上。但现在误用正多,似已积非成是。

【物唤星移】换。“换”,形声兼会意字,从扌奂声,声兼义。奂,见上“焕然一新”的解说,义为呼唤。扌与奂组合,会意为呼唤人来手对手交换,义为交换,改换,引申为变换,变更。“物换星移”意为景物变换了,星辰移动了,指节令变化,时间推移。

而“唤”的先造字是奂,本义是呼唤,后加口旁显义,写作唤,义也是呼唤。“唤”无变换交换义,音同形近义异而别。

【变换莫测】幻。“幻”,象形字,是倒写的“予”。“予”,象形字,战国古陶写作[古文],篆文为[篆文],倒三角和正三角形半重合交叉,表示织机上的梭子,即后代加木字旁写成的杼 zhù(远古已有用梭子带着纬线横穿经线的织机),末笔表示纬线。织帛时,左右手推送梭子,会意为推予,泛指给予。“幻”是抽象义,无形可像,便借人们见梭子倒放而生惑表示,金篆文分别写作[金文]、[篆文],左下边表示梭子,上边右边表示纬线,楷书写作“幻”,本义为惑,迷乱,引申义为奇异的变化。“变幻莫测”意为事物变幻难以捉摸。

而“换”见上,义为换取、交换,无奇异的变化义,音同义异而别。

【防范未然】患。“患”,会意字,从串从心。串,象形字,金文写作[金文],像贯穿多个朋贝(朋贝:成串的贝币)之形,古文常借两个或三个表示多个,义为贯穿。串与心组合,篆文写作[篆文],会意为忧心如穿,义为忧虑,引申为灾祸。未然:没有这样。“防患未然”意为防止祸患于发生以前。

而“范”,形声字,从艹氾声,本写作笵,形声兼会意字,从竹氾声,声兼义。氾 fàn,形声兼会意字,从氵㔾 jié 声(今不能表声),声兼义。㔾见 G 部“阴谋鬼(诡)计”的解说,像跪坐的人。氵与㔾组合,会意为水淹没了有人生活的地方,现规范作“泛”,义为水泛滥。竹与氾组合,会意为用竹器把像水漫流易散开那样的物体框起来,本义为竹子做的模子,今义为模子,模范。1955 年用表示一种草的“范”简代。“范”无灾祸义,音近(H 和 F 不分)义异而别。按,“防范”有词,词义为防备、戒备。

【兵慌马乱】荒。“荒”,形声兼会意字,从艹㠩 huāng 声,声兼义。金篆文分别写作[金文]、[篆文],上部是草,下部是㠩。㠩,形声字,从川亡声。川表示大水,水纵横流淌。金文中的点表示波浪。艹与㠩组合,会意为大水淹没的荒草地,或草地像广阔的水面一样一片芜杂,本义为荒芜。由于荒芜含有无法生存之意,引申为灾荒。“兵荒马乱”是互文,兵马造成的灾荒,兵马造成的战乱,形容战时社会动荡不安的景象。

而“慌”,形声兼会意字,从忄荒声,声兼义。忄表心理活动,忄与荒组合，会意为心感灾荒，义为慌张，无灾荒义，音同义异而别。

【业精于勤而慌于嬉】荒。解说见上。由于“荒”义为荒芜，含有无人管理之意，引申出荒废、荒疏义。此格言出自唐代散文家韩愈的《进学解》，意为学业由于勤学而精深，由于嬉戏而荒疏。

【徨徨不可终日】惶。“惶”，形声兼会意字，从忄皇声，声兼义。从忄的字皆表心理活动。“皇”，会意字，金文写作，下部是土，其他笔画像太阳放射光芒，上下组合，会意为太阳从地上升起，光焰辉煌；金文又写作，又像灯盏，从上到下依次表示灯焰、灯碗、底座，灯碗中的短横表示灯油，会意亦为光焰辉煌，是“煌”的先造字，义为辉煌。由于太阳气势盛大，其功至伟，引申出盛大、伟大义。屈原在《离骚》里说：“朕皇考曰伯庸。”意为我的伟大的先父叫伯庸。由于太阳辉煌伟大，又引申出像太阳一样辉煌伟大的君主。又为了使字形切合君主义，秦篆把土字改成了王字，写成。（属合理改变，而不是讹变——不合理改变。）忄与皇组合，会意为见到皇帝而心生敬畏，义为恐惧。“惶惶不可终日”意为惊慌害怕连一天也过不去，即整天惊慌害怕。

而“徨”不单用，也不与他字组成合成词，只与“彷”组成单纯词“彷徨”，也写作“旁皇”，音同形近而别。

【徨恐不安】惶。解说见上。“惶恐不安”意为惊慌害怕，十分不安。

【彷惶】徨。解说见上。“彷徨”是单纯词，习惯上写“彷徨”，不写“彷惶”，故“惶”别。“彷徨”义为走来走去，犹疑不决，不知往哪个方向去。

【病入膏盲】肓。“肓”huāng，形声字，从月亡声，月是肉（见B部“并行不悖”条），从月的字大都表肉体或与之有关的性状，指心与横膈膜之间的地方。“膏”，形声兼会意字，从月高声，声兼义，高与月组合为膏，会意为高厚的肉，义为肥肉，特指心尖脂肪。“膏肓”是古代中医认为药力达不到的地方。“病入膏肓”意为病到了无法医治的地步，比喻事情严重到了不可挽救的地步。

而盲máng，形声兼会意字，从目亡声，声兼义。目指眼，亡义为失去，目与亡组合，会意为无眼，义为瞎，无肓义，形近义异而别。

【张慌失措】皇。“张皇”是单纯词（见B部“专横跋扈”的解说），义为紧张慌乱；只要是读huáng音的字都可写，但习惯上写“皇”，成语也不是说慌张没办法，不合习惯误会而别。

【装璜】潢。“潢”，形声兼会意字，从氵黄声，声兼义。黄，见G部“粗旷（犷）”的解说，义为佩戴玉璧的部落首领，因远古的玉璧多为黄色，引申为黄色。黄与氵组合，指潢水，即黄檗bò树经剖板锯条截丁磨末泡水做成的黄色染料水。（另，从前用潢川两岸黄檗树枯枝落叶染黄的河水作染料。）纸或布染黄后贴墙（布染黄也可做衣），此即装潢一词的由来。

而“璜”形声兼会意字，从王黄

声，声兼义。从王的字都是玉或与玉有关的事物、行为。王与黄组合，会意为帝王用的玉，特指半规玉，也就是直径十七厘米，中孔直径五厘米的璧的二分之一（古代的璜多不及璧的二分之一，常见的是一段弯弧，形如梳），那是装不起的，音同形近严重误解而别。几年前合肥市大街小巷无处不在的“装潢”的“潢”几乎都是别字“璜”。（《现汉》没有这个词，也不认为“装璜”是异形词。）

【一恍而过】晃。“晃”huǎng，形声兼会意字，从日光声，声兼义。从日的字基本都表日、日光或与日有关的行为、性状。远古（夏朝和夏朝以前）没有灯烛，用松明火把照明，其物须置于人头上方，故“光”是会意字，甲金篆文分别作[古文字]、[古文字]、[古文字]，从火从人（头上方）会意，义为火炬之光。日与光组合，会意为天上阳光闪耀，义为亮光闪耀刺眼，如“阳光晃眼”；引申出快速闪过。“一晃而过”意为快速地闪过。

而“恍”，形声兼会意字，从忄光声，声兼义。从忄的字皆表心理活动。忄与光组合，会意为心中被亮光照明，义为顿然领悟，无快闪义，音同义异而别。另，“晃”还读huàng，从火光摇动取义，义为晃动，如“摇晃、晃荡、晃悠”。

【虚恍一招】晃。解说见上。“虚晃huǎng一招”意为快速地佯使一招迷惑人，以便使出真招重创对手。

【晃然大悟】恍。解说见上。“恍然大悟”意为顿然大醒悟。

【晃如梦境】恍。解说见上。由于受到光的闪射心中往往会有置身他境之感，引申为恍然、仿佛。“恍如梦境”意为仿佛在梦中。

【耍弄晃子】幌。“幌”，形声兼会意字，从巾晃声，声兼义。从巾的字大都表织物或与织物有关的行为，巾与表晃动义的晃组合，义为帷幔。（帷幔总是晃动的）“耍弄幌子”比喻做事假借某种名义骗人。“晃”（见上）无此义，音同义异而别。

【寸草春辉】晖。晖，会意兼形声字，从日从军，军亦声（今不能表声）。军，会意字，从冖 mì 从车，分述之：冖，象形字，甲金篆文分别作[古文字]、[古文字]、[古文字]，像布巾蒙覆形。车，象形字，繁体字写作車，是竖画的车形，中间是舆 yǔ（车厢），两横表示车轮。冖与车组合为军，金篆文分别写作[古文字]、[古文字]。秦前实行车战法，战车约一平方米，车前站着驭者，掌控拉车的四匹马，其后左边站着主将，执戈，右边站着副将，又叫车右，还叫参乘（参与乘战车，是力士，能扛抬战车），执剑射箭，三人都是将级。每车有七十五名步卒，二十二名勤杂兵，总计一车百人，四千人为一军。宿营时，把战车围成一圈，将士住在中间，以警戒防袭。車，表示战车；金篆文的外框表示围成一圈，（楷书写作冖）。它们是军队的特征，故其义为军队。

由于军字含有围成圆圈义，故日与军组合，会意为光线发自圆形物——太阳，故“晖”义为阳光、光线，是名词。“寸草春晖”出自唐代孟郊的诗“谁言寸草心，报得三春晖”，比喻父母恩情子女难以报答。

H

而“辉”，会意兼形声字，从光从军，军亦声，光与军组合，会意为圆日发光，故“辉”义为光亮、光彩，是形容词，无日光、光线义，音同义异不解词性而别。

【万念俱恢】灰。“灰”，会意字，从火从手，金文和篆文写作灰，上部𠂇 zuǒ 表示左手（金篆文写的是右手，古字构件位置不很固定），下部是火，火燃后的余烬难以象形，就以火灭后可用手握持之物表示，会意为火燃后的剩余物，义为灰烬。（创意高明！）由物已成废物灰，引申出心如死灰义，即消沉。“万念俱灰”意为各种念头都已像灰一样消失，意态消沉。

而“恢”形声兼会意字，从忄灰声，声兼义，从忄的字皆表心理活动。由于灰归于广大无垠的无，引申为广大无边。忄与灰组合，会意为心胸宽广，义为广大，宽阔，无消沉义，成语也不是说各种念头都已恢复，音同义异误解而别。

其他如“心灰意懒、灰心丧气”中的“灰”都不可误写为“恢”。

【天网灰灰】恢。解说见上。“天网恢恢”后接的四字是“疏而不漏”，意为天道的心志像一张广阔无边的大网，网眼看起来稀疏，但一个作恶的人都逃不出。而“灰”无广大宽阔义，音同义异而别。

【气势灰宏】恢。解说见上。“气势恢宏”意为气势盛大宽广。“恢宏”是推荐词形，也写作异形词“恢弘”，建议不写后者。

【融汇贯通】会。“会”，会意字，繁体字写作會，甲骨文刻作會，左边是彳 chì，象形字，彳是行（行像十字路，义为行走）的一半，表示小步走，右边下部是止（趾的初文，上有脚趾，下有脚跟）即脚，右边的上部中部是上口对下口，用人的口表示人，上口表示走来的人，下口表示迎上去的人，义为聚合。三部分组合，会意为两人走到一起聚会，义为相会见。（创意高明！）

甲骨文又刻作會，金文写作會，上下口的中间笔画表示甑 zèng（蒸锅），金文中的上三点表示粟米或其他食物，下三点表示沸水，几部分组合，会意为聚餐，强化了聚会之义。（创意抬升到文化性的高度！三千多年前，中华文明已进步到蒸的高度。其他民族不是依然茹毛饮血，就是烧烤而食。）

篆文把表示甑的下层的笔画和最下部的口字合写，写成會，最下是口中气上出之形，即曰字，表示说话，三部分组合，会意为聚餐说话，更强化了聚会义。（创意抬升到高层次的文化性的高度！）

由于聚会是两方的事，引申出“对”义，如“会话”。由于聚会时相对而谈含有互相领会对方之意的意思，引申出领悟义。如“心领神会”。融：由于受到温暖而合在一起。“融会贯通”意为参合多方面的道理而得到全面而透彻的领悟。

而“汇”（见下），无体会领悟义，成语不是说融合汇集而贯通，音同义异误会而别。

【百川会合】汇。解说见上。繁体字写作匯，会意兼形声字，从匚 fāng 从淮，淮亦声（今不能表声）。篆文写作，外框是甲骨文象形字匚，像盛物之容器；“淮”指淮河，淮河地当暖温带和亚热带交界处，自古草木繁茂，禽鸟遍野，所以这条河用表水的氵和表鸟的象形字隹zhuī（）称名。由于淮河流域地势低洼，洪水贯注，如器之容物，故匚与淮组合，会意为淮水流入，义为水流汇合。“百川汇合”意为许多河流汇注到一起，比喻众多分散的事物聚到一起，也比喻大势所趋或众望所归。

而“会”，见上，基本义是相聚，“会合”义为聚集到一起，无水相汇注之义，音同义异误会而别。

【会报】汇。解说见上。“汇报”义为（像水汇注一样）综合材料向上一级或向群众报告。

【群英汇萃】荟。解说见“融会贯通”。“荟”形声兼会意字，从艹会声，声兼义。从艹的字大都表植物或与植物有关的行为、性状。艹与会组合，会意为草木蓬勃聚会而生，义为草木茂盛；萃，形声兼会意字，从艹卒声（今不能表声），声兼义。艹与卒组合，会意为草像士卒、役夫一样会合聚集，义为草聚生的样子。“荟萃”引申出聚集义。“群英荟萃”意为英才英物（英杰的人才精美的事物）聚集在一起。

而“汇”，见上，义为水流汇注，无草木茂盛义，音同义异而别。

【韬光养诲】晦。“晦”，形声兼会意字，从日每声，声兼义。从日的字基本都表日、日光或与日有关的行为、性状。每，象形字，甲金篆文分别作、、，中间像跪坐的女子形象，金篆文还加了表示乳房的两点。上部像羊角形发髻或花草一类的饰物，义为成年女子，由于成年女子梳发髻每日都在黎明前开始，（《孔雀东南飞》曰：“鸡鸣外欲曙，新妇起严妆”）光线昏暗，故日与每组合为晦，义为日光昏暗，引申为暗中。“养晦”义为在暗中养精蓄锐。“韬光”义为内敛锋芒。“韬光养晦”意为隐没锋芒，敛藏才智，不使外露。

而“诲”，形声兼会意字，从讠每声，声兼义。从讠的字大都表语言或与之有关的行为、性状。讠与每组合为诲，会意为用语言教导女子，义为教导，无昏暗义，音同义异而别。

【晦人不倦】诲。解说见上。“诲人不倦”意为教育人极有耐心，不知疲倦。

【曲折隐晦】讳。“讳”，形声兼会意字，从讠韦声，声兼义。金文写作，左下部是言，见A部“不暗（谙）交际”的解说，表示说话；右边中部的小方框形表示某个地方；上部是向左走的大的止（趾，左有脚趾，右有脚跟），即脚，表示大步离去；右下部是小的止，仿佛留在原地。几部分组合，会意为待（或叫）一人离去后，对留步的人说话，义为避忌。篆文写作，避忌义未变。“避忌”义为有顾虑而避开忌讳不敢说或不愿说。“曲折隐讳”意为表达不直接顺当，有所顾虑。

而“晦”（见上）无此义，音同义异而别。按，也有“隐晦”一词，义为模糊、不明显，如“诗写得隐晦，看不懂。”

【讳疾忌医】讳。解说见上。“讳”由忌讳义引申出隐瞒，“讳疾忌医”意为隐瞒疾病，害怕医治，比喻掩饰缺点错误不愿改正。

此外：“直言不讳、无可讳言、忌讳、讳莫如深、名讳”的“讳”皆不可误写为“诲”。（“名讳”义为名子，民国前，名子是长辈和平辈中的年长的人称叫的，其他人讳称，即不许叫，否则不恭，有辱人之嫌，而另从与名子为同义、反义或有关联的角度再起一个名子——叫字，对外使用。如宋人曾讳巩，字子固——名与字同义，唐人韩讳愈，字退之——名与字反义，三国人赵讳云，字子龙——龙在云中，名与字有关联。）

其他如“晦涩、晦明、晦暝、风雨如晦”中的“晦”也不可误写为“讳”。

【恩慧】惠。“惠”，象形字，甲骨文刻作，像许多花在盆里开放或放在盆里，含有香气及人之意，义为给人好处；金文写作，上部表示有花的花盆，下部是心，成了从心从叀 zhuān 的会意字，给人好处义不变；篆文写作，也是会意字，义亦不变。它们的义从真心给人好处引申为心感受人好处，受恩。“恩惠”义为恩德仁爱。

而“慧”（见下），义为聪明，无仁爱义，音同义异而别。

【口慧而实不至】惠。解说见上。“口惠而实不至”意为只在口头上许给人好处而实际上并不做。“慧”见下。

【慧存　慧顾】惠。惠由仁爱义引申为赞扬对方仁爱、表示好意的敬辞。“惠存”意为请您（施惠）保存。

“惠顾”意为请您（施惠）光顾。“慧”见下。

【天资颖惠】慧。解说见上。“慧”，形声兼会意字，从心彗声，声兼义。从心的字皆表心理活动。“彗”huì，甲骨文刻作、，像扫帚，中间两点表示灰土。（它不是羽，甲骨文的羽刻作、，篆文的羽写作。）古文写作，上部是扫帚，下部是左右两只手。篆文写作，上部是帚苗，下部是手。楷书承篆，写作彗。上下组合，会意为手持以扫地的物件，义为扫帚。

心与彗组合，会意为扫除心中的愚昧，义为聪明。

颖，形声兼会意字，从禾顷声，声兼义。从禾的字大都表禾类植物和与其有关的行为、性状。顷，见 Q 部“倾家荡产”的解说，像一女子斜倚人头边，本义为倾斜。禾与顷组合，会意为像斜向长出的芒刺，义为禾科籽实的芒刺。由于籽实新生，刺尖外突，引申比喻（少年才智突出）聪明。“天资颖慧”意为资质聪明。

其他如“惠顾、惠临、惠允、惠赠、小恩小惠、平等互惠、贤惠”中的“惠”皆不可误写为“慧”；而“慧根、慧黠、慧心、慧眼、聪慧”中的“慧”也不可误写为“惠”。

【混然一体】浑。“浑”hún，会意兼形声字，从氵从军，军亦声。“军”见上“寸草春辉（晖）”的解说。由于“军”的外部环笔表示战车围成一圈，含有整军义。军与氵组合，会意为水体整然一体不分明，引申出整、全义。“浑然一体”形容完整不可分割的一体。

而“混”hùn(见下)，无整然不分明义，成语不是说混杂成一体，音近义异误会而别。

【混金璞玉】浑。解说见上。“浑金璞玉”意为没有经过提炼(与杂质整然一体)的金，没有经过琢磨的玉，比喻天然美质，未加修饰。“混”见下。

【浑为一谈】混。“混”会意兼形声字，从氵从昆，昆亦声。“昆”，会意字，从日从比，金篆文分别写作、，上部是日，下部表示两人相并，前后挨在一起。上下组合，会意为天下人共同沐浴在阳光之下，本义为共同。昆与氵组合，会意为不同的水共同汇成一体，义为掺杂。“混为一谈”意为把不同的事物混杂在一起，说成是同样的事物。

而“浑”义为整然一体，无掺杂义，成语也不是说把不同的事物说成完整一体的，不可望文生义。

【浑淆视听】混。解说见上。“混淆视听”意为以假象或谎言惑人，混杂一起，是非难辨，引起思想混乱。

按，“浑、混”都有模糊不清义，如“浑水摸鱼、浑蛋”(推荐词形)也可写成“混水摸鱼、混蛋”(异形词)。但“浑”是形容词性的语素，表示满(浑身)、糊涂(犯浑)、污浊(浑水)、天然(浑然一体)、完整(浑圆)；“混”是动词性的语素，表示掺杂(混合)，蒙混(鱼目混珠)、苟且地度过(混日子)，区别是很明显的。

【插科打浑】诨 hùn。诨，形声字，从讠军声，义为戏谑，开玩笑。科：古典戏曲中关于动作、道白的标示语。“插科打诨”意为古典戏曲演员穿插在表演中引人发笑的滑稽动作或语言，今泛指在谈话中插进引人发笑的动作或语言。而“浑”(见上)无此义，音近义异而别。

【妖言获众】惑。“惑”，形声兼会意字，从心或声，声兼义。或，会意字，从囗 wéi 从戈，甲金篆文分别作、、，大口框囗是象形字，表示一座城池，戈也是象形字，表示武器，两者组合，会意为用戈守卫城池，义为邦国。商周朝的邦国就是一座城池及其周围的土地。金篆文加了一横，标志范围界线，表意更加明显。“或”是“国(繁体字为國)”的本字。“或”从心，从心的字皆表心理活动，心与或组合，会意为见到一座邦国城池心感生疏迷惑，义为迷乱。“妖言惑众”意为诡异的邪说使众人受迷惑。

而“获”的繁体字写作獲。獲，会意兼形声字，从犬从蒦 huò，蒦亦声。蒦，甲骨文刻作，大同小异的刻符很多，但全从隹(zhuī，鸟)下加手取意，会意为人用手捉到一只鸟，义为猎获。金篆文分别写作、，隹上加了冠羽，义不变。篆文左旁加了犬，会意为带猎犬捉住鸟，猎获义更显。楷书承篆，写作獲。如果获得禾谷，就写作穫。把鸟的冠羽都写成了艹字头，1955 年都简化作获，把隻 zhì(简化字是只)改换成犬，强化了猎犬获取义。“获”无迷乱义，音同义异而别。

J

【缉捕】缉。"缉"jī，形声兼会意字，从纟咠声，声兼义。其形旁为纟，从纟的字大都表丝、线、绳或与之有关的事物、行为、性状。咠 qì，会意字，从口从耳，篆文写作，会意为口附耳而言，义为嗫语。由于嗫语时口耳紧贴，引申出密合义。纟与咠组合，会意为线、绳与物密合，义为缝纫，引申为捆绑。"缉捕"义为捉拿（捆绑）逮捕。而"辑"jí（见下）从车，与缉无关，音近形近义异而别。

此外，"缉拿、缉私、缉毒、通缉、缉获"的"缉"均不可误写为"辑"。

【编缉】辑。解说见上。"辑"jí，形声兼会意字，从车咠声，声兼义。由于咠有密合意，左右组合，义为合材为车，即用木材组合成车子，引申为聚合到一起。"编辑"即合辞为书，义为编录整理。

【击缉中流】楫。楫 jí，形声兼会意字，从木咠声，声兼义。解说见上。楫是桨，故从木，由于桨的中部用固定物固定，上端用绳子连接船体，也含有密合意，义为船桨。"击楫中流"出自东晋祖逖率军北上，在长江击楫发誓的故事，比喻收复失地的决心。"辑"无船桨义，音同形近义异而别。

【有案可缉】稽。"稽"jī，会意兼形声字，从禾从尤从旨，旨亦声（今不能表声）。篆文写作，这个字的"禾"，竖笔向右折，不是禾苗的禾向左折，表示树头屈曲不能上长的树，隶变后楷书写为禾，这种树宽，树阴大；"旨"，会意字，甲骨文刻作、，上为人字，下是舌头图形，上下组合，会意为人尝美味，义为美味；"尤"，指事字，甲骨文刻作、，金篆文分别写作、，是手（）指上加一短笔画的字，此短笔画指明手指头，表示竖起的手指，表示赞扬，义为特异的，如"尤物"。三部分组合，会意为在树阴（树阴的解说见 y 部）下竖起手指赞扬欲食的或所食的美味而不离去，义为停留，如"稽留、稽候"。一说，"稽"初文无"旨"字构件，尤表示手上赘疣，树如同手有赘疣一样不再上长，会留止之意；篆文加旨作声旁。由于停留、留止含有要从事某种事情之意，引申为考核、计较、查考，如"稽查、稽核"。"有案可稽”意为有文案可查考。

而“辑”见上，无查考义，音近义异而别。

【无辑之谈】稽。解说见上。“无稽之谈”意为无法查考的没有根据的言论。

【挤身先进】跻。跻 jī，会意兼形声字，从足从齐，齐亦声。从足的字基本都表足的部位或与足有关的动作、行为。“齐”繁体字为齊，会意字，甲骨文刻作，是三棵吐穗的麦子的象形，三部分组合，会意为整齐的麦地，义为整齐、齐平。中间的一个构件不是在上面高处，而是在前面，这样排列，正合乎透视原理，且取客观的齐平物来表义，令人不得不叹服我先祖的智慧。金文写作、、，第一字的下面加了麦根，第二三字的下面加了土字。篆文写作，其下部笔画表示方块形的有边界的田地。楷书承篆，简化字取楷书繁体字的轮廓。足与齐组合，会意为用脚走上去，和别人齐平，义为登上。“跻身先进”意为使上升到某位置、某行列，达到先进。

而“挤”，会意兼形声字，从扌从齐，齐亦声。“齐”不仅表空间齐平，其引申义也表时间齐平，即同时。扌与齐组合，会意为用手使身体向某一方向用力，义为用力压进或使排出，无登上义，成语不是说挤到先进行列中去，音近误解而别。

【落拓不拘】羁。“羁”jī，会意字，从罒 wǎng 从革从马，凡从罒字头的字大都为网或与网有关的动作、行为，篆文写作，内中有马，上有网子络着马头，下有绳圈绊住马腿；又写作，加了皮革的革字，会意为用皮革络马头绊马腿，义为束缚。“落拓不羁”意为性情放逸，不受束缚。

而“拘”，会意兼形声字，从扌从句，句亦声（今不能表声）。句 gōu，会意兼形声字，从口从丩 jiū，丩亦声。甲金文分别作、，篆文变形美化为，内部是口，表示用口说话，外框楷书写作丩，形如物的纠结状，含勾曲意。两部分组合，会意为语言曲折，表意重点在曲折不畅上，义为弯曲，变写为勾。如《史记·天官书》：“钩云勾曲”（钩状的云弯弯曲曲。）由于语言曲折，口纠结，语流被阻滞、勾止，引申为使停止，制止，此义读 jū。扌与句组合，会意为以手使人停止行动，义为扣押使不自由，如“拘留、拘押”。“拘”无束缚义，成语不是说性格豪迈不受拘押，音异义异误解而别。

【击浊扬清】激。激，形声兼会意字，从氵敫声（今不能表声），声兼义。“敫”jiǎo，会意字，从白从放；“放”从方从攵。分述之：

“白”，象形字，见 H 部“嗥（号）啕大哭”的解说，义为白米粒，引申为白色；由于光色白，引申为白色光影。

“放”，会意兼形声字，从方从攵，方亦声。方，象形兼会意字，甲骨文刻作、，金文写作，横画表示物，另两个长笔画像刀，形如用刀从中间剖开，其左右两边就是"方"，方是旁的先造字，两小竖画指事两旁。

攵 pū；pō，会意字，甲金篆文分别作[古文字]、[古文字]、[古文字]，上部表示棍械，下部是手，会意为手持棍械打，义为击打。楷书把笔画标准化，写作攵。方与攵组合，写作放，会意为持棍械把人逐出，流放到远方，义为流放。

由于流放含有从一方流动到另一方之意，白与放组合，写作敫，会意为光从光源射出（到达另一方），义为光闪耀。

最后氵与敫组合，写作激，会意为水波像光影闪耀一样涌腾而起（到达另一方），义为水受阻碍或受震荡而上涌，引申为冲。"激浊扬清"意为冲去污水，让清水上浮，比喻抨击坏人坏事，奖励好人好事。

而"击"，繁体字写作擊，会意字，从车从口从殳，篆文写作[古文字]，左边是车下加个口，像车轴之头（此处的口表示轴头之形），右边是殳。殳 shū，会意字，甲金篆文分别作[古文字]、[古文字]、[古文字]，上部是带尖刺头有木把的武器，下部是又，即手。又（手）和殳组合，会意为用手投掷的武器。由于投掷用爆发力，殳与表轴头的字组合，会意为用战车的轴端猛力撞击，（古代战车的轴头外突较长，殷墟出土的车，轴头叫"辖"，长四十厘米），上部的几个构件和下部的手组合，义为（用手）击打、攻打，无冲义，成语不是说击打污浊的坏人坏事，表扬清白的好人好事，音同义异误解而别。另，殳还是安装在车前隔离人众的武器。

【极不相能】积。"积"繁体为"積"，会意字，从禾从责。责，会意兼形声字，甲金篆文分别作[古文字]、[古文字]、[古文字]，从贝从朿 cì，朿亦声（今不能表声）。上部表示木刺，下部是贝，上下组合，会意为用木刺扎取贝中之肉吃。上古"人茹草饮水，食螺蚌之肉"。此字正是上古人类用锐器刺取螺蚌而剔食其肉的渔猎生活的写照，义为刺取贝肉而食（己食或奉献他人食用），引申为求取、索取。由于刺取的贝肉有聚在一起之含意，禾与责组合，会意为聚集庄稼，由于聚集庄稼以备长期食用，引申出聚集、积累、积久义。能：亲善。"积不相能"意为长久以来不相友善。

而"极"，繁体字写作極，形声兼会意字，从木亟声，声兼义。亟 jí，会意字，甲骨文刻作[古文字]，中间是人字，两横表示两物件，会意为人夹挤在中间紧急得很。金文写作[古文字]，人前的口表示口呼叫，人后的攴 pō；pū，由表示手的又和表示棍械的一竖加一短横组合，会意为人口呼并持棍械拼命挣扎。篆文写作[古文字]，省了金文右上方的一长竖一短横，会意不变，义为急迫、紧急，引申为极端、极点。木与亟组合，会意为房梁的极点，即脊檩，脊檩是房子的极点，义还是极点、极端，无积久义，成语并不是说极端不相友善，音近义异误解而别。

【积腋成裘】集。“集”，会意字，从隹 zhuī 从木。甲金篆文分别作、、，篆文还简化作，上部是隹（鸟），下部是树木，上下组合，会意为许多鸟聚在树上，义为集中，聚集。“集腋成裘”意为许多狐狸腋下的毛（又细又密），拼集起来可做成皮袍，比喻聚少成多，或集众力而成事。而“积”，见上，义为累加，无集聚义，音近义异误解而别。

其他如“积非成是、积微成著、积少成多、积羽沉舟、积重难返”中的“积”皆不可误写为“集”，而“集合、集大成、集思广益、悲喜交集”中的“集”也不可误写为“积”。

【迫不急待】及。“及”，会意字，从人从又（即手），甲金篆文分别作、、。左边是人，右下边是手，它们组合，表示手抓住人，会意为捉住，引申为追赶上，又引申为来得及。“迫不及待”意为急迫得来不及等待。

而“急”，形声兼会意字，从心及声，声兼义。篆文写作，上部是及，下部是心，从心的字皆表心理活动；抓人的急于抓到，被抓的急于逃脱，义为着急、紧急，无来得及义。成语不是说急迫得十分着急不能等待，音同义异误解而别。

【有过之无不急】及。解说见上。“及”由追赶上引申为像他人一样（齐平）达到（某水平，某高度），即“如”。“有过之无不及”意为对比起来，只有超过，而没有不如的地方。

【若及若离】即。“即”，会意字，甲金篆文分别作、、，左边表示高脚盆上盛有食物，右边表示人来踞坐（跪坐）吃食，会意为人来吃食，表义重点在来到跟前，义为靠近，来到。“若即若离”意为好像接近又好像不接近。

而“及”（见上）义为追赶上，来得及，无靠近，来到义，成语不是说好像赶上了又好像没赶上，音同义异误解而别。

【即然如此】既。“既”，会意字，甲金篆文分别作、、，左边表示高脚盆上盛有食物，右边表示人吃好了，转过头，将离去。篆文的右下部是面朝右的人，人上的三撇表示打饱嗝出气。它们都会意为尽、完了，引申为基本义已经。“既然如此”意为已经这样。而“即”（见上）义与其相反，音近义异误解而别。

【激流勇退】急。“急”从心，见上“迫不急（及）待”的解说，从心的字皆表心理活动，义为着急，激动不安，引申为快猛。“急流勇退”意为在水流正快时，勇于离船上岸，比喻仕途顺利时毅然退出官场，也比喻在复杂的斗争中及早抽身。

而“激”见“击（激）浊扬清”条，义为冲，溅涌，无快猛义，成语并不是说在激流里勇于退出，音近义异误解而别。

【急风劲草】疾。疾，会意字，从疒 chuáng 从矢。甲金文分别作、，大是正面的人，右下部是矢，会意为人体受箭伤，义为病。篆文为了明确表示病，加了疒字旁，省去

“大”，写成，病字框内的笔画依然是矢。这个疒字旁，甲骨文刻作，这是把横的事物竖写的图形，右边是躺着的人，中间两点表示人流的汗或血，左边图形是荐（草垫子）席和类似于有“床”腿的物件。（唐朝前没有床，卧具高约四五十厘米，荐下塞草，人睡其上，日本的榻榻米即学于此。）金文把疒写成，这个金文把人字变写成一长竖一短横。篆文写成，把人字的左笔跟荐席合成一长竖，把人字的右笔写成一长横。楷书规范成疒。疒与矢组合，会意为人中箭受伤，义为病。由于矢射中人，速度快；人被矢射中病倚卧具，病变也快。三部分会意为急速、迅疾，本义即为急速、迅疾。“疾风劲草”意为在迅猛的大风中坚韧的草，比喻在大风浪中或艰苦危难中只有意志坚定顽强的人才经得起考验。

而“急”见上“迫不急（及）待”的解说，无迅速义，音同义异而别。

“疾”和“急”都有进程快和猛烈义，但“疾”用于客观事物，不强调人的主观感受（不属心理活动），故“手疾眼快（是手快）、奋笔疾书（是手写字快）、大声疾呼（呼叫的声音快）、疾言厉色（是说话快）、痛心疾首（疾由病义引申出痛苦义，是头痛）”的“疾”皆不可误写为“急”；“急”强调人的主观感受（属心理活动），不用于客观事物，故“急起直追（人急）、急如星火（心急），急公好义（心感紧急）、急中生智（情急）、急转直下（心感情势急），急功近利（心急）、当务之急（心感急迫的事务）”的“急”均不可误写为“疾”。此外表示紧急、急迫义的写作“急”，如“急风暴雨、急流勇退”。

【疾贤妒能】嫉。解说见上。“嫉”，形声兼会意字，从女疾声，声兼义。女与疾组合，会意为女子易生的心理疾病，义为妒。《史记·外戚传》曰：“女无美恶，入室见妒。”意为女性不论美的丑的，进屋就被比她丑的人忌妒，故“嫉”义为忌妒。“嫉贤妒能”意为对德才能比自己强的人心怀忌妒。

而“疾”见上，义为迅猛，无忌妒义，音同义异而别。

【愤世疾俗】嫉。解说见上。“嫉”义为妒，因妒生恨，引申出恨义。“士无贤不肖，入朝见嫉。”意为士人不论贤德的不好的，进入朝廷就被奸臣嫉恨。“愤世嫉俗”意为痛恨憎恶腐朽的社会现状及庸俗的世态。

而“疾”见上，义为迅猛，无恨义，音同义异而别。

另，“疾恶如仇”是推荐词形，尽量不写异形词“嫉恶如仇”。

【急待解决】亟。亟 jí，解说见上“积不相能”。义为紧急、急迫。“亟待解决”意为急迫地期待解决。

而“急”见上“迫不及待”的解说，义为着急、紧急。“急”从心，强调心理活动，“亟”强调事情，二者同有急迫义，但后者急的紧迫程度深，音同义异而别。

【北激光】极。解说见上“积不相能”。“极”义为极点、顶点，如“登峰造极”。北极是地球的北顶点，那里出现的光叫北极光。

而“激”见上“击(激)浊扬清”的解说,无顶点义,音近义异而别。

另,“激光”有词,指色纯而能量集中的物理光。

【吸取营养】汲。“汲”jí,形声兼会意字,从氵及声,声兼义。从氵的字大都表水或与水有关的事物、行为、性状。及,见上“迫不急(及)待”的解说。“及”由“手抓住人、捉住”的会意引申为基本义达到。氵与及组合,会意为达到水面,本义为从下向上提取水,引申为从“源泉”中吸收有益的东西,如汲取营养,汲取力量,因为“营养、力量”带有源泉性质,且与口无关,故从氵,不从口。

而“吸”xī,形声兼会意字,从口及声,声兼义。吸虽也有吸收义,但强调用口(或鼻)达到,即抽入体内,且无源泉性质,故从口,不从氵,如“吸食、吸气”。义异误解而别。

【典藉】籍。“籍”,形声兼会意字,从竹耤声,声兼义。从竹的字基本表竹或竹制品。耤 jí;jiè,会意字,从耒从昔,甲骨文刻作、,第一字的右边和第二字的左边是三四千年前耕田的曲木,上有柄,下有双尖,叫耒 lěi,另一边是人伸出两只手扶耒,人下有光脚,会意为人扶耒耕田。金文在下边加了“昔”字,写作,下部是日,日上的曲线表示田沟、田垄,会意为太阳照晒着的田地;加了表示田地的“昔”字,耕田义更丰富。篆文写作,把人和手讹变为三斜画(在左上部),把耒讹变为木,把昔美化后写在右旁,义也是耕田。远古(夏朝及其以前)耕田是天子的事,天子,如尧、舜、禹,其实就是带领百姓田耕渔猎的头儿。他们带领百姓耕种,就是天子亲耕,(这一祖制一直传到清朝)天子亲耕之后,借众民力耕种。由于耤字含众民之意,跟竹组合,义为刻在竹简上记有众民贡赋(缴田租)、人事和户口等的文献档案,即簿册。

而“藉”jiè,会意兼形声字,从艹从耤,耤亦声。远古春耕开始须祭拜神灵,艹与耤组合,会意为众民在首领带领下祭祀神灵先祖时垫在祭牲下面的草垫子,义为草垫子。“藉”无簿册义,形近义异而别。

其他如“籍贯、户籍、籍没家产、古籍、国籍、学籍”都是写在竹简上的,都是竹字头。

【声名狼籍】藉 jí。解说见上。狼藉:狼窝里垫在身下的草,因其杂乱,词义为乱七八糟,杂乱不堪。“声名狼藉”形容人的名誉极坏。“狼藉”是“现汉”规定的推荐词形,“狼籍”是异形词。基于汉字因形定义的原则,笔者建议不写后者。此外还有“杯盘狼藉”。

【神计妙算】机。“机”繁体字是機,形声兼会意字,从木幾声,声兼义;幾 jī,会意字,从丝从戍。分述之:幾,金篆文分别写作、,上部是丝束,下部左方是人(金文写成正面的人字——大),右方是戈,人与戈组合为戍,会意为人持着戈,本义是守边,引申为守卫、防备。丝与戍组合,会意为守卫丝束(财物)；由于丝线细微，会意重点在细微上，其本义为防备事情细微的变化。

幾与木组合，会意为防备事情细微变化的木制的弓弩，本义指木制的弓弩机关，如“操弓关(弯)机”。由于弩机可以连拉连发，其机关构造精巧，引申为机巧、机智。“神机妙算”意为惊人的机智，巧妙的谋划，形容有预见性，善于估计客观情势，决定策略。

而“计”，会意字，从言从十，“言”见A部“不暗(谙)交际”的解说，义为说话。“十”，指事字，古人用横画表示一至四(三)，竖画丨表示十，甲骨文刻作，是有十个刻度的木棍，长一丈(合今长度六尺)；金文写作，加一圆点简示十个刻度，篆文把圆点变写为横，成了数目字。言与十组合，本义为将数字总合起来运算，因有人报数或自己念数，故从言；数终于十，百千万亿均是十进位的数，故从十；所以计的基本义为计算，引申义是计策。“计”无机巧、机智义，成语不可理解为神奇的计策，精妙的计算，音同义异误解而别。

【不记其数】计。解说见上。“不计其数”意为无法计算数目，即很多。

而“记”，形声兼会意字，从讠己声，声兼义。“己”，象形字，甲金篆文分别作、、，像来回穿插编结的丝缕绳子，表示编结、约束之意，本义为编织的丝缕绳子。由于编织得言传口念方法，故从讠。讠与己组合，会意为言传以求记住，义为识记、记住，无计数义，成语不是说记不住它的数目，音同误会而别。

其他如“不计前嫌、不计成败”也不可误写为“记”。此处的“计”义为计较，因为计算得比较，引申出计较义。

【一年之际在于春】计。解说见上。“计”由计算义引申出谋划、打算义。“一年之计在于春”意为一年开始时要谋划做好工作，为全年的工作打好基础。

而“际”，繁体字写作際，形声兼会意字，从阝fù祭声，声兼义。阝，象形字，见B部“板(坂)上走丸”的解说，表示从挖建于高而土层厚的山上的穴居屋升登地面的台阶，也表示山上的石阶，从阝的字皆表示山或与山有关的地方、行为、性状。

祭，见C部“查(察)言观色”的解说，表示奉献祭品。阝与祭组合，会意为在山上奉献祭品。远古先民以为山是与神灵先祖最接近的地方，故在山头献祭。而山总是崚嶒的，际便引申出山棱、山缝义。最能体现棱和缝的莫过于常见的两面墙体形成的墙角、墙缝，际便义为墙缝，并由墙缝义引申泛指交界或靠边的地方(如“无边无际”)和某个时间上的边际，即时机、境遇，如“际遇”。“际”无谋划义，成语不是说一年的时机在于春天，音同误解而别。

【计往开来】继。“继”繁体写作繼，造字思路来于“绝”。绝，甲骨文刻作，两个8字形表示由于丝的缩张力而自然扭成的丝束，上部的弧

J

线表示连成一体，是象形字，中间一横则表示截断，“绝者，截也。”一横表明截断的地方，是指事字。金文写作[古字]，丝束间有把刀，会意为用刀割断丝，表意合理、准确而显豁，是会意字。篆文写作[古字]，左边是丝束，右边上部是刀，下部是卩。卩音 jié，象形字，甲金篆文分别作[古字]、[古字]、[古字]，是跪坐的人的象形。纟和刀和卩组合，会意为跪坐着劳作的人用刀把丝割断，表意丰富而生动，成了会意兼形声的字，声旁字是卩。一个字在发展中不断演进，体现了象形、指事、会意、形声四种造字法，且四种造字法的渐变、链接那么合理，流畅，这怕是人类文字种类中绝无仅有的精彩。

更可贵的是，如果把“绝”反过来写，其义也是相反的这一造字思路，于是古文篆文分别写作[古字]、[古字]，左边加了纟字旁以显义，成了会意字繼（继），本义是编连不断的丝。简直叫人叹为观止！由于丝是编连延续的，引申为继续，又引申为继承。“继往开来”意为继承前人的事业，开辟未来的道路。

而“计”（见上）义为谋划、打算、计策，无继承义，音同义异而别。

【一如继往】既。解说见上和“即（既）然如此”。“一如既往”意为完全如同过去。

【无计于事】济。“济”，形声兼会意字，从氵齐声，声兼义。齐，义为整齐的麦地（见本部“跻身先进”的解说），从氵的字大都表水或与水有关的事物、行为、性状，氵与齐组合，会意为渡河前往麦地，本义为渡河，渡河满足了获麦的意愿，于己有利，引申为有益。“无济于事”意为对事情没有助益。而“计”（见上）无此义，成语不是说对事情没有办法，音同义异误解而别。

另，“扶危济困、假公济私、同舟共济、和衷共济”的“济”也不可误写为“计”。

【我自已】己。见上“不记（计）其数”的解说。字像系（jì）物绳形，假借它的读音作为“自己”jǐ 的“己”，因是绳形，故大开口。

而“已”yǐ，象形字，来自象形字“巳”sì。“巳”，象形字，甲金篆文无甚区别，作[古字]，“象子未成形也”（不是蛇形），义为嗣。“已”是“巳”的倒写，甲金文皆作[古字]，表示胎儿已成形，头朝下，故义为已经。之所以写成半封口，是因为篆文写作[古字]，楷书为方便书写，笔末不再向上回卷，同时也是为了和“己巳”有区别，故写作半开合的已。“已”义为已经，无自己义，形近而别。按，“自已”也是一个词，义为自我抑制，见 y 部。

其他如“各抒己见、舍己为人、己所不欲勿施于人、严于律己、知己知彼”中的“己”都不可误写为“已”。

【技俩】伎。伎 jì，会意兼形声字，从亻从支，支亦声（由于古今音变，支已不能表 jì 音）。支，会意字，古文篆文分别作[古字]、[古字]。古文中部笔画是手字，其他笔画表示植物。篆文把手写到下部，上部是带叶的植物，两字表示植物的叶子朝下，是竹子，会意为手持竹枝，义为竹枝，引申指肢体，是“肢”的先造字。亻与支组合，会意为肢体像竹枝那样纤细柔软的人，本义为古代以歌舞为业的女子。

俩，形声兼会意字，从亻两声，声兼义。“两”的繁体字是兩，形声兼会意字，从一㒳 liǎng 声，声兼义。两，金篆文分别写作兩、兩，横下是两枚钱币相并的图形。古制，一个钱币是十二铢，两个钱币是二十四铢，即是一两；一横表示值二十四铢的一个单位。一两是小单位，因其小，亻与两组合，会意为人具有小的本领或具有小本领的人。古代传统思想贱视歌舞戏曲演员，视为非本业（农业），亦非末业（商业）的小手段。“伎俩”义为不正当的小手段。

而“技”，会意兼形声字，从扌从支，支亦声。扌与支组合，会意为像细致精巧的竹枝一样的手艺，义为技能、技巧、本领。技无不正当的手段义，音同形近误解而别。

【黔驴伎穷】技。解说见上。“技”义为本领、技能。“黔驴技穷”说来到贵州的驴子对老虎仅只一叫一踢而已，比喻有限的一点本领已经用完了。

【功迹卓著】绩。见上“积不相能”的解说。从纟的字大都表丝、线、绳或与之有关的事物、行为、性状。纟与责组合，会意为像聚集庄稼那样把麻或其他纤维聚集成束捻搓成线，如“绩麻、纺绩”，因捻搓成线而见功效，引申为功劳、功绩、业绩、成绩。“功绩卓著”意为功绩很大。

而“迹”（见下）义为痕迹、无功绩义，音同义异而别。

其他如“绩效、成绩、丰功伟绩、业绩、战绩”中的“绩”都不可误写为“迹”。

【人绩罕至】迹。“迹”，会意兼形声字，从辶从朿 cì，朿亦声，金文写作[古文字]，左边是彳 chì，是行（[古文字]，十字路形，供人行）的一半，表示小步走；下部是止（[古文字]趾的初文，上有脚趾，下有脚跟），即脚；右上边是朿，木上两边有刺，是木芒的象形。三部分组合，会意为用脚行走，如同被刺扎留下印痕一样地留下脚印，义为脚印。

篆文变写为[古文字]，把彳写成三撇，放在止上，成为辵 chuò，楷书把辵写成辶 chuò；右边改成亦。“亦”，指事字，甲骨文刻作[古文字]，金篆文写作[古文字]，中间是大，是正面的人的象形，两点指腋下，本义是腋窝。由于腋窝是人腋下的凹陷，辶与亦组合，会意为人或动物走过留下的凹陷印痕，义也是脚印。也是形声兼会意字。“人迹罕至”意为很少见的痕迹，即人很少来到。

而“绩”（见上）义为功绩，无痕迹义，音同义异而别。

【蛛丝马绩】迹。解说见上。“蛛丝马迹”指蜘蛛的细丝、灶马（生长于土灶台缝隙中的昆虫。不是牲畜马）爬过的痕迹（白色、极薄、如粥液干燥后的细皮），比喻隐约可寻的线索和迹象。

其他如“迹象、笔迹、事迹、形迹、血迹、踪迹、足迹”中的“迹”也不可误写为“绩”。

【佳禾登场】嘉。“嘉”，会意字，甲骨文刻作，左上部是“来”，繁体为“來”，即是“麥”，今简化为麦，左下部是豆——商周朝高脚食器，右边表示犁，会意为力耕获麦，做好了饭盛在豆中，本义为(生活)美好。金文写作，麦和豆器形不变，右上部加了手(表示力作)，手下的长曲笔画表示犁，下部加个口，表示口呼助劳或表示欢笑，篆文规范美化成，并把甲金文的长曲笔画“犁”下移写成力；力见下“不假思索”的详解。几部分组合，会意为有饭吃，开口笑，含有美食意。此字尽管形体大变，变成了从壴 zhù 加声的形声字，其义仍为美好。一说上部的笔画是鼓，见 G 部“一股(鼓)作气”的解说，鼓与力与口组合，会意为用力击鼓，张口歌呼，义也是美好。“嘉禾登场”意为好庄稼丰收了(运到了打麦场)。

而“佳”，会意字，从亻从圭 guī，“圭”是上古封爵时执作凭证的上尖下方的长条形美玉，亻与圭组合，会意为人执圭，本义为美、好，与“嘉”义相近。但“嘉”义庄重，主要用作动词，如“嘉奖”；“佳”义不那么庄重，只作形容词，如“佳节”；二词各有所配搭习惯。故“佳”别，音同义近配搭有异而别。另，“佳”的右边是两个土字不可写成四横；“嘉”字第七八九笔是两点在横上，不可写成艹，否则是错字。

【千秋嘉话】佳。解说见上。“千秋佳话”意为流传很久的当作谈话资料的好事或趣事。

其他如“嘉奖、嘉勉、嘉许、嘉宾、嘉言懿行、精神可嘉”中的“嘉”皆不可误写为“佳”，而“佳绩、佳节、渐入佳境、佳句、佳丽、佳期、佳人、佳肴、佳音、佳作”中的“佳”也不可误写为“嘉”。

【汗流夹背】浃。“浃”，形声兼会意字，从氵夹声，声兼义。从氵的字大都表水或与水有关的事物、行为、性状。“夹”，会意字，甲金篆文分别作、、，中间是表示正面人形的大字，左右两边各是侧面形象的人字，会意为左右两人从腋下相持一个人，义为夹持。由于夹持是左右两边向中间相对用力的，就把两边高中间低的水沟叫夹沟，氵与夹组合，会意为汗水遍布，向夹沟似的脊椎沟流去，义为汗液遍布，湿透。“汗流浃背”意为汗水湿透了背上的衣服。

而“夹”义为两相对方面加力固定物体，无汗水湿透义，成语不是说流的汗水夹住了脊背，音同义异误会而别。

【齿浃生香】颊。解说见上。颊，形声兼会意字，从页夹声，声兼义。页表示人头，见 B 部“频(濒)临”的解说。夹与页组合，会意为从头两边夹住口齿的部分，即脸的两旁部分——脸颊。“齿颊生香”意为口齿感到很香。浃无脸颊义，音同义异而别。2010 年安徽高考语文考了此别字。

【挟手】夹。解说见上。挟 xié 也有夹义，但不是他物夹人，而是人的手臂夹他物，从扌可看出，义异误解而别。

【嘎然而止】戛。“戛”jiá，会意字，甲金文无此字，篆文写作[篆文]，上部是人头，见B部“频（濒）临”的解说，下部是戈，会意为用戈去击人头，义为戈击人头。由于戈击人头，人受伤或死去，声音便突然中止，引申为声音突然停止。

而嘎 gā，是加形符（口旁）显义的字，是拟声词，表示短促而响亮的声音，无声音突止义，成语不是说嘎的叫了一声就停止了，形近误读误会而别。

【不加思索】假。“假”，形声兼会意字，从亻叚 jiǎ 声，声兼义，金文不从亻，写作[金文]，左边[厂]形是石的省写（省了口），两粗横表示石所磨制的物件，左下部和右边表示手，会意为双手持磨石磨制物件，本义为磨石；借助磨石才能将物件磨制成功，引申出借、借助义。借人力为借、借物力为假。篆文写作[篆文]，把金文右上边的手写成横U形。由于是人的行为，楷书加写亻旁，大变为“假”。“不假思索”意为用不着借助思索，形容说话做事迅速。

而“加”，会意字，从力从口。“力”甲骨文刻作[甲骨文]，是树杈经加工制作的掘地的“犁”，两道短横表示起加固作用的木头。掘地时，一人在后掌把，一人在前拖拽。这一字甲金篆文还作[甲骨文]、[金文]、[篆文]，楷书写作力。是“犁”的雏形农具耒 lěi。因操耒掘地得用力，产生本义力量、力气。

力与口组合，金篆文分别写作[金文]、[篆文]，会意为一边犁地一边喝牛，或歌呼助劳，义为犁地。由于犁地得把“力”——耒放在地上，引申出安放于上之义，如“加冕”。又引申为增，无借助义，成语并没有加上的意思，音近义异误解而别。

此外“狐假虎威、久假 jiǎ 不归（借用很久也不归还）”的“假”也不可误写为“加”。

【稼鸡随鸡】嫁。“嫁”，形声兼会意字，从女家声，声兼义。家，会意字，从宀从豕 shǐ（猪），甲金篆文分别作[甲骨文]、[金文]、[篆文]，甲金文在豕的肚子下均有一短横，示意为公猪，即豭 jiā 猪，篆文写成一般的猪。远古生产力低下，人们多在居所里养猪，这就成了家的标志，义为一户人共同生活的居所。嫁，篆文写作[篆文]，女与家组合，会意为女子成家，义为女子（嫁附男子）结婚。成语本为“嫁乞随乞，嫁叟从叟”，意为嫁给乞丐，跟随乞丐；嫁给老头，跟随老头，传用中错成了嫁鸡随鸡嫁狗随狗。旧社会女命再贱也不至于嫁给鸡狗。但自明代以后，已经积非成是，约定俗成，只好照用。

而“稼”，形声兼会意字，从禾家声，声兼义，篆文写作[篆文]，禾与家组合，会意为农作家事，义为种植，无出嫁义，音同义异而别。

【凌架】驾。“驾”，形声兼会意字，从马加声，声兼义。从马的字基本上都表示马类牲畜或与马有关的事物、行为、性状。“马”见C部“心驰（驰）神往”的解说，“加”见上“不加

(假)思索”的解说，加与马组合，会意为把马鞍子加上，义为把车套加在(高大的)马身上，引申义为高居于……之上。“凌驾”义为高出(别人)；压倒(别的事物)。

而“架”，形声兼会意字，从木加声，声兼义。加与木组合，会意为用木加上，即搭建、用木头绷着，义为架子、支撑等。“架”无高居于……之上义，音同义异而别。

【架轻就熟】驾。解说见上。“驾”义为马拉车或拉农具，引申为驾驶车、船、飞机。“驾轻就熟”意为驾上轻车，走上熟路，比喻对事情熟悉，做起来容易。

【叠床驾屋】架。解说见上。“叠床架屋”意为床上加床，屋上架屋，比喻重复累赘。

其他如“并驾齐驱、腾云驾雾”中的“驾”皆不可误写为“架”，而“打架、架构、架设”中的“架”也不可误写为“驾”。

【艰忍不拔】坚。“坚”，繁体为堅，会意兼形声字，从土从臤，臤亦声。臤 qiān，会意字，从臣从又，金篆文分别写作、，左边是臣字，是眼睛的竖画象形，借指俘虏、罪囚、虏民。这些人终日处于卑贱恐惧中，时时弯腰觑人，其眼斜竖。夏商朝捉住俘虏都刺瞎其一目，一来树主威，二来好控制，三来表识别。(上古——汉秦周商，臣成了一般人的谦称“我”，汉代以下成了官员的统称。)右边是手。臣与又组合，会意为用手抓紧俘虏或用手刺破俘虏的眼，永做奴隶，义为牢固。臤与土组合，会意为土地(牢固)坚硬，义为坚实、坚固、坚强。“坚忍不拔”意为在困难情况下坚强有耐性不动摇。

而“艰”(见下)义为艰苦，艰难，无坚强义，成语不是说艰苦情况下有耐性不动摇，音同义异误解而别。

另，《现汉》还有“坚韧不拔”的成语。

【无艰不摧】坚。解说见上。“无坚不摧”意为没什么坚固之物不能被摧毁，形容力量极其强大。艰，见下。

【坚苦奋斗】艰。“艰”繁体字写作艱，会意字，从堇从艮，艮亦声(今不能表声)。堇 hàn 见 H 部“留取丹心照汉(汗)青”的解说，义为苦难。“艮”gěn；gèn，会意字，从目从人，甲金篆文分别作、、，下部是人，上部是人向侧后看的眼，(从大眼角在后可知)会意为人向侧后看，义为扭头看。由于人遭到艰难痛苦时往往(咬牙、抿唇)拧颈而视，艮与堇组合，会意为受尽苦难的人感到困苦而难 nán，义为困苦而难。“艰苦奋斗”意为不怕艰难困苦而作顽强英勇的斗争。

而“坚”(见上)义为坚实、坚固、坚强，无艰苦义，成语不是说坚强吃苦地奋斗，音同义异误会而别。

【坚难困苦】艰。解说见上。

【草管人命】菅。“菅”jiān，会意兼形声字，从艹从官，官亦声(整个字的韵母和声旁的韵母只要相同、相近就是形声字，而不考虑声母和声调是否相同，也不考虑有无介音 i、u、ü)。从艹的字大都表草本植物或与草有关的行为、性状。官，会意字从宀 mián 从𠂤，𠂤，音 duī，甲金篆文分别作、、，宀像房屋，其下的字像没上紧弓弦的待用的弓，它们组合为官，甲金篆文分别作、、，会意为屋内有军队的弓，义为营房。官与艹组合，会意为营房里的草。

由于将士脚步杂沓，义为被践踏的草。“草菅”名词转为意动词，意为“把……当作草菅（来践踏）”。“草菅人命”意为把人民的生命当作茅草（践踏），指任意残杀人民。

而“管”，形声兼会意字，从竹官声，声兼义。官，义为营房，与竹组合，会意为军中竹制战具，义为军中竹制管乐器，大概就是后代称之为觱篥 bìlì 的军中警响器。管无茅草义，形近义异而别。

【减口不言】缄。“缄”jiān，形声兼会意字，从纟咸声，声兼义。从纟的字大都表丝、线、绳或与之有关的事物、行为、性状。咸，见 H 部“抱撼（憾）终身”的解说，义为众口齐呼，纟与咸组合，会意为用绳捆住不使呼喊，会意扩大到捆住其他物体，义为用绳捆箱子或捆棺材（上古棺不钉，纵向捆三圈，横向捆两圈，后形成成语“三长两短”），引申为封闭。“缄口不言”意为闭口不说，保持沉默。

而“减”jiǎn，形声兼会意字，从冫咸声，声兼义。冫是冰的象形，冫与咸组合，会意为人受冻而喊声低而少，义为减少。“减”无封闭义，成语不是说减少口舌不说话，音近义异误会而别。

【挑肥捡瘦】拣。拣，繁体为“揀”，会意兼形声字，从扌从柬，柬亦声。柬，会意字，从束从八。分述之：

“束”，会意字，甲骨文刻作、，金篆文分别写作、，中间木字上的方框或圆圈表示围束，会意为捆束木柴、木片。

“八”，指事字，甲金文都作，篆文写作，两画背分，指明把一物分开。

八写进束内，金篆文分别写作、，会意为从一捆木柴木片中分开挑选，后也指从竹简中挑选。

柬加了扌旁，表手的动作、行为，挑选义更显。“挑肥拣瘦”比喻为了个人利益，反复挑选对自己有利的。

而“捡”，形声兼会意字，从扌佥声，声兼义。佥 qiān，繁体字写作僉，会意字，从亼从吅从从。亼 jí（象形字，甲骨文偏旁、金文偏旁和篆文分别作、、，像人的倒口，又像器物盖儿，义为倒扣的器物盖儿，由器物扣合，引申为聚合）。吅 sòng、xuān（会意字，甲篆文分别作、，会意为两口争说，义为争讼）。从：二人——以二人示意多人。亼、吅、从三部分组合，篆文写作，会意为众人聚合说话，义为众人同说。由众人同说引申为众人。如“以副佥望”（来符合众人的愿望）。佥与扌组合，会意为众人做用手的动作。古代众人齐作，莫过于拱手，义为拱手。

“说文”曰：“捡，拱也。”由于拱手必往回敛合，如同拾取物件往回敛合一样，引申为拾取义。捡无挑选义，音同义异而别。

【捡查工作】检。 解说见上。“检”，形声兼会意字，从木佥声，声兼义。上古之人在竹片上用漆写书，写成后用皮条或绳索串编，在绳结处封上胶泥并盖上印章（叫封书），装进木匣，并在木匣封皮上题写标签（叫题签），木与佥组合，会意为众人在木匣上题写标签，义为封书题签；封书题签得认真查看，引申为检视查看。“检查工作”意为发现工作中的问题而用心查看。“检”基本上用于人的语言行动，强调约束，如检察（检举核查）、检验（检查验看）。

而“捡”（见上）义为拾取，多用于物，强调清理和取得，如“捡垃圾、捡便宜”。“捡”无查看义，音同形近义异而别。

【有失捡点】检。 解说见上。“检”由（聚合在一起）串编题签义引申出约束义。“有失检点”意为在约束言行上有失误，即不注意约束自己的言行，做出错事。

【精兵减政】简。 “简”，形声兼会意字，从竹间声，声兼义。间，原写作閒，金篆文分别写作、，外框是门的象形，中间是月字，门与月组合，用从门缝中可以看到月光，会意为空隙，义为空隙。俗写作间，把月换成了日。竹字头大都表竹、竹制品或与竹有关的行为。竹与间组合，会意为（串编的竹简间）有空隙的竹片，本义为竹简。由于古代书写在竹简上颇为不易，竹简又不能多，必须简约为之，引申为简单、简化、简慢。“精兵简政”意为使兵精使政简，即缩小机构，精简人员。

而“减”见上“减（缄）口不言”的解说，义为减少，无简化义，成语不是说精简军队减少政府官员，音同义异误解而别。

其他如“简化、简省、删繁就简”中的“简”都不可误写为“减”。

【深居浅出】简。 “简”解说见上。义为简单、简约。简单、简约有次数少的含义，引申为少义。“深居简出”意为平日深居在家，很少外出。

而“浅”，形声兼会意字，从氵戋 jiān 声，声兼义。“戋”繁体字作戔，会意字，从二戈。甲骨文刻作、，篆文写作。戈是上古（汉秦周商）的武器和劳作工具。二戈组合，会意为双方对杀或齐杀禽兽或一同从事切、割、砍、挖的工作，义为残杀。由于残杀后，分成若干小块，引申出细、小、少义。氵与戋组合，会意为水小，义为水浅，无次数少义，由“深浅”误会而别。又，氵与戋组合，会意为以戈探水，能用戈探的水不深，义为水浅。

【撒手简】锏。 “锏”，形声字，从钅间声，从钅的字大都表金属、冷兵器或与之有关的物件、行为、性状。锏是金属制四棱柱形短兵器。词语指旧小说中隋朝瓦岗寨英雄秦琼与敌手厮杀时出其不意地用锏投掷对方的厉害的招数，比喻最关键时刻使出的最拿手的本领。

而“简”（见上）义为竹简，无冷兵

器义，音同义异而别。（“撒手锏”是推荐词形，“杀手锏”是异形词，最好不写后者。）

【明枪暗剑】箭。“箭”，形声兼会意字，从竹前声，声兼义。先说“前”，甲金篆文分别作、、，金篆文的上部是止（趾的初文，上有脚趾，下有脚跟）即脚，下部是舟的象形。甲骨文周围是行，十字路口，表示行走，金文篆文省去。几部分组合，会意为人站在舟上，不行而进，本义为船前进。楷书写作“歬”qián字，此字后不单用，楷书加了“刂”，写作“前”，刂与歬组合，会意为刀在前行，义为剪，“前”读作“jiǎn”。后来“前”被借作歬字，音也随歬读作qián，义为前进。其引申出的基本义是前后的前。（剪刀义的剪，后人便在前下加刀表示。）

再说箭，竹与前组合，篆文写作，会意为竹子做杆像刀一样锋利的可（发射）前进的武器，（矢是木杆做的）义为竹做的矢。“明枪暗箭”比喻公开的和隐蔽的攻击。

而“剑”形声兼会意字，从刂佥声，声兼义。篆文写作，佥，见上“挑肥捡（拣）瘦”的解说，义为众人。佥与刂组合，会意为众人佩带的刀，从春秋战国以来，无论王公贵族，还是平民百姓都可佩剑，义为古代长条形，顶端有尖，两侧开刃的冷兵器。

“箭、剑”义有别，古音、方音和普通话语音也有别，古音、方音箭读ziàn（尖音——i、ü和i、ü领头的韵母跟g、k、h、z、c、s相拼的音），剑读jiàn（团音——i、ü和i、ü领头的韵母跟j、q、x相拼的音），普通话都读jiàn，不易区别。但“箭”用于暗中来的冷不丁出现的，而“剑”用于面对面，敌对双方均可见的；用“箭”的词语含有较远距离的意味，用“剑”的词语含有当面的意味。“剑”是当面用的，不是暗中射来的，音同义异误解而别。

此外“明枪易躲，暗箭难防”的“箭”也不可误写为“剑”。

【唇枪舌箭】剑。解说见上。“唇枪舌剑”形容争辩激烈，言辞锋利。因是面对面，故为“剑”，“箭”别。

【口蜜腹箭】剑。解说见上。“口蜜腹剑”意为嘴上说的很甜，肚子里却怀着害人的鬼主意，形容人阴险。因是当面玩弄的手段，故为“剑”，“箭”别。

【贱踏尊严】践。“践”，形声兼会意字，从足戋声，声兼义。戋，见上“深居浅（简）出”的解说，义为残杀，引申出“伤、残”义。足与戋组合，会意为足踏脚踩而残破，义为踏、踩。“践踏尊严”意为摧残人的天生尊贵的身份、地位。

而“贱”，形声兼会意字，从贝戋声，声兼义。解说见上。商朝以贝为货币，戋有使残破义，贝与戋组合，会意为钱贝残破，残破则贬值，义为（价钱）低下，无践踏义，成语不能理解为因看不起而摧残尊严，音同义异误解而别。

【饯约】践。解说见上。“践”由踏、踩义引申出履行，实行义，“践约”意为履行约定的事情（多指赴约会）。

而“饯”，形声兼会意字，从饣戋

声，声兼义。戋有杀、割义，食与戋组合，会意为切割牛羊猪肉而吃，义为用酒食送行，无履行义，词语不可解作赴吃喝的约会，音同义异误解而别。

【践别】饯。解说见上。因为用酒食送行，故从饣，从足则表示踩、踏，故“践”别。

【惭入佳境】渐。“渐”，会意字，从氵从斩；斩，会意字，从车从斤。分述之：

斤，象形字，甲金篆文分别作、、、形笔画表示斧头，其他笔画表示弯把。是横向刃的长柄斧头，即握柄向下向内用力砍削的锛 bēn 斧。斤与车组合，会意为用斧砍削造车。义为砍，砍杀。由于砍削造车得长期渐进，斩与氵组合，会意为水长时间地缓慢流出，义为逐渐、逐步。“渐入佳境”意为逐渐进入美好的境界，比喻兴味逐渐浓厚或境况逐渐美好。

而“惭”，形声兼会意字，从忄斩声，声兼义。从忄的字皆表心理活动。忄与斩组合，会意为因见砍杀死去的人而心有愧，义为愧，无逐渐义，形近义异而别。

【防微杜惭】渐。解说见上。“渐”由逐渐义借代为逐渐产生的弊病。“防微杜渐”意为防范小的错误(苗头)，杜绝渐生的弊病，即在错误或坏事萌芽时及时制止，不让它发展。

【瑕瑜互现】见。“见”繁体字写作見，会意字，从目从人，甲骨文刻作、，金篆文分别写作、，上部是目，下部是跪坐或站着的人，上下组合，会意为人睁着眼有所看见，本义为看见。“瑕”义为玉上的斑点，比喻缺点，“瑜”义为玉的美光，比喻优点。“瑕瑜互见”意为缺点优点互相都可以看见，比喻有缺点也有优点。

而“现”，形声兼会意字，从王见声，声兼义。王字旁的字都表示玉，或与玉有关的行为、性状。王与见组合，会意为看见了玉，本义为玉的光芒，引申为显露、出现，由于显露、出现是眼前的现象，又引申为现在。“现”无看见义，误以为通假字而别。

【前车之见】鉴。“鉴”本写作监，繁体字是監。監，会意字，从臣从人从皿，甲骨文刻作，右边是双手抱护乳胸俯身下视一盆水的女子，盆上的一横表示水面，水面下的圆圈表示倒映在水中的面容，圆圈下的笔画是皿，即盆，会意为用盆水照视容颜。

金篆文分别作、，把女字改写成人字，左上方加了表示眼睛上觑的臣字(其半圆形是眼窝侧面图，眼窝中有眼珠，会意为看)，下面的盆水不变，这就突出了照视之意。楷书写作監，今简化作监，义为照视容颜。

周朝铜器盛行，用铜做盆，于是后代加了钅字旁，写作鑑，异体字写作鑒，今简化作鉴，成为正体，义为大铜盆；出现铜镜后，引申指铜镜。由于铜镜可以照出真相，又引申为鉴戒——可作为警戒或引以为教训的事。“前车之鉴”的完整说法是“前车之覆，后车之鉴”，意为前车倾覆，可以作为后车的鉴戒，比喻当作鉴戒的前人的失败教训。

而“见”，见上，义为看到，无鉴戒义，成语不是说看见前车倾覆，音同义异误解而别。

【名缰利锁】缰。“缰”，形声兼会意字，从糸 mì 畺声，声兼义。从纟的字大都表丝、线、绳或与之有关的事物、行为、性状。畺 jiāng，会意字，甲金篆文分别作、、，表示两块相邻的田地。金篆文加了横，表示田界。纟与畺组合，会意为用绳子隔开的田地，义为缰绳。后用绳子捆缚牲畜（以免跑到别人家的田地），词义引申为捆缚牲畜的绳子。“名缰利锁”比喻名和利就像束缚住人的缰绳和锁链一样。

而“疆”，形声兼会意字，从土彊声，声兼义。彊，会意兼形声字，从弓从畺，畺亦声。甲骨文刻作，右边是两块相邻的田地，（实是多块，以二田示意）左旁是弓，弓用于狩猎，也可用于丈量土地，会意为丈量田界，义为田界。金文写作、，篆文美化作，都加了横，田界之义更显。后代加了表义的土字旁，楷书写作疆，义为疆界、疆土，无缰绳义，音同形近义异而别。

【琼浆玉液】浆。“浆”，形声字，jiāng 从水将省声（省去声旁某部件或笔画后，留下的部件或笔画作声旁，此字省去“寸”）。从水的字基本都表水或与水有关的事物、行动、性状。浆，古代本指有酸味的饮料，义为较浓的液体。琼：白玉。“琼浆玉液”意为美酒。

而“桨”jiǎng，形声字，从木将省声，义为船桨，桨为木制品，故从木，无较浓液体义，音近形近义异而别。

【荡起双桨】桨。解说见上。

【独具将心】匠。“匠”会意字，从匚从斤。古文篆文分别写作、，匚 fāng，象形字，像木箱或筐，内中有斤。斤，象形字，见上“渐入佳境”的解说，是横向刃的斧头形。匚和斤都是木匠用的工具，本义指木工。由于木工制作木器时得有所构思、设计，匠便引申为巧妙的构思、设计。“独具匠心”意为具有与众不同的巧妙的构思。

而“将”繁体字写作將，会意字，甲骨文刻作，左上边是竖写的表示有腿的几案，右上边表示肉，右下边是鼎字。三部分组合，会意为祭祀时从鼎中取肉，在几案上奉陈祭肉。古文省去鼎，加了手字，写作，篆文在手上加一横，（篆文常加一横，其义仍是手）写作，奉祭之意更丰，义为奉献祭肉。由于献祭时为首者带着其他地位低的人依次献上，“将”引申出带领义，如“将军”——带领军队，又引申出带领军队的人义。“将”无木工义，也无巧思义，成语不是说独具将军的心，音同义异误会而别。

【天之娇子】骄。“骄”，形声兼会意字，从马乔声，声兼义。马，见 C 部“心驰神往”的解说，从马的字基本都表马类牲畜或与马有关的事物、行为、性状。“乔”繁体字写作喬，金文写作，用高字的顶部加一曲笔表示高而曲义。“高”字见G部“竹蒿(篙)”的解说。金文乔字有多种形体:高上加山,用山表示高;高上加止,即趾——脚,用跷足表示高;高上加力——,即耒 lěi,犁地农具,用农具的曲柄表示高……篆文避纷化繁,加以规范,写成,成了从夭 yāo 从高的会意兼形声字,泛指一般的高。马与乔组合,会意为马高。本义为六尺高的马,即高大的马,由高大的马傲视群马引申出基本义骄傲。“天之骄子”意为上天骄宠的儿子,也指非常勇敢或有特殊贡献的人。

而“娇”是后起字,形声兼会意字。“骄”是好马,好马人所钟爱,引申出钟爱宠爱义,由于女子的美貌和气质好,高于常人,便把马字旁换成女字旁,写成从女乔声,声兼义的“娇”,义为姿态仪容美丽可爱,其引申义是过度爱护,如“娇宠”。“娇”无骄傲义,成语并不是说上天喜爱的美丽可爱的人,音同义异误会而别。

【骄生惯养】娇。解说见上。“娇”由娇美义引出过度爱护义。惯:纵容。“娇生惯养”意为自幼被宠爱、被纵容。

其他如“骄傲、戒骄戒躁、骄奢淫逸、骄阳(猛烈的太阳)、骄矜、骄气(骄傲自满的作风)、骄纵(骄傲放纵)”中的“骄”皆不可误写为“娇”,而“娇气(意志脆弱,不能吃苦)、娇滴滴、娇纵(娇养放纵)”中的“娇”也不可误写为“骄”。

【娇揉造作】矫。解说见上。“矫”jiǎo,形声兼会意字,从矢乔声,声兼义。从矢的字基本都表箭或与箭有关的事物、行为。乔,义为高,矢与乔组合,义为使弯箭变高,就是变直。揉:使直箭变弯。“矫揉造作”意为过分做作,极不自然。娇无弯箭变直义,音近形近义异而别。

【骄若游龙】矫。解说见上。“矫若游龙”意为弯变直,直变弯,如同游龙,形容十分灵活如同游龙之姿。

【骄健多姿】矫。“矫”的另一会意为弯箭变直跃弓而出、义为强壮、勇武。“矫健多姿”意为身手灵活,勇武强壮,姿态优美。

【交枪不杀】缴。“缴”jiǎo,形声兼会意字,从纟敫声,声兼义。从纟的字基本都表丝、线、绳或与之有关的事物、行为、性状。敫 jiǎo,见本部“激浊扬清”条的解说,义为光闪耀。纟与敫组合,会意为绳子拴有如光闪耀一样快的矢(箭),义为拴有矢的绳子,古代用它射鸟,被迫上交(给主人或首领),故“缴”的基本义为被迫上交,如“缴械、缴获”。

交,见下,也有交给义,但不被迫,系一般性的交出,如“交付、交接”,音近义异而别。

【姣姣者】佼。“佼”jiǎo,形声兼会意字,从亻交声,声兼义。从亻的字基本都表人或与人有关的行为、性状。交,象形字,甲金篆文分别作、、,是交叉腿站立的人的象形,义为两腿交叉。交叉腿站立显得美,交与亻组合为佼,会意为站姿好看的人,义为美人,指道德才学高超的人,如“望美人兮天一方”(苏轼《后赤壁赋》),不专指女性。

"佼佼者"意为超出一般水平的人，才德能力美好出众的人。

而"姣"jiāo，形声兼会意字，从女交声，声兼义。女与交组合，特指女子姿容美，如"姣好，姣丽"，无才德能力出众义，音近形近义异而别。

【挖墙角】脚。"脚"，会意字，从月从却。月表示肉，却，篆文写作，左边的下部是口，口上面是两个八字，音 jué，表示笑纹，义为笑，它不是山谷的谷。右边是卩 jié，卩，甲金篆文分别作、、，是跪坐的人形。左右两部分组合，会意为微笑跪坐的人。表义重点在人跪坐上，人跪坐在脚心上，特指脚。由于篆文的"却"与"郤"xì 形近易混，楷书把此字变写成却。由于是肉体，后人加了月——肉旁，见 B 部"并行不背（悖）"的解说，写作脚。脚在下，墙脚即墙的下部。"挖墙脚"比喻拆台。

而"墙角"指相交的两堵墙的结合处，墙角难挖，且不指墙的下部，音同义异误会而别。

【崭露头脚】角。"角"，象形字，甲金文分别作、，象牛羊鹿的头角；篆文变形为，依然象形；楷书写作角。崭：突出的样子。"崭露头角"意为突出地露出高昂的头，坚美的角，(龙头长出角就成年了，就可驾雾腾空兴云布雨，才能超群)比喻突出地显示才华或本领。而"脚"(见上)，是足，成语不是说露出了头和脚，音同义异误会而别。

【戏剧角本】脚。解说见上。人和动物有脚才有立足的根本，脚本之义为戏剧、曲艺、影视等所依据的本子。而"角"在头上，无脚义，同音异义误会而别。

另，"角 jué 色"也不可误写误读为"脚色"。

【心铰痛】绞。绞，形声兼会意字，从纟交声，声兼义。"交"，见上"佼佼者"的解说，像人两腿叉立，由于交叉是左边扭到右边，右边扭到左边，引申出扭义。从纟的字大都表丝、线、绳或与之有关的事物、行为、性状，故纟与交组合，会意为两股以上的线、绳或其他条状物扭在一起，义为绞扭。"心绞痛"意为心像绞扭一样的痛。

而"铰"，形声兼会意字，从钅交声，声兼义。从钅的字表金属或金属制品。钅与交组合，会意为可以铰物件的金属物，义为剪，无绞扭之义，音同形近不解偏旁义而别。

【交头结耳】接。"接"jiē，形声兼会意字，从扌妾声，声兼义。"妾"，会意字，从辛从女。甲金篆文分别作、、，下部是手抱在胸前的跪坐的女人象形，上部是刑刀，见 B 部"避(辟)邪"的解说，会意为用刑刀刺割头脸留有记号的女人，义为罪女（包括女奴隶）。罪女是服苦脏累活等贱役的人，经常从主子那儿受领工作，劳作伺候，扌与妾组合，会意为用手受领任务，义为受领、连接、靠近。"交头接耳"意为彼此（靠近）在耳边低语。

而"结"，形声兼会意字，从纟吉声，声兼义。从纟的字皆表示丝、线、绳或与之有关的事物、动作、性状。吉，会意字，从口从士，口表示容器，士，甲金篆文分别作、、，像雄性生殖器。口与士组合，甲金篆文分别作、、，会意为容器里盛有一个士形的玉器。这在上古时代表示正在举行一个求福赐吉的祭祀仪式，义为福祥。纟与吉组合，会意为用线、绳与士形的玉器结系，形成福祥的结，义为打结，引申出完全连在一起义，无靠近义，音近义异而别。

“接、结”均有连在一起义，但“接”无论怎样连，接者被接着仍为二体；“结”则合为一体，如“结合、结伙”。

【张口接舌】结。解说见上。结由打结义引申出组织在一起义、纠结义。“张口结舌”意为口大张，舌头纠结，即张着嘴说不出话来，形容理屈或害怕。

【成群接队】结。解说见上。“成群结队”意为合成一群，结成一队。

【小说截选】节。“节”繁体字为“節”，会意兼形声字，从竹从即，即亦声（由于古今音变，今已不能表声）。从竹的字基本都表竹或与竹有关的事物、行为。即，会意字，从皀 jí 从卩 jié，甲金篆文分别作、、，右边是跪坐的人，左边∧图形表示黍米饭，∧下的部分表示高脚的食器，会意为人趋就来食，义为靠近、来到（趋就而食）。竹与即组合，会意为竹子中像趋就在一起的竹节，义为竹节。由于竹节是一段一段的整体物，每一段都是一个相对完整的部分，具有独立存在的内容和形式，引申为段落。如“一节课、第一节”。“小说节选”意为从小说中选取某些段落或章节。

而“截”（见下）是从整体中任意断取的一段，无相对完整能独立存在的部分之义，如“一截木头、半截身子”，音同义异而别。

【开源截流】节。解说见上。由于竹有节，竹节像对竹子有节制、约束作用，引申为节约。“开源节流”比喻增加收入节省开支。而“截”义为断（见下），无节约义，故别。

【直接了当】截。“截”，会意字，从隹从𢦏。𢦏 zāi，会意字，甲金篆文分别作、、，左上部像人头发，右边是戈，会意为用戈割断头发，字借头发代人头，义为人头被杀伤。引申为杀伤。隹 zhuī，象形字，甲金篆文分别作、、，像鸟。隹与𢦏组合，会意为割断鸟头，义为断，截断。直：直接，径直。径直截断有断然意，引申为简单爽快。“直截了当”意为（言语、行动等）简单爽快。

而“接”（见上）义为连接，与断义相反，成语不是说又直接又爽快，音近义异而别。

【接长补短】截。解说见上。成语意为把长的截去一段补足短的，比喻用长处补短处。

【绝然相反】截。解说见上。“截然相反”形容界限分明，像割断一样，完全相反。而“绝”见本部“继往开来”的解说，虽也有断义，却包含分离、离开义，如“绝交、绝缘”，无割断、切断、斩断义，音近义异而别。

【文笔简截】洁。"洁"繁体字写作潔，它是后起加旁(氵)字，初文是絜。絜 jié，会意字，从丰 jiè 从刀从纟。糸以上部分的笔画甲骨文刻作㓞，左边是刻有齿牙的器物(记事或作契券用)，右边是刀，会意为用刀刻出齿牙来，义为刻木记事，引申为刻有齿牙的物件。"糸"表丝、线或麻线。糸与之组合，会意为用有齿牙的物件整理丝、麻，义为理好的丝、麻。(明朝以前人们穿丝绸衣和麻布衣，明初人黄道婆始织棉布做衣。)由于整理好的丝、麻整齐干净，引申出洁净义。又由于洁净物莫如水，后人加了氵以显义，写作潔，今简化作洁。

洁，会意字，从氵从吉，从氵的字皆表水或与水有关的事物、行动、性状。吉，见上"交头接耳"的解说，是容器里士形的玉，氵与吉组合，会意为容器中水养着士形的玉，义为洁净。由洁净、清而无杂质，引申出单一、无杂义，所以"文笔简洁"意为行文简明扼要，没有多余内容。

而"截"(见上)义为断，无洁净义，音同义异而别。

按"简截"也是词(异形词)，同"简捷"(推荐词形)，义为简便快捷，又义为直截了当，但"简洁"用于文笔和书面语言，重在简明扼要。二词词义有别，且"简截"不用于文笔和书面语言，又是异形词，故把"截"作为别字看。

【文笔简捷】洁。解说见上。"捷"，形声兼会意字，从扌疌声，声兼义。疌 jié，会意字，篆文写作疌，下部是止(趾的初文，上有脚趾，下有脚跟)，即脚，中间是手，屮表示草。三部分组合，会意为人走上去伸手拔草，义为迅速敏捷。后加扌旁，强调手的行动。"捷"无单一无杂之义，"简捷"也不用于文笔上，音同义异而别。

【诘据】拮。拮据 jiéjū，都是左形右声的形声字，古代遗传下来的单纯词，见 B 部"飞扬拔(跋)扈"的解说，拮据是一种手不能屈伸的病，引申为手不能屈伸拿出钱来，义为缺钱，手头紧。

而"诘"，形声字，从讠吉声，虽然读音也是 jié，但不用来表示缺钱义，而表示诘问义，如"反诘、诘责"，音同义异而别。

【攻诘】讦。"讦"jié，会意兼形声字，从讠从干，干亦声(今不能表声)。"干"甲金篆文分别作丫、丫、干，是远古先民狩猎的叉形木棍，叉头上绑有石头，义为猎兽叉。由于干用于攻取，引申出攻击、触犯义。讠与干组合，会意为用语言攻击，故"攻讦"义为当面斥责对方的过失或当面揭发对方的阴私。

而"诘"见上，义为反问、诘问，无当面斥过或揭短义，音同义异而别。

【揭泽而渔】竭。"竭"，会意字，从立从曷 hé；曷，会意字，从曰从匃 gài。分述之：

"曷"的解说见 A 部"和蔼"条。其中的匃，左下部是亡字，亡是盲字的初文，右边的大框是人字，亡与人字组合，会意为盲无眼珠者乞求人，义为乞求。曰，义为说话。

匄与曰组合,会意为说乞求的话,由于乞求话细弱,义为细弱。

“立”,指事字,甲金篆文分别写作[古文字]、[古文字]、[古文字],大下加一横,大是正面的人形,一横指事地面,指明人站在地上。

立与曷组合为竭,会意为人站着说话,说到气力用尽,声气细弱,义为尽、用尽。又,竭会意为站着说话,气力用尽,口干无水,义为水干,如“枯竭”。“竭泽而渔”意为排尽湖中或池中水捉鱼,比喻取之不留余地,只顾眼前利益,不顾长远。

而“揭”形声兼会意字,从扌曷声(今不能表声),声兼义。曷义为细弱,引申指细小不重之物。曷与扌组合,会意为用手把小而不重之物与附着之物分开,义为掀开、打开、把粘在别的物体上的片状物取下,无尽义,如“揭锅、揭幕、揭榜”等,又引申为举,如“揭竿而起”。“揭”无用尽义,形近音近义异而别。

【用之不绝】竭。解说见上。“用之不竭”意为无限取用而不会枯竭。而“绝”见上“继往开来”的解说,本义为绳断,基本义为断绝,无枯竭义,成语不可理解为使用它不断绝,音近义异误解而别。

【枕籍】藉。“藉”jiè,见上“古书典藉(籍)”的解说,义为用草垫着。《易》曰:“藉用白茅。”(垫草,用白茅草)引申为垫着。“枕藉”义为很多人交错地倒在一起,互相枕着垫着。

而“籍”jí,义为刻在竹简上的文书材料,无垫义,形近义异而别。

【慰籍】藉。解说见上。“藉”jiè,由以草承(即垫着)祭牲义引申为相助义,人躺在草垫上,感到舒服,安然。“慰藉 jiè”义为安慰。

【蕴籍】藉。解说见上。《仪礼》曰:“藉谓缫也,缫所以蕴藉玉”(藉 jiè 说的是丝,像丝那样用来垫衬在玉的下面)。“藉”jiè 由此引申为“在……之下、在……之内”。“蕴藉 jiè”义为(言语、文字、精神等)含蓄在内而不显露。

【一诺千斤】金。“金”,金文写作[古文字],是会意字,左边表示两个金属块,右边的上中部为矢,下部弧笔表示斧头,会意为可制作箭头和斧头的金属。篆文写作[古文字],形声字,上部是[古文字]——今,表声,见 H 部“敬请包含(涵)”的解说,下部是土,两点表示土中的金属块。这样金就由会意字变成了形声字,义为黄金,实为铜。周代汉代以铜为主要货币,“一诺千金”出自《史记》“得黄金百,不如得季布一诺”,意为应允别人的话信用极高。

而“斤”甲金篆文分别作[古文字]、[古文字]、[古文字],是横向刃的斧头,即锛斧,金文篆文在快速书写中已抽象得不大像了。由于古代用斤斩断铜,砍一下为一斤,引申为砍下的铜块的量词,即义为重量单位,今五百克,无金义,成语不是说一句允诺话重千斤,音同义异误会而别。

【无人问金】津。“津”,会意字,甲骨文刻作[古文字]、[古文字],上部右边是人,第一字是正面人形,第二字是侧面人形,并伸出手,上部左边表示撑船之木,下部为舟形,它们组合,会意

为人撑船，义为渡河。

金文变写为，上部左边是水，上部右边是隹，即鸟，左右组合，会意为多鸟的水，即淮，(淮河在暖温带和亚热带的分界处，禽鸟多)下部为舟，三部分组合，义仍为渡河(渡过有水鸟的河)。金文还写作(即“建”)，右边上部是手，一长竖是撑船之木，木下有根，左下边是讹变了的舟字，会意和字义不变。

篆文承金文的第二字，并加水字旁，写成，“舟”字讹变成一竖，左下边挨着三斜画。三斜画当是表示舟中的隔木，用以简示舟，三斜画上部的笔画表示手持篙，会意和字义更显。楷书省去了讹变的舟形笔画，写作津。

由于渡河得有出发点，引申出渡河之处，即渡口义；又由于渡口含有一段路程的起点意，引申为路义。“无人问津”意为没有人问路，比喻无人过问，十分冷落。

而“金”见上，义为金子、金属，无路义，成语不是说没人过问金子，音同义异误会而别。

【津津计较】斤。“斤”(见上)是形象大变的象形字，是横刃的斧。大概古代用斤斩断铜，其声响亮，斩下的铜大小分明，斤斤就义为对琐屑小事看得很分明，即明察。“斤斤”既不表斧义，也不表重量单位义。“斤斤计较”意为过分计较微小的利益或无关紧要的事。而“津”(见上)义为渡口、路，无明察义，音同义异而别。

【斤斤有味】津。解说见上。“津”由于渡口有水，引申为人口中的体液，专指唾液，如“望梅生津”；“津”又由唾液义引申为吃美食有滋味，有趣味。“津津有味”形容有滋味，有趣味。

另，“津津乐道”也不可误写为“斤斤乐道”。

【负棘请罪】荆。“荆”jīng，形声兼会意字，从艹刑声，声兼义。刑，金篆文分别作、，左边表示木头做成的囚笼，(囚笼用以关押罪犯、敌人，)右边表示刀，篆文左边习惯性地加了一点，楷书写作刑，楷书俗字写作刑，今以“刑”为正体。左右组合，会意为用刀具惩处囚犯，义为治罪。艹与刑组合为荆，会意为其条坚韧可作刑刀惩罚人的植物，义为一种其条柔长(可作刑具)的丛生的灌木。“负荆请罪”意为背着荆条请对方责打处分，即表示认错赔礼。

而“棘”jí，金篆文分别作、，中间是木，木上两边表示刺，即酸枣树。“棘”无荆条义，成语不是说背着带刺的棘枝请罪，义异误会而别。

【弱不经风】禁。“禁”jīn，会意兼形声字，从示从林，林亦声。从示、礻的字大都表鬼神祖宗或与之有关的人、事、行为。“示”象形字，甲骨文刻作、、、，石上立石或土台上立木墩形，是为祭台，上部的短横表示祭品，(后代演化为祭祀神灵先祖的牌位)，义为神主，引申为鬼神。金文写作，篆文规范美化，写作。“林”，会意字，从二木，树多（以二木示意）为林。坟地多植树，故示与林组合为禁，会意为有鬼神的坟地。由于坟地是忌讳之处，引申为禁忌。由于不避禁忌，进入坟地得抗得住恐惧，引申为受得住，禁得起。“弱不禁风”意为体弱得禁不起风吹，形容体质瘦弱。

而“经”jīng，其初文繁体字写作巠，会意字，金篆文分别写作、，中间三画略曲的竖笔表示纵向的经线，它上下的横笔表示系住经线的筘 kòu，筘是系住经线，等分线距，保持密度，便于穿编纬线并打紧纬线的织机件，末两笔也是机件，故此字义为经线。后人加表示丝、线、绳义的纟旁以显义，这才有了经字。由于经线是纵向的，引申为南北纵向的路，如“经一路”。又由于用于走路，引申为经过。“经”无禁受义，成语不是说体弱得不能经过有风的地方，义异误会而别。

【正经危坐】襟。解说见上。“襟”，形声兼会意字，从衤 yī 禁声，声兼义，“衤”即衣，象形字，甲骨文刻作、，金篆文分别写作、，上部的点表示领口，左右两边像袖子，下部像掩覆的衣襟，楷书线条化抽象化，写作衣，做偏旁写作衤。“禁”见上，含禁忌意，衣服掩住的是禁忌的胸腹，义为衣襟。危：高，端直。“正襟危坐”意为拉正衣襟，坐直身子，形容严肃或形容拘谨的样子。

而“正经”义为端庄正派，如“正经人”；又义为合乎一定标准的，如“正经货”；无拉正衣襟义，成语不是说很正经地高坐着，义异误会而别。

【绵绣前程】锦。“锦”jǐn，形声兼会意字，从帛钅声，声兼义。帛，会意兼形声字，从巾从白，白亦声。分述之：

白像米粒，因米色白而得义，见 H 部“嗥（号）淘大哭”的解说。巾，甲金篆文形同，为，像下垂的围腰布，又解作佩巾，但佩巾是衣着进步后的产物，其义出现较晚。白与巾组合，甲金篆文分别作、、，会意为白色的织品，义为缯 zēng（未染的丝织品）。

帛与钅组合，因为金有色，“锦”义为有彩色花纹图案的丝织品。“锦绣前程”意为像精美鲜艳的丝织品一样美好的前途。

而“绵”mián，会意字，从纟从帛，篆文写作，左边是帛，右边的 8 是扭成束的丝，8 下的笔画是络丝的木架子，不是巾，帛和纟之间有一根丝相连，会意为织帛的丝细密缠连，义为丝绵，无彩帛义，形近义异而别。

其他如“锦上添花、衣锦还乡、锦囊妙计、锦衣玉食”中的“锦”都不可误写为“绵”。而“绵延、绵薄之力”的“绵”也不可误写为“锦”。

【加官进爵】晋。“晋”繁体作晉，会意字，甲篆文分别作、，上部为倒矢形，即射来的箭，篆文矢下还加了表示地面的短横，下部为箭靶，中间的一横表示靶心，会意为箭飞升射进靶心，或下部为插箭器，会意为箭插进，本义为升进，

"加官晋爵"意为提升官阶和爵位。

而"进"繁体字写作進，会意字，从辶 chuò 从隹 zhuī，甲骨文刻作[古文字]、[古文字]，上部是飞鸟——隹，下部是止（趾的初文，上有脚趾，下有脚跟），即脚，会意为鸟向前飞，（鸟不会退），人的脚像鸟前飞一样地向前走，义为前进。创意极为高明！金文写作[古文字]，加了彳 chì，彳是行（[古文字]，十字路口，表示行走）的一半，义为小步走，表义丰富了一层，篆文把彳和止合写为[古文字]。楷书把左旁笔形写成辶，就成了"進"字，今简化为进，义为前进。"晋、进"都有进意，但晋是升进，进是前进，"进"无升义，成语不是说官职上升了，爵位前进了，音同义异误解而别。

【进升】晋。解说见上。"晋升"义为提高职位或级别。

【循序渐近】进。解说见上。"循序渐进"意为依照次序逐步地前进。而"近"，形声兼会意字，从辶斤声，声兼义。斤，见上"一诺千金"的解说，由于用锛斧斩铜，其音响亮可闻，其物大小可见，就在眼前。斤与走之旁组合为近，会意为听起来不远、走过去不远，义为空间距离短，无前进义，成语不是说依照次序逐渐接近，音同义异误会而别。

【不思近取】进。解说见上。"不思进取"意为自甘落后，不想努力向前有所作为。

【禁若寒蝉】噤。"噤"jìn，形声兼会意字，从口禁声，声兼义。解说见上"弱不经（禁）风"。禁义为禁忌，口与禁组合，会意为口有禁忌，义为闭口不做声，"噤若寒蝉"意为像秋冬的蝉一样不出声，形容不敢作声。

【侵润】浸。"浸"jìn，会意字，甲骨文刻作[古文字]，外框是房子，内里是扫帚，上有帚苗，下有帚根，帚两边有水点，会意为在房屋里洒水扫地。金文表意有了变化，写作[古文字]，右边是扫帚，多画了一个帚根，中间画了表示扎束意的笔画，像横写的工，不是木刺。左边写了两个近于川字的笔画，川是大河，突出了水意，会意为大水像扫地逐渐前行一样，逐渐湿了过来，义为润湿。篆文写作[古文字]，在扫帚的外面加了宀——房子，下部加了又——手。隶变后，楷书写作浸，舍去了篆文中的宀和帚根，保留了水，写作氵，保留了帚苗和手——又，会意和字义不变。"浸润"义为液体逐渐渗入或谗言逐渐发生作用，或细菌逐渐浸入引起白细胞聚集而红肿。

而"侵"qīn，会意字，从亻从帚省（省去巾）从又。甲骨文刻作[古文字]、[古文字]，左旁是牛的象形，右边是帚的象形，第一字右下部是手，它们组合，会意为用扫帚抽打牛，三点表示抽打时掉落的土，义为抢掠牛，引申为侵略、侵犯。到战国时，战争频仍，人民的生命财产受到严重的侵害，字便依义构形，改牛为人，表示侵犯人，金文写作[古文字]，人字写在上面。战国末年和秦朝的篆文把亻放在左边，写作[古文字]，义为侵犯、侵略、侵占。汉代的隶书楷书规范成“侵”。其字无润湿义，形近义异而别。

【粳米】粳。“粳”jīng，形声兼会意字，从米更声，声兼义。从米的字基本都表米或与米有关的事物、行为、性状。更，见G部“骨梗（鲠）在喉”的解说，像烙饼的饼铛。米与更组合为粳，会意为舂碾后可烙饼的米。这种米黏性强。是矮稻米，米粒短而圆。

而“梗”gěng，形声兼会意字，从木更声，声兼义。木与更组合，会意为用来挑翻烙饼的木棍，义为植物的枝或茎，并非米，形近误读而别。

【晴纶】腈。“腈”jīng，形声字，从月青声，是新造字，属有机化合物，鲁迅先生说，形声字多出现于化学元素名，所言极是。如“钾、钠、钙、镁、铝、锰、锌”。腈纶是用丙烯腈合成的纤维，无“晴纶”一词。形近误读而别。

【筋疲力竭】精。精jīng，形声兼会意字，从米青声，声兼义；青，会意字，从生从丹。分别解说如下：

生，会意字，甲骨文刻作，上部是草的象形，下部的一横表示土地，上下组合，会意为草木从土地中长出，义为生长。金文在一竖中加了一点。表示出土处，写作。篆文把一点拉成横，写作。

丹，甲金篆文分别作、、，它们的外围笔画表示方盘，内中一点表示方盘中的丹砂，义为丹砂。方框并不表示矿井，因为两横两竖并不交叉，不像矿井上架的四根木头。

生与丹组合，金篆文分别作、，会意为红土地上长出了青绿色的草木，义为青色。因草木新长出且生机勃勃，引申出青春义。

米与青组合，会意为新生的有生机的米，即上等米，米中的上品。又由米之上品，引申出精华义。魂魄是人的精华，又引申为人的精神。“精疲力竭”意为人的精神非常疲劳，力量消耗已尽，形容极度疲乏。

而“筋”jīn，会意字，从竹从月从力，月，义为肉，是肉的楷变写法，见B部“并行不背（悖）”的解说。力，义为力量，见本部“不加（假）思索”的解说。“筋”由竹（古以竹皮捆系物品，今南方亦然）、肉和力组合，会意为像捆系物品的竹皮那样有力的肉，即筋肉，不指精神，成语不是说筋骨疲累力量竭尽，义异误会而别。且“精力”是一个词，与疲、竭以互文方式组成成语，可理解为精力疲累，精力竭尽。而“筋力”不是一个词，也不能以互文方式组成成语。

【不精之谈】经。解说见上“弱不经（禁）风”。“经”，义为经线。经线永远是纵的，常见的，引申为历久不变义、正常义。“不经之谈”意为不正常的荒诞没根据的话。

而“精”（见上），义为细米，引申为精华、精力、精神等，无正常义，音同义异而别。

【经纬分明】泾渭。泾jīng：泾河，来自山区，水清；渭：渭河，流经平原，水浑。“泾渭分明”意为泾河流入渭河，清浊不混，比喻界限清楚。

而“经纬”义为经线和纬线，误会严重，故别。

【以警效尤】儆。“儆”jǐng，形声兼会意字，从亻敬声，声兼义。“敬”，会意字，从苟从攵 pō；pū（攵、攴是同一字）。苟，会意字，从羊头从跪人，甲骨文刻作 、 ，像头著羊饰，被俘跪坐的羌人之形。羌人是西方牧羊的游牧民族，商朝的大敌。夏商朝俘虏多被处死，或祭天烧死，或刺瞎一目作奴隶，故时时处于警惧戒惕之中，义为警惧、戒惕。

苟与攵组合为敬，金文写作 、 ，左边加了口，右边加了攵，攵上部笔画表示棍棒或戈，下部是手，几部分组合，会意为被人用口呵斥责骂督促，用手持棍戈责打，义仍为警惧、戒惕。

篆文承金，美化写作 。楷书把笔画标准化，写作敬。

由于警戒、戒惕之人常怀肃惕有礼貌的言行仪态，引申出基本义：尊重、有礼貌，其警惧戒惕的本义不被使用，后人便加言字底，写作警来表示警惧、戒惕。敬又加亻旁，写作儆，义为让人自己警戒而不犯过错。效：仿效；尤：特异的，突出的；此指最坏的。“以儆效尤”义为用对某一坏人坏事的严肃惩处来警告那些学做坏事的人。

而“警”义为戒惕、警惧，无让人自觉不犯错义，音同义异而别。

【背景离乡】井。“井”，象形字，篆文写作丼，四木架在井口，圆点表示汲罐，是井的象形，楷书省去圆点。但“背井离乡”的“井”却不是水井的井，而是夏商井田的象形。一平方里九百亩（一亩合今零点二五亩）地，划成井字形，八家分种，中间百亩的收成缴官。故“井”借指族人聚居的地方。“背井离乡”意为离开故乡在外地生活（多指不得已的）。

而“景”，形声兼会意字，从曰京声，声兼义。曰，是日的变形写法，甲金文作 ，像太阳，内中一点是黑子。《尚书》曰：“日中有黑子，大如钱。”此点为神来之笔，极为准确地表现了太阳，如果无点，解作一切圆物皆可，没有说服力。三四千年前，伟大的先民就有了这一伟大的发现，令人无比敬佩，自豪。

“京”，会意字，甲金篆文分别作 、 、 ，下框表示高丘，其上是亭子的象形，下框中的一竖，当是登亭的阶路。京是人工筑的高丘，上有亭，周围有十条围沟，丘高五六丈。因京高（约八米），引申为高、高大。

日与京组合，篆文写作 ，会意为日光高照京上，日光高照京上非常显眼，借以表义为日光，引申为景物、风景。“景”无井义，成语不是说离开家乡的风景，音同义异误会而别。

【落入陷井】阱。“井”本义就是陷阱，甲骨文刻作 ，金篆文写作 ，远古（夏朝和夏朝以前）先民用四根树木架在深坑上，铺以虚草捕兽或捉敌人。商代挖水井，井就有了水井和陷阱两个义。西周金文和秦篆在“井”字中加表示汲罐的圆点，表示水井，以与陷阱的井有区别，而陷阱的井也用加阝旁来和井区别。这样一来，“井”就成了音同义异误会而别的别字。“落入陷阱”比喻掉进害人的圈套。

【同场竞技】竞。“竞”的繁体为競，会意字，甲骨文刻作[古文字]，下部两笔表示人，上部是商代的刑刀，见B部“避(辟)邪”的解说，引申为用刑刀所做记号的人，即奴隶；四部分组合会意为两个奴隶(人)在竞技，供奴隶主贵族取乐，本义为竞争，竞赛；字简化后看不出它的义了。(但书写方便快捷，更利于交际交流。)“同场竞技”意为在同一个地方比赛。而“竟”(见下)无竞赛义。

【未竟之业】竟。“竟”，会意字，甲金篆文分别作[古文字]、[古文字]、[古文字]，下部两笔是人字，上部是古言字，见A部“不暗(谙)交际”的解说，字从言从人，会意为人固执己见，固执己见必然坚持到底，引申出终了义(一曲甫竟——一曲才唱终了或奏完)、终于义(有志者事竟成)、完毕义(未竟之业)、穷究义(穷原竟委)；人固执己见令人意外，又引申出居然义(竟然)。“未竟之业”意为没有完成的大业。

而“竞”(见上)义为竞争、竞赛，无完毕义，音同形近义异而别。

其他如“竞标、竞猜、竞答、竞技、竞赛、竞相、竞争、竞走、千帆竞发”中的“竞”皆不可误写为“竟”，而“竟然、竟自、未竟之业、穷原竟委、有志者事竟成”中的“竟”也不可误写为“竞”。

【未尽之业】竟。解说见上，义为完毕。成语意为没有完成的事业。

而“尽”繁体字写作盡，会意字，甲金篆文分别写作[古文字]、[古文字]、[古文字]，下部是器皿形，甲骨文上部是手，手下器皿内是炊帚，金篆文把手写在炊帚把儿上，它们组合，会意为手执炊帚刷洗食器，金篆文还在炊帚下加了两点，表示食物的碎屑，楷书把碎屑用四点表示，把食物碎屑刷洗完了，义为完，没有了，或者到头了，无完成了的意思，成语不是说没有做到头的事，义异误会而别。

【竞竞业业】兢。“兢”，会意字，从简化的二竞。甲骨文刻作[古文字]，中间的口表示人头，人头上的两笔表示所顶的物件，人头下的一横表示展开的两臂，人头下的一竖像人迈不大分不开的腿，几部分组合，会意为两个或多个人(只画两个以示意)头顶物件小心翼翼地鱼贯而行，义为小心谨慎。金文强化成了重物，写作[古文字]，篆文承金，写作[古文字]，楷书简化为兢，会意和本义不变。“兢兢业业”意为小心谨慎，勤勤恳恳。

而“竞”(见上)义为竞争、竞赛，无小心谨慎义，音同义异而别。且“兢兢”必须叠词连用，而“竞”或“竟”不叠词连用，易于分别。

【穷形竟相】尽。解说见上。成语意为把人的形态和相貌描写得穷尽了，即描写刻画十分细致生动，也指丑态毕露。

【战战惊惊】兢。解说见上。成语形

容因害怕而微微发抖的样子，也形容小心谨慎的样子。

而“惊”繁体字是驚（见上“以儆效尤”条的解说），会意字，警惧之态莫过于马，后加马字底表示马受刺激而惊，引申为惊恐，吃惊。惊，系简化字，不妨认为是从忄京声，声兼义的今造字。京（见上“背井离乡”条的解说）是高丘上的大房子，这种房子是部落首领、王公贵族的官衙和住处。忄与京组合为惊，会意为见到高大的高台上的有权势者的房子很惊恐，义为惊恐，吃惊、无戒惧义，音同义异而别。且没有“战战惊惊”词语。

【不径而走】胫。“胫”繁体字写作脛，形声兼会意字，从月巠声，声兼义。月，象形字，甲金篆文分别作⺝、⺝、⺝，是肉块的象形，义为肉。从月的字除“明、朝、朗”等少数字确与月有关外都表肉体或与之有关的性状。如“脸、肩、胸、腹、腿、肺、胃、肥”等。“巠”表经线，见上“弱不经（禁）风”的解说。由于经线是纵的丝线，小腿是纵的，且有骨和肉的纵的纹理，与经线近似相像，月与巠组合，义为小腿；名词转为动词，义为长 zhǎng 腿。“不胫而走”意为没长腿却能跑（文言“走”义为跑），形容传布迅速。

而“径”繁体字写作徑，形声兼会意字，从彳巠声，声兼义。“彳”chì 是行的一半，义为小步走。“巠”是经线，彳与巠组合，会意为行走在经线一样的细小的小路上，义为（不能行车的）小路，无长腿义，音同形近义异而别。

【大相胫庭】径。解说见上。“径”是小路，门前路是小路，所以径又指门前路，“庭”是堂前院。“庭”，形声兼会意字，从广廷声，声兼义。“庭”的初文是廷，金文写作[古文字]，左边的竖弯笔画像院墙的一个角落，三短横表示院中要干的活，右边是人；三短横又像房屋的台阶，人站在阶前。篆文把三短横写成土字，把人字写到土上，表示人站的地面，把表示院墙角落的竖弯笔画写成下部变形的示动符号彳 chì（行的一半，义为小步走）表示供人行走的地方，写成[古文字]，楷书改屈曲圆转的笔画为直笔，并写成连笔，写作廷，义为院子。后人另加义符广（甲金篆文分别作[古文字]、[古文字]、[古文字]，上部表示房子——侧面屋顶，一竖表示房顶所靠的崖壁，义为前敞的房子，如“店、庙、廊”等），写成庭，强调是堂前的院子。径和庭是两个完全不同的概念。“大相径庭”比喻相差很大，也指大不一致或矛盾很大。而“胫”（见上），义为小腿。音近形近义异而别。

【天空明静】净。净，形声兼会意字，从冫静省声（省去青），声兼义。静，形声兼会意字，从青争声，声兼义。青，会意兼形声字，从丹从生，生亦声。逐一解说如下：

“青”见上“筋（精）疲力竭”的解说。丹是丹砂，红土矿物，色红；生，像草木长出于土上，草木色绿。生与丹组合，会意为红土地上长出绿色草木，义为青色。

“争”，会意字，金文写作[古文字]，上部和下部都是手，中间一长曲画为物，有些像犁，见上“不加（假）思索”的解说，会意为两人用手争夺一物，义为夺、引。

青与争组合，会意为青色夺目，本义为色彩鲜明。由于自然界的色彩是无声的，引申出静的基本义——无声。

冫 bīng，象形字，甲金文作，篆文写作仌，像冰花，是冰的初文，从冫的字基本都表冰或与冰有关的现象、性状。冰，纯净而洁；静，色彩鲜明。冫和静的省文“争”组合，义为干净，纯洁。“天空明净”意为天空明亮纯净。

而“静”基本义为无声，无纯净义，音同义异而别。用“净”的字主要用于视觉，如“干净、净化、窗明几净”；用“静”的字主要用于听觉，如“寂静、安静、静止”。

【树欲净而风不止】静。解说见上。树想安静可是风不停地吹，比喻主观愿望和客观情况相违背，也比喻对方不让己方安静。

【炯然不同】迥。“迥”jiǒng，形声兼会意字，从辶 chuò 冋声，声兼义。“冋”jiǒng，象形字，甲金文分别作、，上尖下圆内里有三个弧形笔画，像割下来的牛耳。篆文线条化，美化作倒牛耳，上部齐平，写作。楷书承篆，写作囧，俗写作冏，作偏旁用时写作冋。

囧像牛耳，一是形似，二是有古籍为证，甲金文的“盟”字写的是皿字上加上一牛耳形的囧字、，像盘皿上放着一只倒立的牛耳。（篆文写作、，楷书写作𥁰、盟。）《周礼》曰：“……杀牲歃血，朱盘玉敦，以立牛耳。”意思是杀死牲，在朱红玉盘里放着一只竖立的牛耳，以血涂唇，血写结盟词，跪拜神灵，祷念盟词。由于春秋战国时一国到另一国结盟要走很远的路，冋加表示走路、道路义的走之旁辶，其义便为辽远，引申为差别大。“迥然不同”形容差别很大。

而“炯”，形声兼会意字，从火冋声，声兼义。囧 jiǒng，后世的甲金篆文分别作、、，圆圈内有半圆转笔画的字，文字学家解作窗户，当是从牛耳形引起的联想，或从花棂窗联想到囧，后简写作冋，楷书加火字旁，会意为窗洞中的火光，义为明亮，无辽远、差别大之义，音同形近义异而别。

另，从 2010 年起，网络上出现囧字，随后媒体大量跟进，其义大致为尴尬、困迫、无奈、无语，词语有“囧态、囧途”。然而“现汉”有现成的词语“窘态”，不该写“囧态”，且“囧”不符合汉字因形定义的特点，人们不能见字明义，而“窘”：君处穴中，其境其态其情自然“窘”。再说“现汉”没有“囧”字，只有“冏”，所以今后报纸和网络上如果一定要写，都只应写“冏”。

【针炙】灸。“灸”，形声兼会意字，从火久声，声兼义。久，象形字，篆文写作，上两画像坐或卧的人形，下一画表示用艾卷熏烤患处，字像人用艾卷熏烤。由于灸疗熏烤的时间长，要到皮肤发红出汗为止，引申为时间长之义，“久”后来便专用以表示时间长远，而久的熏烤义就另加形符火表示，篆文写成，本义为灸疗。

而“炙”zhì，会意字，从月从火，从月的字基本都表肉体，见上“不径（胫）而走”的解说，篆文写作，会意为火烤的肉，无灸疗义，形近而别。

【雄纠纠】赳。“赳”，形声兼会意字，从走丩声，声兼义。丩 jiū，象形字，甲金篆文分别作、、，取象于绳索或藤或蛇纠合在一起，本义为纠结、缠绕，是“纠”的初字；“赳”篆文写作，左上部是摆动着手走路的人，左下部是足（由变成），上下部分组合为“走”；右边是纠结物；走与丩组合，会意为武士身着扎系绑缠的战衣（商代战衣是野牛皮犀牛皮在热水中割制缝合的，《诗经》曰：“岂曰无衣，与子同袍。”着战袍要连穿加扎系绑缠，故从丩），大步赴前，义为（武士）健壮英武。“雄赳赳”义为健壮英武的样子。

而“纠”，形声兼会意字，从纟丩声，声兼义。从纟的字大都表丝、线、绳，或与之有关的行动、性状，义为丝、线、绳纠结，无健壮英武状之意，音同形近义异而别。

【纠纠武夫】赳。解说见上。“赳赳武夫”意为健壮英武的军人，含专尚气力而谋略不足的人之意。

【既往不究】咎。“咎”jiù，会意字，从足从人从口，甲金文分别作、。上部人身下有个倒止（趾的初文，下有脚趾，上有脚跟），即脚，表示足残之人。甲骨文下部为卜骨，上下组合，会意为占卜出来的断足灾难。金文下部把卜骨简示为口，会意为口说断足之难，它们的义是灾难、灾祸。篆文承金，写作，把止写在左上部，把口写在其下，把人写在右边。楷书把口放在下部正中，美化成咎。由于制造灾殃、灾祸是不能容忍的犯罪行为，又引申为追究罪责。“既往不咎”意为对过去的罪责或错误不再追究责备。

而“究”jiū，形声兼会意字，从穴九声，声兼义。其义为推求、追查。怎样表示这一抽象义呢？高智先祖用走到洞的尽头来造字喻意。“穴”，象形字，金文写作，像山洞、地洞，篆文美化为，义为洞穴。“九”，指事字，甲金篆文分别作、、，像兽类的尾巴，在尾根处加一画，指明尾根处，即屁股。洞穴既幽又深，不知就里；九取义于尾根，含有尽头意，穴与九组合，会意为探查到洞的尽头之意，穷尽、探求之义便因形而生了。“究”，无追究罪责义，成语不是说对过去的罪责或错误不再研究，音近义异误解而别。

此外“咎由自取、咎有应得、引咎自责”中的“咎”皆不可误写为“究”。

【内咎】疚。“疚”，形声兼会意字，从疒 chuáng 久声，声兼义。久，解说见上。疚，篆文写作，会意字，从宀从久，宀表示房子（，房屋轮廓）。久是病人，见上“针灸”的解说。宀与久组合，会意为人在家养病，义为长期患病人。楷书按义归类，宀换成疒，写为疚，专用于指内心病苦，义为内心痛苦。"内疚"义为对于自己的错误感到内心痛苦。

而"咎"，见上，无内心痛苦义，音同义异而别。

【关关雎鸠】雎。雎 jū，形声字，从隹 zhuī 且 jū 声。鸠，形声字，从鸟九声。雎鸠：古书上说的一种鸟，一说斑鸠。语出《诗经·关雎》："关关雎鸠，在河之洲"。关关叫的雎鸠鸟，在黄河的沙洲上雌雄和鸣。

而"睢"suī，会意字，从目从隹。目，象形字，甲金篆文分别作、、，是眼的象形。隹，象形字，甲金篆文分别作、、，目与隹组合，篆文写作，会意为鸟东张西望，义为仰望，无雎鸠义，形近误解而别。

【笑容可掬】掬。掬，形声兼会意字，从扌匊声，声兼义。匊 jū，会意字，从勹 bāo 从米，金文写作，外框是人字，人手臂下是米，会意为人用手捧米；篆文写作，中间是米，外面讹变成俯身的人（左边的曲画表示人臂，右边的曲画表示人身，上部的一点表示人头，整个图形像人）用手捧米，义为兜捧。因为是手的动作，后人加扌旁。"笑容可掬"意为笑容可以捧起，形容满面笑容的样子。

而"拘"，会意兼形声字，从扌从句，句亦声。"句"见 G 部"一笔钩（勾）销"的解说。"句"本写作勾。由于口被纠结曲绕，说话受制，义为弯曲、勾止。勾与扌组合，会意为用手勾止，引申为限制、制止，义为约束、拘留、拘禁。"拘"无捧义，音同形近义异而别。

【踞高不下】居。"居"，会意字，从尸从古。尸，象形字，即人，篆文写作，一横表示平伸的手臂，身下有横坐的大腿和下垂的小腿。古，象形字，口像头部，一横表示臂，一竖简示腿，字像头朝下出生的婴儿。居，甲骨文刻作，上部是人，人的后下部是正面的小人形，会意为妇人生子，义为生子。金文写作，画出人的臂，并把初生儿的头朝下写画，表意更准确。篆文脱离图画法，用线条表示，写作。由于妇人生子是住在某地为生的人的常事，义为住留在某处，即处于，"居高不下"意为处在高位或高数位，不落下来。

而"踞"jù，形声兼会意字，从足居声，声兼义。义为像古代妇女生子那样地坐着，即跪坐（在脚心上），无处于义。成语不是说在高处坐着不下来，音近义异误会而别。踞是古代常见的臀部坐在脚心上的跪坐姿，箕踞指古人像簸箕一样伸腿坐着，由于上古（汉秦周商）人们只穿衣（上衣）和裳（筒裙），没有裤子，汉朝才有胫衣，即小腿套，小腿套的上端用绳悬吊在腰间，箕踞则对人露裆坐着，表示傲慢或侮辱。如刘邦常对大臣箕踞，荆轲行刺失败后对秦王嬴政箕踞。

【囤积据奇】居。解说见上。囤：积存。居：由住义引申为放在住处，

再引申为储存。奇:稀罕或稀少的东西。“囤积居奇”意为积存储藏商品,等待高价出卖以牟取暴利的投机行为。

而“据”繁体字写作據,见下“据为己有”条的解说,义为占据、据有,无储存义,音近义异而别。

【不居小节】拘。解说见上“笑容可掬”条。“不拘小节”意为不为无关原则的琐事所约束。

【循规蹈距】矩。“矩”jǔ,形声兼会意字,从矢巨声,声兼义。“巨”是“矩”的先造字,巨,金文写作、、,第一、第三字的左半边,第二字的右半边是工字,“工”是筑墙工具,见G部“异曲同功(工)”的解说,夏商朝用合今长度长三尺高一尺的木板做墙模,在两面墙模内用“工”夯捣泥土筑墙;第一字的右边是“大”,“大”是正面的人,第二字的左边也是人,人伸出一只手去持工。第三字的工上留下原先画手的半圆笔画,表示正面人的大字上还加了一短横,这个短横表示簪子。古代男子二十岁算成年,得挽头发于头顶,插簪子别上,这样的人,叫夫。短横也可看作长到成人标准七尺(合今一点六米)高度的刻度。左右组合,会意为成人持工筑土为墙。篆文取金文第三字左半边的笔形,写作。

篆文的矩写作,左半边是矢,一说矢是夫字的讹变,仍表示人,一说古代常用矢做丈量的工具,表示长度。篆文的右下边是木字,表示矩是木制作的。这些字儿部分组合,会意亦为人持工筑土为墙。

由于筑墙要遵守栽版、装版,制模、加土、夯砸、成型、阴干、折版等规则,故“矩”义为规矩。楷书承篆,舍去木字构件,写成“矩”字。“循规蹈矩”意为谨遵规矩,不越分寸。

而“距”,形声字,本指鸡爪的一部分,引申出距离义,无规矩义,形近音近义异而别。

【居为己有】据。繁体字是據,会意字,从扌从豖 shǐ 从虎省(省去几,用虍 hū 作构件)。从扌的字大都表手的动作、行为。豖,甲金篆文分别作、、,是猪的象形。虎,甲金篆文分别作、、,是虎的象形。扌与豖与虎组合,篆文写作,会意为人凭勇力和老虎野猪搏斗或驱赶虎猪,义为凭借、依靠(勇力)。由于凭借勇力杀死虎猪或赶走虎猪含有占有(虎猪或山林)之意,引申出占据义。“据为己有”意为把不属于自己的东西占据来作为自己的。

而“居”见上“踞(居)高不下”的解说,无占据义,音近义异而别。

【查无实具】据。解说见上。“据”义为凭借、依靠,由于凭借、依靠得有凭借物、有依靠对象,引申为凭据、证据。“查无实据”意为查究不出真实的根据或证据。

而“具”见下“初俱(具)规模”,义为具有,具备,无证据义,音同义异而别。

【聚理力争】据。解说见上。“据”的义项是凭借、依据。“据理力争”意为依据事理尽力争取。

而"聚"，形声兼会意字，从乑取声，声兼义。乑 zhòng，会意字，从三人（即众字，作偏旁用时写作乑），甲金篆文分别作、、，像三个人，以三个示意多个，或又加太阳，会意为许多人（当是奴隶）在烈日下劳作；或又加目，会意为许多人在监视下劳作，义为许多人。取，会意字，甲金篆文分别作、、，左边是耳朵的象形，右边是手字。左右组合为取，会意为手抓取耳朵。《周礼》："获者取左耳"，捉到或杀死敌人割取左耳（以记功），义为割取左耳，引申为夺取、取得。乑用三个人字表示许多人。取与乑组合为聚，会意为众人会集在一起，或割取敌人耳朵的士兵会集在一起，义为聚集，无依据义，音同义异而别。

【前踞后恭】倨。"倨"jù，形声兼会意字，从亻居声，声兼义。"居"见上"踞（居）高不下"的解说。《说文》曰："居，蹲也。"意为和上古、远古妇女生子一样取蹲坐姿势。居和亻组合，会意为以蹲坐示人，以蹲坐示人显得傲慢，义为傲慢。"前倨后恭"意为以前对人傲慢，以后对人恭敬。

而"踞"见前"踞（居）高不下"的解说，义为跪坐，无傲慢义，音同形近义异而别。

【虎据龙盘】踞。解说见上。"虎踞龙盘"意为像虎那样地坐着，像龙那样地盘着，形容地势险要。而"据"见上，义为占据、据有，无蹲义，音同形近义异而别。异形词是"虎踞龙蟠"，建议不写。

【山乡剧变】巨。解说见本部"循规蹈距（矩）"。由于筑墙工程大，或夫役力量大，"巨"引申出巨大义。"山乡巨变"意为山乡发生巨大变化。

而"剧"（见下）义为猛烈、剧烈、厉害，无巨大义，音同义异误会而别。

【形势巨变】剧。解说见上。"剧"繁体字是劇，会意字，从刂从豕从虎省（省去几）。解说见上"居（据）为己有"。此字本不从刂而从力，会意为老虎和野猪缠斗激烈，加上力字，会意为用力猛烈、厉害，义为剧烈。力字在书写中讹变为刀，则字写为劇，简化为剧。"形势剧变"意为形势发生剧烈的变化，不表示巨大，音同义异误会而别。

【病情加巨】剧。解说见上。"剧"义为厉害。

【初俱规模】具。具，会意字，甲金文作，篆文写作，上部为鼎，下部为双手，篆文只写出鼎身，会意为将已煮熟食物的鼎端过来放下，表义重点在食物上，本义为肴馔，由肴馔已备好的会意引申出具备义。"初具规模"意为初步具备一定的规模。

而"俱"，形声兼会意字，从亻具声，声兼义，强调人的肴馔都已备齐，引申义为都、全，无具备义，形近音同误解而别。

【万事具备】俱。解说见上。"万事俱备"意为许多事都已齐备。

其他如"百废俱兴、面面俱到、样样俱全、一应俱全、与日俱增、与时俱进”的“俱”都不可误写为“具”或“剧”或“据”。

【细大不涓】捐。“捐”，会意兼形声字，从扌从肙，肙亦声，肙 yuàn，象形字，篆文写作[篆文]，像一只屈曲蠕动的小肉虫，上部像头，下部像肉身。因其小，含小意，不被重视。扌与肙组合，会意为小东西用手扔去，义为舍弃，如“为国捐躯”。“细大不捐”意为小的大的都不丢弃。

而“涓”，会意兼形声字，从氵从肙，肙亦声。肙与氵组合，义为细小的水流，如“涓涓细流”。“涓”无舍弃义，音同形近义异而别。

【开券有益】卷。“卷”，形声兼会意字，从㔾 jié 龹声，声兼义。龹 juàn，会意字，篆文写作[篆文]，这一篆文的上部是米字，下部是双手，会意为用手抟 tuán 饭团，义为抟饭。由于饭团圆，引申为屈曲、圆转。㔾，象形字，甲金篆文分别作[甲骨文]、[金文]、[篆文]，是人跪坐形，作偏旁时写作㔾、卩、巴、尸。龹与㔾组合，会意为人屈曲，义为膝部弯曲。由于古书用竹简或帛来书写，引申为可屈曲圆卷的书。“开卷有益”意为打开书本就有获益。

而“券”quàn，形声兼会意字，从刀龹声，声兼义。龹与刀组合，会意为用刀剖开圆形物，由于古代剖刻圆柱状的竹木为凭证，一分为二，双方各执其一，以便相合验证，义为契据、票证。“券”无书义，音异形近义异而别。

此外“手不释卷、试卷、卷帙 zhì 浩繁、卷宗”中的“卷”都不可误写为“券”；而“债券、入场券”也不可误写为“卷”。

【速战速绝】决。“决”本写作“決”，形声兼会意字，从氵夬声，声兼义。“夬”jué，会意字，甲骨文刻作[甲骨文]，上下都是手，中间是圆形有缺口的玉，即玦 jué，会意为持玦把玩，或争夺，字形借玦表示缺、缺口义。篆文写作[篆文]，下部是手，一竖表示棍，和手组合，会意为手持棍类物件，手和一竖以外的笔画表示有缺口的物件，三部分组合，会意为手持棍把一物刺扎破，义也是缺、缺口。

夬和氵组合，篆文写作[篆文]，楷书讹变为决，会意为水缺口，义为水破岸流出，引申为冲断开。古人由堤和水的对峙终于有了结果，引申为决出结果义。“速战速决”意为立即交战迅速分出胜负，即用快速的战术结束战局，比喻用最快的办法去完成某事。

而“绝”见本部“计(继)往开来”的解说，本义为绳断，无决胜义，音同义异而别。

【绝一雌雄】决。解说见上。决出结果是需要下决断的，引申出决心、决定义。“决一雌雄”比喻下定决心分出高低胜负。

“决”和“绝”都能用在否定副词和否定存现动词“不、无、非”前，但“决”强调心理上的坚决，突出主观必定义，“决”前可加“我”字，如：“(我)决不反悔、(我)决无二心、(我)决无异言、(我)决不退缩、(我)决一死战”。这些成语中的“决”都不能误写为“绝”。

J

“绝”强调情理上的断然，突出客观无可能义，“绝”前一般不能加“我”字，如硬加则很牵强，或不合逻辑，如：“绝不可能、绝无仅有、绝无此事、绝非易事、绝对不行”。这些成语中的“绝”都不能误写为“决”。

【绝决】决绝。解说见上。词义为坚决地绝断，如“态度决绝”。第一个字写“决”，表示主观态度坚决；第二个字写“绝”，义为断绝，表示决的最后结果。思想态度在前，行动在后，故不可写作“绝决”。

【超凡决俗】绝。解说见上。“超凡绝俗”意为超出尘世，不同凡俗。（与凡俗断绝）

【深恶痛决】绝。解说见上。深：极；恶：憎恶；痛：尽情地；绝：由断绝、完了义引申为死。“深恶痛绝”意为极为厌恶仇恨（得要死），即对某人某事物厌恶痛恨到极点。

【倔起】崛。“崛”，会意兼形声字，从山从屈，屈亦声。“屈”，会意字，金篆文分别写作、，上部是人（甲金篆文分别作、、），人下有尾，下部是出（甲金文篆文分别作、、，上为止，即脚，下框表示穴居的洞门，会意为从穴居的洞门走出，义为自内而外行。）人与尾与出组合，会意为人尾巴翘出，义为高起、突起。（人无尾，其尾是远古先民的服饰习俗，今天南亚、非洲、拉丁美洲还有饰尾的习俗。）后人据此加山字旁，写作崛，引申为突起，兴起，义为（山峰、势力、国力等）突起。

而“倔”，会意兼形声字，从亻从屈，屈亦声。由于尾巴盘曲上翘，既韧又顽固，引申为顽强、固执。由于人有此特性，便加亻表示，写作倔 juè。音近形近义异而别。

【一獗不振】蹶。“蹶”，形声兼会意字，从足厥声，声兼义。“厥”jué 的解说颇有歧见，姑作简单解说，以便于人们因形定义。厥，会意字，古文（《三体石经》）作，上部表示倒卧的人形（见上对“屈”的字头的解说），取其倒意；像两个树桩，下一竖表示树根；右下方是指事字末，即树梢（木上加一长横，指事树的梢部）：三部分组合，会意为枝叶（树梢）茂盛的大树倒下，现出一个又一个树桩，义为树桩。篆文讹变为，厂代替了金文表倒义的字头的笔画，厂下左边是屰 nì，用屰——逆的初文来代替金文表树桩的笔画，其右边是欠的篆书写法，下部是人字，上三撇表示人出的气，人上加三撇，会意为人张口出气）。楷书承篆，写作厥。表倒义的厂和屰、欠组合，会意为人逆迎树桩而绊摔倒，出声呼叫，义为摔倒。后加足显义，义为失足摔倒。“一蹶不振”比喻一遭到挫折就（摔倒）再也振作不起来。

而“獗”，形声兼会意字，从犭厥声，声兼义。犭与厥组合，会意为兽类像树木遭破坏一样被攻击，因而疯狂，义为猖獗，无摔倒义，音同形近义异而别。

【大放獗词】厥。解说见上。“厥”假借作代词：其，他的。“大放厥词”

意为大发他的议论，贬义。成语不是说大发猖獗的议论，音同义异误会而别。

【峻工典礼】竣。“竣”，会意兼形声字，从立从夋 qūn，夋亦声。“竣”从畯 jùn 演化而来。畯，会意字，从田从夋，甲金文分别作、，左旁是田字，右边是一个高大的戴有兽角形头饰的人站着或跪坐着，这种人戴有兽角头饰，使人见而生畏，夋与田组合为畯，会意为掌管农耕的田官。篆文加了倒止字，写作，（“止”，象形字，甲金篆文分别作、、，倒止为、像下有脚趾，上有脚跟的脚。倒止有两种：一为甲篆文、，像左脚，楷书写作夂 suī，一捺穿过撇；二为甲（旁）金（旁）篆文、、，像右脚，楷书写作夂 zhǐ。夋从夂。）倒止表示走来的意思，三部分组合，会意为田官走来（走去）监管农事。

“立”，指事字，甲金篆文分别作、、，下一横指事为地面，横上是正面的人字，义为站立。如果田事完了，田官就站住了，这个意思就用立字取代田字来表示，写作竣，义为完毕。“竣工典礼”意为工程完成举行庆祝仪式。

而“峻”，会意兼形声字，从山从夋，夋亦声。由于田官在奴隶、农夫眼中高大如山，这一意义就用山字取代田字来表示，义为山高大，无完毕义，音同形近义异而别。

【崇山竣岭】峻。解说见上。“崇山峻岭”意为高而险峻的山岭。

【严刑竣法】峻。解说见上。“峻”义为山高大，由于山高大显得有威严而险峻，引申出严厉义，“严刑峻法”意为严厉的刑法。

【疏竣河道】浚。解说见上。浚，会意兼形声字，从氵从夋，夋亦声。夋（见上）义为田官，氵与夋组合，会意为田官监督开挖疏通河道。“疏浚河道”意为挖深疏通河道。

而“竣”（见上）义为完毕，无挖深沟河义，音同形近义异而别。

K

【喀血】咯。咯 kǎ，会意字，从口从各。各，会意字，甲金篆文分别作、、，上部表示倒止，（卜有脚趾，上有脚跟，）即脚，表示走来。下部是口字，口在古文中表示人嘴、住所、洞口等，此处表示住处。上下组合为各，会意为有人到来，义为到来。“咯”的口表示人嘴，口与各组合为咯，会意为自口内到来，义为吐。“咯血”义为吐血。而“喀”kā 是拟声词，无义，音近误读而别。

【揩油】揩。揩，形声兼会意字，从扌皆声（今不能表声），声兼义。皆，会意字，从比从曰，金文写作，上部是比，表示二人亲近，也表示二人。曰，义为说。比与曰组合，会意为二人一同说，义为同样，一同。篆文写作，把曰讹变为白，其义不变。表示手或手的动作的扌与皆组合，会意为一同抹去，义为擦抹。“揩油”比喻占公家或别人的便宜。

而“楷”，形声兼会意字，从木皆声，声兼义。表示树木、木制品的木字旁与皆组合，会意为树木的枝条是一样的。古书说此树生于孔子墓上，其干枝“疏而不屈，以质得其直也”（稀疏并且不弯，因质地得到孔了的正气而长得直。）其义为楷模，无擦抹义，音同形近义异而别。

【感慨万千】慨。慨，形声兼会意字，从忄既声（今不能表声），声兼义。从忄的字皆表心理活动。“既”见 G 部“以偏概全”的解说，义为已经，完毕，完结。忄与既组合，会意为对已经成为事实的、已经形成的现象产生激动的心理活动，义为愤激或伤感或忧悼或矜悯或自愧不如等。“感慨万千”意为有所感触而生许多慨叹。

而“概”见 G 部“以偏概全”的解说，义为总括，概括，无慨叹义，形近音异义异而别。

【同仇敌忾】忾。忾 kài，会意兼形声字，从忄从气，气亦声（今不能表声）。气与云同源，甲骨文刻作，像云层，由于和数字三形近易混，金篆文便把直横稍加弯曲，分别写作、，这一改不仅有别于三，且有云气升腾流动状。隶楷承篆写作气，义为云气。由于人的气息也是气，引申为气息，又引申特指

气息的一种——怒气，即愤恨之气。表心理活动的忄与气组合，会意为愤恨之气，义为充满怒气的恨怒、仇恨，“同仇敌忾”意为全体一致充满怒气地仇恨敌人。

而“慨”见上，无充满怒气的恨怒义，音近义异而别。

【不勘设想】堪。 堪，会意字，从土从甚。甚，会意字，从甘从勺，金文写作，上部表示口感甜美，即“甘”字，一点指事舌头上感知美味的地方，下部表示勺子，勺中的一点表示食物，会意为乐享美味。

篆文变写为，成了从甘从匹的会意字。匹，象形字，金文写作，像从两端对卷的露出帛头的帛。（上古的帛是从两端对卷的。）篆文写作。由于一匹帛（四丈）对卷，引申为对等、相称，如“匹敌”。又由于两相对等，引申为匹配。由于匹配用于不同性别之间，引申为男女欢爱。匹与甘组合为甚，会意为欢爱很甜美，义为欢乐。

土与甚组合为堪，“土”表示地，表示“甚”的地方；有地方“甚”，义为能够，引申为能够承受义。“不堪设想”意为事情的结果不能够想象，指会向很坏很危险的方向发展。

而“勘”，会意字，从力从甚。从力的字一般都与力量、能力的含意有关。力与甚组合，会意为有力量有能力欢爱，即能够做到。其义特指（能够）校订，即更正书刊报章中文图的错误，不专表能够义，音同形近义异而别。

其他如“堪称模范、不堪一击（不能够禁受一次打击）、不堪入耳、不堪回首、苦不堪言、狼狈不堪（疲惫、窘迫得不能够忍受）”中的“堪”都不能误写为“勘”。而“勘探、勘察、勘测、勘误”中的“勘”也不可误写为“堪”。

【不堪之论】刊。 刊，形声兼会意字，从刂干声，声兼义。从刂的字大都表示刀或与刀有关的事物、动作、性状。干，见A部“柳暗花明”的解说，是上古猎叉的象形。猎叉是木杆的，干与刂组合，会意为用刀砍斫zhuó削制猎叉，义为削除、砍斫。上古（汉秦周商）文书刻或写在木片竹简上，错了，就用刀削去，引申为修改、删定。“不刊之论”意为用不着删削修改的言论，比喻不能改动或不可磨灭的言论。

而“堪”见上，无删削、修改之义，成语也不是说不能刊登的言论，音同义异误解而别。

【不卑不抗】亢。 “亢”的解说见H部“引亢（吭）高歌”。“亢”本义为高，用于人则引申出高傲义。“不卑不亢”意为既不自卑，也不高傲，形容言行自然得体。

而“抗”，形声兼会意字，从扌亢声，声兼义。从扌的字大都表手的动作、行为。手的动作、行为在高位，扌与亢组合为抗，义为以手反抗、对抗，无高傲义，音同义异而别。

其他如“亢奋、亢进”的“亢”皆不可误写为“抗”。

【稿劳将士】犒。 “犒”kào，形声字，从牛高声。从牛的字基本都表牛或与牛有关的事物、行为，义为用牛饷军。“犒劳将士”意为用牛酒慰劳军队。

而“稿”gǎo，形声字，从禾高声，义为禾类植物的茎，无用牛饷军义，形近音异义异而别。

【棵粒归仓】颗。“颗”，形声兼会意字，从页果声，声兼义。从页的字皆表颈项以上的部位，是头的象形字，见 D 部“巅（颠）扑不破”的解说，“颗”是头的量词，故从页。果，象形字，见 G 部“食不裹（果）腹”的解说，表示圆形的果实。页与果组合，会意为像头一样圆的圆形物，引申为圆形物的量词。“颗粒归仓”意为精收细打。

而“棵”，形声兼会意字，从木果声，声兼义。果，义为果实。木与果组合，会意为树上结的果实。树、禾、草大都结果实，引申出树、禾、草的量词义，无圆形物的量词义，音同义异误解而别。

【南轲一梦】柯。“柯”，形声兼会意字，从木可声，声兼义。从木的字大都表树木或树木的部位或木制品以及与树木有关的行为、性状。可，见 E 部“婀娜”条的解说，甲金文的会意是歌呼着挥舞弯柄斧头劳作，引申出弯曲义。木与可组合，会意为弯曲的树枝，义为树枝。成语出自唐代传奇，李公佐《南柯太守传》载：淳于棼梦入大槐安国，娶了公主，当了南柯太守，享尽荣华富贵，醒来发现，大槐安国就是他家大槐树下的蚁穴。“南柯一梦”比喻一场梦，或一场空欢喜。

而“轲”形声字，从车可声，“说文”曰：“接轴车也。”（按：轲，“现汉”解作人名用字。其他众多说文解字注译书，或不解，或照录原文，或舍弃此字。窃以为义为轴头包了金属的战车。屈原《国殇》曰：“车错毂兮短兵接。”朱熹注曰：“轮毂交错，长兵不施，故用刀剑，以相接击也。”敌对双方战车车轴交错——商周战车轴端四十厘米，长兵器不能施展，所以用刀剑来互相接战击杀。可知，接义为接战，兵器交会撞击，轴头必须包金属方可交会撞击，故“接轴车”可汴为轴头包了金属的战车。）音同形近而别。

【不落巢臼】窠。“窠”kē 与“巢”是近义词。巢，会意字，从甾从木，甲金篆文分别作、、，上部的甾 zī，象形字，像盛物筐，又像鸟窝，下部是木，篆文把甲金文字头上的三个小折笔讹变为三个 S 形的曲笔，后人附会为三只小鸟的头露出了窝。甾与木组合，会意为鸟巢，义为鸟巢。鸟的窝有垒在树木上的，在树木上的写作巢；有筑在洞穴中的，在洞穴中的便加穴宝盖头，同时省去“巢”上的三个曲笔画，篆文写作，会意字，从穴从巢省（省去巛 chuān），楷书写作“窠”。成语中的窠指鸟兽昆虫的窝，臼指舂臼，窠和臼是人们常见习用的老事物，于是窠臼就比喻老套子、旧格式。“不落窠臼”比喻不落俗套，有独创风格。比喻文章或艺术等不落俗套，有独创风格。

汉语语言习惯说“不落窠臼”，不说“不落巢臼”，义异而别。

【打磕睡】瞌。“瞌”，形声兼会意字，

从目盍 hé 声，声兼义。盍，金文古文（盟书）篆文分别写作、、，上部表示盖儿，下部是皿字，皿上短横笔画（金文还多写了一点）表示物，三部分组合，会意为把盛有物的器皿合上，义为覆盖。由于覆盖是上下物的对合，引申为聚合。目，义为眼睛。目与盍组合，会意为上下眼皮聚合，义为闭目小睡。

而“磕”，形声兼会意字，从石盍声，声兼义。从石的字不表石类物就表用石的动作、行为，除后起字、后造字外，几乎都带有新石器时代使用器物的痕迹，如碗、碟、碓（duì，舂粮用具），砧（zhēn，捶砸砍物时下垫的石头），又如砍、砸、斫（zhuó）、磔（zhé，用石刀斧分解肢体），砥（dǐ，用石磨 mó）。石与盍组合，会意为物或人头与石对合，义为碰在硬东西上。“磕”无闭目小睡义，词组不是说头磕下去的睡，音同形近义异误解而别。

【嗑然而逝】溘。解说见上。溘 kè，形声兼会意字，从氵盍声，声兼义。氵与盍组合，会意为像水四处聚合相汇而来一样快，义为忽然，突然。“溘然而逝”意为忽然死去。

而“嗑”kē，形声兼会意字，从口盍声，声兼义。口与盍组合，会意为口相开合，义为唠嗑。又读 kè，张口用牙对合嗑开，义为嗑开，如“嗑瓜子”。“嗑”无忽然义，音同（音近）形近义异而别。

【望梅止喝】渴。“渴”kě，形声兼会意字，从水曷 hé 声，声兼义。因渴与水有关，故从氵。因曷有说乞求话义，见 A 部“和蔼”的解说，故氵与曷组合为渴，会意为求水，义为缺水思饮。“望梅止渴”比喻借空想来安慰自己。

而“喝”，形声兼会意字，从口曷声，声兼义，因喝与口的动作有关，故从口。口与曷组合为喝，一义为（对乞求者）大声呼叫，音 hè；二义为（张口求水）饮水，引申为饮用酒或其他的液体，音 hē。“喝”无渴义，形近义异而别。

其他如“临渴掘井、求贤若渴、远水不解近渴、渴求、渴望、渴慕、渴盼”的“渴”皆不可误写为“喝”。

【克苦努力】刻。“刻”，会意兼形声字，从刂从亥，亥亦声。“亥”与“豖”都是猪，甲骨文刻作，金文写作、，像切割了头的猪。篆文有所讹变，写作，上部加了一横，可能表示切口，或许是二，表示上（长横为基准线，短横在其上，指事为上），指明上部的猪头被切割了；篆文的后腿和身子笔画美化得像人字，尾巴也美化得像人字。亥在十二属相中就表示猪。古人用整头牛羊猪祭祀，叫太牢礼；无牛，叫少牢礼；后不给神灵先祖吃得太多太好，用牛羊猪头意思意思，故常见切割了头的猪。据上所述，亥导出本义切割。亥与刂组合为刻，会意为用刀切割，引申为雕刻。由于雕刻要求神形毕肖，引申为严格要求。“刻苦努力”意为下苦功夫努力上进。

而“克”见下，无镂 lòu 刻义，成语不是说克制自己，吃苦努力，音同义异误解而别。

【以柔刻刚】克。“克”，象形字，甲骨

文有多个形体，不外乎以下三类：[古文字]、[古文字]、[古文字]，金文写作[古文字]，上部突出之笔画很高，不是略作突出的口字，当像夏商时代武士头上插的翎毛，今非洲、南美、澳洲土著部落武士和印第安人依然做这样的装饰。下部如释作戈，不像；整个字如释作皮铲，没法解说口上上突的歧头。当是单手叉腰挺胸的威猛又傲然的人的象形。上下组合，会意为头插翎毛得胜归来叉腰挺立的武士，本义为战胜。“以柔克刚”意为用软的温和的战胜硬的刚强的。

而“刻”见上，义为镂刻，无战胜义，音同义异而别。

其他如“克服、克己奉公、克扣、克隆、克制、攻无不克、克敌制胜”的“克”皆不可误写为“刻”。

【克守不渝】恪。“恪”kè，形声兼会意字，从忄各声，声兼义。从忄的字皆表心理活动，各，表人走来，见上“喀（咯）血”的解说。忄与各组合为恪，会意为来人谨慎恭敬，义为谨慎恭敬。“渝”，见 Y 部“不可渝（逾）越”的解说，义为变。“恪守不渝”意为谨慎恭敬地遵守，毫不改变。而“克”（见上）无谨慎恭敬义，成语不是说克制自己坚守不改变，音同义异误解而别。

【垦求】恳。“恳”繁体字是懇，形声兼会意字，从心貇声，声兼义。貇的左边本写作豕 shǐ，见上“刻苦努力”的解说，义为猪。右边是艮 gèn，见 J 部“坚（艰）苦奋斗”的解说。“艮”，象形字，甲金篆文分别作[古文字]、[古文字]、[古文字]，大眼角在身后，义为扭头看；图形字的眼珠画得又大又圆，强调瞪眼睛看；由于扭头瞪眼含有狠意，豕与艮组合为豤 kěn，会意为猪狠劲啃吃东西，义为猪啃食。由于猪啃食用心不二。豤与表示心理活动的心组合，会意为行事真心不二，义为诚恳。后来由于豕和豸 zhì 形近，误写为懇，且约定俗成，懇就成为正体了。今简化作恳。“恳求”义为真诚地诚恳地请求。

而“垦”繁体为墾，形声兼会意字，从土貇声，声兼义。见上所述，貇与土组合，会意为像猪那样狠劲拱土，导出本义为垦殖、开垦，无诚恳义，音同形近义异而别。

【戎马控偬】倥。“倥偬”kǒngzǒng，双音节单纯词，见 B 部“专横拔（跋）扈”的解说，义为繁忙。“戎马倥偬”意为军务繁忙。

而“控”kòng，形声兼会意字，从扌空声，声兼义。空，会意字，从穴从工，金篆文分别写作[古文字]、[古文字]，上部是洞穴形，下部的工表示斧头，见 G 部“鬼斧神工”的解说。穴与工组合为空，会意为人用工具挖成洞穴，义为洞穴。由于洞穴空无一物，引申出一无所有义、穷尽义。扌与空组合，会意为穷尽手力，义为（用尽所有力量）拉开弓弦。如唐岑参诗“将军角弓不得控”。控与倥，义不同，读音不同，习惯上倥偬也不写作控偬，故别。

【穷冠勿追】寇。“寇”kòu，会意字，从宀 mián 从人从攴 pō；pū，甲骨文刻作[古文字]、[古文字]，外框表示房子，框内右方是伸出手的人字，左方是棍状武器，框内的点表示被打破的器

物，几部分组合，会意为人闯进房内持武器行凶抢劫，本义为寇匪。金文写作，棍写到框内右上方，人的手写成了又，表示寇匪的人字省去，左旁加了个被打杀的人。几部分组合，会意和本义不变。篆文承金，写作，把表示被打破的器物的两点和人结合，写成了元，会意和本义也不变。（又，元，指事字，兀 wù 上加一短横，兀表示人削去头发，上加一短横，指事人头，义为人。）“穷寇勿追”意为不要迫穷途末路的敌寇，以免其拼死反扑，致己方受损。

而“冠”，会意字，从冖 mì 从元从寸，篆文写作，外框即平宝盖，表示帽子（原本是发髻套）。元，见上段，义为人。人的右边为手，（篆文习惯在人手下加一短横，写成寸，实际仍是人手）会意为人用手在头上戴帽子，义为帽子，无寇匪义，音异形近义异而别。

【纨裤子弟】绔。“绔 kù，形声兼会意字，从纟跨省声（省去足，今不能表声），声兼义。“夸”，会意字，从大从亏。分述之：

“亏”即于，会意字，甲骨文刻作，左边是夏商朝的吹奏乐器，疑为早期的简单的竽，即笙，（后代加了表材质的竹字头，）右边曲折上扬的图线表示乐声宛转上扬。金篆文分别写作、，楷书写作亏。金篆楷书都省去了表示乐音的曲线。四种形体的字都表示竽。

“大”像正面展臂而立的人。大与亏组合，会意为人在吹奏竽，义为乐声张大，引申为张大。

“足”，象形字，甲金篆文分别作、、，口表示腿骨，下部是止（趾的初文，上有脚趾，下有脚跟），即脚，义为从膝盖至脚的小腿。足与夸组合，会意为腿像乐声张大那样分得很大，义为迈腿越过，如“跨栏”。

由于迈腿越过要用分开的两腿，引申为两腿之间。这一义，后人用加月肉旁来表示，写作胯，如“胯下之辱”。关于月字的解说见 B 部“并行不背（悖）”条。由于两腿之间要穿裤子，这一义，后人用加纟字旁表示，纟指丝、线、绳类物，纟与省去足旁的夸组合，写作绔 kù，义为绔子（裤子）。纨：细绢。“纨绔子弟”意为穿丝绸裤子的年轻人。古代丝织品少，下衣一般着麻布衣（明朝才有棉布）；裤子都穿帛绢的，足见浮华。“纨绔子弟”比喻只知享受的浮华而无真才实学的年轻人。虽说文字上有俗写的裤字，但“纨绔子弟”自宋史《鲁宗道传》中出现以来已定型流传至今，故后起字“裤”是别字。

另，由于“绔”是衣服，也写作从衤的“袴”，故《现汉》既有“纨绔”，也有“纨袴”都是正用词形。

【跨台　打跨】垮。解说见上。“垮”，形声兼会意字，从土夸声，声兼义。夸，义为张大，土表示与土有关的事物、现象、行为。土与义为张大而张大含有不稳义的夸组合，会意为土崖、土坎、土堆、土墙（由于张大而）倒下，义为倒下。“垮台”比喻崩溃瓦解，“打垮”比喻打倒下。

而“跨”(见上)义为迈腿越过，无倒塌义，音近形近义异而别。

【胯下之辱】胯。解说见上。胯，形声兼会意字，从月夸声，声兼义。月是肉字的楷写，见B部“并行不背(悖)”的解说。月与义为张大的夸组合，会意为两腿之间，义为腰的两侧和大腿之间的部分。“胯下之辱”指汉代军事天才韩信少年落拓时从恶意污辱自己的流氓胯下钻过，以大勇忍小辱，以后成就旷世功业，推动历史前进的故事。“胯下之辱”比喻胸怀大志者忍受恶意的小辱。

而“跨”(见上)义为脚步跨过，无两腿之下义，音同形近义异而别。

【侩炙人口】脍。“脍”kuài，形声兼会意字，从月会kuài声，声兼义。从月的字大都表示肉体的某一部分，见B部“并行不背(悖)”的解说，“会”见H部“融汇(会)贯通”的解说，义为聚在一起。会与月组合，会意为许多肉聚合，义为许多挨在一起的肉，即细切的肉；炙：火烤的肉。“脍炙人口”意为像细切的肉、火烤的肉吃在人的口里，比喻美好的诗文或事物人人都喜爱、称赞。

而“侩”，形声兼会意字，从人会声，声兼义。人与会组合，会意为人聚在一起，特指人中的以拉拢买卖把人拢聚在一起从中牟利的无德小人，如“市侩”。“侩”无细肉义，音同形近义异而别。

【振聋发愦】聩。“聩”kuì，会意兼形声字，从耳从贵，贵亦声。贵，会意字，从虫kuì从贝。贵，甲骨文作，上部表示双手，下部表示土块，中间表示击碎土块的农具。金文作，下部是贝，上部左右两边是手，中间一竖表示农具或棍械，竖上的一点表示手握持处。它们各部分组合，甲骨文会意为击碎土块，金文会意为击破作为赏赐物或钱财用的贝，义都是毁坏。篆文写作，上部的中间笔画变写成了人字形，示意物件从手中滑脱。上部的笔画在楷书中写成了虫kuì，它与贝组合，会意为滑脱了贝，义为摔坏，(义又为遗失)贝是商周朝货币，引申为毁坏了价值高的即贵的东西。贵与耳组合，会意为最有使用价值的耳朵(即听力)损坏了，义为耳聋。“振聋发聩”意为使聋者振作，使聋者奋发，比喻用语言文字唤醒糊涂的人。

而“愦“，会意兼形声字，从忄从贵，贵亦声。从忄的字皆表心理活动。忄与贵组合，会意为心的功能损坏了，义为头脑糊涂昏乱，无耳聋义，音同形近义异而别。

【昏愦】聩。解说见上。昏：眼花；聩：耳聋。“昏聩”比喻头脑不清，是非不明。

而“愦”义为心里糊涂，无耳聋义。

【功亏一匮】篑。解说见上。篑kuì，形声兼会意字，从竹贵声，声兼义。强调毁坏的东西价值高时，贵的引申义为价高，贵重，值钱。贵与竹字组合为篑，会意为竹器中盛放贵重物，引申为盛物的竹筐，义为竹筐。“功亏一篑”意为(功效)只差一筐土而不能完毕，比喻一件大事只差最后一点儿人力物力而不能

完成。

而"匮"，会意兼形声字，从匚fāng(不是匸xì，匚的一横左方出头)从贵，贵亦声。匚像方形受物器，如"匠"：放纵向刃的斧；"匣"：放甲衣。匚与贵组合，会意为贵重的钱财放进匚中，流通的钱财便少了，义为缺乏，无竹筐义，音同义异而别。(以上所释大体不错，细部恐有讹误，敬祈方家正焉。)

【绅包】坤。"坤"kūn，形声兼会意字，从土申声，声兼义。"申"甲金篆文分别作[古文字]、[古文字]、[古文字]，像闪电形，篆文美化，把主电枝拉直，义为闪电。(专指电的时候，楷书把一竖写成竖弯钩，以与申区别。)由于闪电自天宇而下，引申为伸展、伸直。"坤"由土与申组合，会意为闪电伸展到地面，义为天下面的地。文王八卦就把坤(☷)放在正下方，表示地、阴、女；乾(☰)放在正上方，表示天、阳、男。故坤的引申义为女，坤包、坤表、意为女式包、女式手表。

而"绅"shēn，形声兼会意字，从纟申声，声兼义。纟表示织物，申义为伸展、伸直，绅便义为下垂至脚的系在腰间腹前的带子，为官绅所用，引申为旧社会在地方上有势力、有地位的人，如"绅士、乡绅、土豪劣绅"，无"女性的"之意，形近义异而别。

【轮括分明】廓。廓kuò，会意兼形声字，从广从郭，郭亦声。郭从享从阝yì。分述之：

享，象形字，甲骨文刻作[古文字]、[古文字]，金文与甲骨文无大差别，中间的口表示半穴居之土室，前后有两个带有防雨水下注的覆盖物的台阶走廊，以供出入。篆文美化写作[古文字]。楷书抽象化并简化，舍去中间的回字，写作享，义为有台阶走廊的穴居屋，(它与甲金篆文分别作[古文字]、[古文字]、[古文字]，表示高台上的宫殿用以祭祀的"亯xiǎng"形近但不同义，楷书写成同一个字——享。)由于从住处通往外面如同从城区通往外城一样(古代城市大多有内城外城)，就把外城叫作享。

由于外城也是人聚居的地方，对于人聚居地，甲金篆文分别作[古文字]、[古文字]、[古文字]，口表示一个地方，跪坐的人表示生活居住者。楷书承篆，写作邑yì，作偏旁用时写作阝(在右边)，故享加了阝，写作郭，义为外城。(外城是敌方围城时掘地垒起的高的土城，用以向城内射箭，后来人们筑外城用以守卫。)

广，象形字，古文写作[古文字]，上像房顶，左方一竖表示山崖，字像依山崖而建的前敞的房子，义为没有前墙的敞屋，如"店、庙、廊、庑"等字，引申为阔、大。广与郭组合为廓，会意为宽敞阔大的外城。轮：周遭。"轮廓"指外城周遭的形势，义为物体的外缘。"轮廓分明"意为物体的四周外缘很清楚。

而"括"，见G部"括(刮)目相看"，义为扎束、包括，无外缘义，音同义异而别。

【心胸开扩】阔。"阔"，形声兼会意字，从门活声，声兼义。活，会意字，从氵从舌。分述之：

K

舌，象形字，古文篆文分别写作、，下部口形笔画像舌头，上部笔画像舌头后部组织，义为舌头。氵与舌组合，会意为水像舌头那样灵活流动，义为活动、灵活。

门，象形字，繁体字是門，甲金篆文分别作、、，义为门。门与活组合，会意为可容人灵活出入活动的门，义为门宽大。由于门宽大，向内向外都能看得远，引申为辽远、空旷、面积大、气魄大，是形容词。“心胸开阔”意为胸怀宽广。

而“扩”繁体字写作擴，会意兼形声字，从扌从廣，廣亦声（今不能表声）。“廣”，会意兼形声字，从广从黄，黄亦声。分述之：

黄，见H部“装璜（潢）”的解说，义为佩玉的部落首领。广，见上“轮括（廓）分明”的解说。广与黄组合为廣，会意为住有部落首领的宽阔的房子，义为阔大。是形容词。

扌与廣组合，简化字写作扩，义为用手张大之，是动词，义为增大，如“扩大、扩张、扩散”等，无辽远、空旷义。成语不是说把心胸开展扩大，音同义异误解而别。

其他如“波澜壮阔、大刀阔斧、海阔天空、高谈阔论、广阔、辽阔”的“阔”皆不可误写为“扩”。

L

【味同嚼腊】蜡。“蜡”繁体字写作蠟,会意字,从虫从巤。从虫的字基本都表示虫类或与虫有关的事物、行动。巤 liè,金文写作,上边三竖像婴儿稀疏的头发,三竖下边像婴儿的囟门,囟门下边像襁褓,义为婴儿头上的毛发,引申指其他动物头上的毛,篆文就写作,毛发写成曲线,下边写成了鼠字,成了鼠头上的毛了。不管是婴儿头上的还是老鼠头上的毛,金篆文强调的都是毛发。在用化工原料制作蜡烛以前,蜡烛是用长有毛发的蜡虫的分泌物制作的,故从虫。虫与巤组合,会意为蜡虫,义为蜡虫的分泌物,即蜡。蜡无味,“味同嚼蜡”意为毫无趣味,或形容文章、说话枯燥无味。

而“腊”,会意字,从月从昔,从月的字基本都表肉体或与之有关的性状,见B部“并行不背(悖)”的解说,昔,会意字,甲金篆文分别作、、,波浪线像田垄,又像大水,日在其下,篆文美化文字化,田垄或大波浪不很像了。它们会意为田垄上庄稼收获前的日子,又会意为太阳倒映在洪水下的古往的时日,义为从前、古昔。月与昔组合,会意为从前的肉,义为经过较长时间风干的肉,即用来祭祀的肉,如“腊肉、腊味”。又因冬季祭祀,叫腊祭,祭祀的月份叫腊月,在祭祀的月份开的花俗称腊梅,“腊”无蜡虫分泌物义,音同形近义异而别。

【腊梅】蜡。解说见上。蜡色白而微黄,凝而有柔,与梅花之色之态之风骨相似,故名为蜡梅。

而此花因在祭祀的月份开花,俗又称腊梅。《现汉》把“蜡梅”作为推荐词形,把“腊梅”作为异形词,建议不写后者。

【心狠手棘】辣。“辣”形声兼会意字,从辛剌 là 省声(即“剌”字省去刂旁后作声旁),声兼义。辛表示刑刀,见B部“避(辟)邪”的解说。“剌”,会意字,从束从刂:“束”shù,甲金篆文分别作、、,中间是木字,方框和圆圈表示围束,会意为捆缚木柴片。束和刂组合,甲金篆文分别作、、,左边是捆缚的木片,右边是刀,会意为用刀割开捆缚之绳,义为割。剌和表示刑刀的辛组合,写作省去刂旁的辣,表示用刑刀割人，义为狠毒，又义为像刀割使人痛苦的味觉辣。“心狠手辣”意为心肠凶狠，手段毒辣。

而“棘”jí，会意字，从二朿 cì，甲金篆文分别作⿰、⿰、⿰，中竖像用尖头木棍穿破物，横工字像被穿破之物，横工字也像木刺。这是两个带刺的木构成的会意字，指低矮丛生有刺的酸枣树，引申为有刺的草木，如“荆棘”，无狠毒和味觉辣义，形近义异而别。

其他如“泼辣、酸甜苦辣”的“辣”也不可误写为“棘”。

【招来顾客】倈。“倈”lái，繁体字写作徠，形声兼会意字，从彳来声，声兼义。“来”繁体字写作來，象形字，甲金篆文分别作⿰、⿰、⿰，是麦的象形，上有麦头，中有麦芒，下有麦根，本义为麦。由于古人迷信认为麦是上天送来的，引申为到来义。《说文》曰：“天所来也，故为行来之来。”（上天赐来的，所以用作往来的来。）

到来的来，本写作麦，繁体字为麥，会意字，甲金篆文分别作⿰、⿰、⿰，上半部是本义为麦的来，下半部是倒写的止——⿰（趾的初文，下有脚趾，上有脚跟），即脚，表示走来。上下两部分组合，会意为上天把麦子送来，也义为到来。由于麦子送来了，引申为麦子。

这样，本义是麦的“来”，用作基本义到来，本义是到来的“麦”用作基本义麦子。这是文字在使用中表义侧重点不同而约定俗成的结果，实为一大趣事。

彳 chì 是行（⿰，十字路，会意为行走）的一半，义为小步走，彳与来组合，本义为人走来。此字不单用，只在词语中用。“招倈顾客”义为招揽顾客。无“招来”一词。短语不是说把顾客召请来，音近义异误会而别。

【青赉】睐。解说见上。“睐”lài，形声兼会意字，从目来声，声兼义。从目的字大都表眼或与眼有关的事物、行为、性状。目与来组合，义为目来回旁视，眷顾貌；青：黑眼珠。“青睐”意为受人喜爱或重视。

而“赉”lài，会意兼形声字，从贝从来，来亦声，从贝的字皆表钱财或与钱财有关的事物、行为、性状。贝与来组合，会意为上天送来的钱财，也引申指在上位者送来的钱财，义为赏赐，如“赏赉”。“赉”无眷顾喜爱义，音同义异而别。

【死皮癞脸】赖。“赖”，会意兼形声字，从贝从剌 là，剌亦声。为书写美观，把刂缩移到贝上，篆文写作⿰。“剌”见上“心狠手辣”的解说，义为割破捆缚物。“贝”是商朝货币，甲骨文刻作⿰，高约两厘米，宽约一点五厘米，产自南海（今舟山群岛一带，古贝比今贝略小一点），常串编成串。由于贝壳有限，又有铜铸、玉雕、木刻的贝，也常串编成串；两串多贝叫朋（应作两贝，讹写为两月）。剌与贝组合为“赖”，会意为割破贝串，本义为获得（别人破串而取下的贝）财利。由于获得财利是生活的依靠、凭仗，引申为依赖；把责任推给对方是一种自私的反道义的依赖，又引申为抵赖不

承认。“死皮赖脸”意为不顾羞耻，一味纠缠（一直赖着）。

而“癞”，形声兼会意字，从疒chuáng赖声，声兼义。从疒的字皆表病、生病。疒与赖组合为癞，会意为赖在头上的病（古代治不好的长期在头的病），义为头部黄癣病。“癞”无依赖义，音同义异误解而别。

【五彩斑烂】斑斓。二字皆从文，从文的字往往与文化、丝纹有关，见B部“略见一斑”的解说。斑，会意字，从文从珏jué。珏为二玉相合，是古代的瑞玉，文与珏组合为斑，义为美玉上的花纹。

斓，形声兼会意字，从氵阑声，声兼义。阑，金篆文分别写作、，外框是门的繁体字門，内里是柬。柬，见J部“挑肥捡（拣）瘦”的解说，义为挑选木柴木片，也指挑选出的木柴木片，门与柬组合，会意为门前木栅栏，义为栅栏。由于栅栏纵横交错，引申为纵横交错。文与阑组合，会意为纵横交错的花纹，义为花纹多。“五彩斑斓”意为灿烂多彩。

而“班”的一点一撇是从甲骨文刀字演化来的，“班”，会意字，从刀从珏，两相组合，会意为用刀剖分瑞玉（古人把瑞玉中分为二，各执一半作为信物），义为剖分瑞玉。引申为分开，如“萧萧班马鸣”。“班”无美玉上的花纹义，音同形近义异而别。

而“烂”làn，繁体字为爛，形声兼会意字，从火阑声，声兼义。火与阑组合，会意为火把东西煮得纵横交错。义为火煮软、煮碎、煮破。“烂”无花纹多义，音近义异而别。

【栏腰斩断】拦。解说见上。拦，繁体字写作攔，形声兼会意字，从扌阑声，声兼义。阑，义为栅栏，阑与表示手的动作行为义的扌组合，会意为用手像栅栏那样从中间遮拦、阻挡。“拦腰斩断”意为从半中腰切断。

而“栏”，繁体字写作欄，形声兼会意字，从木阑声，声兼义。木与阑组合，会意为木质栅栏，义为栏杆，无遮拦、阻挡义，音同形近义异而别。

【力挽狂拦】澜。解说见上。“澜”，形声兼会意字，从氵阑声，声兼义。氵与阑组合，会意为像栅栏那样大的水波，义为大波浪。“力挽狂澜”比喻尽力挽回险恶的局势。而“拦”见上，成语不是说尽力挽回，疯狂阻拦，音同义异误解而别。

【无耻滥言】谰。解说见上。谰lán，形声兼会意字，从讠阑声，声兼义。讠与义为纵横交错的阑组合，会意为乱扯胡说（话语纵横交错）的话，义为诬赖的话。“无耻谰言”意为不讲廉耻的诬赖人的话。

而“滥”làn，形声兼会意字，从氵监声，声兼义。“监”繁体字写作監，会意字，甲骨文刻作、、，第一字的右半边是一个俯身下视的女子（从其双臂抱护胸部而知是女子），并画出了头部，第二三字改画成目，左半边是盆，盆上一横表示水面，横下的圆圈表示倒映的人面，几部分组合，会意为一个女子用盆水照容貌。（远古没有镜子），本义为用水照容貌。后二字突出了眼睛，人不分性别，更为合理。金篆文分别写作、，眼睛写成臣，是从人的侧面看去的眼睛侧视图，与人字分开写，金篆文的会意和本义不变。

氵与监组合，强调监义中的一个侧面——盆水，“滥”本义为像一盆水大的泉水涌出。

由于水多，引申出泛流义，如“江河泛滥”；由于水多，无节制，于人无益，引申出多而差义，如“宁缺毋滥”“粗制滥造”；由于于人无益，引申出质差不合格义，如“滥竽充数”；由于多而无益，引申出浮泛不切实际义，如“陈词滥调”。它们中的“滥”皆不可误写为“烂”或“乱”。“滥”无诬赖的话义，音近义异而别。

【滥醉如泥】烂。解说见上。“烂”，见上“五彩班烂（斑斓）”的解说。义为用火烧煮得变软变碎，引申为如同用火煮烂一样的程度深。“烂醉如泥”意为深度大醉如同泥一样瘫倒。而“滥”见上，音同义异而别。

【兰球】篮。解说见上。“篮”，形声兼会意字，从竹监声，声兼义。从竹的字基本都是竹或竹制品或与竹有关的行为。竹与监组合，会意为如一盆水大小的竹器，义为竹篮。早期英国矿工工余玩儿传抢布球为戏，误扔进树上挂的篮子里而产生了篮球运动，故从竹。

而“兰”是从艹阑声，声兼义的蘭（兰花、兰草，其纵立的草叶如同栅栏）的简化字。实风马牛不相及。音同义异普遍误会而别。

【兰天】蓝。解说见上。蓝，形声兼会意字，从艹监声，声兼义。艹与监组合，会意为草丛中的可照视容颜的水，因在草丛中，其色蓝绿，义为蓝色，又指含蓝色汁液可作染料的蓼蓝（草）。而“兰”无蓝义。也是风马牛不相及的别字。

【青出于兰】蓝。解说见上。“青出于蓝”比喻学生胜过老师，后人胜过前人。

【博揽群书】览。解说见上“无耻滥（谰）言”。“览”的繁体字为“覽”，会意字，上部的左边是侧面的人眼形象，上部的右边表示对着盆水俯视容貌的人，人下的一点表示盆水，下部是由目和人组成的“见”，五部分合起来，会意为观看，本义为观。“博览群书”意为广泛阅读了许多书。

而“揽”（见下）无观览之义，音同义异而别。

【独缆大权】揽。解说见上。“揽”，形声兼会意字，从扌览声，声兼义。从扌的字大都表手的动作、行为。扌与覽组合，会意为用手臂把眼睛看到的围拢起来，义为用臂围着，使靠近自己，引申为把持。“独揽大权”意为独自把持大权。

而“缆”，形声兼会意字，从纟览声，声兼义。从纟的字大都表丝、线、绳。纟与览组合，会意为一边监看着一边系绳子，义为系船的绳索，无把持义，音同形近义异而别。

【书声朗朗】琅。“琅”láng，会意兼形声字，从王从良，良亦声，从王的字皆表玉或与玉有关的事物、行为，

王字旁就是玉字旁，曾叫斜玉旁。见B部"金璧（璧）辉煌"的解说。"良"甲金篆文分别作、、，中间的口表示半穴居屋，上下图形表示走出的沟道台阶，（与K部"轮廓分明"中的享，有带覆盖物的沟道台阶不同）本义是出入半穴居屋的廊道，是廊的先造字。由于走出半穴居屋升到高处，又高敞又明亮，风景美好，引申出高朗美好义。王与良组合，会意为玉片碰击发出的高朗清亮美好的声音。"书声琅琅"形容众多的清脆而响亮的读书声。

而"朗"lǎng，会意兼形声字，从月从良，良亦声。从月的字基本都表肉体，见B部"并行不背（悖）"的解说，但也有就表月亮的，如"明、朝"。月与良组合，会意为高敞的月光，义为（月光高敞）明亮，引申为声音高敞响亮。《现汉》也有"朗朗"词条，形容声音清晰响亮，如"朗朗上口、笑语朗朗"。也形容明亮，如"朗朗乾坤"。但不形容如金玉碰击那样响亮的读书声，也没有"书声朗朗"的词条。音近形近义异误解而别。

【跟铛入狱】锒。解说见上。"锒"láng，会意兼形声字，从钅从良，良亦声。从钅的字基本都表金属、冷兵器或与金属有关的其他物件、行为、性状。钅与良组合，会意为高朗清亮的金属声，义为金属撞击声。铛也表金属撞击声，锒铛义为（能发出金属撞击声的）铁锁链。"锒铛入狱"意为戴上镣铐关进监狱。

而"踉"liàng，形声字，不单用，只是和"跄"qiàng组成单纯词，单纯词见B部"专横跋扈"的解说，表示脚步不稳，无铁索链声之义，音近形近义异而别。

【和事佬】老。"老"，象形字，甲金篆文分别作、、，这是一个老人拄拐杖的图形，头发长长，弯腰弓背，手拄拐杖，义为老人。金篆文上部的头发画写得不如甲骨文生动形象，下部的拐杖弯得有些不像。楷书把长发下的表示人的腰背身子的弯笔画省去，把表示手臂的短撇从上到下斜向拉长为一长撇，写作老。由于老人在世久，阅历广，引申出有经验义，如"老手、老到"。"和事老"义为有经验的调解纠纷的人，也指无原则地进行调和的人。

而"佬"，会意字，从亻从老，指成年男性，带贬义，如"乡巴佬"，无"老"义，音同义异普遍误会而别。

【雷鼓三通】擂。"擂"léi，形声兼会意字，从扌雷声，声兼义。从扌的字大都表手的动作、行为。"雷"甲骨文刻作，中间笔画像闪电，左右的圆圈表示雷声滚响。金文写作，加了雨的图形，闪电周围加了四个车轮，会意为下雨打雷，声如车轮滚动，既准确又形象直观，形声色俱包。篆文承金，省去闪电，写作，整齐美观。三种形体的字的字义都是打雷。扌与雷组合，义为像打雷一样用力击打。义为敲击、击打。擂鼓就是敲鼓。而"雷"无打义，音同义异而别。

【打擂台】擂。解说见上。“打擂 lèi 台”义为上擂台（击打的台）进行比武，也比喻参加比赛或挑战。

而“檑”léi，形声兼会意字，从木雷声，声兼义。木与雷组合，会意为像打雷一样响着滚落的木头，义为古代打仗时从高处推滚落下的碾轧砸击敌人的大木头，即檑木。“檑”无击打义，音近形近义异而别。

【光明垒落】磊。“磊”，会意字，从三石会意，本义为石头多。由于石多，显得错落分明，稳固而正，持重而大，引申为正大。“光明磊落”意为没有私心，胸怀正大坦白。

而“垒”，篆文写作，是象形字，楷书写作厽 lěi，像三个（以三个示意，实是多个）土块摞 luò 起来的样子，本义为土垒的墙，引申为堆砌、修筑。后由于是土的性质，加了土字底，写成垒，无多石义，音同义异而别。

【壁磊森严】垒。解说见上。壁垒的垒，本字是壘，金文写作，上部图形像军营中的许多战鼓，表示军队集结处，下部是土字，会意为集结的军队用土筑的防御工事，义为壁垒。篆文写作，今简化作垒，这样一简化，土墙义、壁垒义便合用一个字表示了。“壁垒森严”比喻防守很严密或界限划分得很分明。而“磊”（见上）无壁垒义，音同义异而别。

【危若垒卵】累。“累”有两个字形，一个是累 lěi（累计、积累）；lèi（劳累、累人），会意字，篆文写作，上部像摞 luò 起来的土块，下部是纟，从纟的字大都表丝、线、绳或与之有关的事物、行为、性状。两部分组合，会意为土块像连续不断的丝线一样的累积、堆叠，义为重叠、堆积。“危若累卵”形容形势极其危险，如同摞起来的蛋，随时都有倒下砸破的可能。另一个字是纍，见下一条。

而垒（见上）义为土垒的墙，不直接表示重叠、堆积，音同义异而别。

另，“日积月累、罪行累累”的“累”和表重叠、堆积的引申义连续、多次义的“累计、累教不改”的“累”以及表由于堆积过多而受拖累牵连义的“连累 lěi”的“累”皆不可误写为“垒”。

【硕果垒垒】累累。解说见上。“累”的第二个字形是纍，会意字，篆文写作，楷书繁体字写作纍，上部像回转滚动的雷，见本部“雷（擂）鼓三通”的解说，下部是纟——丝、线、绳，会意为丝线像雷声连续滚动一样地连缀拧转，义为连缀成串的绳索。今也简写作累。“硕果累累”意为大果实（像绳索一样）一串串，比喻巨大的成绩很多。而“垒”（见上），无绳索义，音近义异而别。

另，表由于连缀成串的东西往往多余而引申出多余、麻烦义的“累 léi 赘”的“累”也不可误写为“垒”。

【赢弱不堪】羸。“羸”léi，会意字，从羊从羸 luǒ 省（省去虫）。羸省去虫字，象形字，金文写作，像细腰的蜂，上部有圆头，头上有尖嘴，头下左边是翅膀，右边是细腰和大肚子，肚子上有仅画出一侧的三条

腿，篆文写作，楷书写作亡口月凡，亡口来自金文的蜂嘴和头，月来自翅膀，凡来自肚子，指青黑色细腰的寄生蜂蜾蠃 guǒluǒ，因是昆虫，后人加了虫字旁，写作蠃。羸，会意字，把蠃的“虫”字换成“羊”字，写作羸，指细腰的羊，即瘦羊，引申为瘦弱。“羸弱不堪”意为十分瘦弱。

而“赢”yíng，会意字，金文写作，在蜾蠃身后加了个贝字，商代以贝为货币，从贝的字皆与钱财有关。由于蜾蠃这个寄生蜂把螟蛉的幼虫捉来，将卵刺下在螟蛉幼虫体内，卵孵化后就以幼虫为食物，古人以为这个寄生蜂是多余的昆虫，则贝与亡口月凡组合为赢，会义为经商有余利，义为获利。又，会意为寄生蜂使下一代有食物而得以生存，义为获胜。“赢”无瘦义，形近义异而别。

【两肋插刀】肋。“肋”lèi，会意兼形声字，从月从力，力亦声。从月的字都表肉体，见 B 部“并行不背（悖）”的解说。肋，篆文写作，是“筋”字的初文，义为有力的肉；肋部有力，引申指长有肋骨的部位。“两肋插刀”意为敢以死帮助朋友的无原则的江湖义气。

而“胁”xié，繁体字写作脇，形声兼会意字，从月劦声，声兼义。“劦”xié 甲骨文刻作，是三只犁地的犁，古文叫耒 lěi，见 J 部“不加（假）思索”的解说，义为合力并耕。金文加了口字底，写作，义为同声吆喝合力并耕。篆文省去口，写作。它们的字义都是合力并耕，引申为合力，同力。月与劦组合，今简化作胁，会意为最有力的肉，指两膀所夹的从腋下到腰以上的部位，无肋骨义，形近义异而别。

【愣头愣脑】愣。“愣”来自楞，楞原写作棱 léng，形声字，从木夌 líng 声。“棱”古代俗写作楞，“楞”字拆开了看是“四、方、木”组合的会意字，义为四方有边棱的木头。由于这种木头边棱固定不变，呆板无生气，引申指人失神发呆，固定不动。这一义属心理活动，于是用忄换下木字旁，写作愣，文字学上叫从忄从楞省（省去木）。因此，楞和愣表义有了分工。“楞”从木，义为四方有边棱的木头；“愣”从忄，义为失神、发呆。“愣头愣脑”形容鲁莽冒失的样子。

而“楞”，无失神义，音同形近义异而别。

【耕种犁耙】犁。“犁”，形声兼会意字，从牛利声，声兼义。利，会意字，从禾从刂。甲金篆文分别作、、，左边是禾字，右边是刀字，禾与刀组合，会意为用刀收割禾谷；刀上的点表示禾谷碎屑，义为割禾谷。用刀割比蚌壳或石刀快，引申为锋利，又引申为快捷。利与牛组合，会意为用牛翻耕土地快捷，义为犁地。

而“梨”，形声字，从木利声，树名，又是果名，故从木；无犁地义，音同形近义异而别。

【以礼服人】理。“理”，形声兼会意字，从王里声，声兼义。从王的字皆表玉或与玉有关的事物、行为、性状。里，会意字，金篆文分别作、，上部是田字，下部是土字，田与土组合，会意为有田有土的人所聚居的地方，义为乡里（古代“五家为邻，五邻为里”）。由于人住在乡里 lǐ，引申为内部、里面。王与里组合，会意为在玉石里面，玉总是包在石头里面的。人得到与石头共生的玉，须制作，义为把玉从石中剖分出来，即制作玉器。由于制作玉器得依循纹理，引申为纹理，纹理是有一定的走向和规律的，又引申为道理。“以理服人”意为用说道理使人服。

而“礼”（见下）义为礼节、礼貌，无道理义，音同义异而别。

【理尚往来】礼。礼的繁体为“禮”，形声兼会意字，从礻 shì 豊声，声兼义。豊 lǐ，会意字，甲骨文刻作、，金篆文分别写作、，图形字中的丰表示玉，两片、三片或多片一串，置于容器内，放在高脚盆——豆上，会意为把盛有祭品的礼器奉献给神灵先祖，义为祭祀用的礼器。由于是祭祀神灵先祖的，便加了表示神主之义的礻旁，见 J 部“弱不经（禁）风”的解说，写作禮，今简化作礼。由于祭祀的礼器是供人用来礼拜的，引申出礼仪、礼节义。“礼尚往来”意为礼节上崇尚有来有往。

而“理”（见上）无礼节义，成语不是说道理上崇尚有来有往，音同义异误解而别。

【不可礼遇】理喻。“理和礼”的解说见上。喻，形声兼会意字，从口俞声，声兼义。俞 yú，会意字，金文写作、，左旁是刳 kū 木的小船——独木舟，右下部曲线表示水流，其上部的三角形表示前进的方向。篆文把三角形写成字头，即，人字头下左边是舟字，右边两笔表示水流。楷书规整化为俞。它们组合，会意为船在水上前行，本义为船行水上。由于水上行舟畅行无阻，引申为通畅。俞加口旁，写作喻 yù，会意为说话通畅，说话通畅则使人明晓，喻便引申为说明，告知。“不可理喻”意为不能够用道理说使他明白。

而“遇”，形声兼会意字，从辶 chuò 禺声，声兼义。禺 yú，金篆文分别写作、，上部像鬼头，又像大猩猩的头，下部的内 róu，金篆文分别写作、，金文带歧头的横笔画和篆文的竖、横折笔画像叉子，整个字像叉住了爬虫类动物的身尾，后此字成为表示动物的泛符，禺就表示有大头有身尾的大猩猩。辶与禺组合，会意为大猩猩走来，义为相逢，无说明、告知义，成语不是说不可以礼相待，音同义异误解而别。

不过，虽没有“不可礼遇”的成语，但有“礼遇”的词，义为以礼相待。

【砺兵秣马】厉。“厉”繁体是厲；“厲”，会意字，从厂 hǎn 从萬 wàn。“萬”是蝎子，象形字，甲金篆文分别作、、，古文写作，甲金篆文，有双螯，有花斑纹的身子，有长尾，有尖钩。金文下部带有杈头的斜横表示叉住蝎尾的工具。篆文

把这一工具写成在横折钩的左边加一竖的笔画。它们形神毕肖，远古先民的智慧令人叹为观止。金文虽把蝎尾写短，仍像蝎。今简化字从古文简化，写作万。蝎子很毒，被蜇极痛，故恶毒之极，称为“万恶”（像蝎子那样恶毒，不是一万个恶毒），引申为极甚，如“万不得已”。又由于万是数之极甚，又引申为数词十千，十千是万的基本义。安徽蒙城县方言，说人坏时，好说“万”，其义盖出于此。

“厂”hǎn（厂和廠本不是一个字，现把“廠 chǎng”简化作“厂”）是前突的山崖之形，山崖粗悍，攀爬常拉破手足胸腿，割出条状伤口，痛如蝎蜇，但做磨刀石却很好，故厂与萬组合，金篆文分别写作、，简化字写作厉，义为粗磨刀石。《说文》：“厲，旱（即悍）石也”。如“使河如带，泰山若厉”（假使把黄河看作像衣带，把泰山看作像粗磨刀石）。由于此石的功用是磨刀斧，引申为磨。“厉兵秣马”意为磨快武器，喂饱战马，指做好战斗准备，也指做好做某件大事的准备。

由于厉被引申义——动词磨 mó 所专用，名词磨 mò 石义便加石旁写作砺表示，如“砥砺”（细的粗的磨刀石），“砺”义为磨石，名词性语素，不可认做动词性语素，音同义异误解而别。

【再接再砺】厉。解说见上。“厉”义为磨。“再接再厉”指斗鸡再次跃起接战时，再次左右磨喙 huì，比喻一次又一次地努力。而“砺”义为磨石。

【再接再励】厉。见下“厉（励）精图治”的解说。

【变本加利】厉。解说见上。由于粗磨刀石磨痕深，磨刀快，引申出猛烈、严重义。“变本加厉”意为变得比原来更加严重。

而“利”见上“耕种梨（犁）耙”的解说，义为锋利。由于收割禾谷属财物收获，引申出基本义利益。“利”无严重义，成语不是说变本钱为利钱，音同义异误会而别。

【雷励风行】厉。解说见上。厉，义为猛烈，“雷厉风行”意为像雷一样猛烈，像风一样劲吹，形容执行政策法令严格而迅速。而“励”（见下）无猛烈义，故别。

【正言利色】厉。解说见上。由于猛烈严重的言行态度总是严格认真而厉害的，引申出严正、严厉义。“正言厉色”意为说话严正表情严厉。而“利”（见上）无严正、严厉义，音同义异而别。

“声色俱厉、色厉内荏（外表强硬，内里怯弱）”的“厉”，义也是严厉，都不可误写为“利”。

【励行节约】厉。解说见上。由于严厉的人对人对物要求高，引申出严格义。“厉行节约”意为严格实行节约的政策、做法。“励”见下。

【厉精图治】励。解说见上。励，形声兼会意字，从厉力声，声兼义。由于磨砺武器含有持续努力工作义，引申出努力、勉力、激励义，此义用加力字旁写成“励”来表示。“励精图治”意为努力振作精神，想办法把国家治理好。而“厉”见上，无此义，音同义异而别。

总之，除了表示磨刀石意思的要加石字旁写作“砺”，表示努力勉力义的要加力字旁写作“励”以外，其他都写作“厉”。

【厉害攸关】利。见上“耕种梨（犁）耙”的解说。本义为收割，收获。收获则有利，基本义为利益。攸，助词：所。“利害攸关”意为利益和损害所关涉，指有密切的利害关系。

而“厉害”作剧烈、凶猛、难以对付义用时与表示同样义的“利害”是一样的，但“厉害”却无“利益和损害”义，音同义异而别。

【暴厉恣睢】戾。“戾”lì，会意字，从户从犬。篆文写作[篆文]，上部表示单扇门，下部是犬，会意为门下出狗“身曲戾也”，即弓身欲冲出吠咬，义为凶暴乖张。恣睢 zìsuī：任意胡为。“暴戾恣睢”意为残暴凶狠，任意胡为。

而“厉”（见上）无凶暴乖张义，音同义异而别。

【风声鹤戾】唳。解说见上。唳 lì，形声兼会意字，从口戾声，声兼义。从口的字大都表与口有关的事情、声音、动作、行为。口与戾组合，会意为狗凶暴地尖叫，义为叫声，特指鹤的叫声。前秦苻坚进攻东晋战败溃逃，在淮南八公山，听到风声和鹤鸣都疑心是追兵。“风声鹤唳”形容惊慌疑惧。

而“戾”lì义为凶暴乖张，无鹤鸣义，音同义异而别。

【瓦铄】砾。“砾”lì，形声兼会意字，从石乐声（今不能表声），声兼义。乐的繁体字为樂，会意字，从纟从白从木，甲骨文刻作[甲骨文]，金文写作[金文]、[金文]，篆文写作[篆文]，上部两个8像丝的舒张力收缩力相作用而自然扭成的丝束，下部是木字，表示络丝的架子；金文篆文中的像“白”字的图形表示织帛的梭子，几部分组合，会意为蚕茧经水煮缫丝时缠上丝束的络子，义为丝络。络子不大，聚为一团，体积恒定，可作比类物，加石旁，以表示小的石块，义为小石块。“瓦砾”义为破碎的砖石瓦片。

而“铄”shuò，形声兼会意字，从钅乐声（乐，方音读 luo），声兼义。蚕茧用水煮，融解胶质，金属用火炼，熔化成水，二者类似，故“铄”会意为金属像煮蚕茧融化开一样用火熔化，义为熔化金属，无小石块义，形近义异而别。

先贤罗振玉说樂的本义是音乐，“丝附木上，琴瑟之象也。”此说恐智者千虑，偶或有失，丝不拉紧，无高频振动，何来音乐？且甲骨卜辞中无一例用作音乐义的。窃以为音乐义应是引申义，由于织帛时节奏感强，织机轧轧 yà 有声，梭子嗒嗒作响，经线一次次抻紧发出好听的声音，如同打击乐和弦乐齐奏，“如乐作焉”，引申出音乐义。

【伶牙利齿】俐。“伶俐”是单纯词，见B部“专横拔（跋）扈”的解说，单纯词有一个特点，即按词义归类，是昆虫类的加虫字旁，如“蟾蜍”，是山路类的加山字旁，如“崎岖”，是步履类的加足字旁，如“蹒跚”。“伶俐”义为聪明灵活，是人一类的概念，加单人旁亻。“伶俐”和“牙

齿”以互文的方式组合成成语，意为伶俐的牙伶俐的齿，即口齿伶俐，能说会道。

而“利”见上“耕种梨（犁）耙”的解说，引申义为锋利，不可误解为伶俐的牙锋利的齿，并且也无“伶利”的书写习惯，音同义异误解而别。

【呕心呖血】沥。“沥”，形声兼会意字，从氵历声，声兼义。历，会意字，繁体字写作歷，甲骨文刻作，上部是二禾，下部是止，即脚，上下组合，会意为用脚走过田禾地，义为巡视田禾，引申为经过（田地）。金篆文分别作、，字头的厂表示上部外凸的山崖，远古借以遮风避雨，读 hǎn。现作为工厰的厰字的简化字，读 chǎng，会意为走过棚屋前的田禾地，引申义还是经过。历与表示水或与水有关的事物、行动、性状义的氵组合，会意为水经过所蓄涵物而落下，义为液体一滴一滴地落下。“呕心沥血”意为心血吐出，心血下滴，形容费尽心思。

而“呖”，形声兼会意字，从口历声，声兼义。历与口组合，会意为连续经过口的声音，义为口发出的“历历”的声音，无液体下滴义，音同形近义异而别。

另，“披肝沥胆、沥青”的“沥”也不可误写为“呖”。

【淅淅呖呖】沥。解说见上。“淅沥”是拟声词，“沥”已不是动词。“淅淅沥沥”形容细微的风雨声，由于与雨水有关、故从氵，不用“呖”。

【史无前列】例。“例”lì，会意兼形声字，从亻从列，列亦声。“列”从刂从𡿪省（省去巛）；𡿪liè 是会意字，从巛 chuān 从歹。分述之：

歹，象形字，甲篆文分别作、，上部像骨杈，下部像断了的骨腔，义为残骨，骨腔里的一横表示骨髓。

“巛”，象形字，甲骨文刻作，两边表示河岸，三点表示水波，金篆文写作，大水流的象形，义为川。

巛和歹组合，甲骨文刻作、，第一字的残骨周围有几个长点，表示流水，第二字在下边直接写成水；篆文把水字构件上移，写成，会意为像残骨的骨和肉分离那样，水在分流，义为水分流，引申为分开。

𡿪与刂组合，篆文写作，楷书省去巛写作列，水在分流，加了刀，分开义更显，义为（用刀）分开、分解、分裂。由于分、分解、分裂会将事物分成不同的部分，引申出（分出的）“类、行列”义；再由于事物的类别是人为分开的，这个义便加了亻旁，写作例。

“例”义为分类排列的事物，由于这样的事物可供比照说明，便引申出例子，事例义。“史无前例”意为历史上从来没有过（的事例）。

而“列”liè 无事例义，成语也不是说历史上没有排列在前的，义异误会而别。

【不寒而粟】栗。“栗”，繁体字为“慄”，形声兼会意字，从忄栗声，声兼义。栗 lì，象形字，甲金篆文分别作、、，甲金文上部都是带芒刺的毛栗象形，内中的点表示果实，下部是木，义为栗子树。篆文线条化，楷书标准件化，写作栗，义不变。由于栗实包上的刺硬而锋利，使人害怕，害怕则发抖，引申出发抖义；因为发抖是心理活动，后人加了忄旁以显义，写作慄，今用“栗”作简化字。“不寒而栗”意为不寒冷却发抖，形容非常恐惧。

而“粟”sù，会意字，甲篆文分别作、，甲骨文中间的笔画是禾，旁边有四个米粒形，会意为长了米（指小米，上古黄河流域无大米）的禾谷。篆文美化，把米粒写进谷穗里，在下部另加表义形符“米”。楷书承篆并抽象化构件化，写作粟，义为谷子（小米），与“栗”形近而义殊，故别。

【火中取栗】栗。解说见上。“栗”义为栗子。“火中取栗”比喻冒险给别人出力而上了大当，一无所得，或冒险为别人出力而吃了大亏。

【鼎立相助】力。“力”象形字，见J部“不加（假）思索”的解说，义为力量。鼎为秦前煮食物（主要是肉）的两耳三足大铜锅，因其大（大者可容一百多斤肉），引申为大。“鼎力相助”意为大力帮助，含有敬意，为敬辞。

而“立”，指事字，甲金篆文分别作、、，上部是正面的人，下部的一横指事为地面，义为站立，无力量义，音同义异误会而别。按，“鼎立”有词，义为像鼎足一样三方面的势力并立。

【新闻连播】联。“联”繁体字为“聯”，会意字，从耳从丝。篆文写作，左边为耳的象形，右边为丝线，8形笔画下的类似巾的笔画，是络丝的架子，它们组合，会意为耳朵上戴着耳环，耳环联结着丝线，丝线联结着耳坠，义为一个一个联结，如“联唱（一个人一个人或一支曲一支曲唱）、联欢（一个节目一个节目上演）”。

而“连”，会意字，从辶 chuò 从车，篆文写作，左上部是行（，十字路口，义为行走）的左半边彳 chì，义为小步走，左下部是止（，趾的初文，上有脚趾，下有脚跟），义为脚。右半边是竖画的车，繁体字写作車，两横表示车轮，中间表示车舆（车厢），一竖表示车轴，义为车子。以上三部分组合，会意为拉着车子走，《说文》曰：“连，负车也。”义为拉车。由于人车前后相连，引申为连接。“连”无一个一个联结义，音同义异而别。

“联”和“连”不同：联侧重于同类事物对等聚合，形成一个整体，各部分并列，并不相混、粘 zhān 连、咬合，如人和人、曲和曲、节目和节目。而“连”侧重于不同事物的衔接、对接，其方式是线性串接、粘连、咬合、勾挂，如“连体（婴儿）、连日、（事情）牵连（到我）、（两节车厢）连接（上）”等。

有趣的是，分不清怎么衔接的，“联、连”就通用，如偏于“连”意的有“连贯、连接、连绵、连属、连缀”，它们都是推荐词形，其中的连也可写作联；偏于“联”意的有“联结、联袂、联翩”，它们都是推荐词形，其中的联也可写作连。分得清怎么

衔接的，则不存在两可的情况，如“(小说)连播、连环、连年、连任、连锁、连天、连续、连作”和“联动、联合、联军、联络、联盟、联手、联网、联谊、联姻”，它们就必须分清。(见《现汉》805、806页)

“新闻联播”是许多并列的独立的新闻一个一个播出的，“连”无此义，音同义异而别。

【珠连璧合】联。解说见上。“珠联璧合”意为像珍珠一样串联，像玉璧一样叠合，比喻人才或美好事物(联合)聚集在一起。

其他如“联欢晚会、关联词(有关涉而联合的词，如‘因为……所以’)、联系、联名”中的“联”都不可误写为“连”。

【藕断丝联】连。解说见上。“连”引申义为连接。“藕断丝连”(藕断了，丝粘 zhān 连着)比喻表面上好像已断了关系，实际上仍然挂牵着(多指感情)。

【联篇累牍】连。解说见上。累：重叠，堆积。牍：上古(汉秦周商)写字的木片、竹片。“连篇累牍”形容篇幅很多，内容冗长。

其他如“骨肉相连、价值连城、炮火连天、妙语连珠、连中三元，连续剧、(小说)连播(情节勾连播出)”的“连”都不可误写为“联”。

【留恋忘返】连。“留连”是不作别字看的异形词，推荐词形是“流连”，双音节单纯词，见B部“专横拔(跋)扈”的解说，义为停留徘徊。“流连忘返”意为心有不舍或心有所系而停留徘徊，不知返回。

而“恋”繁体字写作戀，会意兼形声字，从心从䜌，䜌亦声。䜌 luán，会意字，甲骨文刻作，上下是手，中间是丝束，丝束由于缩张力作用而自然扭成8的形状，穿过丝束的笔画表示木架子，丝应绕在木架子的上方，现在木架子在中间，上下方都有了丝，则表示丝乱了，几部分组合，会意为手整理乱丝。金文写作，上部是手，中间是乱丝，下部十字形笔画表示丝络的木架，会意为手提起丝进行整理。金文又写作，两边是丝束，中间是言，见A部“不暗(谙)交际”的解说，会意为拎起丝，言说乱。篆文承金文的二形，写作，会意也是言乱如丝。以上的字，其义都是乱丝。心与之组合，会意为心如丝丝相牵连，情如乱丝说不明，思念不断，萦绕于心，真是“剪不断，理还乱”，义为想念不忘，无停留徘徊义。成语不是说因有爱恋而舍不得离去，音近义异误会而别。

按，“留恋”有词，义为心有所爱而勾留依恋，并非单纯词，故别。

【留念忘返】连。解说见上。而“念”niàn，会意兼形声字，从心从今，今亦声，见H部“敬请包含(涵)”的解说。“今”，篆文写作，是倒口的象形，下面的折笔表示伸舌啜饮。“心”甲金篆文分别作、、，是心脏的象形。孟子说：“心之官则思。”故从心的字皆表心理活动，心脏的功能是思索。今与心组合，金篆文分别写作、，会意为心中想喝，义为想、念头。

按，“留念”义为留作纪念，是合成词。“流连”是单纯词，“留”不跟“念”组成单纯词，音近误会而别。

【念念不舍】恋。“恋”解说见上。“恋恋不舍”形容心有所爱或所挂而舍不得离开。而“念”义为想念，无恋义，义异有别。

【百练成钢】炼。“炼”繁体字写作煉，形声兼会意字，从火柬声，声兼义。“柬”见J部“挑把捡(拣)瘦”的解说，义为分开、挑选。火与柬组合，会意为用火加热，去除其杂质，拣选其精华，义为用加热方法使金属纯净或坚韧。“百炼成钢”意为冶炼许多次后，生铁成了钢，比喻久经锻炼，变得非常坚强。

而“练”繁体字写作練。形声兼会意字，从纟柬声，声兼义。从纟的字大都表丝、线、绳或与之有关的事物、行为、性状。纟与柬组合，会意为蒸煮漂洗生丝或织品时，挑选不同质量的丝品或对丝品进行翻拣。以防过熟或不熟，义为蒸煮漂洗生丝或织品，即对生丝织品反复加工，使之柔软洁白，无加热金属义，音同形近义异而别。

从上述可知，带有用火加热意味的与金属及其引申义有关的用“炼”，如表加热金属使纯净义的“冶炼、熔炼”；表进行加工义的“锤炼、修炼”；表经受考验义的“锻炼、真金不怕火炼”。它们中的“炼”都不可误写为“练”。带有反复进行意味的与绸绢及其引申义有关的用“练”，如表丝织品义的“白练、澄江静如练”；表学习(含反复进行意)提高义的“练功、训练、排练”；表经验多、纯熟义的“干练、熟练、老练”。它们中的“练”都不可误写为“炼”。

【黄梁一梦】粱。“粱”，会意兼形声字，从米从梁省声(省去“梁”的木字底后作声旁)。梁，从氵从刅从木。刅chuāng；chuàng，指事字，金篆文分别作、，中间是刀，两短横指明物体被斩断，会意为用刀把物体劈斩断，义为用刀劈斩断。刅与氵与木组合，金篆文分别作、，会意为把劈斩断的树木架在河沟上，义为桥。如“桥梁”。把木换成米，篆文写作，会意为如同树木被斩断一样，粟米的壳被斩脱出，义为黄小米。“黄粱一梦”出自唐代传奇《枕中记》，卢生枕道士枕头入梦，享尽荣华富贵，及醒，道人的黄粱饭尚未蒸熟，比喻想要实现的好事落得一场空。

而梁，义为桥梁，引申为房梁。“梁”无黄小米义，音同形近义异而别。

此外，“黄粱美梦、一枕黄粱”中的“粱也不可误写为“梁。

【纨绔与膏梁】粱。解说见上。“纨袴”见K部“纨裤(绔)子弟”的解说，指只会享受而无真才实学的年轻人；膏：肥肉；粱：谷子(黄小米)，义为精美的饭食。膏粱：比喻(吃精美食品的)富家子弟。“纨绔与膏粱”蔑指富家子弟寄生虫。

【俩全其美】两。“两”liǎng，一加一，见J部“伎俩”的解说。“两全其美”意为做一件事顾全两个方面，使两方面都很好。

而“俩”，见J部“伎俩”的解说，义为小本领，一般用作数词量词的兼类词，义为两个或两个人，读liǎ，不是二。“俩”已含有量词义在内，故其后不能再加量词，如“俩个，俩个人”都是错的（只能说俩、俩人）。

【眼花燎乱】缭。“缭”，形声兼会意字，从纟mì尞声，声兼义。尞liáo，象形字，甲骨文刻作、，金篆文分别写作、，中间是架起的木柴，小点是腾窜的火焰，有的还加了火字底以显义。商朝人经常焚柴祭祀，上放牛、羊、猪、犬、鸡、人牲，让神灵先祖闻香吃肉，篆文中的曰表示柴火中心，一横表示所置祭品，本义为焚柴祭天。（后来该字作了偏旁，焚烧义便加了火旁，写作燎，如“星火燎原”。）

“缭”从纟，纟表丝、线、绳类物，有可缠绕性。古人献祭牲，围着火堆顶礼膜拜，祈福祛灾，如丝、线、绳可用以围绕一般，故纟与尞组合，会意为围绕火堆，义为缠绕，如“缭绕、缭乱”。“眼花缭乱”意为眼睛看见复杂纷乱的东西而感到迷乱。

而“燎”，形声兼会意字，从火尞声，声兼义。见上。义为焚烧，无缠绕义，音同形近义异而别。另，“缭绕、缭乱”的“缭”也不可误写为“燎”。

【一目瞭然】了。解说见上。“尞”义为烧柴祭天，含有火光明亮意，与目组合，义为眼睛明亮，如“胸中正，则眸子瞭焉。”（内心规矩正派，眼珠就明亮。）由于眼亮看得清，解得明，引申为明白。但表示这一义的“瞭”用“了”字简代了。就是说汉字在1955年简化以前，用的是“瞭”，简化后用“了”代替。1986年10月10日国家语言文字工作委员会在《关于重新发表〈简化字总表〉的说明》中规定，“瞭”读作“liǎo”（如“了解”）时，仍简化作“了”，表示清楚明白义。表示登高远望义，不简化作“了”，写作“瞭”，读liào，如“瞭望”。“一目了然”意为一眼就看得清清楚楚。

而“瞭然”的“瞭”既已被简代，就成了不写的字。

【了望】瞭。解说见上。“瞭望”义为登高远望，又义为从高处远处监视敌情。

【瞭如指掌】了。解说见上。“了”，象形字，篆文写作，楼兰古文书写作，像用包被和带子把婴儿捆包好只留头部的样子，义为结束（系扎），了结（捆系），如“不了了之，没完没了”。由于结束、了结是人为的结果，引申为决断，如“了断”。由于决断含有知晓情况后所做的判定，引申为明白、清楚，如“不甚了了”。这一义和“瞭”的明白义相同，简化字便用“了”简代。“了如指掌”意为明白清楚得就像指着自己手掌上的东西给人看一样的分明。总之，表示清楚明白义的用“了”，含有看义、远看义的用“瞭”。

另外，“了然于心”的“了”也不可误写为“瞭”。

【瞭无痕迹】了。“了”除作助词、动词外，还由“了结”义虚化作副词，义为全然，“了无痕迹”意为全然（一点儿也）没有痕迹。“瞭”无此义，音近义异而别。

【了若晨星】寥。寥，会意字，从宀 mián 从翏省(省去戈)。“宀”，象形字，甲金篆文分别作、、，表示房屋，“翏”会意字，甲金文分别作、，下部的口表示容器，口上的笔画表示带锯齿的武器，左旁像捆举着双臂的人，臂下的点表示血滴，它们组合，会意为用武器杀死人，本义为杀戮。后此字左旁笔画在晚周金文中变写作，并省去口字，右边的带锯齿的武器变写作戈，篆文写作，楷书写成戮。左上部是双臂，双臂下是人字，人字左边三撇是由血滴变写的。宀和省去戈的翏 liù，lù 组合，会意为把屋内的人杀死，由于人被杀，则稀少、空虚，义为稀少，空虚。“寥若晨星”意为稀少得好像早晨的星星。

而“了”义见上“一目瞭(了)然”的解说，无稀少义，音同义异而别。

【廖若晨星】寥。解说见上。“廖”，会意字，从广从翏 liù，lù，“广”甲金篆文分别作、、，左竖表示崖壁，上部笔画表示房顶，是远古依崖壁搭建的前敞的房子象形。这种建在山上简陋的原始房子显得高而空旷。“廖”义为高而人少的房子，不表稀少，音近形近义异而别；现只作姓用。

【了了无几】寥。解说见上。“寥寥无几”意为非常稀少。

【龇牙裂嘴】咧。“咧”liě，从口列声，声兼义。见本部“史无前列(例)”的解说。“列”义为分开，加口旁，义为嘴角向两边伸展开。“龇 zī 牙咧嘴”意为露着牙咧着嘴，形容凶狠的样子。

而“裂”，形声兼会意字，从衣列声，声兼义。衣与列组合，义为衣服破裂开，扩大引申为其他物裂开，无展口义，故别。

【溪水清洌】冽。解说见上。“冽”，形声兼会意字，从冫列声，声兼义。冫 bīng，象形字，甲金文作，篆文写作仌，是冰的象形，从冫的字大都表冰或与冫有关的现象、性状，如“凇、凉、冻、凌”等，冫与列组合为冽，会意为人的肌肤冻疼欲裂开，义为冷、凉，“溪水清冽”义为溪水又清又凉。

而“洌”，会意兼形声字，从氵从列，列亦声。从氵的字大都表水或与水有关的事物、行动、性状，氵与列组合，会意为水如同物体分开一样看得清楚，义为清澈，如欧阳修《醉翁亭记》“泉香而酒洌”(泉水香甜，美酒清亮)。“洌”无凉义，音同形近义异而别。

当然，当表示清澈义时，如果写了“清冽”则“冽”是别字。

【波光鳞鳞】粼。“粼”，形声兼会意字，从巜 kuài 粦声，声兼义。粦 lín，会意字，金篆文分别写作、，楷书俗字把上部的炎字讹变为米，写作粦。金篆文的上部是两个火字，下部是两个止(趾的初文，有脚趾，有脚跟)，即脚，四部分组合，会意为两团火(像有脚一样)在追逐滚动，义为鬼火(鬼火常两团一起互相追逐飘动)。巜，象形字，篆

文写作巛,像两道水波,是比川小的河沟,古书认为是流经百里,宽一丈六,深一丈四的小河。粦与巜组合,会意为水波如鬼火闪亮一样的清亮,义为明净,形容水,也形容石,如“蹲石粼粼”(《聊斋志异·促织》)。“波光粼粼”意为水波亮闪闪的样子。

而“鳞”,形声兼会意字,从鱼粦声,声兼义。加了鱼字旁,会意为像鬼火一样闪亮的鳞片,义为鱼的鳞片,无明净义,成语不是说水波像许多鱼鳞一样闪亮,音同形近义异误会而别。

【凤毛麟角】麟。解说见上。“麟”,形声兼会意字,从鹿粦声,声兼义。鹿与粦组合为麟,会意为有像鬼火一样亮丽毛色的麒麟。(麒麟是双音节单纯词,双音节单纯词不能单说一字,但少数单纯词可以,如螳螂可称螳,蟾蜍可称蟾,蝴蝶可称蝶,螃蟹可称蟹,麒麟可称麟。)凤凰麒麟都是古代传说中的动物,古人信其有,但又不曾见,便以为罕见。凤凰的毛,麒麟的角是极罕见的东西,“凤毛麟角”便比喻稀少而可贵的人或事物。

而“鳞”无麒麟义,音同形近义异而别。

【聪明灵俐】伶。“伶俐”是单纯词,见B部“专横跋扈”和本部“伶牙俐齿”的解说,义为聪明灵活。

而“灵”繁体字为靈,会意字,从雨从口从巫,金篆文分别写作[古文字]、[古文字],三个口以上的笔画表示下大雨(见下条),三个口表示大地渴雨,如同张大口,金文的下部的“示”字表示祭台,篆文的下部为巫。

“巫”,象形字,甲金文作[古文字],篆文写作[古文字],甲金文是太阳运行图卍 wàn 的方便刻写(面朝北看,自东向西运行。印度和希腊古文化中也有这类符号,有较多考古发现为例证。它不是把卐逆时针转动四十五度的二战时德国纳粹的图徽,二者位相不一),篆文加了向太阳(神)膜拜起舞的两个人,义为巫人。巫与表示下大雨的图形字组合,会意为巫师(女为巫,男为觋 xí)舞蹈,降神祈雨,义为神灵。由于巫能祈雨、祈神,显得很灵,引申出灵验、灵巧义,但没有“灵俐”一词,故“灵”别。

【化整为另】零。“零”,形声兼会意字,从令霝声,声兼义。令,会意字,甲金篆文分别作[古文字]、[古文字]、[古文字],上部是倒口,下部是跪人,会意为向跪人下命令。金篆文第二字又加了一个口,明确表明口下命令之义,义为下命令。

霝 líng,会意字,从雨从三口。甲骨文刻作[古文字]、[古文字],金篆文分别写作[古文字]、[古文字],第一个甲骨文像天上落下大雨滴,其他字的雨改用小点表示,另加口字,会意为大地渴雨,如同张大口;金篆文还在上边加了一横,表示云层,义为下大雨。霝与令组合为零,会意为命令下雨。能下命令的是部落首领、侯王、官员,但他们没有能与神灵沟通的巫师灵验,只能获得零星小雨,故零义为零星小雨。由于这种雨点,碎而不整,少而不齐,引申出零碎、零散义。

“化整为零”意为把整体分散开来成为许多零散部分。

而“另”，象形字，甲骨文刻作𠛑，是牛肩胛骨形，上部是“缩颈”的骨板头部，下部是剔去肉的上窄下宽的骨板，在骨板上刻有占卜的文字。古文写作㕣，省去了骨板。篆文写作冎(即“骨”字)，保持了大体轮廓。(“另”与“冎”本为一字。)楷书构件化，俗写作另。另的本义是剔治卜骨。由于剔治卜骨得把肉剔下来，引申为割开、分开，如“分家另过”；又由于分开后成了别一个，引申出另外义，无零散、零碎、零数义，音近义异而别，是不规范的简化字。

此外，“零钱、批发零售”的“零”也不可误写为另。

【孤伶伶】零。解说见上。零，义为零碎，零散。“孤零零”形容孤单，无依无靠(周围什么都没有)，或没有陪衬。“伶”无此义，也没有“孤伶伶”一词，故“伶”别。

【八面伶珑】玲。玲，形声兼会意字，从王令声，声兼义。从王(实际是玉)的字皆表玉或与玉有关的事物、行为。王是象形字，见B部“金碧辉煌”的解说。是一串玉。上古部落首领、侯王都身佩玉串。

令，见上“化整为零”的解说。王与令组合，会意为首领、侯王来发布命令时，身佩的玉饰相碰撞发出的声音，义为玉声。但此字不单用，与“珑”组成单纯词“玲珑”，形容玉器精巧细致，引申指人灵活敏捷。“八面玲珑”形容人处世圆滑，不得罪任何一方。

而“伶”，形声字，义为古代的乐师、乐官，也指歌舞演员、乐器演奏人，引申表示戏曲演员。除这个义以外，只组成单纯词，见B部“专横拔(跋)扈”的解说，如“伶俐、伶仃”，不与其他字词，如“珑”组合，故别。

【盛气临人】凌。“凌”líng，形声兼会意字，从冫夌声，声兼义。夌 líng，会意字，甲骨文刻作夌，下部是人，人上的口形表示夏商朝半穴居之地屋，口上的山形笔画表示屋上的覆盖物，它以树枝茅草兽皮搭盖，在上部中央攒聚处结扎住，结扎处的下面的∧，表示由尖顶中心向四周展开的屋顶，类似于蒙古包。三部分组合，会意为人从地穴中登上地面，义为登上。甲骨文又刻作𨸏夌，左边是人，人腿下方画出了倒止字夊 suī，即脚趾朝下的左脚，右边是升登而上达到地面的阶梯，或刻有脚窝的木头，舍画了穴居屋，突出了登上义。

金文写作夌，下部加了夊(左脚)，强调了用脚上登之意。金文又写作夌𨸏，左边和甲骨文第一字近似，右边是阶梯，人从穴居屋沿阶梯登上之意俱备，表意生动而准确。

篆文也是两形，夌和陵，除人字和表示屋顶的∧重合外，屋顶上物、脚和阶梯依旧，造字智慧之高令人叫绝。它们的会意不变，义为登上。登上则居高临下，居高临下则压制侵犯人，此义便加冫写作凌表示。冫是冰的象形，见上“溪水清洌(冽)”的解说，冫和夌组合，表示其压制侵犯之威如严寒袭人。

“盛气凌人”意为傲慢的气势逼人。

而“临”lín，繁体字是臨，会意字，金文写作[古文字]，左上部是侧面看去的人眼，即目，右边是俯身的人，左下部是液滴，液滴下的短竖表示滴下的方向，会意人俯身流泪，义为哭临。篆文写作[古文字]，会意和本意不变，字却成了既是会意字，又是从卧品声的形声字了。楷书写作臨，今简化作临。“临”本义为哭临，《史记》：“汉王为义帝发丧，袒而大哭，哀临三日。”（刘邦给楚义帝发丧，光着上身大哭，俯身哀哭三天。）由于俯身哭含有从高向低看之意，引申为俯视，如“临渊羡鱼”，又引申为来临，如“莅临”，无欺凌义，成语不可理解气势逼人地来到人前。义异误会而别。

【居高凌下】临。解说见上。“临”义为俯视，“居高临下”意为处在高处俯视下面，形容处于有利的地位；没有居高位者欺凌下级的意思。

【高屋建领】瓴。“瓴”líng，形声兼会意字，从瓦令声，声兼义。从瓦的字皆表瓦质陶器。令，见上“化整为零”的解说，义为下命令。令与瓦组合，会意为奉命取水的瓶，义为陶瓶。

建与津同源，见J部“无人问津”的解说，会意为持篙撑船，义为渡河。由于持篙撑船篙得竖起，竖起含成事之意，引申出设置、建立义，如“建都、建功”。又由于篙也得放倒，引申出倒下义。“高屋建瓴”意为从高屋顶上把陶瓶放倒往下倒水，形容居高临下的气势。一说“建”是“瀽”的通假字，“瀽”义为倾倒液体，故“建”义为倒水。

而“领”，形声兼会意字，从页令声，声兼义。“页”，象形字，像人头，见B部“频（濒）临”的解说，从页的字皆表颈以上的部位或与头部有关的行为。令，会意字，义为向人发命令，又义为人接受命令。令与页组合，会意为人跪下接受命令时低头伸颈，义为颈，由于衣领挨着颈，引申为衣领。“领”无陶瓶义，音同形近义异而别。

【领听教诲】聆。解说见上。聆 líng，形声兼会意字，从耳令声，声兼义。耳，象形字，甲金文作[古文字]，篆文写作[古文字]，是耳朵的象形。令，义为命令。耳与令组合，会意为听从命令，义为听、听从。“聆听教诲”意为听取教导。而“领”（见上）无听义，音近义异而别。

【流览】浏。“浏”，形声兼会意字，从氵刘声，声兼义。刘，繁体字写作劉，会意字，从卯从金从刂。卯，象形字，甲金篆文分别作[古文字]、[古文字]、[古文字]，像一物被剖分。卯与金与刂组合，会意为用金属刀（青铜刀）剖分成两半。劉，甲骨文刻作[古文字]，左旁像开膛破肚的人牲、罪犯、仇敌，有头，有身子，有四肢，有双腿。右边是刀，会意为用刀剖开人牲、罪犯、仇敌，义为剖开、杀。《说文》曰：“刘，杀也。”《方言·卷一》曰：“秦晋宋卫之间谓杀曰刘……”刘与氵组合，会意为水像剖开一样一览无余，清澈。故“浏览”义为大略地看。

而“流”，会意字，从氵从㐬yù。

古文篆文分别写作、，古文的左右两边是水，中间的上部中部是头朝下生出的婴儿，婴儿头下的水是羊水，生产顺利，顺畅流出。篆文省去了右边的水。几部分组合，会意为水像（人生育的最后时刻）婴儿顺畅流出一样地流，义为水流动，无水清澈义，音同义异而别。

【留芳百世】流。解说见上。“流”由水流动义引申为流传、传播。“流芳百世”意为永久流传美名。

而“留”，会意字，从卯从田。“卯”是宰杀野兽、人牲剖成两半之象形，本义为剖开、剖割、割开。卯与田组合，金篆文分别写作、，会意为割开禾稼后把禾黍留放田里（待运），义为留放，引申为遗留、留下、留存等义。“留”无流传义，音同义异而别。

【月色朦胧】胧。“胧”，形声字，从月龙声。“朦胧”是单纯词，见B部“专横拔（跋）扈”的解说，形容月光不明，故从月。双音节单纯词有一个突出的特点，单个字虽不表义，但偏旁表意义的类别。而“眬”，形声字，从目龙声，与月无关，音同形近义异而别。

【睡眼蒙胧】眬。解说见上。“蒙眬”（推荐词形）也写作异形词“矇眬”，是单纯词，见B部“专横拔（跋）扈”的解说，形容双目半开半闭的样子，即快要睡着或睡醒时看东西模糊的样子，故从目。而“胧”从月，与目无关，音同形近义异而别。

【草木葱笼】茏。“葱茏”都是形声字，都从艹，单纯词，见B部“专横拔（跋）扈”的解说，义为草木青翠茂盛。而“笼”从竹，竹属的字，义为笼子。

【烟茏雾锁】笼。“笼”，形声字，从竹龙声，从竹的字基本都表竹、竹制品或与竹有关的行动，义为笼子，引申为像笼子一样罩着，“烟笼雾锁”意为烟雾笼 lǒng 罩着，而“茏”不单用，也不表罩着，音近形近义异而别。

【水笼头】龙。“龙”，象形字，甲骨文异形较多，典型的是、，金文写作，上部略像传说中神鸟凤的头，突出神异性，下部是向下张开的龙口，长的圆滑曲折线是龙身、龙尾。龙为何物，说法不一，东汉许慎的“说文”曰：“龙，鳞虫之长，能幽能明，能巨能细，能短能长，春分而登天，秋分而潜渊。”这分明是闪电的特性，由此可知龙应是闪电的神化形象。这是古先民缺乏科学知识的文化产物。篆文承金，美化得有所讹变，写作，凤头形写如刑刀，龙口写成了月（月是肉，见B部“并行不悖”的解说，实际上依然是龙口），右边是龙头、龙身、龙爪，龙尾之形。今简化作龙，成了纯抽象符号。古代以为该神物能腾云、能入水、能兴云、能布雨，吐水是它的神奇本领。龙头义为形状像龙的、装饰有龙的图案的或能吐水的东西，如龙灯、龙船、龙旗，因能吐水，故叫水龙头。

而“笼”见上。义为笼子，无龙义，音近形近义异而别。

【得垄望蜀】陇。解说见上。“陇”，形声兼会意字，从阝龙声，声兼义。

左耳旁阝fù，甲金篆文分别作𨸏、𨸏、𨸏，楷书写作阜，是从半穴居屋升登地面的脚窝或阶级形象。由于穴居屋得在较高的土层厚的地方挖建，义为高地，故从阝的字都含地方义。阝与龙组合，会意为像龙一样高而绵长曲折的高岗。甘肃省东部天水市附近有陇山，因以"陇"做甘肃东部的统称。"蜀"是以成都为中心的四川中部的统称。"得陇望蜀"义为得到陇东又想得到蜀中，比喻得寸进尺贪心不足。

而"垄"，形声兼会意字，从土龙声，声兼义。土与龙组合，会意为像龙一样高出而长曲的土垄、田埂，义为垄沟，田埂，无甘肃东部统称义，音同义异而别。

【三顾茅芦】庐。"庐"繁体字为"廬"，形声兼会意字，从广盧声，声兼义。"盧"，形声兼会意字，从皿虍声，声兼义。虍 hū 是虎字头。虎，甲篆文分别作虎、虎，下部是皿 wēn，皿，甲骨文刻作皿，上部像炉身，下部为炉腿。虍在篆文中是虎的简化字，其义同虎，虍和皿组合，甲篆文分别作盧、盧，篆文把炉腿改写为皿。盧是商代可放在火上烧煮加热的盖钮呈虎头形的饭器，因被烟熏，色黑，"盧"义引申为黑，简化作"卢"。（卢沟桥因其桥下水是黑色而得名。）"广"是前敞的房屋象形，如"店、廊、庙、庭"，广与盧组合，写成廬，简化为庐，义为黑旧的房子。茅庐义为茅草覆顶的黑旧陋室。"三顾茅庐"出自东汉末刘备、关羽、张飞三次拜访诸葛亮的故事，意为帝王对臣下的知遇，比喻诚心诚意地邀请或拜访。

而"芦"，形声兼会意字，从艹卢声，声兼义。繁体字写作蘆，艹与盧组合，会意为黑旧房屋边常见的植物，义为芦苇，无房屋义，音同义异而别。

另，"初出茅庐、庐山真面、结庐在人间"的"庐"都不能误写为卢或芦。

【饥肠漉漉】辘。"辘"，形声兼会意字，从车鹿声，声兼义。鹿，象形字，甲金文分别作鹿、鹿，是鹿的象形。篆文写作鹿，不大形似，但神似。车与鹿组合，会意为车子驶过发出如同鹿群跑过的响声，义为车轮声。今是拟声词。"饥肠辘辘"意为饥饿时肠子蠕动发出响声，夸张形容十分饥饿，迫切求食。

而"漉"，形声兼会意字，从水鹿声，声兼义。氵与鹿组合，会意为像鹿舔水那样液滴向下渗漏，不表车轮声，也不表肠子里液体蠕动发声，音同形近义异误会而别。

【风餐路宿】露。"露"，形声兼会意字，从雨路声，声兼义。从雨的字皆表气象。"路"，会意字，从足从各。

足，象形字，甲金篆文分别作足、足、足，上部表膝盖骨，下部是止，即脚，本义为从膝盖到脚的整个小腿，后词义缩小指脚。

"各"，会意字，甲金篆文分别作各、各、各，上部是倒止字夂 zhǐ，是朝下的右脚象形，下部是口，口表某个地方，夂与口组合，会意为人走来，义为到来。

足与各组合，会意为脚走过的途径，义为道路。雨与路组合为露，会意为落在路上的雨。义为（夜间水气凝结的）露水，又因不在屋内，义为露天地里。“风餐露宿”意为在风中吃饭，在露天地里住宿，形容旅途或野外生活艰苦。

而“路”无露天地里义，成语不是说在风中吃饭在路上睡觉，音同义异误解而别。

【漏馅儿】露。解说见上。“露”，本义为露水，由于露水显现在外，引申义为显露、暴露、表现出。露是多音字，文白异读分别为 lù 和 lòu：在书面语词（一般为双音词）中读 lù，如“暴露、崭露头角、原形毕露、抛头露面”；在口头语词（一般为单音词，其后可加“了、个”）中读 lòu，如“露头、露相、露富、露马脚、露馅儿”。“露馅儿”比喻不愿意让人知道的事暴露出来。

而“漏”，会意兼形声字，从氵从扇 lóu，扇亦声。扇，篆文写作，其字头不是尸（楷书写成了尸），而是广，依山崖壁建造的前敞的房子的象形，其与雨组合，会意为屋漏雨，后加氵旁以显义，引申义为水、光、小物件从孔或缝里滴下、透出或掉出，无显露、表现出之义，熟语不是说馅儿漏掉出来了，音同义异误解而别。

【陈规漏习】陋。“陋”，形声兼会意字，从阝从㔷。㔷lòu，会意字，从匚从丙。

匚 fāng，像收藏盛放器物的箱子或筐。丙，甲金篆文分别作、、，像烙饼的鏊 ào 子，上面一横表示鏊子的圆面，中心略鼓，下有短矮的三足。由于透视角度的缘故，只能看到两足，故另一足没画写出来。篆文强调鏊子面并美化，还像。今天普通百姓的灶间还用这种鏊子烙饼。不过不是远古石质陶质的，也不是上古铜质的，而是铁质的。匚与丙组合，篆文写作，会意为把丙——鏊子收藏起来，义为藏匿。

阝，见上“得垄（陇）望蜀”的解说。阝与穴居屋直接有关，阝与㔷组合（楷书省略了匚的上横），会意为只能放进盛有鏊子的小箱（筐）的穴居屋，义为简陋狭窄。由于简陋狭窄的屋子粗糙质差，引申出粗鄙不雅义。“陈规陋习”意为陈旧的规矩，粗鄙的习俗，即过时的不适用的规章制度和不良习俗。

而“漏”（见上）无粗鄙不雅义，音同义异而别。

其他如“身居陋室、因陋就简、孤陋（由于粗鄙而无知）寡闻”中的“陋”皆不可误写为“漏”。

【杀戳】戮。“戮”lù，会意字，从翏 lù（也读 liù）从戈。见本部“了（寥）若晨星”的解说，左旁表杀义，右边加戈显义，义为用兵器杀人。“惨遭杀戮”意为悲惨地遭到杀害。

而“戳”chuō，会意字，从翟从戈。“翟”dí；做姓用读 zhái，会意字，从羽从隹，金篆文分别写作、，上部是长羽，下部是隹 zhuī，即鸟，上下组合，会意为长有长尾羽的鸟，本义为雉 zhì，即野鸡，是古先民常用肉食来源之一。戈，甲金文分别

作⼁、戈,是上古(汉秦周商)常用的长柄横刃的兵器。翟与戈组合,会意为用戈刺野鸡,义为以锐器刺,不表杀义,形近义异而别。

【戮力同心】勠。解说见上。勠,形声兼会意字,从力翏声,声兼义。翏义为杀,与力组合,会意为并力(杀),合力(杀),义为并,合。“勠力同心”意为齐心合力,团结一致。而“戮”,从戈,不从力,义为杀,不表示并、合。2013年国务院发布的新字表中恢复了“勠力、勠力同心”的“勠”字,则“戮力同心”的“戮”字就成了别字。音同形近异义而别。

【条分镂析】缕。“缕”lǚ,形声兼会意字,从纟娄声(今不能表声),声兼义。从纟的字大都表丝、线、绳或与之有关的事物、行为、性状。“娄”,会意字,甲金篆文分别作⼁、⼁、⼁,楷书构件化标准化,写作婁,今简化作娄。甲金文下部是女,上部两边是左手和右手,女字上部和手下部的笔画表示头顶的物件。篆文把左右手对接美化为毌guàn,物件写成口,下部仍为女字。四部分组合,会意为女子头顶着东西,用手扶着,表义重点在头顶之物,义为篓子。秦以前人们把东西不是背着便是顶在头上。这从《孟子·梁惠王上》一章可知,“颁白者不负戴于道路矣。”(头发花白的老人不会在路上背着顶着东西了。)由于娄除了作姓用以外作偏旁用了,其篓子义便加常用的竹材质的竹字头来表示。

纟与娄组合,会意为线条像竹篓上的竹条一样,一根根地很分明,义为丝缕、线。“条分缕析”意为一条一条一缕一缕地剖析,比喻有条理地分条剖析。

而镂lòu,形声兼会意字,从钅娄声,声兼义。由于竹篓是空的,有凹凸,钅与娄组合为镂,义为雕刻,无线义,形近义异而别。

其他如“千丝万缕、不绝如缕、一缕炊烟、缕述”的“缕”都不可误写为“镂”,也不可误写为“褛”。

【挛生兄弟】孪。“孪”繁体字为“孿”,形声兼会意字,从子䜌luán声,声兼义。声旁字见本部“留恋(流连)忘返”的解说,义为乱丝。由于乱丝紧密连接在一起,加了子字底,会意为双胞胎像紧密连接的丝一样亲不可分,义为同一胎出生。

而“挛”繁体字为攣,形声兼会意字,从手䜌声,声兼义。下加了手,会意为手像乱丝屈曲纠结一样,义为蜷曲不能伸直,无双胞胎义,音同形近义异而别。

【手足痉孪】挛。解说见上。“手足痉挛”意为手足肌肉紧张,不自然地收缩。

【浮光略影】掠。“掠”,形声兼会意字,从扌京声(今不能表声),声兼义。从扌的字皆表手的动作、行为。京,象形字,甲金篆文分别作⼁、⼁、⼁,像累土为高丘在其上所筑亭屋形,义为筑有亭屋的高丘。高丘上的亭屋是发诏告,宣战令,理政事的,只有大的城邑才有此亭。扌与京组合,会意为用手抢劫城邑,义为抢夺财物;因抢劫行动快速,引申为快速拂过、晃过或擦

L

过。“浮光掠影”意为印象不深，像水面闪过的光和晃过的影一样。

而“略”（见下），无拂过擦过义，音同义异而别。

【攻城掠地】略。解说见上。“略”，会意字，从田从各，篆文写作，“田”指田地，“各”见上“风餐路（露）宿”的解说，义为人走来，来到。田与各组合，会意为人走到田地上来，义为经营土地，划定疆界。“攻城略地”意为攻占城池，划定疆界，夺取土地。

“略”用于抢夺土地，故从田；而“掠”用于抢夺财物，故从扌。音同义异而别。

【满腹经轮】纶。“纶”，形声兼会意字，从纟仑声，声兼义。从纟的字大多表丝、线、绳或与之有关的事物、行为、性状。“仑”，会意字，从亼从用，繁体字写作侖，甲金籀篆文分别作、、、，亼 jí，是器物盖子的象形，义为器盖。由于盖儿能与物相合，引申为聚合，下部竖笔表示竹简木牍（木片），扁圆形笔画表示串编简牍的熟牛皮条，三部分组合，会意为把简牍聚合在一起按次序编排，本义为有次序，有条理。籀 zhòu 文（西周末期周宣王太史籀整理的字）加了两个竹形，以表明串编的是竹简。纟与仑组合，会意为按次序有条理地编织的织物，义为丝带子，从出土文物知道，是黑色的，为青丝带子；经：织物的纵向线。经纶：梳理好的丝带子。“满腹经纶”比喻有很多很高的规划和管理政治的才能。

而“轮”，形声兼会意字，从车仑声，声兼义。“说文”曰：“有辐曰轮，无辐曰辁 quán”车辐是有次序有条理的，故“轮”义为车轮，不是带子，音同形近义异而别。

【道德伦丧】沦。解说见上。“沦”，形声兼会意字，从氵仑声，声兼义。从氵的字大多表水或与之有关的事物、性状。氵与仑组合，会意为如同众多竹简木牍那样的层层波浪的水，义为（在水中）沉没，没落。“道德沦丧”意为道德（没落）消亡，即毫无道德，行同禽兽。

而“伦”，形声兼会意字，从亻仑声，声兼义。人与仑组合，会意为人的辈分、长幼的顺序，义为人伦、同类、同等。“伦”无沉没义，音同形近义异而别。

【国土伦陷】沦。解说见上。陷：失陷。1931—1945 年，我国在日寇野蛮凶残侵略下的极不对称的战争中大片国土沦陷。

其他如“沦落、沦没、沉沦”中的“沦”皆不可误写为“伦”。

【不沦不类】伦。解说见上“满腹轻轮（纶）”。“不伦不类”意为（不等同）不像这一类（不跟这一类同类），也不像那一类，形容不成样子或不规范。

另，“无与伦比、精妙绝伦、天伦之乐、伦常、人伦、伦理”中的“伦”皆不可误写为“沦”。

【美仑美奂】轮。解说见上“满腹经轮（纶）”。“轮”，形声兼会意字，从车仑声，声兼义。从车的字基本都表车或与车有关的事物、行为、性状，义为车轮。古语：“轮车所及，地域高”（车子到的地方，地域高

敞),再加上旧式车轮比较高大(从殷墟出土车马可知轮径一百五十厘米),引申为高大。“奂”见H部“涣(焕)然一新”的解说,金文“奂”字的上部为倒写的足,中部是高大的穴居屋,下部为左手右手,会意为站在高敞处大声呼唤人走过来,由于房屋高大,声音广传,引申出盛义,大义。故“奂”义为规模大。“美轮美奂”语出《礼记·檀弓》,张老夸赞晋国献文子的房子:“美哉轮焉,美哉奂焉。”(这座房子)又华美又高啊,又华美又大啊。成语形容建筑物高大华美。但近年来,许多人用于人、物、文学、艺术甚至展览,似已积非成是,用于一切华美的对象。

而“仑”见上“满腹经轮(纶)”的解说,义为条理、伦次,无高大义,音同义异而别。

【门可落雀】罗。“罗”繁体字为“羅”,会意字,从罒 wǎng 从纟从隹,甲骨文刻作,上部为网的象形,下部是鸟。篆文写作,上部和外框是网,下部左边为丝线,下部右边为隹 zhuī,即鸟字,会意为用丝线编的网子捉鸟,本义为罗网。“门可罗雀”意为大门前可以张网捕鸟雀,比喻宾客稀少,十分冷落。

而“落”,形声兼会意字,从艹洛声,声兼义。氵表示水,各,见上“风餐路(露)宿”的解说,义为走来。氵与各组合,再与艹组合,会意为来到的大水中现出了草,即水线降到原先淹没的草下面去了,义为落下。用以指树叶凋坠,引申泛指降下,掉下。“落”无罗网义,也不是说门口落下麻雀,音近义异误会而别。

M

【看见了嘛】吗。"吗、嘛"都是左形右声的形声字，语气助词，"吗"只表疑问语气，用于问句末。而"嘛"表陈述语气：这就是我嘛；表祈使语气：快点走嘛；表感叹语气：好嘛，走着瞧！

【蛛丝蚂迹】马。"马"，象形字，甲金篆文分别作、、，是马的象形。"蛛丝马迹"意为蜘蛛的丝，灶马的印，(灶马是生长在灶墙缝隙中的白色小昆虫，爬过有白色丝样痕迹，此处的马不指马匹的马。)比喻查究事物所根据的不很明显的线索。

而"蚂"是"蚂蚁、蚂蟥"等单纯词中的一个字，不单用，故别。

【峦荒之地】蛮。"蛮"，形声兼会意字，从虫䜌 luán 声，声兼义。䜌，见 L 部"留恋(流连)忘返"的解说，义为整治乱丝；虫，象形字，甲金篆文分别作、、，是蛇的象形。上下两部分组合为蛮，会意为如同乱丝一般的多蛇的南方之地，上古之时，民智未开，少数民族如丝纷乱，义为野蛮。"蛮荒之地"意为野蛮荒凉的地方，即文化落后的偏远地方。

而"峦"，形声兼会意字，从山䜌声，声兼义，义为连绵如乱丝的山头，无野蛮义，形近义异而别。

【轻歌慢舞】曼。欲解说曼，得先解说冒。"冒"，会意字，甲骨文刻作、，远古(夏和夏以前)之人"穴居而野处，毛衣而帽皮"(住在地穴屋里，生活在原野上，穿兽毛衣，戴兽皮帽)，字像上有牛羊角或野鸡翎的帽子。金文写作，下加一目字，表明在眼睛的上边。篆文写作，把字美化了，两横表示缝合的边饰或帽的前后边沿。楷书写作冒。它们的义都是帽子，后冒字被引申义向外透(冒泡)、不顾(冒险)、冒充、冒尖等专用，帽子义便加巾旁，写作帽表示。

"曼"，会意字，甲骨文刻作，中间是目，上下都是手，会意为双手在眼睛上下方分张开，似在跳舞，展示美丽的眉眼。金文写作，目和手上加了帽子，指实在帽子下方，表明美目的部位；篆文写作，省去上面一只手，目上的笔画依然是帽子。几部分组合，会意为双手在帽子下的眼睛上下方分张开，本义为引目流盼（睁大眼睛左右观看）。引目流盼显得姿态柔美，则“曼”义为柔美。“轻歌曼舞”意为轻松愉快的音乐和柔美的舞蹈。

而“慢”，形声兼会意字，从忄曼声，声兼义。曼的本义是引目流盼，引目流盼则从容不迫，曼与忄组合，义为心不急、速度低。“慢”无柔美义，音同义异而别。

【满山遍野】漫。解说见上。“漫”，形声兼会意字，从氵曼声，声兼义。从氵的字大都表水或与水有关的事物、行为、性状。曼的张眼的会意含有目光广长义，曼与氵组合，会意像引目流盼一样，广水遍流，义为水到处流。“漫山遍野”意为山里田野里（像水到处流一样）到处都是。

而“满”，形声兼会意字，从氵㒼声，声兼义。㒼mán，象形字，金篆文分别写作[古文字]、[古文字]，上部像草，下部像两个并排的蚕茧，内中的箭头强调蚕蛹的头部，字像蚕结了茧，变成蛹充实在茧壳内，义为全部充实。后加氵，氵与之组合，会意为水充实，义依然为全部充实。“满”无水到处流义，音近义异而别。

【慢不经心】漫。解说见上。“漫”由水漫流义引申出散漫、随便义。“漫不经心”意为随随便便，不放在心上。而“慢”见上，无随便义，成语不是说慢吞吞地不放在心上，音同形近义异误解而别。

另，“漫步、漫长、漫无边际、漫谈、漫游、散漫”中的“漫”皆不可误写为“慢”。

【无理漫骂】谩。解说见上。“谩”，形声兼会意字，从讠曼声，声兼义。从讠的字基本都表示语言或与语言有关的行为、性状。曼义为引目流盼，引则长，引申为延长、长，如“路曼曼（漫漫）其修远兮”。讠与曼组合，义为长长的轻慢无理的话。“无理谩骂”意为毫无理由地不讲理的辱骂。

【茫刺在背】芒。“芒”，形声兼会意字，从艹亡声，声兼义。“亡”，象形字，甲金篆文分别作[古文字]、[古文字]、[古文字]，楷书写作亡，左方曲笔表示从侧面看的眼眶，右方两笔表示锥刺凿扎之物。像用锥子扎瞎眼，义为盲，是盲的初文。（臣：眼扎瞎而有珠；亡：眼扎瞎无珠。）亡加艹头，义为（如锥子一样的）草的尖端，指植物籽实外壳上长的针状物。“芒刺在背”意为芒刺扎在背上，比喻极度不安。

而“茫”，形声兼会意字，从氵芒声，声兼义。芒义为草尖，氵与芒组合为茫，会意为只露出草尖的水面，义为水势浩渺无边，也引申形容草原林海等没有边际，看不清楚。“茫”无刺义，音同形近义异而别。

【锋茫毕露】芒。解说见上。“芒”由植物的尖刺义引申指刀剑的尖端义。“锋芒毕露”义为刀剑的锋和尖全都露出，比喻才干、态度全都显露。

【忙无头绪】茫。解说见上。“茫”义为浩渺无边，浩渺无边则看不清，引申为迷茫不清；“绪”，形声字，从纟者声（今不能表声），义为线头、绳头，“茫无头绪”意为迷茫不清，理不出线头，比喻对事物摸不着边儿，不知怎么着手。

而“忙”，会意兼形声字，从忄从亡，亡亦声，亡（见上）义为盲，由于失去眼珠，引申为失去、没有，如“亡羊补牢”。表示心理活动的忄与亡组合为忙，会意为心感失去主张或失去时间（没有充裕时间），义为心情如有所亡，急迫慌乱，今义忙乱，繁忙，无迷茫不清义，成语也不是说忙乱得没有头绪，音同义异误解而别。

【茫苍】莽。“莽”，形声兼会意字，从犬茻声，声兼义。茻 mǎng，会意字，甲篆文分别作[古文字]、[古文字]，四棵草，甲骨文在草中间加了表示太阳的日，会意为太阳下的众草。篆文省去日，义为众草。“莽”篆文又写作[古文字]，上下部为草，中为犬，会意为犬在草中，即有犬奔逐的草地，义为犬奔逐于草地，引申为草木繁茂，如“莽原”。“莽苍”义为旷野景色迷茫。

而“茫”（见上），无草木繁茂义，音近义异而别。

【名列前矛】茅。“茅”，形声兼会意字，从艹矛声，声兼义。“矛”，象形字，金篆文分别作[古文字]、[古文字]，上有尖头，下有系缨环和长杆，是古代刺击的武器，篆文有所美化。矛长两丈，周朝一尺合今六寸，为一丈二。出土文物长八尺，合今二点六六米。从艹的字基本都表草类植物或与之有关的行为、性状。艹和矛组合，会意为像长矛一样的草，即茅草。这里特指白茅草。春秋时楚国军队行军派少量士兵举茅草蔽身前行，用以侦察。“名列前茅”义为名子列在举茅草人中或组织中，比喻名次靠前的。

而“矛”是武器，无茅草义，音同形近义异而别。

【矛塞顿开】茅。解说见上。“茅塞顿开”意为被茅草堵塞的心窍顿时开通，比喻立刻理解，明白。

【毛贼】蟊。“蟊”，形声兼会意字，从双虫矛声，声兼义。双虫，甲金篆文分别作[古文字]、[古文字]、[古文字]，虫一般都有大头，有身子，弯弯曲曲蠕动，且成群聚生，画二虫相并，意为多虫，仅以二虫示意而已，是昆虫的“昆”的本字，义为昆虫。矛（见上）是直刺的武器。矛与双虫组合为蟊，会意为有锐头或尖牙的昆虫，义为吃苗根的害虫。

贼，会意字，金文写作[古文字]，左下边是刀，右上边是戈，中间是鼎；篆文把鼎变写成贝（篆文经常把鼎变写作贝），移到左边，写成[古文字]。三部分组合为贼，会意为用戈和刀毁坏鼎，鼎是三足铜锅，是财富；贝（见下）直接表财富，义为毁坏。蟊贼之义就是如同吃苗根的害虫一样的毁坏财物的人。由于强行以武力毁坏财物对国家对人民有危害，蟊贼义就引申为危害国家人民的坏人。

而“毛”，象形字，金篆文分别写作[古文字]、[古文字]，上部为密生的毛，下部为毛囊，义为动植物皮上所生的丝状物，无虫义，词语不是说毛毛贼，音同义异误解而别。

【不茅之地】毛。解说见上。“毛”由动植物皮上所生的丝状物引申为地上生长的庄稼。“不毛之地”意为不长庄稼的地方，并非不长茅草的地方，音同义异误解而别。

【冒然行事】贸。“贸”，形声兼会意字，从贝卯声，声兼义。“卯”mǎo，象形字，甲金篆文分别作、、，为宰杀野兽、人牲剖成两半之象形，本义为剖开，割开。

“贝”是商代货币，产自南海（即舟山群岛一带），长约两厘米，宽约一点五厘米，较今贝略小。到商代中后期，生产发达了，贝不够用，便雕刻石、玉、铜为贝。贝可单用，亦常多贝使用。商代规定：五贝一串，五串一朋（“朋”是两个“贝”字相连之形，后讹写为双月），不过商代不同时期标准并不一致，但是串联成“串、朋”却是肯定的。

从事交易时，要将成串成朋的贝绳割开，故卯与贝组合为贸，会意为割开成串、成朋的贝，本义为（用贝）交易、交换。由于贸易、交换常由于考虑不周而出现不等值的吃亏现象，于是“贸”引申出轻率义。“贸然行事”意为不加考虑地轻率地去做事。

而“冒”，见“轻歌慢（曼）舞”的解说，无剖贝义，成语不是说冒失地去做事，音同义异误会而别。但“冒”的引申义“冒失”，也含轻率义，不过“贸”侧重于不加考虑，“冒”侧重于鲁莽，区别还是明显的。

【素味平生】昧。“昧”mèi，形声兼会意字，从日未声，声兼义。未，甲金篆文分别作、、，像树木枝叶重叠茂密之形，义为枝叶茂密。日与未组合，会意为枝叶茂密日光难透，义为光线昏暗。由于昧含有不透亮看不清之意，引申为不清楚，不明白。素：素来、一向。“素昧平生”意为一向不认识。

而“味”，形声兼会意字，从口未声，声兼义。口与未组合，会意为口吃树叶，义为口味，味道。“味”无不清楚义，形近义异而别。

另，表由光线暗不清楚义引申为糊涂义的“蒙昧、愚昧”和表由光线暗（人看不见）义引申为隐瞒义的“拾金不昧、昧良心”的“昧”，皆不可误写为“味”。

【冒味】昧。解说见上。冒：冒失；昧：不看清楚。“冒昧”义为（言行）不顾地位、能力、场合是否适宜。（多用作谦词。）

【蒙懂】懵。“懵”měng的初文是瞢，会意兼形声字，从忄从瞢，瞢亦声。瞢 měng，甲骨文刻作，左旁的笔画表示荐席，是中空可以填草的矮“床”（唐朝和其前没有床），右上部是目，目下的小钩表示眵 chī 目糊（眼屎），右下部是侧卧的人。三部分组合，会意为人在睡梦中。篆文写作，省去荐席，上部是横写的目，目上的四笔表示眵目糊，下部的外框是人字的变形笔画，框内多加一目，表明人钩头曲卧，以强化目不明之意。四部分组合，会意重点在目上，即如在钩头曲卧的睡中一样看不清，义为目不明，视不清，引申为心迷乱，人糊涂。由于此义属心理活动，后加忄旁，写作懵。“懵懂”义为糊涂，不明事理。

而“蒙”，会意字，从艹从冡。冡 méng，会意字，甲骨文刻作，冖 mì 像天穹笼罩，一横表示一切锁住，全然不清，下部是隹 zhuī，象形字，即鸟。三部分组合，会意为鸟被漫天大雾包住，本义为蒙覆。篆文写作，隹换成了豕 shǐ，象形字，即野猪，野猪被漫天大雾包住，本义不变。这一字和艹组合，写作蒙，会意更为具体，即像被大雾包住一样被草覆盖，特指生长旺盛几天不除就缠绕蒙覆在庄稼上的菟丝草，义依然为蒙覆。“蒙”无糊涂不明事理义，音同义异而别。

按，从“蒙”得声的字除了“獴、蠓、鹲、艨、檬”以外，还有三个字，就是朦、矇、曚，这三个字都是单纯词（整体使用）中的一个字，即朦胧（形容月色不朗）、矇眬（形容睡眼不明）、曚昽（形容日光不亮），只有“蒙”可以单用，如表示哄骗义的“蒙人”，表示乱猜义的“蒙对了”，表示糊涂或不清楚义的“上台就蒙了”，表示昏迷义的“打蒙了”，表示光线不明义的“蒙蒙亮”（都读 mēng），表示覆盖义的“蒙上眼”，表示雨点小义的“蒙蒙雨、迷蒙”，（“濛濛、迷濛”是异形词）表示遭受义的“蒙冤”，表示隐瞒义的“蒙哄”，表示不明事理义的“蒙昧”（都读 méng）等。

【迷天大谎】弥。“弥”的嬗 shàn 变很复杂，所见不一，姑粗释之。

弥，会意字，原写作弓字旁加寅字。“寅”早期甲骨文刻作，是象形字，与矢同，因在龟腹甲和兽骨上契刻不便，常刻作方笔——，意为射出的矢，（其头为锐头，表示前进的矢，静止的矢则刻作三角形。）商代金文讹变为，变成会意字，保留方框的上下横，写在箭头下，左右各加一个手的笔形，会意为用手抽出矢（没射）。周代金文写作，上部改写成弓形，一长横表示弦，矢搭在弓上，但没扣弦，左右是手，会意为把矢抽下。战国金文写作，把弓移到左边，把矢杆上的两短横分写到矢头下的两边（对称美化），两短横下是左右手，写成从弓从寅的字，会意为抽矢放松弦。

篆文把寅讹变为爾（尔的繁体字），为表现久长放松弓弦之意，在爾的左边加长（繁体“長”）字，写作会意字镾 mí。现在无论弓和尔组合，还是长和尔组合，一律简化作弥。

这样，弥的本义就是弓弦长时间放松，引申为久长，如“弥留”（病久留于身的最后时刻）。由于时间久长和空间久长都含久长义，词义扩大为空间广大、远，并进而引申为空间满、充满、遍及。“弥天大谎”意为满天大的谎话。

而“迷”，形声兼会意字，从辶 chuò 米声，声兼义。迷，甲金文未见，古文篆文分别写作、，左旁上部的彳 chì，象形字，是“行”的一半，表示小步走；左旁的下部是止，象形字，（上有脚趾，下有脚跟）即脚。彳与止组合，篆文写作会意字辵 chuò，楷书写作辶，义为行走。米指黍米，借米字八个方向指多向。辶与米组合，会意为方向繁多而不明路向，义为分不清路向、迷惑等。“迷”无充满、遍及义，音同义异而别。

【不解之迷】谜。解说见上。“谜”，形声兼会意字，从讠迷声，声兼义。从讠的字基本都表语言或与之有关的行为、性状。讠与迷组合，义为谜语，即（感到迷惑）不明白而说不出来的事物。

而迷（见上）无不明白而说不出来的事物义，音同义异而别。

【望风披糜】靡。“靡”mǐ，会意兼形声字，从非从麻，非亦声。麻，会意字，从广从林（其实不是林，而是两个朩，读 pài）。

“麻”金文写作，厂 yì，象形字（第一笔是横撇，不是厂 chǎng），表示前突的山崖（可避雨住人，原始社会人们住在厂下，也住在地穴），厂下是两个朩，第三四笔和第七八笔都是竖，（楷书写成了撇和竖弯笔画，）表示从麻秆上劈 pǐ 撕下来的麻纤维，会意为在厂的住处前撕下麻晾晒。篆文写作，会意字，从广从林。广是依崖壁建造的前敞的房子象形，如“店、庙、廊”，广下的笔画因形近讹变为林。广与林组合，会意为在房前撕下麻晾晒，义为麻。今天农村依然如此加工麻。

“非”，象形字，甲金篆文分别作、、，像鸟的分张相背的翅膀，义为相背、违背。

麻和非组合为靡，会意为从麻秆上撕下麻，麻和麻秆相背散乱，倒下，义为散乱、倒下。“望风披靡”意为随风散乱地倒下，比喻军队丧失战斗意志，老远看见对方的气势很盛就像随风倒下一般地溃散了。

而“糜”mí，会意兼形声字，从米从麻，米亦声。由于麻沤过了头就腐烂，米与麻组合，会意为像腐烂的麻秸一样烂的米粥，义为粥，引申为烂。“糜”无散乱、倒下义，音近形近义异而别。

“非”和“米”都是声旁。它们在古音韵书中属止摄（摄，意为韵腹相近韵尾相同的韵母所归的类别），包括 i、-i、er、ei 四个韵母。i 和 ei 近似，它们经常通读。如两千五百年前的《诗经·相鼠》：“相鼠有皮，人而无仪。人而无仪，不死何为。”押“皮、仪、为（i、i、ei）”韵。一千二百年前的北朝民歌《木兰诗》：“万里赴戎机，关山度若飞。朔气传金柝，寒光照铁衣。”押“机、飞、衣（i、ei、i）”韵。一千年前宋朝范仲淹诗《江上渔者》：“江上往来人，但爱鲈鱼美，君看一叶舟，出没风波里。”押“美、里（ei、i）”韵。今人毛泽东诗“九嶷山上白絮飞，帝子乘风下翠微。斑竹一枝千滴泪，红霞万朵百重衣。”押“飞、微、衣（ei、ei、i）”韵。它们都是止摄韵。有些方言中“你”经常读 nei，“理”经常读 lei。以上说明“非”和“米”是兼表义的声旁。东汉许慎在《说文解字》中认为“靡”“从非麻声”“糜”“从米麻声”都解错了。从上述可知“麻”只是形旁，且“麻”在假摄，包括 a、ia 两个韵母。“靡、糜”属止摄，麻摄和止摄相差很远。“麻”不是声旁。

【糜糜之音】靡。解说见上。古书曰：

韩宣子说商纣王派师延制作“靡靡之乐”，“靡靡”的意思是“相随顺之意”。显然说轻了。“靡靡之音”今意为不端正没筋骨(要散乱倒下)，颓废淫荡，低级趣味的音乐。

【风糜一时】靡。解说见上。“风靡一时”意为一个时期很风行，像吹倒草木(如同麻秆散乱倒下)一样。

【靡烂】糜。解说见上。“糜”义为烂，“糜烂”义为严重的烂。

总之，读音为 mi 的两个字，义为粥和烂的和“米”有关，写作“糜”，音 mí；而义为随风倒和华丽(靡丽)的以及和非(义为相背，违背正常)有关的，写作“靡”，音 mǐ。两字皆有浪费义，故“奢靡”(推荐词形)也可写作“奢糜”(异形词)，都读 mí，建议不写后者。

【行踪诡密】秘。“秘”繁体字为“祕”，形声兼会意字，从礻 shì 必声，声兼义。(礻即示的作偏旁的写法。其字见 J 部“弱不经〔禁〕风”的解说。)从礻的字基本都表示与祖宗鬼神有关的人、事或行为。“必”，金篆文分别写作、，中间三笔是戈，左右两点表示固定戈头的穿孔，便于用熟牛皮条捆绑以固定在柄上，会意为戈头固定在柄上，义为固戈。由于戈头必须固定才能使用，引申出必定、一定义。由于必义由戈引申而来，含有戈意，表示祭案和神灵义的礻与含有戈意的必组合为祕，会意为把象征杀伐的戈放在神灵祖宗灵前，义为神秘、不公开和秘密。后用表示禾稼香味的“秘”代替了“祕”，表示神秘、秘密、隐秘。“行踪诡秘”意为行动的踪迹隐秘不易捉摸。

而“密”，会意兼形声字，从山从宓 mì，宓亦声。金文写作，外框是宀，表示房屋，是房屋的轮廓，内中有两把戈，用两把示意多把，会意为许多戈紧密排列在屋内，义为紧密、稠密。此字楷书写作宓。金文又写作，篆文写作，下部加了山字，表示陈戈的房屋建于山中。建于山中一是便于取而狩猎，二是易守难攻，防止敌方袭击，三是便于藏匿。其义依然为紧密、稠密。“密”虽也含秘密义，但无神秘意味，音同义异而别。

另，语素义为神秘、隐秘的词语“秘而不宣、秘方、秘籍、秘诀、秘密、秘史、秘闻”中的“秘”皆不可误写为“密”。

【彤云秘布】密。解说见上。“密”义为稠密，“彤云密布”意为下雪前阴云浓密，布满天空。

【秘室】密。解说见上。“密”也有秘密义，故“密室”义为秘密的房间。

另，语素义为稠密、严密的词语“密闭、密封、密集”和语素义为秘密的词语“机密、密件、密谋、密谈、密语、密信”中的“密”也不可误写为“秘”。

【甜言密语】蜜。解说见上。“蜜”，形声兼会意字，从虫宓声，声兼义。虫与宓组合为蜜，会意为蜂房紧密排列的昆虫，义为酿蜜的虫——蜜蜂，引申为像蜜一样甜的。“甜言蜜语”意为为了讨人喜欢或为了哄骗人而说的好听的话。而“密”(见上)无甜义，音同形近义异而别。

另，“蜜月、蜜饯、口蜜腹剑”中的

"蜜"也不可误写为"密"。

【哈蜜瓜】密。哈密是音译的地名，不能因为哈密瓜甜就把"密"误写成"蜜"。

【棉里藏针】绵。"绵"繁体字为"緜"会意字，从系从帛。分述之：

系，会意字，从手从糸，甲金篆文分别作、、，上边为手，下边为丝，会意为用手把丝悬结，义为结系 jì，联属。篆文把"手"写成表示拉引的笔形，表示拉引丝束以结系，楷书则写成了一撇。

帛，形声兼会意字，从巾白声，声兼义。"巾"，象形字，是下垂的佩巾形。"白"，象形字，甲金文作，米粒的象形，义为色白。巾与白组合，义为未染的白色丝绢，又作丝绢的总称。

系与帛组合，篆文写作，会意为织帛时刮积飞落的联属在一起的丝制成的棉花状物，或用织帛的丝经弹松等工艺加工制成的联属不断的棉花状物，即丝绵（不可写作"丝棉"）。而棉织物是元末明初松江府（今上海松江区）黄道婆从海南岛黎族姐妹处学来的纺织粗技经重大改进革新后而出现的，再说"绵里藏针"早在元曲中较多出现以前就已运用，所以针只能藏在"绵"里，"绵里藏针"形容柔中有刚或比喻外貌柔和而内心刻毒。

而"棉"古无此字。棉，会意字，从木从帛，是绵的分化字，把表丝义的形旁纟换成表植物义的形旁木，木与帛组合，会意为像白色丝绢一样的植物花，既指木棉（岭南木棉树，高数丈，又叫攀枝花，亦可纺布），又指草棉（古称"古终"，今俗称棉花）。棉，一般指草棉。音同形近义异而别。

【棉薄之力】绵。解说见上。丝绵由于保暖性能好，制衣时敷设较薄，加之丝绵柔软无力，绵义引申为薄弱，"绵薄之力"指自己薄弱的能力，谦辞。

此外，像"绵延、绵亘、绵软、缠绵、绵羊"中的"绵"均不可写成"棉"字。

【沉缅酒色】湎。"湎"miǎn，形声兼会意字，从氵面声，声兼义。"面"甲金文分别作、，右边图形表示人脸，有头发，有头，有目，左边笔画像人面部侧视象形，整个字像人的面部，义为面部。氵与面组合为湎，会意为人（面部）沉没于水中，义为沉溺。又，"面"像上古酒器——"散"的残形，氵与散组合为湎，会意为酒器沉于水，义仍为沉溺。"沉湎酒色"意为陷于酒色的不良境地。

而"缅"miǎn，形声兼会意字，从纟面声，声兼义。从纟的字大都表丝、线、绳或与之有关的事物、行为、性状。义为细丝。纟与面组合为缅，会意为像细丝一样悠悠不绝地沉入对往事怀念中的面部的表情，义为追想（以往的事迹）。"缅"无沉溺义，音同形近义异而别。

【湎怀先烈】缅。解说见上。成语意为追想先烈的遗容和丰功伟绩。

【免为其难】勉。"勉"，形声兼会意字，从力免声，声兼义。免，甲金篆文分别作、、，下部是俯身吊唁的人，上部表示丧服的帽子，上下组合为免，会意为人戴上丧帽，本义为丧冠。周朝丧礼，先要脱除头冠，然后着丧服戴丧帽。由于要先除头冠，引申为脱掉、除去，如“免冠、免职、罢免”。一说免即帽子，是冕 miǎn（天子、诸侯、卿、大夫的礼帽）的先造字。力与免组合为勉，会意为用力除去，义为尽力、努力。由于力不足也要尽力、努力，引申为勉强。“勉为其难”意为勉强做力所不及的事。而“免”无勉强义，音同义异而别。

【无则加免】勉。解说见上。勉，义为尽力、努力，引申为勉励。“无则加勉”是“有则改之，无则加勉”的省语，意为有错误就改正（它），没有错误就加以自勉自励。

【缥渺】缈。“缥缈”，单纯词，见 B 部“专横拔（跋）扈”的解说。只要是读作 miǎo 的音，哪个字都可用，但人们习惯用“缈”，不用“渺”。双音单纯词有一个特点，就是两个字的偏旁尽量都一样，此条和下一条就是这样。

【缈茫】渺。“渺”，形声兼会意字，从氵眇 miǎo 声，声兼义。“眇”，会意字，从目从少。分述之：

目是眼的象形。“少”，象形字，甲金篆文分别作[古文字]、[古文字]、[古文字]，是小（[古文字]、[古文字]、[古文字]）的分化字，都表示细小的沙粒形，后词义细化，体积微的，主要用小表示，数量微的，主要用少表示，但小也微含少意，少也微含小意。目与少组合，会意为一目小。古语“眇能视，跛能履”（眼小也能看，脚跛也要穿鞋）。由于眼小如同眯着眼，引申为眯缝着眼看。

“渺”从氵，从氵的字大都表水或与之有关的事物、行为、性状。氵与眇组合，会意为（野外光线强）得眯缝着眼极目张望的水面，义为水大的样子。“渺茫”义为因遥远广大如水而模糊不清。

而“缈”是单纯词“缥缈”中的一个字（见上），不单用，且无水大的样子之意，音同义异而别。

【缈无人烟】渺。解说见上。“渺无人烟”意为（水面大）迷茫一片，没有人家，形容十分荒凉。

【渺视】藐。“藐”，形声兼会意字，从艹貌声，声兼义。从艹的字基本都表草类植物或与之有关的行为、性状。貌，本写作皃 mào，象形字，古文篆文分别写作[古文字]、[古文字]，上部表示人头，下部是人身和腿，古文人头上有束发，隶变后，楷书写作皃，表意的重点在头脸，义为容貌。后人加声旁豸，写作貌。（按，豸今读 zhì，本读 māo，指猫，繁体字写作貓，由于表示猫的豸作偏旁用了，猫的意思便给豸加了声旁苗表示，豸就不指猫了。）貌，义为容貌，引申为外表，如“貌（外表）合神离”。艹与貌组合，会意为人的外表如同小草，微不足道，义为渺小。“藐视”义为轻视，小看。

而“渺”见上，义为水大，无小看义，音同义异而别。

【听者渺渺】藐。解说见上。成语为“言者谆谆，听者藐藐”，意为教诲的言辞恳切，而听的人（藐视）不以为然。

【没顶之灾】灭。“灭”繁体字为滅，它的初文是威 miè，“威”，会意字，由戌 xū 和火组成，古文篆文分别写作、，会意为用戌类兵器（见 R 部“戎马倥偬”的解说）扑打灭火；古人一定是发现用水灭火更好，后加了氵旁，楷书写作滅，今简化作灭，义为灭火。由于火被水淹没，引申为淹没。“灭顶之灾”义为淹没过头顶的灾祸，即致命的灾祸。没有“没顶之灾”的成语，系误会造成的错字。

【篾视】蔑。“蔑”，会意字，甲金篆文分别作、、，它们的右下部是戈；左上部是目，即眼睛，目上有左右眉毛，以目和眉代指人头，目下是人身，目、眉和人身表示一个完整的人。篆文把人字与目分开，写到戈下。几部分组合为蔑，会意为用戈穿刺人身，本义为伐，即杀。古文“蔑、伐”实为一字，《国语·周语》曰：“蔑杀其民人。”由于蔑杀含有轻贱人生命之意，引申为看轻。“蔑视”义为轻视；小看。

而“篾”，形声兼会意字，从竹蔑省声（省去艹，作声旁），声兼义。竹与表示杀义的蔑组合，会意为剖开斩断竹子，义为小竹片，无轻视义，音同形近义异而别。

【良心抿灭】泯。“泯”，形声兼会意字，从氵民声，声兼义。“民”，象形字，甲金篆文分别作、、，上部是左目（因为靠近鼻梁这边眼角大，另一边眼尾小），下部是锐器，像用锐器刺瞎左目之形。夏商周时代对于奴隶有多种处置手段：活埋、砍头、阉割、斩手、剁脚、割鼻、刺目、削耳，最轻的是黥 jīng 额（额上刺字）和髡 kūn 首（割去头发），多数是刺目，只有最顺从的勤谨的才不被刺目。金文的大黑点表示眼珠被刺掉下之形。篆文的长斜笔是锐器，短斜横是从表眼珠的黑点横拉变成的。三个字的本义是奴隶，后引申为被统治的广大百姓。由于百姓广大，民又是盲一目视物不清之人，民与表水的氵组合，本义为水大看不清楚。由于水大看不清，如同什么也没有，引申为没、灭失。“良心泯灭”意为良心丧失。

而“抿”，形声兼会意字，从扌民声，声兼义。扌与民组合，会意为奴隶用手抿住口，不使痛呼、冤苦、悲愤、仇恨之声发出，义为以手收拢，后词义扩大为不用手而稍合拢也作抿，如“抿起耳朵”。“抿”无没、灭、丧失之义，音同形近义异而别。

【至理明言】名。“名”，会意字，从夕从口。甲金篆文分别作、、，右边、上部为初升的半个月亮，即夕，左边、下部为口，会意为在天黑之际因为看不见而口呼名字、人名，义为名字。由于有的人很有名，引申为人人知其名，即著名。“至理名言”意为最正确最著名的有价值的话。

而“明”，会意字，从日（囧 jiǒng）从月。甲骨文刻作、，像星月交辉，（在甲骨文金文中既表日也表星）义为光明、光亮，甲骨文还刻作，金篆文分别写作、，它们的左旁像牛耳，牛耳是商周朝结盟的信物，为人常见，很像带窗棂的花格窗。这样一来，则左边表示花格窗，右边表示月亮，会意为月光照进窗内，义为光明、明亮。可见“明”无著名义，成语不是说最正确的明白话，音同义异误解而别。

【不可明状】名。解说见上。“名”由呼人名引申为说出。“不可名状”意为不能够用语言（说出）形容。成语不能误解为不能明白那个样子。

【不明一文】名。解说见上。“名”由人专有其名引申出占有义，“不名一文”意为一文（量词）钱也没有（不占有）。成语也不能误解为一文钱也不明白。

【名哲保身】明。解说见上。明由光线明亮引申为心里明亮，即明白。由于明白人识见高，有智慧，又引申为明智。“明哲保身”意为明智的人善于保全自己，今指因怕有损自己利益或怕犯错误而对原则性的问题不置可否的处世态度。

【名信片】明。解说见上。“明”由光明、明亮义引申为显明的，无遮掩的。“明信片”意为不装在信封里的信（硬纸片的信），不是写有姓名的硬纸片信。音同义异误会而别。

此外，“明珠投暗、明争暗斗、明察暗访、明修栈道”的“明”也不可误写为“名”。

【死不明目】瞑。“瞑”，形声兼会意字，从目冥声，声兼义。从目的字基本都表示眼或与之有关的行动、性状。“冥”，会意字，甲骨文刻作，篆文写作，甲骨文下部是左手右手，上部外框像高处蒙覆之形，框内的小口形表示星星，会意为双手不见五指，义为深夜；篆文把小口形变写作日，把廾 gōng（双手形）讹写作六，外框表蒙覆，会意为太阳被蒙覆，被遮挡，义不变，引申为昏暗、幽暗。楷书把外框写成平宝盖头，写成冥。目与冥组合为瞑，会意为目合（幽暗）无所见，义为闭眼。“死不瞑目”意为人死时心有牵挂，没有闭眼。多形容不达目的决不罢休。

而“明”（见上），无闭眼义，音同义异而别。

【瞑思苦索】冥。解说见上。“冥”由幽暗义引申出深沉义，“冥思苦索”意为深沉地（苦苦地）思索。

【自鸣不凡】命。“命”，会意字，从口从令。“令”，会意字，甲金篆文分别作、、，上部为倒口形，下部为跽坐之人，会意为人张口向下发命令，义为发命令，又义为命令。到了周朝，在用“令”字的同时又出现了加旁（口旁）的“令”字——命，以强调口发命令之意，故“命”本义仍为发命令。“命”由发命令义引申出发命令人给予被命令者以某种名称、品质、特点义。“自命不凡”意为给自己赋予不凡的品质，即自以为了不起，形容高傲自负的态度。

而“鸣”，甲骨文刻作、，篆文写作，甲骨文第一字右边是有鸡冠张口朝天的公鸡，左边是口，会意为鸡叫。甲骨文第二字和篆文都从口从鸟，组合为鸣。它们的本义都是鸡叫。后词义扩大，引申为鸟叫，再引申为兽类、昆虫叫，如“驴一鸣，虎大惊”“虫鸣唧唧”；再引申为声响，如“鸣炮”；再引申为表达心声，如“鸣冤”。“鸣”无命令义，音近义异误会而别。

此外“孤掌难鸣、不平则鸣、鸣鼓而攻之”中的“鸣”也不可误写为“明”或“名”。

【磨拳擦掌】摩。“摩、磨”读 mó，都有擦义，但区别还是很明显的。“摩”是会意字，从手从麻。见上“望风披糜(靡)”的解说。手与麻组合，会意为用手搓麻，义为用手搓擦，如“按摩、观摩(眼观看，手仿做)”。“摩拳擦掌”形容参与某项活动前(两手不停搓擦)激动、兴奋、跃跃欲试的样子。

“磨”也是会意字，从石从靡省(省去非)。从石的字皆表石类物或与之有关的行为、性状。“靡”见本部“望风披糜(靡)”的解说，义为散乱倒下。石与省去“非”的靡组合，会意为被磨之物破碎落下，本义为用石磨料相研擦，如“磨合、磨损、磨炼”。“磨”无手搓擦义，音同形近义异而别。

此外，“摩肩继踵(肩擦肩，脚跟碰脚跟，形容人多而挤)、摩天大楼(擦着天，跟天接触的大楼)、摩崖石刻(在高擦着天的山崖上镌刻的文字、佛像等)”中的“摩”都不可误写为“磨”。同样，“不可磨灭(痕迹、印象、功绩、事业、道理等永不会磨消)、好事多磨(一件好事往往会经历许多磨难)、历经磨难”中的“磨”也都不可误写为“摩”。

【临摩】摹。解说见上。“摹”，形声兼会意字，从手莫声，声兼义。莫，会意字，从艹从曰，甲骨文刻作、，金篆文分别写作、，甲骨文第一字中间是太阳，周围是树木，甲骨文二字和金篆文周围是草，它们组合，会意为太阳落到草里了，义为日落的时候。莫与手组合，会意为手画落日，义为照样子写或画。“临摹”义为模仿书画。而“摩”义为用手搓擦，无模仿义，音同形近义异而别。

此外，“摹本、摹绘、摹刻、摹习”中的“摹”也不可误写为“摩”。

【秋毫之未】末。“末”，指事字，金篆文分别写作、，木上加一横，长横在上，短横在下，这一长横表示树的末梢，引申指其他事物的末梢。“秋毫之末”指秋天动物新换的绒毛的末梢、尖端，比喻微小的事物。而“未”见上“素味(昧)平生”的解说，其字形与“末”相反，短横在上，长横在下，本义是枝叶重叠繁茂，无末梢义，形近义异而别。

【舍本逐未】末。解说见上。“本”也是指事字，金篆文分别写作、，木下加一点或加一横，金文的两垂还加粗，它们都指树的地根。“舍本逐末”比喻舍弃事物的根本的、主要的部分，而去追求细枝末节，形容轻重倒置。

而“未”(见上)，义为枝叶重叠繁茂，不表示末梢义，形近义异而别。其他如“本末倒置、穷途末路、强弩之末、细枝末节”中的“末”都不可误写为“未”。

【沫马厉兵】秣。解说见上。“秣”，形声兼会意字，从禾末声，声兼义。从禾的字基本都表禾类植物或与之有关的行为、性状。由于末梢在微细末端，引申出微小义，又由于微小含琐细意，引申出碎屑义。禾与末组合为秣，义为切碎的草料，即喂牲口的草料。草料是名词，转化为动词：喂草料。“秣马厉兵”意为喂饱战马，磨快武器，指准备作战。

而“沫”，形声兼会意字，从氵末声，声兼义。“沫”指水的碎屑，即泡沫，无喂草料义，音同形近义异而别。

【行将末落】没。“没”，会意字，篆文从回从又，写作，上部表示洄水，下部是又（手），会意为手入水下欲有所取。后这个回加又的字作偏旁用了，其义便另加义符氵，楷书把回字讹写成几（第二笔是横折弯，没有钩），于是这个字便写作“没”，义为入于水中，引申义为沉没，尽。“行将没落”意为快要衰败灭亡。

而“末”（见上）义为末梢，无沉没、尽义，音同义异而别。

【顶礼漠拜】膜。“膜”mó，形声兼会意字，从月莫声，声兼义。从月的字除“朗、朝、明、朦”等少数字与月亮有关外，基本都表肉体或与之有关的性状，如“肚、腹、腿、肺、胖”等。“莫”见上“临摩（摹）”的解说，义为日将落的时候。由于草覆盖着地面，含有遮盖、覆盖义。表示肉的月与莫组合为膜，会意为像草覆盖着地面一样肉皮覆盖着人和动物的骨肉。“膜”指动物身体蒙覆着器官的像薄皮样的组织，引申像膜一样的薄皮，此词语的“膜”指额头皮。膜拜：以手加额，长跪而拜。顶礼：跪伏于地，以头碰及所崇拜者之足。“顶礼膜拜”比喻崇拜到了极点。

而“漠”mò，形声兼会意字，从氵莫声，声兼义。氵与莫组合，会意为水像草那样覆盖，由于水性无情，义为冷漠。“漠”无肉皮义，音近形近义异而别。

另“顶礼膜拜”的“膜”也不可误写为“摩”或“摹”。

【膜不关心】漠。解说见上。“漠不关心”意为对人对事物冷淡，一点儿也不关心。

【默守成规】墨。“墨”，形声兼会意字，从土黑声（今不能表声），声兼义。黑，会意字，金篆文分别写作、，金文上部是囱 cōng，《说文》曰：“囱，在墙曰牖，在屋曰囱。”义为天窗。上古（汉秦周商）的窗子开在屋顶上，既用以采光透气，又用以生火出烟，如三四十年前南方一些少数民族居室正中的火塘里的黑烟从屋上天窗透出一样。囱里的四点表示烟尘的黑粒，下部是两个火，第二个火近于四点，上一火字边的两点表示火焰，会意为烟熏火燎把囱染黑，义为黑。篆文线条化，楷书承篆，把第一个火讹变成土，把第二个火规范成四点，写作黑。“土”指采于土中的石墨类黑色矿物颜料。黑与土组合，会意为书写用的黑色颜料。上古漆书，后代代之以石墨书，汉代以后用煤烟、松烟、胶等制成的块状物研墨而书。“墨守成规”中的“墨”指战国时姓墨名翟 dí 的哲学家，墨家善于守城。“墨守成规”指墨家善于用已成的规制守城，形容因循守旧，不肯改进。

而“默”，形声兼会意字，从犬黑声，声兼义。黑与犬组合，会意为狗从暗处蹿出咬人，逐人，引申为沉默（咬人的狗不叫），与墨家无关，成语不是说默默地守着成规。音同义异误会而别。

【莫守成规】墨。解说见上。而“莫”，见上“临摹”的解说，义为日落的时候。后词义虚化，作副词用，义为不、没有、不要。“莫”无墨家义，成语不是说不要守已成的规制，音同义异误会而别。

【粉末登场】墨。解说见上，并见“秋毫之末（末）”。“粉墨登场”意为用白粉黑墨化妆上台演戏。今多比喻登上政治舞台（含讥讽意）。而“末”无黑墨之义，音同义异而别。

【谋取暴利】牟。“牟”，指事字，篆文写作，上部表示口中出气，下部为牛，示意为牛出气而叫，义为牛鸣。“牟取”义为（卖牛而）取得财利，专用于非法取得。“牟取暴利”意为以不正当手段取得巨大财利。

而“谋”形声兼会意字，从讠某声，声兼义。某，会意字，从甘从木，金篆文分别写作、，下部是木，即树，上部像树上结的果子，内中的一点表示果核。《说文》曰：“某，酸果也。”当是美味的酸梅子。讠与某组合，《说文》曰：“谋，虑难曰谋。”（考虑事情的难易叫谋）会意为与人商讨取得酸梅果，义为商讨对策，引申为谋略，谋与牟义不同，不是谋夺暴利。音同义异误会而别。

【大姆指】拇。“拇”，形声兼会意字，从扌母声，声兼义。母，甲金篆文分别作、、，像一个跪坐的有两乳的妇女，义为养育孩子的妇女。母系社会，妇女是一家之主，管理全家族事务，起主导作用，扌与母组合，会意为起主导作用的手指，即手脚的大指。

而“姆”，形声兼会意字，从女母声，声兼义。女与母组合，指古代教育未出嫁女子的妇人，今指保姆，无大手指义，音同形近义异而别。

【朝三幕四】暮。“暮”，形声兼会意字，从日莫声，声兼义。义为傍晚。傍晚义本有其字，即“莫”，见上“临摩（摹）”的解说，本义为傍晚。后“莫”字为副词义（义为不）专用，傍晚义反不显见，后人便加日字底写作“暮”以表示傍晚义。“朝三暮四”比喻反复无常。

而“幕”，形声兼会意字，从巾莫声，声兼义。“莫”含被草覆盖义，莫与巾组合，义为覆盖在地上的帐篷或覆盖在他物上的幕布，无傍晚义，音同形近义异而别。

以“莫”为声兼义旁，加“巾”，表示织物，造出“幕”字，被巾蒙覆，如“幕天席地”（把天当作帐幕，把地当作席子）；加⺗表示心理活动，造出“慕”字，到晚上仍在思慕，如“慕名而来”；加土，表示土类事物，造出“墓”字，被土蒙覆，如“坟墓”；加力，表示力行，造出募，到晚上仍在力行，如“招募”；加马，表示骑马，造出“蓦”mò字，马在草中出现，因突行速驰，产生“蓦然、蓦地”词。它们都由于形旁的不同，而有不同的字义，写时不可错了偏旁。

N

【无可耐何】奈。“奈”本写作柰，会意字，从木从示。甲骨文刻作，它的左上部是木字，左下部是表示祭祀神灵先祖的祭台的示字（示，金文写作，像竖石上架有横石的祭台，上一短横表示祭祀的物品。篆文写作，祭台下有几个竖石），示与木组合，右边加上手字，会意为手持木柴燎天祭祀神灵（后代演化成烧沉香木块、烧香），义为燎柴祭天神。篆文省去手，写作，楷书的俗体改写成奈。由于神力伟大，无法对抗，义为（不敢）对付。何：什么。“奈何”义为对付……什么，拿……如何，拿……怎么办。“无可奈何”意为对……不能够怎么办，即没有办法。

而“耐”，会意字，从而从寸。“而”，象形字，甲骨文刻作，上部是口，下部是须；金篆文分别写作、，金文中一横表示下唇，篆文工字笔画表示上下唇，其他笔画是颊须，即唇下之须的象形。“寸”，指事字，篆文写作，手下有一短横，一短横指事切脉之处，指明是脉口，义为寸脉。由于脉口距手掌跟有一寸，借代为长度单位寸（三点三厘米），由于是长度单位，又引申出尺度、标准、法度义，而与寸组合，会意为人犯罪，但不够髡kūn发（割去头发）的罪，施以次一等的剃去颊须的刑，刑罚轻，不大疼，义为受得住，禁得起，无对付义、如何义，音同异义而别。

【俗不可奈】耐。解说见上。“俗不可耐”意为庸俗得不能受得住，即庸俗得使人难以忍受。

【不奈烦】耐。解说见上。“不耐烦”意为受不住禁不起烦，即急躁，嫌烦。

【赦颜】赧。赧nǎn，会意字，从赤从𠬝fú，篆文写作，左边上部是正面的人的象形，左边下部是火，上下组合，会意为人被火烤红，本义为赤色。右边是𠬝，篆文写作，上部是被按踞之人，右边下部是按踞人的手，上下组合，会意为服罪，四部分组合为赧，会意为服罪而面色羞红，义为脸红羞愧。“赧颜”义为因羞愧而脸红。

而赦，shè，形声兼会意字，从攵pū；pō 赤声（今不能表声），声兼

义。金篆文分别作𤆍、𤆍,左边义为赤色,右边上部是戈或棍,右边下部是手,上下组合,会意为持戈或棍。四部分组合,会意为持械把受火刑的人放下来。《说文》曰:"置也,释也。"(赶上去,放下来)。《广韵》曰:"赦,宥也。"(宥 yòu:宽恕)因此"赦"义为赦免,无羞愧义,形近义异而别。

【不屈不饶】挠。挠 náo,形声兼会意字,从扌尧声,声兼义。尧,会意字,繁体字写作堯,从三土从人,见Q部"翘(跷)腿"的解说。三土表示烧窑的大窑包,人表示烧窑的人。上下组合为堯,会意为人在大窑包前烧窑,义为烧制陶器的窑包,引申为很高的样子。扌与尧组合,会意为高如窑包的人用手打人,义为屈服。"不屈不挠"义为坚持不屈服。

而"饶 ráo"形声兼会意字,从饣尧声,声兼义。饣与尧组合,会意为食物很多,高如窑包,义为饱、丰足,无屈服义,成语也不是说不屈服、不饶恕,音近形近义异而别。

此外,"不屈不挠、百折不挠"的"挠"也不可误写为"饶"。

【脑恨】恼。"恼"繁体字为惱,会意字,从忄从𡿺nǎo。𡿺的繁体字是象形字,甲骨文刻作𡿺,上部四曲竖笔画表示头发,中间是婴儿囟门的象形(婴儿头顶骨未长合缝,软而下凹,在头顶前部中央),下部是左右腿,下部也可看作是人字。三部分组合,会意为大脑袋婴儿。会意的重点在头部,借婴儿的脑袋与身子相比,脑袋显著来表义,义为脑袋。后,省去两腿,只留下头发和囟门,脑袋义更分明。"恼"从忄,从忄的字皆表心理活动,左右两边组合,会意为头脑气愤,即心情气恼,义为恼恨、发怒。

而"脑"是从月的会意字,从月的字大都表肉体,见B部"并行不背(悖)"的解说,𡿺表示脑袋,月与其组合为"脑",义为头脑,无生气义,音同形近义异而别。

【木纳】讷。"讷"nè本写作㕯 nè,会意字,从口从内。内,会意字,甲金篆文分别作𠖁、𠖁、内,从冂 jiōng表示某范围或穴居屋(夏商挖地穴居)从人,人与冂组合,会意为人进入,义为进入。引申义为内部。内与口组合为㕯(这里不是囧 jiǒng,《现汉》把"囧"写作"冏"jiǒng),内中有口,则会意为有话在内说不出,义为说话迟钝。后俗体字把口字外移,写成呐。大概由于口得到了解放,产生了引申义:大声呼喊,如"呐喊"。再后,呐专用于这一引申义,说话迟钝义便另造从讠的"訥"字表示,今简化作讷。"木讷"义为反应慢不善说话。

而"纳"nà,会意兼形声字,从纟从内,内亦声。纟,繁体字写作糸,甲金篆文分别作糸、糸、糸,中间是丝束,由于缩张力的作用,自然扭成麻花形,或有意扭成以便于手拿、携带、使用,上部笔形表示扎丝束的线,下部表示架丝的木络子,义为细丝。纟与内组合,会意为丝把水分吸入于内而潮湿,义为吸纳、采纳、收纳等。"纳"无说话迟钝义,形近义异而别。

【亲怩】昵。"昵"nì，形声兼会意字，从日尼声，声兼义。尼，会意字，古文篆文分别写作[古文]、[篆文]，左上边高大些的字是人，右下边矮小些的字也是人，两人一上一下身子挨着身子，显得很亲近，义为亲近。楷书把两个人字分别写作尸和匕，成为尼，构件标准化了，但亲近之义不大容易看出来了。后尼字被尼姑（梵语比丘尼，即女和尚）所专用，亲近义便另造昵字表示。尼与日组合，会意为日日亲近，义为亲热。

而"怩"ní，只是单纯词"忸怩"中的一个字，不单用，也无义，形近误会而别。

【粘附】黏。"黏"nián，形声兼会意字，从黍占声，声兼义。从黍的字皆表黍类农作物或与之有关的事物、性状。占，会意字，甲骨文刻作[甲骨文]、[甲骨文]，篆文写作[篆文]，口上的笔画是卜，卜表示灼烧龟腹甲出现的裂纹，口表示人口，甲骨文第二字另加了一块卜骨（牛肩胛骨，大框上的小口表示骨颈。）卜与口组合，会意为口说卜兆的话，义为视龟甲的兆纹推知吉凶，预测事物。黍米有黏性，黍与占组合，会意为能把吉凶和人、事贴附在一起的性状，义为两物附着在一起的性质。如殷墟卜骨刻曰："其雨?"子占曰："今夕其雨，若。己雨，其于翌，无司。"（奴隶主问：）"（今天）会下雨吗?"贞人（占卜的巫师）子说："今天晚上会下雨，确实。从己日下雨，会下到第二天，不宜发令祭祀。"

黏是形容词。词义为可附着在其他物体上的黏性。而"粘"zhān，形声兼会意字，从米占声，声兼义。米与占组合，会意为把吉凶和人、事像米汁粘物一样贴合在一起的现象。粘是动词，义为有黏性的物体附在另一物体上或两物体互相附在一起的动的现象。（人们普遍犯错，把"粘"zhān 读作"黏"nián，把"黏"写作"粘"。）"黏"1956 年曾作为"粘"的异体字而简化作"粘"，1988 年"黏"被国务院文改会重新规定为规范字。（就是这么一闪，种下了错误的根子。）但第六版《现汉》在给"粘"注音为 zhān 的同时，又注为 nián，认为"旧同'黏'"，可是"黏"字下的词条，如"黏度、黏附、黏合、黏糊、黏结、黏膜、黏土、黏液"等，却没有一条写作"粘"。同样，第六版《现汉》第 1634 页的"粘"zhān 字词条，如"粘连、粘贴"也没有一条写作"黏"。我们只有按两字的词条作标准书写了。词条里既然没有"粘 nián 附"，则这一"粘"字就不要写。总之，表示黏的性质，是形容词，写作黏，读 nián；表示粘贴的行动，是动词，写作粘，读 zhān。

【信手粘来】拈。解说见上。"拈"niān，形声兼会意字，从扌占声，声兼义。从扌的字大都表手的动作、行为。扌与占组合，会意为手拿占卜用的龟甲，义为三个手指轻捏物件。"信手拈来"义为随手取来，多形容写文作画时能熟练地动用各种丰富的材料。而"粘"zhān 见上，无轻取义，故别。

此外"拈轻怕重、拈花惹草"的"拈"也不可误写为"粘"，误读

为 zhān。

【恋恋不忘】念。解说见 L 部“念念(恋)不舍”。“念念不忘”意为(心里念叨)牢记在心,时刻不忘。“恋”与表示想念义的“念”的不同之处是依恋,不忍离去,无(心里念叨),牢记不忘之义,音近误会而别。

【罪蘖深重】孽。“孽”,会意字,从子从薛。薛,楷书本写作辥 xuē,会意字,甲金篆文分别作[古文字]、[古文字]、[古文字],其右边是刑刀,见 B 部“避(辟)邪”的解说,左边的下部是弓,左边的上部是丝状木屑。三部分组合,会意为用刀刻削制作弓,本义泛指劳作、整治。又,右边是刑刀,刑刀既是武器,又是劳动工具,左下部是女子的乳胸,借指女奴,左上部是女奴的头发,三部分组合,会意为女奴(上古奴隶来源于罪囚、战俘和掳民,并都被奴隶主用刑刀在额头上刺割出记号或刺瞎左目)劳作,本义亦为劳作、整治。由于制弓及其他劳作是由罪囚、战俘和掳民从事的,引申为罪过。字经过隶变(隶书变写)后,楷书写作薛。薛与子组合,会意为罪人所生之子。古代,妾(非正妻)多取自奴婢,奴婢来自罪囚、战俘、掳民,故妾生之子(不是正妻所生之子)叫孽子,不正当的爱情叫孽情,故孽之义为罪恶。“罪孽深重”意为迷信所认为的应受到大报应的很大的罪恶。

而“蘖”,会意兼形声字,从木从薛,木与薛组合,会意为不是正枝所长出的枝条,义为伐树后的木桩萌发的枝条,无罪孽义,音同形近义异而别。

另,“孽子、孽债、孽种、残渣余孽”中的“孽”皆不可误写为“蘖”。

【萌孽】蘖。解说见上。萌蘖义为树种发芽或断枝长出新芽。

【轻手捏脚】蹑。“蹑”niè,形声兼会意字,从足聂声,声兼义。聂,会意字,繁体字写作聶,篆文写作[古文字],像三只耳朵聚合,会意为附耳小声说话,义为附耳私语。由于私语轻细,故聂与足组合为蹑,会意为把脚步放轻,义为放轻(脚步)。“轻手蹑脚”形容手脚动作很轻,声音很小。

而“捏”niē,形声兼会意字,从扌圼声,声兼义。圼 niè,会意字,从日从土,金文写作[古文字],左部为土,右上部是日,它们组合,会意为用土把漏进日光的洞或缝填上,义为以土塞缝。扌与圼组合为捏,会意为用手指取土塞缝,塞缝得用手指夹住,义为用大拇指与他指夹住。“捏”无放轻脚步义,成语并不是说用手轻轻地捏住脚,音近义异误会而别。

【扭怩】忸。“忸”,形声字,从忄丑声。从忄的字皆表心理活动,“忸怩”ní为单纯词,见 B 部“专横拔(跋)扈”的解说,形容羞羞答答不好意思的样子。

而“扭”本写作丑 chǒu,象形字,甲骨文刻作[古文字],像手指钩曲用力揪物之形,金篆文把钩指加以夸张,分别写作[古文字]、[古文字],楷书标准化写作丑,义为揪扭。后,此字被丑 chǒu(繁体字写作醜——喝醉酒的鬼)、丑陋、厌恶、羞等借义专用,揪扭之义便加表示手的动作的扌旁,

N

写作扭表示，义仍为揪扭，引申为扭动，转过，无心理活动的含意，音同形近义异而别。

【忸捏】扭。解说见上。“扭”意为扭动；“捏”两指相夹；由于两指相夹他指翘起显得不自然，含不自然意。“扭捏”意为走路时身体不自然地左右摇摆，又形容举止言谈不大方。

按，“忸怩”与“扭捏”，前者读niǔní，两字都从忄，故表属于心理活动的神情；后者读 niǔ · nie，两字都从扌，故表动作。二词的字形和词义不可混淆。

【枢钮】纽。解说见上。“纽”，形声兼会意字，从纟丑声，声兼义。从纟的字大都表丝、线、绳或与之有关的事物、行动、性状，义为用线、绳或布料做成的可系、扣、揪扭东西的物件，故从纟。纟与丑组合，会意为可用于抓提转动的带子，义为系结在物体上的带子。“枢纽”义为事物的重要关键、中心环节。

而“钮”，形声兼会意字，从钅丑声，声兼义，左右组合，会意为用金属做成的，可以提起、扣合、揪扭的物件，本义为官吏大印上端的雕饰，引申指其他可提扣转扭之物，如“电钮、按钮、旋钮”等，不表用线、绳、布系扣，转扭，音同形近义异而别。

【助纣为疟】虐。“虐”，会意字，从虍hū从人。义为残暴狠毒，远古先民以虎抓人欲噬来创意造字，甲骨文刻作[甲骨文字形]，左边是人，右边是虎，会意为虎吃人。字形生动，字意准确。篆文写作[篆文字形]，从虍从爪从人，上部和外框是虎皮的花纹，借以表示虎，内部左方为爪，内部右方为人，会意为虎抓吃人。隶书省去爪，将人字变写成匚 fāng，楷书又在“匚”中间加一长横，以示对人伤害，于是形成“虐”字。“助纣为虐”比喻帮助恶人干坏事。

而“疟”繁体字写作瘧，会意兼形声字，从疒 chuáng 从虐，虐亦声。从疒的字皆表病痛，疒与虐组合，会意为像虎吃人一样的残暴伤人的病，今简化作疟，义为疟疾病。“疟”无残暴狠毒义，音同形近义异而别。

N

O

【欧打】殴。“殴”，形声兼会意字，从殳区声，声兼义。区 ōu，繁体字写作區，區，会意字，从匸 xì 从品。分述之：

匸，（一横的左边外突，不是匚 fāng）是甲骨文、的左偏旁，金篆文分别写作、，像用布、席、筐围束的样子，又像土墙或山坳、崖洞等可藏匿的地方。品是三个口字，以口字示意人，以三个表多个，会意为多人。匸与品组合，会意为多人藏匿，（当是罪囚、战俘、奴隶、败亡者）义为藏匿，又义为藏匿处，此二义读 qū（区）。

“殳”shū，会意字，甲骨文刻作，金文写作、，篆文写作，楷书标准件化，写作殳。殳的上部是三棱尖的武器的头部，下部为手，金篆文只有殳头和手，木把省去，会意为手执殳这种武器。殳头加木柄，周代长一丈二（周代一尺约合今之六寸），合今天二点四米，用来打人，当很厉害，何况三棱尖头部之下还有布满棘刺的铜箍。殳还被利用其撞击功能装到车前以隔离人众。

区与殳组合为殴，会意为用殳打杀藏匿的人，义为殴打。“殴打”义为重打（人）。

而“欧”，形声兼会意字，从欠区 ōu 声，声兼义。“欠”甲骨文刻作，下部是跪坐的人，上部像把头向侧后方扭过去张口出气打呵欠形。篆文写作，下部是人字，上部变为三缕气。故“欠”为人出气之象形。区与欠组合为欧，会意为从包藏有齿牙舌喉的匸形的口中出气，本义为吐气，又义为呕吐，（后此义写作“呕”）今借音作一大洲的洲名，无打义，音同形近义异而别。

【欧歌】讴。解说见上。“讴”，形声兼会意字，从讠区声，声兼义。从讠的字基本都表语言或与之有关的行为、性状。讠与区组合为讴，会意为赞美之声从藏于口中的部位发出，义为歌颂，引申为歌唱。而“欧”除了作姓和欧洲洲名外，无其他义，音同形近义异而别。

【沤心沥血】呕。解说见上。“呕”ǒu，形声兼会意字，从口区声，声兼义。从口的字基本都表与口有关的事情、声音、行动。口与区组合，会意为秽物从藏于口中的部位吐出，义为吐 tù。沥：滴。“呕心沥血”比喻穷思苦索，费尽心血。

而“沤”òu，形声兼会意字，从氵区声，声兼义。氵与区组合，会意为把东西（藏没）放在水里，义为用水泡使坏，无吐义，音近形近义异而别。

【呕气】怄。解说见上。“怄”òu，形声兼会意字，从忄区声，声兼义。从忄的字皆表心理活动。忄与区组合，会意为感情憋藏在口里，义为感情憋闷在心里。“怄气”义为闹别扭，心里闷气。

而“呕”义为吐，无生气义，音近形近义异而别。

【怄麻】沤。解说见上。“沤麻”义为把麻秸放水中泡，使麻秆与皮易分开。

O

P

【吃里趴外】爬。“爬”，会意字，从爪从巴。巴，象形字，篆文写作，像一条张着大嘴巴的蛇，楷书规范成巴。爪，象形字，甲骨文刻作，像手有所抓挠形，金文写作，画出了指甲，以突出抓挠之义。篆文美化为，楷书写作爪。爪与巴组合，会意为爪子像蛇行一样搔抓，义为搔抓。由于搔抓得移动，引申为爬行。“吃里爬外”比喻受着这一方的好处，暗中却（爬到外面去）为那一方尽力，做着对这一方不利的事。

而“趴”pā，形声兼会意字，从足八声，声兼义。新产字。从足的字基本都表足部或与之有关的行动。八，指事字，甲金篆文分别作、、，笔画示意两物分背开，义为把物分开，平分。足与八组合，会意为两腿分开，不再行走，义为面朝下伏着，如趴地上，趴在桌上，无爬义，音近义异而别。

总之，表示爬行，写“爬”；表示面朝下伏着，写“趴”；表示扒窃、抓住可依附的东西、使东西聚拢或扒拉开，写“扒”。另，“吃里扒外”是异形词，建议不写。

【坚如盘石】磐。“磐”，形声兼会意字，从石般声，声兼义。般，甲骨文刻作，左旁是凡字，像夏商朝两头各有两个把手的食盘，又像井盘，还像制陶器（盆、缶、缸、瓮等）时旋转陶坯的大转盘；右边的上部是棍状工具，右边的下部是手。三部分组合，会意为手持器械旋转转盘制作陶器，义为旋转。

由于其左旁图形和舟（）形体相近似，金文误写作从舟从攴的，左旁是舟，右边是手持棍械，会意变为持篙旋舟。

篆文写作，左旁是舟，右边讹变为殳 shū。“殳”见上“欧（殴）打”的解说，它既表武器，也泛指棍械类的物件。“般”中的殳就表示棍械类的物件。左右组合，会意仍是持篙旋舟。甲金篆三种形体的字的本义都是旋转。

磐从石，从石的字大都表石类物或与石有关的行动、性状。石与般组合为磐，会意为像可旋转的舟船一样的大石头，义为大而方正的石头。“坚如磐石”意为坚固得像大石头，比喻不可动摇。

而“盘”繁体字为“盤”，形声兼会意字，从皿般声，声兼义。般，义为旋转，旋转则围着中心转动，引申为一样、同样、一般。由于“般”被一样、同样、一般所专用，旋转义便加形状是圆形的“皿”来表示，如“盘旋”。（皿，甲金篆文分别作、、，像带底座的碗碟盆盘，金篆文在盆口下的左右两边还写有卷边）皿与般组合，写作盤，今简化作盘。盘因是器皿，又引申为（圆形的）盘子，无大石义。

《现汉》把“磐石”作为推荐词形，把“盘石”作为异形词。但是“磐”和“盤”（盘）仅音同而形义不同，根据汉字因形定义的原则，建议不写“盘石”。

【风雨如盘】磐。解说见上。“风雨如磐”形容风雨极大（如同方正的大石头），又比喻黑暗势力的沉重压迫。

【气势滂礴】磅。“磅”páng，形声字，从石旁声。从石的字大都表石类物或与之有关的行动、性状；与“礴”组成单纯词，见B部“专横拔（跋）扈”的解说；“磅礴”的本义为（山脉）广覆充塞，今义为气势盛大，气势充满。

而“滂”pāng，形声兼会意字，从氵旁声，声兼义；“旁”，会意字，从凡从方，方亦声。分述之：

凡（见上），甲金篆文分别作、、，表示井盘。方，甲金文分别作、，中间是刀字，表示用刀剖分，表示剖分后的两旁，义为旁，“方”实际是“旁”的初文。篆文美化作，楷书标准化，写作方。《诗经·秦风·蒹葭》：“所谓伊人，在水一方。”（我所说的那个人，在河水的那一旁）“一方”即一旁。

方与凡组合，甲金文分别作、，上部是井盘，下部是方字，会意为井盘的四旁。篆文讹变为，楷书构件化，写作旁。

由于井盘的四旁范围广大，引申为广泛，广大，故氵与旁组合为滂，会意为水域广大，义为水势大，无“磅礴”的广覆充塞之义，音同形近义异而别。另，“磅”又音bàng，英制重量单位；又义为秤。

【宠然大物】庞。“庞”páng，会意兼形声字，从广从龙，龙亦声（今不能表声）。广ān；yǎn（作为廣的简化字广时读guǎng），甲金篆文分别作、、，是依山崖建造的没有前墙的简陋的房子，故从广的字皆表房屋（前敞的房屋）或与之有关的行为、性状。龙，见L部“水笼（龙）头”的解说。广与龙组合为庞，会意为有龙盘旋的或容得下龙的房屋，本义为高屋。高屋大，引申为大。“庞然大物”意为外观上庞大的东西。

而“宠”，形声兼会意字，从宀mián龙声，声兼义。从宀的字大都表房屋（宀为尖顶的房屋的轮廓，甲骨文写作）。龙是神兽，象征显贵。宀与龙组合，会意为有龙住的房子，义为显贵的房子。住在这显贵房子中的人一定是受到高度喜爱的人，引申出宠爱义。宠无大义，形近义异而别。

【如法泡制】炮。“炮”páo，形声兼会意字，从火包声，声兼义。篆文写作，右边表示人肚子里有孕儿，会意为胎衣，是胞的先造字；由于胎衣包住孕儿，引申出包住义。“包”加火字，会意为包住以后烧烤。许慎《说文解字》曰：“毛炙肉也。”意思是连毛一起用火烧或用火烤肉叫炮。《礼记·内则》注为“以涂烧之”，即裹上泥烧烤。《周礼·地官封人》注认为连毛的或去毛的烧、烤都叫炮。后来，“炮”义扩大到烧烤其他物体，如人——日寇炮烙我同胞；如药——炮制中药。“炮制”是把生中药放到铜锅或陶锅里炒或焙，使药焦黄爆裂，便于保存，提高药效。“如法炮制”意为按照成法，制作中药，比喻照现成样子办事，含贬义。

而“泡”，形声兼会意字，从氵包声，声兼义。氵与包组合，会意为被水包住，义为浸入水中，无烧、烤义，音近形近义异而别。另，“炮”还读 pào。

【如法砲制】炮。解说见上。炮 páo 本写作砲。“砲”，形声兼会意字，从石包声，声兼义。砲义有二：一是商代、周初守城人在城墙上烧石头，待攻城敌兵爬城时，泼冷水，使石炸，以退敌；二是写作异体字礮，礮，会意字，从石从駮。“駮”bó，会意字，从马从交。交，象形字，甲金篆文分别作、、，像人交叉腿形，马与交组合为駮，会意为交叉腿站立的兽，是传说中长着利齿能吃虎豹的马形的猛兽，石与駮组合为“礮”疑义为如猛兽一样极为厉害的石质武器。即用机械（杠杆原理）抛石伤敌。“范蠡兵法，飞石重十二斤，为械发行二百步，‘礮’盖出此。”（百步穿杨为一百三十八米，二百步为二百七十六米。）因是石器，故从石；因石块抱成一团，且可分开（炸开），故从包。后烧烤义的“炮”字引申并取代了石质武器的“砲”字，便产生了可爆炸的物体义，如“鞭炮”，以及能打出可爆炸的物体的火炮义，如“迫击炮”。但用作炮制义时却不可写作“砲”。“砲”义为石质的伤人武器，无用火烧烤义，音近形近义异而别。

【陪礼道歉】赔。“赔”，会意兼形声字，从贝从咅 pǒu，咅亦声（今不能表声）。咅，会意字，从辛从口。辛，象形字。分述之：

辛，象形字，甲金篆文分别作、、，（甲骨文选录了两个字）像上有握柄，下有锐头的刀具，上部一短横是环索，陕甘出土文物常见，长约三十厘米。它是部落首领、奴隶主、诸侯对奴隶、战俘、罪犯施以黥刑或刺瞎一目（树主威并当作记号）用的刑刀。辛与口组合为咅，篆文写作，会意为被刺扎而口呼痛的人，义为奴隶。

贝是商周的货币，从贝的字皆表钱财或表与钱财有关的事物、行为、性状。贝与咅组合，会意为用贝和奴隶偿还人，义为赔偿，补偿。“赔礼道歉”意为给受损人以礼节上的补偿，表达歉疚之意。

而“陪”，会意兼形声字，从阝 fù 从咅，咅亦声。阝，象形字，甲金篆文分别作、、，是夏商时从穴居屋升登地面的阶级或刻挖在木头上的脚窝的象形，又像山上的石阶。由于这种屋挖建于土层厚的高丘上，故义为土丘、土山，此义单表时，写作“阜”，义为高地。阝与音组合，会意为奴隶与奴隶相伴在土丘、土山边劳作，义为陪伴。“陪”无补偿义，音同形近义异而别。

【恕不奉赔】陪。解说见上。恕：谦字，请对方不要计较。“恕不奉陪”意为请原谅，不能陪同做某事。

【配戴】佩。“佩”，会意字，从亻从凡从巾。金篆文分别作、，左旁是人字，右上部表示盘形玉饰，见上“坚如盘(磐)石”的解说，右下部是巾，楷书把巾字写进凡字中，成为佩。三部分组合，会意为人在巾上戴着盘形玉饰。“佩戴”义为把物件挂在胸前或肩上、臂上。

而“配”甲金篆文分别作、、，左旁是酉，即酒的初文，大框表示酒坛或酒瓮，内里一横表示酒液波纹，上部笔画表示盖儿，甲骨文还加了表示酒香的三个竖点；右边是跪坐的人，篆文的右边还像人，楷书则美化讹变为己。左右两部分组合，会意为人分派酒，本义是调配。“配”无戴义，音同义异而别。

【佩搭】配。解说见上。“配”义为调配，含有给予另一方之意，引申出“分配、配给”义；又由于给予之后，人或物与受方合在一起，又引申出“配搭、婚配”义。“配搭”义为跟主要的人或物合在一起(作陪衬)。此词也说“搭配”。

【砰然心动】怦。“怦”pēng，形声兼会意字，从忄平声，声兼义。平，会意字，从亏从八。

亏，指事字，甲骨文刻作，左边像吹奏乐器竽的筒形，右边弯曲笔画示意乐声曲折婉转悠扬。金篆文分别作、，省去了乐声符号。亏与表平分的八(见上“吃里爬外”的解说)组合，金篆文分别作、，会意为乐声无轻重大小高低徐疾长短的大变化，本义为乐声平缓分散开，引申为安舒，平静。

表示心理活动的忄与平组合为怦，会意为安舒、平静状况下发生的心理变化，特指激动的心情，义为心跳(声)，拟声词，形容心跳。“怦然心动”意为一见某物某人，心猛地跳动，十分喜爱激动。

而“砰”pēng，形声兼会意字，从石平声，声兼义。石与平组合为砰，会意为平静状况下石头坠落，义为石撞击或落地的声音，形容物撞击或重物落地，不形容心跳，音同形近义异而别。

【砰击时弊】抨。解说见上。“抨”pēng，形声兼会意字，从扌平声，声兼义。平由安舒、平静义引申为齐平，公平。扌与平组合，会意为手持物齐平，本义为“提持也”，即提起拿着。引申为提持的另一常态，不齐平，不公平；不齐平，不公平则会予以攻击，义为攻击他人的过失。“抨击时弊”意为针对不良的某人、某事、某种现象、某种言论以评论来攻击。

而“砰”(见上)无攻击他人的过失义，音同形近义异而别。

【帐篷】篷。“篷”，形声兼会意字，从竹逢声，声兼义。逢，形声兼会意字，从辶 chuò 夆声，声兼义。夆 féng，会意字，金篆文分别写作、，上部是倒止（上有脚跟，下有脚趾），像朝下的右脚，表示人走来，又表示到来；下部是草的象形，金文的点表示开的花。上下组合，会意为花草多，频频与脚相触碰，义为相遇。后加表示行走义的辶以显义，写作逢。

竹与逢组合，会意为竹子与竹子相遇，义为用竹搭建的可蔽日光、风雨的物件，后扩大到用木、毡、席搭建的物件也叫篷。

而“蓬”，形声兼会意字，从艹逢声，声兼义。夆，义为相遇，后加辶 chuò 显义后，又加艹显义，会意为脚步与蓬草相遇，义为蓬草。“蓬”不是竹类物，音同形近义异而别。

【蓬荜生辉】蓬。解说见上。“蓬荜”是蓬门荜户的省略，意为茅草房子，故从艹，是谦词。“蓬荜生辉”意为别人到家里来或张挂别人给自己题赠的字画而使自己非常光荣。

《现汉》指出“荜”同“筚”，但只有“荜路蓝缕”（异形词）同“筚路蓝缕”（推荐词形）的词条，没有“蓬荜生辉”同“篷筚生辉”的词条，故把“篷荜生辉”的“篷”列为别字。

另，“蓬头垢面、朝气蓬勃（像蓬草逢雨，生机旺盛）、蓬松、蓬户瓮牖 wèngyǒu（蓬草柴火扎的门，破瓮做的窗）”中的“蓬”皆不可误写为“篷”。

【屁漏】纰。“纰”pī，形声兼会意字，从纟比声，声兼义。从纟的字，皆表示丝、线、绳和织物以及与之有关的行为、性状。比，见 B 部“彼彼（比比）皆是”的解说，会意字，像两个跪人，是夫妇比肩之象，义为比并匹合，引申为相连接。纟与比组合为纰，会意为布（明朝前指麻布）帛（丝织品）上由于脱线、并条、断头、纠丝所造成的疵点、漏洞，这种疵点、漏洞往往一连几个，义为织物上的疵点、破洞。纰漏比喻因粗心而产生的差错，也比喻小事故或漏洞。

而“屁”pì，形声兼会意字，从尸比声，声兼义。尸，见下条的解说，象形字，像屈膝跪坐的人，是夏商周朝扮演神灵先祖接受祭祀的人。义为人，尸与比组合，会意为人排出气体，由于这种气体往往一连串，接连排出，故从比，义为肛门排出的臭气。“屁”无疵点、漏洞义，音近误解而别。

【劈荆斩棘】披。“披”，形声兼会意字，从扌皮声，声兼义。皮没有具体的形象，远古先民虽穿兽皮，却不能确形。造字的先贤便从铲皮的工具入手，造出金文。字的左边是平头的铲子，铲头下有个套环，便于执手，右下边是手，会意为手持皮铲，（出土文物有石铲、玉铲、商周朝青铜器时代的铜铲。）义为剥取兽皮。篆文美化为，左边是铲子，只有大致样子，套环写在右上部，从柄上移开了，呈半圆形，手字不变。楷书进一步文字化，写作皮。由于皮是与兽体分开的，皮加上表示手的动作的扌旁，义为用手分开、打开。“披荆斩棘”意为分开斩断林莽中的荆条和刺枝，比喻在创业中消除障碍艰苦奋斗。

而“劈”，形声兼会意字，从刀辟声，声兼义。辟，会意字，从尸从口从辛：尸，象形字，甲金篆文分别作、、，是跪坐的侧面人形，篆文第一横形笔画表示臂平伸，臂后有身子和臀部，第二横形笔画表示横坐的大腿，末笔表示下垂的小腿，形态很美，是人的象形，义为人。辟，甲金篆文分别作、、，右边是刑刀，见上“陪（赔）礼道歉”的解说，左旁是人，人下有个表示块状物的口，三部分组合，会意为用刑刀凌迟或砍杀人，口表示砍割下的肢体或人头，义为施刑。辟加刀字底，会意为用刀施刑。由于施刑得割开、砍开肢体或头颅，劈就义为破开、裂开，无一般性的分开之义，成语不是说劈开荆条斩除棘枝（柔韧的荆条无法劈开，只能分开），音同义异误解而别。

【劈沙拣金】披。解说见上。“披沙拣金”意为分（拨）开沙子挑出金子，即沙里淘金，比喻从大量事物中选取精华。

【开天劈地】辟。解说见上。“开天辟地”的“辟”的繁体字为闢，本写作从门从双手的会意字，即金文的，上部是从中间关开的门，门下有双手，会意为双手打开门。篆文也从門，但不取双手做构件，而把辟做声旁，构成从门辟声，声兼义的形声兼会意字，写成，其义仍为打开门。1956 年简化汉字时，把“辟”（砍头）作为“闢”（开门）的简化字，这样“辟”就成了累加义的字词。它除了砍头义还要加上开门的引申义，即打开、开辟（斩除石、木、土，开出新天地）、排开、排除、驳斥等。“开天辟地”语中的“辟”义为开辟。“开天辟地”指传说中的盘古用斧子把混沌的世界开辟出了天和地，意为前所未有，是有史以来的第一次。

而“劈”义见上，无开辟义，成语不是说打开天劈开地，音近义异误解而别。

【独僻蹊径】辟。解说见上。蹊径：（用足走出来的）小路。“独辟蹊径”意为独自开辟新路，比喻处事有独创的新方法。

而“僻”，形声兼会意字，从亻辟声，声兼义。辟，义为施刑，亻与辟组合，会意为施刑之处人少，义为人少；人少、少有人烟就偏僻；这样的地方就是僻壤、僻静处。“僻”无开辟义，音同形近义异而别。

【鞭僻入里】辟。解说见上。“辟”由杀头义扩大为一般的惩罚，包括打。“鞭辟”义为鞭打、鞭策。“鞭辟入里”意为用鞭子驱打，赶到（正道的）里边去，比喻能透彻说明问题，深中要害（里头）。

【避谣】辟。解说见上。“辟”由杀头义引申出除去（罪人）义、破除义。“辟 pì 谣”就是说明真相，破除谣言。

而“避”，形声兼会意字，从辶辟声，声兼义。辶表走，辟表施刑，辶与辟组合，会意为从施刑处逃跑，义为躲避，避开。“避”无破除义，词语不是说避开谣言，形近义异误会而别。

另,从少有人烟就偏僻取义的“穷乡僻壤、僻静”和从其引申义不常见取义的“荒僻、生僻、冷僻”以及从与多数人不一致取义的“怪僻、孤僻”,其中的“僻”皆不可误写为“辟”。

【漂零】飘。“飘”,形声兼会意字,从风票声,声兼义。飘的形成过程很复杂,姑粗略解说如下:

飘本写作票。票,会意字,篆文从火从䙴,䙴读 qiān(电脑没有),也是会意字,金文古文篆文分别写作[illegible]、[illegible]、[illegible],上部中间的框形笔画表示箱笼类的物件,物件的两边是两只手,物件的下部也是两只手,楷书简化成了䙴,会意为用手把物件抬升起来,本义是搬迁。金文还在右下部写了人字,人上画了两个圆圈,会意为人喊着号子把物件一起用力抬起来,本义依然是搬迁。

票,篆文写作[illegible]。整个字由四部分构成,一横表示抬起的高度,下部是火字,会意为像物件抬升一样,火焰飘升,借以表义为飘升。此字经过隶书的变写和楷书的俗变,上部讹变为覀 yà,下部讹变为示,写作票。后,票专用于凭证的纸片等引申义了,飘升义便加风字旁表示,写作飘,引申为随风飘动。零:落。“飘零”义为物体(指树叶、花)在风中飘落;用于人,则比喻失去依靠,生活不安定。

而“漂”,形声兼会意字,从氵票声,声兼义。因从氵,意为在水上随水流或随风吹的水流移动,不表随风飘动,音同义异而别。

另,“飘荡、飘动”也不写“漂”,而“漂浮、漂泊、漂流”(推荐词形)和“飘浮、飘泊、飘流”(异形词)虽各有凭借物,但因表示的是水上的动态,不宜写后者。

【骠悍】剽。“剽”piāo,形声兼会意字,从刀票声,声兼义。刂就是刀,象形字,是从原始社会就有的短兵器,也是生产生活的用具。出土的古代铜刀形如[illegible]、[illegible],今天菜刀依然是此形。甲金篆文分别作[illegible]、[illegible]、[illegible]。票(见上),由于其本义飘升有迅疾的含意,引申出轻快敏捷义。票与刂组合,会意为如刀一样锋利的迅捷,强化了敏捷义。“剽悍”义为敏捷勇猛。

而“骠”piào,形声兼会意字,从马票声,声兼义。马与票组合,强调骑马迅疾,不表(人的)敏捷勇猛义,音近义异而别。

【饿俘遍地】殍。“殍”piǎo,会意字,从歹从孚。“歹”,象形字,甲金篆文分别作[illegible]、[illegible]、[illegible],上部表示骨杈,下部表示死人的空骨,内中的短横表示骨髓,像残骨。从歹的字皆表死义。“孚”会意字,从爪从子。甲金篆文分别作[illegible]、[illegible]、[illegible],上部是爪,即手,下部是子,即人,会意为手抓奴子,即俘虏。“殍”篆文写作[illegible],会意为杀死(抓来的)俘虏,引申为死去的人——死尸。“饿殍遍地”意为到处都是饿死的人。

而“俘”,会意字,是“孚”加亻显义,会意为人抓俘虏,义为俘获、俘虏,无死尸义,形近义异而别。

【贪贱不移】贫。“贫”,会意字,从分从贝。篆文写作，上部的中间是刀，刀的两边是八。八，指事字，见上“吃里爬外”的解说，指明两物背分，刀与八组合，表示用刀剖分物。下部是贝，贝是商周时代的货币，长约两厘米，宽约一点五厘米，来自古代所说的南海（今舟山），其后因不易得，且数量有限，便以石、玉、铜雕成贝形做货币。贝币用到西周，渐止于战国（秦前亦用铜）。

分与贝组合《说文解字》曰：“财分少也。”义为钱财因分散而少、贫穷。“贫贱不移”出自《孟子》：“富贵不能淫（淫：雨水过多，义为多，引申为使受诱惑），威武不能屈（使屈服），贫贱不能移（使改变）。”成语意为不因贫贱而改变志向。

而“贪”，会意字，从今从贝。“今”，象形字，甲金篆文分别作、、，形如有钮舌的铃，铃发声，声闻于当时，引申出现在、今天义。又，上部是倒口形，下部折笔表示倒口时微露的舌头，像人伸舌而饮，饮是正在进行的行为，亦引申出现在、今天义。贝是钱财。上下部分组合，会意为现在就想得财，义为贪财，无贫穷义，形近义异而别。

其他如“一贫如洗、安贫乐道”的“贫”均不可因形近而错写成“贪”。

【捷报濒传】频。频 pín 参见 B 部“频（濒）临”的解说。频、濒原本都是从涉从页的会意字。

涉，会意字，从氵从步：氵甲金篆文字形相近，写作，表示水。步，会意字，由前后两个止（，趾的初文，上有脚趾，下有脚跟）即脚组成，氵与步组合，甲骨文刻作、，第一字把氵写在左边，以竖曲线表示，第二字把氵写在两止之间，两横表示河岸，三点表示水波。金篆文分别写作、，金文把水斜插在两止之间。甲金篆文都会意为蹚 tāng 水。

页，繁体字写作頁，象形字，甲骨文刻作，下部是跽（跪坐）的人，上部夸张的图形是表意重点之所在，是人头，有头，有眼，有发，义为头。金篆文分别写作、，还像，楷书抽象化，写作頁，很美。由于义为头，故凡从页的字皆表颈以上部位或与头有关的动作、性状，如颔、须、顾（回头看）、颓等。

涉与页组合为濒 bīn，会意字，从涉从页，金文写作、，左边是水，中间是上下两个止，右边是页，即头。篆文把水横写，写到两止之间，写成，会意为临河欲涉皱眉徘徊。

后词义分化，一是取意于欲涉之人临河，因与水有关，保留了氵，义为水边，如“舜耕于历山，陶于河濒。”（舜在历山下耕地，在黄河边制陶。）“濒”bīn 因此引申为靠近水边，如“武帝广开上林……濒渭而东。”（武帝大范围开辟上林苑……靠近渭水向东延伸。）“濒”又因此引申为靠近，如“濒临、濒死”。二是取意于临河徘徊，虽说也欲涉，但因难渡而皱眉。表义重点在皱眉上，没必要用氵，故省去氵，写作频，义为皱眉。由于皱眉往往连续进行，引申出屡次、多次义。“捷报频传”意为胜利的（或好的）消息不断地传来。而“濒”无屡次义，形近义异而别。

其他如“频繁、频率、频仍”的“频”均不可误写为“濒”；而“濒临灭亡、东濒大海”的“濒”也不可误写为“频”。

【凭心而论】平。“平”，会意字，从八从于，金篆文写作、。“八”表示分开，见上“吃里爬外”的解说；“于”见上“怦然心动”的解说，像上古乐器竽的简形。于和八组合，义为乐声平缓，引申为安舒，平静。又，“于”的两横表示上下唇，一竖表示气从两唇间呼出，见 K 部“纨绔子弟”的解说，会意为口里哈气，《说文》：“象气之舒亏”（像口中气的舒缓平直）。两部分组合，会意为唇间出气而分开，心气平和，语气舒顺，《说文》曰：“语平舒也。”义为安舒，平静，引申为安定、持平、不倾斜。又，甲骨文未见平字，晚周金文始见，由字演化而来。此字上部表示两筐，下部表示平衡支撑之物，筐内放的不外乎粮食、货物、布帛、钱财等，以求左右齐平，晚周竹简写作，义为持平、安定、不倾斜。“平心而论”意为（心态放平，不倾斜）平心静气地评论。

而“凭”，会意字，从几从任；任，会意兼形声字，从亻从壬，壬亦声。分述之：

壬，象形字，甲金篆文分别作、、，上下横笔表示上古的织机上拉紧经线并确定经线密度的机件，即筘 kòu，一竖表示经线。金文在竖线上加点，指明经线所在或表示在经线上横穿纬线的梭子。篆文把点变写为横。这个字表示筘。由于筘系 jì 承经线，引申为承受、承担。

亻与壬组合，会意为人抱承筘的近端（以拉紧经线），义为抱在怀里，如“负任担荷”（背着抱着担着扛着），引申为负担。

几，象形字，篆文写作，上平，左右有腿。古人席地而坐，设几于侧以便凭依，义为凭依的器具。由于也可伏以读写进食，又义为矮桌。

几与任组合，会意为“几”负担着倚靠的人，义为凭借。“凭”无持平、安定、不倾斜义，音同义异而别。另，“凴”曾作为“凭”的异体成为正体繁体字使用，今恢复“凭”的正体身份并作简化字。成语不是说凭良心来评论，音同义异误解而别。

【评品】品评。“品”，会意字，从三口，甲金篆文分别作、、，会意为人多嘴杂，议论纷纷。人多嘴杂就会有各种各样的人，引申为人或事物的种类、等级，如“品类、上品、下品”，又由此引申出辨别品类、等级之高下的言语行为义，如“品评、品头论足”。“品评”义为评论高下。

“评”，会意字，从讠从平，“平”见上“凭（平）心而论”的解说。平与讠组合，会意为用语言，以持平的态度（一定的标准）衡量高下优劣正误，义为评论、评判。“品和评”义同，但“品”含品味意，偏于感性，重在感受，如“品尝”；“评”含“论、判”意，偏于理性，强调语言，如“评价”。人的认知是先感受后语言，先感性后理性的，故不宜写作“评品”。“评品”系义异误解而别。

【凭添秀色】平。解说见上。“平”，本义为安舒，安舒则不疾，自然。“平添秀色”意为自然而然地增添了秀丽的景色。

【凭步青云】平。解说见上。平有坦而不倾斜之引申义。“平步青云”比喻（从平地起步）一下子达到（青云那样）很高的地位。

【凭分秋色】平。解说见上。“平”，义为持平，持平则齐，则均。“平分秋色”比喻（像均分秋季秀色一样地）双方各占一半。

此外，“心平气和、平心静气、平易近人”的“平”也不可误写为“凭”。

【暴虎凭河】冯。解说见上。“冯”píng，形声兼会意字，从马冫（冰）bīng声，声兼义。冫，疑是本作氵（“凉、冲、决”就是本作“涼、沖、決”），氵与马组合，会意为牵马涉水，义为徒步涉水。“暴虎冯河”意为空手打虎，徒步渡河，比喻有勇无谋冒险蛮干。“凭”无徒步涉水义，音同义异而别。另，“冯”还音 féng。

【平水相逢】萍。“萍”，形声兼会意字，从氵苹声，声兼义。其初文是苹，会意字，从艹从平，艹与平（见上“凭（平）心而论”的解说）组合，会意为平浮于水面的草。后加氵，写作萍，点明是水草，义为水生的草——浮萍。“萍水相逢”意为像浮萍那样随水漂泊，聚散无定，偶然相逢，比喻素不相识之人偶然相遇。而“平”无浮萍义，音同义异而别。

【居心巨测】叵。“叵”pǒ，会意字，篆文写作，是“可”的反写，俗谓反可为叵，反写后竖钩的笔画改为竖折，正写为可，反写后义为不可。此为示意字。“居心叵测”意为存心险恶，不可测度 duó。

而“巨”，会意字，从工从夫，金文写作，左旁是工，“工”见 G 部“异曲同功（工）”的解说，是往夹板中夯捣泥土筑墙的杵，右边是夫（大上加一横，大是展臂的人，一横表示别住头发的簪子，即成年人），人的右臂穿过半圆笔画，表示夫伸出持工的手。两部分组合，会意为有大力气的成年人持工夯筑，义为夯筑。由于持工之人力气大，能举得起工，字义引申为大。此字金文又写作，省去夫，用圆形笔画表示握持工杵的手，突出力大的含意，但圆圈不大像握持之手，篆文写作，这就比较合理。楷书标准化，写作巨。“巨”义为大，无不可义，是形近的错字。

【一杯黄土】抔。“抔”póu，会意字，从扌从不，不亦声（今不能表声）。不，象形字，甲金篆文分别作、、，像倒垂的花萼的萼托之形。扌与不组合，会意为用手捧着像花萼那么小的东西，引申为量词：捧。“一抔黄土”意为一捧黄土，从缩小的方面喻指坟墓，也比喻藐小的。

而“杯”bēi，会意字，从木从不。木与不组合，会意为木质的像花萼那么大小的物件，义为杯子（远古除用陶土、青铜制杯，多用木制杯),无捧义,形近义异而别。

【前扑后继】仆、赴。"仆"pū,形声兼会意字,从亻卜声,声兼义。甲篆文分别作、,左边是人字,右边是夏商朝人灼裂甲骨以观吉凶的字,取象于裂纹。甲骨灼裂必有响声,与人仆跌之声相似,便借卜声以表义,义为人正面倒下。"前仆后继"意为前面的人倒下,后面的人继续跟上去,形容英勇奋斗,不怕牺牲。现也写作"前赴后继"。"赴"本是别字,写的人多了,便积非成是,意为前面的人上去,后面的人也跟上去。

而"扑",会意字,从扌从卜。卜,甲骨文刻作、,上部像棍棒,第二字的上部有枝杈,更像棍棒;下部是手。金篆文写作、,楷书写作攴 pū;pō。它们上下组合,会意为用棍棒击打,义为击打。后此字做了偏旁,其击打义便加表示手的动作的扌旁来表示,而后来右边的表示手的"又"嫌其重复,删去,这样"扑"便产生了。"扑"无正面倒下义,也没有"赴"的前去义,形近义异而别。

【风尘扑扑】仆。这个"仆"pú 是从僕(僕人、风尘僕僕)简化来的。与仆本不是一字。僕,会意字,甲骨文刻作,右上部圆形笔画以上构件表示刑刀,见上"陪(赔)礼道歉"的解说,下部笔画表示伸出双臂的侧面人形,人的身后有饰尾,这三部分组合,会意为受过刀刑(或黥面或刺一目)身附饰尾做牛马的奴隶,其双臂端着簸箕劳作,箕上有五个点,表示灰土或禾谷的皮壳。整个字会意为奴隶端着簸箕劳作。字从奴隶服贱役取义,义为奴仆。

金文写作,因为奴仆是人,加了亻旁,右上部是簸箕,其下是刑刀,刑刀下的圆圈是人头,身子省去了,最下部是两只手。会意和本义不变。

篆文写作,左边是亻旁,右下部是双手,手上部是簸箕和刑刀相结合的笔画,人头省去。楷书笔画化,簸箕写成业,双手写成大,其他笔画从刑刀简化而来,写作僕。篆文楷书的会意和本义也不变。今简化作仆。由于奴仆整日劳作,仆引申为人疲累的样子;风尘:经风冒尘,形容旅行;古人出行乘牛车,骑马或起早(即步行),因身子露在外,词语便借风尘表示。"风尘仆仆"形容旅途辛苦劳累的样子。

而"扑"(见上)义为击打,无劳累状之义,音近形近义异而别。

【颠仆不破】扑。"扑"义见上。颠:跌落。"颠扑不破"意为无论怎样摔打都不破,比喻永远不会被推翻。

而"仆",见上两条,一义为正面倒下,二义为仆人,无向下击打义,音近形近义异而别。

【一暴十寒】曝 pù。解说见 B 部"暴(曝 bào)光"。"一曝十寒"意为晒一天冻十天,比喻勤奋时少,懈怠时多,没有恒心。

曝 pù 从日,含有日光晒意,义为晒,如"曝晒、曝露","曝光"也经过光照晒,也从日,不过读 bào,是多音字。而"暴光"是异形词,(推荐词形是"曝光",)最好不写"暴光"。

Q

【歧路亡羊】歧。“歧”,形声兼会意字,从止支声(今不能表声),声兼义。止,象形字,甲金篆文分别作、、,上像脚趾,下像脚跟,指人的趾,又指脚。从止的字皆与脚步有关。支,古文(竹简文、三体石经、侯马盟书等)篆文分别作、,中间是竹子,竹上有手,会意为手拿着劈下的竹子。由于劈下的竹子有多个小枝叶,止与支组合为歧,会意为像竹有多枝一样足有多趾,歧的本义为“足多指也”。由脚趾多,引申为枝指(六个脚趾),由指(趾)多引申为(像多个脚趾一样的)岔头。亡:走失。“歧路亡羊”意为岔路多,跑丢了羊,比喻事理复杂多变,如果迷失方向,就会误入歧途。

而“岐”,形声字,从山支声,如“岐山”,地名,无岔头义,音同形近义异而别。

【出奇不意】其。“其”,象形字,甲金篆文分别作、、,是簸箕的象形,金篆文的下部是箕架,本义为簸箕,后借音为代词他、它,指对方。“出其不意”意为出乎他没有意料到,即出乎他意料之外。

而“奇”,灵台西周墓出土的甲骨文文字图中画作,像一个人骑着马。甲骨文还刻作,人画小了,马具备大致形态,下面加了个口字,会意为人对马用口发指令骑马。篆文线条化,写作,义为骑。(奇是骑的初文)由于骑马的人是首领,与众不同,引申出奇异、奇怪、奇特等形容词,非指对方,成语不是说出于奇特而意料不到,音同义异误解而别。另,“出奇”有词,是形容词,词义为特别,不平常。

【夸夸奇谈】其。解说见上。“其”为代词他、它,也转指自己。“夸夸其谈”形容说话、写文章浮夸奇怪,不切实际。而“奇”是形容词,没有指代义,成语不是说夸大的奇谈怪论,音同义异误解而别。

另,“奇谈”有词,是名词,义为令人觉得奇怪的言论或见解。

【两全齐美】其。“其”为代词,他们。“两全其美”意为做一件事,使他们两方面都顾全,都好。

而“齐”,象形字,甲骨文刻作,取像于麦吐穗,一片齐平。由于是从高于麦田处看去的(合乎焦点透视法)，故三个麦穗写得虽有上有下，表意并非不齐平。金文加土显义写作，篆文规范化，写作，楷书构件化，写作齊，今简化作齐。“齐”义为整齐、完备、齐平，无代词他、他们义，成语不是说两方面一齐美好，音同义异误解而别。

【承前起后】启。“启”繁体字为啓、啟，甲骨文有许多字形，多由三个构件组成，如、、、、，是会意字，长方框表半扇门，门边有手，上或下有日——太阳。(○是太阳形，口是日的讹变)会意为打开门，日光照进，义为开门。画一扇门而不画两扇门，足见造字简洁；门边有手，会意显豁。而画出太阳，更是神来之笔，门内见光，尽显开门之义。金篆文分别写作、，字形基本如前，只是手讹变成表示持棍械击打义的攴 pū；pō。楷书把攴变写成攵。“启”义为开门，后把开门义抽象化，引申为打开、启发。《论语·述而》曰：“不愤不启，不悱不发。”(不到他苦思而不明白时，我不去启发他，不到他想讲而讲不清时，我不去启发他。)“承前启后”意为继承前代的，启发后代的(多用于学问、事业等)。

而“起”(见下)无启发义，音同义异而别。

【起用新设备】启。解说见上。“启”由打开义引申为开始进行，开始进行的对象为物，含有首次使用义，如“启用印章、高铁建成启用”。

而“起”(见下)无首次使用义，音同义异而别。

【重新启用】起。“起”，形声兼会意字，从走己声，声兼义。从走的字皆含走义。己意为自身，己与走组合，会意为自己由静止状态改为行走状态。《说文》曰：“起，能立也。”(起，含义是能抬腿站立。)本义是起立、起来。“起”是由下而上位移的，引申为升起；由升起引申为兴起、起事；又由起事引申为起用。起用的对象为人，含有再一次提拔任用义，如起用退休人员和免职干部、起用新人。

而“启”见上，无再次使用、任用义，音同义异而别。

【启死回生】起。解说见上。“起死回生”意为使死者起立，使死者回生(复活)，形容医术或技术高明。

【肃然启敬】起。解说见上。由于“起”的起立、起来义含有出现意味，引申出产生、发生义，如“起疑、起风”。“肃然起敬”意为恭肃地产生敬佩的心情，形容由于受感动而产生恭肃敬佩之情。而“启”无产生义，故别。

【启承转合】起。解说见上。“起”由起立、起来义引申为起头、开头。“起承转合”指文章常用的写作顺序：起笔开头、承接上文、转入正题、合总收束；泛指文章做法。

而“启”无起头、开头义，故别。

当用于开始义，且对象为物时，“启、起”通用，如“起程、起运”(推荐词形)也作“启程、启运”(异形词)，建议不写后者。

【修茸房屋】葺。“葺”qì，形声兼会意字，从艹咠声，声兼义。从艹的字大都表草类植物或与之有关的行为、性状。咠 qì，会意字，从口从耳，篆文写作[seal script]，上部是口，下部是耳，会意为口耳相凑，小声说话，故咠含有凑集、聚合之意。艹与咠组合，会意为把茅草聚拢到一起，义为用茅草聚拢覆盖房顶，引申为修理房屋（三四十年以前人们大都住草房）。

而“茸”róng，会意字，从艹从耳。艹与耳组合，会意为像草一样柔软的耳朵。义为纤细柔软的样子。茸无修房义，形近义异而别。另，一说从艹聪省声（省去悤，用耳作声旁。聪的简化字是聪，耳听灵敏为聪，艹与耳组合，其会意和本义加上所述。）

【天然汽】气。“气”，指事字，甲骨文刻作三，上下两长横表示天地，中间短横指事空气（四千年前殷商先民已经发现了空气）；由于这个字易和“三”相混，金篆文分别变写作[bronze script]、[seal script]，三画皆曲，气韵流畅。（楷书繁化成氣。）“气”指空气和自然状态下的各种气体，如“氧气、沼气、天然气、气冲冲、气球”都写作“气”。

而“汽”，形声兼会意字，从氵气声，声兼义。指液体（也包括固体）受热而变成的气体，故从氵，如“汽油（可挥发成气体）、汽车、汽水（水中溶入的二氧化碳气释压后冒出，如同水变成的气体）。天然气是气体，不是水变成的，故“汽”音同义异误解而别。

【大气晚成】器。“器”，会意字，从口从犬。金篆文写作[bronze script]、[seal script]，四个口表示若干器皿，中间是犬字。商周朝的青铜食器、酒器、盥 guàn 器等约有三十多种，把这些铜类物件用一个抽象概念的字来概括是很困难的，伟大的古先民们从狗看护财产取意造出此字，义为器皿，十分高明。

由于器皿的好差取决于制作者的才能，引申出人才义。“大器晚成”意为大才需要很长时间才会成器。

而“气”（见上）无人才义，成语不是说大气的人才很晚才会形成，音同义异误解而别。

【讫今为止】迄。“迄”，形声兼会意字，从辶 chuò 乞声，声兼义。乞，在甲骨文金文篆文中跟“气”相同，见上“天然气”的解说。“气”后来作偏旁使用了，气体义便借表示馈赠米粮义的氣表示。气引申出了给予、乞求（给予米粮）义后，为了分化字义，俗写省去“气”的一横，简化作“乞”用以表示给予、乞求。如《汉书·朱买臣传》：“妻自经死，买臣乞其夫钱，令葬。”（朱买臣前妻上吊死去，朱买臣给予她丈夫钱，让他埋葬。）乞与表示走路、道路或与之有关的性状的辶组合，会意为走来给予，义为（走）到。“迄今为止”意为到现在为止。

而“讫”，形声兼会意字，从讠乞声，声兼义。从讠的字大都表语言或与之有关的行为、性状。讠与乞组合，会意为说把东西给予人的话，义为（说事情、手续）完结，无到义，音同形近义异而别。

【讫未见效】迄。解说见上。“迄未见效”意为一直（走）到现在没见效果。

【收迄】讫。解说见上。“收讫”义为（财或物）收完结。由于收清时须言语一声，以确定，故从讠。

【接恰工作】洽。“洽”，形声兼会意字，从氵合声（今不能表声），声兼义。合，会意字，甲骨文刻作[古文字]、[古文字]，篆文写作[古文字]，下部是口，上部是倒口，两口对合，义为两人走到一起或两物合在一起。氵与合组合，意为水与物合在一起，本义是浸润、润泽。由浸润、润泽引申为（水）会合、相合，又由会合引申为两方面在一起。“接洽工作”意为跟人联系，双方合在一起商谈有关事情。

而“恰”，形声兼会意字，从忄合声，声兼义。从忄的字皆表心理活动。忄与合组合，会意为心意相合，义为合适、恰当，无两方面在一起义，音同形近义异而别。

【博识恰闻】洽。解说见上。“洽”由浸润会逐渐扩大之现象，引申为广博。“博识洽闻”意为学识丰富，见闻广博。

【融恰】洽。解说见上。“洽”由相合、两方面在一起义引申出和谐、协调义。“融洽”义为彼此感情好，没有抵触。另，“恰当、恰好、恰到好处、恰如其分”中的“恰”也不可误写为“洽”。

【浅移默化】潜。“潜”繁体字写作潛，形声兼会意字，从氵朁 cǎn 声，声兼义。朁，会意字，从曰从兓 jiān。曰，甲金篆文分别作[古文字]、[古文字]、[古文字]，口上的笔画表示口中出的气，义为说话。兓，象形字，金篆文分别写作[古文字]、[古文字]，形如人的头上插有别住头发的簪 zān 子。上下部分组合，篆文写作[古文字]，会意为说话像簪子一样的刺人。

氵与朁组合，会意为像簪子刺入头发一样，人或动物刺入水中，义为在水下行走。古语：“至人潜行不窒，蹈火不热。”（有大本领的人在水下行走不会窒息，在火上踏行不怕烫。）由于在水下行走，人所不见，“潜”引申出秘密不露、无声息之义。“潜移默化”指人的思想或性格受其他方面的感染而不知不觉起变化。

而“浅”，形声兼会意字，从氵戋声，声兼义。见 J 部“深居浅（简）出”的解说，义为水浅，无秘而无声义，成语不是说浅浅地移默默地动，音近义异误解而别。

另，“潜移默化”的“潜”也不可误写为“前”。

【排谴苦闷】遣。“遣”qiǎn，会意字，甲金文分别作[古文字]、[古文字]，上部两边是双手的象形；中部是乳房的象形，表示成年女子；下部的口表示某个地方。金文左下部加了彳 chì（“行”的一半），表示小步快走，彳的右边又加止（[古文字]趾的初文，上有脚趾，下有脚跟），即脚，表示离去；几部分组合，会意为捉住一个成年女子送到某个地方去（成婚，夏商实行抢婚、派遣婚、索婚等强迫婚姻制），本义为（捉走）使离去。篆文把彳和止叠合起来写成辵 chuò，把口字放到乳房象形部件下方，双手下方加了人字写成𨘬。几部分组合，会意为把成年女子提或送到某地方去，义也是使离去。楷书依据篆文把左旁写成辶，把整个字写成"遣"。"遣"义由使离去义引申为打发、排除。"排遣苦闷"意为排除苦恼烦闷的心情。

而"谴"，形声兼会意字，从讠遣声，声兼义。讠与遣组合，会意为用语言排除，义为责备。

"谴"无打发、排除义，音同形近义异而别。

【遗返】遣。"遣"的解说见上。"遣返"义为发送回原来的地方。

而"遗"yí，会意字，从辶从贵。贵，见K部"振聋发聩"条的解说。篆文写作𧷒，左上部表示左手，右上部表示右手，双手中间的笔画表示滑脱落下（物件），下部是贝字。贝是商周货币，表示钱财。上下组合，会意为钱财掉下来了。就贝来说，表示值钱的财物不能摔坏，即今贵的本义——价高；就掉下来而言，再加上表示在路上走的辵（辵chuò上部是彳chì的变形笔画行的一半，表示小步走，下部是止，义为脚，篆文写作𨘬，楷书把辵简化为辶chuò，写作遗）义为丢失。"遗"无打发、送走义，形近义异而别。

另，"遣词造句、遣送、遣散、消遣、调兵遣将"的"遣"也不可误写为"遗"。

【欠收减产】歉。"歉"，形声兼会意字，从欠兼声，声兼义。"兼"，会意字，从双禾从手。金篆文分别写作𥝌、𥝌，左右两边是禾字（穗头下垂），中部图形又是手，《说文》曰：（手）"持二禾，并也。"本义为并，即同时拥有两个或多个物件。"欠"，象形字，甲骨文刻作𣢀，上部表示人张大的口，下部为踞坐（唐代及其前无桌椅，人们大多跪坐在脚心上）的人；小篆写作𣢀，下部为人，上部为出的气。上下组合，会意为人打呵欠，本义为呵欠。因呵欠含有精力不足之意，引申为不足、缺乏，如"语言欠通"。"兼"和"欠"组合为"歉"，《说文》解曰："食不满"，义为禾谷即粮食不足。"歉收减产"正是此义。

而"欠"义为一般性的不足，没言及粮食，音同义异误解而别。

另"以丰补歉、歉收、歉年"的"歉"也不可误写为"欠"。

【道谦】歉。解说见上。"歉"由粮食不足义引申为礼节不足、缺乏。"道歉"义为从礼节上补偿对方。

道歉是文明人的高尚行为，是破损了的形象的修复，是不完善品格的提升，是融化误会、增进和谐的暖风。只有野蛮人、愚昧人才会损害了人而不道歉。

而"谦"，形声兼会意字，从讠兼省声（省去"歉"中的"欠"，用"兼"作声旁），声兼义。讠与兼组合，会意为言说不足，即不说满，不到顶，义为言语恭谨，无语言以外的不足义，音近义异而别。

【抢林弹雨】枪。"枪"，形声兼会意字，从木仓声，声兼义。仓，象形字，甲金篆文分别作𠓭、𠓭、倉，是上古粮仓象形。上部表示尖尖的仓顶,下部表示仓体,中部表示仓门。木与仓组合,会意为木杆上方有如同尖尖的仓顶状的物件,义为古代木杆铜头或铁头的矛类兵器。“枪林弹雨”形容激烈战斗的战场。

而“抢”,形声兼会意字,从扌仓声,声兼义。从扌的字大都表手的行动。扌与仓组合,会意为手持枪,义为凭武力夺取,无枪械义,音近形近义异而别。

【呼天枪地】抢。解说见上。“抢”读qiǎng,此读 qiāng,义为手执武器对着被刺之物斜向用力向前突。

“呼天抢地”意为口呼天,头撞地,形容极度悲痛之状。

而“枪”(见上),无撞义。

【不抡一秒】抢。解说见上。交通熟语“宁停三分,不抢一秒”。

而“抡”lūn,繁体为掄,形声兼会意字,从扌仑声,声兼义。仑,会意字,甲金籀篆文分别作[古文字]、[古文字]、[古文字]和[古文字],上部的亼 jí 除表示倒口外,还表示器物盖儿,盖儿是与物相合的,义为聚合。亼还示意为人立于地上,表示聚集义,下部竖形笔画表示竹简,围绕竹简的笔画表示串编竹简的熟牛皮条。籀文加了竹字,表义是竹简。上下组合为侖,会意为竹简聚集串编在一起,义为编排完整有次序有条理。表示手的动作义的扌与仑组合,会意为有次序有条理地用手挥动物件,义为用力挥动,如“抡拳、抡起铁锤”。“抡”无争抢义,形近义异而别。

【巧装打扮】乔。“乔”繁体为“喬”,会意字,金文写作[古文字],字头以下的部分为“高”字,上加一曲笔画表示高而曲的东西,如树的新枝、耒 lěi 的手柄、羊的尖角等。郭璞说:“楸树性上竦……小枝上缭为乔。”意思是:楸 qiū 树习性向上高耸……细枝向上曲绕(的形象)就是乔(字)。

由于“高”字加上曲画,对高字有所改变,于是引申出改换义。“乔装打扮”意为改换服装以隐瞒自己的身份。

而“巧”,形声兼会意字,从工丂 kǎo 声,声兼义。工,见 G 部“异曲同功(工)”的解说,指版筑的好工具。丂,象形字,甲金篆文分别作[古文字]、[古文字]、[古文字],像一种支撑的工具,在微曲的长木棍上安一个短横棍,用以支撑重物。长途背运货物就用这种工具支撑在重物之下来休息。汉字中不乏用此义的字:如甹 píng,上部表示筐类重物,义为支撑。考,上部是老人的象形,下部是作支撑用的拐棍,见 C 部“万古常(长)青”的解说。号,被弯棍或拐棍打得张口大哭,见 H 部“嗥(号)啕大哭”的解说。工与丂组合,会意为既可夯砸,又可支撑墙体的好工具,灵巧又多功能,义为灵敏。“巧”无改换义,音近义异而别。

【翘腿】跷。解说见上。“跷”qiāo 形声兼会意字,从足尧声,声兼义。“尧”的繁体为堯,会意字,从垚从兀。分述之:

垚 yáo,会意字,从三土,篆文写作[古文字],三土重垒,会意为土高。它与尧字同源;尧的下部本不是兀,

Q

而是人，甲骨文刻作，上部像两个土丘，是上古烧制陶器的窑包，下部是跽(跪坐)的人，会意为人在高的窑包下烧窑。表意重点在上部，义为窑包。由于窑包高，其义引申为高。古文写作，上部换成了土，表明是土堆成的窑包，下部是人，会意人烧窑、本义窑包和引申义高不变。篆文写作，上部又加了一个土，依然表明是土堆成的窑包，下部改写成了兀。

兀 wù，指事字，甲金篆文分别作、、，下部是人，上部在人的头顶加一横，此横指示削去了头发处，义为光秃，如“蜀山兀，阿房出”(蜀山林木砍光秃了，阿房宫建出来了)、“兀鹫”。由于一横指事之处在人的高处，兀引申为高耸、特出。垚与兀组合为尧，会意不变，强化了本义窑包和引申义高。

足与尧组合，会意为足在高处，义为抬起腿脚。

而“翘”，形声兼会意字，从羽尧声，声兼义。羽，象形字，甲骨文刻作、，像一片羽毛，篆文写作，像两片羽毛。羽与尧组合，会意为尾羽长而高高抬起，义为抬高，如“翘首(抬头)、翘楚(杰出的高才)”，读 qiáo。“翘”由于尾羽高，引申出一头上仰(另一头低下)之义，读 qiào，如“桌面翘了、翘辫子”。“翘”无抬起腿脚义，音近义异而别。

【雪撬】橇。“橇”qiāo，形声字，从木毳 cuì 声(今不能表声)。橇是泥上滑行交通工具，四千年前的夏朝已出现，《史记·夏本纪》有记载。《唐韵》注曰：“禹所乘也”。因橇是木制的，故从木。雪橇是把泥橇用到雪上的交通工具，它的老祖宗在中国。

而“撬”qiào，形声字，从扌毳声。从扌的字大都表手的行动，义为把棍或刀的一头插入缝中或孔中，用力扳(或压)另一头，无橇车义，音近形近义异而别。

【砌磋琢磨】切。“切”qiē，形声兼会意字，从刀七声，声兼义。七，指事字，甲金文作，一竖表示棍棒、树条，一横指事从这里切断。为了与十有区别，写得横长竖短；篆文则把竖笔写成曲笔，写作，义为切断。后此义被假借作数词六加一。刀，见 P 部“剽悍”的解说，是用于切割砍削的工具。七与刀组合，会意为用刀砍断，义为切割截断。古代加工骨头叫切，加工象牙叫磋，加工玉器叫琢，加工石头叫磨，“切磋琢磨”比喻互相商量研究，学习长处，纠正缺点。

而砌 qì，形声兼会意字，从石切声，声兼义。石与切组合为砌，会意为按一定规格切割好砖石，义为用泥浆把切割好的砖石层层粘合垒起，引申义是台阶，无加工骨头义，形近义异而别。

【锲而不舍】锲。“锲”qiè，形声兼会意字，从钅契声，声兼义(今不能表声)。“契”qì 的上部甲骨文刻作，左边一竖表示木片、竹片，三斜笔表示刻在上面的符号，右边是刀，会意为刻符号，本义为刻。上古(汉秦周商)以前没有文字时，把刻了符的木片剖开，双方各执一半，以便合符认可，是原始的契约。后加木字底以显义，木字底在篆文中讹变为大，写作契，就成为魏晋的楷书“契”。

（也可认为“大”就是大字，“契”是大符。）契因其有刻符意，引申为刻义，如“遽契其舟”（《吕氏春秋·察今·刻舟求剑》，急忙在那条船上刻记号）中的“契”，义就是刻。“契”加“钅”，义为在金属上刻，引申泛指雕刻。“锲而不舍”意为一直雕刻下去，不放手，比喻读书做事有恒心有毅力。

而“揳”xiē，形声兼会意字，从扌契声，（今不能表声）声兼义。扌与契组合，会意为用手把像刻符那样的物件锤打到某物件中去，义为把钉或木片等物锤打到物体里。“揳”无雕刻义，形近义异而别。

“锲”也不可误写作“楔”（楔子）。

【浸蚀国库】侵。侵 qīn，会意字，从人从帚省（省去巾）从又。甲骨文刻作𢆶、𢆶，左边是牛的象形，右边是帚的象形，第一字右下边是手，会意为用牛身边常有的扫帚抽打牛，三点表示抽打时掉落的土，义为抢掠牛，引申为侵略、侵犯义。到战国时，战争频仍，人民的生命财产受到严重侵害，字便依义构形，改牛为人，表示人侵犯人，金文便写作𡨦。此字的上部两笔是面朝右的人，中部是帚，下部是手，形义十分清楚显明。战国末年和秦朝的篆文把人字放左边，写成𠉣，义为侵犯、侵略、侵占。汉代后的楷书规范成“侵”。“侵蚀国库”意为侵占国库中的财物。

而“浸”jìn，会意字，从氵从帚省（省去巾）从又。甲骨文刻作𡧑，外框是房子的轮廓，内中是扫帚，上有帚苗，下有帚根，三点表示水点，三部分组合，会意为用扫帚和洒水清扫房子。金文写作𣹢，左旁写了近乎川字的笔画，突出了水意，右边是扫帚，省去了房子笔画，扫帚上的横工形笔画表示捆扎帚苗的物件。左右组合，会意为像扫地是逐渐前行的一样，大水逐渐浸湿了过来，义为水逐渐浸润。篆文写作𣸣，左旁是水，即氵，右边加了表示房子的外框，内中是扫帚，下边加了又，即手。楷书保留了氵旁、扫帚和手——又，省去了房子和帚根，写作浸。篆文和楷书各自几部分组合，会意和本义跟金文的一样。“浸”义为水逐渐浸湿，无侵犯义，形近义异而别。

汉语中含侵犯义、逐步侵入义的用“侵”，如“侵吞、侵害、寒气侵人”；含泡在液体中义或液体渗入渗出义的用“浸”，如“沉浸、浸润、浸湿”。

【泌人心脾】沁。“沁”qìn，形声兼会意字，从氵心声，声兼义。从氵的字大都表水或与水有关的事物、行动、性状。心，象形字，甲金篆文分别作𢖻、𢖻、𢖻，心脏的象形，义为心脏，内心。氵与心组合，会意为水进入内心，义为水或其他液体渗入内心。“沁人心脾”意为新鲜空气或清凉饮料进入人体内，使人舒适，也用以形容欣赏了美好的诗文、音乐、舞蹈等给人以清新爽快的感觉。

而泌 mì，形声兼会意字，从氵必声，声兼义。必，会意字，金篆文分别写作、，中间笔画表示上古武器戈，左右两点表示把戈捆绑固定在木棍上的孔洞，篆文习惯性地把点拉长，写成竖笔。氵与必组合，会意为水从小孔中流出，义为水从细孔流出，如“泌尿、分泌”。泌无渗入义，形近误解而别。

【年轻一代】青。“青”会意字，从生从丹。生，会意字，甲骨文刻作，上部是草的象形，下部一横表示土地，上下组合，会意为草木从土里长出，金文在一竖中加了圆点，表示出土处，写作，篆文把圆点拉成一横，写作。

丹，指事字，甲金篆文分别作、、，外围笔画表示方盘，不表示井，（井，形如架在深坑上的四根木头绑成的井盘，表示四木的横竖四笔交错，而表示方盘的横竖四笔不交错），内中一画指事为红土矿，意为方盘中盛有红土矿物，义为丹砂。“生、丹”组合，金文写作，会意为红土地上长出了青绿色的植物，本义为青色，引申义为青春。篆文变写为，楷书再变为青。

而“轻”形声兼会意字，从车巠 jīng 声，声兼义。巠，象形字，金篆文分别作、，中间的曲笔画像纵向的丝线，上一横表示系丝线的器具，下部三笔表示扣丝的机件，即筘，故巠义为经线。由于经线纵向而下，织帛时轻松顺滑，巠与车组合，会意为车子像织帛轻松顺滑那样轻快，本义为轻巧的车，引申义为重量小（“身轻似燕”）、数量少（礼轻仁义重）。“年轻”和“年青”都表过了孩童时期后的年岁少的时期，但“年轻”强调年龄不大，如“他五十岁，是政治家中的年轻人。”“年轻”还表示外貌比实际的年龄小，如“老王显得很年轻”，而“年青”指处于青春期（如青葱的植物一般）的那个时期，如“小伙子正年青”，所以有“年青一代”的词语，而无“年轻一代”的词语；有“青年”一词，而无“轻年”一词。“年青一代”指处于青春时期的一代人。而“轻”无青春之义，音同义异误解而别。

【炉火纯清】青。解说见上。“炉火纯青”（相传道家炼丹，到炉火发出纯青色时，就算成功了）比喻学问、技艺或办事达到了纯熟完美的地步。

而“清”（见下）义为纯净没杂质，无青色义，音同义异而别。

【两袖轻风】清。解说见上。“清”，形声兼会意字，从氵青声，声兼义。青义来于青绿色草木，义为青色；氵和青组合，会意为青而亮的水。青而亮的水纯净没杂质，故“清”义为纯净没杂质，引申为清廉。民国前，衣服上没口袋（从国父孙中山设计中山装起，衣服上才有口袋）。东西、钱财往往掖在袖子里；袖中无财，则两袖甩动送出的是清风。“两袖清风”比喻做官清廉。

而“轻”义为重量小，数量少，无清廉义，成语不是说两袖里的风很轻，音同义异误会而别。

【清歌曼舞】轻。解说见上。“轻”义为轻小的车子，引申为重量小，又由重量小无压力，引申为轻松，“轻歌曼舞”意为轻松愉快的音乐和柔和优美的舞蹈。而“清”（见上）无轻松义。

【顷家荡产】倾。“倾”qīng 的本字就是“顷”qǐng。顷，会意字，从匕从页。

匕 bǐ，象形字，甲金篆文分别作、、，横画向上曲，以使整个字和站立的“人”、有区别，这是拜伏的人的象形，上古常见的拜伏的人是女性，引申为雌性人、畜，如“妣 bǐ（称去世的母亲）、牝 pìn（母畜）、鸨 bǎo（一种和别的鸟也交配的雌鸟）、雌”等。

页，象形字，甲骨文刻作，有发、有头、有身子、有跪坐的腿，是头部夸张的人的象形，义为头。金文写作，上有发、中有目（头的主要器官）、下有跪坐之人。篆文根据金文写作；隶书、楷书将篆文下部的人字变写为一撇一点，成为“頁”字，它们的义都是头。由于用“页”作偏旁的字基本都与头有关，故从页的字皆表颈以上的部位。

匕与页组合为顷，篆文写作，会意为一女子斜倚另一人头边（该是男子），本义为倾斜。由于顷是人类的行为，后代加形符亻显义，写成“倾”，引申为一切人或物的倾斜；由于倾斜后，物易滚出、倒出，又引申为倒。“倾家荡产”意为倒光家产，即把全部家产丧失净尽。“倾”即成为表“斜”、表“倒”义的字，而先造字“顷”就成了别字。

【倾刻之间】顷。解说见上。由于人或物斜倚的时间一般不长，“顷”qǐng 字引申出短时间义，即顷刻。“顷刻之间”意为极短时间，而“倾”无短时义，故别。

由此可知，表倾倒 dào、倒 dǎo 下、歪斜义的写“倾”，如“倾心爱慕、倾诉衷肠、倾销产品、倾国倾城、倾囊相助、互相倾轧（推倒碾过）、大厦将倾、倾覆、倾斜”等；表短时义和表量词的写“顷”，如“少顷、顷闻、千顷良田”等。

【不亲之请】情。“情”，形声兼会意字，从忄青声，声兼义。从心的字皆表心理活动。青，见上“年青一代”的解说，引申义为青春。忄与青组合，会意为青春时期的感情。《说文》解曰：“人之阴气有所欲者。”（人们有所欲的属于阴的心气。）本义为感情，情绪，引申为情理。“不情之请”意为不合情理的请求，客套话。

而“亲”繁体字写作親，形声兼会意字，从见亲声，声兼义。

见，会意字，甲金篆文分别作、、，上部是目，下部是人，目与人组合，会意为人看，义为看见。亲，由辛和木重叠组成，形声兼会意字，从木辛声，声兼义。甲骨文作，下部是木，上部是像树上结的小果实。《说文》曰：“亲实如小栗。”（亲的果实如同小的栗子。）《广韵》

《集韵》具体解作小球形坚果榛zhēn子。榛子果仁香而味美，人们喜食，因而“亲”产生新义：喜爱、亲切、亲密。金篆文加见显义，楷书写作親，今简化作“亲”。“亲”无情理义，成语不是说不是亲人的请求，义异误会而别。

【罄竹难书】罄。“罄”，形声兼会意字，从缶fǒu殸qìng声，声兼义。“罄”义为完了、光了、尽。这是个抽象的义，无法表现，上古先民用缶与殸组合来具体化。缶，甲金篆文分别作、、，上部图形表示盖儿，下部图形表示容器。上下组合，会意为盛酒浆或粟米的瓦器。从缶的字皆表陶土烧制的容器或与之有关的性状。

殸，甲骨文刻作，三角形笔画是上古石质打击乐器磬的象形，其上的笔画表示悬绳，右上方有圆头的图形，表示槌子，槌下是手，四部分组合，会意为手执物（槌子）击打磬，义为击磬。籀zhòu文（西周末年周宣王太史籀整理的文字，又叫大篆）写作，悬绳和石磬更像，右边的槌和手写成了殳shū。殳见O部“殴打”的解说。殳是可击打的武器，会意也是手执物（殳）击磬。因为此乐器可发声，殸与缶组合，会意为缶有声。缶只有空了，拍打之下才会有声，故“罄”义为容器中酒浆或粟米完了，引申为尽、空、光。这是多么高明的创意！“罄竹难书”意为把南山的竹子砍光了做成竹简也难以写完。本谓事情极多，难以写完，后形容罪恶极大极多，难以写完。

而“磬”，会意兼形声字，从石从殸，殸亦声。“磬”是在它的初文殸作偏旁用了后，加石字底形成的字，属于加形符（义符）显义的进一步的创意字，是石质的打击乐器。它不是陶土烧制的容器，亦无尽、空、光之义，音同形近义异而别。

另，“告罄、售罄、罄尽”的“罄”也不可误写为“磬”。

【罄其所有】罄。解说见上。“罄其所有”意为用光或拿出完自己所有的财物。

【钟磬齐鸣】磬。解说见上。铜钟、石磬一齐奏响，即各种乐器一齐奏响。

【卑躬曲膝】屈。“屈”，会意兼形声字，从尾从出，出亦声（今不能表声）。“屈”金篆文分别写作、。上部是尾，尾，会意字，从尸从毛。尸，象形字，甲金篆文分别作、、，是屈膝跪坐的人形，是夏商时代代替死者接受祭祀，象征死者神灵的人。东汉经学家何休给《仪礼》作注时说：“礼，天子以卿为尸，诸侯以大夫为尸，卿、大夫以孙为尸，夏立尸，殷坐尸。”这个尸可不是死尸的尸，而是活人，是假扮神灵祖先的人，即接受跪拜，享用祭品的人，天子叫公卿充当，诸侯叫大夫充当，大夫叫孙子充当。夏朝站立受祭，由于祭祀的时间长，扮神灵做祖先的滋味很不好受，商朝便改为坐而受祭。所以尸义为人。

尸下的两个箭头表示尾巴，是上古之人的毛饰尾巴。

尾字的最下部是出，出，会意字，

甲金篆文分别作[古文字]、[古文字]、[古文字]，楷书规整化，写作出。出的上部笔画是止（趾的初文，上有脚趾，下有脚跟）即脚，止的下部笔画是上古穴居屋的门口或是凹坑，会意为走出，义为自内到外。

尾与出组合，会意为尾巴翘出于身后。楷书省去尾巴，写作屈，会意不变。尾翘则高，尖端弯曲，义为弯曲、盘曲。尾巴弯曲多是被动被迫的，则屈引申出屈服、屈辱义。“卑躬屈膝”意为卑微地弯腰屈辱地跪膝，形容卑贱没有骨气，谄媚奉承。

而“曲”象形字，甲金篆文分别作[古文字]、[古文字]、[古文字]，像草、竹、柳编的筐、篓等器物局部剖面形，义为曲形、弯曲，无屈辱之义，音同义异而别。

【曲指可数】屈。解说见上。“屈指可数”意为弯下手指可以计算出数目，形容数目很少。

【委屈求全】曲。解说见上。“曲”义为弯曲、“委”也义为弯曲。“委”，会意字，从禾从女，甲骨文刻作[古文字]，篆文把禾写到女上，写作[古文字]，会意为女子抱禾草，由于抱草须聚成堆，引申出聚义，如“委积”。由于聚积粮草由上司命令，引申出委托义，如“委任”。由于被委任者须听从，引申出顺从义，如《淮南子·本经》：“优柔委从，以养群类。”（优柔顺从，来养育各种物类。）由于顺从得变折己情、己意，引申出曲折义，如“委婉”。“委曲求全”意为曲折己意并不直陈（而弯曲表达，曲线行事）来求得保全，即勉强迁就，以求保全。而“屈”义为屈服、屈辱，不表一般性的弯曲义。

按，“委屈”有词，义为受到不公的指责、待遇而难过，无曲折义，成语不是说受到委屈而求得保全，音同义异误解而别。

【屈意逢迎】曲。解说见上。“曲”由形容词弯曲义转化为使动词“使弯曲”，“曲意逢迎”意为曲折己意来巴结，即违反自己的本心去迎合别人的意思。

【屈肱而卧】曲。解说见上。肱 gōng，指肩到肘部的胳膊，泛指胳膊。“曲肱而卧”意为使胳膊弯曲枕着睡觉，即枕着曲臂睡觉。

总之，“屈”的基本义是屈服、屈辱、受委屈，属主观精神上的概念。一般是动词，如“屈（屈服弯下）膝、宁死不屈（屈服）、威武不能屈（使屈服）、理屈（亏）词穷、屈（受屈枉）打成招、屈（受屈辱）从”，它们中的“屈”都不可误写为“曲”。

“曲”的基本义是弯的、不直——不公正的，属客观事物上的概念，一般是形容词，如“弯腰曲（弯的）背、山回水曲（弯的）、曲（弯的）径通幽、是非曲（不公正的）直、曲（弯向的）解”，它们中的“曲”都不可误写为“屈”。

【并驾齐躯】驱。“驱”甲骨文有[古文字]字，会意字，从马从攴 pū；pō。左旁是马，右边的上部是棍棒树枝，右边的下部是手，会意为手执棍棒树枝打马前进，义为策马。由于马被打则快跑，引申为马快跑。金文讹变为从攴区声的形声字，写作[古文字]，保留了攴，用区换下了马。篆文再变为从马区声的形声字，写作，保留了区，用马换下了攴。楷书写作驅，今简化作驱，义仍为（马）快跑。“并驾齐驱”意为几匹马并排拉着车一齐奔跑，比喻彼此不相上下，齐头并进。

而“躯”，形声字，从身区声，从身的字皆表身体或与之有关的行动。躯义为身躯，无跑义，音同形近义异而别。

【为国捐躯】躯。解说见上。“为国捐躯”意为为国家献出生命。献出生命的是人自身，故从身。

【革命先驱】驱。解说见上。“先驱”义为跑在前的人。“革命先驱”意为最早干革命的领头人。由于驾车跑在前，故从马。

【长趋直入】驱。解说见上。“长驱直入”意为不停地策马快跑，一往直前。

而“趋”繁体字为趨，会意字，从走从刍 chú。刍，会意字，金文写作，又省写作，右上部像张口食草的兽畜，左边表示草，第一字左下方还加了示动的止（上有脚趾，下有脚跟）即脚，它们组合，会意为兽畜（走动）食草。篆文写作，是一口一口吃草进肚的象形，或看作反刍动物牛有多胃包容草。楷书写作芻，今简化作刍。

走，象形兼会意字，金篆文分别写作、，上部像摆动胳膊的人，下部是止（上有脚趾，下有脚跟）即脚，上下组合，会意为人摆臂跑步，义为奔跑。

走与刍组合为趋，会意为兽畜逐草而食，义为快步走。“趋”无（马）快跑义，音同义异而别。

【亦步亦驱】趋。解说见上。“亦步亦趋”意为别人慢行自己也慢行，别人快走自己也快走，比喻自己没主张，或为了讨好，每件事都顺从别人，跟着人家走。

【驱炎附势】趋。解说见上。“趋炎附势”意为快步投靠，奉承依附有权势的人。

其他如“疾趋而过、大势所趋、日趋繁荣、趋之若鹜”中的“趋”也不可误写为“驱”或“躯”。

【怙恶不俊】悛。悛 quān，会意兼形声字，从忄从夋，夋 qūn 亦声。悛从畯 jùn 演化而来。

畯，会意字，从田从夋，甲金文分别作、。夋，象形字，像一个戴有兽角形头饰的人站着或跪坐着。这种人戴有兽头头饰，使人望而生畏。夋与田组合为畯，会意为掌管农耕的田官。篆文加了倒止字，写作，（止，甲金篆文分别作、、，倒止为夊 suī，甲骨文刻作，篆文写作，是下有脚趾，上有脚跟的朝下的左脚的象形）表示田官走来的意思。丰收了，租税收缴完了，田官职责尽而愿止，因是心理活动，就用忄代替田字表示，写作悛，本义为（愿）止，“不悛”义为不止。怙 hù：依靠。“怙恶不悛”意为（因有依靠而）坚持作恶；毫不悔改（恶念不止）。

而“俊”jùn，会意兼形声字，从亻从夋，夋亦声。亻与夋组合为俊，会意为田官出众，漂亮，义为美，无

止义，形近义异而别。

【稳操胜卷】券。“券”quàn，形声兼会意字，从刀龹声，声兼义。龹juàn，篆文写作，上部是米，下部是双手，会意为双手抟 tuān 米饭团。由于把米饭抟成团含有握持住之意，刀与之组合，写作券，会意为用刀剖开的握持在手的东西，上古握持在手的得要剖开的东西是契券，义为凭证，即契券。古代契券用竹片、木片做成，用刀剖开，双方各持一半，以能相合为凭信。“稳操胜券”意为稳定地掌握胜利的契据，比喻有胜利的把握。

而“卷”juàn，形声兼会意字，从卩 jié 龹声，声兼义。篆文写作，下部的卩是人跪坐的象形。卩，象形字，甲金篆文分别作、、，像屈膝跪坐的人。由于饭团圆曲，有曲而不直之含意，上下两部分组合，会意为人的膝部弯曲，义为膝曲。由于膝曲像物之曲，引申为卷 juǎn 成筒状义，如“卷帘”。又由于古代帛书、纸书（一般是用质地软的竹浆纸即竹纸写印的书）软而可卷握，又引申为可卷成筒状的书、文卷 juàn、试卷、卷轴。“卷”无契据义，形近义异而别。

【商确】榷。“榷”，形声字，从木隺 hè 声（今不能表声），义为商讨。“商榷”义为商讨。

而“确”，形声兼会意字，从石角 jué 声，声兼义。石和角都坚硬，石与角组合，会意和本义是坚硬。古语：“确然有柱石之固。”（坚硬地有石柱子那样的坚固，）由于坚硬含有确定不移义，引申出真实义，如“确实”。“确”无商讨义，音同形近义异而别。

【宋词上阙】阕。“阕”què，形声兼会意字，从门癸声（今不能表声），声兼义。

门，象形字，甲金篆文分别作、、，像双扇柴门，楷书规整化，写作門。

癸 guǐ，象形字，甲骨文刻作，金文写作，像两根木棍交叉，是古代丈量土地的工具，上端是枝杈，下端是“脚”，左右交替一百八十度翻转前行丈量，如今农村有的地方还在使用。籀 zhòu 文（西周末年周宣王太史籀整理的文字，又叫大篆）变写为会意字，上部是左右止（趾的初文，上有脚趾，下有脚跟）即脚，表步行，下部是矢，即箭，表长度，会意不变，义为测量。这是以丈量土地得步行，其长度往往用矢（一箭之地——一百多步，约一百三十八米）为造字根据的创意，其智高矣。楷书承籀，写作癸。

门与癸组合，会意为房已测量好，建好，门也量好，装好，义为完工、完毕，引申为事情完了闭上门，又引申为乐曲终了，由于词曲是可以配乐奏唱的，又引申为词的量词，一首叫一阕，上半首叫上阕。

而“阙”què，形声字，从门欮 jué 声，是古代皇宫大门前左右两边的作瞭望用的柱形的高楼，无乐阕或乐曲终了义或“词一阕”义，音近形近义异而别。

【天上宫阕】阙。解说见上。阙是皇宫中标志性的建筑，借指皇宫，宫阙就是皇家宫殿。

【鸠占雀巢】鹊。鹊，本写作舄 xì，象形字，金文写作，上部像鸟张大的口，下部左边是鸟身，下部右边是展开的翅膀，像一只张开大口扇动翅膀大叫的鸟。这是喜鹊的特点，喜鹊善叫，口张得大，叫时往往扇动翅膀。古先贤造字突出了这两处，身子相对就画小了。观察入微，高明之至。

篆文美化成，上部是夸张的鸟嘴，中下部是流畅的鸟翅线条，最下部是鸟爪，鸟身包括在内，鸣叫意和动态感很强。

楷书标准件化，写成舄，保留了夸张的鸟嘴，鸟爪写成四点，其他笔画近于鸟翅，还比较像喜鹊。

后此字被假借义（木底鞋）所用，又作偏旁用了，本义（喜鹊）反而不用，古贤们便另造了从鸟昔声的形声字“鹊”字来表示。（昔，今不表声。）“鸠占鹊巢”意为斑鸠强占了喜鹊的巢，比喻强占别人的房屋、土地、产业等。

而“雀”，会意字，从小从隹 zhuī。“小”甲金篆文分别作、、，三笔表物之微小；一说篆文一竖的两旁为八，八表示分，细物再分，表示微小。“隹”甲金篆文分别作、、，义为鸟。小和隹组合，篆文写作，义为“依人（与人同处的）小鸟”，如麻雀、山雀、云雀。鸠大而雀小，且雀不巢于树上，故鸠不占雀的巢，音同义异误会而别。

【声名雀起】鹊。解说见上。鹊起：如鹊惊起；鹊鸣声响，受惊更甚。“声名鹊起”形容声名迅速提高。而“雀”音有限，故别。

【鸦鹊无声】雀。解说见上。“鸦雀无声”形容十分安静。乌鸦麻雀总是叽叽喳喳，性喜聒噪，而“鹊”无此习性，故别。

另“鸦雀无声”的“鸦”也不可误写为鸭子的“鸭”。

R

【熙熙嚷嚷】攘。“攘”，形声兼会意字，从扌襄 xiāng 声，声兼义。襄，会意字，金文写作，外框是衣（，上有领，左右是衣袖，下为掩上的衣襟），表示地衣、地的表皮，即地的表层，三个小圆圈表示种子，表示挖地的铲类工具，正中半圆笔形表示挖出的坑穴，左下方是土字，右下方是手字。几部分组合，会意为手执铲类农具破开土地表层干硬的土（地之衣），挖坑穴，埋种子，用土覆盖。这种耕作方法，古代叫解衣耕（不是脱下衣服或丧服去耕种）。篆文美化为，楷书构件化，写作襄。本义为解衣耕，即刺破地皮挖坑点种。由于种子萌发，推顶土层，引申出推开、排除义，此义后加扌旁以显明，写作“攘”，义为用手推。熙：和乐嬉戏。“熙熙攘攘”意为嬉笑热闹，推推挤挤，形容人来人往十分热闹。

而“嚷”，形声兼会意字，从口襄声，声兼义。由于种子发芽，长高长大，变化很快，引申出高举（举：跳）义，如“云起龙襄”，（像云彩那样升起，像龙那样高腾），进而引申出高义。口与襄组合，会意为用口高叫，义为大声叫嚷，无推挤义，成语不是说嬉笑热闹吵吵嚷嚷，音同形近义异误会而别。

【绕有风趣】饶。“饶”，形声兼会意字，从食尧声，声兼义。尧的繁体字写作堯，从垚 yáo 从兀 wù，垚亦声。解说见 Q 部“翘（跷）腿”。垚表示土高；兀表示高耸。垚与兀组合，会意为高的窑包，表义的重点在高上，引申出高而重累义。

“饣”的繁体字是食，会意字，甲金篆文分别作、、，上部是倒口，下部是高脚盆上堆尖的食物，两点表食屑或香气，金篆文的下部像人，会意为人来吃食，义为食物。从食的字基本都表食品或与之有关的行为、性状。

食与尧组合，会意为食物高高堆积，足够人吃，本义为饱，引申为丰富、多。“饶有风趣”意为多而有风趣。

而“绕”，形声兼会意字，从纟尧声，声兼义。从纟的字大都表丝、线、绳或与之有关的事物、行为、性状。纟与尧组合，会意为丝线重累，义为缠绕、围着运动，无丰富、多义，音近形近义异而别。

【绕舌调唇】饶。解说见上。饶舌：话多，意为唠叨。调唇：说挑拨话。“饶舌调唇”意为多嘴多舌，搬弄是非。

另，“丰饶、富饶、饶恕（多一点宽恕）”的“饶”，也不可误写为“绕”。又，“尧”的上部不可写成“戈”。

【人至义尽】仁。“仁”从尼字变来。尼，会意字，甲骨文刻作，右边是躺着的人，压在另一人上，左边是行（：十字路口，表示行走）的左半边彳 chì，义为小步走。甲骨文又刻作，两个人字的右边是行字的右半边亍 chù，义也是小步走。三部分组合，会意为两人走到一起，亲密接触。古文《侯马盟书》写作，省去彳或亍，两短横似是标示两人亲昵相触之处。篆文简化作，楷书写作尼，是昵 nì 的本字，义为亲昵。

战国金文把尼变写为，篆文把躺着的人字竖写，作，它们把下一人字用表示“两”义的二代替，楷书写作仁，指上下两个人。本义仍是亲昵。

由于亲昵是爱的表现，《韩诗外传》曰：“爱由情出谓之仁。”（由情爱产生的爱叫作仁）其义为爱，引申为友善、关爱、以人道待人，即儒家的“泛爱众”——仁。孟子曰：“仁者爱人。”（讲善性有人道的人爱人）墨子主张兼爱。“仁至义尽”意为对人的善性、关爱和帮助已做到最大的限度。

而“人”，象形字，无友善、关爱、以人道待人之义，成语不是说人到了，义尽了，音同义异误解而别。

【麻木不人】仁。解说见上。仁由友善、关爱、以人道待人之义引申为具有这种德行的人的感觉，又引申为人的感觉、知觉。“麻木不仁”意为精神麻木，没有人的感觉，也指肢体麻痹，没有感觉，还比喻对外界事物反应迟钝或漠不关心。

另，“仁慈、仁人君子、仁义、仁者见仁智者见智、仁政、为富不仁”中的“仁”皆不可误写为“人”。

【光阴茬苒】荏。“荏”rěn，形声字，从艹任声。“荏苒”rǎn 是单纯词，见 B 部“飞扬拔（跋）扈”的解说。“荏苒”义为渐渐过去，专用于时间。“光阴荏苒”意为时间很快过去。

而“茬”chá，形声兼会意字，从艹在声，声兼义。“在”，象形字，甲骨文“在、才”同形，刻作，像草木初生，穿地而上。金文加土显义，写作，篆文把地表、地下分写成一横画一斜画，作，它们共同表示草木在土中生长，本义为生存，存在。艹与在组合，会意为火耕或收割后草木依然存在，义为庄稼收割后剩在田里的短茎和根，形近义异而误。

【发韧】轫。“轫”rèn，形声兼会意字，从车刃声，声兼义。从车的字大都表车或与之有关的事物、行为、性状。刃，指事字，甲篆文分别作、，刀口处加了一点，所加的点指事为刀口，又专指刀，如“利刃、白刃战”。刃与车组合。会意为像前有薄刃后有厚刀背一样的物件插在车轮前，义为支住车轮不使转动的斜面体木头。“发轫”义为拿掉支住车轮的木头，让车前进，比喻新事物或某种局面开始出现。

而“韧”，形声兼会意字，从韦刃声，声兼义。“韦”繁体字写作韋，甲骨文刻作[古文字]、[古文字]，金篆文分别作[古文字]、[古文字]，由表示城的方框和两或三个表示足的止构成。止（[古文字]趾的初文，前有脚趾，后有脚跟）即足。就足在城周围而言，会意为人围绕、包围（后加大口框，写作圍——围的繁体字表示），也会意为保卫（后加行字，写作衛——卫的繁体字表示），也会意为相背离（由上下两足相背而行引申。后加辶旁，写作違——违的繁体字表示）。有一种物体柔韧，可围在一个部位来回相背离围绕，就是熟牛皮条，“韦”便引申特指熟牛皮条，如“韦编三绝”（孔子苦读，串编竹简的皮条磨断三次，比喻勤学苦读）。

韦与刃组合，会意为用锋利的刀才能切割下来的熟牛皮条，即柔软而坚固的牛皮条，义为柔软而坚固。“韧”无支住车轮的木头义，音同形近义异而别。

【发纫】轫。解说见上。而纫，形声兼会意字，从纟刃声，声兼义。从纟的字皆表丝、线、绳或与之有关的事物、行为、性状。丝与刃组合，会意为用刀裁割丝帛做衣服，义为缝制（衣服）。纫无斜面体木头义，音同形近义异误解而别。

【色厉内忍】荏。解说见上。荏，形声兼会意字，从艹任声，声兼义。艹表示草，“任”见下，义为承担、承受。艹与任组合为荏，会意为草承担（草柔软，不能承担）义为软弱。“色厉内荏”意为外表强硬内心怯懦。

而“忍”，会意兼形声字，从心从刃，刃亦声。金篆文分别写作[古文字]、[古文字]。它们的上部是一把锋刃的刀，下部是心，会意为心里容下了利刃，本义是容忍，引申为忍耐、有耐性。“忍”无软弱义，成语不是说面色严厉内心残忍，音近义异误解而别。

【认人唯贤】任。“任”，会意兼形声字，从亻从壬，壬亦声。壬，象形字，见P部“凭（平）心而论”的解说。壬是织机经线上的筘，亻与壬组合，甲金篆文分别作[古文字]、[古文字]、[古文字]，会意为织帛时把壬的近端拉抱在人怀里（以拉紧经线）劳作，义为人怀抱（物）。如“负任担荷”（背着抱着挑着扛着）。由于怀抱含有自己担承之意，引申为担承，如“任劳任怨”。由于担承含有担当某事某职之意，引申为使担当。“任人唯贤”意为只选用德才兼备的人担当职位，而不考虑与己关系是否密切。

而“认”，简化形声字，从讠人声，义为识别，无使担当义，成语不是说只认德才兼备的人，音同义异误解而别。

【认劳认怨】任。解说见上。“任劳任怨”意为承担劳苦，承担埋怨，即做事不辞劳苦，不怕别人埋怨。

【投笔从戒】戎。“戎”róng，会意字，从十从戈，甲骨文刻作[古文字]，左下部

R

表示甲衣，(甲，甲骨文刻作十，像植物果实成熟时外壳上的十字裂纹，因其形与十字相混，又写作田，金文承其形写作田，因其形和田字相混，篆文变写为甲，义为植物籽实的外壳，由于外壳一般较硬，引申指像植物籽实的外壳一样的人身上的外壳，即铠甲，或表示盾。)右边是戈。戎，金文写作戎，把十字改写成一竖加一大圆点，颇像铠甲；篆文干脆变写为从甲从戈戎。它们的本义是兵器(铠甲也是兵器)，引申为军队、军事。“投笔从戎”意为扔下毛笔，参加军队，即文人从军。

而“戒”jiè虽只多一笔，却是另一个不同的会意字，甲金篆文分别作戒、戒、戒，上部是戈，下部是双手，楷书把双手写成廾gǒng，会意为双手持戈，本义为警戒，无军队义，形近义异而别。

另，“戒”由警戒义引申出戒除、防备义，如“戒备、戒骄戒躁、戒烟、戒心、戒严”。如果要运用于语言，最好写作“诫”，如“告诫、劝诫”(推荐词形)尽量不写“告戒、劝戒”(不作别字看的异形词)。这些词中的“诫、戒”都不可误写为“戎”。

【戎马倥偬】戎。解说见上。“戎马倥偬”意为军务繁忙。

而戍shù，会意字，字形虽略有不同，其义却相差很大，甲金篆文分别作戍、戍、戍，它们都从人从戈，会意为人持着戈，本义是守边，引申为守卫、保卫，如“卫戍部队”，无“军事的”之义，形近义异而别。

此外，与“戒、戎、戍”形近易别的字还有“戉、戌、戊”，简介如下：

戉 yuè 象形字，甲骨文刻作戉，独体象形，义为大斧；金文写作戉，把斧柄改写成“戈”，仍是大斧；篆文写作戉，斧刃向下，本义是大斧，斩腰的重刑具，是王权的象征；楷书加钅字旁，写作钺。“戎装、戒备、卫戍”中“戎、戒、戍”字都不可误写为“戉”。

戌 xū 象形字，甲骨文刻作戌、戌，金文写作戌、戌，篆文写作戌，甲骨文有斧头有木柄，是轻便斧头，金文、篆文将木柄改写作“戈”，仍是轻便斧头形。“戉”笨重，不便于作战，“戌”轻便，是战具。它是“戚”的先造字，“戚”字出现后，“戌”不用了，只有借音作地支(子、丑、寅、卯、辰、巳、午、未、申、酉、戌、亥)中的第十一位的字还用，如“戊戌变法”。“戎、戒、戍、戉”都不可误写为“戌”。

戊 wù 象形字，甲骨文刻作戊、戊，金篆文分别写作戊、戊，亦是斧类兵器。出现“戚”字后，“戊”亦不用，只有借音作天干(甲、乙、丙、丁、戊、己、庚、辛、壬、癸)第五位的字还用。“戎、戒、戍、戉、戌”都不可误写为“戊”。

【绿草绒绒】茸。“茸”，会意字，从艹从耳。耳，象形字，甲金篆文分别作耳、耳、耳，是耳朵的象形。艹与耳组合，会意为像耳朵那样柔软的草，义为草初生纤细柔软的样子。

R

“绿草茸茸”意为绿草纤细柔软。

而“绒”，形声字，从纟戎声，从纟的字基本都表丝、线、绳或与之有关的事物、行为、性状，义为细散的微丝状的毛，无草柔义，音同义异而别。

另，才生长出来带细毛较柔软的鹿角也用“茸”字来称说，即“鹿茸”。

【冰雪消溶】融。“融”，形声兼会意字，从鬲 虫声，声兼义。甲金文分别作、，下部为土块、土堆，上部是虫（以三条蠕动的虫示意），会意为春暖，小虫结束蛰伏而爬出，本义为温暖。篆文依据土块、土堆形状，变写为炊具，取自甲骨文的、金文的，而写成（八九千年前新石器时代烹煮食物的陶罐、三千六百年前商代的铜罐），并加声旁“蟲”的省文（省去下面两个“虫”字）而成为。楷书规整为融，会意为虫出现在温暖的罐旁。无论从土从虫，还是从鬲从虫，它们都含温暖义。“冰雪消融”意为冰雪感受温暖而融化。

而“溶”（见下），无温暖义。《现汉》认为“消融”（推荐词形）“也作消溶”（异形词），建议最好不写后者。

【其乐溶溶】融。解说见上。乐情、乐意皆有暖意，故用“融”。“其乐融融”意为某事物带来的欢乐十分温暖。“溶”见下。

【溶会贯通】融。解说见上。“融”由温暖义引申为融合、调和义，“融会贯通”意为知识经融合体会而贯通，即参合多方面的道理而得到全面的透彻的领悟。

而“溶”，形声兼会意字，从氵容声，声兼义。“容”，会意字，甲金文从穴从口。分别作、，像有窗的穴屋，又像有出口的山洞，会意为可容盛人或物，本义为盛受、盛载、容纳。篆文变写为，从宀从谷，宀是房屋的轮廓图，义为房屋，谷是山谷，都可容盛人或物，字形虽变，本义不变。氵和容组合，会意为容纳的水很多，本义为水势大，水面辽阔。由水势大，水面辽阔（远景如烟，化成一片），引申为固体物质消散在液体中义。“溶”无融合、调和义，音同义异而别。

【月色融融】溶。解说见上。“溶”由水面辽阔义引申为无垠义。“月色溶溶”意为月下柔美的景色十分宽广。

而“融”义为融化、融合、调和，无宽广义，故别。

【大溶炉】熔。解说见上。熔，形声兼会意字，从火容声，声兼义。火与容组合为熔，会意为容盛的物被火烧化，义为烧化。“大熔炉”义为大的熔炼炉，也比喻锻炼思想品质的环境。

总之，表暖融义，使用对象为自然物质、人际关系或财物的用“融”，如“暖融融、融化、融洽、融通、融资、水乳交融”等。表固体物质化在液体中，使用对象为化学物质的用“溶”，如“溶洞、溶蚀、溶血”等。表固态物经高温变成液态，使用对象为金属的，用“熔”，如“熔炼、熔冶、熔铸、熔岩”等。

【优揉寡断】柔。“优柔”是双音节单纯词，即两个音节一个意义，义为犹豫不决。单个的字不带义来，如硬性以义解（优：优秀；柔：柔软），则不等于该整个双音节词义。可见，字只表音，两个音合起来才有义。只要表 yōuróu 的音，哪个字都可写，但人们习惯写“优柔”，所以“揉”是别字。“优柔寡断”意为办事迟疑，没有决断。

【矫柔造作】揉。“揉”，形声兼会意字，从扌柔声，声兼义。“柔”，会意字，从矛从木，篆文写作，上部是矛头，下部是木柄；矛柄要求有韧性，坚而能弯，不折不卷；上下组合，会意为木质柔软，义为柔软。“揉”本不从扌旁，而是火字旁。东汉许慎的“说文”无“揉”，而有火字旁的 róu，解作“屈申（伸）木也，从火（从）柔，柔亦声。”火与柔组合，会意为用火烤木，使之弯曲。后俗写从扌从柔，义为使直的变弯。矫：使弯的（箭）变直。“矫揉造作”形容（身姿扭动）过分做作（做出某种表情，发出某种腔调），极不自然。

而“柔”义为软，无使直变弯之义，音同义异而别。

【揉肠寸断】柔。解说见上。“柔”义为不硬。“柔肠寸断”意为柔软的肠子一寸一寸地断，形容极度悲伤。

而“揉”无柔软义，也不是把肠子揉得寸断的意思，音同义异误会而别。

【句子杂揉】糅。解说见上。“糅”，形声兼会意字，从米揉省声（省去扌），声兼义。“揉”义为使直的变弯，引申义是揉搓，米与揉（省去扌）组合，会意为把米粮揉搓掺和在一起，义为多种粮食混杂揉搓，引申出混杂义。“杂糅”义为不同的事物混杂在一起。“句子杂糅”意为不同的句式或两个以上的句子混杂在一起。

而“揉”（见上），无混杂义，音同形近义异而别。

【揉躏】蹂。解说见上。“蹂”，形声兼会意字，从足揉省声（省去扌），声兼义。从足的字大都表足或与足有关的动作、行为。“揉”（见上）义为揉搓，加上足旁，义为搓踏、践踏。蹂虽有义而躏无义，也不单用，它们是单纯词，见上“优揉（柔）寡断”的解释。“蹂躏”义为践踏，比喻用暴力欺压、侮辱、侵害。而“揉”无此义，音同形近义异而别。

【相儒以沫】濡。“濡”，形声兼会意字，从氵从需，需亦声（上古无 ü 音，只有 u）。“需”甲金文分别作、，中间是正面的人，四点表示水滴，会意为人沐浴，其义专指司礼者斋戒沐浴。篆文取金文上部像雨的笔画，下部把人的腿和雨点写成而，写作，本义不变。由于“需”的义项多，后人为分化字义，加了氵旁，写作“濡”，其义为沾湿、沾染。“相濡以沫”指一对鱼落到干沟里，用唾沫互相湿润，比喻同处困境，相互救助，常用于夫妻关系。

而“儒”，形声兼会意字，从亻从需，需亦声。“需”表示司礼者斋戒沐浴，引申为司礼者。后人为分化字义，加了亻旁，义为祭礼的主持人，即术士。孔子年轻时曾从事此职业，后指以孔子为代表的一个思想流派，又泛指读书人。“儒”无沾湿义，音同形近义异而别。

【耳儒目染】濡。解说见上。“濡、染”义为沾湿、沾染。“耳濡目染”意为耳朵经常听到，眼睛经常看到，不知不觉受到影响。

【妇儒皆知】孺。解说见上。“孺”，形声兼会意字，从子需声，声兼义。“需”由人沐浴推及物淋雨，物淋雨则软垂，显得柔弱，引申为柔弱，后人为分化字义，加了子旁，义为（柔弱的）小孩子。“妇孺皆知”意为连妇女和小孩子都知道，即人人都知道。

而“儒”（见上）无小孩子义，音同形近义异而别。

【儒子可教】孺。解说见上。“孺子可教”意为这个小孩子可以教育，指年轻人有出息，可以把本事传给他。

【风流孺雅】儒。解说见上。儒：知识分子气。雅：文雅。“风流儒雅”意为风度翩翩，温文尔雅。

【嗫蠕】嚅。解说见上。“嚅”，形声兼会意字，从口需声，声兼义。人柔弱则怯，怯则不敢言语，后人为分化字义，加了口字旁。“嗫嚅”义为想说又不敢说（出声）的样子。

而“蠕”，形声兼会意字，从虫需声，声兼义。“需”有软意，从虫的字基本都表虫类或与虫有关的物件、行动，义为虫微微软动，与“口”无关，习惯上不与“嗫”配成单纯词，音同形近义异而别。

【嚅嚅而动】蠕。解说见上。短语形容（像虫子一样）慢慢动的样子。

【含辛如苦】茹。“茹”，形声兼会意字，从艹如声，声兼义。“如”，会意字，从女从口。甲骨文刻作、，由双手缚于背后的跪坐的人和口组成，会意为口审被缚的罪人（罪犯或战俘），被审讯的人必须老实、顺从，义为顺从、遵从、依照。战国末年的石鼓文刻作，篆文写作，左边成了手臂抱护胸部的人，即女字，右边口字不变，会意成了女子听从人指令，顺从、遵从、依照的本义不变。如与艹组合，会意为罪人抱草服贱役，即喂马，本义是喂马吃草，引申出吃义。“含辛茹苦”意为吃尽辛苦，即经受艰辛困苦。而“如”无吃义，故别。

【繁文褥节】缛。“缛”rù，形声兼会意字，从纟mì 辱声，声兼义。辱，会意字，从辰从寸。分述之：

辰是地里孳生的害虫的象形，见C部“良晨（辰）美景”的解说。寸，象形字。（作寸解时是指事字。）篆文写作，手字加一短横，篆文经常在表示手义的字上多加一短横，义仍为手。辰与手组合为辱，会意为手捉害虫。

纟作为偏旁，基本都表丝、线、绳或与之有关的事物、行为、性状。由于害虫孳生成团成窝，繁多杂乱，纟与辱组合为缛，会意为像害虫那样繁多杂乱一样，丝线繁多杂乱，特指彩色繁乱，义为繁乱。“繁文缛节”意为烦琐而不必要的礼节。

而“褥”，形声兼会意字，从衤yī辱声，声兼义。从衤的字基本都表布（明朝以前是麻布）类或绸缎类事物或与之有关的行为。衤与辱组合，会意为厚的（含量繁多的）衣类的布包着的物件，义为褥子，无烦琐义，音同形近义异而别。

【褥暑】溽。解说见上。“溽”，形声兼会意字，从氵辱声，声兼义。辱义为手捉害虫，由于害虫孳生繁多，辱含有多意。氵与辱组合为溽，会意为厚而多的水汽，义为潮湿。暑：热。词语义为潮湿而热。而褥（见上）无潮湿义，音同形近义异而别。

S

【撒手锏】撤。“撒”sā，会意兼形声字，从扌从散，散亦声。“散”，会意字，甲骨文刻作、，上部是林字，一竖是棍杖，下部是手，会意为手执棍杖在林中击打，以捕获禽鸟野兽，本义为（打得禽兽）分散、散开、离散。金文写作，林字变为草（甲金文林、草往往不分），禽兽以捕获到的“月”即肉表示，见B部“并行不背（悖）”的解说。篆文写作，左上部恢复林字，右上部表示棍械，右下部是手。分散、散开、离散的本义不变。楷书构件化，写作散。“撒”从扌，从扌的字基本都表手的动作、行为。扌与散组合，会意为手放开扔出物（使物散开），义为放开手（扔出）。“撒手锏”指旧小说中人物（隋唐人秦叔宝）厮杀时出其不意地用锏（四楞柱兵器）投掷敌手的招数。比喻最关键的时刻使出的最拿手的本领。《现汉》也有“杀手锏”（异形词）词条。

而“撤”chè见下，无放开手扔出义，“撤”是形近的错字。按，“撒手锏”是推荐词形。

【撒泼】撤。解说见上。“撒”sā由放开义引申出尽量使出来义（贬义），“撒泼”意为大哭大闹，蛮不讲理。

而“撤”chè，会意字，从扌从育从攴。甲金文分别作、，左边是蒸煮食物的陶制或铜制的锅——鬲lì，右边为手，金文手上还持有棍械，篆文写作，把鬲讹变为育，并加了表示小步走的彳chì（“行”的左旁），三部分组合，会意为手拿食后的炊具撤去。楷书删去彳，加扌显义，本义为撤除，无尽量使出义，形近义异而错。

【洒手人寰】撤。解说见上。寰：广大的地域。“撒手人寰”义为离开人世死去。

而“洒”sǎ，会意字，从氵从西。西，象形字，甲金篆文分别作、、，像竹木编的器具形，篆文加了可钩挂的外框笔画，义为器具。是如今作为物品义的“东西”一词的来源。氵与西组合，会意为水从竹木编的器具里洒落而下，义为把水分开散布到其他物体上，无放开手之义，音近义异而别。

按，表示把固体物松开散开义的，如“撒手、撒腿”和表示施展开义的，如“撒欢、撒娇、撒谎、撒气、撒野”(以上读 sā)以及表示把固体物抛扔开义的,如“撒播、撒盐、撒种”用“撒”(以上读 sǎ)。表示把液体和含有液体意的事物散落开义的,如“洒泪、洒扫、洒热血、洒脱、洋洋洒洒”用“洒”sǎ。

【伤心病狂】丧。“丧”sàng,会意字,从桑从㗊jí,甲金文分别作[古文字]、[古文字],它们中枝枝杈杈的图形表示桑树,几个口字表示人的口部,几部分组合,会意为众口喧哭于桑枝之下。由于桑、丧同音,古人办丧事用桑枝,今天农村白事打的招魂幡,执的哭丧棒仍用桑枝。篆文在桑枝和口下加亡,写作[篆文],楷书规整作喪,今简化作丧,义为丧亡、丧失。“丧心病狂”意为丧失理智,犯了疯病,形容言行昏乱而荒谬到极点或残忍可恶到了极点。

而“伤”shāng,会意兼形声字,从亻从𥏫省(省去矢),𥏫亦声。𥏫,会意兼形声字,从矢从昜,昜亦声。矢是箭,昜yáng,会意兼形声字,从人从易,易 yáng 亦声。易见 Y 部“水性扬(杨)花”的解说。日是天日,彡 shān 形笔画表示多道日光,易义为太阳是阳(陽)字的初文。昜上两笔是人字,人与易组合,会意为人所见闪射的阳光,义为阳光。矢与昜组合,会意为受箭伤,血流如多道阳光,义为受伤。篆文写作[篆文],把矢字旁换成了人字旁,楷书写作傷,简化为伤,义为人受伤,无丧失义,成语不是说很伤心发了疯病,音近义异误解而别。

此外,“丧魂落魄、丧家之犬、丧尽天良、玩物丧志”中的“丧”皆不可误写为“伤”。

【骚首弄姿】搔。“搔”,形声兼会意字,从扌蚤声,声兼义。“蚤”zǎo,义为跳蚤,其形极难描摹,且无半秒的消停,叫今人造字怕也造不出。古人却有其方,甲篆文分别作[古文字]、[篆文],它们的上部是手,篆文的手上有两点,表示指甲,它们的下部是曲身的虫,会意为由于虫叮咬发痒而抓挠,义为跳蚤。创意实在高妙。

“搔”从扌,从扌的字基本都表手的动作、行为。扌与蚤组合,会意为手抓挠被跳蚤咬得发痒处,义为抓、抓挠。“搔首弄姿”意为抓头发做姿态,形容卖弄姿容。

而“骚”,形声兼会意字,从马蚤声,声兼义。从马的字基本都表马类牲畜或与马有关的事物、行为、性状。马与蚤组合,会意为马被虫叮咬而痒,本义为马扰动不安,引申为(由于马求偶而扰动所体现的)下流性状,无抓挠义。成语不是说轻狂地抓头发弄姿容,音同形近义异误解而别。

【搔扰百姓】骚。解说见上。“骚”由马扰动不安引申为扰乱,又解作马如跳蚤一样地跳动,亦引申为扰乱,“骚扰百姓”意为使百姓不安宁。

【臊人墨客】骚。解说见上。“骚”义为扰动不安,是心怀愤懑牢骚满腹者的表现,作家是有这种心态的人的典型。“骚人”一词来自战国末年楚国爱国诗人屈原的长篇叙事诗《离骚》(“离”通“罹”lí,义为遭到。《离骚》意为遭到挫折、迫害而抒发牢骚——愤懑),借代为诗人。墨客:用笔墨写文章的人。“骚人墨客”指诗人、作家等风雅的文人。

而“臊”sāo,形声兼会意字,从月喿 zào 声,声兼义。“月”是肉,见B部“并行不背(悖)”的解说,“喿”,会意字,金篆文分别写作[古文字]、[古文字],下部是木,上部三个口表示鸟嘴,会意为众鸟在树上鸣叫,义为群鸟叫,是噪的初文。由于群鸟叫令人感厌烦而离去,喿与月组合,会意为肉气味难闻使人厌烦而离去,义为臊气。“臊”无诗人义,音同义异而别。

【独领风臊】骚。解说见上。风:指中国第一部诗歌总集《诗经》中的国风(各地民歌)类的诗,和“骚”一样,借指诗人。“独领风骚”意为在文坛居于领袖地位或在某方面领先。

【骚痒】瘙。解说见上。“瘙”sào,形声兼会意字,从疒 chuáng 蚤声,声兼义。从疒的字皆表病或与病有关的事物、行为。疒与蚤组合,会意为因跳蚤等虫类叮咬抓破而生疮,本义为疥疮,基本义为痒。而“骚”无痒义,音近义异而别。

【杀羽而归】铩。铩 shā,形声兼会意字,从钅杀声,声兼义。“杀”,象形字,甲骨文刻作[古文字],箭头笔画表示武器,其上笔画像杀死后的豕 shǐ(猪)形兽类,古文(魏《三体石经》)刻作[古文字],也像,会意为杀伤兽类,义为杀。金文写作[古文字],上部为正面的人,下部是人的腿被刀枪杀伤或被多箭(以两个箭头示意)射伤,会意为人被杀害,义为杀死。

篆文写作[古文字],左边还略像被杀死的兽,左上边的㐅,疑像兽头上的毛,没有采用金文的受伤的人字,右边加了古兵器殳 shū 字,上部是殳头,“又”是手,殳是三棱尖头的,长度合今长度一丈二的,可作为杀敌用的武器,也可纵向平插在车头上用以分离人众和撞击的武器,楷书繁体字写作殺,会意为用殳杀伤,义为杀死。

铩从钅,从钅的字基本都表金属、武器或与金属有关的物件、行为、性状。钅与杀组合,会意为金属的杀人武器,即古代长矛类武器。义为伤害、摧残。“铩羽”义为鸟被割伤了翅膀,失意回巢,比喻失意或失败,丧气而归。

而“杀”无长矛类武器义,成语不是说割伤翅膀而回来,音同义异误解而别。

【杀住歪风】刹。解说见上。刹 shā,形声兼会意字,从刂(刀)杀声,声兼义。杀与刂组合,会意为用刀制止杀伤,义为使停止(杀伤),如“刹车”,引申为制止。“刹住歪风”意为制止住歪风邪气。

而“杀”(见上)无制止义,熟语也不表示把歪风杀去,音同义异误会而别。

【一刹时】霎。霎,shà,形声兼会意字,从雨妾声(今不能表声),声兼义。“妾”甲金篆文分别作[古文字]、[古文字]、[古文字],上部是刑刀,见B部“金壁(碧)辉煌”的解说,下部是双臂抱胸跪坐的女子,会意为受刑的女子,义为罪女、虏女。古代罪女、虏女充当女奴，服炊烹、舂洗、洒扫等劳苦贱役，而陪嫁女和偏房地位如同女奴，故“妾”义由媵 yìng（陪嫁女）、罪女、虏女引申为小妻。由于妾含有小意，与雨组合为霎，本义为小雨；由于小雨很快就会停止，引申出短时间义。“一霎时”意为很短时间。

而“刹”除了读作 shā 外，还读 chà，梵语，指佛塔上藏舍利子的石柱，因音与“杀”近似，借杀作声旁。又因石柱形似刀，故从刂，如表示佛寺、佛塔义的“古刹、宝刹、名刹”。又用于表示佛教的时间概念“一刹那”，是一秒的二十四分之一，义为极短时间，不表很短时间，音近义异而别。

可以这么分别：第一，二者都表短时间，但“刹那”更短；第二，“霎时”是合成词，两个字都有义；“刹那”是音译单纯词，单个字无义（“刹”不表示刹车、“那”不表示这那，只用它们的音），合起来才有义。第三，音不同，“霎”读 shà，“刹”读 chà；第四，“霎”与“时”组词，如“霎时、一霎时，霎时间”；“刹”不与“时”组词，只有梵语音译词“刹那”。

【刹尾 刹笔】煞。解说见上。煞，会意字，从刍从攵从灬 huǒ。刍，见 Q 部“亦步亦驱（趋）”的解说，义为兽畜逐草而食。攵，即攴 pū；pō，甲金篆文分别作[古文字]、[古文字]、[古文字]，下部是手，上部表示棍棒刑杖，金篆文的棍棒上有杈头，上下组合，会意为手持棍棒击打。刍与攵组合，会意为手持棍棒赶着兽畜逐草而食。灬，甲骨文古文篆文分别作[古文字]、[古文字]、[古文字]，是火的象形，楷书写作灬。刍、攵、灬组合为煞，会意为人驱赶兽畜逐草而食遇火，义为停止、结束，如“煞尾”义为收尾或文章、事情的最后一段；“煞笔”义为结束时停笔。而“刹”（见上）义为使停止、制止，无结束、停止义，音同义异而别。

另，“煞车”是异形词，推荐词形是“刹车”。建议不写前者。

【刹费苦心】煞，解说见上。“煞”又假借作程度副词“很”，如“煞白、煞有介事、愁煞人（愁死人）”。“煞费苦心”意为很费心思。这里的“煞”读 shà。

【珊珊来迟】姗。“姗”，形声兼会意字，从女删省声（省去刂），声兼义。册，象形字，甲金篆文分别作[古文字]、[古文字]、[古文字]，像串编的竹简，竖笔画表示竹简，长方形、扁圆形笔画表示用以串编捆束之物，上古以熟牛皮条串编捆束，义为书简。女与删省去了刀剩下的册组合，像上古女子著多层长衣并佩饰有巾、玉、梳、符、香囊等饰物之形，义为妇女行走，引申为行步缓慢。“姗姗来迟”形容来得晚。

而“珊”，形声字，从王删省声。是单纯词（见下条的解说）“珊瑚”中的一个表音的字，不单用，也不与别的字组词，音同形近而别。

【蹒姗】跚。解说见上。“跚”，形声字，从足删省声（省去刂），是单纯词（见下）“蹒跚”中的一个字，“蹒跚”义为腿脚不灵便，走路缓慢而摇摆不稳的样子，故从足。

而“姗”义为妇行缓慢，无蹒跚义，音同形近而别。

【春意阑跚】珊。“阑珊”是单纯词，两个字各自只表音，合起来才有一义，即将尽、衰落。由于字只表音，写哪个 shān 字皆可，(所以一个单纯词可有多个字来写，如“犹豫”，古代有“尤预、容与”等多种写法)，但习惯上写哪个就是哪个。“阑珊”的 shān 只写“珊”，故“跚”别。“春意阑珊”意为春天的美景将要结束。

【善长歌舞】擅。“擅”，形声兼会意字，从扌亶 dǎn 声，声兼义。从扌的字基本都表手的动作、行为。亶，形声兼会意字，从㐭旦声，声兼义。㐭 lǐn，甲金篆文分别作、、，是盛放谷物的尖顶粮仓形，金文下部中间笔画表示阶梯。上古粮仓在城郊外，㐭与旦组合，会意为映照着朝阳的粮仓，义为仓中有粮，强调粮多。扌与亶组合，会意为手段像谷物一样的多，义为专长做某事。“擅长”义为有某方面的专长，如歌舞、书法、经商、理财等。

而“善”金文写作象形字，是羊头的象形，义为美味。古人把羊视为美好，看作吉祥物，篆文在“羊”下加两个“言”字，写作会意字，会意为连连称(羊肉)美。篆文又简化写作，上部是羊字，下部是一个言字，楷书把言字简化，保留口字，写作善。

商周时代，“言”和“音”同字，篆文的二言又表群音，群羊鸣音，引申义为吉祥、善好，又引申为善行；“善行”正确，再引申为高明；“高明”非一般人所能，最后引申为善于。“擅长”和“善于”都含有长于之义，但前者强调专长，后者强调高明。“擅”和“长”配词，“善”和“于”配词，故没有“擅于”一词，也没有“善长”一词。“善”，音同义异误解而别

【发生善变】嬗。解说见上。“嬗”，形声兼会意字，从女亶声，声兼义。女与亶组合，会意为女子像粮仓中谷物一样的多，女多则行动缓慢，义为缓。女子行事缓，缓则时长，时长则易变，基本义为演变。而“善”(见上)无演变义，音同义异而别。另，“善变”有词，义为善于变化，与“嬗变”不一义。同音异义而别。

【瞻养父母】赡。“赡”shàn，形声兼会意字，从贝詹声，声兼义。商代用贝作货币，故从贝的字皆表钱财或与钱财有关的行为、性状。

詹，会意字，从产从八从言，产 wěi，会意字，从人从厂，篆文写作，上部是人，下部是厂 hǎn(作廠的简化字时读 chǎng)，象形字，甲金篆文分别作、、，像上部外突的山崖形，人与厂组合，会意为人在高而前突的山崖上，义为高、危险，“八”表分，“言”义为说话，产与言与表物背分、分散义的八组合为詹，会意为高谈阔论，思路分散，义为啰唆至极点。

因詹含有多(言)、高意，贝与詹组合，会意为以多财来高事父母。“赡养父母”意为奉养父母。奉养

父母得用钱，故从表钱财义的贝。

而“瞻”zhān，形声兼会意字，从目詹声，声兼义。因詹含有高和(啰唆到)极点意，目与詹组合为瞻，会意为极力向高看，义为往前或往上看，故从目。看是养活不了父母的，形近义异误会而别。

【缮食　药缮】膳。解说见上。“膳”，形声兼会意字，从月善声，声兼义。从月的字除了直接和月有关的“朗、朝、明”等少数字以外，基本都表肉，月是甲金篆文“肉”字的楷变字。“善”义为羊肉的美味。月与善组合为膳，会意为美味的羊肉，本义为味调好了的食物，一般指肉食，又义为牲肉，其基本义是饭食。药膳义为有药(中药)疗效作用的饭食。

而“缮”，形声兼会意字，从纟mì善声，声兼义。从纟的字大都表丝、线、绳或与之有关的事物、行为、性状。纟与善组合为缮，善有好意，会意为用绳索把坏房子修补成好房子，基本义为修补，无饭食义，音同形近义异而别。

【国伤】殇。“殇”shāng，繁体字为殤，会意兼形声字，从歹从昜，昜yáng亦声。见上“伤(丧)心病狂”的解说。歹是骨残的象形，甲篆文分别作，上部两笔表骨杈，下部表断开的骨腔，内中一横表骨髓，会意为占卜用的残骨，故从歹的字皆表死义，歹与昜组合，会意为血流如多道阳光而死去，义为战死，特指未成年而死(古代男子二十岁成年)。“国殇”义为保卫国家的年轻人死去，即为国牺牲。而“伤”义为损伤、伤害，无牺牲义，音同义异而别。

【尝善惩恶】赏。“赏”shǎng，形声兼会意字，从贝尚声，声兼义。商代用贝作货币和赏赐物，从贝的字皆表钱财或与钱财有关的行为、性状。尚，象形字，见C部“卧薪尝胆”条的解说，像商代的酒器，义为酒杯。美酒和酒器只有侯王才有，引申为奖赐(美酒饮用)。贝与尚组合为赏，会意为把钱财奖赏人，义为用钱财奖赐。“赏善惩恶”意为奖赏好的，惩罚坏的。

而“尝”cháng，是“嘗、嚐”的简化字，形声兼会意字，从旨从口尚声，声兼义。见C部“卧薪偿(尝)胆”的解说，旨义为人吃美味，尚义为酒器，口表示人口，它们组合，会意为人喝酒吃美味，义为尝尝，辨别滋味，无奖赐义，形近义异而别。

另，“赏心悦目、赏玩、赏识、欣赏、雅俗共赏、赞赏”等中的“赏”均不可误写为“尝”。

【无尚光荣】上。“上”，指事字，甲骨文刻作二、，金文写作二、丄，长横为基准线，长横上方的笔画指事上，为与“二”区别，篆文写作，楷变为“上”。“无上”意为没有在上的，即最高。“无上光荣”意为最高的光荣。

而“尚”，见C部“卧薪尝胆”的解说，义为酒杯，出于礼节和感恩，饮用奖赐的美酒必得高举，又会意为高举，义为高出、超出，引申为高、高尚。“上”与“尚”义近，古籍通用，今“尚”义重在高，“上”义偏在上；有“无上”(无上光荣、至高无上)的用法,没有"无尚"的用法,音同义异误解而别。

【至高无尚】上。解说见上。"至高无上"意为最高,没有更高的了。

【礼上往来】尚。解说见上。"尚"由高出义引申出高、高尚义,由于高尚的人和事受尊崇,又引申出尊崇、崇尚义。"礼尚往来"意为礼节上崇尚有来有往。

而"上"无崇尚义,音同义异而别。

【稍安毋躁】少。"少"shǎo,象形字,少和小在甲骨文中都是细小的沙粒形,为分化字义,在"小"下加一点,表示数量少。甲骨文刻作,金文稍变其形,写作,篆文承金,写作,引申为时间不多、短、暂时、稍待。"少安毋 wú 躁"意为暂时耐心等待一下,不要急躁。

而"稍"shāo,形声兼会意字,从禾肖声,声兼义。肖,会意字,从小从月,古文篆文分别写作、,上部是小,下部是肉。从月的字除少数确与月亮有关,如"明、朗、朝"等以外,基本上都是肉,如"胸、腹、胃"等。

肉,象形字,甲金篆文分别作、、,是肉块的象形,中间的短横表示肉的纹理。小与月组合,会意为细小的肉末,义为细小、细微。

禾与肖组合,会意为禾稼的细小处,义为禾稼的末梢。由于末梢是逐渐细小的,引申为逐渐,又引申为稍稍,稍微。

"少"重在暂时,时间有所停歇,是时间副词;"稍"重在程度,偏于逐渐,是程度副词。"少安"劝人暂时安定,不再焦躁;而"稍安"义为稍微安定,焦躁并未消除。可见"稍安"与成语含义不一。且读音也不同,故"稍"别。

【少纵即逝】稍。解说见上。"稍纵即逝"意为稍一放松就消失了,形容机会或时间很容易失去。

【月上柳稍头】梢。解说见上。"梢",形声兼会意字,从木肖声,声兼义。从木的字大都表树木或树木的某部位或木制品以及与树木有关的行为,义为树的末梢,即顶端。

而"稍"从禾稼生义,与树无关,音同形近义异而别。

【花梢】哨。"哨"shào,形声字,从口肖声。"花哨",口头语,单纯词(见上"春意阑珊"的解说),指服装颜色鲜艳多彩,又形容花样多,变化多。

而"梢"shāo,习惯上不写,故别。

【韵华已逝】韶。"韶"sháo,形声兼会意字,从音召声,声兼义。召,会意字,金文"商卣 yǒu"写作,上部中间是匕匙(古代舀汤挹酒的食具)和口,其左右是挹酒的手,口下是酉,即酒坛子,下层是底座,它们组合,会意为呼人来饮,义为召请饮酒。甲金篆文还有简体、、,上部是匕匙,篆文写成刀,下部是口,义为召请饮酒,引申为召来、召唤、召见。音与召组合,会意为召来听音乐,义为美好的音乐(《韶乐》为虞舜之乐),引申为美好的。"韶华"义为美好的青春时光,"韶华已逝"意为美好的青春时光已经消失。

而“韵”yùn,形声兼会意字,从音匀声,声兼义。匀,会意字,金文写作[古文字],外框表示臂弯,歧头表示手,两横表示二物,篆文写作[古文字],变为从勹 bāo 从二的会意字,把金文的表臂弯的笔画变写成全包围笔画,表示周匝的,完整一体的,勹与二组合,会意为把一个完整的物体平均二分,平均分则相等,引申为均等、相等。音与匀组合,会意为乐音节奏均等,义为和谐的声音。“韵”无美好义,形近义异而别。

【年高德邵】劭。解说见上。“劭”,形声兼会意字,从力召声,声兼义。力有具体的力,也有抽象的力,即吸引力,道德的魅力。力与召组合,会意为美好的道德力量把人召来,义为(道德品质)美好。“年高德劭”意为年纪大,德行好。

而“邵”,形声字,从阝(在右边,音和义为邑)召声,地名,姓,无美好义,音同形近义异而别。

【震摄】慑。“慑”,形声兼会意字,从忄聂声(今不能表声),声兼义。聂,繁体字写作聶,从三耳,表示多人附耳低语,会意为彼此接近,靠紧。忄表心理活动,忄与聂组合为慑,会意为紧张害怕得心缩紧,义为害怕。“震慑”义为震动使害怕。

而“摄”,形声兼会意字,从扌聂声,声兼义。聂加上表示手的动作义的扌旁,会意为把靠近在一起的东西“引此接彼”,义为牵引、拉动,如苏轼《后赤壁赋》:“予乃摄衣而上。”(我就牵拉起衣服下摆上山。)无害怕义,音同形近义异而别。

另,“慑服(因恐惧而屈服)、威慑”的“慑”也不能误写为“摄”。

【射魂夺魄】摄。解说见上。“摄”由牵引、拉动义引申出摄取义。“摄魂夺魄”意为钩取人的魂魄。

而“射”,会意字,从身从寸,甲金文虽有数种形体,但基本一致,为[古文字],像箭搭在弓上,其形像射箭,本义为射箭。有的金文写作[古文字],右边加了一个手,会意为手射箭。秦篆因为金文的左旁与“身”字形相近而写作[古文字],把左边讹变为“身”,楷书便写作“射”,弓和箭都没有了,射箭义却保存了下来,但没有摄取义,音同义异而别。

【善射增寿】摄。解说见上。“善摄增寿”意为善于摄取养生之物的人能增寿。“摄”义引申为保养。

另,“摄影、摄取、摄像、摄制、摄政”的 shè 都从扌。

【十恶不赧】赦。见 N 部“赦(赧)颜”的解说。“赦”义为赦免。“十恶不赦”意为罪大恶极,不可饶恕。

而“赧”nǎn,义为脸红羞愧。无赦免义,形近义异而别。

【反复声说】申。“申”,象形字,甲骨文刻作[古文字]、[古文字],金篆文分别写作[古文字]、[古文字],甲金文像闪电蜿蜒引展之状,小篆讹变为两手把一物拉伸展,本义为电,是电的先造字。由电的伸展状引申为伸展、舒展,由伸展后可以清楚、明白示人,引申出说明、陈述(清楚明白义)。“反复申说”意为反复说明理由。

而“声”(见下)义为声音,引申为公开而大声地说话,如“声称、声

S

明”，无反复说明义，音近义异而别。

【郑重申明】声。“声”繁体字为“聲”shēng，形声兼会意字，从耳，殸qìng声，声兼义。（韵母ing、eng、ong、iong、ueng在一个韵部，今叫中东辙。）甲骨文刻作、，第一字从上到下由四部分组成，上边像一棵草的笔画表示悬挂大理石乐器磬的架子，架子下是石片状的磬，磬右是有疙瘩头的棍子，棍下是手，会意为手执棍击磬发声，本义为声音。第二字在磬下加个耳字，耳下加个口字，会意为执棍击磬，发出声音；声入于耳，口相应和，发出声音。篆文舍去口字，右边写作“殳”shū，美化为。殳是古代长一点二丈的武器，见O部“殴打”条的解说，此处借指棍棒。会意和本义不变。声，又由声音义引申出人发出声音说明义。“申明”和“声明”都有说明义，但“申明”含反复陈述之意；“声明”含发出大声公开说明之意。“郑重声明”意为严肃认真地公开表示态度或说明真相。

而“申”无此意，音近义异而别。

【申张正义】伸。解说见上“反复声（申）说”。“伸”，形声兼会意字，从亻申声，声兼义。从亻的字基本都表人或与人有关的行为、性状。亻与申组合为伸，表示人或事物的具体的伸展动作，如伸手、伸腰、伸缩等。“伸张正义”意为扩大正义。

而“申”表示说明，陈述有关事情，无人的伸展动作义，音同义异而别。

【三令五伸】申。解说见上。“申”有反复陈说之义，与三五搭配，更见此义。“三令五申”意为再三告诫。

另，“申冤、申雪”原先也写作“伸冤、伸雪”，《第一批异形词整理表》以前者为推荐词形，不再写后者。这大概与“申、伸”的含意有关。

【终生大事】身。“身”shēn，象形字，甲骨文刻作、，画出了人和肚子，第二字肚中有子。金文写作，金文的上一横画表示手臂，下一横画表示所指的是腿以上的部位，中间表示身躯，身躯中的点表示肚脐，身义更显。篆文将下一横画改为曲画，写成，隶楷规范成“身”。本义为人的躯体，名词；由躯体义引申出有这个躯体的人，即代词“自身、自己”义。“终身大事”意为自己一辈子的大事，特指婚姻事。

而“生”shēng（见下）义为生长、生命，无自身、自己义，成语不是说一生的大事，义异误会而别。

【修生养性】身。解说见上。“身”由身躯义引申出自身为人所具有的品德、节操。“修身养性”意为提高品德修养，陶冶高尚的情操。

【奋不顾生】身。解说见上。“奋不顾身”意为奋勇直前，不顾惜自己的安危。成语不是说不顾惜生命的安危。“生”见下。

【舍身取义】生。“生”，象形字，甲骨文刻作，像草木从地下长出的形象；金篆文分别写作、，上部为草木，下部为土，金文的圆点表示种壳，篆文习惯性地把点拉成横，本义为草木生长，引申为生长物，生命。“舍生取义”意为舍弃生命选择大义，即为正义而牺牲生命。

而“身”义为身体，无生命义，故别。

【海市胜楼】蜃。“蜃”shèn，会意兼形声字，从虫从辰，辰亦声。辰，见C部“良晨（辰）美景”的解说，义为蚌，后加虫显义，义为大蛤蜊。古书对蜃有多种迷信解释，共同之处是大蚌（大蛤蜊）“吁（吐气）令成楼台城郭之状，将雨即见。”（大蛤蜊吐气使之形成楼台城郭的形状，快下雨时就会出现。）“海市蜃楼”比喻虚幻的事物。

而“胜”shèng（见下）无蜃气义，成语不是说海上名胜的楼，义异误解而别。

【谨小缜微】慎。慎 shèn，形声兼会意字，从忄真声，声兼义。真，会意字，甲金篆文分别作、、，见D部“巅（颠）扑不破”的解说，会意为人走来取食美味，义为美食、真味。又，篆文中部的竖弯笔画表示人脸的外廓，脸后是面部的主要器官目，脸下两小竖点表示颈项。上部两笔是人字的变形写法，表明是人。人与表示面部笔画的构件组合，会意为真面目，义为真人。甲金文上两笔表示人，下部是煮肉的大锅，即鼎，有鼎身，有鼎腿。甲金文上下组合，会意为人立于鼎中经受巨大痛苦煎熬的修炼以得道成仙。《说文》解说得好，“真，僊 xiān（同仙）人变形而登天也。”（真，义为仙人变形体而升天堂。）司马子《坐忘枢翼篇》曰：“炼形为气，名曰真人。”（火烧去形体，成为仙气的人，名叫真人。）义为修炼成仙的人，真人。真义由此引申指（仙人的）本性、本原，如“返璞归真”。又引申泛指与客观事物相符合，如“真实、真情、真诚”。（道家焚身成仙和释家烈火缸中圆寂成佛异曲同工。）真与表示心理活动的忄组合，会意为用心真实，义为谨慎。“谨小慎微”意为对琐细的事情过分小心谨慎。

而“缜”zhěn，形声兼会意字，从纟真声，声兼义。真与表示丝、线、绳义的纟组合，会意为真诚的针线活，义为针线细致。“缜”无谨慎义，形近义异而别。

【久负胜名】盛。“盛”，形声兼会意字，从皿成声，声兼义。成，见C部“一层（成）不变”的解说，义为形成，引申指已形成的物，如“坐享其成”，与皿组合为盛的“成”特指已形成的谷物。成与皿组合，会意为成熟的谷物放在皿这种祭器中献祭，义为谷物丰富，读 chéng。由谷物丰富义，引申出兴旺义，如“昌盛”，读 shèng；由兴旺必然规模大，引申出盛大义。“久负盛名”意为很久以来就享有很大的名望。

而“胜”繁体字写作勝，形声兼会意字，从力朕 zhèn 声，声兼义。朕，会意字，甲金篆文分别作、、。甲骨文左边是舟，右边是双手持篙。金文在竖上加点，指明是人手的握持处。篆文的右上部不是火，而是由人字形笔画和两长点组成的部件，人字形笔画的上部是竖笔，表示篙，人字形下部的笔画表示撑船前进时两分的水波；两点是撑船前进时溅起的水花。“朕”的三种形体都由三部分组成，会意为手持篙撑船，义为撑船（夏商周朝代，劳动人民农耕渔猎，经常撑船，以朕自称，疑如后代以船家自谓，是人人皆用的第一人称。秦始皇霸为专用，以后的皇帝都自称朕了，大概自称船家，其原意并不尊贵。）这一字的左旁楷书变写为月。朕与力组合，篆文写作，会意为奋力撑船，义为能够承担（撑船事情），即胜任，引申为胜出、胜利。“胜”无盛大义，音同义异而别。

【胜气凌人】盛。解说见上。“盛”由谷物丰富义引申出多财义，多财则傲慢。“盛气凌人”意为傲慢的气势威压欺人。

【年轻气胜】盛。解说见上。“盛”由盛大义引申出气势大之义。“年轻气盛”意为年轻人傲气大。

其他如“盛况空前、盛名之下其实难副、盛极一时、盛筵难再”中的“盛”均不可误写为“胜”。

【私心自用】师。“师”shī繁体字为“師”，会意字，从自从帀zā。自duī是象形字，甲金文分别作、，是成年女子的乳胸的象形。会意字“帀”是指事字“之”的倒写（之，指事字，甲金篆文分别作、、，上部是止，脚的象形，下部是一横，指事为地面），倒之，甲金篆文分别作、、，“之”表示从这地面前行，如《史记》“项伯夜驰之沛公军”。倒写的“之”表示前往之后回来，会意为往复环绕一周，义为环绕、周围，是“匝”的先造字。由于往复环绕是周而复始有规律的，引申为规律。“師”，金文写作，会意为懂得自然和社会规律的教人懂得礼仪和社会规则的女教师，即西周教导贵族女子的女师。这从《诗经・周南・葛覃》可知：“言告师氏，言告言归。”（我告诉女师，我要告假归省父母。）又，表示山包，不止两个，而以两个示意，帀表周匝，两者组合为師，会意为周匝都是山包，义为众多，上古（汉秦周商）军队人多，两千五百人是常见的军队编制，人数众多，引申指军队和军以下旅团以上的编制；由于军队必有划策教习之人，即师。师又指军师，后泛指一切教师。这个成语中的“师”由名词引申为意动词：当作老师。“师心自用”意为只把己心——自己的认识当作老师，只采用自己的意见，即固执己见，自以为是。

而“私”，形声字，从禾厶sī声，厶，甲金篆文分别作、、，表示头朝下的胎儿，由胎儿出生，引申指男女阴部、隐私。由于厶字后来专作偏旁用了，便假借一种禾的名字——私来表示私部、隐私、自私、私有的。“私”无老师义，平翘舌音不分义异而别。

【机不可失　失不再来】时。“时”，会意字，甲骨文刻作，口表田块，上部三曲笔画表示禾苗摇曳形，会意为禾苗正长出田块，义为时令、时光。甲骨文又作，会意字，从止从一从日，止（趾的初文，上有脚趾，下有脚跟），即脚，表示行走，一横表示地面，下部是日，三部分组合，会意为太阳在大地上运行，义也是时令、时光。金文也从止从日，写作，古文（石鼓文）写作从日寺声的形声字，篆文承接古文，写作，楷书写作時，时令、时光义不变。现简化作从日从寸，正合了“一寸光阴一寸金”之义。“时”和“机”是互文的用法，即时机不可失，（失去）时机不会再来，也就是时机难得，不可错过。

而“失”，会意字，金文古文分别写作、，上部三笔是手，手下的笔画表示有物自手中滑落。篆文美化为，下两笔美化成了人字，但也义为遗失、失去。“失”无时机义，成语不是说机会不可失去，失去了不会再来，音近义异误会而别。

【俯视即是】拾。“拾”，会意兼形声字，从扌从合，合亦声（今不能表声）。从扌的字基本都表手的动作、行为。合，甲骨文刻作、，上下两口对合，义为相合、会合、聚合。扌与合组合，会意为用手归合原位，引申为捡拾回来。“俯拾即是”意为弯腰一拾就是的，形容数量极多，随处可得。

而“视”shì，甲骨文刻作，左边是示，是祭祀神灵先祖的祭台，祭台较高，是供神灵先祖享用祭品并显灵之处；右边是目，会意为目看神意，义为看。篆文写作，目下加了人字，成了从礻（“礻”是“示”的变写）从见，示亦声的会意兼形声字了，义亦为看。“视”无捡拾义，成语也不是说低头一看就是的，音近义异误会而别。

【失志不渝】矢。“矢”shǐ，象形字，甲骨文刻作、，金篆文分别作、，是矢——箭的象形。（木杆为矢，竹杆为箭。箭不是矢，箭是高约合今长度一丈，节间三尺的一种竹子，它质地坚韧，会稽所产最好，是做矢的理想材料，后代就借箭称矢。）后代借矢音表义——誓；渝：改变。“矢志不渝”意为发誓立下志愿，决不改变。

而“失”shī，见上“机不可失，失（时）不再来”的解说，本义是失掉，无誓义，音近义异而别。

其他如“矢口否认、矢志捐躯”的“矢”皆借音表义为“誓”，都不可误写成“失”。

【史作俑者】始。“始”，会意字，金文从女从司，写作，右边是女字，左边口字上方两笔是匕字，像俯伏的人，俯伏的人一般都是女人，从匕的字表雌性，如牝 pìn（母畜）、鸨 bǎo（一种雌鸟）、妣 bǐ（去世的母亲）等，“口”表说话，左边两部分会意为女子（母系社会的老祖母）发号施令，即“司”，左右组合，楷书写作始，会意为女子发号施令，义为遵令行事的开端，即开始。

篆文变写作，会意兼形声字，从女从台，台亦声（部分声母为 zh、ch、sh 的字，其声旁字来自声母为 d、t 的字，如“始”的声母是 shi，声旁字“台”的声母是 t。见 C 部“瞋

chēn 目而视”的解说)，左边为“女”字，右边的下部为“口”字，右边的上部表示声气外出之形，三部分组合，也会意为女子用口发号施令，引申义也为开始。

又，左边是女字，右边的上部的厶表示头朝下的胎儿，见上“私(师)心自用”的解说。右边的下部不是口，而是表示包住胎儿的胎衣。三部分组合，会意为生孩子，生孩子是生命的开端，义也是开始。

“始作俑者”意为开始用俑殉葬的人，比喻恶劣风气的创始者。(虽然用木俑、陶俑殉葬比奴隶主拿活人殉葬要仁慈得多，但春秋时期由于生产力发展的需要已改为用刍灵——草人殉葬，但忽然有人要把刍灵换成与人形逼真的俑殉葬，是开了一个极为恶劣的头，所以极为珍爱生命的孔子无法容忍，更怕由此倒退回用真人殉葬，于是平生第一次骂了句恶语：“始作俑者，其无后乎!”开始用俑殉葬的人，真该断子绝孙啊!)

而“史”，会意字，甲骨文刻作，下部是手的象形，手的上部是叉形捕兽工具；金篆文分别变写作、，它们上下部分组合，会意为捕猎事，本义为事；古先民的捕猎是大事，得记下来，“史”便由大事引申为(记下来的)历史。“史”无开始义，成语不是说历史上作俑者，音同义异误会而别。

【见风驶舵】使。“使”，会意字，从亻从吏。“吏”见下“前事不忘”条的解说，义为做狩猎之事的人，引申为做事的人，后加亻旁以显义，写作使。由于做事的人要使用工具或人，引申出使用义。“见风使舵”比喻跟着情势转变方向(贬义)。

而“驶”，形声兼会意字，从马史声，声兼义。史义为事(见上)，与马组合，会意为马做事。马的事主要是跑路，义为(马或车等)飞快地跑，无使用义，音同义异而别。

【鬼死神差】使。解说见上。“使”由使用义引申为差使，“鬼使神差”意为好像鬼神暗中差使一样，形容意外发生的某种巧合的事，或不由自主地做出某种意想不到的事。

而“死”甲金篆文分别作、、，左旁是歹，表示残骨，见上“国伤(殇)”的解说；右边是人，左右组合，会意为人跪在残骨前哭(夏商朝，死人多抛在沟壑，大约春秋有墓，战国有坟)，表义重点在残骨，义为死亡。“死”无差使义，平翘舌音不分义异而别。

【前事不忘，后世之师】事。解说见上“始作俑者”。“事”和“史、吏”同源，当表义为捕猎事时，写作“史”。当表义为做事人——捕猎人时，甲金篆文分别作、、，金篆文比甲骨文多了一横，楷书承篆，写作“吏”。当由持猎叉捕猎义引申泛指一切事、事情时，字形相差不大，甲金篆文分别作、、，楷书承篆，写作事。“前事不忘，后事之师”意为以前事情的经验教训不要忘记，它可以作为以后事情的师表，即不忘以前的经验教训，作为以后行事的借鉴。

而"世"，象形字，金篆文分别写作、，形如植物的叶子，义为叶，字写作世。文字学家吴大澂 chéng 曰："叶世二字，古本一字"。树叶每年生长一次，人每过一段时间生育一代，引申出一生、一代义。"世"无事、事情义，成语也不表不忘以前的教训，作为后世的借鉴。音同义异误会而别。

【不可一视】世。解说见上。"世"义为一生、一代，引申出这一生、这一代的时代、当代义。"不可一世"意为不可并存于同一时代，即以为在当代没有一个人能比得上自己，形容极其狂妄自大。

而"视"见上"俯视（拾）即是"的解说，义为看，无时代、当代义，也不表不可看一眼，音同义异误会而别。

【事态炎凉】世。解说见上。"世"由时代、当代义引申出生活在当代的人世，即世间义。"世态炎凉"意为世间不良的人态，有热有凉，即有钱有势时，人就巴结；没钱没势时，人就冷淡。

而"事"（见上）义为事情，无世间义，也不表局势有热有凉，音同义异误会而别。另，"事态"有词，义为局势、情况。

【人情事故】世。解说见上。"人情世故"意为人世的情态，当世的经验，即为人处世的道理。另，"事故"有词，义为意外的损失或灾祸。

另外，"老于世故（富有处世的经验）玩世不恭（不把社会现实放在眼里，对什么事都采取不严肃的态度）"中的"世"也不可误写为"事"。

【无是生非】事。见上"史（始）作俑者"和"前事不忘，后世（事）之师"的解说。"无事生非"意为本来没有事却故意制造是非、矛盾。

而"是"，金篆文分别作、，上部是日字，下部是止，即足，中间是金文"九"的省写，省去了向下的尾钩，止上有日，会意为人立足的正上方有太阳直射，义为垂直不偏斜，引申为对、正确。"九"似乎无解，其实不然，天地之数，"始于一，终于九"（《黄帝内经》），"九"，数之尽头，喻指太阳运行到北的尽头，即今人认识到的北回归线，此时阳光正好直射处于北半球的先民。太阳直射，垂直之义更为准确。另一金文写作，没有"九"，有一横，表示地面，横下的一短竖表示阳光垂直，会意、本义和对、正确的引申义不变。"是"无事情义，成语不是说没有是非生是非，音同义异误解而别。

【惹事生非】是。解说见上。"惹是生非"是互文，意为惹是非（正确错误），生是非（正确错误）意为引起麻烦和争端。

【誓必躬亲】事。解说见上。"事必躬亲"意为不管什么事，一定亲自去做。

而"誓"，会意字，金文写作，右边为斤（横向刃的斧头），左上方像被斩断的两个草木之形，其中两横画表示断离，左右两部分会意为折断草木，下部为口，表示说话。楷书把口改为言。三部分组合，会意为语言斩截，义为申说约束之言，

S

即古代军中告诫、约束将士的言辞，如“誓师”，这种言辞是斩截的，后据以引申为发誓。“誓”无事情义，成语不是说发誓一定亲自去做，音同义异误会而别。另，“事”也不可误写为“势”。

【誓与愿违】事。解说见上。“事与愿违”意为事情的发展跟主观愿望相反。而“誓”无事情义，成语不是说誓言与愿望相反，音同义异误会而别。

【事不甘休】誓。解说见上。“誓不甘休”意为发誓不善罢甘休。而“事”无发誓义，成语不是说这事不善罢甘休，音同义异误会而别。

【大事所趋】势。“势”，会意字，从力从执。力表力量，执，繁体字写作執，甲金古篆文分别作[illegible]、[illegible]、[illegible]、[illegible]，甲骨文左边是两头有辖可收紧的刑具，金古篆文的左上部是正面的人，左下部是钳住人腿的刑具，四种字的右边是跪着伸出双手的人，它们各部分组合，会意为一个罪人跪下戴上刑具，义为捕捉罪人。执与力组合，会意为能捉人的强力，义为强力。由于有强力者可以左右局势，引申为情势、局势、形势。“大势所趋”意为整个局势发展的趋向。

而“事”(见上“前事不忘”条)无局势义，故别。

【形式好转】势。解说见上。“形势好转”意为局势发展向好的方面转化。

而式，会意字，从工从弋，工，见G部“异曲同工”的解说，是筑墙的木杵。弋 yì，象形字，甲金篆文分别作[illegible]、[illegible]、[illegible]，一横表示地面，一竖表示插进地中的木头，上有歧头，用以拴系牲畜以免滑脱，义为木橛子。工与弋组合，会意为以弋木做筑墙的工杵。以弋为木杆、木把的工杵有一定的规格、法度，式便义为一定的规格、样式。“形式”义为事物的结构、形状，不指局势，音同义异而别

【姿式优美】势。解说见上。“势”义为形势，含有事物的姿态、形状义，如“姿势、手势”。“姿势”义为身体呈现的形状。“势、式”都含有事物的形状义，但“式”着重指人工加工过的物体的外形，表示规格化、定型化的样子，如“样式、格式、程式”等，“势”着重指自然界的状态和人的姿态，如“山势、水势、架势，装腔作势”等。“式”不用于人，故别。

【莫衷一事】是。解说见上“无是(事)生非”。衷：折中，为各方都能接受的做法。“莫衷一是”意为各有各的看法或主张，不能得出一致的对的结论。成语不是说不能折中一件事，音同义异误会而别。

【各行其事】是。解说见上。“各行其是”意为各人按照自己认为正确的一套去做。成语不是说各人做他们自己的事，音同义异误会而别。

【共商国事】是。解说见上。“是”由正确义经词性转换(形容词转换为名词)引申出正确的方针大计义。“共商国是”意为共同商讨国家的方针大计。

另，“国事”有词，义为国家大事，无国家的方针大计义，成语并不是

说共同商讨国家大事，音同义异误解而别。

【回头视岸】是。 解说见上“无是(事)生非”。“是”由正确义引申出肯定义，又由肯定义引申出肯定判断动词——“我是教师”的“是”。回头：悔悟，悔改，如“浪子回头金不换”；不是把头转向后方。“回头是岸”来自佛语“苦海无边，回头是岸”，比喻罪恶虽大(在苦海中)，只要悔改，就有出路(是脱离苦海的岸)。

而“视”义为看，见上“俯视(拾)即是”的解说。成语并非说回头看岸边，音同义异误会而别。

【无所是从】适。“适”繁体字写作“適”，会意兼形声字，从辶 chuò 从啇，啇 dì 亦声(今不能表声)。啇，甲金篆文分别写作、、，上部是帝，下部是口，“帝”见 D 部“根深底(蒂)固”的解说。帝是有假头的草偶，表示主宰天地万物和人们吉凶祸福的神灵。帝与口组合，会意为祭祀帝时口说祷词，义为祭帝。啇与表示走去、前往义的辶组合，会意为前去祭帝，义为前往、到。“无所适从”意为没有所(前去)顺从的，即不知道去顺从谁、顺从哪个指示好或不知按哪个办法去做才好。

而“是”(见上)无前往、到义，音同义异而别。

【事得其反】适。 解说见上。由“适”的前往、到义含有正合心意、正是时候意，引申出正好、恰好义。“适得其反”意为正好落到它相反的方面，即结果和希望正好相反。

而“事”(见上)无正好、恰好义，故别。

【爱不失手】释。“释”shì 繁体字写作釋，会意字，从釆 biàn 从睪。睪 yì，会意字，金古篆文分别写作、、，金篆文上部是目字，古文像人的脸，强调眼睛，也是目，目下是臂、腿展开的人——大(正面的人形)，大下是钳住罪犯双腿的木制刑具。三部分组合，会意为罪犯、战俘、奴隶睁大眼睛面对被抽选、被分别(做祭祀的人牲或履险)、被判罪、被选择施刑的刑法，义为分别、抽引、分辨、选择。

“釆”(不是从爪从木的采)，象形字，甲金篆文分别作、、。甲骨文像兽蹄的爪掌印迹，金文的弯笔有些像爪掌的跟腕，篆文规整化，隶变后，楷书标准化，写成撇下加米的釆，义为兽蹄印，也借指兽蹄。由于古人狩猎凭辨别蹄印来确认，引申出分别、分辨义。

釆和睪组合为釋(释)，会意为分别出罪犯、战俘、奴隶来，进行捕捉或施刑，义为抓捕。由于在“分别、选择”中，不是罪犯或不合适的抓了要放掉，其义又引申为放开、放下、释放。“爱不释手”意为喜爱得舍不得放下。

而“失”见上“失(矢)志不渝”的解说，无放下义，音近义异而别。

【手不失卷】释。 解说见上。“手不释卷”意为手里的书舍不得放下，形容读书勤奋或看书入迷。

【舔犊情深】舐。“舐”shì，形声兼会意字，从舌氐声，声兼义。氐，象形字，甲金篆文分别作[古文字]、[古文字]、[古文字]，甲骨文像利用块石支撑搭建的棚屋，金篆文像以木支撑的棚屋，义为棚屋。（远古部落分支出去的小部落搭氏而居，称氏。）舌，象形字，甲金古篆文分别作[古文字]、[古文字]、[古文字]、[古文字]，像伸舌而舔形，上有舌根，中有（一横表示）舌面，下有舌尖，金文还画出了食物的碎屑。舌与氏组合，会意为在棚屋边以舌取食，义为舔 tiǎn。舐是文言词语、舔为俗白词语；文言词语庄重，文学性强，故用“舐”。而不用从舌忝声的义为用舌取物的形声字“舔”。“舐犊情深”意为老牛为初出生的小牛犊舔去胞衣破后的羊水，免其受冷，比喻父母对子女的慈爱。

S

【有恃无恐】恃。“恃”shì，形声兼会意字，从忄寺声，声兼义。寺，会意字，金文写作[古文字]，上部是草木滋生的象形，下部为手，会意为手持草木；篆文加忄旁显义，写成[古文字]，表示手有所持，心有所恃，本义为依赖、依仗。又，寺的上部是止（趾的初文，上有脚趾，下有脚跟）即脚，一横表示地面，下部是手，会意为直立等候使唤奔走做事的人，如“寺人”（《左传》中的常用词，即明清所称的太监）。寺加忄，会意为因有人奔走做事而有所依仗，或奔走做事的人有所依仗，本义也是依赖、依仗。由于有所依仗就会骄矜，引申出胆壮、骄傲义。“有恃无恐”意为有所倚仗而不害怕。

而“峙”zhì，形声兼会意字，从山寺声，声兼义。从山的字皆表山或与山有关的事物、行为。“寺”含有于宫殿台观上直立等候使唤的人之意，寺加山，会意为山如寺人一样直立不动，义为山高，无骄傲义，形近义异而别。

此外“恃才傲物、恃德者昌”的“恃”均不可误写为“峙”。

【启事后人】示。“示”象形字，甲骨文刻作[古文字]、[古文字]、[古文字]，篆文写作[古文字]，像祭台，长横表示祭台上的条状物，上一短横表示祭品。下面一竖或三竖表示支持横条状物的祭棚，祭台是用以供奉祖灵先主的，后成为神灵的象征，本义为神主，（一说为地祇 qí——土地神）。古人迷信，以为神主有神灵，会显示灵异，引申出显示义；又由显示神旨能开启人，引申出启发义。“启示后人”意为启发指示，使后人有所领悟。

而“事”义为事情，（见本部“前事不忘”条），无启发义，音同义异而别。另，“启事”有词，义为为了说明某事而登在报刊上或贴在墙上的文字。

【陪待父母】侍。解说见上“有峙（恃）无恐”。“侍”shì，形声兼会意字，从亻寺声，声兼义。寺义为直立的被使唤的人，义为侍奉。侍奉是人的行为，故从亻。“陪侍父母”意为陪伴侍奉父母。

而“待”dài，形声兼会意字，从彳寺声（今不能表声），声兼义。彳 chì 是行的一半，义为小步走，又义为半面街。（“行”表示有十字路口的街道。）寺是奔走做事的人，引申为做事的地方，即官署，是部级官府的名称，如大理寺（最高法院）。

彳与寺组合，会意为走到官署去等候（听差遣、处理、赏罚等），义为等待，无侍奉义，形近义异而别。

【额首称庆】手。“手”，象形字，甲金篆文分别作[古文字]、[古文字]、[古文字]。“额手称庆”意为以手加额，表示庆幸。

而“首”是头的象形字，甲骨文刻作[古文字]、[古文字]，有头、眼、毛发，金文写作[古文字]、[古文字]，以头部的主要部位目、毛发表示，篆文作[古文字]，有毛发、额、目，义为头，无手义，音同义异而别。

【手屈一指】首。解说见上。“首”是人看人时先看到的，引申出首先义。“首屈一指”意为首先弯下大拇指，表示第一。成语不是说弯下手上的大拇指。音同义异误会而别

【手饰】首。解说见上。本是戴在头上的饰品，故应写首，尽管以后词义扩大，也包括手上的饰品，如戒指、手镯等，但还是写首。望文生义而别。

【以授其奸】售。“售”，形声兼会意字，从口雔省声（省去一“隹 zhuī”之后作声旁），声兼义。雔 shòu，会意字，从二隹。金篆文分别写作[古文字]、[古文字]，义为对鸟。隹下加口，疑为口吆喝卖鸟（以二鸟表示群鸟），或所卖之群鸟鸣叫着，其义为卖。卖有取出给人看（会斗、会叫或会跳）的含意，引申为施展。“以售其奸”意为用来施展他的奸计。

而“授”，形声兼会意字，从扌受声，声兼义。受，会意字，从两手从冖，甲金篆文分别作[古文字]、[古文字]、[古文字]，篆文把中间笔画变写为冖，楷书取形于篆文，写作受。上下部都是手，中间是舟。这个舟不是船，而是舟形的承放装有祭器的尊或彝类的承盘。1984 年出土的铜舟高七点四厘米，口宽十二点九至十五点六厘米，如同较深的铜托盘。行祭者端着它给鬼神享用祭品（酒、肉、玉、帛），三部分组合，会意为行祭者奉给，受祭者接受，本义为授予和接受。后代人考虑到一个义得有专字表示，于是表示给予义的加扌旁，写作“授”，表示接受义的写作“受”。“授”无接受义，成语不可理解作把奸计交给人，音同义异误解而别。

另，有“临危受命”，也有“临危授命”。见第六版《现汉》第 821 页。

【抒缓压力】舒。“舒”，会意兼形声字，从舍从予，予兼做声旁。“舍”篆文写作[古文字]，上部为屋顶，一横和屮 chè；cǎo 表示房梁和立柱，口表示房间内轮廓（也可看作表示基石），三部分组合，会意为房子，本义是供客人暂住的房子。“予”，象形字，是织绢的梭子，见 H 部“变换（幻）莫测”的解说，本义为推予，引申为给予，又引申为给予者，即我。“舒”会意为给予我客舍住，旅途劳顿的人有了客舍休息，肢体得以舒放开，本义为舒缓，伸展。“舒缓压力”意为舒解和缓精神上的压力。（“予”也是声旁，ü 是南北朝产生的，来自于 u。u 和 ü 总是紧密相连，以汉字为例，“午、出”的韵母是 u，加形旁写成“许、屈”，韵母变成 ü，再加上形旁写成“浒、窟”，韵母又变回 u。其他例如字的韵母是 u，声

旁的韵母是 ü 的有"枢、荼、途、涂、除、儒、孺、输、抒、舒、汝",还有字的韵母是 ü,声旁的韵母是 u 的有"语、娱、浴、裕、诎"等。方言里这种现象更多,吴语、湘语、赣语、闽南语、客家语、粤语中 ü 韵母字大多读 u 韵母。普通话里更有的字韵母既是 u,又是 ü,如"畜、绿")。

而"抒",形声兼会意字,从扌予声,声兼义。"予"是牵引纬线的梭子,扌与予组合,会意为手拉纬线,本义为牵引、拉出,引申为抒发,发表,无舒缓伸展义,音同形近义异而别。

【各舒己见】抒。解说见上。"各抒己见"意为各自抒发自己的见解。

S

【毁家抒难】纾。解说见上。"纾",形声兼会意字,从纟予声,声兼义。从纟的字基本都表丝、线、绳或与之有关的事物、行为、性状。予(见上)表织机上的梭子,两部分组合,篆文写作纾,会意为抽下、撤掉或松开丝线,义为解除、缓解。"毁家纾难"意为捐献全部家产帮助国家减轻困难。如文天祥、辛弃疾等,他们都是光耀史册的伟大的爱国的民族英雄。

而"抒"(见上)无解除、缓解义,音同形近义异而别。

【疏菜】蔬。"蔬",形声兼会意字,从艹疏声,声兼义。疏,形声兼会意字,从㐬yù 疋 shū 声,声兼义。㐬,甲金文分别作㐬、㐬,左边是抱护乳胸的女,女的身下是头朝下生出的子,三点表示流下的羊水。篆文写作㐬,字头变写类似"云"字,把三点变写成三条竖写的曲笔。它们都会意为妇女顺利产子,义为顺畅。

疋和足原本是一字,甲金篆文分别作疋、疋、疋,甲骨文刻的是小腿和脚的形象,金文线条化,篆文文字化,义为足。

疋与㐬组合,会意为走路通畅,义为通畅、畅达,如"疏导",又义为事物间空隙大,如"疏阔"。疏与艹组合,会意为到处都有(畅达各地)的草本植物,如葱、韭、萝卜、白菜等,义为蔬菜。而"疏"无菜义,音同形近义异而别。

【私熟】塾。"塾",形声兼会意字,从土孰声,声兼义。孰,会意字,甲金篆文分别作孰、孰、孰,左旁是宗庙形,右边是人伸出手形,左右组合,会意为人向宗庙敬献祭品(祭品主要是食品,如熟牛、熟猪、熟羊和酒,还有玉和帛)。金文左旁加了女字,会意为向神灵先祖敬献女子,篆文把女字改为羊字,会意为敬献熟羊。本义为烹熟。孰的这一本义,后代用加灬(即火)写作熟表示。由于烹熟里外都熟透,引申为程度深,如"深思熟虑"。孰与土组合,会意为深透道理和学问的地方,指门侧边的厅堂,因建在地上,故从土,又因是私家中的侧堂,而做了教学的地方,故叫私塾。"私塾"义为私人所建的学堂。

而"熟",会意字,从孰从灬,义为烹熟。"熟"无私人学堂义,音同形近义异而别。

【签暑合同】署。署,形声兼会意字,从罒 wǎng(不是四)者声(今不能表声），声兼义。“罒”是象形字“网”，从罒的字皆表网或与网有关的事物、行为、性状。如“罩、罗——用网捕鸟或捕鸟的网、罟gǔ、罾 zēng——用网捉鱼或捉鱼的网、羁——用网拴马腿、罚——人触犯法网受刑”等。

者，会意字，甲骨文刻作，上部是架起的木架，下部是火，小点表示火星，会意为燃烧木柴。金文写作，上部是着火的木柴，下部改写为甘，会意为燃柴中放有美味食物。篆文美化为。它们的本义都是燃烧。燃烧木柴（上加食物或女子、奴隶、战俘、仇人）是远古祭祀神灵先祖的活动。一般在部落首领住所兼办公的地方——山洞、窝棚、穴居屋、版筑屋前举行，罒与者组合，会意为束缚用以祭祀神灵先祖的牺牲（牛羊猪）的网子。有这种厉害网子的是部落首领、侯王，而焚烧祭祀不是在山上就是在酋长、侯王住处，故“署”义为处理事情的场所，如“公署”。办公场所除了焚柴祭祀外还是用来署名签字定契约的，引申出签写义。

而暑，形声兼会意字，从日者声，声兼义。日与者组合，会意为太阳照晒着，木柴燃烧着，义为热。“暑”无签名义，音同形近义异而别。

【恕难从命】恕。“恕”shù，形声兼会意字，从心如声，声兼义。如，会意字，甲骨文刻作，左边是跪在地上双手后缚的人，双手后缚的笔形不表女子的乳胸，也不表双臂环抱于胸前，故不是女字；右边是口字。左右组合，会意为斥骂、审讯战俘、罪囚、奴隶，犯人在忍辱。金篆文分别写作、，它们的左半边都讹变为女字，会意为女人顺从口发的指令，义为顺从、遵照，如“如约、如愿”。如与心组合，楷书写作恕，成为从心的字。从心的字皆表心理活动，会意为心里对所斥令的女人产生原谅、宽恕之情，义为原谅，宽恕。“恕难从命”意为请原谅，不能按你的意愿办或不能听从你的指挥。

而“怒”nù，形声兼会意字，从心奴声，声兼义。奴，会意字，从女从又（手），金篆文分别作、，左旁是女，右边是手，左右组合，会意为女人用手劳作，义为操持劳务的奴隶。心与奴组合，会意为对奴隶生气、发火，义为生气、发火，无宽谅义，形近义异而别。

此外，“恕不相陪、恕我直言”的“恕”也不可误写成“怒”。

【未老先衰】衰。“衰”shuāi，象形字，古文写作，上部表示斗笠（用竹条竹叶编的斗大的帽子），口表示领口，平宝盖笔形表示双肩部位，下部表示用茅草或棕毛编成的蓑衣，（能让雨水顺落），篆文省去上半部，上下加上衣字，写作会意字。几部分组合，会意为防雨的衣服，义为蓑衣。由于蓑衣很快由绿变黄褐，且易破易烂，引申为衰老、衰败、衰竭。“未老先衰”意为年未老而人先就衰老了，即年龄不大而人已衰老。（后人在“衰”上加艹字头表示蓑衣。)

而“哀”āi,会意字,金文写作,口掩衣内或以衣掩口,会意为悲伤,见A部“哀(唉)声叹气”的解说,无衰老义,形近义异而别。

其他如“由盛转衰、经久不衰、经济衰退、衰弱、衰朽、衰微”中的“衰”均不可误写为“哀”。

【帅由旧章】率。“率”,象形字,甲金文分别作、,中间的两个圈,像麻绳,上下两短竖表示绞绳索之器具,旁边四点表示麻屑、毛刺。篆文在绞绳索之构件上下各加了一横,绞绳索的工具形更显,写成。此字又像系舟之绳,四点为水滴。两说都会意为绳索,义为绳索。由绳索含有线索意,可由一端导引至另一端,引申出遵循义。“率由旧章”意为一切遵循旧规章。

而“帅”繁体字为“帥”,从𠂤duī从巾,会意字,甲骨文刻作,左边是展开的两手,右边是佩巾,会意为两手拉展开佩巾,义为佩巾。金文写作,中间是两手,佩巾简化成一粗竖,写到了左边,会意晦涩,故右边添加一个巾字,义仍是佩巾。篆文承金,把金文左边和中间的笔形组合,写作,佩巾义不变。因军中最高长官著佩巾,帅便借指军中主将。苏轼《念奴娇》赞东吴统帅周瑜“羽扇纶巾”(手执羽毛扇,佩戴青丝巾),大概指的就是这种巾。“帅”不表遵循义,音同义异而别。

【帅领】率。解说见上。“率”含有牵拉的绳索意,引申为带领,“率领”义为带领(队伍或集体)。

而“帅”是名词,不是动词。

【为人表帅】率。解说见上。“率”有遵循义,遵循含有可遵循的标准义,又引申出榜样、表率义。“为人表率”意为做人的好榜样。

【脑血拴】栓。“栓”,形声兼会意字,从木全声,声兼义。全,古文写作,王字的三横表示三片玉,一竖表示拴系玉,玉下部的笔画像人的衣服领子,或像悬垂的饰物,人字头本写作入字头,篆文和简化前的楷书就是入字头,今规范作人字头。入与王与王下的笔画组合,会意为系住入于衣服内的玉,义为纯玉。篆文写作,省去了古文下部笔画。由于“全”有拴系的会意,故木与全组合,会意为木质的可拴系的物件,义为木塞子,也泛称形状像塞子的东西。脑血栓即指此,是脑血管中由血液凝结成的可塞住血管的块状物。

而“拴”,形声兼会意字,从扌全声,声兼义。从扌的字大都表手的动作。扌与全组合,会意为用手拴系,义为系jì住,无木塞之义,音同形近义异而别。

【众口烁金】铄。“铄”shuò,形声兼会意字,从钅乐声(乐,方音读luo),声兼义。从钅的字基本都表金属、冷兵器或与金属有关的其他物件、行为、性状。乐,见L部“瓦砾“的解说,其会意为蚕茧用水煮缫丝时缠上丝束的木络子,义为丝络,火烧开水缫丝时得熔化掉蚕茧中的胶质,故乐含有熔化意。乐与钅组合,会意为金属熔化,义为熔化金属。"众口铄金"意为众人异口同声的言论足能熔化金属，比喻舆论力量大。

而"烁"shuò，形声兼会意字，从火乐声，声兼义。乐是缫丝时，从煮蚕茧的开水里捞出的丝头缠绕在木架子上的丝络，缫丝因有火而光亮，义为光亮的样子，无熔化金属义，音同形近义异而别。

【矍烁】铄。解说见上。"铄"义为熔化金属，金属熔化有光泽。"矍"jué篆文写作，上部是双目，中间是隹zhuī（鸟类），下部是手，三部分组合，会意为鸟被人手捉住而双目圆睁惊惧四顾，义为惊视的样子。惊视则眼光明亮灵活，矍与铄组成合成词，义为年老而精神健旺的样子。"铄"与"烁"都有明亮义，但"铄"表金属熔化的光亮，有晶亮义。"烁"表火光的光亮，含一般性的光亮义。

【闪铄其词】烁。解说见上。闪烁：光一闪一亮状。"闪烁其词"形容说话吞吞吐吐，躲躲闪闪，不肯说出真相或要害。

【行成于师】思。"思"，会意字，篆文写作，从心从囟xìn。囟，象形字，篆文写作，像初生婴儿头脑上头骨未闭合的凹坑，借指头脑。心与囟组合，会意为用头脑思考。隶变后楷书写作思，囟讹变为田。"行成于思"意为做事（行动）成功由于思考。

而"师"见上"私（师）心自用"的解说，无思考义，成语也不是说做事成功在于老师。平翘舌音不分义异误会而别。

【撕杀】厮。"厮"，形声兼会意字，从厂斯声，声兼义。斯，会意字，从其从斤。分述如下：

其，象形字，甲金篆文分别作、、，是簸箕的象形，金文篆文在下部加了箕座，金文上的两点表示簸出的皮壳。斤，象形字，甲金篆文分别作、、，是横向刃的斧头形。其和斤组合为斯，会意为用斧斤破竹来制作箕，本义为劈、劈开。

厂hǎn，（作廠的简化字厂时读chǎng。）甲金篆文分别作、、，是上部前突的山崖形，人可居，以避风雨烈日。厂与斯组合，会意为在厂下住人处一起劈竹制箕，表义重点为在一起劳作，义为互相。"厮杀"义为互相拼杀，指战斗。

而"撕"，形声兼会意字，从扌斯声，声兼义。扌与斯组合，会意为用手持斧劈竹制箕，表义重点偏于用手强力分开上，义为用手撕开，无互相义，成语也不是说撕毁了杀死，音同义异误会而别。

【四马难追】驷。"驷"，形声兼会意字，从马四声，声兼义。四，甲骨文刻作，表示四根筹码，是指事字中的示意字。金古篆文分别写作、、，金文像口上有鼻孔的象形，义为喘息。古文篆文省去无甚意义的口，借鼻息的出气音为"四"。楷书写作四，其义为三加一的和。马和四组合为驷，义为同驾一辆车的四匹马，也指套着四匹马的车。成语是"一言既出，驷马难追”，意为一句话说出了口，就是套四匹马的车也追不上，形容话一说出口，决不再收回，即说话算数，不反悔。

而“四”无马或马车义，成语也不是说四匹马难追，音同义异误会而别。

【肄无忌惮】肆。“肄”yì 和“肆”都来源于“隶”。隶，会意字，甲骨文刻作𢑚，左旁是兽形，上有兽头，中有兽身，下有兽尾；右边是手。左右组合，会意为用手整治（宰杀、放血、褪毛、破膛、去秽、清洗等）捕获来的兽类；手下的一点，当是血或秽物。字义为整治兽体。服这种贱役的人就叫隶，后词义扩大，服其他贱役的人也叫隶，如“徒隶”。金文简化，写作隶，省去兽头、兽身，手下有一兽尾，示意为整治到兽尾。篆文线条化抽象化，写作隶，人的手和兽尾还比较清楚。后，为分化字义，在“隶”字下把兽尾换成了“巾”字，左旁加了兽形笔画，金篆文分别写作𢑚、𢑚，篆文又讹变为肄，讹变的篆文，左上边表示兽头，左下边是矢，上下组合，会意为箭射中而捉来的野兽。楷书规整化为肄，它们组合，会意为穿了衣服或系了腰巾的人整治兽体，本义为（有专人）整治，引申为学习、研修（整治兽牲的技能）。如“肄业”义为修业，又义为学习（课程）。

为分化字义，甲骨文又刻画了两只兽牲，表示陈放多头兽牲祭品𢑚，古文变写为𢑚，篆文讹变为𢑚、肆，篆文第二字左边是“长”字，意为长的整头兽牲。楷书规整化为肆，本义为极陈祭牲。由于极陈祭牲含有纵情任性不受约束之意，引申为纵恣。“肆无忌惮”意为任意妄为，没有顾忌。（极陈祭牲又引申为陈放祭牲的地方，进而引申为陈放物品的地方，如“街肆、肉肆、酒肆”。）

“肄”义为修业，无纵恣义，形近义异而别。

【怂人】㞞。“㞞”sóng，形声兼会意字，从尸从声，声兼义。尸，象形字，甲金篆文分别作尸、尸、尸，甲金文像跪坐的人，篆文像倚坐的人，见 Q 部“卑躬屈膝”的解说。从，会意字，甲金篆文分别作从、从、从、从、从，甲骨文和金文、篆文中的第一字是两个人字组合，会意为后一个人跟着前一个人，义为跟随。由于字义不很明显，金文第二字加了彳 chì，象形字，是“行”的左半边，表示小步走，又加了止止，象形字，表示脚。篆文第二字把彳和止合成辵，强化行走跟随义。由于跟随含有随着前一人之意，引申出顺从义。表示人义的尸与从组合，会意为顺从他人，义为软弱无能的人，俗称孬种。

而怂 sǒng，形声兼会意字，从心从声，声兼义。从与表示心理活动的心组合，会意为跟随人而恐惧害怕，义为惊惧，又会意为从心理上鼓动人干某事，义为怂恿。怂无软弱无能义，音近义异而别。媒体和影视剧常写此别字。

【毛骨耸然】悚。解说见上。“悚

sǒng”，形声兼会意字，从忄束声（今不能表声），声兼义。束见下“咳漱（嗽）”的解说，义为捆缚，后引申也用于捆缚他物和人。忄表心理活动，忄与束组合为悚，会意为人由于被捆缚而惊恐。“毛骨悚然”意为毛发和骨头都惊感恐惧，形容极端害怕。

而“耸”，形声兼会意字，从耳从声，声兼义。耳与从组合为耸，会意为耳朵跟从声音上移（竖起而听），聋者“言无所闻，常耸耳也”，因耳常高耸，引申义为高立。“耸”无惊恐义，音同义异而别。

【危言悚听】耸。解说见上。“耸”古通“悚”，其义按所通的“悚”义——惊恐——来解。“危言耸听”意为故意说些夸大的话使听的人惊怕。“悚”既已被通代，就不再写了。

另“耸人听闻”意如“危言耸听”，“耸”也不可误写为“悚”。

【朗颂】诵。“诵”，形声兼会意字，从讠涌省（省去氵），声兼义。讠表示语言、说话。甬，象形字，金篆文分别作、，是古钟的象形。上部是钟悬，下部是钟体。氵与甬组合，会意为如同钟那么大小和形状的水外突流出，义为水外突流出的样子。讠与省去氵的甬组合，会意为像水连续外突流出一样，声音连续外突流出，义为连续出声读或背。词义为朗声读或背。

而“颂”，形声兼会意字，从页公声，声兼义。页表示人头，见B部“频（濒）临”的解说。公，会意字，从八从厶 sī，甲金篆文分别作、、，下部表示器物，上部表示分，上下组合为公，会意为平分器物中东西，义为公平、公正。又进而引申为公开、共同，公与含有人头义的页组合为颂，会意为共同赞扬人容貌美，引申为出声赞扬、歌颂，无读或背义，音同义异而别。

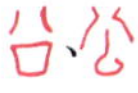

【过目成颂】诵。解说见上。“过目成诵”意为看过一遍就能背诵，形容记忆力很强。

【歌功诵德】颂。解说见上。“歌功颂德”意为歌颂功绩和恩德。

【收集文物】搜。“搜”sōu 本写作叟，叟 sǒu，会意字，甲篆文分别作、，上部外框表示房屋，屋内是火把，火把中的一点表示火心，下部是手。三部分组合，会意为手持火把在屋内搜寻，本义为搜寻。火在古代是神圣之物，从钻燧取火进步到用火镰击打燧石取火，一直延续五千多年，直到清末有了火柴，取火才变得容易起来。清末之前，保存火种成了大事，平民借火，得奉上一束干肉或一束麻作礼物，曰“乞火”。掌管火的人，是族中德高望重的老者，故叟引申尊称老者，如“嫁乞随乞，嫁叟随叟”（后此成语在习用中竟讹变为“嫁鸡随鸡，嫁狗随狗”），由于后来叟专称老者了，搜寻义便加形符（义符）扌，写作形声兼会意的“搜”来表示。“搜集文物”意为寻找聚集文物。

又，过去还有一个“蒐”sōu。蒐本指茅蒐，即茜 qiàn 草，其根红，古人认为“人血所生”；因其是草，故从艹，因其是阴魂所成，故从鬼；此物可寻找聚集来做红色染料，便借用作“搜”，写作“蒐集文物”。如今，汉字规范化，“蒐”不再使用。

而“收”shōu，会意字，从丩从攴，丩 jiū，象形字，甲金篆文分别作[古文字]、[古文字]、[古文字]，像藤蔓绳索纠结缠绕，义为纠结缠绕。攴 pō；pū，会意字，甲金篆文分别作[古文字]、[古文字]、[古文字]，上部是棍棒刑杖枪械，下部是手，会意为手持棍棒刑械击打。丩与攴组合，会意为捆绑并击打犯人，义为拘捕收束，如“收监”，引申为收取、收回。“收”无寻找聚集义，成语不是说收回聚集文物，平翘舌音不分义异误解而别。

另，“收集”有词，义为使聚集在一起，如“收集资料、收集废品”，而“搜集”义为到处寻找（事物）并聚集在一起，如“搜集意见”。

S

【咳漱】嗽。嗽，形声兼会意字，从口欶声，声兼义。欶 sòu，会意兼形声字，从束从欠，束亦声。

束，会意字，甲金篆文分别作[古文字]、[古文字]、[古文字]，中间纵向的几个笔画表示木柴、树枝，环形笔画表示绳子，两部分组合，会意为捆缚木柴、树枝，义为捆缚，如“束缚”；引申为限制、缩控，如“约束”，又引申为收聚成条状，如“丝束、光束”。

欠，象形字，甲金篆文分别作[古文字]、[古文字]、[古文字]，像跪坐的人张口出气，本义为打哈欠。

束与欠组合为欶，篆文写作[古文字]，会意为聚唇缩口出气，本义为吮吸，引申为咳嗽。后由于欶做了偏旁，其字不单用，便加口字旁，写作嗽表示咳嗽义。

而“漱”，形声兼会意字，从氵欶声，声兼义。左右组合为漱，会意为聚唇缩口出入水，义为漱口。漱不表示咳嗽义，形近义异而别。

【嗽口】漱。解说见上。咳嗽用口，故从口，漱口用水，故从氵。

【凤兴夜寐】夙。“夙”sù，会意字，甲骨文刻作[古文字]，上部为快隐去的月亮——半月，下部为跽（跪）坐伸出双手干活的人；金篆文分别写作[古文字]、[古文字]，也是半月下早起干活的人，楷书俗字则把半月包在人形之外，讹变成了风字框，跪坐伸手的人字讹变成了歹，写成了夙（疑因为歹含死意，把人变写成歹，盖人多在凌晨死亡），它们的本义都是天蒙蒙亮的早晨。“夙兴夜寐”意为凌晨就起床工作，半夜才睡觉休息，形容十分勤劳。

而“凤”fèng，象形字，甲骨文刻作[古文字]、[古文字]，上有羽冠，羽冠下是凤首、凤身，凤身下后部从左向右依次为花翎、长尾和秀爪；第二字的右方加了“凡”字，是表音符号（今不能表音）。古文写作[古文字]，既具体又抽象，线条流畅，动感很强，极为神似。篆文在甲骨文第二字的基础上写作[古文字]，凡字写成外框，鸟字写在框内，成了从鸟凡声（今不能表声）的形声字。楷书写作鳳，今简化作凤。其义为传说中的神鸟，雄性。（凰是雌性。）“凤”无凌晨义，形近义异而别。

另外“得偿夙愿（能够满足一向怀着的愿望）、心怀夙怨（心里怀着旧有的怨恨）”中的“夙”均不可误写成“夙”。

【宿夜忧国】夙。解说见上。“夙夜忧国”意为(早晨和夜晚)时时刻刻为国事忧虑。

而“宿”,会意字,甲金篆文分别作[古文字]、[古文字]、[古文字],外框是房子的轮廓,左下部是人字(金文人字在右边),另一半表示席子,三部分组合,会意为人在屋内躺在席子上睡觉,义为夜晚睡觉,引申为夜晚。“宿”无早晨义,音同义异而别。

【沧海一栗】粟。“粟”sù,甲骨文刻作[古文字]、[古文字],像禾上结出谷米,(第一字不是粗大的穗,而是米,只画一粒示意);古印章文字在上面加了一个构件,刻写作[古文字];篆文写作[古文字],上部是有芒尖的谷穗,穗中的点表示谷米,下部改写成米字底以显义;楷书讹变为“粟”,义为小米(即谷子)。“沧海一粟”意为大海中的一粒小米,比喻非常渺小。

而“栗”lì,象形字,甲金篆文分别作[古文字]、[古文字]、[古文字],是果实上长有硬刺的栗子树的象形,义为栗子树,无小米义,形近义异而别。

【穷源朔流】溯。“溯”sù,形声兼会意字,从氵朔声,声兼义。从氵的字大都表水或与之有关的事物、行动、状态。“朔”shuò,会意字,从屰从月。金篆文分别写作[古文字]、[古文字],右边是月,左边的屰 nì 是象形字,甲金篆文分别作[古文字]、[古文字]、[古文字],是双臂向下的头朝下的人,金文中间一小竖表示人头,一横表示人臂,一横上的笔画简示人的身子、腿。人头朝下,将旋即转回朝上,月与之组合,会意为月亮也会像人倒转随即向上一样,从月末回复月初。两部分组合,会意为阴历初一的月相,义为月初,即阴历初一。“朔”加上氵,会意为水像月末转月初一样,反达源头,义为逆流而上。穷:使穷尽。源:源头。“穷源溯流”意为穷尽水的源头,上溯水的初流,比喻推究事情的本源。

而“朔”shuò,义为月初,无上溯义,形近义异而别。

【暴戾恣睢】睢。“睢”suī,形声兼会意字,从目隹 zhuī 声,声兼义,篆文写作[古文字],会意为鸟目朝天;人发怒时,圆睁双眼,如同鸟目圆睁且又朝天一样,产生比喻义怒视。恣睢:恣意怒视。“暴戾恣睢”意为残暴凶狠,任意胡为。

而“雎 jū”形声字,从隹且 jū 声,是一种鸟,无怒视义,也没有“恣雎”一词,是形近的错字。

【半身不随】遂。“遂”suí,会意字,金文写作[古文字],左边是彳 chì,行字的一半,义为小步走,下部是止(趾的初文,上有脚趾,下有脚跟)即脚,右上边是手,周围有四个点,三部分组合,会意为边走边用手撒种,种子随心意而落,义为顺遂。

篆文写作会意字[古文字],左边是彳与止的组合,表示走,楷书变写成辶 chuò;右边是㒸 suì,会意字,从八从豕,甲篆文分别作[古文字]、[古文字],上部的八,背分之形,表示分、分解,下部是豕 shǐ,即猪,会意为分解猪肉。猪肉一经分解,肉和骨分离,随着心意而落,其义也是顺遂。辶与豕组合为“遂”，会意为走路、行动顺遂、活络，义为顺遂、活络。“半身不遂”意为半个身子不顺遂，不活络，即偏瘫。

而“随”繁体字写作隨，会意字，从辶从隋 suí。“隋”，会意字，从阝从手（左手）从月（肉）。甲骨文刻作，右边是跪坐的人，高伸双手，手的左边是夏商朝的祭台，三点表示几块祭肉（置于祭台上）。古文篆文分别写作、，左旁是象形字阝（作偏旁写作阝 fù，单用写作阜），阝是夏商朝时代人们从半穴居屋升登地面的阶级或刻挖在木头上的脚窝，也像山上的石阶。穴居屋建于高而土层厚的地方，故阝义为土山、土丘。古文篆文用阝置换甲骨文的祭台，大概是因为到土山上祭祀的缘故。古文篆文的右上方是手（右手或左手），手下是月，即肉，见 B 部“并行不悖”的解说；用肉置换甲骨文表块肉的三点。三部分组合，会意为手捧着肉走上土山祭祀神灵先祖，义为奉肉祭祀。

走之旁辶表示行走，与隋组合，写作隨，会意为跟从奉祭人走上土山祭祀，义为跟随、跟从。“随”无顺遂、活络义，成语也不是说半身不能跟随，音同义异误会而别。

按，“遂”和“随”都有顺意，但“遂”的“顺”强调如意，如“遂 suì 心、遂愿、所谋不遂”，而“随”的“顺”强调跟从，如“随风倒、随行就市、随心所欲”。

【鬼鬼祟祟】祟。“祟”suì，会意字，从出从示。甲金文分别作、，上部是止，即脚，金文中间的半圆笔画表示坑或洞，两部分组合，会意为从穴居处走出来，本义为走出。下部是示，表示鬼神，上古（汉秦周商）鬼和神的概念相近，见 S 部“启事（示）后人”的解说。整个字会意为鬼物外出害人，本义为鬼怪害人，引申为不正当的行动。“鬼鬼祟祟”形容行动诡秘，怕人发现的样子。

而“崇”chóng，形声兼会意字，从山宗声，声兼义。宗，会意字，从宀从示，甲金篆文分别作、、，宀表示房子，示是祭台，上一横表示祭品，第二横表示横放的祭石，下一竖、三竖表示竖列的条石，示由祭台义引申为神灵先祖，宀与示组合为宗，会意为祭祀神灵先祖的神庙，义为宗庙。由于宗庙都很高大，山与宗组合为崇，会意为像宗庙一样高大的山，义为山高大，引申为高，如“崇高、崇山峻岭”。“崇”无鬼祟义，形近义异而别。

【名落深山】孙。“孙”的繁体字为孫，会意字，从子从系，义为系子，即孙。但此字是姓，孙山是人名。宋代人孙山考了末名回家，有人打听自己的儿子考中否，孙山说：“解名尽处是孙山，贤郎更在孙山外。”后用“名落孙山”婉言应考不中或选拔时落选。

而“深”，形声兼会意字，从氵罙声，声兼义。罙 shēn，会意字，金文写作，上部是洞穴的穴，下部是人举火把，小口笔形表示火头，两点表示火星。篆文改为手遮着火把，写作。它们会意为手举火把走进山洞，义为洞深。后加氵，表示水深，引申为纵向或横向距离大，如“深谷、庭院深深深几许”。“深”不是姓，成语不是说名字落在深山里，不明典故方音相近义异误会而别。

【烦锁】琐。“琐”，形声兼会意字，从王肖声，声兼义。肖读 suǒ 是会意字，从小从贝，篆文写作，会意为小的贝，贝是商周朝的货币，许多小的贝币在一起会相碰发出细小的声音，义为细碎的贝声。由于此字后不单用，只作偏旁出现，其义便加形旁（义符）玉，写作“琐”来表示，字义便成了细碎的玉声，引申为细碎。“十分烦琐”意为很繁杂琐碎。

而“锁”，形声兼会意字，从钅从肖，声兼义。发出细碎声音的不仅有玉，还有锁链。由于锁链是金属的，便加形符钅，写作“锁”来表示，其义为锁链。由于锁链是用于拴系封闭的，引申出基本义锁钥的锁，“锁”无细碎义，音同形近义异而别。

另，“琐屑小事”的“琐”也不可误写为“锁”。

【摩娑】挲。“挲”suō，形声字，从手沙声，义为抚摩；抚摩用手，故从手。

而“娑”suō，形声字，从女沙声，是单纯词（见 R 部“优柔寡断”的解说）“婆娑”中的一个字，婆娑义为盘旋（多指舞蹈），如“婆娑起舞、树影婆娑”；女子善舞，故从女。“娑”不单用，也无义，故别。

S

T

【一蹋糊涂】塌。“塌”tā，形声兼会意字，左形右声，声旁兼义。其声旁字是会意字，从曰从羽，篆文写作，下部是鸟羽，鸟羽上方的笔画不是曰，而是“衣毛而帽皮”（穿兽毛衣，戴兽皮帽）夏商朝先民的帽子，即象形字冃 mào，篆文写作，外框表示蒙覆，两横表示被蒙覆的天地，或表示帽的前后边沿。冃与羽组合，会意为鸟即将起飞时，缩身低伏如有所蒙覆将蹬腿展翅的样子，义为鸟展翅低伏。土与之组合为塌，会意为以土为材料的东西如鸟起飞前展翅下伏一样下倒，引申包括其他东西下倒，即坍塌，例如“房塌”。“一塌糊涂”意为倒塌得错杂混乱，比喻乱或糟得不可收拾。

而“蹋”tà，形声兼会意字，左形右声，声旁兼义。从足的字大都表足或与足有关的动作、行为。足与之组合为蹋，会意为用足踩着倒下的东西，义为踩，又义为踢，如“蹋鞠”jú（鞠：宋代的足球），无倒塌义，音同形近义异而别。

【死心踏地】塌。解说见上。心死了，倒在地上了，比喻不可改变。“死心塌地”形容拿定主意，决不改变。

而“踏”（见下），义为践、踩，无倒塌义，成语也不是说死心地踏在地上。音同义异误会而别。

【纷至踏来】沓。“沓”tà，会意字，从水从曰。甲篆文分别作、，上部是水的象形，表示水，下部的口表示嘴，篆文口上的向上折的小弯笔表示声气外出，上下两部分组合，会意为说话如流水一般不断，义为话多，引申为多而重复。“纷至沓来”形容接连不断地到来。

而“踏”tà，形声兼会意字，从足沓声，声兼义。沓有多而重复义，故与足组合，会意为连续不断地踩，义为践、踩，如“踏步”；引申为踩住，如“踏上一只脚”；又引申为踩实，如“踏踏 tā 实实”。“踏”无多而重复义，成语也不是说纷纷踏步而来，音同义异误会而别。

【坛花一现】昙。“昙”，会意字，从日从云，会意为密云蔽日，义为云彩密布，故从云。但“昙花”的“昙”却是音译的字，是梵 fàn 语优昙罗花的简称，之所以译作“昙”，大概是此花在夜间开放，暗夜如浓云蔽日。昙花稀有且美，开放后很快就凋谢，“昙花一现”比喻稀有的事物或显赫一时的人物出现不久就消逝。

而“坛”繁体字写作壇，形声兼会意字，从土亶声，声兼义。亶 dǎn，形声兼会意字，从㐭 lǐn 旦声，声兼义，见 S 部“善（擅）长歌舞”的解说，义为仓中粮多且充实。土与亶组合，会意为土多而厚（充实），义为用土堆成的台子，如“祭坛”；由于坛是特定的处所，引申指某种活动的场所或范围，如诗坛、论坛，“坛”与“昙”无关，成语也不是说坛中的花一现，音同义异误会而别。

【天方夜谈】谭。“谭”是古异体字，本字即是“谈”。“天方”是古代对阿拉伯地区的称呼，“夜谭”意为在夜里谈的故事。“天方夜谭”义为难以想像的事或不可能的事。此成语和书名写“谭”以显示古雅，不写“谈”。

【老调重谈】弹。“弹”tán 甲骨文刻作象形字，形如弓上安有弹 dàn 丸，义为用（弹）弓发射弹丸。由于拉弓弦如同操琴时拨琴弦状，引申为弹拨。如“孔子……五日弹琴而不成声。”篆文写作彈，变写为从弓单声的形声字，其义不变。“老调重弹”意为老的曲调再次弹拨，比喻又说使人厌烦的老话。

而“谈”，形声兼会意字，从讠炎声，声兼义。炎，甲金篆文分别作、、，是重火的象形，上下组合，会意为火焰冲腾，义为光焰，由光焰引申为焚烧。讠与炎组合，会意为在焚烧的火堆旁（烤火、烧煮、或祭祀）与人说话，义为交谈，议论，无弹拨义，成语也不是说老调子重新谈起，音同义异误会而别。

【坦护　偏坦】袒。“袒”，形声兼会意字，从衤 yī 旦声，声兼义。从衤的字基本都表布（明朝前是麻布）类物或与之有关的行为。旦，象形兼指事字，甲金篆文分别作、、，甲金文像太阳刚出的形象，日下的笔画表示初升的光影，像极了。篆文把光影变写为一横，指事地面，表示太阳从地平线上升起，义为日出。衤与旦组合，会意为如同太阳裸出于地上一样，人的胸臂裸现于衣外，义为敞开衣服，露出胸臂。“袒护”义为（袒露左臂，做出打斗或保护的姿势）不公正地保护一方。“偏袒”词义重在偏上，不公正地偏护一方。

而“坦”，形声兼会意字，从土旦声，声兼义。从土的字大都表土地或与之有关的事物、现象、行为。土与旦组合，会意为早晨的太阳普照着大地，义为地平。“坦”无敞衣义，音同形近义异而别。

【袒诚相告】坦。解说见上。“坦”由土地平坦引申出心境平定，直率不曲，真诚无隐等义。“坦诚相告”意为坦率诚恳地告诉人。

其他如“心怀坦荡、坦言利弊、襟怀坦白”的“坦”均不可误写成“袒”。

【雪中送碳】炭。“炭”，会意字，金文写作，大框是烧炭窑的外形略图，下部是火上加一横（会有盖，可控制火的大小之意），一横的上部笔画是竖列横放的木头（不是“少”字），几部分组合，会意为在窑内用可控制的火烧木头，使不完全燃烧以制造木炭。（下部笔画不是“灭”），义为木炭。篆文写作炭，下部的一横与左边的一竖连接，窑体笔画的上部与竖列横放的木头组合，讹变为“山”，会意和本义不变。楷书把部件文字化，写成从山从灰的“炭”。后炭义扩大，也指煤炭。《正字通·火部》把煤炭解释为石炭；唐贯休和尚《寄怀楚和尚》诗：“石炭煮茶迟”，说的也是煤炭。“雪中送炭”比喻在别人急需时给予帮助。

而“碳”，形声字，从石炭声，是化学学科的造字，非金属元素，非人文性的通用词，音同义异而别。

此外“生灵涂炭、冰炭不相容”中的“炭”也不可误写为“碳”。

【富丽唐皇】堂。“堂皇”是单纯词，见B部“专横拔（跋）扈”的解说。“富丽堂皇”形容建筑、陈设宏伟华美。此成语只写“堂”不写“唐”，也无“唐皇”一词，故“唐”别。一说“堂”指古代宫室的前房；“皇”指古代无四壁的宫室，“堂皇”义为高大的宫室。

此外，“冠冕堂皇、堂而皇之”中的“堂”也不可误写为“唐”。

【波滔汹涌】涛。“涛”，会意兼形声字，从氵shuǐ从寿，寿亦声（今不能表声）。寿，繁体字写作壽，会意字，金文写作壽，上部是老字，见L部“和事佬（老）”的解说，老字上有长发，右下边是腰弯了的身子，左边是拐杖；下部像田畴——耕耙过的田地的纹路，纹路中有牛蹄印或人脚印，借以表示老人脸上的皱纹。上下两部分组合，会意为长满皱纹的老人，义为年纪老。金文还写作壽，左边加了口字——开口的器皿，即酒杯，最下部加了手字，会意为用手举杯敬献老人喝酒，祝长寿。这样，寿义更显。篆文省去了拐杖和手，把口移到下部，写作壽。楷书恢复了手（写成寸），写作壽。汉代金石文出现了简体字“寿”，可见这个字的简化已有将近两千年的历史了。氵与寿组合，会意为像田畴一样的波浪，义为大波浪，名词。“波涛汹涌”意为波浪很大，向上涌或向前翻滚。

而“滔”形声兼会意字，从氵舀声，声兼义。滔，篆文写作滔，舀的上部是手，下部是凿石或捣坚固硬土洞做成的臼，上下组合，会意为手伸到臼中掏取，引申为手用瓢勺等物挹yì取液体。如“舀水”。氵与舀组合，会意为使水升出臼，义为水漫出，“滔”引申义为大水弥漫，形容词，如“波浪滔滔”，无大波浪义，音同义异而别。

【松滔阵阵】涛。解说见上。“涛”由大波浪义借代为像大波浪一样的声音。“松涛阵阵”意为松林在大风中摆动发出巨大的响声。

【白浪淘天】滔。解说见上。“滔”由形容词大水弥漫状引申为动词高涌弥漫义。“白浪滔天”意为白色波涛滚滚。

而“淘”，会意兼形声字，从氵从匋，匋亦声。见下“其乐淘淘（陶陶)”的解说，义为淘洗或舀，无高涌弥漫义，音同义异而别。

凡表示大波浪或像大波浪一样的声音的，一律写作名词“涛”，如“惊涛骇浪、涛声桨影、涛声依旧、林涛吼”等。凡表示大视野的波浪弥漫状的或高涌弥漫义的用形容词、动词“滔”，如“波浪滔滔、滔滔不绝、罪恶滔天、滔天大祸”等。

【滔光养晦】韬。解说见上。“韬”，形声兼会意字，从韦舀声，声兼义。“韦”繁体字为“韋”，会意字，甲金篆文分别作、、，上下部都是止，即足，中间为口，表示某地，会意为两足(两人)从某处背向而行，为“违”的本字；又会意为多人(以二足示意)围住某处。由于如同人可以围绕某处一样，熟牛皮条可以围束物件，“韦”又引申为熟牛皮。韦与舀组合，会意为熟牛皮做的形如可掏取舀出粮食的臼一样的物件，义为牛皮套子，即弓或剑的套子。“韬光养晦”意为隐没光芒，收敛锋芒(如同放进套子里一样)，隐藏行迹(像隐于暗中一样)，即隐藏才能，不使外露。

而“滔”(见上)无皮套子义，音同义异而别。

【其乐淘淘】陶。“陶”，形声兼会意字，从阝fù 匋 táo 声，声兼义。金篆文分别作、，左边是象形字阝，即阜，它表示从挖建于高而土层厚的土山上的穴居屋升登到地面的阶级或挖刻在木头上的脚窝，也像山上的石阶，义为高的土山。匋，会意字，金文右边构件从上到下的笔画表示人，倒ㄒ形是杵，再下是正ㄒ形和倒ㄒ形，表示黏土相粘连形，几部分组合，会意为人持杵捣黏土制作瓦器。篆文右边构件的大框是人字的变形，大框里的午形笔画表示制陶器的杵，午下的凹笔画表示陶器。匋义为陶器。左右两部分组合为陶，会意为人从高土坡取土制作瓦器(瓦器是黏土烧制的盆、釜、盂、罐、瓮、缸的总称)，本义为制作瓦器。由制作瓦器引申出瓦器义，如“陶瓷”。人们因在土山上的半穴居屋前有生活用的陶器而喜悦，快乐；另，陶器也可作乐器。《史记·廉颇蔺相如列传》里，也写道蔺相如请秦王拍击陶盆瓦罐奏乐的事。人们听到拍打陶器的音乐也会喜悦快乐，因而“陶”又引申出喜悦、快乐义，如“陶然”。“其乐陶陶”意为因满足而快乐不止的样子。

而“淘”，形声兼会意字，从氵匋声，声兼义。匋会意为人持杵捣黏土制作瓦器，即制陶，制陶得用黏土，必须用水把与黏土相混杂的砂质土冲去，氵与匋组合为淘，义为用水冲洗。“淘”无快乐义，音同形近义异而别。

其他“陶铸、陶冶、熏陶、陶然”的“陶”均不可误写为“淘”或“掏”。

【号淘大哭】啕。解说见上。“啕”，形声兼会意字，从口匋声，声兼义。匋义为瓦器，口与匋组合，会意为口开得如同陶盆一样大，是人张口大哭的口形，义为哭。“号啕大哭”形容大声哭，也写作“号咷、嚎啕、嚎咷”(三个都是异形词)。

【费心陶神】淘。解说见上。“淘”义为用水冲洗，冲洗义含有从水中筛除杂质义，如“淘米”。又含有除去质差的义，如“淘汰”。还含有从深处舀出污水、泥沙、脏物，如“淘井、淘粪坑”等。由于“淘”费时费精力，引申出耗费义，如“淘神、淘气”。

【誊清文稿】誊。“誊”téng，繁体字写作謄，形声字，从言朕声，义为照底稿抄。誉 yù：荣誉、名誉，因与“誊”字形相近而误。具体解说见 Y 部“声誊（誉）”条。

【好了疮疤忘了疼】痛。“痛”tòng，形声兼会意字，从疒 chuáng 甬声，声兼义。从疒的字皆表疾病、痛楚。甬，象形字，金篆文分别写作、，是古钟的象形，上部表示钟悬，下部表示钟体。疒与甬组合为痛，会意为如同铜钟那样大范围肿起的病，即由疾病创伤引起的难受的感觉和悲伤痛苦。熟语意为疮好了，把长疮的痛苦忘了，比喻在顺利的情况下，忘记了过去的痛苦经历。

而疼 téng，形声兼会意字，从疒冬声，声兼义。冬季多雨雪，阴湿寒冷，疒与冬组合为疼，会意为阴湿的痛觉，本义为湿病，湿病疼痛，引申为疼痛。“疼”不表痛苦义，义异误解而别。

按，“疼”和“痛”在表示疾病创伤引起的难受的感觉时，可以通用，如“头疼”也可写成“头痛”，但“疼”多用于口头语（肚子疼、疼孙子），“痛”多用于书面语（痛苦、痛惜、痛定思痛）；二字各有习惯的组词对象，“疼”用于具体的疼痛感觉，组合的词语少，“痛”用于精神上的感觉，组合的词语多，如“痛打、痛斥、痛恨、痛悔、痛哭、亲痛仇快、痛改前非、迎头痛击、失声痛哭、痛心不已、痛不欲生、创巨痛深、无关痛痒”等。

【晶莹惕透】剔。“剔”tī，形声兼会意字，从刂 dāo 易声，声兼义。从刀的字皆表刀或与刀有关的事物、行为、性状。易，会意字，甲金篆文分别作、、，甲骨文像从一个带把儿的容器里往另一容器里倒水或酒，金文省去了右边的容器，保留了容器上的把手，篆文取金文的大致笔形，它们会意为倒水或酒，义为给予。由于把水或酒从一处换盛到另一处含有改变之意，如“易名”，刂与易组合，会意为用刀割削，改变肉的位置，义为用刀子把肉从骨上割刮下来，如“剔骨削肉”，引申为用细而尖的东西从缝隙里往外挑。剔透意为挑或雕刻通了。“晶莹剔透”意为光亮而透明。

而“惕”tì，形声兼会意字，从忄 xīn 易声，声兼义。从忄的字皆表心理活动。易有改变的含意，如“易帜（国家或军队改变旗子，指政权性质发生变化或投向敌方）、易手（改变占有者）、易主（改变主人）”，因而“易”不是小事，必须仔细斟酌认真对待。忄与易组合，会意为谨慎小心对待改变，义为谨慎小心。“惕”无剔下、挑出义，音近形近义异而别。

【金榜提名】题。“题”，形声兼会意字，从页是声（今不能表声），声兼义。从页的字皆表颈以上的部位，见F部“烦（繁）文缛节”的解说。是，从日从止。见S部“惹事（是）生非”的解说，会意为人之足的正上方有太阳直射，义为垂直在上方。是与页组合为题，会意为在头上方的部位，义为额头。如“题目”就是额头和眼睛，并由此引申为像额头和眼睛在上部总领全身那样地概括诗文、书、画内容的词句；又由此义引申为题写诗、文、书、画名和写人名。“金榜题名”意为科举时代殿试录取（名子题写在黄纸或黄绢上），今比喻考试被录取。

而“提”，形声兼会意字，从扌shǒu是声，声兼义。扌与是组合为提，会意为手从人或物体的上部抓拎起来，义为手抓拎起。“提”无题写义，音同形近义异而别。另，“提名”有词，义为提出有可能当选的人或事物的名称。

【国色添香】天。“天”，象形兼指事字，甲骨文刻作［古文字］、［古文字］，第一字下部像正面展臂的人，口是夸张的头部象形，是强调之所在，义为头顶。第二字，用一横指事是“大”（正面的人字）的上部，义为头顶上的天空。两义都引申为最上的。金文写作［古文字］，演化自甲骨文的第一字，义为头顶。金文又写作会意字［古文字］，演化自甲骨文第二字，人上有二（长横表基准线，短横在其上，指事义为上），人与二组合，义为人上的天空。篆文写作［古文字］，义也是头顶、天空。金篆文的引申义是最上的，如“天桥、天价”。“国色天香”义为一国内最上等的美色，即极其美丽的女子。

而“添”解说见下，义为增加，无天空义、最上义，成语不是说给国色者添上香，音同义异误会而别。

【括不知耻】恬。“恬”tián，形声兼会意字，从忄甜省声（省去“甘”），声兼义。从忄的字皆表心理活动。“甜”，会意字，篆文写作［古文字］，左旁是舌头的象形，内中一点表示舌头感觉味美的地方，指事为甘，即甜；右边也是舌头的象形，从上到下当是表示舌根、凹槽、舌面。左右组合强化了舌头感觉味美。味美莫过甜，义为甜。由于甜使人感觉美好，引申为美好，美好则心地安静，心地安静则安然，故忄与舌组合为恬，义为安然不在乎。“恬不知耻”意为做了坏事却满不在乎，不以为耻。

而“括”kuò原写作昏jué，象形字，甲金文分别作［古文字］、［古文字］，是古代射箭时卡在弓弦上，安上箭后拉弦的工具，其半圆一端扣在弦上，右下一斜画表示手臂，箭则包束在半圆形的昏中间，故其引申义为包容、扎束。篆文讹变（不合理的改变）得不大像了，写作［古文字］。楷书抽象化，并加扌旁，表示是手的动作，楷书变写作括，义为包容、包括，如“囊括、概括”；又义为扎束，如“括约肌”。“括”无安然不在乎义，形近义异而别。

另：“恬不为怪，恬静”中的“恬”也不可误写为“括”。

【添列其中】忝。“忝”tiǎn，形声兼会意字，从⺗（心的变体，即“心”）天声，声兼义。从心的字皆表心理活动。古人一直有敬天、畏天且深感天恩的情结，以为一切养身之物皆来之于天，人受之有愧。故天与心组合为忝，会意为心有愧于天，义为有愧。忝是谦词，引申义为辱没他人而心中有愧。“忝列其中”意为自己很差，列入其中，有辱其中的他人。

而“添”tiān，形声兼会意字，从氵忝声，声兼义。氵与忝组合为添，会意为“水，天加之于人”。义为增加（列入）、加上。“添”无辱没他人而有愧义，成语也不是说添加到那中间，音近义异误会而别。

【暴殄天物】殄。“殄”tiǎn，形声兼会意字，从歹珍省声（省去王，今不能表声），声兼义。“歹”，象形字，甲金篆文分别作、、，上为骨杈，下为占卜用的断骨，下有骨腔，中间一横，表示骨髓。是骨残的象形，义为死（从歹的字皆含死义）。“珍”义为珍贵的东西：歹与珍组合为殄，义为糟塌（死）珍贵的财宝。天物：大自然的财物。“暴殄天物”意为严重糟害大自然的财宝。

而“珍”，形声兼会意字，从王㐱声，声兼义。㐱 zhěn，会意字，从人从彡 shān，甲金篆文分别作、、，大框是人字，彡像毛发，人与彡组合，会意和本义是人的毛发披垂。王是玉，见 B 部“金碧辉煌”的解说，是三片串联的美玉，王与㐱组合，会意为长发披垂的人佩饰美玉，义为珠玉等宝物，无糟塌义，形近义异而别。

另，“殄灭”，也不可误写为“珍灭”。

【字帖】帖。帖 tiè，形声兼会意字，从巾占声（今不能表声），声兼义。从巾的字皆表织物或与织物有关的行为。占见 N 部“粘（黏）附”的解说，义为口说兆纹。巾与占组合为帖，会意为把兆纹写在丝帛类的巾上，其义特指写在帛上的标题书签。由于书签字美，可以临摹，引申为临摹的范本，“字帖”义为供学习书法的人临摹的范本。

而“贴”tiē（见下面“体贴”的解说）无临摹的字书义，音近形近义异而别。

另，“碑帖、法帖、画帖、临帖”的“帖”都不可误写为“贴”。

【妥帖】帖。解说见上。“帖”的引申义是临摹的范本，临摹的范本含有榜样、标准、范例之意，而榜样、标准、范例都稳妥、恰当，引申为稳妥、恰当。“妥帖”tiē 义为恰当，合适。

而“贴”（见下）无稳妥恰当义，故别。《现汉》无“妥贴”词条，也不认为它是异形词。

【服服帖帖】帖。解说见上。“服服帖帖”tiē 意为十分恰当，平妥，又意为顺从，服从。

而“贴”（见下）无此义，故别。

【体贴】贴。“贴”tiē，形声字，从贝占声（今不能表声）。从贝的字皆表钱财或与钱财有关的事物、行为、性状。“贴”的本义为“以物为质”，即用财物作抵押品，由于抵押品与其抵押的价值紧紧贴合、联系在一起，引申出基本义，即像抵押品与其价值紧紧贴合一样，把薄片状的东西粘在另一物体上，如"贴金、贴瓷砖"。又由这一基本义引申为靠近、紧挨，如"贴心、体贴"。"体贴"义为细心忖度 cǔnduó 别人的心情和处境，给予关切、照顾。

而"帖"（见上）无此义，故别。

【朝庭】廷。"廷"，会意兼形声字，从廴 yǐn 从一撇下加土 tǔ 字（不是一撇下加士 shì 的壬 rén），此字兼作声旁，读 tǐng。甲金篆文分别作𡈼、𡈼、𡈼，像人挺立在土堆、土台上。

金文把彡和此字组合，写作廷、廷，左边的折画表示庭院的垣墙，以垣墙的一角示意，右边是人字，中间的三横或土字表示什物或泥或土堆，此字表示劳作的地方，引申为地方官吏办事的处所，又引申为君主处理政事的所在。"朝廷"义为君主听政的地方。也指以君主为首的中央统治机构。篆文写作廷，把金文垣墙一角的笔画讹变（无理改变）为彳 chì，（行字的一半，表示小步走）并把彳的第三笔向右美化延伸，同时把人字写在土字上，会意为人走去直立在土堆或土丘上，其义和金文相同。隶变后，楷书变写为廷，会意不变，义为君主听政的地方。

而"庭"，形声兼会意字，从广（作廣的简化字时读 guǎng）廷声，声兼义。广 ān；yǎn，甲金篆文分别作广、广、广，竖笔表示崖壁，上部笔画表示棚顶，是远古就崖壁搭建的没有前墙的敞屋。今牲口棚、廊庑、披厦、厅堂是其遗制，"店、庑、廊"等皆前敞。广与廷组合，义为处理政事包括家事的厅堂，引申指堂前院，无君主听政处义，音同义异而别。

【大廷广众】庭。解说见上。"廷"是"庭"的初造字，"庭"是后起字，廷加广显义，义为厅堂，引申为堂前院。"大庭广众"意为人很多的公开场合。

而"廷"（见上）无厅堂或堂前院义，故别。

另，其他如"门庭若市、分庭抗礼、前庭后院、洒扫庭除（洒扫院子和台阶）"中的"庭"都不可误写为"廷"。

【挺而走险】铤。"铤"，形声字，从钅廷声，"说文"解作"铜铁朴也"，即铜或铁质的棍状坯料，许叔重注《淮南子》云："铤者，金银铜等未成器，铸成片，名曰铤。"按此解，可理解为条块状金属钱财。字书对"铤"皆解作快跑，惑而未知所由。笔者疑为攫、抓或持金属钱财而奔。若此解可通，则"铤而走险"解作"无路可走而采取冒险行动"，当为合理。"铤"读作 tǐng，疑为由名词（条块状钱财）转化为动词（快跑）。

而"挺"，形声兼会意字，从扌廷声，声兼义。从"朝庭（廷）"条可知，廷本义为高而耸，加扌旁写成挺，义为向上拉高而突出，如"挺剑而立"；又引申为硬而直，如"挺立"。"挺"无快跑义，成语也不是说挺起身子干坏事，音近形近义异误会而别。

【走头无路】投。"投"，会意字，从扌从殳 shū。"殳"有二解，一为武器。

T

从多处战国和战国前古墓中出土的写有“殳”字的武器可知，这是合今天长度长七尺二（二点四米）、殳头长四寸多的带棘刺的三棱尖的武器。甲骨文刻作，左上部正是此形，右下部为手，上下组合，会意为手持的武器。（金文简写作，省去木棍，只有殳头和手。）“殳”的另一解为棍棒或带槌头的棍棒。甲骨文刻作，上部表示棍棒，下部为手，上下组合，会意为手持棍棒击打。到了秦朝初年出现篆文时，两种殳都规范作，其形遂混而为一。而“投”在“殳”旁加了形符扌，表示扔、掷，当是前一个殳，如同标枪一样投掷杀敌，故其义为向一定目标扔，引申为投奔。“走投无路”意为逃跑或投奔（人）都没有门路，比喻处境极端困难，找不到出路。

而“头”象形字，本写作頁，甲骨文刻作，上部是人头象形，头中有眼，头上有发，头下是跽 jù 坐（跪坐：臀部坐在脚心上跪着）双手放在膝上的人形。金文线条化，写作，有发，有面部的大致轮廓，有跽坐的人形。篆文抽象化，写作，上部是人头，下部是人字。楷书构件化，写作頁。后来“页”除了作量词用外，不再单用而做了偏旁，头义便加声兼义旁的“豆”写作頭。豆是上古祭祀用的高脚食器，常盛放牛头、猪头、羊头，甚或敌虏的首级献祭，故頁与豆组合，会意为上供的牺牲或人的头，义为頭，今简化为头，义为人或动物的脑袋，引申指物体的顶端、事物的起讫点等。“头”无投奔义，成语也不是说伸着脑袋无处可跑，音同义异误会而别。

【荼毒生灵】荼。“荼”tú，形声字，从艹 cǎo 余 tú 声。南北朝以前没有 ü，只有 u。ü 来自于上古（汉秦周商）音 u，至今不少形声字的声旁的韵母是 ü 的音，整个字仍然读韵母为 u 的音，如“输、抒、枢、汝、儒、浒、窟、杼”等。由“余”作声旁的字的韵母仍然读 u，如“途、涂、除”等。“荼”是古书上的一种苦菜；“毒”指虫毒、蛇毒。“荼毒”是名词转化为动词，义为毒害。“荼毒生灵”意为肆意残害百姓。

而“茶”是唐代时把“荼”减去一横产生的字，与“荼”形近而误。

【如火如荼】荼。解说见上。“荼”的另一义项是古书指茅草上的白花。“如火如荼”意为像火那样红，像荼那样白，形容旺盛、热烈或激烈的情状。

【按图索骥】图。“图”繁体写作圖，从囗 wéi 从啚。啚 bǐ，会意字，甲金篆文分别作、、，上部口字表示城邑，中部是在城邑外展臂分腿站立的人，篆文把人写失形了，下部表示粮仓，三部分组合，会意为在城外郊野有人看守的粮仓，本义为在郊野收藏谷物的地方，引申为乡下或边远地区，如“边鄙”。楷书规范作啚。啚与囗组合，会意为四面边鄙连成的领土范围，本义为版图，因版图得画下来，引申为地图，又由地图有图形，引申出描绘出或印出的形象，即图像义。“按

图索骥”意为按照图像寻找骥——良马，比喻按照线索寻找，也比喻办事机械、死板。

而“途”，形声兼会意字，从辶 chuò 余声，声兼义。余，象形字，甲金篆文分别作、、，^像房顶，两横表示房梁，其余三笔像支撑房梁的三根柱子，义为房子。辶，会意字，从彳从止，甲篆文分别作、，甲骨文在行（十字路口形，表示行走的字）里边刻了止，即脚，会意为供行走的路，义为道路。篆文省去亍 chù（行的右半边），把义为小步走的彳 chì 写在止的上面，即楷书辵 chuò，后写作辶。余跟辶组合，会意为有房舍（特指驿站）供人食宿的道路，义为道路。途无图像义，成语不是说按路途找马，音同义异而别。

【老马识图】途。解说见上。从辶的字大都表走路、道路或与之有关的性状，义为道路。“老马识途”来自《韩非子》。春秋时，齐桓公打仗返回时迷了路，宰相管仲放老马在前面走，找到了道路。比喻有经验的人能带领新手工作。“图”无道路义，成语也不是说老马识得地图，音同义异误会而别。

【免死狐悲】兔。“兔”，象形字。甲骨文刻作、，形如大眼短尾的兔子，小篆写作，楷书规范作兔；小篆的末笔在楷书中成了一点，特像兔子的短尾，实是神来之笔，与“免”的区别正在于此。“兔死狐悲”比喻因同类的死亡而感到悲伤。

而“免”并非象形字，而是会意字，甲骨文刻作，下部为人，人以外的部分是装饰有兽角的帽子，本义是帽子。金文省写作，小篆写作，但无末笔那一点。字头不是人字，而是从甲骨文表示兽角笔画变化成的笔画。（“免”被假借作免除义后，后人另造了一个“冕”字表示帽子。）“免”是形近的错字。

另，其他如“兔死狗烹、守株待兔、兔起鹘（hú，鹰）落”中的“兔”都不可误写为“免”。

【脱化变质】蜕。“蜕”tuì，形声兼会意字，从虫兑 duì 声，声兼义。从虫的字基本都表虫类或与虫有关的物件、行动。兑，见 D 部“对（兑）换券”的解说。上两笔写作八，表示分开，中间是口，表示嘴，下部是人。它们组合，会意为人分张开口笑，义为喜悦。后此义用忄加兑写作悦表示。因为兑含有分张开意，虫与兑组合，会意为虫分裂张开外壳而出，本义为蛇、蝉等虫类脱去皮壳。由于脱皮含有变异意，引申出腐化堕落义。“蜕化变质”意为腐化堕落变了本质。

而“脱”tuō，形声兼会意字，从月兑声（今不能表声），声兼义。从月的字除“明、朗、朝”等少数字以外，都表肉体或与之有关的性状，如“胸、腹、肚、胖”。月与兑组合，会意为皮肉裂张开，本义为肌肉消减，基本义为脱落，如“脱皮”、取下，如“脱帽”。“脱”无蜕变义，故别。

【烘云拖月】托。“托”，形声兼会意字，从扌 shǒu 乇声，声兼义。乇

tuō，甲骨文刻作、，竖弯的笔画表示祭牲（动物或人）的躯体，横画表示断裂处，即砍去四肢和头部。（乇表示祭牲义的句子在《甲骨文合集》中，出现了不下八处）。故其本义是祭牲。由于祭牲是要高举到祭坛祭台上去的，便引申出用手掌向上承受物体义，于是后人加形旁扌以显此义，写成了“托”，如“和盘托出”。又由手掌向上承物含有衬托意，引申出陪衬义，如“烘托”。“烘云托月”意为用草、树、山等景物烘托着云，烘托着月，比喻从侧面加以点染以烘托所描绘的事物。

又，乇，金文偏旁写作，篆文写作，像根茎叶已长出的初生植物依托地面生长，义为植物托地而生。乇加扌，会意为手托着，引申出衬托、陪衬义。

而“拖”是古代的俗字，本写作佗tuó。佗，会意字，从亻从它，它，象形字，甲金篆文分别作、、，是蛇的象形，人与它组合为佗，俗写作拖，（也，象形字，上古“也、它”同为一字，金篆文分别作、，也是蛇。后“它”假借作代词用，“也”假借作虚词用）会意为人用手把蛇拖拽开，义为曳。“拖”无烘托义，音同义异而别。

另，“委托、托付、寄托、托福、托词、托管、托运”的“托”都不可误写为“拖”；同样，“拖延、拖欠、拖沓”的“拖”也不可误写为“托”。

W

【坑坑凹凹】洼。“洼”wā，会意字，从氵从亚，甲骨文刻作，外框像水，中间是亚。亚，象形字，甲金篆文分别作、、，像上古聚族而居的一组大型建筑的平面图形。商代的城郭、宫室、庙堂、坟墓都是此形，义为大型建筑的平面图形。氵与亚组合，会意为像大型建筑那么大的凹陷地面形成的水地，义为深池。篆文讹变写作，左边是水字，右边是圭 guī 字，是从水圭声（今不能表声）的形声字。圭是大的条状玉做的上尖下方的礼器，水与圭组合为洼，会意为像圭那样明亮的水，义为凹陷的地面形成的深池。楷书把篆文的水字旁变写为氵，形成洼字。“坑坑洼洼”意为地面残破，有不少凹陷处。

而“凹”āo，象形字，小篆写作，是中间低四周高的象形，义为四周高中间低，与水坑义不同，词义相近而别。

【港弯】湾。“湾”，形声兼会意字，从氵弯声，声兼义。从氵的字大都表水或与水有关的事物、行为、性状。弯的繁体字为彎，形声兼会意字，从弓䜌 luán 声，声兼义。䜌见 L 部“留连忘返”的解说，其会意是言乱如丝，义为整理乱丝。其下部加一“弓”字，会意为乱丝像弓那样弯曲，义为弯曲。弯与氵组合成湾，义为水流弯曲处，如“天下黄河九十九道湾”。又因为“湾”有水面弯曲凹入意；引申指海岸向陆地凹进去的地方。是名词。“港湾”义为便于船只停泊的海湾。

而“弯”泛指弯曲，无水流弯曲处义，是形容词，音同形近义异而别。

【玩石点头】顽。“顽”，形声兼会意字，从页元声，声兼义。页，见 T 部“走头（投）无路”的解说，义为头部；元，会意字，从二从人。甲金篆文分别作、、，上部的二是上字，“二”的长横表基准线，短横在其上，指事义为上。下部是人字，两部分组合，会意为人体最上部位，义为人头，又，元是指事字，长横下的字是人，人上的长横指事人削去了头发，义为光秃，如《阿房宫赋》：“蜀山兀，阿房出”蜀山（树砍）光秃了，阿房宫建成了。兀上又加一横，指示光秃无发人的头部，义也是人头。元与页组合为顽，会意为两个人头状的东西纠合连在一起，比喻为像人头状的木头疙瘩，引申为像木头疙瘩一样的愚妄无知。“顽石点头”意为连愚妄无知的石头都点头称是，形容道理讲得透彻，使人心服。

而“玩”，形声兼会意字，从王元声，声兼义。从王的字都是玉或与玉有关的事物、行为、性状。元，义为人头，含有“人”意，左右组合，会意为人持有玉，义为把玩（玉），引申为玩耍、玩赏，无愚妄无知义，成语不是说玩儿着石头点着头，音同形近义异误会而别。

此外，“顽皮、顽童、冥顽不灵（昏庸愚钝）”中的“顽”也不可误写为“玩”。

【惋转】婉。“婉”，形声兼会意字，从女宛声，声兼义；宛，会意兼形声字，从宀从夗，夗亦声。分述之：

夗 yuàn、wān，会意字，甲金篆文分别作、、，左边是半月象形，表示傍晚，也表示下半夜，右边像身体屈曲侧卧的人（有屈曲的身子和放在膝上的手臂），楷书把半月和屈曲的人字变写为夗，会意为人在夜晚曲身侧卧，义为曲身侧卧。夗与表示房屋义的宀组合，会意为宫室如同人盘曲那样的回环盘曲的样子，义为宫室回环盘曲。金篆文分别写作、，会意和本义不变。

女与宛组合为婉，会意为女性委婉柔顺温和，义为委婉柔顺而不直接的。“婉转”义为（说话）温和曲折或歌声、鸟鸣声抑扬动听。

而“惋”形声兼会意字，从忄宛声，声兼义。从忄的字皆表心理活动。忄与宛组合，会意为心情回环和缓（不强，不硬），义为惜，如“惋惜”。“惋”无委婉柔顺不直接的义，音同形近义异而别。另，《现汉》认为“婉转”是推荐词形，“宛转”是异形词。建议不写后者。

其他如“婉丽清新（文章、诗、画柔美秀丽，新颖不俗）、婉约（委婉含蓄）、婉谢、婉言、哀婉凄苦”中的“婉”都不可写成“宛”或“惋”。

【婉惜】惋。解说见上。惋惜是心理活动，故从忄旁，义为对人的意外遭遇或事物的意外变化表示同情可惜。

【置若网闻】罔。“罔”本写作“网”。网，象形字，甲骨文刻作，像张开的网，又刻作，像用两根柱子插在水中捕鱼或插在地上捕鸟兽的网。篆文写作，因网作偏旁用了，后加亡，篆文写作，楷书写作罔。（现在的“网”是从繁体字網简化而来的。）

罔是从网从亡、亡亦声的会意兼形声字。亡，甲金文分别作、，左边的半圆笔画表示侧视的眼眶，右边是刺挖眼珠的刑具，会意为刺挖眼珠。夏商朝常把战俘、罪囚、掳民刺挖一目用作奴隶，因此“亡”义为挖去眼珠的瞎子。篆文美化为，楷书规范成亡。亡是盲的本字。由于亡义为失去眼珠，引申为失去、没有。

网与亡组合为罔，会意为网内没有猎物，或猎物（失去）跑掉，义也是没有。“置若罔闻”意为放在一边儿不管，好像没有听见。

“罔”与“网”在现代汉语中是两个不同的字，“网”就是网子，无没有义，故“网”别，音同形近义异而别。

【欺网】罔。解说见上。“罔”意为没有，借作“诬”，以没有的假象相骗，引申为蒙骗。“欺罔”词义为欺骗。“欺君罔上”亦作是解。

【罔然若失】惘。解说见上。“惘”wǎng，形声兼会意字，从忄罔声，声兼义。从忄的字皆表心理活动。“罔”义为没有、失去，忄与罔组合为惘，会意为心有所失，义为失意，精神恍惚。“惘然若失”意为心里好像失落了什么东西的样子。而“罔”无失意和精神恍惚义，音同义异而别。

【名门旺族】望。“望”，会意字，其字的形成经历四个阶段。

先是甲骨文刻作，从臣从人，上部是臣字，即眼睛睁大的侧面图形，下为人字，上下组合，会意为人睁大眼睛望远，义为望远。（智能很高，字义显豁。）

接着甲骨文加“土”字，从臣从人从土，刻作、、，上中下部组合，会意为人站在高土之上望远，义为望远。（智能再高，义更显豁。）

再接着，到了周朝，金文加了“月”字，从臣从人从月从土，写作，秦篆承其形，写作，四部分组合，会意为人站在高处看月亮（故阴历十五叫望，十六叫既望），望月是人人皆有之常态，望远之义更显。（智能更高，义尤显豁。）

最后，周金文用“亡”表义表音，成了会意兼形声字，换去“臣”字，从亡从月从土，亡亦声。写作，秦篆加上人字，写作，汉魏楷书规范成“望”。亲人外出，家人盼归，既有望远义，又有盼望（亡人，即外出人）义。（智能最高，义显而丰。）因“望”有远望义，引申为被望之人；又由于被望之人必有名望，引申出好名声义。“名门望族”意为有好名声高声望的家族。

而“旺”，形声兼会意字，从日王声，声兼义。王，甲金篆文分别作、、，是大斧头的侧面象形，两横表示木柄和插销，为上古部落首领、方伯所有的腰斩的刑具，王权的象征，后以之为姓，这种大斧猛烈，令人生畏，日与王组合，会意为日光猛烈如王，义为“日光炽烈”，引申为兴旺，无好声望义，成语也不是说名门兴旺的家族，音同义异误会而别。

【喜出忘外】望。解说见上。由于望有远看义，远看则欲看想看到的，于是引申出希望、盼望义。“喜出望外”意为遇到出乎希望之外的喜事而特别高兴。

而“忘”（见下）义为忘记，无希望义，成语也不是说欣喜出于忘记之外，音同义异误会而别。

其他如含有望远义的“望尘莫及、望而却步、望风而逃、望风披靡、望梅止渴、望其项背、望洋兴叹”的“望”，和含有看到义希望义的“望穿秋水、望眼欲穿、望子成龙、大喜过望”的“望”都不可误写为“忘”。

【痴心忘想】妄。“妄”，会意兼形声字，从女从亡、亡亦声。“亡”见上“置若网（罔）闻”的解说。夏商奴隶主将奴隶刺瞎一目作为从事生产服劳役的奴隶的记号，本义为盲，是盲的先造字。由于“亡”义为盲，行止不合理，出常规，悖乱，引申出胡乱义、荒唐义。古人以为女子有此特性，故加女字底以显义。“痴心妄想”意为入迷的心思，胡乱的想法，即不能实现的企图。

而“忘”从亡从心，亡亦声，心盲乱而无记，没记性，义为忘记，无胡乱义，音同形近义异而别。

【忘自菲薄】妄。解说见上。亡是盲的先造字，盲者无所见，言行往往荒谬，过分，亡与女组合，引申义为过分。“妄自菲薄”意为过分地看轻自己。

其他如“恣意妄为（任性胡来）、胆大妄为、轻举妄动（轻率地乱动）、妄图（狂妄的谋划）、妄自尊大（狂妄地自高自大）中”的“妄”都不可误写作“忘”。

【为言耸听】危。“危”，会意字，从人从厂 hǎn，（作廠的简化字时读 chǎng），从㔾 jié，篆文写作，上部是人（像自行车运动员），中间是厂，是山崖上部突出下部向内凹进的象形（远古时代人借以躲避风雨）。下部的㔾像跪踞的人。甲金篆文分别作、、，是人跪坐于脚心上的象形。三部分组合，会意为人站在崖岩上，有危险；人在危崖下，亦危险。一说下部是卩——节，人临危必须节制，否则有危险。“危”义为危险，不安全，可怕。“危言耸听”意为故意说吓人的话使听的人惊怕。

而“为”繁体字为“為”，会意字，甲金篆文分别作、、，上部是手，下部是一只象，甲骨文画出了长鼻子，金文省去，篆文美化得较为抽象，两部分组合，会意为人用手牵着象，役使大象劳作，义为会做事，今义为做。“为”是多音多义词，在多义中并无危险义，音近义异而别。

【为魏救赵】围。“围”，形声兼会意字，从囗韦声，声兼义。繁体字写作圍，其先造字为会意字“韋”，见T部“滔（韬）光养晦”的解说。囗 wéi 与韦组合，本义为围绕，今义为包围、围着。“围魏救赵”是古代兵书上三十六计之一。公元前 353 年魏军围攻赵国都城邯郸。齐国派田忌率军救赵。田忌用军师孙膑之计，乘魏国内部空虚引兵攻魏，魏军回救，齐军乘其疲惫，在桂陵（今山东菏泽）大败魏军，解了赵围。“围魏救赵”指类似围魏救赵的作战方法。

而“为”（见上）无包围义，成语也不是说给魏国去救赵国，音同义异误会而别。

【惟惟诺诺】唯。“唯”wěi，形声兼会意字，从口隹 zhuī 声，声兼义。唯，甲金篆文分别作、、，右边是隹，即鸟，有鸟头，有鸟翅，有鸟爪。口与隹组合为唯，会意为鸟连声叫着，以鸟连声叫着比喻人连声应答，义为恭敬的应答声。《韩非子·八奸》：“未命而唯唯，未使而诺诺。”（君主还没下令就说是是是，还没使唤就说好好好。）“唯唯诺诺”形容一味顺从别人的意见。

而“惟”wéi，形声兼会意字，从忄隹声，声兼义。有些鸟落停某处，一动不动，若有所思，忄与隹组合为惟，会意为心有所思，义为（用心）思考，不表应答声，音同形近义异而别。

按，《现汉》认为“惟”同“唯”，“唯独、唯恐、唯利是图、唯命是从、唯我独尊、唯一、唯有”（推荐词形）也可写作“惟独、惟恐、惟利是图、惟命是从、惟我独尊、惟一、惟有”（异形词），但“唯唯诺诺”不能写作“惟惟诺诺”。

【唯妙唯肖】惟。解说见上。“惟妙惟肖”形容（用心思考）描绘或模仿得非常好，非常逼真。因与用心有关，故从忄，不从口。

【维妙维肖】惟。解说见上。“维”，形声兼会意字，从纟隹声，声兼义。纟与隹组合为维，会意为系鸟笼的绳子，义为（像系鸟笼的绳子那样的）系车盖的大绳子，引申为拴系，维系，无用心思考义，音同形近义异而别。

【张挂围幕】帷。“帷”，形声兼会意字，从巾隹声，声兼义。从巾的字皆表织物或与织物有关的行为。巾与隹组合，会意为遮挡鸟笼的布，义为（像遮挡鸟笼的布那样的）帐子。“张挂帷幕”意为在较大屋子或舞台上的张挂作遮挡用的幕布。

而“围”，见上“为（围）魏救赵”的解说，无帐子义，音同义异而别。

【人心为危】唯。解说见上。“唯”借作范围副词只是、单单，如“唯一无二”。“人心唯危”意为人的心地（只是）很险恶。

而“为”见上“为（危）言耸听”的解说，无只、单单义，成语也不是说人心是为了危害人的，音同义异误会而别。

【枯委】萎。“萎”，形声兼会意字，从艹委声，声兼义。“委”，会意字，从女从禾，甲骨文刻作[古文字]、[古文字]，由“女、禾”组成，会意为女子（女奴隶）抱聚禾谷，义为禾谷堆积，如“委积”；篆文写成上下结构[古文字]，成为楷书委字的直接来源；由于已割或拔的禾草已经枯萎，引申出枯萎义。曹植《赠丁仪》“黍稷委畴陇”（黍稷在田地里枯萎了）的“委”即是。后人加符（形符）艹以显义，写作“萎”，则“委”便成了别字。音同形近义异而别。

另，推荐词形“委靡”的异形词是“萎靡”，建议不写后者。

【萎葸不前】畏。“畏”，会意字，甲金文分别作[古文字]、[古文字]，右边的下部是面朝左的侧面人形和手形，人的上方是头戴假面具之形，像鬼。左边是树棍，会意为（头戴恐怖面具的）鬼物持树棍打人，义为恐惧，害怕。篆文讹变，写作[古文字]，在鬼头下加了一横，人字写在右下，树棍变形，写在人的左边。一横加在鬼头和人之间，疑表示头与人分离。又，一横加在人上，是兀wù字，表示削去头发，兀与表示鬼头的田字组合，会意为光头鬼。（“兀”见上“玩（顽）石点头”的解说。）楷书文字化，写作畏，会意和本义不变。葸

xǐ:畏惧。"畏葸不前"意为害怕不敢上前。

而"萎"见上,无害怕义,音近义异而别。

【未雨绸缪】未。"未"wèi,象形字,甲金篆文分别作(古文字形),像枝叶茂密重叠之形,义为枝叶重叠的树木。后本义消亡,假借表"无、不、没"义,此义古籍中常见。绸缪chóu móu从纟,从纟的字大都表丝、线、绳或与之有关的事物、行为、性状,义为用绳子捆扎。"未雨绸缪"出自《诗经·豳bīn风·鸱鸮chīxiāo》"迨dài天之未阴雨,彻彼桑土,绸缪牖yǒu户。"(鸱鸮——猫头鹰说,趁着天阴还没下雨,剥取那桑皮挖桑根,捆扎缠绕像窗和门一样的破洞)。比喻事先准备,防患未然。

而"末"mò,指事字,金篆文分别写作(古文字形),下部为木,即树;上加一横,表示所指的是树的末梢。(与"本",(古文字形)相反。本,指事字,木下加一横,表示所指的是树根,成语"本末倒置"即是此义。)"末"无"没"义,形近而别。

【闻过饰非】文。"文",象形字,甲骨文刻作(古文字形),金文写作(古文字形),篆文简化作(古文字形),像一个展开两臂正面站立的人,胸前有刺画的花纹,本义为文身的花纹。因花纹有装饰涂盖之含意,引申出文饰、掩饰之义。"文过饰非"是互文,"文过"即"饰非",意为掩饰过失、错误。

而"闻",甲骨文刻作(古文字形),中间是跪坐的人,人的右上部是人伸出一只手掩住面部的一边,人的左上部是画在人头上的放大了的耳朵形,三部分组合,会意为人掩住一边耳朵,用另一边耳朵侧耳倾听外边的声音,本义为听见。(创意极为高明!)金文写作(古文字形),也是由人手耳构成,只是把耳下移,在头上加了表示声音的三点,三点下边是人头、人头下边是人身和手。写法虽略有变化,会意和本义不变。小篆则留下了听觉器官"耳"字,外面变写作門,写作会意兼形声字(古文字形),从耳从门、门亦声。会意为辨门外之声,本义仍为听见。"闻"义为听见,无掩饰义,成语不是说听到过错就掩饰,音同义异误解而别。

【文丝不动】纹。解说见上。纹,形声兼会意字,从纟mì文声,声兼义。从纟的字皆表丝、线、绳或与之有关的事物、行为、性状。纟与义为文身的花纹义的文组合,义为丝纹、纹路。"纹丝不动"意为一点儿也不动。而"文"无丝纹、纹路义,成语也不是说一文一丝都不动。音同义异误会而别。

【四平八隐】稳。"稳"wěn,繁体字写作穩,形声兼会义字,从禾㥯声,声兼义。㥯yǐn,会意字,篆文写作(古文字形),从上到下由四部分组成,即手(向下抓持形)、工、手(右手握持形)、心。"工"见G部"异曲同功(工)"的解说,是夏商朝建房时用以捣筑土墙的工具,上三部分组合,会意为双手持"工"捣筑土墙;下加心字底,四部分组合,会意为心里的念头如"工"杵下捣连续不断冒出。这四部分再和禾组合,会意为舂捣禾谷连续不断，表义重点在所舂的禾谷上，义为除去秕糠后的谷实。由于手中有粮，心内不慌，引申为安稳，如“稳如泰山”，又引申为可靠，如“十拿九稳”。“四平八稳”形容说话、做事、写文章稳当，也指做事只求不出差错，缺乏创新精神。

而“隐”yǐn，形声兼会意字，从阝㥯声，声兼义。篆文写作𨼆，右边表示如工杵下捣连续不断冒出的念头，特指忧心。阝fù，象形字，甲金篆文分别作，是夏商时代从半穴居屋升登地面的台阶或挖刻在木头上的脚窝，也像山上的石阶，表示住处。左右组合，会意为心有念头藏在穴居屋，义为隐藏、隐蔽。“隐”无稳固、稳妥义，形近义异而别。

其他如“安稳、稳坐钓鱼船、稳如泰山、稳扎稳打、稳定、稳操胜券、十拿九稳”等词语中的“稳”都不可误写为“隐”。

【宁缺无滥】毋。“毋”wú来自于母。母，象形字，甲金文分别作、，两字是踞坐（跪坐）的双臂抱于胸前的女子的形象，胸前两点表示乳房，周金文把母字逆时针旋转九十度，写作，借母的音表示不要。如《诗经·小雅·角弓》：“毋教猱náo升木。”（不要教猴子上树，即猴子上树不要人教）。篆文简化，把两点连成一撇，写作。楷书为了区别，表示母义的写作母，表示不要义的写作毋。“毋”义为不要。“滥”义为过度、过多。“宁缺毋滥”意为宁可缺少一些，也不要不顾质量一味求多。

而“无”，繁体字作無，借音表示没有之义，无不要义，音同义异误解“无”字而别。

按，《现汉》认为，“毋庸讳言、毋庸置疑、毋宁”（推荐词形）中的“毋”也可写作“无”。而“毋妄言、临财毋苟得、临难毋苟免、宁缺毋滥”的“毋”不可写作“无”。

【跳午】舞。“舞”是象形字，造字高妙，演进痕迹清晰，甲金篆文各选两个说明：、；、；、。它们中间的“大”是正面的人形，左右臂下的笔画表示牛尾或树枝，甲金文第一字和篆文第二字加了左右止（有脚趾，有脚跟）即脚。各部分组合，会意为人挥动物件用双脚跳舞，或挥动树枝围火堆添柴祭天，或挥动牛尾扮鬼神祭祖。义为跳舞、舞蹈。原始舞蹈，呜呜歌呼，读作wu，这又是一个形义音统一的字，充分体现我中华先祖的高智异能！楷书承篆，抽象化规范化作舞，今仍能因形定义，义为舞蹈。

而“午”是另一个象形字，甲金篆文分别作、、，是舂禾谷的“杵”chǔ，中间的点表示手握持处，金篆文加了杵头，篆文习惯性地把点拉展成短横，并把杵头写成⌒，义为杵。“午”无舞蹈义，（“午”借作十二地支中的第七位，表时辰，即十一时至十三时，故有“上午、下午、午时”的词语。）音同义异而别。

其他如“歌舞升平、眉飞色舞、轻歌曼舞、手舞足蹈、舞厅、舞剑、载歌载舞、舞弊、舞文弄墨”等词语中的“舞”皆不可误写为“午”。

【除恶勿尽】 务。“务”繁体字写作務，形声兼会意字，从力敄声，声兼义。敄 wù，会意字，从矛从攵，金篆文分别写作、，左旁为矛字，右边下部是手，右边上部表示棍械，整个右边笔画像手执器械之形。左右两部分组合，会意为手执矛，本义为用矛刺击。務从力，从“力”的字一般表与力量有关的行动、性质。力与敄组合，篆文写作，本义为尽全力从事某事。由本义含有“尽全力”之意，引申出“必须”、“务必”义。“除恶务尽”意为铲除邪恶务必铲除尽，即从根本上消除邪恶。

而“勿”，象形字，甲骨文刻作、，金篆文分别写作、，形如刀旁有小的点状物，点状物表示血液，整个字像屠牛时，也包括屠马、羊，甚至屠人时血液溅刀，《甲骨文合集》中，有“勿牛”“勿马”“勿牡 mǔ”（公牛）、“勿牝 pìn”（母牛）、“勿羌 qiāng”（羌人）等贞文（占卜辞），本义为屠，由于屠牲不人道，引申为不好、不要。“勿”无务必义，成语不是说除恶不要除尽，音同义异误解而别。

【勿以类聚】 物。解说见上。“物”，形声兼会意字，从牛勿声，声兼义。甲金文分别作、，左边为牛，是牛的俯视图形，有牛头、牛角、身子、尾巴，一横表示牛胯。牛字的右边为勿，“勿”字见上条解说，牛与勿组合，义为屠杀祭牲。夏商朝大型祭祀的牺牲主要是牛，且很多，最多可达百头，其毛色难以一致，常呈杂色，故“物”本义为（可杀做祭牲的）杂色牛。由于牛呈杂色，后引申出杂物义，又引申出客观存在的物体义。“物以类聚”意为同类的东西（也指坏人）常聚在一起。

而“勿”（见上）无物体、东西义，成语不是说不要按照同类聚在一起，音同义异误解而别。

【勿伤其类】 物。解说见上。伤：感到悲伤。“物伤其类”意为动物因同类遭到不幸而感到悲伤，比喻人因同伙受到伤害而伤心。不可望文生义理解为不要伤害他（它）的同类。

另，“物极必反、物尽其用、物议（众人的批语）、物故（去世）”等词语的“物”皆不可误写为“勿”。

【好高鹜远】 骛。解说见上“除恶勿（务）尽”。“骛”，形声兼会意字，从马敄声，声兼义。敄义为刺击，刺击必然迅猛，马与敄组合，会意为马进迅猛，本义为马奔驰，引申为奔驰，奔驰则有所求，又引申为追求。“好高骛远”意为喜好高的标准，追求远大的目标，即不切实际地追求过高的目标。

而“鹜”，形声兼会意字，从鸟敄声，声兼义。敄与鸟组合，会意为鸟进迅猛，由于鸭子趋食迅猛，义为鸭子，无追求义，音同义异而别。

另“心无旁骛”（不在正业以外有所追求）的“骛”亦不可误写为“鹜”。

【趋之若骛】 鹜。解说见上。“趋之若鹜”意为像鸭子趋食一样地跑过去，比喻许多人去追逐不好的事物。

X

【汲取教训】吸。"吸"xī，解说见J部"吸(汲)取营养"条。"汲"音jí。

【物以希为贵】稀。"稀"本写作希，会意字，从爻yáo从巾。篆文写作[篆文]，上部笔画表示扎得稀疏的篱笆；下部的巾，象形字，甲金篆文分别作[甲文]、[金文]、[篆文]，像下垂的佩巾，一般是麻织物。(贵人用丝织的佩巾，明代才有棉织物)楷书把"希"的第二个乂yì写成ナzuǒ。上下组合，会意为像稀疏的篱笆一样织得稀疏的麻布巾，义为稀疏的麻布。由于这种布用麻少，不稠密，引申为稀少。后人加禾旁显义，"稀"便成了从禾希声，声兼义的形声兼会意字，义为禾苗稀疏，引申为稀少。"物以稀为贵"意为东西稀少便显得珍贵。"稀少"义既用"稀"，则"希"是别字。

按，"稀""希"是易混的两个字。二者都有"少"义，如"稀罕、稀奇、稀世、稀少、稀有"(推荐词形)等，第六版《现汉》认为它们的"稀"也可写作"希"。

由"少"义引申出来的水多(固体少)义写"稀"，如"稀释、稀薄、稀饭"，不写"希"。

由"少"义引申出来的物体距离远义也写"稀"，如"月明星稀、地广人稀"，不写"希"。

【稀求】希。解说见上。"希"义为麻布稀疏，稀少则望其稠，引申出希望义，故"希求(希望得到)、希冀(希望)、希图、希望"的"希"都不可写作表"少"义的"稀"。

【分崩离折】析。"析"xī，会意字，从木从斤。甲金篆文分别作[甲文]、[金文]、[篆文]，左边是木，右边是横向刃的斧头——斤，两部分组合，会意为劈开木头，本义为破木。由于用斧破木含有把木剖分开来意，引申出分开、分散义。"分崩离析"形容集团、国家等分裂瓦解。

而"折"zhé，会意字，甲金文分别作[甲文]、[金文]，甲骨文左边构件和金文右边构件表示斧头，另一半表示断木，左右组合，会意为树木被斤砍断，本义为折断。小篆由正篆[篆文]变写为[篆文]，因左旁笔画和手相近而写成从扌从斤的会意字了，不过本义依然为折断，无劈开、分开义，形近义异而别。

【条分缕折】析。解说见上。"析"由

破木义引申出剖析义、辨析义。“条分缕析”意为一条条一缕缕地剖析，即形容分析得细密而有条理。

【淅淅沥沥】淅。“淅”xī，形声字，从氵析声。从氵的字大都表水或与水有关的意义。“淅沥”从氵，表示水的声音，是拟声词，形容细微的雨声，词义扩大，也形容细微的风声、落叶声等。

而“浙”zhè，形声兼会意字，从氵折声，声兼义。折（见上）义为折断，含曲折意，氵与折组合为浙，会意为曲折的水，江名，又名之江（之形曲折的江）。“浙”无细微的雨声义，形近义异而别。

【思路清晰】晰。解说见上。“晰”，形声兼会意字，从日析声，声兼义。从日的字基本都表日、日光或与之有关的行为、性状。析，义为分析、辨析，日与析组合，会意为在阳光下剖析，义为清楚，明白。“思路清晰”意为思路清楚。而“淅”（见上）是拟声词，无清楚义，音同形近义异而别。

【细听尊便】悉。“悉”，会意字，从釆从心。釆 biàn（不是“采”），见 S 部“爱不失（释）手”的解说，是兽蹄印的象形。心，象形字，甲金篆文分别作[古文字]、[古文字]、[古文字]，像心脏。“悉”，篆文写作[古文字]，上下两部分组合，会意为用心辨识兽蹄印，上古先民狩猎，必须细心辨识清楚兽蹄印，故其本义为心里辨识清楚，引申为详尽，全面，完全。尊：敬称对方。“悉听尊便”意为完全听凭你自己方便处理，即不过问，全由你自己做主。

而“细”，会意字，从纟 mì 从囟 xìn，篆文写作[古文字]。细从纟，表示蚕丝，蚕丝细微；从囟，表示囟门，囟门跳动微细（楷书把“囟”讹变为“田”），两部分组合，义为细小，引申为仔细，无完全义，成语不是说仔细听凭你自己方便处理，音近义异误会而别。

【嘻笑怒骂】嬉。“嬉”xī，形声兼会意字，从女喜声，声兼义。“喜”，会意字，甲金篆文分别作[古文字]、[古文字]、[古文字]，最上部是鼓的饰物，甲骨文的曰形笔画表示鼓面，内中的短横表示长期击打留下的印痕，金篆文把曰中的短横上移，曰下的笔画表示鼓架子，最下是口字，表示人的口，四部分组合，会意为听到鼓乐而开口乐，笑，高兴。“喜”与“女”组合，会意为女孩喜欢乐、笑、游戏，本义为游戏取乐。“嬉笑怒骂”意为（以玩笑取乐的方式）奚落，嘲笑，怒斥，责骂，形容人言谈、写作不拘守规格，纵情发挥。

而“嘻”，形声兼会意字，从口喜声，声兼义。口与喜组合，会意为口发欢乐的声音，是拟声词，无游戏取乐义，音同形近义异而别。

【文恬武戏】嬉。解说见上。文：文官；武：武将；恬：安然，见 T 部“括（恬）不知耻”的解说。“文恬武嬉”意为文官贪图安逸、武将贪图玩乐。

而“戏”繁体字写作戲，会意字，金文写作[古文字]，左旁上部是虎形的大略图，以夸张的虎头示意，下部的口表示鼓身，口下是鼓架，右边是戈。三部分组合，会意为头戴虎形面具，手持武器戈，在鼓声中比武角力。篆文把虎形改用虎的花纹表示，写作，虎纹下的豆形笔画表示鼓，见上“嘻(嬉)笑怒骂”的解说，今简化作戏，本义是比武角力。《左传》：“少室周……闻牛谈有力，请与之戏，弗用。”(少室周……听说牛谈有武力，要求跟他比武，没取胜。)由于戴面具比武也适于戏舞，引申为游戏，又引申为杂技和歌舞表演。“戏”虽也有游戏义，但无贪玩儿取乐义，成语不是说文官贪图安逸，武将喜欢听戏，音近义异误解而别。

【嘻笑颜开】喜。“喜”的解说见上“嘻(嬉)笑怒骂”条。“喜”义为快乐，高兴。“喜笑颜开”意为心情快乐满脸笑容。而“嘻”只表喜笑的音，故别。

【辗转流徒】徙。“徙”xǐ，会意字，从辵从行省(省去亍 chù)。徙，甲金文分别作、，左边是彳 chì，是行(十字路一半)的象形，也表行走。甲金文的右边是双足的象形，楷书把“足”写作“止”；篆文把彳写成彡，把下“止”移至其下，整个字写作。楷书恢复彳旁，下“止”不移，抽象化成徙。各部分组合，会意为在路上走，本义为迁移。“辗转流徙”意为经过许多地方，到处流动迁移，没有安定的生活。

而“徒”tú，形声兼会意字，从辵 chuò 土声，甲骨文刻作，上部表某地，下部为止，即脚，四点为土灰，三部分组合，会意为脚在地上走。金文写作，加了“彳”，上部写成了“土”，篆文把“止”左移，写在彳下，写作，楷书把“止”移回，写作徒，会意依然为脚在地上走，本义为步行。“徒”只表步行，无迁移义，形近义异而别。

【曲突徒薪】徙。解说见上。突：烟囱。“曲突徙薪”意为使烟囱弯曲，把柴火从灶口搬迁开，比喻事先采取措施，防止(火灾)危险发生。

【声闻暇迩】遐。遐 xiá，形声兼会意字，从辶 chuò 叚声，声兼义。叚 jiǎ，金文写作，左上部表示上部前突的山崖，两短横表示山崖上的石块，下部和右上部是手。篆文写成。四部分组合，会意为用手取得山崖上的石块作器物用，本义为石器。由于上山路远，为了表示远义，便给叚加了表示走路义的辶，写作遐，义为远。迩：近。“声闻遐迩”意为远近闻名，形容名声大。

而“暇”，形声兼会意字，从日叚声，声兼义。从日的字基本都表日、日光或与日有关的意义。日与叚组合为暇，会意为日光照着石器，(石器之所以能被日光照着，因为没使用，空闲着)义为无事时，空闲。“遐”无远义，故别。

【应接不遐】暇。解说见上。“应接不暇”形容一路上风景优美，看不过来(没有空闲看)，也形容来人或事情太多，接待应付不过来。

【暇不掩瑜】瑕。解说见上。“瑕”，形声兼会意字，从王叚声，声兼义。王是玉，中国是玉文化氛围浓厚的文明古国，2008 年巢湖凌家滩玉文化遗址出土的五千年前的数量惊人的玉充分证明了这一点。玉，象形字，甲骨文刻作[古文字]、[古文字]、[古文字]，是绳子串联的上部表示绳头的五块、四块、三块玉的象形，也刻作省去绳头的丰；金篆文写作王，即“玉”。但这个王（玉）和篆文帝王的王[古文字]不易区别（帝王的王甲金文分别作[古文字]、[古文字]、[古文字]，是斩杀人的大斧形，上两横表示斧头把儿和销子，所以王字上两横挨得近。这个大斧为部落首领、酋长、侯王所专有，借以表示握有杀伐大权的人）。为了让玉和王字有区别，楷书给表示玉的王字上加一点（玉上常有斑点），写作玉，故楷书从王的字皆表玉或表与玉有关的事物、行为、性状。叚，表山上的石块，与玉组合，会意为玉石，古代特指带红色的玉，由本义引申出带红斑的玉、带疵点的玉或玉的疵点；再由玉的疵点引申出缺点。瑜：美玉的光彩，比喻优点。当玉作偏旁时，省写一点，直接写作王。“瑕不掩瑜”比喻缺点掩盖不了优点，优点是主要的，缺点是次要的。

另，“白璧微瑕、纯洁无瑕、瑕瑜互见、瑕疵（小缺点）”中的“瑕”均不可误写为“暇”。

【席不暇暖】暇。解说见上“声闻暇（遐）迩”条。席：坐席，唐代和唐代以前无桌、椅、凳、床，人们休息和静处 chǔ 时跽跪在坐席、垫子或地上。“席不暇暖”意为坐席都没闲空焐暖就走了，比喻忙得很。

【扣人心舷】弦。“弦”，会意兼形声字，从弓从玄，玄亦声。“玄”象形字，甲金篆文分别作[古文字]、[古文字]、[古文字]，8 形的笔画是丝束的象形，由于丝束缩张力的作用，常态下呈一圈一圈的 8 形。甲骨文用在水中漂染丝束会意，丝束间的点和丝束两边的曲笔形表示水，古代丝常染黑，故玄义为黑。篆文为了和糸 sī 区别，横加了一个弧笔。玄和弓组合为弦，会意为弓张上了丝线，本义为弦。“扣人心弦”形容诗文、表演等有感染力（如同弓扣上弦，将要开射一样），使人心情激动。

而“舷”，会意兼形声字，从舟从玄，玄亦声。义为船的两侧边沿。船两侧成弧形，如安上丝弦的弓一般，也借指飞机的两侧边沿，但无弓弦义，音同形近义异而别。

【挟赚报复】嫌。“嫌”xián，形声兼会意字，从女兼声，声兼义。兼义为手持二禾，见 Q 部“歉收减产”的解说。从女的字皆表女性或与之有关的行为、性状。古人认为女性心胸狭窄，容易感到不满，女与兼组合，会意为女持禾，义为（感到禾谷少或籽粒不饱满）不满意，引申为怨恨。“挟嫌报复”意为怀着怨恨报复人。

而“赚”zhuàn，会意兼形声字，从贝从廉省（省去广），廉亦声。（只要该字和声旁字韵母相同、相近就是形声字，而不考虑声母和声调是否相同，也不考虑有无介音。）见拙文《形声字摭微》。“贝”是商朝周朝的货币，长约两厘米，宽约一点五厘米，产于南海（今舟山一带古称南海；今贝略大一点儿），从贝的字皆表钱财或与之有关的事物、行

为、性状。廉，从广从兼。广，甲金篆文分别作、、，是远古人就土崖或石崖搭建的没有前墙的大房子。兼，表两物相并。广与兼组合，会意为并附在大屋的两侧边。由于侧边有边棱，引申比喻人品行方正，如“廉隅自守”。品行方正的人安守清贫，引申为钱少；钱少则价低。贝与省去了广的兼组合，会意为通过低价买高价卖获得财利，义为获得财利。“赚”无不满、怨恨义，形近义异而别。

另，“尽释前嫌、嫌贫爱富、嫌疑、嫌犯”的“嫌”也不可误写为形近而误的字“赚”。

【寡廉嫌耻】鲜。“鲜”xiǎn，会意字，从鱼从羊。金文有多个字形，代表性的字是，上部是羊，下部是鱼；篆文写作，左边是鱼，右边是羊。左右组合，会意为有新鲜气味的鱼，即有腥味的鱼，本义是鲜鱼。由于鱼腥味用字表达不出，便借用羊的好吃的膻味表示，所以右边的表膻味的字——羊（甲骨文是三个羊字呈品字形排列，后代省去下面的两个羊字，只留上边的羊字）并不实指羊。由于夏商朝美味的鱼烹好的很少，引申出少义。（一说假借为少）“寡廉鲜耻”意为少有廉耻，即不廉洁，不知羞耻。

而“嫌”xián见上，无少义，故别。

另，“鲜见、鲜有、鲜为人知、靡（没有什么）不有初，鲜克（能够）有终”（凡事莫不有开始，可是很少能够最后有成。《诗·大雅·荡》）中的“鲜”也不可误写为“嫌”。音近义异而别。

【图穷匕现】见。“见”，会意字，从目从人，甲骨文刻作、，金篆文分别写作、，上部是目，下部是跪坐的人，上下组合，会意为人睁着眼有所看见，义为看见，看见是主动的，引申出表露在外面使人可以看见义，破读为xiàn，义为露出。“图穷匕见”意为地图展开到最后出现一把匕首，比喻事情发展到最后，真相或本意表露出来了。

而“现”，形声兼会意字，从王见声，声兼义。王是玉，见上“暇（瑕）不掩瑜”的解说。王与见组合，会意为看见了玉，义为玉的光芒，引申为显露、出现，由于显露、出现是眼前的现象，又引申为现在。“现”无看见义，故别。音近义异而别。

【华佗再现】见。解说见上。“华佗再见xiàn”意为华佗再次显现，比喻夸赞医生医术十分高明。

【昙花一见】现。解说见上。“昙花一现”比喻稀有的事物或显赫一时的人物出现不久就消逝。

“现”义为出现，而“见”无出现义，故别。音近义异而别。

【大现身手】显。解说见上。“显”繁体字写作顯，形声兼会意字，从页㬎xiǎn声，声兼义。顯，甲骨文刻作，右边图形表示晾晒在架子上的一些丝束，左边为水，会意为晾晒的丝滴着水，义为潮湿。是楷书濕的渊源，今简化为湿。金文把顯写作，丝束上加了日，右边加了表示人头的图形，有夸张的大眼，眼上有上扬后飘的头发，眼下有身子。右边笔画会意为睁大眼清楚

地看。楷书把这一构件写成頁，今简化为页。整个金文会意为人在太阳下明显地看到了丝，义为明显。是楷书顯的渊源，今简化作显。篆文有两个：、，前一个，楷书写作濕(湿)，义为潮湿；后一个楷书写作顯(显)，义为明显。由于明显含有清楚展露在外意，引申为显露。“大显身手”意为充分显露自己的本领。

而“现”见上，无显露义，音近义异而别。

【倾情呈现】献。“献”，会意字，甲金篆文分别作、、，甲骨文从鬲 lì 从犬，鬲是上古(汉秦周商)烹煮肉食的鼎器，上有锅体，下有三足，右边是犬的象形，会意为用狗肉献祭，义为把犬牲献给神灵先祖。金文篆文在鬲上加了虎字头做声旁；隶变(隶书变写)后楷书写作獻，俗字写作献，今以俗字作简化字，它们的会意和犬牲献祭的本义不变。其引申义为奉献、呈献。“倾情呈献”意为用全部激情奉献(给人)。

而“现”见上，义为玉光，引申为出现、现在，无奉献、呈献义，成语不是说用全部激情呈上现出，音同义异误解而别。另，“呈现”有词，义为现出，如“呈现红色”。

【划清思想界线】限。“限”，会意字，从阝 fù 从艮 gěn。金文写作，左边是从建于土层厚的土丘上的半穴居的房子升登地面的台阶或刻挖在木头上的脚窝象形，也像山上的石阶，表示土丘、高阜、地方，右边是人朝右，面朝左的人(以大眼角在左的“目”表示)，两部分组合，会意为回头看，被高阜挡住了。篆文写作，是楷书“限”的直接来源，本义为阻隔。由于阻隔有定出范围限制人的意思，引申出界限、限度义。“划清思想界限”意思是划清思想认识的限度。

而“线”繁体为綫，会意字，从纟从戔。篆文写作，左边是丝、线、绳，右边是两个戈；两个戈会意为两把戈切割兽肉，切割下来的肉比躯体小，引申出小、少义，如“浅、贱、钱(指贝币或铜钱)、栈”都含少、小之意。左右两边组合，会意为绳类物之小者的细绳。

从字形和字形体现的字义看，“限”和“线”都有不同事物的分界之意，但“界限”的含意是虚的，多指概括性抽象性事物的分界或抽象事物的尽头，如“无限风光、思想界限、野心没有界限”；“界线”的含意是实的，指地方、场合以及具体事物的分界或边缘，如“有线电视、土地界线、是非界线(一边是是，一边是非)、这座山是两国的界线”。思想中是不会有线的，音同义异误解而别。

【语焉不祥】详。“详”，形声兼会意字，从讠羊声，声兼义。讠表语言、说话、谈论。羊，象形字，甲金篆文分别作、、，是羊的象形。讠与羊组合，会意为数说羊的事，义为审察、细论。由于审查、细论含有易了解，能透彻之意，引申出(话语)清楚、明白义。“语焉不详”意为话说得不够清楚明白。(焉：配音节。)

而“祥”原为羊，商周朝人认为羊是吉祥之物，祭祀祈求吉祥用羊，义为吉祥。篆文加了神示旁礻，楷书写作祥，会意为神显示吉象，义依然为吉祥。“祥”无清楚明白义，音同形近义异而别。

【耳熟能祥】详。解说见上。“详”由审查、细论含知道得透彻清楚之意引申出详尽完备义、细致义。“耳熟能详”意为耳朵听多了，熟悉得能详尽地说出来。

另，“安详（安然详明）、周详、详细、详尽、详备”中的“详”均不可误写成“祥”。

【吉详和睦】祥。解说见上。“吉祥和睦”意为吉利平和融洽友爱。

【望其向背】项。“项”，会意字，从页从工。从页的字皆表颈以上的部位或与头有关的行为，见Q部“顷（倾）家荡产”的解说。工，指杀人行刑的大斧，见G部“鬼斧神工”的解说，工与页组合，会意为以斧斩向头颈部位，义为颈项。背指脊背，见B部“并行不背（悖）”的解说。“望其项背”意为能够望见别人的颈项和脊背，表示赶得上或比得上（多用否定式，如：不可望其项背）。

而“向”，会意字，甲金篆文分别作[illegible]、[illegible]、[illegible]，外框是房屋轮廓，口表示牖（窗户），会意为墙上有窗，义为北向墙上的窗子，（南面开的是门）引申为方向，无颈项义，成语不是说望见他的人心向背，音同义异误解而别。

【响往】向。解说见上。由窗子朝北引申为方向、趋向，由于趋向的目标——人、事、物是人们尊崇、追求的目标，引申为崇尚。“十分向往”意为因崇尚爱慕某种事物或境界而希望得到或达到。

而“响”，形声兼会意字，从口向声，声兼义。口与向组合，会意为口开得如同窗户一样大，义为大声，无崇尚义，音近义异而别。

【响望】想。“想”，形声兼会意字，从心相声，声兼义。相，会意字，从木从目，甲金篆文分别作[illegible]、[illegible]、[illegible]，两部分组合，会意为用眼观察树木，义为认真观察树木。心与相组合，会意为心欲观看树木，义为想。想：心想之；望：意望之。“想望”义为希望，如“十分想望成为教师”；又义为仰慕，如“不胜想望之至”。

而“响”见上，无希望、仰慕义，音同义异而别。另，“想望”，和“向往”（见上），义不同，音也有别。

【包罗万像】象。“象”，象形字，甲金篆文分别作[illegible]、[illegible]、[illegible]，是大象的象形，义为大型哺乳动物“象”。后代引申为样子、形状义，如“景象、形象、印象、气象、表象、迹象、假象、险象、象征、想象（推荐词形，‘想像’是异形词）”。那么，它是怎样引申的？战国人韩非子在《韩非子·解老》中说：“人希（稀）见生（活）象也，而得死象之骨，案其图以想其生也。故诸人之所以意想者，皆谓之象也。”（人们很少见到活象，可是得到了死象的骨骸，就按照它的样子来想象它活着的样子。所以人们把意想的意思都叫作象了。）古贤在两千二百多年前对象的引申义的解释多么准确而生动。“包罗万象”意为包容罗网各种景象，形容内容

丰富,无所不包。

而"像",形声兼会意字,从亻象声,声兼义。会意和本义为比照人物做成的图形,如"画像、摄像、录像、雕像、佛像、偶像、人像、图像、肖像、遗像、像章"。"象"表事物本身的样子、形状,含义较抽象,而"像"表加工制作后的样子、形状,含义具体,音同义异而别。

另,"象"曾作为"像"的简化字,1986年10月10日国家语委在《关于重新发表〈简化字总表〉的说明》中规定,"象"不再作为"像"的简化字,"像"也不再是"象"的繁体字。

又,"象"还假借为仿效、模拟义,如象形、象形字、象声词等。

再,除了表示事物本身的样子、形状义和仿效、模拟义用"象"字外,其余都写作"像",如"他像他舅(动词)、天像要下雪了(估测语气副词)、像这种好人,我认为很多(介词)"等。

【像貌】相。"相"见上"响(想)望"的解说。相有两读,一读xiāng,表示看、观察,如:"相亲、相中"。二读xiàng,表示由观看义引申出的被观看者的形态义,即相貌,亦即(给人看的)人面部长的样子,如"长相、聪明相、可怜相、狼狈相"。

而"像"见上,无观看义、相貌义,故别。

【像片　照像】相。"相片"和"像片"孰正孰别?主张"像片"为正字的理由是:"像"是人像,人像的片子当然应写像片。但这是误解。"像"的基本义是比照人物做成的图像,故人像是刻画人体或相貌的绘画、雕塑、摄影等艺术品。它是加工制作的像,是名词。而"相"是动词,义为观看。"相片"是供人观看的照片。"照相"义为照射人的相貌,即摄影。《现汉》有"相片"词条而无"像片"词条就明示这一点。同样,"相机"是拍摄供人观看的照片的机子,"相册"是存放供人观看照片的簿册。"像"无观看义,所以没有"像片、照像"词。

【吉人天向】相。解说见上。由于观看含有关注之意,引申出看护、关爱、保佑义。"吉人天相"意为吉善的人自有上天看护保佑。

而"向"见上"望其项背"的解说,无关爱、保佑义,成语不是说天向着他,音同义异误解而别。

【消声匿迹】销。"销",形声兼会意字,从钅肖声,声兼义。"肖",会意兼形声字,从小从月,小亦声。这是一形二义的字,其一义见《侯马盟书》的古文,又见金文,上部是小,古文的下部是半月,金文的下部是弦月,都是从月与小的组合来会意,从月圆到晦朔(月末和初一)月亮逐渐变小直至消亡,本义为衰微、消失。

"肖"的第二义是,月又解作肉,从月的字除"朗、朝、明"等少数字确与月亮有关外,其他都表示肉。小与月组合为肖,义为细碎的肉,肉末,见S部"稍(少)安毋躁"的解说。

"销"从钅,从钅的字基本都表金属或与之有关的物件、行为、性状。"钅"和"肖"组合,会意为金属像肉末一样化开,义为固体金属熔化,如“销锋镝铸以为金人十二”(熔化刀和箭铸成十二座铜人)。又义为使原有的物件消失。“销声匿迹”意为声音消失了、形迹不见了,即不再公开讲话,不再出头露面,形容隐藏起来或不出现。

而“消”,形声兼会意字,从氵肖声,声兼义。氵与肖组合为消,会意为肉末遇水而散开,义也是消失。“销”“消”都有消失义,但“销”用于金属(故从钅),“消”用于水、冰、雪和溶于水的物质(故从氵);“销”侧重于原有物件当即消失、除去,如“销毁、报销、销赃、销账、销售(卖出后,物件不存在了)”,“消”侧重逐步散失、灭掉,如“消气、消暑、消毒、消炎、消灭”。“消”不表当即散失义,音同形近义异而别。

【消赃灭迹】销。解说见上。“销赃灭迹”意为销毁赃物,除去罪迹。

【积毁消骨】销。解说见上。积:聚;毁:毁谤;销:熔化。“积毁销骨”意为毁谤积多了,连骨头都能化掉,比喻毁谤太多,使人无法申辩而难以自存。

【一笔勾消】销。解说见上。“一笔勾销”意为毛笔一勾画,当即就消失,比喻把一切完全取消。

【烟销云散】消。解说见上。“烟、云”皆是水汽,且是逐步消失的,故用“消”;它们不是当即消失的,故不用“销”。

总之:“销”主要用于金属,含当即、一次性地消除之意;“消”主要用于水、烟、气、云,含逐步消散失去之意。若此二意不显,仅表一般性的消失,则“销”“消”通用。如“销魂、花销、撤销”(推荐词形)也可写作“消魂、花消、撤消”;“消纳、消歇”(推荐词形)也作“销纳、销歇”。

【霄衣旰食】宵。“宵”,会意字,从宀mián从小从月。金篆文分别写作、,三部分组合,会意为在屋内向外望已经升高而显得小的月亮,义为夜。衣:破读为 yì,义为穿衣。旰 gàn:晚上。“宵衣旰食”意为天不亮就穿衣工作,天黑了才吃饭(第二顿饭,古代吃两顿饭,早饭在辰时即七至九点吃,晚饭在申时即十五至十七点吃,今北方农村农闲时仍有吃两顿饭的习惯),形容勤于政务。

而“霄”,会意字,从雨从小从月,三部分组合为霄,会意为能生雨出小月的地方,义为天空,无夜义,音同形近义异而别。

【九宵云外】霄。解说见上。“九霄云外”形容远得无影无踪。

另,“直上重霄、霄壤之别、直冲霄汉(银河)”中的“霄”均不可误写为“宵”。

【门庭箫瑟】萧。“萧”,会意兼形声字,从艹 cǎo 从肃,肃亦声(今不能表声)。肃的繁体字为肅,“肅”,会意字,从聿 yù 从㳄 yuān。分述如下:

聿,来源于建。建,会意字,甲骨文刻作,下部是舟,舟上是人,人伸出手持树棍——篙,会意为人持篙撑船。(“津”的甲骨文与“建”同形,会意也是撑船。)金文写作,上部的表示手,一竖表示篙,下

有做篙用的树的枝杈，舟讹变为竖弯笔画和两短横，两短横写在枝杈下，会意也是撑船。篆文写作，右边是手持篙形，左旁变写为彳chì的变形字。彳是行的一半，表示小步行走。由于撑船走水路，水路大都较长，故把彳拉长并曲折之，表示漫漫（撑船）长路。楷书把篆文的左边偏旁规整成偏旁廴yǐn，写作建。

㴑，象形字，甲骨文刻作，像一方水，内里三道长曲笔画表示大波浪，有大波浪的水是深水。金文写作，右边外框为水岸，上下不封口是因为有注入河道和流出河道。上下四点是小波浪，之所以是四点，是因为水面大，又是远视的结果。横T笔形表示有回水的深水，且左旁加了水字，更显此义。篆文写作，内中的折笔有四个，表示四个旋涡，进一步夸张是深水。

肃，会意字，从㴑从建省（省去廴），写作肅，今简化作肃，会意为撑船行于深渊之上，十分害怕小心，义为严峻，又义为小心谨慎。由于小心谨慎必然静而无声，艹与肃组合，会意为静寂的野草丛。由于野草呈芜杂荒寂冷清状，引申出荒寂无生气义。“门庭萧瑟”意为院门内外荒寂冷落的样子。

而“箫”，形声兼会意字，从竹肃声，声兼义。肃有撑船的会意，撑船常用竹子做篙，竹与肃组合，会意为像撑船的竹子那样的物件，义为竹制的乐器，没有荒寂无生气义，音同形近义异而别。

另，“秋风萧瑟（秋风吹得叶黄枝疏和树木瑟瑟发声的样子）、萧索、萧条”的“萧”均不可误写为“箫”。

【祸起箫墙】萧。解说见上。萧墙是春秋时鲁国国君用的屏风名，萧，“从肃得声”，且与“肃”字形相近，人臣见“萧”而知肃敬；墙，指屏风。由于这一屏风用在宫殿中而引申比喻内部。“祸起萧墙”意为祸害起于内部。

【混消是非】淆。淆 xiáo，形声兼会意字，从氵肴声，声兼义。“肴”yáo，会意字，篆文写作，下部为肉，见S部“稍（少）安毋躁”的解说，上部两个交叉的爻 yáo 笔画表交错，楷书把第二个乂yì书写成𠂇zuǒ，爻与月组合为肴，会意为肉的纹理交错，由于熟肉的纹理才会交错，本义为熟的鱼肉等荤菜。

“淆”从氵，从氵的字大都表水或与水有关的事物、行动、性状。熟肉已烂，含有（纹理）乱义，经水则乱状更显，故“淆”义为乱。“混淆是非”意为使是非的界限模糊。

而“消”xiāo 见上“消（销）声匿迹”条的解说，无乱义，词语不是说混杂并消失了是非，音近义异误会而别。

【不孝子孙】肖。“肖”xiào，解说见上“消（销）声匿迹”条，“月”是肉，“小”义为细微，“月”与“小”组合，会意为很小的肉，意为肉末、肉丁，肉末、肉丁只有细微差别，引申指在皮肉上，进而指相貌上和父母、祖先只有细微差别而总体上大致相似，后用法扩大到才能、德行、功业等方面与父母、祖先相似；“不肖”则“不似其先”。“不似其先”指不能继承祖辈、父辈事业或违背祖辈、父辈遗志，也就是不好。“不肖子孙”意为品行不好的子孙。

而“孝”，会意字，从子从老省（省去匕），老又从考变。分述之：

考，甲骨文刻作、，左下部一竖表示拐杖；上部向上飘的三道笔画表示散乱的头发，第二字上部曲折上斜的一画表示稀疏不易梳理因而散乱的头发，其他的笔画表示老人的头，头下是伸出拄杖的手和弓背的身子、腿。三部分组合，会意为头发疏乱又弓背的人拄着拐杖，义为老人。金文把拐杖写成一竖加上一短横，（便于握手）更像拐杖，写作，篆文把金文表示拐杖的竖笔曲折美化，写成，隶书楷书把表示弓着背的身子和腿的右下笔画省去，写作考，本义为年老。

老，出现于周朝末年，即战国后期，殳季良父壶金文写作，用匕 bǐ 代替“考”中的丂 kǎo。匕表雌性，见 Q 部“顷（倾）家荡产”条的解说，盖因女子寿命长于男子，加之古代战乱频仍，男子大量死亡，老人中常见老妇，故以表雌性的“匕”表示老人。篆文写作，隶楷书依然省去右下一笔，写作老。

孝，会意字，金篆文分别写作、，用“子”换去“匕”，会意为子孙搀扶老人。隶楷书依然省去右下一笔。“孝”义为孝顺，无不好义，不是说不孝顺的子孙，音同义异词语误解而别。

按，“不孝子孙”亦可表意，即不孝顺长辈的子孙，但没有“不孝子孙”的成语。

【笑傲江湖】啸。解说参见上文“门庭箫（萧）索”。“啸”xiào，形声兼会意字，从口肃声（今不能表声），声兼义，“肃”繁体写作肅，金文的另一个写法写作，上部的表示手，加一竖表示手持竹篙，下部中间是舟，舟的左右两边各是手，表示两个人，四部分组合，会意为二人撑篙驾驭小舟，由于水上行船危险，本义为严峻。

篆文把字整齐化，写成，成为楷书的直接来源。由于肃的会意是驾驭小舟在水中前进，水上行船很快，引申为急速义。“肃”加口旁，义为撮口发出的急速又长而清亮的声音。“啸傲”是古代隐士（有学问有道德却不做官，生活在山林、田间、俗尘中的人）典型生活形态。“啸傲江湖”意为在四方各地过着（拉长音调高叫的神态傲然的）逍遥自在不受礼俗拘束的生活。

而“笑”，形声兼会意字，从竹夭声，声兼义；“夭”，象形字，甲金篆文分别作、、，像人曲身摇首上下甩袖婀娜而舞的样子，义为婀娜起舞。竹与夭组合，会意为竹经风而出声，且屈伸摇摆与人大笑出声前仰后合相似，义为因喜悦而开颜或出声，无长而疾呼之义；自金庸杜撰出《笑傲江湖》以来，这一别字便层出不穷；《现汉》并无这一成语，音同义异严重误解而别。

【狭制】挟。“挟”xié，繁体写作挾，形声兼会意字，从扌夹声（今不能表声），声兼义。“夹”，会意字，从大从人。甲骨文刻作、，二期甲骨文刻作，金篆文分别写作、。“大”是正面的人字，一横是双臂，臂下有一人或两人，会意为两人从腋下夹持一个人，本义为从左右相持，引申为挟制。由于能挟制，引申为有势力迫人服从，“挟制”义为倚仗势力或抓住人的弱点强使服从。

而“狭 xiá”是后起字，形声兼会意字，从犭夹声，声兼义。犭，象形字，甲金篆文分别作、、，是狗的象形，楷书写作犬，作偏旁用时写作犭。夹，义为夹住。由于夹住则空间窄，引申为心胸窄。古人以为犬好争食而斗，见人而吠，其性褊狭，故用犭与夹组合表示狭窄、狭隘，无以力强使服从义，形近义异而别。

【狭嫌报复】挟。解说见上。“挟”义为挟制，有所挟制则有所怀藏，引申为怀藏，“挟嫌报复”意为怀恨报复人。

【齐心胁力】协。“协”繁体写作協，形声兼会意字，从十劦声，声兼义。“劦”xié，会意字，从三力，力是夏商朝的农具耒 lěi。分述之：

耒，甲骨文是象形字，刻作，像树杈经加工制作的掘地的“犁”，两道斜直的短横线是起加固作用的木头。掘地时，一人在耒后扶耒柄，一人在前拖拽。另一甲骨文和金篆文分别作、、，金文加了扶耒的手，篆文把手变写为三斜笔，因是木末，下部写作木。金篆文成了会意字。

劦，会意字，甲骨文刻作三把简示的耒，金文写作，加了口字，突出农作时同声合力歌呼助劳之意。篆文写作，把金文上部笔画变写为三个力，呈品字形排列，省去口，会意为合力耕作。上古（汉秦周商）实行耦耕法，即两人或三人并排而耕，如《论语·微子》：“长沮、桀溺耦而耕。”篆文的三个符号组合，会意为同心协力耕作，本义为同力。后代加大数“十”强调多，写作協，今简化作协，会意为多人同力，义为共同。“齐心协力”意为众人一心，共同努力。

而“胁”繁体写作脅，形声兼会意字，从月劦声，声兼义。从月的字除“朝、朗、明”等少数字以外，基本都表肉体或与之有关的性状。月与劦组合，会意为肉体上共同发力的部位，义为两肩至腋窝处，如“胁肩谄笑”（耸起两肩装出谄媚的笑容）；又义为从两肩下至腰胯以上的部位，如《左传》：“曹共公闻其骈胁，欲观其裸。”（曹共公听说晋公子重耳的肋骨是左右成对的整片，想乘重耳洗浴时偷看他的身体。）“胁”无众人同力义，音同形近义异而别。

另，“威胁（用武器威迫人胁部）、胁从、胁肩谄笑”中的“胁”也不可误写为“协”。

【改斜归正】邪。解说见上。“邪”，形声字，从阝 yì（在右）牙声（今不能表声）。阝在右，即邑，会意字，甲金篆文分别作、、，上部的方框表示某地、某区域范围，下部是跪坐的人，中古（唐至魏）、上古（汉秦周商）人们席地跪坐，臀部坐于平放的脚心上，会意为人居住的地方，义为人聚居处。楷书把跪坐的人写成巴，整个字写成邑，会意和本义不变。邑作偏旁时写作阝（在右）。阝的左边加牙，组成形声字，作为一个地名——琅邪 yá，（也写作琅琊）后邪 yá 被“衺”xié 所借用，（衺，从衣从牙，表像牙一样交错的衣，即大襟斜掩没有对正的衣，）邪 yá 就表示本来由衺表示的衣服歪斜义，音也变为 xié，于是邪 yá 便取得一个新义歪斜。歪斜则不正，引申为不正、邪行、邪恶、不正当。“改邪归正”意为（改去邪行）不再做坏事，走上正路。

而“斜”，会意字，从斗从余。斗，象形字，甲金文分别作、，像带把的舀酒的勺子，义为酒勺。由于南斗六星和北斗七星各自用线连起来斜亘天空，像酒勺，引申指斗宿。余，象形字，甲金篆文分别作、、，像上古先民用树木搭建的简易房屋形，人形笔画像屋顶，中间一或两横表示横架的木梁，竖笔表示柱，义为房屋。斗与余组合，会意为房屋如斗宿一样歪斜，义为歪斜。“斜”无不正、邪行、邪恶义，音同义异而别。

【斜视奸笑】邪。 解说见上。“邪”义为不正、邪行、邪恶、不正当的。“邪视奸笑”意为不正当地看，奸恶地笑。

而“斜视”义为斜眼看人，无奸邪不正当义。

【歪门斜道】邪。 解说见上。“歪门邪道”意为不正当的门路或途径。

【不谢一顾】屑。 “屑”，会意字，从尸从㑹 yì。尸是人；正面的人写作，侧面的人写作、，跪踞的人，即卩 jié，象形字，写作、，倚坐着的人——尸，象形字，甲金篆文分别写作、、。上古（汉秦周商）祭祀神灵一般用臣子或死者的晚辈做代表，起先扮作神灵先祖的人站着，由于祭祀时间很长，吃不消，后来改为坐着。那时的坐是左肘或右肘支在几案上，半倚半坐，篆文很像其形。东汉经学大师何休为《公羊传》注解曰“礼，天子以卿为尸，诸侯以大夫为尸，卿大夫以孙为尸。夏立尸，殷坐尸（祭祀礼仪，天子叫卿扮演尸，诸侯让大夫扮演尸，卿大夫使孙子扮演尸。夏朝时尸站着，商朝时尸坐着）……”《仪礼》曰：“主人再拜，尸答拜。”尸能回拜，可见是活人。不过这个尸只能点头，还礼，吃喝，不能说话，做事，指挥，否则就穿帮了。后产生“尸位”一词（占着职位不做事）。

“㑹”中的“月”是肉，见 S 部“稍（少）安毋躁”的解说，肉表示人的身体，上边两笔为双臂。尸与㑹组合为屑，会意字，篆文写作，楷书的俗体字变写为屑。三部分组合，会意为人舞动双臂跳舞给尸看——祭祀神灵先祖。（由于舞者是人，后加亻旁，写作佾。佾 yì：古代乐舞的行列，《论语》中的“八佾”就是八列人歌舞）；本义为歌舞。由于欣赏歌舞感到好，有意义，引申为值得，不屑就是认为不值得。"不屑一顾"意为不值得一看，形容极为轻视。

而"谢"，形声兼会意字，从讠射声（今不能表声），声兼义。射，会意字，从身从寸，甲金文分别作，是矢搭在弓上的象形，金文还加了拉弓的手。篆文把弓讹变为与弓近似的身字，并把矢竖起，写作，篆文又根据金文，把手变写为（寸，篆文经常在手上加一短横），换下矢写成，楷书写作射，会意为手拉弓发箭，义为射箭，引申为发射。讠与射组合，会意为说辞官的话，像箭射远一样远离朝廷，义为辞去官职。由于辞官不任，引申为推辞，如"阿母谢媒人"。由于辞官得说，引申为告知，告诉，如"多谢后世人"（以上两句引自《孔雀东南飞》）。由于辞官感激君主恩准，引申为感谢。"谢"无认为值得义，成语不是说不感谢地看一眼，音同义异误会而别。

【谢任】卸。"卸"，会意字，从止从卩 jié 从午。"止"，象形字，是趾的初文，甲金篆文分别作，上有脚趾，下有脚跟，是脚的象形，义为脚，借脚表示走路的人。"卩"见上，是跪人的象形。午，象形字，甲金篆文分别作，像舂米的细腰木杵，甲金文的点表示手握持处，篆文习惯性地把点拉成横线，金篆文的上部表示木杵的大头，义为杵（木字旁是后人根据它的质地添加的）。由于舂米，杵与臼或土相逆，引申出逆义；两物相逆迎，也扩大到人的逆迎。卩义为跪坐的人，见上"不谢（屑）一顾"的解说。午与止与卩组合，篆文写作，会意为逆着步行走来的路人跪着相迎。逆迎来人，接到来客则要解下来人和牛身上的或车马上的东西，义为把东西解下，引申为解除。"如期卸任"意为到期官吏解除职务。

而"谢"（见上）无解除官职义，词语不是说辞别官职，音同义异误会而别。

另"推卸责任、卸磨杀驴"的"卸"也不可写作"谢"。

【大解八块】卸。解说见上。由于把东西搬下含有把整体中的一部分分离散开意，引申为分割。"大卸八块"意为把肢体（指人体的左胸肉、右胸肉、左臂、右臂、左大腿肉、右大腿肉、内脏、头颅）分割开来几大块。

而"解"，会意字，从刀从角从牛，甲骨文刻作，上部中间为角，上部左右为手，下部为牛，其中的小点表示血肉碎屑，几部分组合，会意为用手把牛角从牛头中分离出来，本义为宰牛。金文写作，金文第二字把手改为刃，从角从牛从刃。篆文写作，把刃改为刀，楷书取形于篆隶，写作"解"。金篆文的会意变为用刀把牛角从牛头上割下，本义依旧是宰牛。无分割开来义，故别。且不读 xiè，而读 jiě，只在表明白、懂得义时和做姓用时读 xiè，如"不解事"。义异误解而别。

【屑渎神灵】亵。"亵"xiè，繁体写作褻，会意字，从衣从执，执的繁体字是執。"衣"，象形字，甲金篆文分别作、、，有领口，有左右衣袖，有左右覆掩的衣襟；"執"，会意字，甲骨文刻作，左方表夹住手的刑械梏 gù，右方是伸手被加上刑械跪坐的罪人；金篆文分别写作、，左方上部表示正面的人，下部为夹住腿的刑械桎 zhì，右方为伸出两手的人。它们各部分组合，会意为给犯人戴刑具，本义为抓捕、逮捕。"执"由逮捕义引申出被逮捕的人义，即罪犯。衣与执组合为亵，会意为衣加于罪犯身上，本义为罪衣。商周犯人穿赭红色的衣服，故"亵"从衣。由于罪衣脏，引申出污秽义，如《礼记·内则》："亵衣衾，不见 xiàn 里。"（污秽的衣服和被子不要把里子露出来。）"亵"又由污秽义引申出因污秽而不敬的轻慢义。"亵渎神灵"意为（轻慢）不尊敬神灵。

而"屑"见上"不谢（屑）一顾"的解说，无轻慢义，音同义异而别。

【水泻不通】泄。"泄"，形声字，从氵世声（今不能表声），义为水满向外流，故从氵。一说"世"有（世代）延续义，故"泄"是会意字，会意为水满连续向外流。"水泄不通"意为水满了流不出去，形容非常拥挤或严密封围。

而"泻"，形声兼会意字，从氵写声，声兼义。写，繁体字写作寫，形声兼会意字，从宀 mián 舄 xì 声（今不能表声），篆文写作。舄是喜鹊的象形字，义为喜鹊，见 Q 部"鸠占雀（鹊）巢"的解说。宀是房屋的象形，二者组合，会意为喜鹊从他处飞来把自身移放到屋里，义为移放。（由于把思想感情吐露在纸笔上也是一种移放，引申为书写。）氵与写组合，会意为水的移放、倾淌，义为水向下急流，无（流速不急的）连续向外流动义，音同义异而别。

【宣泻】泄。解说见上。"宣"是天子接见臣子的大屋，如"宣室"，引申出（君或臣）发布、公开说出之义，见后"渲（宣）泄"条的解说。"宣泄"义为使积水流出，引申为舒散、吐露（心中的积郁），如"宣泄愤懑"。

【一泄千里】泻。解说见上。"一泻千里"形容江河水流迅速，也形容文笔奔放、流畅。

总之，表一般性的流出、流势不急、流速不快的用"泄"，如"排泄、泄洪"；表奔流、流势急、流速快的用"泻"，如"奔泻、倾泻、泻药、腹泻、上吐下泻"。另，由"泄"义引申出的表漏出义的也写作"泄"，如"泄漏、泄密、泄气、泄劲"。由"泄"义引申出的感情"外泄"也写作"泄"，如"泄愤、泄恨、发泄、宣泄"。此外，"泄"组成的词多，"泻"组成的词很少。

【电子心片】芯。"芯"，形声兼会意字，从艹心声，声兼义。从艹的字大都表草本植物或与之有关的行为、性状。芯本义指去皮的灯心草，因其是植物，故从艹；又因为灯心草是中空的，故以"心"示意。一种包含有许多条、门电路的集成电路的电子器件，因多呈片状、纽扣状,起着心脏一样的关键作用,故以"芯片"命名。"心"见下条。心无芯义,音同义异而别。

"灯芯、灯芯草"(推荐词形)也可写成"灯心、灯心草"(异形词),"芯片"则不可写成"心片"。

【欢心鼓舞】欣。"欣",会意兼形声字,从欠从斤,斤亦声。斤,甲金篆文分别作[古文字]、[古文字]、[古文字],是横向刃斧头锛 bēn 斧的象形,左为斧,右为把。楷书承篆,规整化,写作斤。欠,甲骨文刻作[古文字],是一个跪坐的人张大口出气——打哈欠。篆文写作[古文字],下部是人,上部三道曲折斜笔是人出的气,表示打哈欠。楷书规整成欠。打哈欠与人出气、出声形态一样,引申为人出气、出声,斤与欠组合,会意为人边挥斧劳作,边张口歌呼,含有愉悦之情,义为喜悦,高兴。"欢欣鼓舞"形容十分欢乐振奋。

而"心"甲金篆文分别作[古文字]、[古文字]、[古文字],是心脏的象形,无喜悦高兴义,音同义异而别。

此外,"欣喜若狂、欣慰、欣羡"中的"欣"也不可误写为"新"。

【别出新裁】心。解说见上。"别出心裁"意为独创一格,与众不同(另外出自内心的裁断、创造)。

而"新"(见下)无内心义,音同义异而别。

【新新向荣】欣。解说见上。人因喜悦长精神,移用到植物上,植物因喜悦而蓬勃生长,引申出茂盛义。"欣欣向荣"形容草木茂盛,也比喻事业蓬勃发展。

而"新",形声兼会意字,从木从斤辛声,声兼义。甲金篆文分别作[古文字]、[古文字]、[古文字]。左上部笔画是辛字,辛,象形字,甲金篆文分别作[古文字]、[古文字]、[古文字],是一把上有握柄下有尖锋,状如錾子的刑刀,金篆文刑刀握柄上的短横表示柄环,楷书写作辛,义为刑刀。左下部是木,右边的斤是横向刃的弯柄斧,木与斤、辛组合,会意为用刑刀削,用斧砍,伐取树木,由于刚砍回来的树木是新的,引申出基本义不旧。"新"无茂盛义,成语不是说新新的蓬勃繁荣,音同义异误解而别。

【百废待新】兴。"兴"xīng 繁体写作興,会意字,甲骨文刻作[古文字],又加"口"刻作[古文字],四角是手,中间是方盘状物,下方是口。周代金文写作[古文字],篆文把口字上移进盘状物笔形内,写成[古文字]。几部分组合,会意为口发劳动号子声,四手用力抬物,本义为抬起来。"兴"由抬起来义引申出兴起义,又引申出兴办义。"百废待兴"意为许多该办未办的事业都兴办起来。而"新"(见上)无兴办义,成语不是说许多废弃的事物都等待新生,义异误解而别。

【血雨惺风】腥。"腥",形声兼会意字,从月星声,声兼义。星,象形兼会意字。甲金篆文分别作[古文字]、[古文字]、[古文字],几个圆圈像繁星,圈中的点表示星光,其他笔画是表示草木长出的生字,整个字像长有草木的大地上空的星星。"星"又是从曰从生的会意字,表示星光的圆圈与生组合，会意为长出草木的大地上空的星星，义也是星星。月，除了“朗、朝、明”等字外，都表示肉，如“胸、腹、肚、腿、胃”等。月与星组合，会意为像繁星一样烂的肉，烂肉有臭气，义为烂肉臭气。“血雨腥风”意为血溅得像下雨一样，风里带有腥臭气，形容残酷屠杀的景象。

而“惺”，形声兼会意字，从忄星声，声兼义。忄与星组合，会意为心里有亮光，义为聪明，如“惺惺相惜”。惺又是单纯词“惺忪”中的一个字，无肉臭义，音同形近而别。

【形将就木】行。“行”甲金篆文分别作、、，是十字路口的象形，本义是道路。由于道路是供人走的，引申出行走义；由于行走含有将达目的地的含意，又引申出将要义。“行将就木”意为将要走进棺木，即寿命已经不长，快死了。

而“形”，会意字，从幵从彡。幵jiān，象形字，篆文写作，像并排放着的簪子，古代妇女盘发时对插使用，有金质、银质、铜质、玉质、竹质、木质等多种质地，簪头花色各种各样。彡 shān 表示毛发、装饰、绘画、花纹中共有的许多线条的形象。幵与彡组合，楷书写成形，会意为绘有花纹的簪子的形制，本义为形状、样子。“形”无将要义，成语不是说看样子将要死了，音同义异误解而别。

【形成于思】行。解说见上。“行”有行走义，行走是为了劳作、谋事，引申出做事义，如“身体力行”。思：思考。“行成于思”意为做事由于多思而成功。成语不是说事物的形成由于多思，音同义异误解而别。

【行迹可疑】形。解说见上。由于形状、样子体现在举止上，“形”引申出举止义。“形迹可疑”意为举止和神色令人怀疑。而“行”（见上）无举止义，成语不是说行动和痕迹可疑，音同义异误解而别。

【穷行尽相】形。解说见上。“穷形尽相”意为使形（形状、形象）穷，使相（外貌）尽，指描写刻画十分细致生动，也用来指丑态毕露。

【如影随行】形。解说见上。“如影随形”意为好像影子老是跟随身形一样，比喻两个人常在一起，十分亲密。成语不是说像影子跟随人行走，音同义异严重误解而别。

另，其他如“形影相随、形影不离、喜形于色、形单影只、形销骨立、形诸笔墨（体现在文字上）、相形见绌”的“形”均不可误写为“行”。而“行之有效、行若无事”的“行”也不可误写为“形”。

【原型毕露】形。解说见上。“原形毕露”意为本来的（形状）面目全部显露出来。

而“型”，形声兼会意字，从土刑声，声兼义。金篆文分别写作、，上部的左边是——囚字的省文（省去人），上部的右边是刑刀，两部分组合，会意为割（囚犯）颈；下部金文写作田，篆文写作土，田和土是同义词，上下两部分组合，会意为如同割颈使头部与躯体分开一样，把浇了铜液冷却后的用土做的模型割开或打破（以便取出铸件），本义为模型。（木模为模，竹模为範——范，土模为型）“型”无形状、样子（面目）义，音同义异而别。

【不醒人事】省。省 xǐng，会意字，从少从目。甲骨文刻作，金文写作、，篆文将第二横写成曲画，写作，甲金篆文的上部都是草，下部是目。它们上下两部分组合，会意为用眼睛察看小草，本义为察看。察看草木庄稼的生长是古人安民固国的极重要的举动。由于察看含有知道之意，引申出明白、醒悟义。“不省人事”意为（不明白）不懂得人情世故，也指人昏迷、失去知觉。楷书从篆，上部变写为“少”，写作“省”。

而“醒”，形声兼会意字，从酉星声，声兼义。从酉的字皆表酒或与之有关的行为、性状。甲骨文刻作、，金篆文分别作、，下有酒缸，上有盖，中间有酒液面。“星”见上“血雨腥风”的解说，义为星星。酉与星组合为醒，会意为醉后醒来看见星星，义为醉后神智恢复正常，无明白、懂得之义，成语不是说睡不醒，不懂人事，音同义异误会而别。

【来势凶凶】汹。“汹”，形声兼会意字，从氵匈声，声兼义。原写作洶，1955 年作异体字被淘汰。“匈”是先造字，象形兼形声字，从勹凶声。篆文写作，外框勹 bāo，象形字，像突出胸腹的人形，内中的笔画凶，像怪物（大猩猩）的凹脸，它们组合为匈，是胸骨象形，是“胸”的本字。匈（胸）部在呼吸时一起一伏，匈与氵组合，会意为水向上起伏涌动，本义为水波起伏翻腾，引申为气势盛大的样子。“来势汹汹”形容动作或事物到来的气势很盛的样子。也有“气势汹汹”的成语，意为声势凶猛。

而“凶”篆文写作，像鬼物或怪物（大猩猩）的凹脸，义为凶险、恶、厉害，无气势盛大义，成语不是说来势很凶恶，音同义异误会而别。

【凶涌澎湃】汹。解说见上。“汹涌澎湃”意为波涛翻涌，猛烈冲击，形容声势浩大，不可阻挡。

【修养生息】休。“休”，会意字，从人从木。甲金篆文分别作、、，两部分组合，会意为人在树下歇息，本义为休息。“休养生息”意为休息（民力不过分疲累）养生（身心得到滋补以增进精力或恢复健康），繁殖后代，指在国家大动荡或大变革以后减轻人民的负担，安定生活，发展生产，恢复元气。

而修，形声兼会意字，从彡 shān 攸声，声兼义。攸 yōu，会意字，甲骨文刻作、，金文写作、、、，篆文写作，左边是人，右边是手，手上的一竖是枝条（带杈）状物，中间的一竖、两竖、三竖（是竖，不是点，不能看作是氵——水）是夸张强调的木条、竹条及其他条状物，几部分组合，会意为人用手持竹条或木条打人，本义为条。中间的竖，篆文只写一竖，楷书承篆也写一竖，写作攸。

因为条状物呈细长形，故以“攸”为声旁兼有意义的字都有长义。

如“條”，从木攸声，义为木条，是“条”的繁体字；脩 xiū，用月（肉）换去“修”的彡字，从月攸声，义为干 gān 肉，干肉是长条状；“悠”从心攸声，义为忧，心忧时长；“筱”xiǎo 从竹攸声，义为小竹，竹长。“修”中的彡表示毛发、装饰、绘画、花纹中共有的许多线条的形象，与“攸”组合，会意为花纹长，本义为长。如“修长”，直接表示长。“修”无休息义，音同义异而别。

【思想休养】修。解说见上。“修养”指思想、精神、品质类的积累，也含长（时间）意。“思想修养”意为道德、理论、认知方面的水平。

而“休”（见上）义为休息，无长义，故别。

【锦锈前程】绣。“绣”，繁体字为繡，形声兼会意字，从纟肅声（肅 sù，简体是肃，今不能表声），声兼义。从纟的字大都表丝、线、绳或与之有关的事物、行为、性状。肅见本部“门庭萧瑟”的解说，肃的会意是在急流中操纵小船，本义是严峻，含有小心、细心之意，与纟组合，会意为细心地运用丝线在布帛上刺织成图像，本义为刺绣。“繡”今简化为从纟秀声，声兼义的形声兼会意字。秀，会意字，从禾从乃，甲金文无此字，篆文写作，下部是乃，即奶字，乳房的象形。禾与乃组合为秀，会意为谷穗开花，如奶，义为美花。纟与秀组合为绣，会意和本义与繡同。因刺绣绚烂，引申出“与绣品一样绚烂的”义。“锦绣前程”意为十分灿烂美好的前程。

而“锈”，形声字，从钅秀声，义为金属表面所生的氧化物，无绣品义，音同形近义异而别。

【乳嗅未干】臭。“臭”xiù，会意字，从自从犬。“自”，象形字，甲金篆文分别作、、，是鼻子的象形（人自称时常指鼻子，后代引申出“己”义）；“犬”，象形字，甲金篆文分别作、、，楷书承篆写作犬，是狗的象形。两部分组合，会意为犬用鼻子闻气味，本义是嗅。由于犬闻的是气味，故“臭”字引申为气味。《易·系辞上》：“同心之言，其臭如兰。”（同心的话，它的气味如兰花一样香。）“乳臭未干”意为奶气未干，形容年幼无知。气味有香有臭 chòu，只有专指恶浊气味时，才读 chòu。

而“嗅”繁体字为齅，会意字，从鼻从自从犬，用鼻子闻的意味很明显，后此字淘汰，写成嗅，是古代的一次简化。嗅，会意字，从口从自从犬，口出气，鼻闻之。义为闻，无气味义，成语不是说奶气闻着还未干，音同义异误解而别。

【社会须求】需。“需”，会意字，甲骨文刻作，中间是正面展臂而立的人字，四点表示水滴，会意为人在沐浴。金文写作，有头，有双肩，有两臂，一竖表示躯干，下部是分立的腿，把人形写画得很生动，四个水滴写到腋下，沐浴之会意更显。篆文写作，把金文的上半部分错写为雨，而把展臂分腿站立的人形写到雨下，同时把金文中表示人头的圆点拉成一横，这样就会意为雨落到人身上，淋潮了，本义为沾湿，如《易·

需》:“初九,需于郊……”(初九日,在郊野被淋湿)。由于雨水淋湿是自然万物所需求的,引申为需求、需要。“社会需求”意为社会由需要而产生的要求。

而“须”从彡从页,“彡”shān,象形字,是表毛发、装饰、绘画、花纹中共有的许多线条的象形,页,见T部“走头(投)无路”的解说,本义为人头,从页的字都表人颈项以上的部位。彡与页组合,会意为唇和两颊上长的毛发,本义为胡须。胡须是男子必得要长的,引申为必得、一定义。“须”无需要义,音同义异而别。

X

【必需完成】须。解说见上。“必须完成”意为一定要完成。

“需”和“须”都表示“要”的意思,但“需”是动词,意为“得有”,带宾语。如:“我们急需德字当头德才兼备的人才”;“须”是副词,意为得要,用在动词前,如:“求和谐必须消除腐败。”

“必需”和“必须”都表示“一定要”的意思,但“必需”是动词,与前后的名词“品”“的”“所”组成短语。如:“必需品”“必需的”(空气和水是每个人都必需的)“所必需”(粮食为每个人所必需);“必须”是副词,强调“一定要”的语气。如:“必须完成。”

另,“需要”可做名词。如:“适应国家富强的需要”;“须要”依然做副词。如:“赛前须要冷静”。

【乘需而入】虚。解说见上。“虚”,会意字,从虍hǔ从业;本不从业,而从丘。丘,象形字,甲金文分别作[古文字]、[古文字],是远古人所穴居的窑包塌了(无人住而废弃)的象形。远古先民在高而土层厚的地方挖穴,上覆树枝兽皮做顶,两端留口出入,甲骨文像房顶塌落之形,金文像房顶塌落后上面的树枝兽皮错杂散乱状。篆文写作[古文字],上面是两人相背离去,一横表地上,会意为穴居的窑包塌了,人从两端出口离去。楷书把此字变写为丘。它们的本义都是废弃的窑包。

“虍”是虎的简化象形字,又像虎的花纹,借指为虎皮。见J部“据为己有”的解说。虍与丘组合,金文写作[古文字],上部表示兽皮,下部表示塌落,土表示地上。篆文写作[古文字],上部表示虎皮,下部表示人从两端相背离去。楷书把下部笔画变写为业,写成“虚”。它们的会意丰富而具体,都是搭有树枝兽皮(虎皮)的穴居窑包塌了,无人住了,本义是废窑包,废墟。墟是加旁(土旁)后起字。

由于废墟无人,虚引申为空、空的,如“空虚、座无虚席”。“乘虚而入”意为利用空虚而进入或趁着某些弱点而进入。而“需”见上,无空、空的义,成语不是说趁着需要而进入,音同义异误会而别。

其他如“虚位以待、不虚此行、座无虚席、虚张声势”中的“虚”皆不可误写为“需”或“须”。

【须与逶迤】虚。解说见上。由于“虚”的废墟义含有不再是真窑包之意,引申为不真、假。逶迤 wēi yí,推荐词形,也写作不作别字看

的异形词“委蛇”wēiyí，义为弯弯曲曲延续不绝的样子。逶迤是单纯词，见S部“春意阑跚（珊）”的解说。“虚与逶迤”意为假意（与之）周旋应酬。

【长嘘短叹】吁。解说见上。“吁”xū的初文是于，会意字，甲金篆文分别作、、，两横表示两唇，竖弯笔画表示气从两唇呼出，（篆文有所美化）呼气得用口，后加口字旁以显义，成了从口于声，声兼义的形声兼会意字，本义为长出气。又，于像上古吹奏乐器竽的简示形，即今之笙，甲骨文右边的曲折笔画表示婉转悠扬的乐声，会意为出气吹奏乐器。口与于组合，义也是长出气。“长吁短叹”意为长一声短一声不住地叹气，形容忧愁而不停叹气的神情。

而“嘘”xū，形声兼会意字，从口虚声，声兼义。口与虚（见上）组合，会意为口中吐出的是空的气，义为慢而轻地吐气，如“他轻轻嘘了一口气”；又读 shī，表示制止，如“嘘，别作声。”“嘘”无长出气义，故别。

【气喘嘘嘘】吁。解说见上。“气喘吁吁”形容呼吸急促的样子。“吁”还作籲的简化字，读 yù，如“呼吁”。

【诩诩如生】栩。“栩”，形声兼会意字，从木羽声，声兼义。从木的字大都表树木或木制品以及与树木有关的行为、性状。“羽”甲骨文刻作、，篆文写作，是鸟翅上的长毛象形，本义为羽毛。“木”与“羽”组合，会意为树枝像鸟羽一样的柔软，本义为柔。由于树枝柔软，在风中轻盈晃动，引申为形容生动活泼的样子。“栩栩如生”形容形象逼真，宛如活的一样。

而“诩”，形声兼会意字，从讠羽声，声兼义。讠与羽组合，会意为话说得像鸟羽一样的柔软自如，轻飘晃动，义为夸耀，如“自诩”（自夸），无生动活泼的样子义，音同形近义异而别。

【自栩】诩。解说见上。

【一切就续】绪。“绪”，形声兼会意字，从纟者声（今不能表声），声兼义。“者”会意字，甲骨文刻作，下部图形表示火，上部是木，六点（有的甲骨文写四点）表示火星，金篆文分别写作、，上部是着火的树枝，下部是甘，（甘，指事字，外框表示舌头，一点指事味觉美，用甘表示烧烤的美味的食物。）上下组合，会意为烧烤食物的树枝在燃烧。三种字会意的重点在树枝燃烧上，义为燃烧。“绪”从纟 mì，从纟的字大都表丝、线、绳和与之有关的事物、行为和性状。纟和者组合，会意为燃烧着的绳，因为火在绳的一头，义为绳头、丝头、线头，比喻事情的开端。古代取火困难，保存火种成为大事。人们把一种麻（俗称火麻）拧成绳，在一端以暗火燃着，用时吹成明火。这种火绳解放前有些农村还在使用。绪又进一步引申出丝、线、绳的端义。常用的并列式合成词“头绪”的头和绪两个语素正表明这一点。“一切就绪”意为一切都走上开端，即所有事情都安排妥当。

而“续”，形声字，从纟卖声，（其声旁不是卖——繁体字写作賣mài，而是与卖形近的另一字，读yù，作声旁，后简化作賣）义为像丝线、丝绳一样接连不断。农村把搓麻绳叫续麻，用的也是接连不断义。“续”无事物的开端义，成语不是说一切走上继续，音同义异误解而别。

X

【一切就序】绪。解说见上。而序，形声兼会意字，从广予声，声兼义。广，甲金篆文分别作、、，指夏商朝依崖壁搭建的没有前墙的敞屋。予，象形字，篆文写作、，像织机上的梭子，梭子上还有线引出，左手把梭子推给右手，右手把梭子推给左手，义为给予。由于这种劳作含有先后有序，依次进行义，引申出顺序、次第义。

“序”无许多事物的开端义，成语不是说一切走上有序的步骤，音同义异误解而别。

【喧然大波】轩。“轩”，形声兼会意字，从车干声（今不能表声），声兼义。车，象形字，甲骨文作，从上到下，有拴牛、马的横木车衡，衡上的两个三角形笔画表示套牛、马的车轭，一竖表示车辕，车辕向下穿过舆，即车厢，断开处表示前后是可分折的两部分，套车时可以套接上，停下或搬运或收藏时可以分开。这是十分高明的创意。车厢两边的方框是车轮，在甲骨上契刻，难以刻出圆笔，只好以方笔示意，下部一长横是车轴。这是一个多么完美的古色古香的车子形象！金篆文分别省写作、，把车竖起来写，中间是车厢，上下横表示车轮，一竖表示车轴。楷书美化作車，今简化作车。

干与单同源，象形字，甲金篆文分别作、、，是带杈的木棍，甲骨文还刻出杈头上绑的石头，是原始狩猎工具。楷书写作干。干，进可攻，退可守，借以表示盾牌，（盾牌可正面撞击，也可侧面撞击，如“樊哙侧其盾以撞，卫士仆地。”）盾牌可攻，也可顶起，防砲石、箭矢、雨雪。

车与干组合，会意为有盾牌形状的车盖的车，本义为古代前顶较高有帷幕的供大夫以上官员乘坐的车，（前高后低的车叫轩，前低后高的车叫轾。）由于这种车前部较高，引申出高义。“轩然大波”意为高高掀起的大波涛，比喻大的纠纷或事件。

而“喧”见下“喧（渲）染”的解说，义为声音大，无高义，成语不是说大声叫嚷的大纠纷或事件，音同义异误解而别。

【气宇宣昂】轩。解说见上。昂：高。宇：气质，仪态。“气宇轩昂”意为气度、仪态高昂饱满，形容人气度不凡。

而“宣”（见下）义为宣布，无高昂义，音同义异而别。

【渲泄】宣。“宣”，会意字，从宀mián从亘gèn，甲骨文刻作，金文写作、，篆文写作，外框表示房屋的轮廓，内里是回廊的象形，它们像有回廊环绕的大房子，本义为商代天子临朝听政的大厅，称宣室。后代延用其名。由于天子在宣室发布政令，引申出宣布义。由于宣布是公开说出，散布开，引申出疏散义，如“让积水及时宣泄”。

而“渲”xuàn，形声兼会意字，从氵宣声，声兼义。氵与宣组合，会意为使水大面积疏散开来。义为用笔蘸水墨或淡彩在画纸上大面积涂抹，无疏散义，音近义异而别。

【喧染】渲。解说见上。“渲染”指用笔蘸水墨或淡彩涂抹，据以比喻过分地夸大形容。

而“喧”，形声兼会意字，从口宣声，声兼义。宣，见上，义为宣布。口与宣组合，会意为张口宣布，义为大声嘈杂，如“喧哗”。喧无夸大形容义，音近形近义异而别。

【宣宾夺主】喧。解说见上。“喧宾夺主”意为大声说话的客人盖过了主人，比喻客人占了主人的地位，也比喻外来的或次要的事物侵占了原有的或主要的事物的地位。

【寒喧客套】暄。解说见上。“暄”，形声兼会意字，从日宣声，声兼义。从日的字基本都表日、日光或与之有关的行为、性状。“宣”含有散布开意，日与宣组合，会意为阳光大范围地散开照着，义为阳光温暖。寒暄：人们碰面时，说天气冷暖，是打招呼的客套话。“寒暄客套”意为说表示客气的套话。

而“喧”(见上)无暖义，音同形近义异而别。

【自我眩耀】炫。“炫”xuàn，形声兼会意字，从火玄声，声兼义。从火的字皆为火或与之有关的事物、行为、性状。玄表示丝束，见上“扣人心弦”的解说。火与玄组合，会意为丝束着火燃烧，本义为光焰闪耀，晃眼，引申为语言闪耀，即夸耀。“自我炫耀”意为自我夸耀，也说自炫其能。

而“眩”(见下)无强光闪耀义，音同形近义异而别。

【头晕目炫】眩。解说见上。“眩”xuàn，形声兼会意字，从目玄声，声兼义。从目的字大都表眼或与之有关的行动、性状。玄表示丝束，丝束光亮耀眼，目与玄组合，会意为闪眼，义为眼睛昏花迷离。“头晕目眩”意为头晕眼花。而“炫”(见上)无眼花义，故别。

【炫丽】绚。解说见上。绚 xuàn，形声兼会意字，从纟 mì 旬声(今不能表声)，声兼义。从纟的字大都表丝、线、绳或与之有关的事物、行为、性状。旬，指事兼会意字，从勹从日，见下“询询(循循)善诱”的解说。勹 bāo，字头两笔在甲骨文金文中相交叉，指事为十，整个字会意为十数的一周匝。日表示一天的日期，勹与日组合，会意为十天一周匝，义为圆形曲绕而复始。纟与旬组合，会意为丝织品在日光下有圆形曲绕的光彩，义为(丝绢上)色彩华丽。“绚丽”义为(像华丽的丝绢一样)灿烂美丽。而“炫”义为光焰闪耀，无灿烂美丽义，音同义异而别。

【报仇血恨】雪。“雪”，象形兼会意字，甲骨文刻作[甲骨文]、[甲骨文]，上部像天穹下落雪，下部像羽毛，四千年前的先民已将大雪比作羽毛，这是多么高的智慧。

甲骨文还刻作[甲骨文]，上部表凝雨，下部是两只手，上下组合，会意为手接凝雨，能接到手上的当然是雪。这又是高智慧的造字创意。

篆文更妙，写作[篆文字形]，上部是雨（雨，甲金篆文分别作[古文字形]、[古文字形]、[古文字形]，是天上落雨的象形），下部是彗 huì（彗，甲骨文刻作[古文字形]，像两棵带帚苗的植物，即扫帚。篆文写作[篆文字形]，上部是帚苗的抽象图，下部是手，会意为手持帚扫地，义也是扫帚）。雨和彗组合，会意为可用扫帚扫的雨——凝雨，这个雪义表达得更生动可感。

楷书承篆，写成上为雨下为彗的字，后省去帚苗，写成上为雨下为手的雪。

由于雪能擦拭污浊，引申出擦拭义。如《列子·力命》："公雪泣而顾晏子曰"（齐景公擦拭眼泪转看晏子说）。又如《吕氏春秋·观表》："吴起雪泣而应之"（吴起擦拭眼泪应答）。"雪"义由此又引申出消除义。"报仇雪恨"意为打击仇敌消除仇恨。

而"血"（见下）无擦拭、消除义，成语不是说要报深的仇，血的恨，音近义异误解而别。

【血泥鸿爪】雪。解说见上。"鸿"指大雁，"雪泥鸿爪"意为鸿雁在雪上泥上踏过留下的爪印，比喻往事遗留下来的痕迹。"血"见下。

【雪雨腥风】血。"血"xuè，会意字，甲骨文刻作[古文字形]、[古文字形]，金篆文分别写作[古文字形]、[古文字形]，小圆圈、短横表示血，其他笔画是盛血的盆、碗等器皿，义为牲（牛、羊、猪）血，后血义扩大，也包括人血。楷书抽象化，写作血。"血雨腥风"意为下着鲜血的雨，刮着腥味的风，比喻形势、时局险恶恐怖。

而"雪"（见上）无血义，成语不是说下着雨雪，刮着腥风，音近义异误会而别。

另，"血海深仇"的"血"也不可误写为"雪"。

【利欲薰心】熏。"熏"，会意字，金文写作[古文字形]、[古文字形]、[古文字形]，篆文写作[篆文字形]，从东（繁体字为象形字東，像种子，上有种芽，下有种根）从火，或从東内加四点或加两点会意，表示熏烧的痕迹，第二字下加土字表示埋进土里。"东"，是树种的种（繁体字为"種"）的先造字；古人用火、烟熏烧树木种苗根部，使不漏失水分，提高移栽的成活率；（三千年前上古先民已用此法栽树！）两部分组合，会意为用火、烟略加烧烤。今义引申为烟、气接触物件，使变色或沾上气味。"利欲熏心"意为贪图名利的欲望（熏）迷住了心窍。

而"薰"，形声兼会意字，从艹熏声，声兼义。艹与熏组合，会意为如同烟熏一样使气味扩散的草，是一种薰衣草，也指花草的香气，无熏烟义，音同义异而别。

【醉熏熏】醺。解说见上。"醺"，形声兼会意字，从酉熏声，声兼义。"酉"即是酒，见本部"不醒（省）人事"的解说；"醺"的本义为醉，人酒喝过量而神志不清步履踉跄，如同被烟熏得迷迷糊糊的样子。"醉醺醺"表示神志不清的醉状。

而"熏"（见上）无醉义，音同义异而别。

【寻声望去】循。“循”，形声兼会意字，从彳 chì 盾声，声兼义。“彳”是“行”的一半，表小步走，“盾”是盾牌，象形兼会意字，甲骨文刻作，外框像盾身，两横一竖是把手。金文省去一横，写作，是防箭射、防刀枪杀伤防檑木砲石下砸，以保安全的战具。篆文变写作，半圆笔画像盾牌的侧视形状，十是把手，目是眼睛。会意为挡身护眼的战具。彳与盾组合为循，会意为跟在盾牌后面走，本义为顺着，依照，遵守。“循声望去”意为顺着声音看去。

而“寻”（见下）无顺着义，成语不是说寻找声音望去，音同义异误会而别。

【询询善诱】循。解说见上。“循”由跟行义引申出引导义，“循循善诱”意为善于有步骤地引导人学习。

而“询”，形声兼会意字，从讠旬声，声兼义。从讠的字皆表语言或与之有关的行为、性状。旬，指事兼会意字，甲金篆文分别作、、，上部是十字，十字回环延长，指事为一周匝。金文加了日字，并用两横连接到十字上，会意为十日一周匝，义为曲绕而复始。篆文美化，楷书把外框变写为勹 bāo。讠与含有从头到尾周匝意的旬组合，会意为从头到尾问原委，义为问，无引导义，成语不是说善于诱导而询问，音同义异误解而别。

此外，“循规蹈矩、循序渐进、循名责实、因循守旧”中的“循”都不可误写为“询”或“寻”。

【循根究底】寻。“寻”繁体字写作尋，会意字，从手从工从口从寸。甲骨文写作，像人伸开左右两臂的样子，一竖表示两臂间的长度，会意为两臂间的距离，本义为八尺。商周的尺约合今之六寸，八尺合今之四尺八，合一米六。上古男子平均身高一米六，臂展等于身高，故“寻”义为八尺是可信服的。（“寻常”：八尺和一丈六。柳宗元的《永之氓》写一个腰系千枚铜钱的善游者守财奴渡江船破落水后，拼命游泳，“尽力而不能寻常也。”意思不是用尽力气却游得不如平时那样，而是用尽力气却游不到一丈多远。）

小篆从左右臂、手和多次度量之意出发，把字繁化，写成，三表示多次，右上部的手和左中部的工可看成（左）、右上部的手和其下的口合写为（右），它们又合写为，下部为（寸），既是手，又表法度，几部分组合，会意为左右臂距，本义也是八尺。

楷书取法篆文，省去三横，写作尋，简化字写作寻。由于以一定的单位去测量长度，引申出寻求、探求义。“寻根究底”意为寻求根由，探求底细。

而“循”（见上）无寻求义，成语不是说顺着根探究底，音同义异误解而别。

此外，“寻章摘句、寻死觅活、寻欢作乐、寻花问柳、寻山问水、寻踪觅迹”中的“寻”均不可误写为“循”。

按，“循”和“寻”皆含由此及彼的

运动，但“循”的对象是抽象的，“寻”的对象是具体的。

【循情枉法】徇。徇 xùn，形声兼会意字，从彳旬声，声兼义。“旬”，见上“循循善诱”的解说，本义为曲绕而复始。“彳”是行的一半，义为小步走。“彳”与“旬”组合，会意为走曲绕周复的路，本义为(不直行而)曲从。“徇情枉法”意为曲从私情而歪曲、破坏法律。

而“循”xún(见上)无曲从义，成语不是说顺着私情歪曲、破坏法律，音近义异误解而别。

【循私舞弊】徇。解说见上。“徇私舞弊”意为曲从私利而用欺骗的方式做违法乱纪的事情。

【以身徇职】殉。殉 xùn，形声兼会意字，从歹旬声，声兼义。“歹”，象形字，是残骨的象形，甲金篆文分别作、、。殷商王朝用占卜来预测吉凶，一用龟甲(整治后的腹甲，腹甲平整，且受火易开裂和契刻)，一用兽骨。兽骨并不都适合占卜，得选用较平的骨片方可，一般用牛肩胛骨的上半部分，因而是残骨。“歹”的上部表示骨杈，下部表断骨，开口，有骨腔，内中一横表示骨髓，义为残骨。故从歹的字皆表死义。“旬”(见上)有随着时日而曲绕复始之意，歹与旬组合，会意为随着生命轮回而死亡，义为随着、为……而死，如“殉国”：为国家大义而死；“殉情”：婚姻不自由情况下为爱情而死。“以身殉职”意为为忠于本职工作而献出生命。

而“徇”(见上)无“为……而死”之义，音同形近义异而别。

【桀骜不训】驯。“驯”，形声兼会意字，从马川声(今不能表声)，声兼义。从马的字基本都表马类牲畜或与马有关的事物、行为、性状。“川”，象形字，甲骨文刻作，两边的曲画像河岸，内里的点像水波，金篆文写作，像三道大波浪，义为大水、大河。“马”与“川”组合，会意为马如同水流那么顺畅地顺从心意，义为顺从。“桀骜不驯”意为性情倔强不驯服。

而“训”，形声兼会意字，从讠川声，声兼义。讠与川组合，会意为如同水流那么顺畅地谆谆教导，义为用言语教导训诫，无顺从义，音同形近义异而别。

Y

Y

【关压】押。“押”，形声兼会意字，从扌 shǒu 甲声，声兼义。甲，象形字，甲金篆文分别作[古文字]、[古文字]、[古文字]，像果实上的十字裂纹，甲骨文第一字直接写作十字，甲骨文第二字的方框，应看作圆形，因为在龟腹甲和牛肩胛骨上契刻不便，只好刻作方形。金文是圆形上写十字，篆文为避免和田字相混，笔画改变得像甲字，但都以十的象形立意的，义为植物籽实的外壳。古代都是在公文、契约上画十字形记号（叫“画押”）或签字，以做凭信保护利益。由于画十字、签字是手的动作、行为，便在甲的左边加了扌旁，写作押。后由用以做凭信保护利益的义引申为用钱、物做凭信的担保，如“押金、抵押”。由凭信的担保含有在一定时间内控制义，引申为拘留，如“扣押、看押”（扣了、看守住了画押的人）。“关押”义为把罪犯扣押控制起来。

而“压”繁体字写作壓，会意兼形声字，从土从猒 yā；yàn，猒亦声。猒（简化字是厌）会意兼形声字，从厂 hǎn（作廠的简化字时读 chǎng）从猒 yàn，猒亦声。分述之：

猒，会意字，从口从月从犬，金文写作[古文字]，左上部是口，左下部是月，月是肉，见 S 部“稍（少）安毋躁”的解说，右边是犬的象形。三部分组合，会意为犬吃肉。篆文把口换写成指事字甘（篆文写作[古文字]，舌上加点，指明味觉甜美之处，义为味美），写作[古文字]，会意为狗吃美味——肉，本义为饱足。

厂，象形字，甲金篆文分别作[古文字]、[古文字]、[古文字]，像上端外突的山崖、土崖，是远古（夏和夏以前）人遮风避雨的栖身地的象形，厂和猒组合，会意为狗在与人共居的厂这一栖身地吃饱了肉，义为吃饱、满足。此义后用加表义的形符“食”表示，写作饜，今简化作餍。厭与土组合为壓，会意为狗吃饱后趴在土地上，义为下压。（古先民用这一可持续的静止状态的具体形象表达下压的抽象概念，令人叹为观止。）“压”无画押、扣押、看押、关押义，词语不是说关起来用东西压住，音同义异误解而别。

【轧轴戏】压。解说见上。“压轴 zhòu”喻指戏曲演出中倒数第二个节目，(最后一出戏叫大轴子)现在疑因误解多，也指最后一出戏。“压轴戏”指的是压住稳定那最后一出的大轴戏演出前的环境、氛围。比喻令人注目的、最后出现的事件。

而“轧”(见下)无压住义，音近义异而别。

【倾压】轧。“轧”yà，形声兼会意字，从车乚 yà 声，声兼义。“车”见 X 部“喧(轩)然大波”的解说，义为车子；乚，五期甲骨文所刻之形无甚差别，为、，象形不明，诸说纷纭：鱼肠、刀、生殖物、人颈、草曲折长出……从甲骨文金文篆文的“乳”字的右边来看，当像乳房。乳，象形字，甲金篆文分别作、、，甲骨文左下部像昂首伸臂的婴儿形，右边像跪坐的妇女形，大的半圆形笔画表示双臂，上半圆表示右臂，臂前端有手指，下半圆表示左臂，抱着婴儿，妇女的胸前有一乳房正对着婴儿的嘴。金文在婴儿的头上画出了手指，右边画出了夸张的乳房。篆文和金文差不多，它们都像给婴儿哺乳，义为哺乳。它们的右边是乚，表示乳房。

再从象形字“孔”字看，金文写作，昂首伸臂的婴儿头边有一只乳房，篆文写作，其右边像曲折的乳房形，因此乚也表示乳房，因其形曲折，引申为曲折义。

乚与“车”组合，会意为车子滚碾过的曲折印痕，义为滚碾。由于重车滚碾时，被辗之物或其一部分会挤出，引申为排挤。“倾轧”义为在同一组织中排挤打击不同派系的人。

而“压”(见上)无排挤义，词语不是说倒下压迫人，音近义异误解而别。

【碾压致死】轧。解说见上。轧 yà 是动态动词，义为滚碾。车辆滚碾过人身致死，应为“轧”；压是静态动词，不表压在人身上致死，故“压”是别字。再说，“碾轧”是语素义相同的并列式合成词，而“碾压”(载重车把公路碾压得坑坑洼洼的)是语素义不同的并列式合成词(既滚碾又下压)，车子是滚碾致人死亡的，不是先碾后压致人死亡的，故“压”是别字。还有，普通话和北方方言口语说 yà 轧死人了，而不说 yā 压死人了。这是电视、报章、杂志经常出现的别字，音近义异严重误解而别。

【鸭雀无声】鸦。“鸦”，形声字，从鸟牙声，义为乌鸦。乌鸦麻雀性喜聒噪，“鸦雀无声”形容非常静。

而“鸭”，形声字，从鸟甲声，义为鸭子，是另一类鸟，音同形近义异而别。

【天崖海角】涯。“涯”，形声兼会意字，从氵 shuǐ 厓声；厓 yá，会意字，从厂 hǎn 从圭 guī。分述之：

厂，象形字，解说见上“关压(押)”。像上部外突的山崖形。远古(夏和夏以前)人借山崖遮风挡雨。圭，象形兼会意字，金篆文分别作、，是两个“士”字，篆文讹变为两个“土”字。士像男性生殖器形状，在远古生殖崇拜年代，部

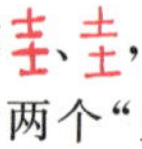

落首领、方伯把玉做成两个土形相连的礼器，持着或抱着，以显示其崇高的地位，义为作礼器用的瑞玉。圭和厂组合，写作厓，会意为手执礼器居于厂下，（当是酋长或神巫所在之处，人所瞩目地）表义重点在所住之处，义为山厓。（后此义用加山字头的“崖”表示。）

氵与厓组合为涯，会意为水抵山崖的地方，义为水边。“天涯海角”意为与水相连的极远的地方。

而“崖”义为山边，无水边义，音同义异而别。

【偃苗助长】揠。解说见下。“揠苗助长”比喻违反事物的发展规律，急于求成，反而坏事。

【揠旗息鼓】偃。“偃”yǎn，形声兼会意字，从亻匽声，声兼义。匽yǎn，形声兼会意字，从匸 xì 妟 yàn 声，声兼义。

妟，会意字，从日从女。甲骨文刻作，左旁是日，右边是双手抱于乳胸前跪坐的女子。左右组合，会意为女子日入而息，义为安息、安闲。篆文美化为，把日写到上边，（甲金篆文的字的构件位置比较随意），会意和本义不变。

匸（第一横起笔处外露在竖折笔形之左，不是匚 fāng），表示做遮掩用的物件，从甲骨文的偏旁看，会意为遮掩矢；从金文的偏旁看，会意为遮掩肉（以三块肉示意）。金篆文分别写作、，形如盛物的筐或其他器物。

匸与妟组合，金篆文分别写作、，会意为女子息藏于器物中，义为掩藏。后，此字作偏旁用了，掩藏义便加亻来表示，写作偃，义为人掩藏。由于人掩藏得躺卧下，“偃”便引申出放倒、倒下义。“偃旗息鼓”意为放倒战旗停息击鼓（古代击鼓是进兵战斗的信号），指秘密行军，不露目标，也指停止战斗，还比喻停止批评、攻击等。

而“揠”yà，会意兼形声字，从扌从匽 yǎn，匽亦声。扌与匽组合，会意为用手抓出藏女，引申义为用手拔拽而出，如“揠苗助长”，无倒下义，形近义异而别。

【淹没无闻】湮。“湮”yān，会意兼形声字，从氵从垔，垔亦声。垔 yīn，会意字，从覀 yà 从壬（一撇的下部是土字，土字上加一撇，读作 tǐng，不是末笔短的壬字，电脑中无此字）。金篆文分别写作、，上部像盛有土石的竹笼或草袋，下部是人站在土上（土岸、堤坝），会意为人把背或顶着的盛有土石的竹笼或草袋抛下堵塞水流，义为堵塞、填塞。楷书把竹笼或草袋写作覀，把下部笔画写作土，整个字写作垔。后由于垔做了偏旁，堵塞义便加氵，写作湮表示。由于用土石堵压含有埋意，引申为埋没。“湮没无闻”意为人才埋没，不为人知。

而“淹”，形声兼会意字，从氵奄声，声兼义。“奄”yǎn，会意字，从大从电，金文写作，上为电，反 S 形的主电枝和两个曲笔形的小电枝，下为正面的人，即大。（正面展臂的人比侧面人大，便会意为大小的大）篆文变写为，把表示正面人义的大移到上边，下部是电的变体。上下组合，会意为电（把有人的地方）大范围覆盖，义为覆盖。如《诗经·周颂·执竞》“自彼成康，奄有四方。”（从那成王康王开始，边疆广覆四方。）“奄”加氵，会意为被水广覆，义为水没，无土埋义。成语不是说人才被水淹没，音同义异误会而别。

【淹淹一息】奄。解说见上。闪电明灭迅速，闪电过后一片昏暗，光线相对微弱，引申为微弱。“奄奄一息”意为气息微弱。“淹”义为水没，无微弱义，成语不是说被水淹得只有一口气了，音同义异误会而别。

【香煙】烟。解说见上。“烟”原写作“煙”，出现于春秋后期，形声兼会意字，从火垔声，声兼义。垔（见上），其义为堵塞，加“火”旁，会意为火被堵塞，火被堵塞则生烟，义为烟。

后秦篆中出现“烟”，形声兼会意字，从火因声（今不能表声），声兼义。“因”，象形字，甲骨文刻作[古文字]、[古文字]，金篆文分别写作[古文字]、[古文字]，大框像垫子，上面躺着有臂有腿的人，垫子在其下，义为蕴。又，外框像席子，内里图形表示纹路，是茵的初文，义为席子、垫子，与蕴义相同。由于蕴藉含有上一层依靠下一层而存在意，引申为依靠、凭藉，如“因人成事”。又由于依靠、凭借含有因果关系中的因之意，引申为因为。“烟”既是形声字，又有会意成分：因为有火而生烟。“煙、烟”二字在古籍中经常混用，1955 年，“煙”被当作异体而取消，故“烟”是正体。

另，“菸”是又一个异体，也早已取消。（菸，形声字，从艹於声，义为枯萎，因为制烟要把翠绿的大叶子脱水，如同人工使枯萎，后便借以作烟草这种植物名。）

【察颜观色】言。“言”，会意字，从一从舌。甲骨文多数形体刻作[古文字]、[古文字]，金文写作[古文字]，第一横表示上唇，下部是甲骨文“舌”字，刻作[古文字]，中间一横表示下唇，下部口形是舌的前端象形，上部 V 形笔画表示舌伸出后的后端象形。篆文上加一横美化，写作[古文字]，楷书加以抽象化，写作言。人张口动舌，其义当然是说话。“察言观色”意为察究人的语言，观看人的脸色，即通过观察人的语言和表情来揣摩对方的心意。

而“颜”，形声兼会意字，从页彦 yàn 声，声兼义。从页的字皆表人颈以上的部位，或与头部有关的行为，见 B 部“频（濒）临”的解说。彦，会意兼形声字，从文从厂从彡 shān，厂 hǎn 亦声。甲篆文分别作[古文字]、[古文字]，文，义为花纹、纹路，后引申为文化。甲骨文下部是弓，义为弓箭的弓，含武义。厂，见上“关押”的解说，义为上部前突的山崖，是远古先民遮雨避风的住处。文与厂与弓组合，会意为住在厂下的文武双全的人，义为有才德的人。

篆文把弓变写为彡，彡是毛发、花纹的象形，含文采意。文与厂与彡组合，会意和本义为有文采。

彦与页组合，会意为有文采的头脸，在古籍中特指双眉之间的印堂，即额头。后词义扩大，引申为面容、颜色。颜无语言义，成语不是说察看人的面色，音同义异误解而别。

【和言悦色】颜。解说见上。“和颜悦色”意为温和的容颜愉悦的面色，形容态度和蔼可亲。

【蜿涎流淌】蜒。“蜒”yán，形声兼会意字，从虫延声，声兼义。

延，会意字，从彳从止，甲骨文刻作，左边是止（趾的初文，上有脚趾，下有脚跟），即脚，右边是亍chù，是行（有十字路口的路）的一半，义为小步走。金文写作，左边是彳 chì，行的左半边，义也是小步走，右边是止，左右组合，会意为用脚走路，义为走长路。篆文承金，写作，彳的末笔向右拉长，楷书变写为廴，右上部加了厂 yì（第一笔是横撇，不是横），表示移动脚步把曲物拉直，这样延就表示引长而直。虫与延组合，会意为由曲拉长前进的虫。此虫名蜒蚰，又叫蛞蝓，形似无壳蜗牛。但蜿蜒却是单纯词，即一个语素的词（即只有一个义）。因是虫，两字都从虫，从虫的字都表虫类或与之有关的物件、行为。“蜿蜒”义为像蛇那样弯弯曲曲。

而涎 xián，形声兼会意字，从氵延声，声兼义。氵与延组合为涎，义为拉长并且直的口水，无虫义，也不表弯曲义，形近义异而别。

【争奇斗妍】艳。“艳”，繁体字写作豔，会意字，从豐从盍。“豐”fēng，会意字，甲骨文刻作，上部为二亡字，“亡”是“盲”的初文，弯笔画表示侧视的眼窝，短竖和短横笔形表示刺眼珠的刑锥。（夏商朝把战俘、掳民、罪囚刺瞎一目做奴隶。）下部为鼓，中间的口是鼓面，鼓面之所以是方笔，是因为契刻符号难以画圆，口上的笔画是鼓上的饰物，口下的笔画是鼓架，三部分会意为盲乐工（上古朝廷用盲人做乐官、乐工）在祭祀大典中击鼓，由于仪式隆重，鼓声轰响，义为盛大。《诗经 · 大雅 · 灵台》“鼍 tuó 鼓逢逢，蒙（有眸子而无见者）瞍（无眸者）奏公。”（鳄鱼皮鼓声逢逢响，瞎眼乐师演奏给大王听。“逢”南北朝产生 f 声母前是 p，读 peng）因此，豐是形义音统一的高智慧字。这是对豐的第一种解说：盛大。

第二种解说是：“豐”，会意字，甲金篆文分别作、、，下部是上古（汉秦周商）高脚食器——豆（），甲金文的上部是禾苗的象形，表示食物，容器内盛食物多；篆文改写为两串玉，玉多；食物和玉作为祭品或礼品，满盛在器皿里，义为丰盛。这是第二种解说。

以上两种解形释义共同之处是其义为丰盛，引申为丰满。

盍，会意字，金古（盟书）篆文分别作、、，上部两个折笔画像盖子，下部像器皿，是皿字，盖之下皿之上的笔画表示物品，它们组合，会意为覆盖器皿中的物品（往往是好东西），义为覆盖。因“盍”的会意含有好东西之意，豐与盍组合为豔，会意为丰满而好，义为丰满而美丽。今简化为艳（会意字，颜色丰、好）。“争奇斗艳”意为竞相展示形貌色彩的奇异、艳丽，以比高下。

而“妍”，会意字，从女从幵 jiān，篆文写作，左旁是女字，右边是幵字，幵是一对簪子的象形，古代女子盘发梳妆，簪子是对插使用的，取下后，并排竖放，会意为并排竖放的对簪，义为簪子。由于并列而放，二物齐平，引申为齐平。物齐平则细致整齐，细致整齐则美，簪子本身就是美物，女与幵组合为姸，今简化作妍，义为女子美丽。“妍”无丰满美丽义，成语不是说争着显示新奇和女子的美丽，音近义近有异误解而别。

【赝品】赝。“赝”yàn，形声兼会意字，从贝雁声，声兼义。“雁”来自于鹰，金文写作，左上部两笔是人字，表示人；右下部是伸头前啄的鸟的象形，人下一长点表示肉块，它们组合，会意为一只猛禽啄人落肉。篆文写作，把一长点写作月（即肉，月旁的字除“明、朗、朝”等字确与月亮有关外，其他几乎都表示肉，如“胸、腹、肚、肩”等），把鸟写作隹，另加疒 chuáng 旁以表示人胸部被啄落肉块是病痛。楷书撤去月字，把不合理的疒旁换成表示前敞的房子的广字，另加鸟字以显义，写作鹰（养在房廊下的鸟）。由于雁形如鹰，就取鹰的上半部表示，并把广字头改成表示前突的山崖义的厂 hǎn 字头，表明是住在崖下水边的鸟儿。雁是候鸟，秋分后南迁，春分后北返，古人赞其诚信有道，以之为德禽。清人吴景旭《历代诗话·赝本》曰：“鹅酷似雁，而德不然，故凡以伪乱真者曰雁。”（老鹅很像大雁，然而德行不像雁那样，所以凡是以假乱真的就误叫作雁了——本该叫鹅的，却因鹅像大雁而误叫为雁。）“贝”是商周货币，故从贝的字皆表财物。贝与雁组合，会意为像真品而其实不是真品的财物——仿雁之物，义为假货。

而“膺”yīng，形声兼会意字，从月“𤸰”yīng 声，声兼义。上下组合，会意为鹰啄人胸部的肉，表义重点在被啄处，义为胸膛，无假货义，形近义异而别。

【沉鱼落燕】雁。解说见上。“沉鱼落雁”原意是鱼、雁见美色而逃走，不以为美，意思是美丑并无绝对标准，后演变为感到惭愧。成语夸张女子美得使鱼羞愧而沉底，使雁羡慕而落下，形容女子极美。

而“燕”，象形字，甲金篆文分别作、、、，这一象形字既形似，更神似，燕嘴、燕头、燕身、燕羽、剪尾毕肖。“燕”是另一种鸟，（似乎太小，未蒙一丝感化，）音同义异而别。

【央央大国】泱。“泱”，形声兼会意字，从氵央声，声兼义。“央”，会意字，甲骨文刻作，中间是一个向两侧伸出手臂的正面的人，人上部的圆点表示头，头颈上的凵 kǎn 表示木枷锁，会意为人的脖颈上戴着枷，义为灾殃。由于枷卡在头颈处正中间，引申为中央。金篆文分别写作、，楷书简便流畅化，写作央。央的造字虽然从小处着手，但

在使用中却从大处着眼，用于大范围事物的中心，如“宛在水中央”（《诗经·蒹葭》）。氵与央组合，义为（围着中央的）广阔水面。由于水面广阔显得宏大，引申为气魄恢宏。“泱泱大国”意为幅员辽阔气势宏大的国家。

而“央”义为中央，无气势宏大之义，音同义异而别。

【扬扬大观】洋。“洋”，甲骨文是会意兼形声字，从氵从羊，羊亦声。甲骨文刻作𣲖，中间是两只羊，以两只示意多只，左右的点表示水，表义重点在周围的水上，会意为羊群饮用的水多而广。篆文省去一羊一水，写作洋，成为形声兼会意字，从氵羊声，声兼义。会意不变。它们的本义是水多而广，引申为繁多、丰富。“洋洋大观”形容事物繁多，丰富多彩。

而“扬”繁体字是揚，金文写作会意字𤔲、𤔲、𤔲，金文一形左旁上部是璧玉（圆形的玉，直径多为十七厘米，孔径多为五厘米），左旁下部是丂 kǎo，表示人说话口中出的气，也表示支撑物品的东西，右边是人伸出双臂和双手，会意为人奉举璧玉赞赏示人；金文二形在圆璧下加了玉字，会意更丰；金文三形把左旁的丂和玉讹变，写成一横下加个近似于勿的字，疑为闪射现出的玉光，把右边的人写在上部，把手写在下部，奉璧赞赏示人的会意不变。篆文写作揚，省去人，把手写到左旁，成了从扌从昜 yáng，昜亦声的会意兼形声字；右边构件（见下）虽与表太阳（繁体为陽）义的初文昜 yáng 相混，但会意仍是人奉举璧玉赞赏示人。金篆文的本义都是手举玉赞赏，引申为（手）高举、举起，如“扬幡招魂、扬汤止沸”。“扬”无繁多、丰富义，音同义异而别。

另，“扬”义为手举玉赞赏，“扬扬”，义为（举玉赞赏而）得意的样子。《现汉》认为此义也可写作“洋洋”。如“扬扬自得、意气扬扬”（推荐词形），也可写作“洋洋自得、意气洋洋”（异形词）。但表示繁多、丰富义的“洋洋洒洒、洋洋万言、洋洋大观”中的“洋”则不可误写为“扬”。

【水性扬花】杨。解说见上。“杨”繁体字写作楊，形声兼会意字，从木昜声，声兼义。昜 yáng 是太阳的阳（陽）字的初文，甲金篆文分别作𣅀、昜、昜，上部是日，日下的笔画是枝柯，从树下看去，日在枝柯的高处，金篆文的彡表示透过枝柯的日光。楷书美化为昜。三部分组合，会意为升在高天的太阳，义为射出光芒的太阳。木与昜组合，会意为阳光下长得高的树，义为杨树。水性流动，杨花似雪，随风轻飘，“水性杨花”比喻女子作风轻浮，朝三暮四。

而“扬”见上，义为手高举，无杨树义，成语不是说作风轻浮的女子像流动的水扬起的花，音同形近义异误会而别。

【人昂马翻】仰。“仰”yǎng，形声兼会意字，从亻卬声，声兼义。卬 yǎng；áng，会意字，甲骨文刻作𠨘，左上部表示手，右下部是踞坐（即跪坐）的人，人跪坐，臂放膝上，两部分组合，会意为用手把人摁倒，义为（人倒下）面朝上。甲骨文又刻作𠨍，在下之人上望在上之人，义为面朝上。篆文加了亻旁，写成𠇜，人面朝上之义更显。“人仰马翻”意为人马被打翻在地，形容被打得惨败的样子，也比喻忙乱到极点。

而“昂”áng，形声兼会意字，从日卬声，声兼义。篆文写作昂，上下部分组合，会意为人抬头看日，义为抬头，无人倒下之义，成语不是说人昂着头，马倒下，音近义异误解而别。

“仰”含有自下而上意，“昂”含有原处抬起义，所以，“俯仰、仰望、仰人鼻息、仰天大笑”的“仰”均不可误写为“昂”；同样“昂脸、气昂昂、昂扬、昂首挺胸”的“昂”也不可误写为“仰”。

【安然无恙】恙。“恙”yàng，形声兼会意字，从心羊声，声兼义。篆文写作恙，上部是羊，下部是心，上下组合，会意为忧心羊，义为心病，引申为病。“安然无恙”意为平安（无病）无事，没有遭到损害。

而“羔”gāo，会意字，义为小羊。羊，有形可像，小羊则只能用图形意会，甲骨文刻作羔，中间是羊的象形，四点示意为小（小，象形字，甲骨文刻作小、小、小，用微点表示小），两部分组合，会意为小羊。金文变形为羔，篆文承金，写作羔。它们的上部为羊，下部为火，由于烧烤小羊，味美可口，故以羊、火组合，会意为烤小羊，表义重点在羊不在烤，义为小羊。“羔”无病义，形近而别。

【窑洞】窑。“窑”yáo，会意字，从穴从缶，篆文写作窑。穴宝盖外框是洞穴的象形；内里中间是月，即肉。从月的字除“明、朗、朝”等少数字确与月有关外，都表示肉，如“胸、腹、腰、膏肓、胃”等。内里下部是缶。内里两部分组合，会意为盛肉的瓦器，义为瓦器。瓦器在穴中，故穴与缶组合为窑，会意为在穴中烧制瓦器，义为烧制缶等陶器的洞状建筑物，如“瓦窑”。由于窑是洞形，“窑”引申出洞义。“窑洞”义为人工开挖的可住人的洞。

而“窖”jiào，形声兼会意字，从穴告声，声兼义。穴是洞穴的象形，义为洞穴。告，会意字，从牛从口，甲金篆文分别作告、告、告，上部是牛的象形，有牛角，中间笔画表示牛头、牛身、牛尾，一横表示牛胯，下部是口，表示说话义。牛与口组合，会意为用牛作牺牲向神灵先祖祷告，义为祷告神灵。穴与告组合，会意为把用于祭祀的牛冷藏在洞穴中，义为收藏东西的地洞或地坑，无人工开挖的可住人的洞义，形近义异而别。

【杳无音信】杳。“杳”yǎo，会意字，从木从日。甲篆文分别作杳、杳，上部是木，下部是日，上下组合，会意为太阳落到树下，义为天色黑暗。由于天色黑暗看不见感到深远，引申出远得不见踪影义。“杳无音

信”意为相隔遥远，一点儿消息也没有。

而“沓”tà，会意字，从水从曰，甲骨文刻作，上部是水，下部是口，会意为说话如流水一样不断，义为话多。篆文写作，下部写成了曰，上部的曲折笔画表示口中有声气出来，义为说话。上下组合，其义更显。由于话多，往往重复，引申为多而重复、杂多，如“杂沓、纷至沓来”。“沓”无远得不见踪影义，形近义异而别。

此外，“杳如黄鹤、杳无踪迹”的“杳”也不可误写为“沓”；“杂沓、纷至沓来”的“沓”也不可误写为“杳”。

【因咽废食】噎。“噎”yē，形声兼会意字，从口壹声，声兼义。壹，会意兼形声字，从壶从吉，吉亦声（今不能表声）。壶，篆文写作，外框是上古壶之形。吉表示吉物，外框之壶与吉组合，会意为盛有吉物的壶，这个篆字与口组合，楷书写作噎，会意为口内有壶状物，义为食物进口后堵住食管。“因噎废食”比喻因为出了点小毛病或怕出问题，而把应该干的事情停下来不干。

而“咽”yè，形声字，从口因声（由于古今音变，今已不能表声），假借为声音受阻义，无食物受阻义，故别。咽还读yān（咽喉）和yàn（吞咽），均无食物受阻义。音近义异而别。

【百页窗】叶。“叶”本写作枼yè，象形字，甲金篆文分别作、、、，像木上长有树叶，金篆文有所抽象化，上部树叶笔画近似“世”字。后此字作偏旁用了，树叶义便加艹cǎo表示，写作葉。今简化字用“协”的异体字“叶”代替，义为树叶。由于树叶呈薄片状，引申为像树叶那样薄片状的东西，如“一叶扁piān舟、牛百叶”。“百叶窗”是装有许多横板条的窗子。

而“页”与“首”同字，见X部“社会须（需）求”的解说，借作表示书册或纸张的量词，无薄片状的东西义。“百叶窗”是推荐词形，建议不写异形词“百页窗”。

【开门楫盗】揖。“揖”yī，形声兼会意字，从扌咠声，声兼义。从扌的字大都表手的动作、行为、性状。咠qì，会意字，从口从耳，篆文写作，会意为口附耳小声说话，引申为凑拢、聚集。左右组合为揖，会意为双手合拢（聚集）抱于胸前，义为行拱手礼。（左手包住右手，左手外，右手内；古人常右手持刀枪剑戟，左手包按其上，以示不战、有礼；出席丧礼则右手外，左手内。）它是汉族和部分民族共享的行礼礼仪，双手合拢抱于胸前，中正平和，心诚意笃，大方，持重，有教养，有身份；双手处于黄金分割点，左右对称，手法和体态优美，造型高雅。女子将双手移至右腰，莲步轻移（左脚放在右踵后），微屈玉体，恭平贤淑，文雅恬静，袅娜秀美，仪态万方。清末，国门被列强坚船利炮打开后，学来了日本的九十度鞠躬礼，欧美的易传染疾病的握手礼、拥抱礼、贴面礼、吻额礼，反将民族的高雅礼仪丢了。“开门揖盗”意为打开门给盗匪作揖，请进来，比喻引进坏人祸害自己和家人。

而“楫”jí，形声兼会意字，从木咠声，声兼义。木与咠组合为楫，会意为木桨与船体聚合连接，义为橹，即大船桨，无作揖义，形近义异而别。

【化险为宜】夷。“夷”，会意字，甲骨文刻作[古文字]，古文之一的《侯马盟书》写作[古文字]，从矢从己，矢是箭，己表示绳索，矢与己组合，会意为绳索捆住箭杆，义为箭头。因为箭头难以象形，便用绳索捆缠只露出头部来示意。篆文把矢讹变成大，写成[古文字]，楷书把己讹变为弓，写成夷。但它们的箭头本义不变。由于箭头有杀伤力，引申为杀伤，消灭，如“夷灭”。由于消灭（敌方后）含有平安、平定意，引申为平安。“化险为夷”意为化危险的情况或处境为平安。

有人认为夷的甲骨文是[古文字]，其实不是。此甲骨文是夏商时代东方民族蹲踞的象形，中原经济发达，人们跪踞，不蹲，即在草席竹簟diàn（竹席）上坐于脚心，常写作[古文字]。由于其字与甲骨文古文夷字字形相近却又不同，当时人用就用夷来称呼好蹲的东方民族，因此夷的另一义是东方的人，如“西狄东夷”。后词义扩大，引申称少数民族，如“四夷”。

而“宜”，会意字，从宀从且。甲骨文刻作[古文字]，西周金文写作[古文字]，外框是砧板，里边的笔形表示肉，东周金文写作[古文字]，篆文加了一横，变写作[古文字]，楷书承篆，写作宜。宀表示房子。从字形可知，其会意为在室内（当是宗庙）用肉食祭祀，义为祭祀（是祭祀的一个种类）。由于祭祀是必得做的，且是必须做得适当的大事，“宜”义引申为应该、适当，无平安义，成语不是说化危险的为适宜的，音同义异误解而别。

【遗笑大方】贻。“贻”yí，形声兼会意字，从贝台声（今不能表声），声兼义。贝是商周代的货币，故从贝的字皆表钱财或与钱财有关的事物、行为、性状。台，会意字，甲金篆文分别作[古文字]、[古文字]、[古文字]，上部是巳，像头朝下的胎儿，口表示胎衣或产道，巳与口组合，会意为怀胎将生，义为胎。台是胎的本字。贝与台组合，会意为赠送财物给生育子女的人，义为赠遗 wèi、送。“贻笑大方”意为送笑料给大方之家（高手、内行），即让内行见笑。

而“遗”yí，会意字，金文写作[古文字]，上部图形表示左右手持物（一竖表示所持之物），中间三点表示有物遗失，下部的左边为彳 chì，是“行”的一半，表示小步走，下部的右边是止（趾的初文，上有脚趾，下有脚跟），表示脚，几部分组合，会意为人手拿着东西前行，有物遗落。后期金文省去三点，并把止改成贝，写成[古文字]，会意为人在走路时把钱丢失了，（贝约有两厘米高，一点五厘米宽，产于南海——今舟山群岛一带，它绚丽、不变质、不变形、小巧易携、易聚合分拆，是作货币的良材。先民之智高矣!)遗义更明显。篆文把彳写成彡 shān,把早期金文的止写在彡下,成为辵 chuò,整个字写作[篆文],遗义更显。楷书把左边笔画写成辶 chuò,即成遺字,简化作遗。“遗”义为遗失,无赠送义,成语不是说遗留下笑料给大方之家,音同义异误解而别。

此外,“贻”由赠给、送给义引申出(给人)留下、留给义,出现了“贻害、贻患、贻误、贻人口实(留给人以利用的借口;让人当作话柄)、贻误战机”等词语,它们的“贻”均不可误写为“遗”。

【甘之如怡】饴。解说见上。“饴”yí,形声兼会意字,从饣台声(今不能表声),声兼义。从饣的字基本都表食品或与之有关的行为、性状。饣与台组合,会意为送食品给生育子女的人。上古好送甜食,义为用米和麦芽熬制的糖。“甘之如饴”意为感到像糖一样甜,表示甘愿承受艰难、痛苦。

而“怡”形声兼会意字,从忄台声,声兼义。从忄的字皆表心理活动。台(见上)义为胎,忄与台组合为怡,会意为因生子而欣喜,义为喜悦、愉快。“怡”无糖义,音同形近义异而别。

【易风移俗】移风易俗。“移”,形声兼会意字,从禾多声(今不能表声),声兼义。从禾的字基本都表禾类植物或与之有关的行为、性状。“多”,会意字,甲金篆文分别作[古文字]、[古文字]、[古文字],是两块肉的象形,甲骨卜辞中用作胙 zuò 肉,即祭肉。许慎没见过甲骨文,“说文”解作“重也。从重夕”。(两个半月相重)解错了。祭肉用一整块,两块则多,义为多。禾和多组合,会意为许多禾苗在风中摇来摆去,义为摆动,由物摆动则改变了原位,引申出改变义。

易,甲骨文刻作[古文字]、[古文字],左边表示酒杯,右边表示有把手的酒罐,会意为把酒从罐里倒进杯里。后,周代金文省写作[古文字],是酒杯的象形,右边的半圆是把手,罐子图形省去了。后又省作[古文字]、[古文字]、[古文字],篆文写作[篆文];经过近两千年的变化,字形有了大的差别,不过金文篆文无论怎么省变,都会意为添酒。给人添酒,引申为赐予。如《兮甲盘》金文铭辞说:“王易兮甲马四匹。”(大王赐给甲马四匹)由于赐予之后改换了对物的领有性质,又引申出改变义,甲骨刻辞中的“易日”就是天气变了的意思。又,“易”像飞鸟,由于飞鸟可以自由地从一处飞到(改变到)另一处,可以从步行改变为飞行甚或游水,引申出改变义。

“移”和“易”都有改变义,与“风”和“俗”的组合似可自由,但汉语是看重约定俗成习惯的发达语言,只能写作“移”在前“易”在后的“移风易俗”。

【以老卖老】倚。“倚”yǐ,形声兼会意字,从亻奇声,声兼义。从亻的字基本都表人或与人有关的行为、性状。“奇”是“骑”的初文。在灵台西周墓中有张文字画,画了许多勇士横拖倒拽俘虏凯旋的图形，男女老少夹道欢迎，领头的部落首领画作，他（她）得意扬扬地骑马领着队伍前进，举臂接受欢迎，召唤队伍跟上，线条生动、传神、凝练、明洁极了。早期甲骨文“奇”字正是此形。东汉的许慎没见过甲骨文，解作从大可声，大错。后期甲骨文刻作、，金文加马字旁以显义，写成，偏旁是奇，人和奇组合，会意为人靠在骑有人的马上，义为靠着，倚仗。“倚老卖老”意为倚仗年纪大，卖弄老资格。

而“以”，无倚仗义，成语不是说用老人身份卖老资格，音同义异误解而别。

【唇齿相倚】依。解说见上。“依”会意兼形声字，从亻从衣，衣亦声。从亻的字基本都表人或与人有关的行为、性状。衣，甲骨文刻作、，篆文写作，有领口，有袖子，有衣襟。亻与衣组合，会意为人借衣服蔽体、取暖，义为靠着。“倚”和“依”都有靠义，但“倚”表一般性的靠，带有斜靠之意；“依”表挨在一起的靠，带有贴合之意，其引申义是按照。“唇齿相依”意为嘴唇和牙齿挨在一起，比喻关系密切，互相依存。“倚”无挨在一起的靠着义，音近义异而别。

因此“倚马可待、倚马千言、倚势欺人、倚重、不偏不倚”的“倚”都不可误写为“依”；“依存、依附、依靠、依赖、依恋、依托、依样葫芦”的“依”也不可误写为“倚”。

【不能自己】已。“已”yǐ，解说见J部“我自己”jǐ条。“已”义为已经，“已经”含有事情结束意，引申出停止义，如“争论不已”。由于停止有被动的，也有主动的，引申出自我抑制义，如“情不能已”。“不能自已”意为感情不能自我抑制。而“已”无抑制义，形近义异而别。

此外“争论不已、有加无已、不为已甚”的“已”均不可误写为“己”；“舍己为人、知己知彼、各抒己见、严于律己、以……为己任、固执己见、推己及人、己所不欲勿施于人”中的“己”也不可误写为“已”。（另一形近字是巳 sì，表十二生肖中的蛇，又是地支的第六位。字谚曰：“合口巳，开口己，半开半合是个已。”正道出了它们字形上的差异。）

【一劳永益】逸。“逸”，会意字，从辶从兔。辶 chuò，甲骨文刻作，外框是行，中间为止（趾的初文，上有脚趾，下有脚跟）即脚；后期甲骨文省去“行”的一半，刻作。金文写作，（与“延”相同，见上“蜿蜒流淌”）。篆文把彳上移，止下移，写成辵chuò，楷书写成辶。彳与止组合，会意为脚在路上走，义为急行。逸的右半边是兔字，见“免（兔）死狐悲”条的解说，兔与辶组合，会意为像兔子一样快跑，义为逃跑，如“逃逸”。由于逃跑脱离危难能得到安乐、安闲，引申为安乐、安闲。“一劳永逸”意为辛劳一次，把事情办好，以后就永远安闲，不再费事。

而“益”甲金篆文分别作、、，下部是器皿，上部是漫出的水，是“溢”的初文，会意为水满溢出，引申为增多、好处，无安闲义，成语不是说辛劳一次永远有益，音同义异误解而别。

此外，“以逸待劳、逃逸”的“逸”也不可写作“益”“易”或“佚”yì。

【逸文 逸名】佚。“佚”yì，会意兼形声字，从亻从失，失亦声。失，会意字，金古篆文分别作、、，上部、左边三笔是手的象形，右下部笔画像有物自手下滑落，义为遗失、失去。亻与失组合，会意为人失去；人失去，则与他人分开，离散，义为失去、散失。“佚文”义为（人）散失的文章、著作，“佚名”义为（姓名散失）不知人名或没名。《现汉》在“逸”字条下有“逸文”词例，但使用频率高的是“佚文”，“逸文”很少见。笔者以为应以“佚文”、作推荐词形，不写“逸文”。《现汉》只有“佚名”的例词，而无“逸名”的例词。“逸”的解说见上条。

【轶事 轶闻】逸。“逸”的解说见上“一劳永益（逸）”。辶与兔组合，会意为像兔子一样逃跑，引申为失去，散失，失传。“逸事、逸闻”义为世人不大知道的关于某人的事迹；世人不大知道的传说。而“轶”yì，形声兼会意字，从车失声，声兼义。车与失组合，会意为车失去，义为车驶而去，后车超过前车，引申为超过。词语不是说超过他人的事迹、超过他人的传闻。第六版《现汉》只有“佚名、逸事、逸闻”例词、词条。《现汉》还认为“轶”同“逸”，但“轶”下并无“同逸”的例词和词条。

【奇闻轶事】异。异，会意字，繁体字写作異，从田从共，甲金篆文分别作、、，中间田字形笔画表示假面具，其他笔画表示正面的人伸出双臂用双手把假面具戴在头上，或举臂舞蹈。篆文在假面具下写了双手，而把臂写成一横，横下两竖像人腿。它们组合，会意和本义为戴假面具。古代举行祭祀时要扮演神灵先祖，就戴上假面具。今天傩 nuó 戏和少数民族的宗教活动仍然戴假面具。由于戴上假面具后与原人、与一般人很不相同，引申出奇特、与众不同义。“奇闻异事”义为奇特的、与众不同的动听的事情。

而“轶”（见上）无与众不同义，成语不是说超过他人事迹的奇事，音同义异误解而别。也不可写作“奇闻逸事”或“奇闻佚事”。

【多多亦善】益。“益”见上“一劳永逸”的解说，此处的“益”借作副词，义为更加、越、渐渐。“多多益善”意为越多越好。

而“亦”，指事字，甲金篆文分别作、、，中间是正面的人字，两点指事腋下，义为腋窝；此处的“亦”借作副词，义为也，无更加、越义，成语不是说很多也好，音同义异误解而别。

【天经地仪】义。“义”繁体字写作義，会意字，从羊从我。“我”，象形字，甲骨文刻作、，金文写作，晚周金文写作，篆文写作，形如一把有锯齿的大斧，晚周

Y

金文将斧柄变写成戈，是杀人宰牲的武器，殷商王室经常执“我”言事，“我”成了权力的象征，借以代表殷商王室，这样“我”这种杀人武器就成了第一人称代词。“義”由羊、我组合，甲金篆文分别作、、，上部是羊，下部是“我”，会意为用“我”杀牲——羊来祭祀，由于以牲祭祀是古代的礼仪，义为礼仪，法度。由于礼仪、法度含有人人认可的行为、道理，引申为公正合宜的行为、道理。经：正道。“天经地义”意为人世间合乎正道、道理、行为的，即非常正确毋庸置疑的道理。

而“仪”，形声兼会意字，从亻义声，声兼义；“义”本义为宰羊祭祀，祭祀得有一定的仪式，人各有一定的仪态，这个意义便加亻表示，写作仪，义为仪式、仪表，无公正合宜的道理行为义，成语不是说合乎正道和礼仪，音近义异误解而别。

【一表堂堂】仪。解说见上。“仪表堂堂”意为人的仪态外表（容貌、姿态、风度）高大美好大方。无“一表堂堂”的成语。

【仪表人才】一。解说见上。成语意为一副外表堂堂的人才，即相貌英俊，风度潇洒。

【断章取意】义。解说见上。由于义字的公正合宜的道理、行为义含有说出来使人明白之意，引申出事情本身的意思、意义之义。“断章取义”意为不顾全篇文章或谈话的内容，而只根据自己的需要孤立地取其中一段或一句的意义。

而“意”甲金文没有此字，秦篆始造，从音从心。秦前“音言”同字，它们是从同一个甲骨文演变而来，见上“察颜（言）观色”的解说。口中发出来的可以是语音，也可以是其他声音，古贤们为区别词义，就在“言”的口中加一横，写作“音”，义为乐音，如“八音盒”，引申为声音。“意”从心，从心的字皆表心理活动。心与音组合，会意为心声，本义是心里所想的意思、愿望、料想，不表事情本身的意思，故别。

据上所析可知：“义”与“意”皆有意思、意义义，但“义”表示事情客观本身所含有的意思，“意”表示人主观上（内心里）的看法和想法；“义”表示事情准确的意义，“意”表示大致的含意。所以“断章取义（取章的义）、望文生义（生文的义）、言不及义（没有一句话说到正经的道理）、词义（词本身的意思）”中的“义”均不能误写为“意”；而“词不达意”（用词不能表达人内心的意思）、意味深长、如意算盘、心猿意马、言不尽意（语言难以表达全部意思）中的“意”也不能误写为“义”。

【意正词严】义。解说见上。“义”义为道理。“义正词严”意为道理正当，措辞严肃。“义正词严”是推荐词形，“义正辞严”是异形词，建议不写后者。

【义气用事】意。解说见上。“意气用事”意为只凭内心的感情办事，缺乏理智。

【义气风发】意。解说见上。“意气风发”形容（心有感奋而）精神振作气概昂扬。

【主观意测】臆。解说见上。“臆”，形声兼会意字，从月意声，声兼义。从月的字除“明、朗、朝”等少数字确与月有关外，都表示肉、肉体（肌、腿、胴 dòng）或与之有关的行动（刖：砍去脚）、性质（脏：肉不洁）。意（见上），义为心里所想的意念，由于意念出于胸中之心，月与意组合为臆，会意为意念之所出，义为胸膛。“主观臆测”意为主观地（出自内心的认识）推测。

而“意”（见上）无胸膛义，成语不是说从主观上从意识上推测，音同义异误解而别。

【良师义友】益。解说见上。“益”见上“一劳永益（逸）”的解说，义为水满溢出，是溢的先造字。由于满溢含有多、丰饶之意，引申为（对人）有好处、有益的。“良师益友”意为使得到教益和帮助的好老师好朋友。“义”无有好处、有益的之义，成语不是说是好老师又是有义气的朋友，音同义异误解而别

【一口同声】异。“异”的解说见上“奇闻异事”，异，义为与众不同的，“异口同声”意为不同的嘴说出同样的话，形容很多人说同样的话。

而“一”，指事字，表数之始，且一张口不会发出许多相同的声，无不同义，音同义异误会而别。

【一军突起】异。解说见上。“异军突起”比喻与众不同的新派别或新力量突然兴起。

【见益思迁】异。解说见上。“见异思迁”意为看见不同的事物就改变原来的主意，指意志不坚定，喜爱不专一。而“益”见上“一劳永益（逸）”的解说，是“溢”的先造字，义为增加。由于增加有好处，引申为益处、利益。“益”无不同义，成语不是说见到好处就想改变，音同义异误解而别。

【标新立意】异。解说见上。“标新立异”意为提出新奇的主张，表示与一般不同。

此外“异曲同工、异想天开、大同小异、求同存异”的“异”均不可误写为“一”或“意”。

【不可思异】议。解说见上“断章取意（义）”。议，繁体字为議，形声兼会意字，从讠义声，声兼义。“义”义为公正合宜的道理，与讠组合，会意为言说道理，义为议论、评论。由于通过议论、评论使人理解，引申为理解。“不可思议”意为不可想象，不能（议论）理解。而“异”见上“奇闻轶（异）事”义为奇特的、与众不同的，无议论、评论义，成语不是说不可想象的奇异，音同义异误会而别。

【集思广议】益。解说见上“一劳永益（逸）”。“集思广益”意为集中众人的智慧，广纳有益的意见。

而“议”见上，义为评论、评说、商量，无益处义，成语不是说集中众人的智慧，广泛地议论，音同义异误解而别。

【海上游戈】弋。“弋”yì，象形字，甲骨文刻作[古文字]、[古文字]，金文写作[古文字]、[古文字]，篆文写作[古文字]，字形表示下部尖上部有短杈的木桩，打入地中可以系牲口和小舟，或在两个木桩上架杆或系绳，来晒衣服，晒干肉，晒麻等的物件，上部笔形是防滑脱的歧头，本

义为木桩。由于常常系绳，像系绳的箭，引申为矰 zēng 弋，即系绳的矢。由于矰弋在射飞禽时在空中飞行，引申出巡游、巡逻义。“海上游弋”意为兵船战舰在海上巡逻。

而“戈”gē，象形字，甲骨文刻作、，金文写作、、，篆文写作，是打仗杀兽的武器，戈的下端有可插进地上的三尖，第三个金文的下部和篆文下部斜形笔画也表示三尖，上端的弯笔画为戈头，第一个金文的右方还画有缨饰。“戈”是形近的错字。

【神采奕奕】奕。“奕”，形声兼会意字，从大亦声，声兼义。亦，指事字，见上“多多亦(益)善”的解说，中间是展臂的正面人形，正面展臂的人字比侧面的人字显得大，就产生了“大”义，故“亦”也有大义。亦与下面的大组合，篆文写作，下面的“大”美化得像“介”字，楷书承篆，写作奕，义为盛大。“神采奕奕”意为神气光彩很盛大，即精神旺盛，容颜焕发。

而“弈”(见下)，义为下棋，无盛大义，音同形近义异而别。

【高手博弈】弈。解说见上。“弈”，形声兼会意字，从廾 gǒng 亦声，声兼义。廾是双手的象形。“弈”，篆文写作。亦含“大”义。大与廾组合，会意为大人出手，义为下棋。“高手博弈”意为高等棋手下棋，比喻内行高人在政治、经济、外交、军事上纵横捭阖 bǎihé 的斗争。

而“奕”(见上)，义为盛大，无下棋义，故别。

【络绎不绝】绎。“绎”繁体字写作繹，形声兼会意字，从纟 mì 睪声，声兼义。睪 yì，金古篆文分别作、、，上部为目，下部表示戴刑具的罪人，见 S 部“爱不失(释)手”的解说，上下两部分组合，义为分别、抽引、分辨、选择。由于这些活动得细心观察，引申出细心义。“绎”的形旁为纟，从纟的字大都表丝、线、绳或与之有关的事物、行为、性状。左右两部分组合，会意为细心辨察缫丝，本义为抽丝。由于抽丝是接连不断的，“绎”又引申出连续不断义。“络绎不绝”意为(像抽丝一样)连续不断。

而“驿”，形声兼会意字，从马睪声，声兼义。指用马传送公文的驿站。古代每六十里设一驿站，公文用马传送，换人换马，绝密公文换马不换人。马与睪组合为驿，会意为如同抽引丝一样，马不断出发，奔驰，义为驿站。“驿”无连续不断义，音同形近义异而别。

【万马齐喑】喑。喑，繁体字写作瘖，形声兼会意字，从疒音声，声兼义。“疒”chuáng 见 J 部“疾风劲草”的解说，“音”见 A 部“不谙交际”的解说。“音”义为声音，与疒组合，会意为声音有病，本义为嗓子哑，不能出声。简化字从口，写作喑，会意和本义不变。“万马齐喑”意为千万匹马都不嘶鸣，比喻人们都沉默不语，不发表意见。

而“暗”从日闇 àn 省声(省去门后，以音作声旁，今“音”不能表声)，声兼义。从日的字基本都表日、日光或与之有关的行为、性状。

日与省去门的音组合，会意为（音闭门内）门闭则日光不能入，义为光线很弱。“暗”无哑义，形近义异而别

【绿草如荫】茵。“茵”，形声兼会意字，从艹因声，声兼义。“因”见本部“香煙（烟）”条的解说；是垫子。“茵”篆文写作[篆文]，加形符（艹字头）以显义，义为草编的坐卧之垫席。“绿草如茵”意为像垫席一样平坦的绿草地，形容大片平整的绿草地。

而“荫”yìn，见下，有遮蔽、庇护义，无垫席义，音同义异而别。

【尊重阴私】隐。“隐”见W部“四平八隐（稳）”条的解说。隐私：不公开不告人的私事。“尊重隐私”意为不打听不传播不揭露别人不愿公开不愿告人的私事，是高尚人的高德。

而“阴”，形声兼会意字，繁体字写作陰，从阝fù侌yīn声，声兼义。金文写作[金文]，左旁为阝，是夏商朝时代从半穴居屋升登地面的台阶或挖刻在木头上的脚窝，又像山上的石阶。这种穴居屋挖建于高而土层厚的地方，因而义为土丘、高地、地方。右边的人字形笔画表示笼罩大地的天穹，下面三笔表示云彩，其中两横是条状云，第三笔是卷状云。三部分组合，会意为天上的云彩笼罩着山丘，义为云遮日，古文篆文分别写作[古文]、[篆文]，右上方写成了今，表声，会意和本义不变，由于云蔽日不见阳光，引申为阴暗。由阴暗义引申出暗中、私下里、私密的义。“阴”无隐藏义，音近义异而别。

另，“阴私”有词，义为暗中的害人的私事，即不可告人的坏事，与“隐私”不一义。

【树荫　林荫道】阴。解说见上。阴，义为云遮日，引申为阴暗。“树阴”义为树木遮日形成的阴影，“林阴道”义为两旁有茂密枝叶形成阴影的树木的道路。而“荫”，音yìn，形声兼会意字，从艹阴声，声兼义。艹与阴组合，会意为树木的枝叶遮蔽日光宜于人们休息，比喻父祖有功，给予子孙入学或当官的权利。荫义重在庇佑，不重在阴影。

《现代汉语异形词规范词典》第三版指出1985年12月教育部、国家语委、广电部等公布的《普通话异读词审音表》明确规定“荫”读yìn，“树荫、林荫道”等应写作“树阴、林阴道”等。现在中小学课本基本都写“树阴、林阴道”。而《现代汉语词典》认为“荫”也读yīn，把“树荫、林荫道”作为推荐词形，而把“树阴、林阴道”作为异形词。这就是说国家权力机关和作为全国人民书面用语规范的《现汉》意见相反。笔者以为，从汉字“因形定义”的规律来看，最好写“树阴、林阴道”。不过异形词也不是别字，写“树荫、林荫道”亦可，最好不写。

【引水思源】饮。“饮”繁体字为飲，会意字，甲骨文刻作[甲骨文]，右边是人，伸手扶住酒坛，人的头部有一个夸张的朝下的大口，口下是两个朝上的箭头，再下是酒坛，即酉，上有盖子，下有坛体，中间一横指明是酒液面。它们会意为人张口啜饮酒，口下的两个向上的示动箭头笔形，表示被啜吸而上的酒，整个构图生动极了，义为饮酒。

金文写作[古文字]，酒坛上部笔形像人口（倒口），右边大张口的人字讹变成了大张口出气的形象，口中的一横表示出气，即欠字，当是痛饮后的喘气。

篆文写作[古文字]，左半边讹变成了食字，右半边的欠字加以美化，其下部是人字，人上的三撇表示上出的气。楷书承篆，写成飲。尽管字形迭变，人啜饮、喝之义依然比较明显。"饮水思源"比喻人在幸福的时候不忘幸福的来源。

而"引"，会意字，从弓从丨 gǔn，"弓"，象形字，甲骨文刻作[古文字]，甲骨文中弓字作偏旁时每省作[古文字]，"引"字刻成[古文字]，右下部短横表示搭上一支箭。另一甲骨文刻作[古文字]，左旁是弓，弓弦刻成虚线，表示发射后的震颤，右边上部一竖表示矢，下部是手，表示手持一只矢，将要发射，它们的义为开弓。"引"无喝义，成语不是说引来了水要思源，音同义异误解而别。

【心心相应】印。"印"，会意字，甲骨文刻作[古文字]、[古文字]、[古文字]，金篆文分别写作[古文字]、[古文字]，上部是手，下部是跽（跪）坐之人，上下组合，会意为用手摁压人，本义为抑，是抑的先造字。楷书把上部的爪（手）和右边的人变写成印。由于印含有下压下按意，与用玺 xǐ（图章）下压下按一致，引申为印信义，又由于印信与被印出的图形一样，又引申出一致义。"心心相印"意为彼此心意一致。

而"应"繁体字写作應，形声兼会意字，从心雁声，声兼义。雁yīng，见上"膺（赝）品"的解说，义为廊庑之下饲养的猎鹰。由于有猎鹰打猎正适合心意，后人在此字下加上表示意义的形旁心，会意为心里以为正该如此，义为应当、应该。"应"无一致义，成语不是说心和心相呼应，义异误解而别。

【义愤填赝】膺。见上"膺（赝）品"的解说。膺 yīng 义为胸膛。"义愤填膺"意为对违反正义的恶行所产生的愤怒充满胸膛。

而"赝"yàn 义为假货，无胸膛义，形近义异而别。

【荣赝】膺。解说见上。膺的会意为鹰啄胸落肉，引申出承受、承当义。"荣膺"义为光荣地接受或承当。

【莹屏】荧。"荧"繁体字写作熒，金文是象形字，写作[古文字]，下部的口表示商周朝的半穴居屋民居，上部像交叉的两个火把，四点表示火星。像屋内灯火（当是松明子）发亮。篆文写成会意字，写作[古文字]，从炏 yàn（炊 kài 在上，火在下）从冂 jiōng（表示门），楷书把冂改写成了冖 mì，两部分组合，会意为门内透出的火光——灯火之光（商周已用灯），本义为灯火光亮的样子，引申为光亮。"荧屏"义为光亮的屏，即荧光屏，特指电视荧光屏，也指电视。

而"莹"，会意兼形声字，从玉从荧省（表光亮，省去火），荧亦声。"荧"有亮光外透的含意，与玉色光

亮外观相近，故“莹”义为(玉)光洁透明，无灯火光亮的样子，音同形近义异而别。

【晶滢】莹。解说见上。“晶莹”义为光亮而透明。

而“滢”，形声兼会意字，从氵莹声，声兼义。从氵的字大都表水或与水有关的事物、行动、性状。氵与表光亮而透明义的莹组合，义为水清澈而亮，不泛指光亮透明义，音同义异而别。

【草长鹰飞】莺。解说见上“莹(荧)屏”和“心心相应(印)”。“莺”，形声兼会意字，从鸟荧省(省去火)，声兼义。鸟与表示光亮义的荧组合，会意为有光鲜亮丽羽毛的鸟，义为莺类的鸟。“草长 zhǎng 莺飞”义为草在长高，莺在飞鸣，形容生机勃勃春意盎然的宜人景色。

而“鹰”，形声兼会意字，从鸟䧹声，声兼义。见上“赝品”的解说，是食肉猛禽，成语不是说草在长，鹰隼在飞，音同义异误解而别。

【脱颖而出】颖。“颖”，形声兼会意字，从禾顷声，声兼义。禾，指禾本科植物。顷，见 Q 部“顷(倾)家荡产”的解说，表示一个人斜倚另一人头边，义为倾斜。禾与顷组合，会意为植物籽实上斜向长出的芒刺，义为芒刺，尖端。“脱颖而出”比喻人的才能像芒刺的尖端从口袋里透露出来一样全部显示出来。

而“颍”，形声兼会意字，从水顷声，声兼义。水与顷组合，会意为斜向流动的水，称说安徽北部的一条从西北向东南流去的河的名称，无籽实芒刺义，音同形近义异而别。

【反应意见】映。“映”，形声兼会意字，从日央声，声兼义。篆文写作 ；从日的字基本都表日、日光或与之有关的行为、性状。“央”见本部“央央(泱)大国”的解说，日和央组合，会意为日光的影子落在正中央，义为因光线照射而显出物体的形象。“反映”指光影反射，引申为把基层情况、意见向上(反向)报告。“反映意见”即是此意。

而“应”见上“心心相应(印)”的解说，无光影照射而显像义，音同义异而别。

【反映灵敏】应。“应”繁体字写作應，形声兼会意字，从心䧹声，声兼义。见上“心心相应(印)”的解说。应义为应该，由于一方认为应该，另一方当有回应，引申为回应、应允。“反应”指受刺激而引起相应的活动，如“反应很快、化学反应、热核反应”。“反应灵敏”意为精神、神经受外界刺激而引起的相应活动很快。

而“映”(见上)无此义，音同义异而别。

由上两条所述可知，“映”与光线有关，“应”与心理活动有关，故“映现、映照、交相辉映、掩映”中的“映”不可误写成“应”，而“过敏反应、有求必应、得心应手、应接不暇、应验、应景(适应当前情况或当时节令)”中的“应”也不可误写为“映”。

【蜂涌而上】拥。“拥”yōng 繁体字是擁，形声兼会意字，从扌雍声，声兼义。“雍”字四千多年来演变分合较繁杂,现简介之。雍,会意字,甲骨文刻作,上部是鸟的象形,楷书写作隹,鸟足上有两个连环套着的图形,会意为鸟儿被网络所羁绊,不能飞逸,义为阻塞。

雍,金文写作,左旁上部是水,左下部的两个圆框,是从甲骨文表示网络的图形演变来的,表意有改变,表示被水环绕的地方,右边是鸟儿。三部分组合,会意为在水环绕的地方,鸟儿在鸣唱。篆文进一步变写,写作,和金文不同的是,把环水的地方改写为邑(邑,会意字,甲金篆文分别写作、、,上口表示地方,下部是跪坐的人)义为人聚居的地方——城镇。三部分组合,会意为在大水环绕的城镇,水边的鸟儿在鸣唱。这样金篆文的本义就变为鸟儿鸣唱和谐动听,如《诗经·匏 páo 有苦叶》"雍雍鸣雁,旭日始旦"(雁儿雍雍地叫着,朝阳初升在东方)。

楷书承篆,写作雝,俗字写作雍。

由于金篆文的左旁笔画表示大水围绕,大水围绕则不通,引申为堵塞,此义后加土字底表示,写作壅。又由于城镇被水围绕,如同大水拥抱着城镇,引申出拥抱义。拥抱是手的动作,后代加扌以显义,写作擁。今简化作拥。"蜂拥而上"意为像蜂群似地拥挤着上去。

而"涌"yǒng,会意兼形声字,从氵从甬,甬亦声。甬,象形字,金篆文分别写作、,是古钟的象形,上部是钟悬,下部是钟体。氵与甬组合,会意为如同钟那么大小和形状的水涌出,义为水或云上突的样子,无拥挤、拥抱义,音近义异而别。

另,"一拥而上"也不可误写为"涌"。

【前呼后涌】拥。解说见上。"拥"由挤、抱义引申为围着。"前呼后拥"意为前面的人吆喝开路,后面的人簇围着保护,常用以形容官员外出的声势。

【风起云拥】涌。解说见上。"风起云涌"意为大风刮起,乌云翻涌,比喻事物迅速发展,声势浩大。而"拥"(见上)无上涌义,故别。

【勇跃争先】踊。"踊"的繁体字是踴,形声兼会意字,从足勇声,声兼义;勇,从甬从力,甬亦声。

"甬"(见上)是古钟的象形,由于其上部是钟悬,其状高而上突,且钟往往高挂,故甬含有突出之意。

"力",象形字,甲金篆文分别作、、,是古代犁地的农具耒 lěi 的象形,由于犁地要用力,引申为力气、力量。

甬与力组合,会意为力气突出,即有力量。篆文出现以前的古文写作从甬从心,会意为勇气突出,即有勇气。楷书从甬从力和从甬从心的字都写,今规范用勇,但义却兼而有之,即有勇气,有力量。

足与勇组合为踴,义为(有勇气有力量)向上跳起。今简化为踊。"踊跃争先"形容情绪热烈,(跳跃着)争先恐后。

而"勇"无上跳义,成语不是说勇敢地跳跃着争先恐后,音同义异误解而别。

【怨天忧人】尤。“尤”，指事字，甲金篆文分别作、、，字形如手——右手，手上加一竖，突出指明用一根手指表示赞佩人或事特异、突出，（这一表示法从四千年前一直延续到今天，全世界的人都跟着这么表示，即竖大拇指）义为优异的、突出好的。又像手上长有赘疣，长有赘疣是异于常态的现象，引申为特异、突出。由于特异的突出的言行容易出错，引人生怨恨，引申为怨恨。“怨天尤人”意为抱怨自然规律，怨恨人事（机遇命运），形容对不如意的事情一味归咎于客观。

而“忧”繁体字为憂，会意字，从页从心从夊 suī，（一捺穿过一撇，左脚，不是夂 zhǐ，右脚），金文写作，上部两曲笔表示头发，头发下是头，突出头部的主要器官眼睛，头下是身子和伸出向上捧的手，最下部是向前走的左足义。这一夊字甲篆文分别作、，（夂表示右足，甲旁金旁篆文分别作、、，下有脚趾，上有脚跟）即脚。整个图形会意为人捧着东西生怕有失误地前行，义为担忧、忧虑。篆文写作，上部是页，表示人头，见 Q 部“顷（倾）家荡产”的解说，页下的弧笔自金文的人身美化演变，弧笔下是心字，表明是心理活动，最下是夊，其会意和担忧、忧虑的本义不变。“忧”无怨恨义，音近义异而别。

【忧柔寡断】优。“优柔”是单纯词，即一个语素的词，一个语素的词可以是一个字（如“朋”），可以是两个字（如“尴尬”），也可以是多个字（如“巧克力”），但只有一个义；双多音语素中的字本身不表义，只表音，组合成一个语素的单纯词后，共同表示一个义。如“马虎”义为草率，敷衍，疏忽，不细心，词义和“马”和“虎”无关。这种词是万年前使用汉语的先祖口头传下来的，后代产生文字后，就用表先祖传下来的这个词的字音的字来书写、称说。这类词在汉语中为数颇多，又叫联绵词。“优柔”义为犹豫不决。“优柔寡断”意为办事迟疑，没有决断。既然单纯词是用表音的字来写的。照理说只要表这个音，什么字都可写，但在习惯中形成的写法不能改变，只写“优柔”，不写“忧柔”，这样，“忧”便成了不是别字的别字了。

【过尤不及】犹。“犹”繁体写作猶，形声兼会意字，从犭酋声，声兼义。酋见 X 部“不醒（省）人事”的解说。酉是酒缸的象形，其上两点表示酒香外溢。酋义为祭祀的酒。（主持祭祀的部落首领叫酋长。）犭与酋组合，会意为偷饮祭酒的动物，指一种类似狗的猿类动物犹猢。它似猴而短足，好游岩树。由于似猴，引申为好像，如同。“过犹不及”意为事情做得过火如同做得不够一样，都是不好的。

而“尤”（见上“怨天尤人”的解说）无如同义，音同义异而别。另，也不可写作“过由不及”。

【记忆尤新】犹。解说见上。“犹”在后世虚化，借作副词“还、尚且”。

“记忆犹新”意为保持在脑子里的过去事物的印象还像新发生时一样。成语不是说记忆特别新，不可误解。

其他如“虽死犹生、言犹在耳、困兽犹斗”的“犹”均不可误写为“尤”。

【优哉悠哉】游。游，会意字，字的形义来源比较清楚。商代早期在觚gū器（酒器）里镌铸有一个图形，一个人举着旗子，旗子上端有随风飘动的飘带，是“游”字的初形。

周代早期甲骨文刻作、。金文写作，周代晚期石鼓文刻作。它们的左方都是饰有飘带的旗子，右方是子，即人。石鼓文左边已像“方”字，飘带成了“子”上的∧形。这些字表示举旗游行的游义。

到了秦篆出现时，加了氵，当是受金文异体的影响，把左旁的三撇看作水，而写成了，其意仍为举旗游行，形义十分生动高明。由于“游”含有饰带飘浮意，引申出人在水上漂浮，即游水义。由于游水含有闲适悠闲意，引申出优游（生活闲适）义。“优游”嵌进虚词“哉”形成“优哉游哉”，成语形容从容不迫，悠闲自得的样子。而“悠”（见下）无优游义，音近义异而别。

【利害悠关】攸。“攸”见X部“思想休（修）养”条的解说，本义为条，后被假借为用于动词前的虚词“所”。“利害攸关”意为利和害所关涉，即有密切的利害关系。

攸yōu虽不再有条义了，但却把条义带给了用攸作声旁的字，故含有攸构件的字都含有长义。“悠”形声兼会意字，从心攸声，声兼义。本义为忧，（心忧时长），基本义为久、远，如“悠久”。“悠”没有所义，音同义异而别。

【生杀与夺】予。“予”是夏商织丝帛机上的梭子，见H部“变换（幻）莫测”的解说，义为给予。“生杀予夺”意为使你活，杀死你，赐予你，剥夺你（的官职）、没收你（的财产），指统治者掌握生死赏罚的大权。

而“与”，繁体字为與，会意字，金文写作，这是夏商周结盟时用的字，上部左右两边和下部左右两边都是手字，上部中间图形表示信物，像云形规的玉制物，下部中间是口字。几部分组合，会意为双手把信物交给另一双手，并用口（语言）表述，来结盟。本义为给予，一说本义为党与。

秦篆省去了并无实义的口字，并把信物写成了类似牙字，写成。楷书承篆，线条化，规范化，写成與。唐太宗李世民把这个字草书成“与”，跟今天的简化字与恰好相同。

从上所述可知“予”和“与”都有给义，它们在周代就是异形同义词。现在两个字各有其搭配习惯，“赋予、给予、授予、免予、请予、予以、生杀予夺、予人口实”等词语写“予”，“赠与、交与、与人为善、与人方便”等词语写“与”。“生杀予夺”的“予”义为给予，“给jǐ予”是推荐词形，“给与”是异形词。《现汉》无“生杀与夺”的成语，故“与”别。

【负隅顽抗】隅。隅 yú，形声兼会意字，从阝 fù 禺声，声兼义。从阝的字皆表地方或与之有关的行为、性质。阝表土山，见 T 部“其乐淘淘(陶)”条的解说。

“禺”yú，象形字，金篆文分别写作[古文字]、[古文字]，中间像木俑，其上有上尖的鬼形头，中有用一竖表示的躯干，下部带叉头的横折笔画是九，九是个数之末，表生命终结，两部分组合，会意为殉葬的偶(单人旁是后人添加的)。

禺和阝组合为隅，篆文写作[古文字]，会意为山边、山角暴露出土的殉葬的偶(正坡挖建穴居屋，死人往往埋在山边、山角)，或者会意为把偶送进山边、山角的墓穴中去，表义重点在出现偶的地方，义为山的边角，因为山水相依，其义扩大到水的边角。边角的地方往往险要，“负隅顽抗”意为依靠险要的地势顽强抵抗。

而“偶”无角落义，形近义异而别。

【滥竽充数】竽。“竽”yú，形声兼会意字，从竹于声，声兼义，本写作于。于，指事字，甲骨文刻作[古文字]，左旁笔画是古代向上向前弯曲的竹制的乐器的轮廓，图形表示吹奏乐器竽，近于今天人吹奏的笙。右边曲折上扬笔画，指事为悠扬婉转的乐声，“于”义为乐声婉转悠扬。金文是象形字，写作[古文字]，省去表示乐声的笔画。篆文写作[古文字]，上部断开了，下部写成曲笔，兼有竽身和乐声意味。楷书标准件化，写作于。由于此乐器是竹子做的，后人加了竹字头，写成竽。“滥竽充数”比喻没有真正才干而混在行家里面充数或拿不好的东西混在好的里面充数。

而“芋”yù，形声兼会意字，从艹于声，声兼义。艹与于组合，会意为像乐器于(的旁箱)大小的植物，即芋头，音近形近义异而别。

【不可逾越】逾。“逾”，形声兼会意字，从辶 chuò 俞声，声兼义。“俞”甲骨文刻作[古文字]，下部是舟的象形，上部三角形表示前进的方向。甲骨文又刻作[古文字]，三角形右移，下加口，口表示一方水域，或表示回浪，会意为在水中前进。

金文写作[古文字]、[古文字]，加一或二竖弯笔画，表示一弯水流。篆文把三角形笔画置于中间并上覆，对称美化，写成[古文字]。它们的形体无论怎么演变，在水中前进的会意不变，本义为渡水前进。

汉字中从俞得声的动词大都有由此到彼或穿过、度过之义，如输(shū，ü 产生于南北朝，来自于 u)：车运而前；揄：牵引，提起；窬：从(穴居屋)墙上爬过去；谕、喻：告知，说明；愈：病好。逾，从辶，从辶的字大都表走路、道路或与之有关的性状。俞与辶组合，义为(前进)超过、越过。“不可逾越”意为(障碍、困难)不能够超过。

而“渝”，会意兼形声字，从氵从俞，俞亦声。氵与表示渡水前进义的俞组合，会意为水行通畅，本义为穿过水流。由于穿过水流含有改变了流向和地方的意思，引申为改变，如“始终不渝”，无超过、越过义，音同形近义异而别。

【恪守不逾】渝。解说见上。“恪 kè 守不渝”意为严格恭谨地遵守不改变。

另，“逾期、年逾古稀”的“逾”皆不可误写为“渝”，而“坚贞不渝”的“渝”也不可误写为“逾”。

【竭泽而鱼】渔。“渔”，会意兼形声字，从氵从鱼，鱼亦声。“渔”在甲骨文中形体较多，有水中鱼(左旁像水，右边像鱼)，有手钓鱼(左旁像鱼，右边有钓丝，丝上有浮子，丝下有手)，有手持网捉鱼(左旁像鱼，右边下部笔画和右上部笔画是手，两手之间的笔画是网子)等，金文写作手在水中捉鱼，下部两个图形表示手。它们共同的会意是用手从水中捉鱼，本义是捕鱼，动词。篆文承金，把两个手的笔画讹变成鱼尾巴(一说为“火”)写成，楷书承篆，把鱼尾笔画写成四点底，把鱼身变写成田字，把鱼头写成刀字形，即繁体字漁。简化字把四点写成一横。“竭泽而渔”意为排尽湖中或池中水捉鱼，比喻取之不留余地，只顾眼前利益，不顾长远利益。

而“鱼”，象形字，甲金篆文分别作、、。像鱼，名词，鱼类总名，无捉鱼义，音同义异而别。

【坐收鱼利】渔。解说见上。渔义为捕鱼，由于捕鱼含有向大自然侵取意，引申出侵占、获取义，“坐收渔利”意为坐着(不用动手)获取利益，比喻利用别人之间的矛盾以获得利益。

而“鱼”是名词，无侵占、获取义。

【入山问樵，入水问鱼】渔。解说见上。由于捉鱼有捉鱼的人的含意，引申出捉鱼的人义，即“渔民、渔翁”。“入山问樵，入水问渔”意为进山要向樵夫请教，入水要向渔人(捉鱼的人)请教，比喻到了某个特定的环境，要向该处的内行请教。

而“鱼”专指鱼，无渔民、渔翁义。

【授人以渔，不如授人以鱼】 鱼 渔。解说见上。“渔”由捉鱼义引申为捉鱼的技能义。“授人以鱼，不如授人以渔”意为送给人鱼，不如教给人捉鱼的技能，比喻给人财物不如教人生财之道。

【渔肉人民】鱼。解说见上。“鱼”名词，此成语中的“鱼”是名词转化为意动词“把……当作鱼(来宰杀)”。“肉”也是名词转化为意动词。“鱼肉人民”意为把人民当作鱼和肉一样来宰割，比喻用暴力欺凌残害百姓。

总之如果是动词，表示捉鱼义的和由捉鱼义引申出来的义的都写作“渔”，如“渔人之利、渔场、渔产、渔船”等；如果是名词，表示鱼义的都写作“鱼”，如“鱼贯(像游鱼一样一个连着一个走)、鱼龙混杂、鱼目混珠、鱼死网破”等；两义界限不分明的，或者说用动词名词都可解的，如“渔具、渔鼓、渔网”(推荐词形)也可写成“鱼具、鱼鼓、鱼网”(异形词)。“鱼汛”(推荐词形)也作“渔汛”(异形词)。

【驾御】驭。"驭",会意字,甲金篆文分别作[古文字]、[古文字]、[古文字]。它们的左旁是奔马,有马头,有大眼,有身子,有腿,有尾,有鬃毛,右边是人手拿着鞭子。金文把字规整,写成左右结构,左旁是马,右边表示手持鞭杆,鞭杆上有套马索,(可见用套马索捉马已有两三千年的历史了。)字造得活灵活现,生动极了。篆文简化,右边只写一手字。它们各部分组合为驭,会意为人驱赶马,本义为驾马。"驾驭"义为驱使马行进,后代把车也包括进来,义为驱使车马行进,也比喻使服从自己的意志而行动。

而"御",甲骨文刻作[古文字]、[古文字],第一字左边和第二字中间的笔画是两头粗中间细(便于握持)的午,即后人加木字旁的杵 chǔ:大棍。右边是跪人,第二字左边是彳 chì,彳是行的一半,表小步走。彳与午与跪人组合,会意为走过去用大棍击打跪人——即祭祀神灵先祖的人牲,并不会意为"跪人持棍",因为跪人并未伸手。这从甲骨文[古文字]可以看出,上部笔画表示左右手持午向下砸击跪在土坑中的人,四点表示血肉碎骨。上举甲骨文第一、第二字当是简化字形。楷书"御"和第二字相近,义为杀死人牲祭祀。

到了出现周金文时代,金文写作[古文字],左上边加了表示祭坛的示。示,长横表示祭坛横条石,短横表示祭祀物,下面竖笔表示竖立的祭栅石。二十世纪七十年代江苏铜山丘湾出土文物即是此形,其旁有近二十具人骨架,皆头骨破碎。中间一竖表示木杵,竖上的点表示握持处,右边是跪人。篆文根据金文写作[古文字],木杵下加了表示走上去义的止,即脚。篆文还写作[古文字],把"示"移到下部,左上部加了"行"的左半边的彳 chì,彳义为小步走,更清楚地表明了杀死人牲祭祀的字义。具有这一控制奴隶、臣民的权力的是部落首领、奴隶主、天子、诸侯,由此引申出驾驭义,就是使服从自己意志而行动

"御"既义为使服从自己意志而行动,则无驾驶车马义,音同义异而别。不过东汉许慎写"说文"前的典籍中,"驭、御"就已同音讹通,故《现汉》把"驾驭"作为推荐词形,把"驾御"作为异形词,我们最好不写后者。

【喻意深远】寓。"寓"形声兼会意字,从宀 mián 禺声,声兼义。金篆文分别写作[古文字]、[古文字],外框是房屋,里边的图形表示偶(木质、石质、陶质、铜质、玉质的偶),见本部"负偶(隅)顽抗"条的解说,两部分组合,会意为奉请进家里来的神偶。由于神偶被安放在祭祀场所,请到家屋里来是暂时的,引申为寄居、寄存,本义为寄居的地方。由于寄居、寄存含有托付之意,又引申为把希望、意愿、感情等寄托于他人他事他物。"寓意深远"意为寄托或隐含的意思深长。

而"喻",形声兼会意字,从口俞声,声兼义。见本部"不可逾越"的解说。两部分组合,会意为如木舟通两岸一样用口(语言)沟通双方

知晓，义为告诉，引申为打比方告诉，即比喻，无寄托义，成语不是说比喻的意思深远，音同义异误解而别。

Y

【声誉】誉。誉 yù 繁体字写作譽，形声兼会意字，从言與声，声兼义。从言的字皆表语言或与之有关的行为、性状。與，有给予义，见本部“生杀与(予)夺”条的解说，上下组合，会意为用语言给予夸奖，义为(给予语言)赞美，颂扬。“声誉”义为声望名誉。

而“誊”téng 繁体字为謄，形声字，从言朕声，义为照原文抄写，无赞美颂扬义，形近义异而别。

其他如“誉望所归、誉满全球、赞誉”的“誉”均不可误写为誊。

【慰帖】熨。“熨”yù 的初文是尉，会意字，从尸(人)从火从二(两块小扁石)从寸(手)，篆文写作𡰥，左边上部两笔表示躺着的人，人下的两短横是扁石，下部是火，右边是手，四部分组合，会意为把小扁石置火上烧热，淬进醋里，取出用手摁压在病人的病痛或淤血的部位，《古医方·五十六方·牡痔》：“燔小隋(椭)石，淬酰 xī(醋)中以尉 yù”，义为熨烫。但尉在使用中被假借做官名，如太尉、县尉，读作 wèi，(复姓尉迟仍读 yù)，则烫义的尉只好再加一个火字底成了从火尉声，声兼义的形声兼会意字。“熨帖”义为像热熨 yùn 一样使人身体感到安帖舒坦。

而“慰”形声兼会意字，从心尉声，声兼义。心与尉组合，义为使人心感安适心安，无身感安帖舒坦义，音同义异而别。

【沿木求鱼】缘。“缘”yuán，形声兼会意字，从纟 mì 彖 tuàn 声(今不能表声)，声兼义。彖 tuàn，甲金篆文分别作[古文字]、[古文字]、[古文字]，下部是豕 shǐ，即猪，上部像张大的口，指长毛的野兽。其形旁是纟，从纟的字大都表丝、线、绳或与之有关的事物、行为、性状。“缘”指像毛附着在兽身上一样附着在衣服底边的装饰物，即衣边上的镶绲 gǔn。由于镶绲是沿着衣边横向或纵向缝附的，“缘”便引申出攀缘义。“缘木求鱼”意为攀爬到树上去找鱼，比喻方向、方法不对，一定达不到目的。

而“沿”yán，形声兼会意字，从氵㕣声，声兼义。㕣 yǎn，会意字，甲篆文分别作[古文字]、[古文字]，下部表山间低凹处，上部表下流的溪水，上下两部分组合，会意为溪水顺着山势流向低凹处，后加形符氵显义，义为顺着，无攀爬义，成语不是说沿着树木去找鱼，义异误会而别。

【无原无故】缘。解说见上。“缘”义为衣服的饰边。由于饰边在边，引申出边缘义。由于边缘与主体有缘分，引申为因缘。由于因缘有因果关系，又引申为原因。“无缘无故”意为没有任何原因。

而“原”，会意兼形声字，从厂从泉，泉亦声。泉，象形字，甲篆文分别作[古文字]、[古文字]，像水从孔洞中流出，义为泉眼中流出的泉水。厂 hǎn(作廠的简化字时读 chǎng)，是上部前突的崖岩，上古先民避风雨的住处。厂与泉组合成原，金篆文分别

写作㽽、𠂆,会意为泉水从山崖中流出,本义是源泉、水源,它是“源”的先造字。不可因为有“原因”一词而误以为“原”有缘故义。音同义异误解而别。

【大伤原气】元。“元”,指事兼会意字,甲金篆文分别作元、元、元,二是“上”字(长横表基准线,短横在其上,指事义为上),下部是人,两部分组合,指明为人体最上部位,本义是人头。又,元是指事字,是在表示人头顶光秃貌的兀上加一横作指事符号的字,指事为人的头部。由于人头是人最主要的部位,引申为主要的、根本的。“大伤元气”意为严重危害人或国家、组织(根本)的生命力。

而“原”(见上)无主要的、根本的之义,成语不是说大伤原有的生命力,音同义异误解而别。

【方园百里】圆。“圆”,形声兼会意字,从口 wéi 员声,声兼义。圆是后起字,初文是员。员,象形字,甲金文分别作员、员,它们的下部是鼎(铜质三腿大锅,最大者可煮肉一百二十斤),有鼎口有鼎腹有三足,其形毕肖;鼎的上部○是所像的象形,表示圆(在龟腹甲或兽骨上难以刻成圆形,甲骨文刻成了方形口),义为环合无缺、圆。篆文写作员,下部的鼎讹变为贝,成为楷书员的来源。后代加表四周闭合的口以显义,会意为四围闭合的圆形,义为圆,圆字便诞生了。“方圆百里”意为周围的长度一百里。

而“园”繁体字写作園,形声兼会意字,从口袁声,声兼义。袁,会意字,篆文写作袁,中间的口形笔画像玉璧,山形笔画表示系玉璧的绳子,其他笔画是衣字,它们组合,会意为人当胸佩戴玉璧,义为环璧。口与袁组合,会意为佩戴玉璧的人生活的地方,义为适于人生活的地方,引申为苑囿,无圆形之义,成语不是说园子周围一百里,音同形近义异误会而别。

【自园其说】圆。解说见上。“自圆其说”中的圆由其本义圆形引申为使周全,使完备,“自圆其说”意为使自己的论断或谎话周全无破绽。

另,“圆”是我国的货币单位,解放前由于账房先生(今称会计)嫌记账书写慢而用同音字“元”来代替,“元”就成了“圆”的简化字。(“圆”的十分之一本是“毫”,也由于嫌慢而用“毫”的偏旁“毛”来代替了。)

【渊远流长】源。解说见上“无原(缘)无故”条。“源远流长”意为源头很远,流程很长,比喻历史悠久。

而“渊”,象形字,甲金文分别作渊、渊,外框像水潭,里面的笔画像打旋的水,古文之一的石鼓文写作渊,篆文写作渊,金文、古文、篆文都加了形旁水,石鼓文中的 T 和金文中横写的 T 表示漩窝,三种形体的字义都是回漩的深水。“渊”无源泉、源头义,音近义异而别。

【源渊很深】渊源。解说见上。“渊源”义为很深的源头。“渊源很深”比喻事情的本源很深远。

【世外桃园】源。解说见上“无原

(缘)无故”条。语出东晋陶渊明的《桃花源记》，指桃花溪水源头的地方。“世外桃源”比喻不受外界影响的好地方或幻想中的美好世界，成语不是说世外的桃花花园，音同义异误解而别。

【左右逢圆】源。解说见上“无原(缘)无故”和“方园(圆)百里”。“左右逢源”意为左也逢源，右也逢源。比喻做事得心应手，怎样进行都顺利，也比喻办事圆滑。

【断壁残园】垣。“垣”，会意字，从土从亘 gèn，古文写作，左旁是土，右边笔形表示回环。一横表示地面，左右组合，会意为环绕的土墙，义为围墙。篆文写作，左边是土，右边的上下两横表示河岸，右边中部的笔形表示回旋的水面。左右组合，会意为像水回旋一样土墙围绕着，义也是围墙。“断壁残垣”意为坍塌的墙壁，形容破败荒凉的人居。

而“园”见“方园(圆)百里”的解说，成语不是说倒塌残破的园子，音同义异误解而别。

【艺宛新星】苑。“苑”yuàn，形声兼会意字，从艹夗声，声兼义。夗 yuān；wān，会意字，从夕从㔾，甲篆文分别作、，左边是半月，表示夜半，右边是人曲腿睡卧之形，左右两边组合，会意为人月夜曲身弯腿睡觉，借这一象形表义为屈曲。夗和艹结合为苑，会意为草木幽深曲折的地方。这种地方有花草、树木、禽兽，是大自然荟萃之所，如汉代的上林苑。苑也用以比喻学术、文艺荟萃之处。“艺苑新星”意为文艺人才荟萃处的新秀。

而“宛”wǎn，会意字，从宀从夗。篆文写作，宀 mián 表房屋，下部表屈曲状，两部分组合，会意为宫室曲折幽深，借以表达曲折义，无草木幽深曲折地之义，形近义异而别。

【一越而过】跃。“跃”的繁体字为躍，会意兼形声字，从足从翟，翟亦声(今不能表声)。“翟”dí，(作姓用读 zhái)，会意字，甲金篆文分别作、、，它们的上部都是羽，下部是隹(鸟的象形)，上下部组合，会意为长尾野鸡。跃从足，表示用腿脚。翟是善于跳跃的鸟，两部分组合，会意为像长尾野鸡那样地跳，本义为跳。“一跃而过”意为一跳就跳过。

而“越”，形声兼会意字，从走戉声，声兼义。从走的字皆表行走、跑，文言的“走”义为跑。戉 yuè，象形字，甲金篆文分别作、、，右边笔画表示武器戈，左边笔画像斧头，义为大斧，走与戉组合，会意为人扛着戉跑过去，义为超过、翻过，如“越位”。不表跳跃，成语不是说一翻就翻过去了，音同义异误会而别。

【翻山跃岭】越。解说见上。过山岭得翻，跳是过不了的，故“跃”别。

【纭纭众生】芸。“芸”，形声字，从艹云声，一种草本植物，故从艹。“芸芸众生”意为(像芸香草一样)众多的普通人。一说芸通耘，《论语·微子篇》：“植其杖而芸。”(把他的杖插

在地上去锄草。)“耘”意为(像田间锄草的农民一样)众多的普通人。

而“纭”,形声兼会意字,从纟mì云声,声兼义。从纟旁的字皆表丝、线、绳或与之有关的事物、动作、性状。纟与云组合为纭,会意为像动荡变化的云一样的丝,义为乱丝,如“纷纭”。纭无草义、锄草义,音同义异而别。

【陨身不恤】殒。“殒”yǔn,形声兼会意字,从歹员声(员,读yuán,又读yún,此处读后音),声兼义。“歹”见X部“以身徇(殉)职”的解说,是作占卜用的断骨,义为卜骨。由于卜骨为断骨,引申出死义,故带歹字旁的字皆有死义。员,见上“方圆百里”的解说,以鼎口表示圆形。鼎是天子、诸侯用的器物,歹与员组合,会意为死于鼎前,义为人死亡。“殒身不恤xù”意为牺牲自己也不顾惜。

而“陨”yǔn,形声兼会意字,从阝fù员声,声兼义。“阝”见W部“四平八隐(稳)”的解说,像远古的从半穴居屋升登地面的台阶或挖刻在木头上的脚窝形,也像山上的石阶。这种屋子挖筑于高而土层厚的地方,义为高的土山。阝与员组合,会意为圆形物从高山上落下,义为物从高处落下,如“陨石、陨星、陨落”。陨无人死亡义,音同形近义异而别。

【香消玉陨】殒。解说见上。“香消玉殒”意为香躯玉体死亡,比喻美女夭(年轻而死)亡,也写作“香销玉沉”“香销玉碎”。

【巨星殒落】陨。解说见上。“巨星陨落”意为巨大的星体坠毁,比喻伟人、大名人死亡。

总之,带阝旁的与山有关,含坠毁义;带歹旁的与人有关,含死亡义。

Z

【裁赃陷害】栽。“栽”，形声兼会意字，从木𢦏 zāi 声，声兼义。解说见 C 部“别出新栽（裁）”。“栽”是砍斫木头截成合今长度三尺、宽一尺的木板以筑墙的劳作，（用这样的木板做成墙模，在内中夯捣湿土，阴干后拆板成墙，叫版筑）当时没有刨 bào、锯，只有斧头和戈可用，故栽从𢦏。由于木板系人为绑上，引申为硬给安上。“栽赃陷害”意为把赃物或违禁物品暗放在别人处，诬告他犯法，进行陷害。

而“裁”，形声兼会意字，从衣𢦏声，声兼义。衣与𢦏组合，会意为裁割衣服，（远古没有剪子）义为裁切，今义为裁剪，无硬给安上义，形近义异而别。

【风雪栽途】载。“载”zài，形声兼会意字，从车𢦏声，声兼义，车，见 X 部“喧（轩）然大波”的解说，𢦏，见 C 部“别出新栽（裁）”的解说，车与𢦏组合，会意为把切割杀伤的东西装在车上，义为装载，由于装载含有装满义，引申为充满。“风雪载途”意为风雪充满一路，即一路上满是风雪。

而“栽”（见上）无充满义，音近形近义异而别。

【风雪在途】载。解说见上。“在”的解说见下。

【怨声在道】载。解说见上。“怨声载道”意为怨恨之声充满道路，形容怨恨之声到处都有。“在”的解说见下。

【青春不在】再。“再”，会意字，甲骨文刻成[古文字]，像简化的鱼的形状，上下各加一横，即加上了二，示义是两条鱼。金文有所讹变，写成[古文字]，两横写在下部，勉强能看出鱼形。篆文把字规整化，形体再变为[古文字]，它们的本义是二鱼。由于“再”含有一鱼又叠加一鱼之意，引申为两次、第二次。“青春不再”意为年青时期不会第二次存在，即青春已经完全失去了。

而“在”，形声兼会意字，从土才声，声兼义。甲骨文“在、才”同字，才，象形字，甲金文分别作[古文字]、[古文字]，近似三角形的笔画表示地平面以下，一竖贯穿其中，像草木从这儿（地平面以下）初生，义为存在、处在。金文为了强调存在于土地上，又加了形符土，写作[古文字]，篆文写作[古文字]。楷书标准化构件化，写作在，义仍为存在，无再次义，成语不是说青春不存在，音同义异误解而别。

【再歌再舞】载。词头虚字，配音节。陶潜《归去来辞》：“乃瞻衡宇，载欣载奔”（看见了家门，欣喜，跑起来）。后此字由于用于并列的词语前，而被理解为副词“一边……一边”“又……又”。载借用为副词，义为又。“载歌载舞”意为又唱歌又跳舞，形容尽情欢乐。

【再劫难逃】在。解说见上。成语意为处在劫数（命运）之中难以逃避，即命中注定要遭受的灾难逃也逃不脱。

【再所不惜】在。解说见上。“在所不惜”意为处在所决不吝惜的情状下。“在所……”含有表示强调意。

总之，表示“二”“第二次”义的用“再”，如“再衰三竭、良机难再、再世（来世，再次出现在世上）、华佗再见 xiàn”；表示“存在”和其引申义“正在”以及“在所……”结构的用“在”，如“留得青山在、在世（活在世上）、风在吼、在所不辞、在所难免”。

【贪脏枉法】赃。“赃”的繁体写作贜，会意兼形声字，从贝从臧，臧亦声。臧，甲骨文刻作，左边是臣，即人眼的侧视图形，右边是戈，会意为对捉获的俘虏刺目（夏商代以刺瞎一目或割破头、面留疤来识别某奴隶主的奴隶），义为臧获，即战败被虏获为奴隶者。篆文写作，左旁所加的爿 pán，象形字，表示唐代以前矮的下有类似于床腿，上有垫板的垫席，作为文字，写成竖立状，会意为在垫席上被刺眼的奴隶。由于奴隶是家中活的工具，是财产，没有自由，保有收存于家中，引申出收存、保藏义。赃从贝，贝是商周朝的货币，从贝的字皆表钱财。贝与臧组合，会意为收存、隐藏的财物，由于俘虏是以残暴的杀伐获取的，其行不义，“赃”义为不义之财。“贪赃枉法”意为贪图（不义）财物而歪曲和破坏法律。

而“脏”的繁体为髒，会意兼形声字，从骨从葬、葬亦声。葬，会意字，甲骨文刻作、、，人在棺木内，第一字上部图形是地上长草，表示葬在地下，第二字下部图形有两个手字，表示人来埋葬，第三字周围数点表示泥土，几部分组合，会意为死人放进棺木中埋进土里，义为埋葬。甲骨文又有刻作形的，左边笔画表示垫席，中间是人，右边是尸骨，即“歹”（上两笔表示骨杈，下部表示骨腔，内中一横表示骨髓）表示死，三部分组合，会意为人死在垫席上待埋，义也是埋葬。

葬，篆文写作，会意字，从艹从歹（骨）从人从一从双手，“一”表示草垫，下边是双手，会意为人死，用手从草垫上抬起埋进长草的土地里，义也是埋葬。楷书保留艹字头，把歹和人合写成死，把双手写成廾 gǒng，整个字写成葬。

葬与骨组合，会意为死人已腐败，化成了骨，义为肮脏 zāng，简化字把骨换成月，写作脏，无不义之财义，故别。

【肮赃透顶】脏。解说见上。“肮脏透顶”意为脏污到极点，也比喻卑鄙丑恶到极点。

由上可知，表示不义之财，从贝，如“销赃灭迹、人赃俱在、栽赃陷害、赃官”；表示不洁、污秽，从月，如“满口脏话、脏衣服、脏乱”。

【五赃六腑】脏。解说见上。脏zàng，繁体字写作臟，会意兼形声字，从月从藏，藏亦声，从月的字，除了少数字，如“明、朗、朝”等确与月有关以外，都表肉体或与之有关的性状。藏，会意兼形声字，从艹从臧，臧亦声。臧，见上“贪脏（赃）枉法”的解说，含有被刺瞎眼的奴隶意，由于奴隶犹如主人家的物件一样，没有行动的自由，除了外出劳作，全都关在下房，故引申出保藏、隐藏义。艹与臧组合，会意为藏在草木丛生的地方，义为藏匿。月与藏组合，会意为包藏在肉体内，今简化作脏。“脏”是胸腹内器官的总称。“五脏（脾、肺、肾、肝、心）六腑（胃、大肠、小肠、三焦、膀胱、胆）”比喻事物的内部情况。

而“赃”zāng见上，从贝，义为不义之财，无内脏义，音近形近义异而别。按“髒zāng、臟zàng”本非一字，简化字都写作“脏”，成了同形异音多义的词了。

【糟殃】遭。遭，会意兼形声字，从辶chuò从曹，曹亦声。曹，会意字，甲骨文刻作，从二東，下有大开的口子，東是种——種zhǒng子的象形初文，上部的歧头表示种子萌发的小叶，中部表示种体，下部表示根，总体表示农作物，三部分组合，会意为在同一大口——垄沟的正视截面图——中种有两行农作物。周代金文在口中加一横，可能表示垄沟中的水面，写成，篆文与金文相同，楷书将二東紧缩，简化作曹。它们的两行农作物的会意未变，本义为两组、偶、双方。又“曹”下部的曰又像釜（锅），釜烹煮植物，义也是两组、偶、双方。如文言“分曹”义为分两组。辶与曹组合，会意为双方遇合，遇合得走到一起，故从走之旁辶，义为遭遇，遭到。“遭殃”义为遭受灾殃。

而“糟”（见下）义为酒糟，无遭受义，音同形近义异而别。

【遭蹋】糟。“糟”，会意兼形声字，从米从曹，曹亦声。“曹”义见上。“糟”义为江米酒，如“醪láo糟”，又义为酒和酒渣双方未分开的初级物品，又义为酒渣，即酒糟。“糟”是米制作的，故从米；“糟”是酒与渣双方并存或是酒与渣双方分开的，故从曹。由于酒渣易变质而烂，引申为腐烂。又由于腐烂含有好东西变坏了意，引申为蹂躏、搞坏、浪费。“糟蹋”义为损坏或浪费，又引申为侮辱。而“遭”（见上）无此义。

《现汉》认为“糟蹋”是推荐词形，也可写成异形词“糟踏”。笔者建议不写后者。

【声名大躁】噪。噪，形声兼会意字，从口喿声，声兼义。喿zào，会意字，甲金篆文分别作、、，上部是众鸟，以三只鸟口表示，下部是树，会意为众鸟在树上叽叽喳喳地鸣叫，义为鸟叫，后加口字旁显义，扩大到虫鸣、人叫嚷也为噪。由于噪音声大，引申为广为传扬。

"声名大噪"意为名声广为传扬。

而"躁",形声兼会意字,从足喿声,声兼义。从足的字皆表足部或与足部有关的动作、行为、性状。足与喿组合为躁,会意为用足蹦跳着嚷叫,义为因急躁而跳动,无声名传扬义,音同形近义异而别。

【急燥】躁。解说见上。"急躁"义为碰到不称心的事情马上激动不安或马上想达到目标,没做好准备就开始行动。

而"燥",形声兼会意字,从火喿声,声兼义。从火的字皆表火或与火有关的事物、行为、性状。火与喿组合为燥,会意为物件被火烧烤得发出(许多叫声)响声,能被火烧是因为干燥的缘故,义为缺少水分。"燥"无发急而躁动义,音同形近义异而别。

【干噪】燥。解说见上。义为没水分。

总之,义为叫声的与口有关,写作从口的"噪";义为急躁的与跳脚有关,写作从足的"躁";义为干燥的与火有关,写作从火的"燥"。

【以身作责】则。"则",会意字,从贝从刂。金文写作[古文字],左旁是两个鼎(每个鼎上有锅体,下有脚架),右边是刀,刀制作工具并可整形雕饰,三部分组合,会意为下一个鼎比照上一个鼎制作,义为制模的器样,引申为标准,法则。金文还省写作[古文字],籀 zhòu 文(西周末年周宣王的太史名籀所书写的字体)把鼎变写成贝,篆承籀,写作[古文字]。它们所会之意和本义都没变。"以身作则"意为以自己的行为做标准,当榜样。

而"责"甲金篆文分别作[古文字]、[古文字]、[古文字],上部是木,穿过木有个横工形笔画,表示木刺,下部是贝,此贝实指贝类生物,并非表钱财的贝。上下两部分组合,会意为用木刺扎挑贝肉而吃。远古人茹(吃)草饮水,食螺蚌之肉。一个责字蕴含了古人类以锐器刺取螺蚌剔食其肉的渔猎生活的遗传信息,义为剔取贝肉。由于经常求食,引申为索取、求取、要求义,如"求全责备"。又由于剔肉养活家人和奴隶剔肉献上,献给部落首领、奴隶主、巫师,是必须承担的义务,引申出基本义责任,如"尽职尽责"。楷书把此字标准件化,简化作责,今用的是其基本义,引申义。"责"无准则义,成语不是说以自己的行为作负责任的榜样,音同义异误解而别。

【责有烦言】啧。解说见上。"啧",形声兼会意字,从口责声,声兼义。口与责组合,会意为吃蚌肉而砸嘴声,义为咂嘴,如"啧啧称赞"。又会意为以责任为口实指斥人,义为因不满而争辩。"啧有烦言"意为很多人说不满的话。而"责"(见上)无咂嘴义、争辩义,音同义异而别。

【令人乍舌】咋。"咋"zé,会意兼形声字,从口从乍,乍亦声(今不能表声)。"乍"zhà,象形字,甲骨文刻作[古文字]、[古文字],金篆文分别写作[古文字]、[古文字],像衣服领子,它们的末笔表示连着衣领的衣襟。口与乍组合为咋 zé("咋呼"读 zhā),会意为口咬断缝制衣领的线,义为咬。"令人咋舌"

Z

意为某人，某物或某事令人吃惊，咬着舌头(即张口结舌)，说不出话来。

乍又像夏商代灼烧卜骨爆裂出的兆纹，口与乍组合，会意为巫师口说兆纹，预言吉凶，义为令人吃惊。

而“乍”无咬义，故别。

【择被后世】泽。“泽”，繁体字写作澤，会意兼形声字，从氵从睪，睪 yì 亦声(今不能表声)。睪，会意字，从罒从幸，金古篆文分别作[古文字]、[古文字]、[古文字]，古文的上部像人脸，突出眼睛，金篆文的上部是目。它们的下部是大，大是展臂分腿而立的人形，正面而立的人形的下边是古代钳住人双腿的木制刑具，大与其下部的笔画组合成幸，义为刑具。刑具是给罪犯、奴隶、战俘戴的。罒 wǎng，楷书写作罒，实际金古篆文都是目，目与幸组合，会意为罪人、奴隶、战俘睁大眼睛面对被抽选做祭祀的人牲(烧死、砍头、击脑、活体殉葬)，或被施刑，义为抽引、分别、分辨、挑选。氵与睪组合，会意为水选择凹地而汇聚，义为聚水的地方，如“大泽乡、云梦泽”。由于水化育万物，引申为润泽。由于润泽使万物生生不息，引申出恩泽、恩惠义。“泽被后世”意为恩泽施加给后代。

而“择”繁体字写作擇，会意兼形声字，从扌从睪，睪亦声。扌与睪组合为擇，今简化为择，会意为用手抓来选择，义为选择。“择”无恩泽义，音同形近义异而别。

【碴滓】渣。“渣”zhā，形声兼会意字，从氵查声，声兼义。查，篆文写作[古文字]，从木从且，“且”是雄性生殖器的象形，与木组合，会意为砍树剩下的残桩，义为残桩。隶变后楷书写作柤。后在俗写中，木字上移，“且”讹变为旦，成了“查”。由于查有残剩的含意，与氵组合，义为去水之后残剩下的部分，引申为分离去精华之后剩下的部分，即糟粕。“渣滓”义同“渣”，另一义是比喻品质恶劣对社会起破坏作用的人。

而“碴”chá，形声兼会意字，从石查声，声兼义。从石的字皆表石类物或与之有关的行为、性状。石与含有残剩意的查组合，义为残剩的石头碎块。后词义扩大，指小碎块、如“玻璃碴”；又引申为小碎块破裂出来的缺口，如“碗碴”。“碴”无糟粕义，形近义异而别。

【沉碴泛起】渣。解说见上。“沉渣泛起”意为已经沉底的渣滓又浮上水面，比喻已经绝迹的丑恶事物又出现。

【敲榨勒索】诈。“诈”，形声兼会意字，从讠乍声，声兼义。从讠的字皆表语言或与之有关的行为、性状。乍，见上“令人咋舌”的解说，讠与乍组合，会意为巫师言说兆纹，含欺骗意，义为说欺骗话。“敲诈勒索”意为依照势力或用威胁、欺骗手段索取财物。

而“榨”，形声兼会意字，从木窄声，声兼义；窄，形声兼会意字，从穴乍声，声兼义。分述之：

穴，金文偏旁和篆文分别写作[古文字]、[古文字]，形如洞，是商周朝人居住的窑洞、地窟。乍，见上“令人乍

(咋)舌”的解说，是衣领的象形。衣领比衣服小，穴本身就狭小，穴与乍组合为窄，会意为如衣领那样大的洞穴，义为狭小。

窄与木组合，指用木制造的压榨油的器具，故从木；由于榨油是把原料（花生、黄豆、棉籽等）放入木槽内，然后在压杠内打入楔子施以压力，把原料压到极狭小窄缝内以出油，故从窄会意。榨，义为压出物体内的汁液，又指压出汁液的器具。“榨”无用言语欺骗义，成语不是说依照势力压榨勒索财物，音同义异误解而别。

其他如“诈骗、兵不厌诈”中的“诈”皆不可误写为“榨”，而“压榨、榨取”的“榨”也不可误写为“诈”

【粘染】沾。“沾”，形声兼会意字，从氵占声，声兼义。占，甲篆文分别作、，甲骨文外框是牛肩胛骨的象形，口表示人的嘴，口上的笔画是在占卜灼烧后现出的裂纹。占卜的过程一般是在卜骨上钻出约十八个纵横成排的小洞，洞间凿出相连接的枣核形凹槽，把烧赤的木枝插进洞，使卜骨爆裂。卜骨、兆口和卜三部分组合，会意为根据卜骨上的兆纹用口解说吉凶祸福，义为占卜吉凶祸福。篆文省去外框，义不变。由于占卜含有把表象和推断连接在一起意，氵和占组合为沾，会意为和水连在一起，义为浸湿。由于浸湿含有因接触而附着意，引申为沾上。“沾染”义为因接触而被不好的东西附着上。

而“粘”zhān，形声兼会意字，从米占声，声兼义。从米的字基本都表米（大米、黍米）或与之有关的事物、行为、性状。米与占组合为粘，会意为用黏 nián 米把物体紧连在一起，义为黏 nián 的东西附着在物体上或者互相紧紧连接，无因接触而附着之义。二者虽然都有附着义，但“粘”带有黏性，“沾”没有黏性；“粘”有附着得很紧意，“沾”含附着得不紧意，音近形近义异而别。

【粘亲带故】沾。解说见上。“沾”由于一物附着于另一物会得到另一物的好处，引申出因有关系而获益义。“沾亲带故”意为有亲戚关系（指关系较远的）。

【粘粘自喜】沾。解说见上。“沾沾自喜”形容自以为（获益）很好而得意的样子。

【肠沾连】粘。解说见上。“肠粘 zhān 连”意为腹膜发炎时，腹膜和肠管的浆膜粘连一起。由于这种粘，附着得紧，故写作“粘”，而不写作附着得不紧的“沾”。粘 zhān 不能读作 nián(黏)。

【肠黏连】粘。解说见上。而黏，形声兼会意字，从黍占声，声兼义。黍，象形字，甲金篆文分别作、、，像一棵黍子形，主体笔画表示植株，三叉笔形表示下垂的穗子，点表示籽粒。金文的左旁和篆文的下部都表示带籽粒的穗子，像水，不是水。黍米性黏，故黍与占组合，会意为用黍汁把物体附着在一起，义为能把物体附着在一起的特性。

1956 年简化汉字时，“黏”作为“粘”的异体字被简化成“粘”，这样一来，一个“粘”便有了 zhān 和 nián 两个音义，这就埋下了两个音义纠结混乱的根子。1988 年，“黏”被国务院、文改会重新规定为规范字，把两个字的音义分开了，但人们多不知晓，加之《现汉》可能出自照顾自 1956 年以来形成的误读误用而积非成是的考虑，在给“粘”注音为 zhān 的同时，又注音为 nián，认为“粘”“旧同‘黏’。”(即 1956 年汉字简化时，当读 nián 时，“黏”是正体，“粘”是异体。)这就造成人们读写的混乱不止。但《现汉》在“粘”字下的词条却没有一条同“黏”；在“黏”字下的词条也没有一条同“粘”。所以读写时要注意，作动词用，表示贴附义时，读写作粘 zhān；作形容词用，表示黏的性质时，读写作黏 nián。“黏”是典型的义异而别的字，医务界和电视上常错。

【瞻前顾后】瞻。“瞻”，形声兼会意字，从目詹声，声兼义。从目的字大都表眼或与之有关的行为、性状。詹，会意字，从产 wěi 从八从言，产，会意字，篆文写作，上部是人，下部是厂 hǎn(做厰的简化字时读 chǎng)，厂是上部前突的崖壁，夏商朝野民遮风避雨的住处，它们组合，会意为人在上部前突的山崖上，义为危险、高。“八”表示分，“言”义为说话，四部分组合为詹，会意为高谈阔论，思路分散，义为啰唆至极。因詹含有高意、至极意，目与詹组合，义为极力向前向上看。“瞻前顾后”意为看看前面再看看后面，形容做事以前考虑周密谨慎，也形容顾虑过多，犹豫不决。

而“赡”shàn，形声兼会意字，从贝詹声，声兼义。从贝的字皆表钱财或与之有关的行为、性状。因詹含有高、多(言)意，贝与詹组合，义为以多财高事(奉养)父母，无看义，形近义异而别。

另，其他如“观瞻、高瞻远瞩、马首是瞻、彷徨瞻顾”中的“瞩”均不可误写为“赡”。而“赡养父母”中的“赡”也不能误写为“瞻”。

【崭露头角】崭。“崭”，形声兼会意字，从山斩声，声兼义。“斩”，会意字，甲骨文刻作、、，左边是东的繁体字東，“東”是种(種)zhǒng 的初文，指禾类果木类农作物，见本部“糟(遭)殃”条的解说；右边是戌 xū，轻便的斧头，见 R 部“戌(戎)马倥偬”条的解说；左右两边组合，会意为挖断、割禾或截枝，义为切断。篆文把左边的“東”讹变为“车”，把右边的戌讹变为“斤”，写作，是楷书“斩”的来源。

由于割禾后新长出的庄稼或截枝后新长出的枝叶会长得更茂盛高大。“斩”与“山”组合，会意为像山一样高出、高峻。(头角：龙头生角，龙头生角了，即成年了，龙即能变化，兴风布雨，有大能耐，比喻向好的方面发展的兆头。)“崭露头角”意为高高地露出头角，比喻高高超出他人的才能和本领，即突出地显露出才能和本领(多指青少年)。

而“展”，会意字，从尸从㠭 zhǎn 从衣省(省去“衣”的头两笔)。分述之：

䍃是夏商朝筑墙的四个工杵，见G部“异曲同工”的解说，引申为用工杵筑出的墙，四堵墙整齐排列展开，又引申为展开。衣，甲金篆文分别作、、，是上衣的象形，上有领口，左右有袖，下有掩覆的衣襟。衣与䍃组合，会意为把衣服铺展开，指古代跪拜时，把下裳提起，铺展在前面的地下，以免误踩而摔倒，义为展开衣服。

尸，甲金篆文分别作、（人跪坐形）、（人倚坐形），都表示人，见X部“不谢（屑）一顾”的解说，尸与“衣”中加䍃的字组合，篆文写作，省去“衣”字的点和横，楷书简化作展。“展”会意为人展衣而坐，义为舒展开、展示，无高出义，成语不是说展示并露出头角，音同义异误解而别。

【改弦更章】张。“张”，会意兼形声字，从弓从长，长亦声。金篆文分别写作、，左边是弓，右边是长，“长”见C部“万古常（长）青”条的解说。长有距离大义，与弓组合为张，会意为弓弦拉开，弦与弓距离就加大；弓弦拉开、射出的箭就将大距离地射到远处，本义为拉开弓弦。“改弦更张”意为改换上一根弦重新拉紧，比喻改变方针、方法或态度。

而“章”金文写作、，上部是辛，辛是凿錾 zàn 类的刑刀，见B部“避（辟）邪”的解说，下部圆的图形字表示玉璧（璧是直径十七厘米，孔径五厘米，厚约三四厘米的宝玉，2012年《新民晚报》载文《和氏璧究竟有多大》，言和氏璧厚八九厘米，无孔，秦始皇制成了玉玺。）上下组合，会意为用凿錾雕治玉璧花纹，本义为花纹，引申为标记、花纹、条理等义。“章”无拉开义，音同义异而别。

此字篆文写作，隶变后，楷书写作“章”，俗谓“立早章”，实际与“立、早”无关。2008年报载国家语委偏旁部首名称表定为“音十章”。

【獐头鼠目】獐。解说见上。“獐”，形声兼会意字，从犭 quǎn 章声，声兼义。从犭的字皆与兽类有关。章，义为花纹。獐子背黄褐，腹白，呈简单的双色花纹。犭与章组合，会意为有花纹的动物，义为獐子。獐头小而尖，鼠目小而圆，“獐头鼠目”形容相貌丑陋猥琐而神情狡猾。

而“瘴”，形声兼会意字，从疒章声，声兼义。章，义为花纹，与疒组合，会意为从山谷中曲折飘浮而起的如花纹状的致病的气体。义为致病的瘴气，无獐子义，音同形近义异而别。

【通货膨涨】胀。解说见上。“胀”，形声兼会意字，从月张声省（省去弓旁），声兼义。从月的字除“明、朗、朝”等少数与月有关的字外，都表肉体或与之有关的性状，（“肉”甲骨文作、，金篆文写作、，楷书写作月），月与表示距离大义的长组合，会意为皮肉膨大，义为体积变大。“通货膨胀”意为流通的货币像膨胀一样地多了，即国家货币的发行量超过流通中所需要的货币量，引起货币贬值物价上涨的现象。

而“涨”见上“改弦更张”，形声兼会意字，从氵张声，声兼义。“张”义为拉开弓弦，引申为扩大、展开。氵与张组合，义为水面扩大，水位涨高，无膨胀义，故别。

【水胀船高】涨。解说见上。“水涨船高”比喻事物随其所凭借之物增高而相应提高。

而“胀”zhàng（见上）虽也有变大之义，但无增多义，故别。

按，“涨、胀”都有变大义，但区别很明显：“涨”是由于物质增多而变大，如“涨潮、涨价（以上读zhǎng）、豆子泡涨（水增多）、头昏脑涨（充血、血增多）、脸涨通红（以上读 zhàng）”；“胀”是体积变大而物质并未增多，如“热胀冷缩、肚子发胀”。

【乌烟胀气】瘴。解说见上。“乌烟瘴气”形容环境嘈杂，秩序混乱或社会黑暗。

【层峦叠障】嶂。“嶂”，形声兼会意字，从山章声，声兼义。从山的字皆表山或与山有关事物、行为、性状。章表示花纹，山与章组合，会意为山势高耸曲折重叠，岩崖纵横如花纹状的山峰，义为直立像屏障的山峰。“层峦叠嶂”形容山峰众多而险峻。

而“障”，形声兼会意字，从阝fù章声，声兼义。从阝的字皆表地方（多与山有关）或与之有关的行为、性状，见W部“四平八隐（稳）”的解说。阝与义为花纹的章组合，会意为曲折高大如花纹一样的阻隔遮挡的山地，义为阻隔，遮挡。“障”无直立的山峰义，音同形近义异而别。

【屏嶂】障。解说见上。“屏障”意为像屏风那样遮挡着的东西，（多指山岭、岛屿等）。而“嶂”从山，义为山峰，无遮挡物义，音同形近义异而别。

【明火执杖】仗。“仗”，形声兼会意字，从亻丈声，声兼义。丈，会意字，古文写作，上部是有十个刻度，而以一点示意的棍子，下部是手。篆文把一点拉长，写成一横，写作，楷书写作丈。它们会意为手拿着有刻度的棍子，义为拿持，又义为手拿持的棍杖。后代为分化字义，“丈”表示十尺，如“丈量”；加木旁，写作杖，表示棍，如“杖责”；加亻旁，写作仗，表示（人）拿持，如“仗剑”。由于拿持含有有凭借有依恃之物，引申出凭借、仗恃之义，如“仗势欺人”。“明火执仗”的“执”意为有所执持，即拿着武器；“仗”意为有所仗恃，即公开活动。“明火执仗”意为（人）点着火把拿着武器，有所仗恃地公开活动（多指抢劫）。

而“杖”仅指木棍，无仗恃义，成语不是说点亮火把拿着棍棒，音同形近义异误解而别。

另，其他如“仗义执言、仗义疏财、狗仗人势”中的“仗”都不能误写为“杖”。

【账幕】帐。“帐”，形声兼会意字，从巾长声，声兼义。巾，象形字，像一幅下垂的佩带，是从远古发展来的织物，佩在腰间，戴在头上。甲金篆文分别作、、，从巾的字皆表织物或与之有关的行为。长，见C部“万古常（长）青”的解说，义为距离大。巾与长组合，会意为长的织物，义为用布、纱或绸子等做成的遮蔽用的东西。“帐幕”义为帐篷。

而“账”，形声兼会意字，从贝长声，声兼义。从贝的字皆表钱财或与之有关的事物、行为、性状。账原本写作帐，因为古代账目原本是写在长巾上挂着的，取用方便。后人按功用归类，把巾字旁换成贝字旁，写作“账”。账也是会意字，账目长，且古代账本如奏折一样是一折一折叠摞而成，拉开能展长的本子，故贝与长组合，会意为写有钱财数目的长本子，义为关于货币、货物出入事项的本子，无帐子义，故别。

《现汉》说“帐”“旧同‘账’”，但十三个词条却没有一个“同”的。人们使用时，凡与织物有关的宜写从巾的“帐”，凡与钱财有关的宜写从贝的“账”。

【招唤】召。“召”zhào，会意字，甲骨文刻作，从三人从口，会意为口呼多人（以三人示意）过来，义为呼唤、召集。口又表示容器，从三人从口，会意为唤人来饮，义亦为呼唤、召集。此字异体较多，又作，下部是口，上部左右两边是手，中间是勺子（有勺头有勺把），会意为人持勺召饮。又一甲骨文刻作，在左右手和勺下加酉（酉是酒的初文，大框是酒缸，框内短横表示酒的液面，上面两横二竖表示盖儿），持勺召饮之会意更显。但甲骨文也有简化字，刻作，从人从口，上部的勺形因与人形相近而刻作人。金文的简化字写作，上部的人形因与刀相近而写作刀。篆文承金，写作，也是从刀从口。它们不管怎么演变，会意如一，本义不变，即呼唤人。

而“招”，形声兼会意字，从扌召声，声兼义。扌与召组合，义为举手上下挥动使来，无口呼唤使来义，音近义异而别。

由上可知，表示用口呼唤使来的，写“召”zhào，如“号召、召见、召集、召开”；表示用手挥动使来的，写招 zhāo，如“招魂、招徕、招领、招聘、招惹、招降纳叛、招摇过市、花枝招展、招致失败”等。

【招然若揭】昭。解说见上。“昭”，形声兼会意字，从日召声，声兼义。从日的字基本都表日、日光或与日有关的行为、性状。日与召组合为昭，会意为日光如同召唤而来的一样射来，照亮，义为日光明澈。由于日光明澈则清楚，引申为明显，显著。揭：举起，如“揭竿起义”。“昭然若揭”意为明显、显著得像把物件举起在日光下一样，用以形容事物的真相或本质都显示出来，暴露无遗。

而“招”（见上）无明显、显著义，音同形近义异而别。

【早不保夕】朝。“朝”zhāo，会意字，甲骨文刻作、，第一字的口和第二字的日表示太阳，口、日上下的笔画表示草，第二字的右边又多刻了两个草形，余下的笔画表示月亮，几部分组合，会意为太阳从草地上升起，月亮尚未落，义为早晨。金文写作、，左边表示太阳从草地上升起，右边两竖表示河岸，三点表示水波，另一字的右边用川——大河表示。会意为太阳从草地上升起，潮水上涨，义仍是早晨。篆文写作，右方写成了舟，舟上有表示前进方向的箭头形，会意为太阳从草地上升起，小舟开始前行，义还是早晨。“朝”的异体虽多，但从月的会意显豁，故楷书从月。“朝不保夕”意为保得住早上，不一定保得住晚上，形容情况危急。

而“早”金文写作、、，第一个字是青铜器颂敦 duì 上的早，太阳刚从地平线上生出，底部连接烟霭；第二个字是颂壶上的早，太阳离开地平线，光影即将断离；第三个字是扬敦上的字，日下是 T，表示朝晖射亮地平线正下方。三个字像动画一样，真是生动极了，精彩极了。篆文写作，下部像水中的倒影。隶楷承金，写作“早”。“早”借太阳升起表示时间早，如“早稻”；表示提早，如“早婚”；表示很久前的，如“早年”。

“朝”和“早”都义为早晨，但“朝”不单用，且文学性强，属文学性词语，如“朝晖、朝露、朝霞、朝阳、朝思暮想、朝乾夕惕（乾：勉励。形容一天到晚很勤奋，很谨慎）”等。“早”可以单用，是俗白口语，如“离演出还早呢，从早到晚”。二者音也不同，“朝”音 zhāo，“早”音 zǎo. “早”属音异文白异配而别。

其他如“朝令夕改、朝秦暮楚”中的“朝”也不可误写为“早”或“召”。

【蜇伏】蛰。 “蛰”zhé 繁体字写作蟄，会意字，篆文写作，上部是执的繁体字執，下部是虫字。分述之：

執，甲金篆文分别作、、，它们的左边是夏朝、商朝给战俘、奴隶、罪犯上刑的刑具——木“手铐”，甲骨文表示中间有洞，可以锁住双手，上下有三角形的大辖，大辖收紧，双手便卡死了。金篆文左上部的“大”是正面的人字，展臂叉腿，“大”下是卡在双腿上的刑具。它们的右边是跪坐伸出双手的人。左右组合，会意为人被刑具锁住，义为捉拿。由于捉拿后要掌控，引申出控制、扣押、关藏 cáng 义。

蛰从虫，从虫的字基本都表虫类或与之有关的行为、性状。执与虫组合，会意为虫关藏，本义为动物冬眠，即蛰伏。

而“蜇”zhē，形声兼会意字，从虫折声，声兼义；折，甲骨文刻作、，金文写作、，篆文写作，它们的左边是中断的树木，右边是斤——横向刃的斧头，第二个金文中的二表示断面；篆文把表断木的左旁讹变为（扌），楷书承篆写作折，它们三部分组合，会意为砍断木，义为断。折和虫组合，会意为蜂的毒刺刺人或动物，刺时毒刺折断：蜂是昆虫，故从虫；折表折断，故从折。造字的创意多么高明！义为蜂用毒刺刺人或动物，后词义扩大到蝎和蜈蚣刺人。“蜇”无冬眠义，音近形近义异而别。

【明哲保身】哲。“哲”，会意兼形声字，从扌从斤从口，折亦声。金文写作[古文字]，从阝 fù 从斤从心，阝是商周朝穴居半穴居先民们挖在沟墙上升登地面的台阶或刻在木头上的脚窝，也像山上的石阶，斤是横向刃的斧头（见上条），心表示思想、意识。三部分组合，会意为能持斧头外出劳作而心有决断的人。篆文写作[古文字]，把阝讹变为劳作的手，把心换成口，会意为手持斧劳作口能决断，义为有智慧。“明哲保身”意为聪明有智慧的人善于保护自身，今指因怕犯错误或怕有损私利而对原则问题不置可否的处世态度。

而“则”见前“以身作责（则）”的解说，义为规范、规则、准则。“则”无有智慧义，成语不是说聪明的人就会保护自身，义异误解而别。

【动辄得咎】辄。“辄”，形声兼会意字，从车耴 zhé 声，声兼义。耴，古文篆文分别写作[古文字]、[古文字]，左旁是耳朵的象形，右边的乚 yà，见 Y 部“倾轧”的解说，义为曲折。耳与乚组合，会意为耳朵曲折的部分，即耳垂，义为耳朵下垂。车与耴组合为辄，会意为像耳垂在头两边晃动一样车一开动两边框就明显晃动，引申为总是、就。“动辄得咎”义为动不动就受到责备或处分。

而“辙”，形声兼会意字，从车敝声，声兼义，敝chè，甲骨文从鬲 lì 从又，刻作[古文字]，左边是鼎类烹煮食物的食器鬲，右边是手，两部分组合，会意为食后用手撤去食器（走开），义为撤去。金文从鬲从攴 pū；pō，写作[古文字]，右边的手上加了两笔，表示持棍械类物件撤去食器（走开）。由于篆文把鬲讹变成了育，写作[古文字]，楷书便跟着写作育加反文旁。由于此字含有撤离走去之意，与车组合，会意为车子开动，义为车轮前行碾过的痕迹。“辙”无“总是，就”义，形近义异而别。

【浅尝辄止】辄。解说见上。“浅尝辄止”意为刚刚尝试，行动就停止，比喻做一件事不肯下功夫深入钻研。

【振聋发聩】振。“振”，形声兼会意字，从扌辰声，声兼义。本不是形声字，扌旁是汉代出现隶书时加的。“辰”见 C 部“良晨（辰）美景”的解说，由于害虫从地下掘出时会抖动身体，引申出振动义。又由于人奋发时往往要振动肢体，引申出振作义。“振聋发聩”意为使聋者振作使聋者奋发，比喻用语言文字唤醒糊涂的人。

而“震”，形声兼会意字，从雨辰声，声兼义。辰，一表害虫，由于害虫被捉，会左右摆动，含有振动意；二表蚌，蚌壳可作砍削、挖地劳作的工具，砍削、挖地会有震动，雨和辰组合为震，会意为雷雨之震动，义为震动。这种动是颤动，是受外力作用后的高频颤动，而振动是来回往复运动，振奋是左右抖动身体，而不是从中心向四外高频颤动，故“振聋发聩”只能写作“振”，而不能写作“震”。成语不是说使聋子受到震动而发奋，音同义异误解而别。

【振撼人心】震。解说见上。“震撼人心”形容某件事对人震动很大。

总之，含主动多次往复意的用“振”，如“精神一振、一蹶不振、振振有词、振臂一呼、振兴、金声玉振（金：铜；玉：磬。铜钟发声，磬乐振音，比喻才学精到，声誉广播）”；含被动的受外力作用后高频颤动之意的用“震”，如“震耳欲聋、深受震怖、震天动地、震古烁今、地震、震颤、震怒、震惊、威震四方”。汉语中有“振动”，也有“震动”，二者并非通用。“振动”义为通过一个中心位置不断作往复运动，如“音叉振动”；“震动”义为通过一个中心点呈球状波形扩展运动，如“雷声震动”。

【重震旗鼓】整。解说见上。整，会意兼形声字，从攴 pū；pō 从束从正，正亦声。攴（下部的又是手，上部表示棍械）是手持棍械等物的象形，束表捆缚之物，正表周正，三部分组合为整，会意为用手整理捆束物使整齐，引申为整理，整合。由于摇旗和击鼓是古代进军号令，“重整旗鼓”意为失败之后重新整合力量再干。而“震”无整理、整合义。音近义异而别。

“重整旗鼓”也说“重振旗鼓”。

【饮鸩止渴】鸩。“鸩”zhèn，形声字，从鸟冘 yín 声（今不能表声）。“鸩”义为传说中的一种毒鸟，用它的羽毛泡的酒喝了能毒死人。“饮鸩止渴”意为喝毒酒止住一时的渴，比喻用损害根本利益的做法来解决眼前的困难，或比喻只求解决目前困难而不计后果。

而“鸠”jiū，形声字，从鸟九声。鸠是斑鸠、雉鸠等鸟的总称，不是鸩鸟，形近义异而别。

【铁骨诤诤】铮。“铮”zhēng，形声兼会意字，从钅争声，声兼义。争，会意字，甲金篆文分别作、、，上下部是手，中间一笔表示被争持牵引的物件，篆文把表示被争持牵引物的一竖写在下一手字中。三部分组合，会意为相对两方用手把物拉向己方，义为两手争夺一物。隶变后，楷书写作爭。钅与争组合，会意为牵引争夺金属物。由于牵引争夺中会发生撞击，铮义为金属撞击发出的响亮声音。“铁骨铮铮”意为铁骨头当当响，形容人特别有骨气。

而“诤”zhèng，形声兼会意字，从讠争声，声兼义。讠与争组合，会意为用言语争持，义为直爽地劝说。“诤”不表金属撞击声，音近形近义异而别。

【旁证博引】征。“旁征博引”的“征”原字是“徵”，汉字简化时用从彳正声的“征”取代。（只有古代五音的“宫商角徵 zhǐ 羽”的“徵”不简化）。“徵”会意字，从壬从微省（省去几）。壬 rén（实际不是壬，而是撇下加土字的字，读 tǐng，今电脑没分别出来），甲金篆文分别作、、，上部是人，下部是土，会意为人挺立在土堆、土台上，义为挺起，挺立。

微，它的中部和右部构件甲金文分别作、，左下部表示人，左上部表示人的头发，右下部是手，右上部的一竖表示梳子，金文习惯地在一竖上加了短横，仍是梳子。左右两部分组合，会意为梳理细长的头发，表义重点在头发上，因为头发细小，义为微小、难以看清。篆文加了表小步走义的“行”的一半彳 chì，写作，会意为难以看清的行走、藏匿行踪，义为隐蔽的，不显露的，如“微服私访，微伺其出”。

壬与微（省去几，给壬留空）组合，写作徵，会意为事物从不显眼处挺出，初现苗头，义为表露出来的迹象。由于迹象可为人拿来使用，引申为徵集、徵引。“旁徵（今写作‘征’）博引”意为说话或写文章广泛地引用材料作依据或例证。

而“证”，形声兼会意字，从讠正声，声兼义。正，会意字，甲骨文刻作，商周金文写作、，甲骨文的口表示腿的下端，口下是止，表示腿脚；金文把口写实，或写成粗横，依然表示腿的下端。上下组合，会意为腿脚在走，义为前行。由于前行须朝向目的地前进，引申为正对着、不偏不斜、不颠倒、不反向。讠与正组合，会意为以正言相告，义为证言、证明，无征集义，音近义异而别。

“徵”用“征”代替简化是有道理的。征，会意兼象形字，从彳 chì 从正，正亦声。表小步行走义的彳和正组合，会意为对着某处前行，义为远行，引申为征讨、征召、征集、征求（前行取得），进而引申前行取得证据，如“信而有征”（可靠而且有证据）。

【清政廉洁】正。解说见上。“正”，义为前行。由于前行须朝向目的地前进，引申为正对着、不偏斜、不颠倒、不反向；用于言行，义为公正不偏。“清正廉洁”意为清白公正不贪不腐。

而“政”，会意兼形声字，从正从攵，正亦声。甲金篆文分别作、、，左边为正，右边上部表示棍棒或鞭子，右边下部是手，三部分组合，会意为手持棍棒或鞭子击打人，使走奴隶主规定的正道，遵循正统，义为政事、政治。“政”无公正义，音同义异而别。

此外，“言归正传、正中下怀、邪不压正、名正言顺、正本清源”中的“正”均不可误写为“政”；“政通人和、各自为政、遵守政令”中的“政”也不可误写为“正”。

【知言不讳】直。“直”是抽象概念，令今人造字恐必大犯踌躇。然古人有法，写成会意字。甲骨文刻作，下部是目字，上面的一竖表示直视的视线，会意为直的。金文写作，一竖上加了一点，疑为所直视之物，左下方的半曲笔画表示从侧面看去的眼窝，会意不变。篆文把目竖写，把竖上的点拉成一横，写作。“直”义为不曲，不斜，引申为直爽。“直言不讳”意为直爽地毫无顾忌地说出来，不隐瞒。

而“知”，会意字，金文写作、，左边是矢，中间是口，右边是于，于的两横表上下唇，一竖表示气从两唇间冒出，是说话时出气的

情状，下部是曰，义为说，几部分组合，会意为识见敏捷如矢，张口说出，本义为智。篆文把金文简化为，会意简明，为“知理之速，如矢之疾也”（宋·徐锴），义为知道，是智的引申义。“知”无直爽义，成语不是说知道的话不隐瞒，音近义异误会而别。

【仗义直言】执。“执”见本部“蜇（蛰）伏”的解说。“执”义为捉拿，引申为拿着，如“执笔”，其义扩大为心里拿着——坚决地坚持着。“仗义执言”意为主持正义，说公道话（坚决地坚持着正言）。而“直”（见上），无坚持义，成语不是说仗恃着正义说正直的话，音同义异误解而别。

【知迷不悟】执。解说见上。“执迷不悟”意为坚持错误而不觉悟。另，“执迷不悟”中的“执”也不可误写为从疒知声，声兼义的“痴”chī（识见有病）。有“痴迷”一词，没有“痴迷不悟”成语。

【报名已截至】止。“止”甲骨文刻作、，金篆文分别写作、，它们是趾的初文，上有脚趾，下有脚跟，义为脚，脚可行可止，引申为停止。“截止”意为截停到一定期限而止——结束。

而“至”，指事字，甲骨文刻作，金文篆文形体与之相近，上部像倒坠下来的矢（《说文》误以为鸟）下部是一，指事地面，指事为箭落到地上，义为到达。“截至”意为中途截停到了某个期限，但没停止，音近义异而别。

【叹为观之】止。解说见上。“叹为观止”意为感叹因为观赏到绝美的文学作品或艺术而可以停止不再看了，指赞美看到的事物好到极点。

而“之”是虚词，无停止义，成语不是说看了它而感叹，音近义异误会而别。

【指高气扬】趾。解说见上。“趾”，形声兼会意字，从足止声，声兼义。它的初文是象形字“止”，后加足旁以显义，从足的字皆表足部或与之有关的动作、行为，义为脚。“趾高气扬”意为举步高高，意气上扬，形容骄傲自满，得意忘形。

而“指”，形声兼会意字，从扌旨声，声兼义。“旨”，会意字，甲骨文刻作、，金篆文写作、，它们的上部是匕，是上古食具，可舀汤、舀酒。即匕匙。（一说上部是人。）匕匙下部是口字，会意为把美味送进口；口中有点或短横，表示美味食物（是为甘字），会意亦是把美味送进口，义为味美或美味食物。扌和旨组合，会意为用手抓食物吃。（夏商朝是吃手抓饭的，《礼记·曲礼上》曰：“共饭不泽手。”意为请人吃饭不能用泽手——汗湿的手抓了吃。《管子·弟子职》曰：“先生将食，弟子馔馈，摄衽盥漱，跪坐而馈。”意为先生要吃饭了，弟子准备好食物，先生提起襟袖，洗手漱口，跪坐着吃。饭前洗手的习惯就是这样形成的。中华先祖的以简驭繁以少驭多的筷子文化虽然起源很早，但大约在两千五百多年前的战国时才普及。）“指”的会意是用手抓食物吃，表义重点在抓食物的手上，义为手指，无脚义，成语不是说手指高举，意气上扬，音同义异误会而别。

【淋漓尽至】致。“致”，形声兼会意字，从攴 pū；pō 至声，声兼义。甲骨文刻作[古文字]，左边是至，见上“报名截至（止）”的解说，右边是跪坐伸出手的人，会意为人把物送达。金文为了突出送达之意，在人下加了一个止——脚，写作[古文字]。篆文为了突出主要含意，省去人字，写作[古文字]，右边是“止”的另一写法“夊 suī，表走来的倒止字”。它们的本义为送达、达到。隶书承篆，楷书承隶，把篆文的右边讹变为攵。“淋漓尽致”意为大汗畅滴，达到极点，形容文章或谈话详尽透彻，也指暴露得很彻底。

致和至之义都是到达，但从甲金篆文可知，“致”是经人力到达。而“至”是一般性的到达，音同义异而别。

另，“学以致用、专心致志、招致（使达到）失败”中的“致”皆不可误写为“至”。

【闲情逸至】致。解说见上。“致”由到达义扩大到感情到达，义为兴致、情趣。“闲情逸致”意为闲适的情致

另，“毫无二致”意为一点也没有两样（情趣），“错落有致”意为交错纷杂有情致。其中的“致”也不可误写为“至”。

【以至出错】致。解说见上。“致”又从送达引申为致使。“致使”：由于某种原因而使得。“以致”意为（由于某种原因）而使得，用于前因后果句的后半分句的开头。“以致出错”意为由于某种原因而使得出差错。“以至”意为而到，而达到，用于时空、数量、程度上的承接句和递进句的后半分句的开头，如“循环往复，以至（而达到）无穷”。

另，“以至”后可以加“于”，说写成“以至于”，“以致”后不能加“于”。

【精至】致。繁体字写作緻（汉字简化时，用致代替），形声兼会意字，从纟 mì 致声，声兼义。从纟的字大都表丝、线、绳或与之有关的事物、行为、性状。纟与致组合，会意为织物的所有标准都达到了，义为细而密，质高。“精致”义为精美细致。其他如“细致、致密、别致”均表细、密、精、美。

而“至”（见上）无此义。

【致诚待人】至。解说见上。“至”见本部“报名已截至（止）”的解说。“至”表示射出的箭落地，由于箭射出到射程之末落地含有最远处之意，引申出最、极之义。“至诚待人”意为用最真诚的心待人。

其他，“至”表示最、极义的“至爱、至高无上、如获至宝、可恶之至、至理名言、至亲、至嘱、至尊”和表示到、到达义的“至死不屈、自始至终、精诚所至金石为开”中的“至”都不可误写为“致”。

【抵掌而谈】抵。“抵”zhǐ，会意兼形声字，从扌从氏，氏亦声（今不能表声）。“氐”dǐ，义为底部，又-义为远古贵族表示宗族系统的称号，如

"神农氏、氏族"读 shì。分述之：

氐 dǐ，指事字，义为底，底是抽象概念，无法画出，古先民用水波下加一竖示意，甲金文分别作、，其中一圆点表示水中物；篆文把点拉成横，写作，从渐变角度看，原始形义未变，直接看篆文，似难理解其义为底。但从氐的字皆有底的含意可以为证：昏，日落在天底；祇 qí：地神，(天神叫灵)地在底；纸：笔的底下物。扌与氏组合，会意为一手在上一手在下拍击，义为拍掌。"抵掌而谈"意为拍着巴掌欢谈。

氏 shì，象形字，甲金篆文分别作、、，左上部像棚子，甲骨文右下部像石头，整个字像用石块支撑的棚子，金篆文一竖像树棍，整个字像树棍支撑的棚子。金文一竖上的点表示树疙瘩或枝杈，篆文习惯性地把点拉成横线。氏是从有姓的母系部落分支出来的族人。

由于氐 dǐ、氏 shì 同字异义，为了区别，后在表底下义的氐下加了一横表示，即文字发展到周代后期的战国，金文加了一横表示，写作，石鼓文写刻作，秦篆写作，楷书美化，改横为点，写作氐，氐义便名正言顺地为底了，如低（在人下）、砥 dǐ（磨刀石，在刀下）、骶 dǐ（在椎骨下）、诋（抬高自己，贬低毁谤别人）、牴（牛斗，头在底）、柢（树根，在底）、羝 dī（公羊好斗，则头低）。

而"抵"dǐ，形声兼会意字，从扌氐声，声兼义。义为（从中下部）以手用力相撑，无拍击义，形近义异而别。

【残羹冷炙】炙。"炙"zhì，会意字，从月从火，金文写作，下部为火，上部是月，即肉，见 S 部"稍（少）安毋躁"的解说，上下部分组合，会意为用火烧烤肉，义为烧烤。秦篆写作，会意和本义不变。"残羹冷炙"意为喝剩的肉汤吃剩的烤肉，比喻富人的施舍。

而"灸"jiǔ，形声兼会意字，从火久声，声兼义。久是灸的初文，灸是后起字，加火字底显义，金篆文分别写作、，上部像一人侧倚或侧卧，人身后一短画表示药物条（一般为艾绒）在熏灼患处。上下部分组合，会意为用燃火的艾绒熏灼患处，本义为灼体疗病。"灸"无烤肉义，形近义异而别。

【炙手可热】炙。解说见上。"炙手可热"意为人（以最敏感的手立意）一靠近就烤得很烫，比喻气焰很盛，权势很大。

【博闻强志】识。"识"的繁体字为識，其先造字为戠。戠 zhī，会意字，从音从戈，甲骨文刻作，右边是戈字，古代的戈往往刻铸有名号，或是一个字词或是一句话，作为文字不能尽表，便用言字（）的省体——倒三角形表示，甲骨文也有不省写的，如、。金篆文写作、，（"言"的解说可参见 A 部"不暗（谙）交际"，）它们各部分组合，会意为戈上刻铸有标记，本义为标记。由于是语言文字的标记，后代加言字旁以显义，写作形声兼会意字識，从言戠声，声兼义。今简化为识 shí。由于标记是让人记住的，"识"引申出记住义。"博闻强识"zhì 意为见闻广博，记忆力强。"识"并不是"志"的通假字。

而"志"，会意兼形声字，从心从之（不是从心从士）金文写作、，篆文写作，楷书据篆文字形，变写为"志"。从心的字皆表心理活动。"之"，指事字，甲金篆文分别作、、，上部是表示脚的"止"字，下部一横指事此处，指明从这儿前往，义为到、往、前去。心与之组合，会意为心所向往，义为意念、意向，如"志同道合"。"志"无标记、记住义，音同义异而别。

【因地治宜】制。"制"，会意字，篆文写作，左边表示重重枝叶，右边是刀，左右组合，会意为用刀砍枝叶，义为砍掉树枝。砍树枝是劳动技能，砍去乔木下层老枝，能使乔木生长迅速，长得高；砍去灌木主干尖顶可以长出更多新枝新叶。由于砍枝含有按规定标准操作意，引申为规定、拟定。"因地制宜"意为根据不同地区的具体情况规定适宜的办法。

而"治"，会意字，从氵从台。台，会意字，从厶 sī 从口。甲金篆文分别作、、，上部像头朝下的胎儿，口表示衣胞，会意为孕育胎儿，义为怀胎。台是胎的初文。这里的氵指的是羊水。氵与台组合，会意为妇女生育，义为生育时的调治，引申为治理。"治"无规定、拟定义，成语不是说根据不同地区的具体情况进行合宜的治理，音同义异误解而别。

【出奇致胜】制。解说见上。"制"的本义是砍枝，由于砍枝劳动含有用力量使人、使物受制、制服之意，引申为用强力约束，限定，管束，取得。"出奇制胜"意为用奇兵或奇计战胜敌人，取得胜利。

而"致"见本部"淋漓尽至（致）"的解说，义为经人力而达到。"致"无取得义，成语不是说出奇兵、奇计达到胜利，音同义异误解而别。

【先发治人】制。解说见上。"先发制人"意为先动手制服对方（使对方受制）；先于对手采取行动以获得主动。

【如法炮治】制。解说见上。"制"的本义是砍枝，由于砍枝劳动含有使产生新产品之意，引申为制造，这从它的繁体字"製"（形声兼会意字，从衣制声，声兼义——裁制衣服）上可以看出来。"如法炮 páo 制"意为依照成法炮制药剂，泛指依照现成的方法办事。

【励精图制】治。见上"因地制宜"的解说。"励精图治"意为振作精神，想办法把国家治理好。"制"无治理义，音同义异而别。

【推心至腹】置。置，形声兼会意字，从罒 wǎng（不是四）直声，声兼义。篆文写作，上部是网；下部是直，见本部"知（直）言不讳"的解说，义为不曲、不斜，即端直。网与直组合，会意为网子对直了（捕兽、捕鸟、捉鱼）的方向而放下，义为置放、放下、释放。"推心置腹"比喻真心待人。

而“至”见前“报名已截至(止)”的解说,义为到、到来。“至”无置放义,成语不是说推心到腹部,音同义异误会而别。

【寿钟正寝】终。“终”是抽象概念,远古先民在龟甲兽骨上刻作象形字、表示,金文写作,像一束两头打结的丝。盖物有始必有终,有终必有始,刻作一横则太短,两端太近,刻作曲画则长短远近的概念俱含其中。两端打结,以示既有始点,又有终点。就丝而言,有结则丝束不乱。这是远古先民高智创意。

更高妙的是它还从空间上引申到时间上,表示季节之末的冬。周代金文把冬意坐实,写作会意字,古文写作,在打结的丝束中加个日字,会意为太阳像被丝束罩住一样难得一现。篆文在打结的丝束下,加了冰的象形,并把表示打结的两点连成一横,写作。这个字就从终演变为冬。

这个字演变为冬之后,空间“终”意落空了,古人就用加形旁纟来表示,表示丝、线、绳如一年终了的冬一样终了了。篆文写作,成为会意兼形声字,从纟从冬,冬亦声。其义为最后、末了。由于最后、末了含有某一特定时空的结束之意,引申为完结。“寿终正寝”意为寿命结束,死了躺在堂屋正中,比喻事物的消亡。

而“钟”,形声兼会意字,从钅童声,声兼义。童,会意字,从辛从重省(重省去头两笔一撇一横)。辛是刑刀,见B部“避(辟)邪”的解说,是割刺奴隶头、眼的刀具。重见下,像口袋形的东西,辛与重组合,会意为受了刑(金篆文特指受髡 kūn 刑,即割发刑)身背袋形重物的人,表义重点在袋形重物上,义为像袋形重物的乐器镛。镛今简化为钟,无完结义,音同义异而别。

【老态龙终】钟。“龙钟”是单纯词,见Y部“忧(优)柔寡断”的解说,义为(由于年老而)行动不灵便的样子。“老态龙钟”形容年老体衰而行动不灵便的样子。“终”似也可写,是那个读 zhōng 的字就行,但习惯上写“钟”不写“终”,故“终”别。

【一见衷情】钟。“钟”繁体字又作锺,形声兼会意字,从钅重声,声兼义,金篆文分别写作、。从钅的字皆表金属、冷兵器或与之有关的其他物件、行为、性状。

重,会意字,从人从东(繁体字为東)金篆文分别写作、,上部是人,下部是东。东,象形字,甲金篆文分别作、、,像竹木编的笼子形,可以作为容器来盛放物品也可以笼火、照明或熏物,义为圆竹笼。(又像种子萌发,上有嫩叶,下有根。)熟语说圆鼓鼓的东西为圆鼓笼东。人与东组合为重,会意为人背着一笼东西(或人背着一袋种子),义为沉重。钅和重组合,会意为铜制作的像人常背负的重袋似的能盛物的东西,义为铜酒杯。锺也简化为钟。由于铜酒杯专用以盛酒，引申为专一、集中。“一见钟情”意为一见面就专一生情。

而“衷”形声兼会意字，从衣中声，声兼义。金篆文分别写作、，中间是中字（解说见下），中与衣组合为衷，义为内衣。由于内衣贴心穿在内里，引申出内心义。衷无专一、集中义，成语不是说一见就从内心生情，音同义异误解而别。

此外，“情有独钟”的“钟”也不可误写为“衷”。

【言不由中】衷。解说见上。“衷”，义为内衣，由于内衣贴心穿在内里，引申出内心义。“言不由衷”意为说的话不是从内心发出来的。

而“中”甲骨文形体很多，代表性的为象形字、，金文写作，一竖是杆子，以穿过标志物“口”表示，上下曲笔画像飘动着的旌旗，用旗杆从标志物中间穿过来表义，表示居中；篆文简化为指事字，以口表抽象的标志物，以一竖指事，写成中，义为中心、中间，无内心义，音同义异而别。又，古代军中立旗于营地中心，方框和圆圈像营地，一竖像旗杆，曲线像旗帜（用刮薄的熟牛皮条制作）会意为中心。

《现汉》认为“衷”同“中”，只用于一个词——“折中”。“折中”是推荐词形，“折衷”是异形词，《现汉》没说“中”同“衷”，却有异形词词条“无动于中”（出现频率基本为零），推荐词形是“无动于衷”。其他用“衷”的词语，如“衷心感谢、和衷共济（和谐团结共同渡过难关）、互诉衷情、苦衷、由衷感谢”里的“衷”都不可误写为“中”。

【中心感谢】衷。解说见上。成语意为发自内心的感谢。

【九洲】州。“州”，象形字，甲骨文刻作，在川（大河）中加一小圆圈，像江河中的陆地。金文写作，秦篆繁化为，隶书楷书把小圈改成点，写成州。州的本义为江河中的陆地。相传夏禹治水后，把中国大陆划成九个区域，称作九州，则州义扩大为划分的地理区域。战国时齐国人邹衍把华夏地区叫作赤县神州，州义又扩大一次。扩大后的州义与水都脱离了关系，而水中的小块陆地和水中的大块陆地就加氵旁，用“洲”来表示。如《诗经·周南·关雎》：“关关雎鸠，在河之洲。”（关关鸣叫的雎鸠，在黄河的小洲上。）其洲指小块陆地。又如亚洲、美洲、澳洲，非洲指大块陆地。“洲”无一国内地理区域义，音同义异而别。

【神洲】州。解说见上，赤县和神州是中国的别称。

【绉纹】皱。“皱”，会意字，从刍 chú 从皮，繁体字写作皺。“芻”chú 见 Q 部“长趋（驱）直入”的解说，会意为兽畜食草，会意的重点在所食的草上，义为饲草。

“皮”，会意字，金文写作，左边是铲子，铲头下有环孔的图形，右下边是手，两部分组合，会意为手拿皮铲子（手指插进环孔里）铲剥兽皮。远古初民以兽皮为衣，剥制兽皮得用铲，这从大量出土的石

Z

铲、玉铲、铜铲可以证明。(也可看作左边是兽头和兽皮的象形,手在剥制。)战国或秦代的石鼓文刻作[古文字]。秦篆把铲和环孔分开,美化变写为[古文字],环孔写成半圆形,写在右上方。隶楷把它抽象化,楷书写成皮。其义由铲剥兽皮泛指引申为名词皮。

“刍”和“皮”组合为皱,会意为皮上有像饲草一样的肉纹,义为皱纹。

而“绉”从纟 mì,从纟的字大都表丝、线、绳或与之有关的事物、行为、性状。纟与刍组合绉,会意为有像饲草一样纹路的丝织品,义为绉纱。“绉”无皮上褶皱义,音同形近义异而别。

【锱珠必较】铢。“铢”,形声字,从钅朱声,义为一两的二十四分之一的重量单位(秦汉时为零点六四克);“锱”zī:一两的四分之一的重量单位(秦汉时为三点八四克)。由于汉秦周以铜和铜制品做货币,故锱铢从钅,义为微量的钱财,也比喻微小的事。“锱铢必较”意为很小的钱财和事情都一定计较,比喻气量狭小。

而“珠”形声字,从王朱声。从王的字皆表玉或与玉有关的事物、行为,见 C 部璀灿(璨)的解说,义为有玉光的珠子。“珠”无一两的二十四分之一义,成语不是说锱和珠一定计较,音同义异误会而别。

【高瞻远嘱】瞩。“瞩”,会意兼形声字,从目从属,属亦声。属,会意字,繁体字写作屬,从尾从蜀。分述之:

尾,会意字,从尸从毛,甲金篆文分别作[古文字]、[古文字]、[古文字],上部是人,下部是毛尾饰物。夏商部落先民有以毛尾饰物系于身后之习俗,今澳洲、南美、非洲部落土著人仍有此俗。义为尾巴。

蜀,象形字,甲骨文刻作[古文字],像突出了头部主要器官“目”的形象的蠢蠢欲动的蚕。金文写作[古文字],在蚕下又加一虫以显虫意。篆文屈曲圆转美化为[古文字],本义为蚕,并扩大到蛾、蝶类幼虫。

尾与蜀组合,篆文写作[古文字],会意为人身后有毛毛虫一样的毛尾饰物连接着,义为连接,连续。如“使者相属于道。”(使者在路上一个连接一个。)

由于“属”会意为人身后有毛毛虫一样的毛饰尾,引人注目,引申出注目、专注、属意之义,这些义与眼睛有关,后人加目字旁,写作瞩。“高瞻远瞩”意为向高远处(注目)看,即看得又高又远,形容眼光远大。

而“嘱”,会意兼形声字,从口从属,属亦声。属有注目义,由于注目之余往往有所委托,引申为言词托付,如“属予作文以记之”(《滕王阁序》)。此引申义与口有关,后人加口旁,写作嘱,义为嘱咐。“嘱”无注目看义,音同形近义异而别。

【寺庙主持】住。“住”,形声兼会意字,从亻主声,声兼义。主,象形字,甲骨文刻作[古文字]、[古文字],它们的下部像木,上部的一点像火头,整个字像火把或松明,义为灯头火焰,篆文写作，下部是土做的灯座。由于灯头是中心，是主体，引申出主要的基本的之义，如“主流”。主与亻组合，会意为主人在此，义为居住。“寺庙住持”意为生活（居住）在寺庙中主管寺庙的僧人，是名词。

而“主”，义为主要的，无居住义。不过，有“主持”一词，义为（做主）负责掌握或处理，是动词，无住持义，音近义异误解词类而别。

【一柱香】炷。解说见上。“炷”是“主”的后起字，形声兼会意字，从火主声，声兼义。“主”被引申义专用后，灯头火焰之义便加火字旁写作“炷”表示，义仍是灯头火焰，如“灯炷”。此字引申为量词，“一炷香”义为一支燃着的香。

而“柱”，形声兼会意字，从木主声，声兼义。主的引申义是主人，由于主人是家中主要的人，又引申出主要义。木与主组合，会意为起主要作用的柱子，义为木柱。词义扩大为一般的柱子，无量词义，音同形近义异而别。

【青春永住】驻。解说见上。“驻”，形声字，从马主声，义为车马暂时停立，引申为停留。“青春永驻”意为永远保持青春。而“住”义为居住，无停留义，成语不是说青春永远居住下来，音同义异误会而别。

【孤柱一掷】注。“注”，形声字，从氵主声。从氵的字都与水有关。注，义为水灌进。由于水灌进含有一次下投意，引申为赌博时一次押下的钱财。“孤注一掷”意为把所有的钱一下子投作赌注，企图最后得胜，比喻在危急时把全部力量拿出来冒一次险。

而“柱”（见上）无赌注义，音同形近义异而别。

【储满泪水】贮。“贮”zhù，繁体字为貯，会意字，甲金文分别作、，内里竖贝，它们的外框像带把儿的木匣，匣内放贝；外框又像有带绳子可卷系的席子，席下藏贝；贝是商周的货币。两部分组合，会意为贮藏贝，本义是贮藏。篆文把贝字移出匣外，整个字加以美化，写成。楷书进一步美化并抽象化，写成貯，简化成贮。由于贮藏含有存放意，引申为盛 chéng。“贮满泪水”意为眼内充满了泪水。

而“储”chǔ，形声兼会意字，从亻诸声，声兼义。诸，会意兼形声字，从讠从者，者亦声。

者，会意字，见 L 部“眼花缭乱”的解说。者，义为烧柴祭天，柴堆上有祭品：牛、羊、猪，有的还有人牲。讠与者组合，会意为言说祭品丰富、多（祈求神灵先祖赐福），义为众多，如“诸位、诸侯”。亻与诸组合，会意为人备有祭品多，存放着，义为储藏。“储”无盛义，义近有异而别。又，“储”重在积蓄，含有可定时或不定时增加之意，“贮”重在存放和盛，不含可赠加之意；“储”含有可随需要而取用意，“贮”不含可随需要而取用意。

【婉啭】转。“转”zhuǎn，形声兼会意字，从车专声，声兼义。专的繁体字是專，会意字，从叀从寸。

叀 zhù，象形字，甲金篆文分别作、、，是纺锤的象形，中间像所纺之线团，下部像纺轮(微型化了)，上部像旋转时视觉迟留所产生的旋转光影。専从寸，寸是手，篆文经常在手上加一短横，写成，义仍是手。叀与寸组合，甲篆文分别作、，会意为可用手转动的纺锤，义为纺锤。解放前人们就是用转动的纺锤来捻线。

由于纺锤是转动的，引申出转动义，后人加车字旁以显义，表示像车轮一样转动，写作转。由于转动会改换方向、位置、形势、情况等，引申为不强直。“婉转”义为(说话)温和而曲折，也形容歌声、鸟鸣声高低曲折动听。

而“啭”zhuàn，形声兼会意字，从口转声，声兼义。“转”义为不强直，口与转组合，会意为口中发出柔和动听的叫声，特指鸟叫声，义为鸟婉转地啼叫，无曲折义，音近义异而别。

另，“婉转”是推荐词形，“宛转”是异形词，建议不写后者。

【乔妆打扮】装。“装”，形声兼会意字，从衣壮声，声兼义。从衣的字基本都表布(明朝前是麻布)类织物或与之有关的行为。壮，繁体字写作壯，会意字，从爿 qiáng；pán 从士。

爿是筑墙用的木板墙模，甲篆文分别作、，(见下“雄心壮志”的解说)士是男性生殖器象形，(见下)爿与士组合，会意为能从事筑墙劳动的强有力的男子，衣与壮组合，会意为男子穿的衣服，义为服装。“乔装打扮”意为改变服饰装扮成另外模样。

而“妆”，会意字，从女从爿，甲篆文分别作、，从女的字皆表女性或与女有关的行为、性状。这里的爿不指木板墙模(见下)，它指木板下有垫脚中间可塞草的卧具，近似宋代以后才有的床，作为文字竖写了。女与爿组合为妝，会意为女子坐在“爿”上修饰容貌，义为用脂粉、油彩修饰，也包括衣饰。它是女子的行为，着眼点在面部，不指衣装，成语不是说改变容貌扮靓，音同义异误解而别。

另，既有“化妆”一词，又有“化装”一词，前者指用美容物品使容貌美丽，如“化妆品”，后者指改换衣饰使模样改变，如“化装舞会”。

【浓装淡抹】妆。解说见上。“浓妆淡抹”意为对人物或图景加以浓艳的或淡雅的妆点。

【招摇装骗】撞。“撞”，会意兼形声字，从扌从童，童亦声(今不能表声)。从扌的字大都表手的动作、行为。童，见上“寿钟(终)正寝”的解说，义为髡 kūn 发(割去头发)的奴隶。扌与童组合，会意为奴隶以手用力碰物，义为运动着的物体跟别的物体猛然碰上。“招摇撞骗”意为故意张大声势撞到谁骗谁，即假借名义到处炫耀，进行诈骗。

而“装”(见上)无碰撞义，故别。

【雄心状志】壮。“壮”，会意兼形声字，从士从爿 qiáng；pán，爿亦声(今不能表声)。

“士”是雄性生殖器的象形，为了与“土”区别，将下一横改短。从士的字皆表雄性，如牡 mǔ：公牛；仕：做官、做官的人——封建社会做官的全是男人；甲骨卜辞中有许多表动物的字如牛、羊、马、豕(shǐ 猪)、鹿的右边加有士旁，表示公牛、公羊、公马、公猪、公鹿。“士”义为男子。

这里的爿指夏商朝建房时打土墙的木板墙模，象形字，甲骨文刻作，篆文美化为。打土墙时，先绑好用木板拼装的墙模，后倒进湿土，再行夯砸，阴干后，拆去木板。木板长度合今尺三尺，宽一尺。甲篆义画写的是墙模的横断面，如同从墙模的一端纵向看去。一长竖表示立桩(起固定作用)，两短竖表示板头，两短横表示拉紧木板和立桩的绳子。楷书进一步美化为爿，义为墙，是墙字的初文。

爿与士组合，写作壯，今简化为壮，会意为男子参加版筑劳动。由于参加这种高强度劳动的人高大强壮，义为人高大强壮，引申为雄壮、豪壮。“雄心壮志”意为宏大的理想，豪壮的志向。

而“状”，会意兼形声字，从犬从爿，爿亦声。爿与犬组合，会意为犬高大强壮，本义指犬的形状，后泛指一切物体的形状，无雄壮、豪壮义，音同形近义异而别。

【奇形怪壮】状。解说见上。“奇形怪状”意为不正常的奇奇怪怪的形状。

总之，凡表示强健、大、豪放、使壮大意的用“壮”，如“壮大、年轻力壮、茁壮成长、理直气壮、壮怀激烈、壮志难酬、以壮声威”；凡表示形状、情状、陈述情状和文字材料的用“状”，如“惊恐万状、罪状、不可名状、状纸、奖状”。

【摇摇欲堕】坠。解说见 D 部“自甘坠(堕)落。”“摇摇欲坠”意为动摇不稳的样子。

【呱呱堕地】坠。解说见 D 部“自甘坠(堕)落”。“呱呱 gū 坠地”指婴儿出生。呱呱：拟声词，小儿哭声。

【揣揣不安】惴。“惴”zhuì，形声兼会意字，从忄耑声，声兼义。耑 duān，象形字，甲骨文刻作、，上半部像脚，即止(趾的初文，上有脚趾，下有脚跟)，周围的点像溅血，一横表示地面，下半部分像血流下的长而散乱的血迹，几部分组合，会意为腿脚上鲜血涌流，表义重点在涌流上，义为很快流淌、流动。

金文进一步演化，写作会意字、，上部是手，下部是而——胡须，见 N 部“俗不可奈(耐)”的解说，会意为手摸流淌到胡须上来的血，义也是流淌。篆文写作，手形美化讹变，会意和流淌本义不变。楷书把字头摆正，变写为山，耑便定型了。

后耑做了偏旁，含耑的会意字(不包括形声字)都含流淌、流动义，如加氵的“湍”(水急流)、加口的“喘”(口中的气流动)、加立的端(流的一头)、加辶的“遄 chuán”(迅速行路)等。“惴”从忄，从忄的字皆表心理活动，忄与耑组合，会意为为鲜血涌流而担心害怕，义为忧愁害怕的样子。“惴惴不安”形容又发愁又害怕的样子。汉字在演进中，象形会意的神韵逐步弱化，但符号性规范性却强化了，这就显示了汉字造字的超强功能和强大的生命力。

而“揣”chuǎi；chuāi，形声兼会意字，从扌耑声（今不能表声），声兼义。由于血是从一端流向另一端的，扌与耑组合，会意为手从一端到另一端，本义为用手量庄稼的高度，引申为思绪从一端到另一端，即忖度，如“揣 chuǎi 测”；又由流动到另一处义引申为装进，如“揣 chuāi 怀里”。“揣”无忧愁害怕义，形近义异而别。

【真知烁见】灼。“灼”zhuó，形声兼会意字，从火勺声，声兼义。“勺”sháo（方言读 shuo），象形字，甲骨文刻作，像勺子（有勺柄，有勺头，勺头有物），金文偏旁写作，篆文写作，既像勺子，又像烫烙人的刑具；与火组合，义为拿勺形物用火烧。由于火烧，光明亮，引申为明亮。“真知灼见”意为正确而（明亮）透彻的见解。

而“烁”shuò，形声兼会意字，从火乐声，声兼义。乐 yuè；lè（方言读 luo），繁体字写作樂，会意字，从纟从白从木，见 L 部“瓦砾”的解说。其会意是蚕茧经水煮把丝头捞出缠绕在木制络子上的丝团。火与乐组合，会意为（煮蚕丝的）火光映射到丝团上闪闪发亮，义为火光闪亮，是动词，不专指明亮，音同义异而别。

【弄巧成绌】拙。“拙”zhuō，会意字，从扌从出。出，会意字，从止从凵 kǎn，甲金篆文分别作、、，上边是止（趾的初文，上有脚趾，下有脚跟，）是足部的象形，凵像半穴居屋的门口。（远古半穴居屋在地下四十至一百厘米，多数狭小，大的约四十平方米，中间有撑起房顶的立柱，以树枝搭房顶，在中央立柱的顶端攒聚，上覆树叶、兽皮，四面落地，形如金字塔。甲金文的宋字、，就是摹写这种房子的。这种房子在六千年前的仰韶时期已出现，半坡遗址是圆形的。）隶楷书变写为出。“出”的上下两部分组合，会意为人从里面走到外面来，义为出来。

“拙”从扌，从扌的字皆表手的动作、行为。扌与出组合，会意为人刚从狭窄的洞穴或地屋中出来，手（脚）还不甚灵便，义为笨，不灵巧。“弄巧成拙”意为想要弄巧的手段，结果反而（变成了笨举）坏了事。

而“绌”chù，形声兼会意字，从纟出声，声兼义。从纟的字大都表丝、线、绳或与之有关的事物、行为、性状。纟与出组合，会意为把针线活从阴暗的半穴居屋拿出来，做的活不好，义为针线活粗，不如人，如“相形见绌”。“绌”无笨、不灵巧义，形近义异而别。

【心劳日绌】拙。解说见上。拙义为笨，由于笨往往窘困、糟糕，引申义为窘困、糟糕。“心劳日拙”意为费尽心力，反而（一天天地）越弄越糟。

【精雕细啄】琢。“琢”，会意字，从王从豖，“豖”chù 甲骨文刻作、，形如豕（shǐ，猪），一点表示所去之势（势通士，见本部“雄心壮志”条对“士”的解说）。金文写作，有所讹变。篆文美化豕,尚能因形定义。它们的义为阉割了的猪。由于阉割要用刀划开皮肉,割去睾丸,又由于"王"是玉,见C部"璀灿(璨)"条的解说,从王的字皆表玉或与玉有关的事物、行为,故"王"和"豖"组合,会意为如同划开皮肉割去猪身上一点器官一样镂刻玉器,义为雕刻。"精雕细琢"意为精心细致地雕刻,比喻做事认真细致。

而"啄",会意兼形声字,从口从琢,琢省声(省去王),指鸟用嘴雕啄取食,义为鸟啄食,无雕刻义,音同形近义异而别。

【琢木鸟】啄。解说见上。

【恣询】咨。"咨"zī,形声兼会意字,从口次声,声兼义。"次",象形字,甲金篆文分别作……,右边像跪坐大张口的人,篆文把大张口变写为三撇,表示呼出的气流,左边的点表示人喷出的唾沫,像人打喷嚏的样子,义为连连打喷嚏,由于喷嚏是一个接一个打出来的。引申为有顺序。次与口组合,会意为一句接一句说话、答问,义为商议、询问。

而"恣"zì,形声兼会意字,从心次声,声兼义。从心的字皆表心理活动。次与心组合,会意为任意打喷嚏,毫无顾忌,义为放纵,无拘束。"恣"无商量、询问义,音近形近义异而别。

【咨肆】恣。解说见上。"恣肆"义为不顾一切,任意妄为。

【床笫】第。"笫"zǐ,形声兼会意字,从竹㑒声,声兼义;㑒zǐ,指事字,甲骨文刻作……,上部表示草木生长,下部菱形笔画表示泥土,中间横工形笔画指明束缚,阻止其生长,也指事截断处。篆文省去泥土,并把两个短竖拉长,写作……,其中一横指明阻止生长、截断。"笫"的形旁是竹,从竹的字基本都表竹、竹制品或与之有关的行为。竹与㑒组合为"笫",会意为阻止竹子生长,义为截断竹子(剖成竹篾)编的席。中古(唐隋南北朝晋魏)和其以前,没有桌、凳、椅、床(只有如炕桌高矮的几案),床是平放的爿,见上"乔妆(装)打扮"的解说,中古以前的人们在两层木板中填上草,用作卧具,高约四十厘米左右。"床笫"之义是床和席子,但"床笫"一词却只指床,是偏义复合词(义偏于一个语素的词,如"窗户"只表"窗",不表"户"——门;"睡觉"只表"睡",不表"觉"——醒)。床笫只表"床",不表"笫",义为床。

而"第"从竹从弟,本写作"弟",甲金篆文分别作……,隶变后楷书写作弟,中间斜向,纵向笔画是戈,曲绕的笔画表示矰缴zhuó——是系在可回收使用的箭上的生丝绳,会意为按次第依顺序缠绕,本义为缠绕线绳的次序,泛指一切次序。后此字用于后序生的平辈,(主要用于男性),人们便根据竹子有节次而加个竹字头,写作"第"来表示次第、顺序。"第"无竹席义,形近义异而别。

【越祖代庖】组。"俎"zǔ,会意字,从仌bīng从且jū。甲骨文刻作……、

Z

,像“且”——砧 zhēn 板上放了两块肉。(从甲骨文看砧板形近于“且”,此处的且不表示雄性生殖器,只表示砧板。)金文写作、。砧板改成了几案,并画出了板状的腿,第二个金文的右边还有刀。甲金文各部分组合,会意为切割肉作祭品,把祭肉放在几案上奉祀神灵先祖,表义的重点在几案上,义为放祭品的礼器——几案(引申义是砧板)。篆文把几案的腿变写成仌,写作。(“仌”是冰块的象形,但此处的“仌”并不表冰。)庖 páo:厨师。“越俎代庖”意为厨师即使不在厨房做饭,祭祀主持人也不能放下盛有祭品的器皿去替他下厨。后用以比喻超越自己职务范围去处理别人所管的事。

而“祖”,会意字,从礻 shì 从且。这个且不是“俎”中的且,而是男子性器官象形,在生殖崇拜的夏商时代,义为祖先,后代加了表示祭台的礻(即示,甲金篆文分别作、、,)来强化祖先的本义。“祖”无盛放祭肉的礼器义,音同形近义异而别。

【俎咒】诅。解说见上。“诅”,会意字,从讠从且,讠和且组合,会意为人在先祖神像前(用语言)祈祷鬼神加祸于所恨的人。“俎”见上,无此义,音同形近义异而别。

【刻苦专研】钻。“钻”zuān,繁体字写作鑽,形声兼会意字,从釒赞声,声兼义。赞,会意字,从兟 shēn 从贝。兟,会意字,从二先。先,会意字,从之从儿(人)。分述之:

先,甲金篆文分别作、、,下部是人,上部是“之”,即“止”,足的象形,上有脚趾,下有脚跟,止下的一横表示地面,之与一组合,会意为人在地面上前行,下面再加上人字,会意为人在前面走,义为在前引导,如“率先”。下部的人字,楷书根据篆文写作儿。

兟,古文篆文分别写作、,二先相并,会意为二人在前导引宾客,义为在前导引宾客。古文的两个人足上各加了一横,指事足有所禁,意思是导引宾客的人不要走快。

赞,从兟从贝。贝是商周货币,表示钱财或值钱的礼品,兟与贝组合,会意为在前导宾之人捧着客人赠送的钱财在前导引,义为导引宾客进见主人,引申为导引前行,进入。

釒与赞组合,会意为用金属工具导引而入,即穿孔打洞,义为钻。由于钻含有深入内部之意,引申为探究、研究。“刻苦钻研”意为下苦功夫深入研究。

而“专”见上“婉啭(转)”的解说,是纺锤的象形,引申为转动;由于转动始终围绕中心,引申为专一。“专”无探究、研究义,成语不是说刻苦地专门研究,义异误解而别。

【编篡】纂。“纂”zuǎn,见 C 部“纂(篡)改”条的解说。“编纂”义为编辑(多指资料较多、篇幅较大的著作)。

【妄自遵大】尊。“尊”,会意字,从酉从廾 gǒng。甲骨文刻作,上部是像酒罐一类的器具,其上部三笔表示酒盖,内里一横表示酒液面,叫酒尊，廾是双手的象形，两部分组合，会意为捧着酒尊敬献上前，本义为敬酒。金文在上部加了“八”字，写作，表示酒香外逸。篆文写作，也写作从寸，（篆文习惯地在手下加一横，其义还是手）的。由于敬酒含奉敬意，引申为敬重、尊贵。“妄自尊大”意为没有根据地看高自己，狂妄自大（认为自己尊贵，认为自己高大）。

而“遵”，形声兼会意字，从辶chuò尊声，声兼义。从辶的字皆表行走、前行义，辶与尊组合，会意为走过去依尊卑长幼之序倒酒，引申为依照、遵守。无尊贵义，音同义异而别。

【遵重】尊。解说见上。“尊重”义为尊敬，敬重或重视并严肃对待，故没有辶底。

【尊守】遵。解说见上。“遵守”义为依照规定行动，故应有辶底。

【虚座以待】左。“左”，会意字，从𠂇zuǒ从工，甲骨文刻作，是左手的象形。金文写作，手下的图形表示工具，上下组合，会意为用工具做事；古人认为做事主要用右手，左手持工具起辅助作用，义为帮助。由于帮助是左手的事，后引申出左方义。（帮助义就加亻写作“佐”表示了。）古礼，在送往迎来的交往中主人居右，宾客居左，因以左位为尊位。（在安邦治国论功排位时则以右为尊。）“虚左以待”意为空着左边的尊位恭候贵客，也表示特意留待客人。

而“座”，形声兼会意字，从广坐声，声兼义。广 ān；yǎn，作廣的简化字时读 guǎng，象形字，甲骨文刻作，像依山崖搭建的房子，表示前敞的房子，如“庙、店、廊”。“坐”，会意字，从人从土，古文写作，表示二人在地上对坐。广与坐组合，义为在房屋内的座位，无左方义，成语不是说空着座位来等待，音近义异误解而别。

【高朋满坐】座。解说见上。“高朋满座”意为高贵的宾朋座席上（坐）满了。

【坐标】坐。解说见上。“坐标”应理解为坐着落在某处的标志性的东西，即能够确定一个点在空间的位置的一个或一组数，与座位无关，故“座”别。

【座落】坐。解说见上。“坐落”义为土地或建筑物（坐在落在）的位置。

【日出而做】作。“作”，会意字，从亻从乍。“乍”zhà 甲金文分别作、，像衣领形，借以表示衣服。亻与乍组合，会意为人制作衣服，义为制作，引申为劳作。

到了宋代元代有了俗写的“做”字（会意字，从亻从故，会意为做前人做过的事情），出现在话本和小说中。“做”字裂变出来之后，“做”主要用于具体的事物，如表制做、制造义的“做衣服、做饭”，表从事工作义的“做工、做事、做活、做生意”，表举行家庆义的“做寿、做生日”，表充当、担任义的“做人、做客、做官”，表用作义的“做原料，做圈套”，表结成义的“做对头、做朋友”，表呈现、表现义的“做梦、做派”，表假装出某种模样义的“做鬼脸、做样子、做戏”。

而“作”主要用于抽象的事物，如表劳作义的“作息”，表起、振作义的“一鼓作气”，表从事活动义的“作孽、作为、逢场作戏”，表“装作”义的“装模作样”，表当作义的“过期作废”，表发作义的“作怪、作呕”。因此可以这么区别：“做”用于实的、白话类的，“作”用于虚的、文言类的；例外的是文化类的概念也用“作”，它组成的词，表义是实的，却又是“文”的；如“作诗、作文、作曲、作画、作业、作品、杰作、大作、作书（写信）、遗作”。“日出而作”意为太阳一出来就下农田劳作。“作”义劳作，“虚”而“文”，故“做”别。

【一鼓做气】作。解说见上。“作”义为振作，虚而文。“一鼓作气”比喻趁劲头大的时候一下子把事情做完。

【做威做福】作。解说见上。“作”义为从事活动，虚而文，“作威作福”形容妄自尊大，滥用权势。

【做奸犯科】作。解说见上。“作”义为从事活动，虚而文，“作奸犯科”意为（做坏事）为非作歹，（违犯科律）违反法纪。

【做茧自缚】作。解说见上。“作”义为从事活动，虚而文，“作茧自缚”比喻自己做的事，反使自己陷入困境。

【装腔做势】作。解说见上。“作”义为装作，虚而文，“装腔作势”意为故意做作，装出某种情态。

【装模做样】作。解说见上。“作”义为装作，虚而文，“装模作样”意为故意做作，装出某种样子给人看。

【认贼做父】作。解说见上。“作”义为当作，虚而文，“认贼作父”比喻把敌人当亲人。

【白日作梦】做。解说见上。“做”义为制造，实而白，“白日做梦”比喻幻想根本不能实现。

【作贼心虚】做。解说见上。“做”义为充当，担任，实而白，“做贼心虚”比喻做了坏事怕人觉察出来而心里惶恐不安。

【作朋友】做。解说见上。“做”意为结成，实而白。

【作生意】做。解说见上。“做”意为从事，实而白。

【作生日】做。解说见上。“做”意为举行，实而白。

【作主】做。解说见上。“做”义为做出，实而白，“做主”义为对某项事情负完全责任而做出决定。

【作做】做作。“做作”义为故意做出某种显现一个人的作风的表情、腔调，专指虚假、不自然的。

后　记

我从事中等教育五十年，无论境遇如何，追求知识探求真谛的努力始终不变。即使教两个到四个班的语文，教六个到十二个班的汉语，教两班语文当班主任和教研组长，甚至在大学兼课的极为劳累的日子里，也没有放弃追求。退休后，在几年的准备下，于2006年开始写《别字大诠》，利用长期积累的材料，边苦读字书、词书边写，常常写到凌晨两点。徜徉在神奇的汉字里乐此不疲，钻研字词的本义、基本义和引申义而孜孜以求，曾为"铤而走险"的"铤"字遍查古籍，三天未落一字。我总想以一己之寸长，为祖国为人民做点贡献，提高人们运用语言文字的水平，维护祖国语言文字的纯洁和健康。特别在电脑普及使得人们读得多打得多而写得少因而别字多的今天，必须下大力匡正。因此我必须尽快使拙著问世。长期超负荷坐姿脑力劳动，对我的健康有很大的损害，2008年得了高血压，2010年年末得了小中风，2013年又得了前列腺癌，手术后，又对书稿修改校补了四遍，才成了今天的样子。这已是第十二遍修改稿了。

在这期间，我在教高考复读班和大学代课时讲了文字，学生不愿下课，要求加时，觉得闻所未闻，十分神奇。2010年10月15日应邀在安徽省图书馆和《新安晚报》联合举办的"新安百姓大讲堂"讲"如何在中高考中消灭错别字"，全场掌声不断，笑声不断。结束时，排队买我写的《一网打尽错别字》(《别字大诠》的精简条目本)。讲堂负责人周主任当即要求我给大讲堂讲一个系列的汉字。讲一个系列，是该讲堂破天荒的一个举动。《新安晚报》在我每次讲后都以整版篇幅介绍我的报告。由以上所述可见人们对了解正字为什么正，别字为什么别那么感兴趣，也可见写这本书令我多么快乐。

2008年8月9日《安徽商报》记者李进发了一篇关于我写《别字大诠》的采访记，合肥工业大学出版社编辑疏利民立即约见，要求出版。他一再鼓励我安慰我在保证健康的前提下力求有据、可信、通俗、易懂，做到既提高又普及。中国青年出版社刘霜编辑为我消除许多障碍，提供便利，精心编辑。写作初期还得到《文摘周刊》贺芝红的很大帮助，杨瑱和李娅教会了我电脑，学生梅竹、周纪云鼎力支持，杨琦带我去安阳中国文字博物馆学习、考证，特借此感谢这些同志的关爱和帮助。

由于本人才疏学浅，加之一些字歧见颇繁，斟酌取舍难免失当，个人钻研所得尚需专家认同，讹误之处，恳请广大读者和方家指正，我当以字师视之。

杨民生

2016年6月26日于合肥

2017年2月22日客居北京总校

作者简介

杨民生，1937年11月，安徽寿县正阳关人，祖籍浙江绍兴。1957年毕业于蚌埠二中，1961年毕业于合肥师范学院（今安师大）中文系。一直从事中等教育工作，并在大学兼课，1998年退休后教高考复读班，从教五十年。几十年来坚持大社会观施教，强调可操作教学，注重知识性、实用性、趣味性，在省市以上专业刊物发表论文30多篇，教学和科研获得多个奖项。是全国语文教研会课堂教研中心4至8届理事、研究员，安徽语言学会会员、安徽太白楼诗词学会会员。退休后，在原有研究基础上，进一步钻研文字学，写出《别字大诠》一书。1982年出版《语基》（安徽教育出版社，与人合作）、2017年出版《别字大诠》（中国青年出版社）、另有《今古汉语自学一次通》待出等。